Anna Katharina Emmerick

Das dritte Lehrjahr Jesu

Die drei Lehrjahre sind das dramatische Tagebuch einer Augenzeugin, welche die öffentliche Lehrtätigkeit Jesu ausführlich berichtet und kommentiert und durch verblüffende Hintergrundinformationen und Details bereichert. Jede Landschaft wird geographisch und topographisch genau beschrieben, die wirtschaftlichen und kulturellen Verhältnisse der einzelnen Regionen werden sehr konkret geschildert. Auch die vielen historischen Rückblenden machen die Lektüre spannend. Sicher lag es im Plan der Vorsehung, dass die Visionen der Seherin und die meisterhaften Aufzeichnungen von Clemens Brentano auch heute noch wissenschaftlich überprüft und verifiziert werden können.
Es wird eine Zeit kommen, in der sich Expeditionen aufmachen werden, um die Angaben der Seherin zu überprüfen. Weltberühmt ist ja der Fall, dass eine französische Forscherequipe unter der Leitung von Abbé Gouyet im Jahre 1881 aufgrund der Schilderung der Anna Katharina Emmerick in ihrem Buch «Das Leben der hl. Jungfrau Maria» auf dem Nachtigallenberg bei Ephesus das «Haus Mariens – Meryem Ana» entdeckte.
Das Haus Mariens liegt im Bezirk Seldjuk in der Provinz Izmir in der heutigen Türkei; dort hatte Maria unter der Betreuung des Apostels Johannes, der Bischof im nahegelegenen Ephesus war, ihre letzten Lebensjahre verbracht.
Zwei Päpste, Paul VI. und Johannes Paul II., haben diese Wallfahrtsstätte besucht.

Clemens Brentano

(Unveröffentlichte Bleistiftzeichnung von Wilhelm Hensel, Berlin 1817)

ANNA KATHARINA EMMERICK

Das dritte Lehrjahr Jesu

Aus den Tagebüchern des Clemens Brentano

Zusammengestellt und mit einer Einleitung versehen

von P. Karl Erhard Schmöger CSSR

CHRISTIANA-VERLAG
im Fe-Medienverlag

Anna Katharina Emmerick

Gesammelte Werke in sechs Bänden

Eine Augenzeugin berichtet

Aufgeschrieben von Clemens Brentano

Band 1: Das Leben der heiligen Jungfrau Maria
Band 2: Das erste Lehrjahr Jesu
Band 3: Das zweite Lehrjahr Jesu
Band 4: Das dritte Lehrjahr Jesu
Band 5: Das bittere Leiden unseres Herrn Jesus Christus
Band 6: Geheimnisse des Alten und des Neuen Bundes

Herausgeber: Arnold Guillet †

Imprimatur: Würzburg, Dr. Brander, p. t. Generalvikar, 23. Juni 1954

Neuausgabe: 2. Auflage 2021

VIA·VERITAS·VITA

im Fe-Medienverlag • Hauptstr. 22, D-88353 Kisslegg-Immenried
www.fe-medien.de

Satz und Layout: CHRISTIANA-VERLAG im Fe-Medienverlag

Druck: orth-druk, Bialystok (Polen) – Printed in EU

ISBN 978-3-7171-1295-2

Inhaltsverzeichnis

EINLEITUNG

Von P. Karl Erhard Schmöger CSSR

Der originellste Dichter vergisst sich selbst

Es lag wohl nicht in einer zufälligen Verkettung von Umständen, sondern in der Ordnung der Göttlichen Vorsehung, dass die erste Veröffentlichung der Visionen der Anna Katharina in eine Zeit fiel, da die außerkirchlichen Angriffe auf die Heilige Schrift und die Leugnung Jesu Christi als des Sohnes Gottes den Höhepunkt erreicht hatten und durch scheinbaren Aufwand von Gelehrsamkeit, mehr aber durch bisher unerreichte Anmaßung, welcher in der Hegel'schen Sprachweise der höchste Ausdruck geliehen wurde, die berufenen Verteidiger der Wahrheit auf dem wissenschaftlichen Gebiet wie gelähmt und eingeschüchtert waren.

Da trat gerade zwei Jahre vor dem berüchtigten Buch «Leben Jesu» von David Friedrich Strauß «Das bittere Leiden unseres Herrn Jesus Christus» ans Licht, welches den göttlichen Heiland so lebhaft vor Augen stellte, dass immer mehr Menschen sich an dem tröstenden Bild erwärmten, das Clemens Brentano nach den von der Begnadeten angegebenen Zügen mit überwältigender Schönheit entworfen hatte. Kein Buch hat so still und geräuschlos, keines in gleicher Schnelligkeit die Welt durchlaufen wie das «Bittere Leiden», welches in viele Sprachen übertragen, unter der ausdrücklichen Gutheißung des Episkopates ein Buch der gesamten Christenheit geworden ist.

Einer der frömmsten Bischöfe des 19. Jahrhunderts, Michael Wittmann (1760-1833), hatte wenige Stunden vor seinem heiligmäßigen Tod mit ernster Bitte Clemens Brentano gemahnt, die Gnadengaben der Dienerin Gottes der Öffentlichkeit bekannt zu machen. «O mein Allerliebster! O arbeiten Sie treu! Arbeiten Sie treu fort für die Ehre Jesu Christi! Arbeiten Sie unerschütterlich fort!», sprach der sterbende Bischof, den Pilger segnend und ihn noch vor anderen rühmend, dass er die Gesichte Anna Katharinas aufgezeichnet habe, um deren Herausgabe er ihn schon bei der ersten Begegnung gebeten hatte.[1] – Wenn aber erst jetzt die größte und vornehmste Frucht der Leidensaufgabe der Begnadeten, nämlich das dreibändige Werk «Die drei Lehrjahre Jesu» an die Öffentlichkeit gelangt, so ist auch dies vielleicht kein zufälliges Ereignis; denn die Trübsal dieser Tage ist eine so große und die nächste Zukunft gestaltet sich so drohend, dass das durch Ursprung wie Inhalt ehrwürdige Buch gleich einer Gabe des Trostes erscheint, um viele aufzurichten; aber auch als eine Mahnung, dem menschgewordenen Sohn Gottes, der in der unendlichen Mühsal und Erniedrigung seines irdischen Tagewerkes durch die Visionen so ergreifend vor die Seele tritt, die Unbilden zu ersetzen, mit welchen die Welt seine Erbarmungen jetzt mehr denn je zu vergelten pflegt.

Der Inhalt der drei nun vorliegenden Bände erscheint zwar äußerlich nicht gleich dem «Bitteren Leiden» wie ein Ganzes aus einem Guss[2] und macht nicht denselben Eindruck einer in allen Teilen gleichen Vollendung; allein es ist doch ein wesentlicher Grundcharakter, der sich durch alle Bilder gleichmäßig hindurch zieht: nämlich die stetige Entfaltung des Geheimnisses der Erlösung, wie solche als sühnende Erfüllung der alten Heilsordnung und als Erbauung und Ausrüstung des Leibes der Kirche in der Fülle der Zeit von Jesus Christus vollbracht worden ist.

Und dies ist so ausschließlich ihr Gegenstand, dass nichts Fremdartiges oder Widersprechendes in ihnen vorkommt, sondern dass vielmehr alles wie aus einer Wurzel wächst und sich entwickelt, indem ein Glied das andere fordert und eines in dem anderen Ergänzung und Verständnis findet. So sind alle die so oft geringfügig und lose erscheinenden Bruchstücke von selbst zu einem lebensvollen Ganzen gesammelt und stellen sich durch inneren Zusammenhang in einer Einheit dar, die um so bedeutsamer ist, wenn man erwägt, auf welch scheinbar zufällige, durch Störungen jeder Art unterbrochene und gehemmte Weise diese

Bilder erzählt und vom Pilger unter meist durchkreuzter Erwartung niedergeschrieben worden sind, indem er sehr häufig etwas anderes zu hören bekam, als er sich im Voraus gedacht hatte.

Darin gerade aber liegt eine besondere Bürgschaft ihrer Wahrheit und des Ursprungs aus einem höheren Gnadenlicht; denn wären sie das Ergebnis menschlichen Nachsinnens oder der dichterischen Kombination des Pilgers, so müssten sie das Gepräge dieser Entstehung an sich tragen und könnten nicht in allen Teilen nur davon Zeugnis geben, wie die ganze äußere Lage und Leidensaufgabe der Begnadeten weder ihr noch dem Pilger die Möglichkeit ließ, einer geistlichen oder dichterischen Kontemplation nachzuhängen, um so tiefsinnige und bewunderungswürdige Resultate zu Tage zu fördern, wie uns hier vorliegen.

Es waren gar oft nur kurze Augenblicke, in welchen die von Leiden Zermalmte von ihren Anschauungen berichten konnte, und das Erzählen selbst war ihr nur insoweit möglich, als ihr die Erlaubnis des Beichtvaters die dazu nötige Kraft verlieh[3].

Der Pilger aber hatte dann stundenlang auf diese Augenblicke zu harren, bis er an das Krankenlager treten und sich berichten lassen durfte. Wie hätte bei solchen Umständen etwas zustande kommen können, wenn nicht über der Begnadeten eine höhere Weisheit gewacht und von den ihrer Seele dargebotenen Anschauungen aus dem Gewirr irdischer Störungen und den Fehlgriffen menschlicher Kurzsichtigkeit und Schwäche so viel gerettet hätte, als zum Heil der Gesamtheit bewahrt bleiben sollte?

Darum ist alles, wie lose es aneinander gereiht erscheinen mag, darum sind alle die kurzen, schmucklosen Berichte, die lückenhaften Bilder von dem einen Geist beseelt, und nirgends kann der Leser einer sogenannten geistreichen Kombination oder künstlichen Verknüpfung begegnen; überall hat er den kindlichen Bericht der begnadeten Seele in einer Darstellung, welche frei von aller stilistischen Eigentümlichkeit nur die lauterste, schmucklose, absichtslose Einfalt atmet. So sehr hat der Pilger sich selbst vergessen, dass er, der originellste, phantastischste Dichter, das Organ einer Kinderseele sein und Kunst und Meisterschaft allein dazu benutzen wollte, um nie in den eigenen, sondern nur in den Worten der Begnadeten zu schreiben.

Es ist endlich nicht bloß der innere Kern der Geschichte des Heiles in seiner Vorbereitung und Erfüllung in den Gesichten dargelegt, sondern auch der ganze Schauplatz des Wirkens des Heilandes, der Charakter der Zeit und des Landes; die Eigentümlichkeiten der familiären wie sozialen Verhältnisse sind naturwahr und mit der lebendigen Frische eines Augenzeugen geschildert, der die unmittelbar empfangenen Eindrücke so einfach und reflexionslos wiedergibt, wie er sie empfangen hat. Darum sind die Angaben der Gesichte für ein richtiges Verständnis der heiligen Geschichte und für anschauliche Kenntnis des Heiligen Landes ein nicht minder großer Gewinn als etwa die Ausgrabungen von Pompeji für die Kenntnis des profanen Altertums. Läge der Aufzeichnung der Gesichte von Seiten des Pilgers irgendeine Absichtlichkeit oder Berechnung zu Grunde, so könnte sie hier noch weniger verborgen bleiben als bei der Erzählung der Heilstatsachen selber; allein, wo ist eine Linie, wo nur ein Zug, der etwas anderes verriete, als die unmittelbare Anschauung der Augenzeugin?

Erklärung einiger dunkler Stellen

Der berührte innere Zusammenhang der Bilder, wie er in völliger Unabhängigkeit von der Mitteilung der Schauenden und der Aufzeichnung des Pilgers mit dem Inhalt des Geschauten von selbst gegeben ist und mit diesem sich notwendig entfaltet, soll hier nur an einzelnen Punkten aufgezeichnet werden, die einige dunkle Stellen enthalten, bei näherer Betrachtung aber den tiefen dogmatischen Gehalt der Gesichte nur um so klarer erkennen lassen. – Hierher gehört besonders, was in diesem Band über den Charakter der von den Aposteln bis unmittelbar vor der Passion gespendeten Taufe und deren Verhältnis zur Taufe nach der Sendung des Heiligen Geistes berichtet wurde.

In der Einleitung zum zweiten Band waren die Angaben der Gesichte über die Johannes-Taufe und ihr Verhältnis zur Taufe der Apostel erläutert worden. Diese letztere erschien zwar noch nicht in der vollen Bedeutung eines ex opere operato wirkenden

Sakramentes, aber wegen der Ähnlichkeit der Materie und Form in innerlich notwendiger Beziehung zu dem seit Pfingsten gespendeten Taufsakrament.

Die gleiche Auffassung kehrt auch in dem vorliegenden Band wieder, jedoch mit dem wesentlichen Fortschritt, dass nun gezeigt wird, wie die von den Aposteln im Auftrag Christi gespendete Taufe mit der Passion, d.h. mit der Vollendung des Werkes der Erlösung in der blutigen Opferung des Lammes Gottes am Stamme des Kreuzes sich von selbst zum Sakrament vollendete, so dass jetzt in den Getauften die volle Wirkung des ex opere operato wirkenden Taufsakramentes eintrat, ohne dass sie einer neuen Taufe oder irgendeiner sakramentalen Handlung mehr bedurften, wenn sie nur im Glauben an Jesus Christus verharrten und an seiner Erniedrigung und seinem Tod nicht solches Ärgernis nahmen, dass sie von ihm abfielen. – Es lässt sich unschwer erkennen, wie diese Darstellung der Gesichte der Anschauung der Kirchenväter und Theologen aufs Genaueste entspricht. Nach der gemeinsamen Lehre derselben nämlich hatte zwar jedes einzelne vom Heiland in der Zeit vollbrachte Werk einen wesentlich unendlichen Charakter und war, an und für sich betrachtet, ausreichend, die ganze Schuld der Menschheit zu sühnen und unendliche Gnadenverdienste zu erwerben; allein nach dem ewigen Ratschluss Gottes sollte das Erlösungswerk seine Vollendung erst im blutigen Kreuzestod finden, auf welchen darum vom Heiland jeder einzelne Akt des erlösenden Wirkens als seine letzte Ergänzung bezogen wurde.

Diese Ordnung muss sich am anschaulichsten an den Sakramenten wiederholen, in welche der Herr die Früchte seiner Passion niederlegen wollte, um sie den Menschen zu allen Zeiten in gleich lebendiger Weise zuzuwenden. Vor der Passion konnte es darum kein Sakrament geben, das in sich schon die Wirkung der vollendeten Passion enthalten hätte; wenn aber der Heiland, da Er bereits im Fleisch erschienen war und die Erfüllung aller Verheißung zu wirken begonnen hatte, dessenungeachtet durch seine Apostel taufen ließ, so musste zwar diese Taufe ebenso hoch über den Sakramenten des Alten Bundes stehen wie Er selbst über Vorbild und Weissagung; sie konnte aber doch nicht die volle Gnade verleihen.

So war also mit dieser Taufe noch nicht der unauslöschliche Charakter, noch nicht die mystische Konfiguration des Täuflings mit dem Herrn und die Einpflanzung desselben als Glied in seinen Leib, also nicht die volle Erneuerung des inneren Menschen durch das Anziehen Jesu Christi verliehen; denn dies alles wurde erst durch die Passion verdient; aber es war das Recht auf die Erfüllung und die übernatürliche Disposition oder Fähigkeit in die Seele niedergelegt, die volle Taufgnade in der tatsächlichen Vollendung des Erlösungswerkes zu empfangen, ohne einer neuen Handlung zu bedürfen. Mit anderen Worten: Das als inchoamentum[4] gespendete Sakrament hat sich aus sich selbst zum vollen Sakrament ergänzt, weil der Heiland als Herr und Gründer der Sakramente in der Intention seinen Aposteln den Auftrag zu taufen gegeben hatte, dass die Wirkung dieser Taufe zur Passion in derselben innerlichen notwendigen Beziehung stehe und durch sie vollendet werde, wie jeder andere Akt seines genugtuenden Wirkens.

Es lag sonach in der Natur dieses Verhältnisses, dass am Pfingsttag nur solche die Taufe am Teich Bethesda empfingen, welche erst die Johannes-Taufe empfangen hatten, und dass kein von den Aposteln Getaufter unter jenen Täuflingen sich befinden konnte.

Welche Taufe aber empfingen denn die Apostel selbst, die ja vor ihrem Anschluss an den Herrn und vor ihrer Berufung zum Apostolat auch nur die Johannes-Taufe empfangen hatten, welche so lange genügend war, bis die sakramentale Taufe vom Herrn zu seinem alles ausnahmslos verbindenden Gesetz erhoben war?

Sie wurden vom Heiland selbst getauft, jedoch nicht mit der Wassertaufe, sondern mit der Feuertaufe des Heiligen Geistes, den Er nach seiner Himmelfahrt auf sie in sichtbaren Gestalten hernieder sandte: Diese Auszeichnung gebührte den Aposteln um der ganz einzigartigen Würde und Stellung willen, in die sie zum Erlöser und in ihm zur ganzen Kirche berufen waren.

Sie allein waren es, die alles unmittelbar vom Herrn und in unvergleichlich höherem Grade als alle übrigen Heiligen der Kirche, mit Ausnahme der allerseligsten Jungfrau, empfingen: wie Er sie unmittelbar zum Apostolat berufen hatte, damit sie aus seinem Mund die Fülle der Heilswahrheit vernehmen und der Kirche überliefern konnten, so legte Er auch alle Gewalt und die

Ordnungen des Priestertums selbst und unmittelbar auf sie, damit die Kirche sie durch ihre Vermittlung erhalte.

Dieser geheimnisvollen Ordnung war es also entsprechend, dass die Fülle der Gnaden, die durch die Sakramente der Taufe und Firmung in der Kirche gespendet werden, ebenso unmittelbar vom Herrn den Aposteln verliehen wurde wie die Wirkungen der anderen Sakramente, und darum wurden sie nicht mit Wasser, sondern mit dem Heiligen Geist getauft, wie ihnen vor seinem Hingang zum Vater ihr Herr und Meister verheißen hatte (Apg 1,15).

Was ist mit der Taufe der Toten gemeint?

Es ist endlich auch von einer Taufe der Toten die Rede[5], und zwar in der Art, dass für gewisse Verstorbene die Zuwendung der vollen Wirkungen des Taufsakramentes durch die Überlebenden vermittelt werden konnten. Es sind nämlich die Seelen derjenigen gemeint, welche vor der Promulgation des neuen Gesetzes zwar nicht im Stand der Ungnade und Verwerfung, aber auch nicht in jener Vollkommenheit aus diesem Leben geschieden waren, dass sie im Schoß Abrahams der Herabkunft ihres Erlösers hätten harren dürfen. Sie waren also im Fegfeuer oder in dem Gefängnis eingeschlossen, wie der hl. Petrus sagt (1 Petr 3,19-20), in welchem sie vom Heiland bei seinem Absteigen zur Hölle zwar erleuchtet, erquickt und getröstet, aber nicht befreit, sondern der Einwirkung seiner heiligen Kirche auf Erden unterstellt wurden, dass ihnen aus der Gemeinschaft mit dieser das volle Heil und die endliche Erlösung zuteil werde.

Hatte ihnen auch der Herr die Erfüllung aller Verheißungen und die Vollendung seines heiligen Erlösungswerkes verkündet und selbst jenen, die eine Zeitlang ungläubig gewesen waren, die volle Wahrheit des Glaubens mitgeteilt, so war doch damit die Dauer ihrer Buße noch nicht beendet und die letzte Gnade nicht gegeben.

Alle Abgeschiedenen nämlich, die nicht verworfen waren, hatten zwar teil an den der Kirche von Gott gegebenen Verheißungen und den Gütern der dadurch begründeten Heilsordnung, besaßen somit das Recht auf die Erfüllung und in dieser auf das Anschauen Gottes von Angesicht zu Angesicht; ob ihnen aber die Erfüllung unmittelbar vom Herrn selbst oder durch die Vermittlung der neuen Kirche zuteil werden sollte, das hing von dem Urteil der göttlichen Gerechtigkeit ab, nach welchem sie entweder in den Schoß Abrahams zu schmerzloser Erwartung des Heilandes oder an den Ort der Reinigung zur Buße und Läuterung für eine nur Gott bekannte Zeitdauer versetzt waren. Bevor der Heiland auf Erden in Vergießung seines Blutes den Lösepreis für alle bezahlt und aller Schuld gesühnt hatte, konnten auch die Seelen im Schoß Abrahams den Charakter oder die unaussprechliche Würde und Schönheit der vollen Kindschaft Gottes nicht erlangen, sie konnten noch nicht in das Bild des Menschgewordenen umgewandelt werden, überhaupt alle jene Gaben nicht besitzen, die einem Lebenden das Taufsakrament verleiht und ihm dadurch den Zugang zum Himmel erschließt und das Recht auf die Glorie erteilt.

Auf welche Weise der Heiland dies alles den Seelen, die seiner in Abrahams Schoß geharrt hatten, zuwendete, ist in den Visionen dieses Bandes vielfach und sehr anschaulich berichtet; ebenso ist auch die ausreichende Andeutung gegeben, wie den Seelen im Fegfeuer durch die Überlebenden die vollen Wirkungen des Taufsakramentes vermittelt werden konnten. Es geschah dieses nach derselben Ordnung, wie überhaupt den Abgeschiedenen Hilfeleistungen von den Gläubigen geleistet werden können, nur dass in diesem Fall eine besondere Intention des Herrn notwendig war, in der Er wollte, dass selbst die Wirkungen eines Sakramentes durch die Verdienste der guten Werke der Überlebenden den Verstorbenen zugewendet werden können.

Wenn darum der Apostel Paulus in seinem ersten Brief an die Korinther 15,29 von einem «sich taufen lassen für die Toten» redet, so findet dies nach den Gesichten seine gute Erklärung darin, dass viele bei dem Empfang der Taufe die Meinung erweckten, das Sakrament zugleich für diesen oder jenen Verstorbenen zu empfangen und dass sie inständig Gott baten, die Wirkungen desselben auch ihm zuzuwenden, sofern er fähig wäre, derselben teilhaft zu werden. Vielleicht waren mit solchem Empfang der Taufe noch besondere heilige Übungen der Gebräuche verbunden, nach welchen der ganze Akt «Taufe für die Toten» genannt zu werden pflegte. Es darf nicht befremden, dass über diese Taufe so viel Dunkelheit herrscht und dass schon in den ältesten Zeiten die Worte des Apostels so verschiedenartige Deutungen erfahren haben, denn alle, die nach der Inkrafttretung des neuen Gesetzes starben, konnten einer derartig vermittelten Zuwendung der Taufgnade nicht mehr fähig sein und so musste die Taufe für die Toten nach kurzer Zeitdauer wieder aufhören.

Es war bei dem letzten Pfingstfest, das der Herr in Zypern feierte, wo Er von der Taufe der Toten auch vor den Heiden sprach und selbst diesen, sobald sie die volle Wirkung des Taufsakramentes empfangen haben würden, die Möglichkeit der Zuwendung der Taufgnade an Verstorbene bestätigte. Für die Heiden genügte der Glaube an Gott als den Herrn und Schöpfer der Welt sowie als den Vergelter des Guten und Bösen, um gerettet zu werden. Dieser Glaube nämlich involvierte auch den Glauben an den Sohn, durch welchen der Vater richtet und belohnt, und so konnten sie aus den Verdiensten Christi die nötige Gnadenhilfe erlangen, das natürliche Sittengesetz zu erfüllen und damit ihr Heil zu wirken, wenn sie auch nicht in äußerlicher Gemeinschaft mit der alten Heilsordnung standen und in dieser aus dem Leben schieden.

Von den ältesten Zeugen für die Taufe der Toten möge hier Tertullian angeführt werden, der in seiner Schrift «De Resurrectione carnis» cap. 48 mit Beziehung auf die angeführte Stelle des hl. Paulus bemerkt: «Si autem et baptizantur quidam pro mortuis, videbimus an ratione. Certe illa praesumptione hoc eos instituisse ille contendit, quia alii etiam carni vicarium baptisma profuturum existimarent ad spem resurrectionis, quae nisi corporalis, non alias sic baptismate corporali obligaretur. Quid et ipsos baptizari ait, si non quae baptizantur corpora resurgunt?»

Wie überraschend die Visionen von einer Reise des Heilandes nach der Insel Zypern beim ersten Vernehmen erscheinen mögen, so geben sie doch hinreichende Gründe an, um dieses Ereignis im Zusammenhang mit der ganzen Heilsordnung, sowie das Schweigen der Überlieferung über dasselbe richtig zu würdigen. Der tiefste Grund dieser Reise liegt im überfließenden Erbarmen Gottes, welcher allen Verheißungen die Form eines Vertrages geben wollte, in welchem Er den an sich macht- und rechtlosen Geschöpfen gegenüber sich eine Verpflichtung auferlegen, diesen selbst aber ein Recht auf Erfüllung verleihen wollte.

Den Charakter eines solchen Vertrages hat die alte Theologie schon in dem ersten Gebot gefunden, das Adam im Paradies erhalten hatte, um sich und seinen Nachkommen den Stand der ursprünglichen Heiligkeit und Gerechtigkeit zu bewahren, und er wiederholt sich immer bestimmter und ausgeprägter in jeder Verheißung, je näher sie der Zeit der Erfüllung steht oder je unmittelbarer ihre Beziehung auf dieselbe von Gott geordnet ist.

Obwohl nun die Erfüllung an das Halten der den Menschen auferlegten Bedingungen geknüpft war, so zog doch die erbarmende Liebe die gegebene Verheißung trotz des immerwährenden Treuebruches nicht zurück. Die Ursache hiervon war, dass im ewigen Ratschluss der heiligsten Erlösung für die immer mehr sich verschuldende Menschheit und insbesondere für die Kinder Abrahams im Sohn Gottes ein Bürge eingetreten war, der sich verpflichtete, für jede Verletzung des mit Gott geschlossenen Bündnisses der Gerechtigkeit und Heiligkeit Gottes eine unendliche Genugtuung zu leisten.

In dieser Absicht unterwarf sich der Heiland am achten Tag nach seiner Geburt der Beschneidung, um in ihr nicht bloß die Verpflichtung auf das ganze Gesetz und seine Ordnung auf sich zu nehmen, sondern auch allen, die dieses Abzeichen des mit Gott eingegangenen Bündnisses an sich trugen, das Recht auf die Erfüllung der Verheißungen zu sichern und so dem aus den Lenden Abrahams von Gott erwählten Volk die ihm ausschließlich verliehene Würde zu wahren, dass es «ein priesterliches Königtum und ein heiliges Volk» sei (2 Ex 19,6).

Wer immer also mit dem Bundeszeichen begnadet ist und in ihm das Unterpfand der Heilserfüllung trägt, wird vom guten Hirten aufgesucht, um, einverleibt seiner Herde, aller Güter des Heiles teilhaftig zu werden. So zog der Heiland noch vor seiner Taufe zu den Judenfamilien, welche in der Gegend von Sidon und Sarepta lebten, später in die Gegend von Ornithopolis, um einen abgeirrten Stamm wieder zur Heilsgemeinschaft zurückzuführen, und endlich selbst nach Zypern, wo ausgedehnte, aber in sich geschlossene Ansiedlungen von Juden aus sehr alter Zeit sich befanden, die den Zusammenhang mit dem Tempel bisher bewahrt hatten.

Auch ihnen wollte der Heiland in eigener Person die Erfüllung der Verheißung verkünden und die an ihn Glaubenden zurück nach Judäa führen, weil sie auf der üppigen Insel Gefahr liefen, durch überreichen Erwerb in immer gefährlichere Behaglichkeit und Wohlleben und Vermischung mit den Heiden zu verfallen. Nicht volle Sechshundert ließen sich bekehren und folgten dem Herrn, der ungefähr sechs Wochen auf Zypern verweilte, mit nach Palästina zurück, wo aus ihrer Ansiedlung die Stadt Eleutheropolis entstanden ist.

Von diesem Ereignis aus dem Leben unseres Heilandes hat bisher keine andere Kunde uns berichtet, was auf den ersten Blick um so auffallender erscheinen möchte, da doch die Apostelgeschichte uns die Missionsreise des hl. Paulus mit Barnabas und Johannes Markus nach Zypern und die zweite Reise der beiden letzteren eben dahin mitteilt, ohne zu erwähnen, dass in den dortigen Synagogen vom Herrn selbst das Heil verkündet worden ist. Dieses Stillschweigen jedoch wird nach den Visionen über Zweck und Erfolg der zyprischen Reise sehr erklärlich.

Der erste und vornehmste Zweck derselben war nämlich dadurch erreicht, dass die Bekehrten allesamt dem Herrn folgten und nur jene zurückblieben, welche aus Anhänglichkeit an ein behagliches, mit Glücksgütern gesegnetes Leben sich gegen die Aufnahme der Heilsverkündigung verschlossen hatten.

Auch lässt sich aus psychologischen Gründen leicht ermessen, warum die verstockt gebliebenen Juden mit den Heiden gemeinsame Sache machten, um das Andenken an den Erlöser auf der Insel fast spurlos auszulöschen. Der Herr hatte so ernste Drohungen über die unbekehrt Zurückbleibenden ausgesprochen, dass die scheuen Gewissen sich bemühen mussten, seine Worte wie seine Person in Vergessenheit geraten zu lassen.

Bei näherer Betrachtung ist aber die Apostelgeschichte nicht ohne eine Äußerung, die sich sehr ungezwungen mit der Angabe der Gesichte über die Begleiter des Herrn in Verbindung bringen lässt. Wenn sie nämlich 11,20 von «zyprischen Männern» redet, welche bald nach der Steinigung des hl. Stephanus in Antiochien den Heiden Jesus gepredigt und damit den Grund zu jener Gemeinde gelegt haben, welche als die ersten den Namen «Christen» führte, so sind unter den «zyprischen Männern» wohl keine anderen zu verstehen als jene, die vom Herrn selbst noch als Jünger angenommen worden waren und ihn mit nach Zypern begleitet hatten. Es sind vielleicht die beiden Söhne des zyprischen Kaufmannes Cyrinus oder der aus Zypern stammende Jünger Barnabas oder Einzelne der bekehrten Philosophen von Salamis, welche als Zeugen der ganzen Wirksamkeit ihres göttlichen Meisters auf der heimatlichen Insel und als geborene Heiden weniger Bedenken trugen, sich an die Heiden zu wenden, als ihre ehemals jüdischen Mitjünger. – Ebensowenig kann es befremden, dass auch in den Evangelien keine Andeutung einer Reise des Herrn nach Zypern enthalten ist; denn sie war vermöge ihres Charakters als eines mehr privaten oder familiären Ereignisses von selbst von den Aufzeichnungen der Evangelisten ausgeschlossen, welche nur das berichten wollten, was für alle Zeiten und für alle Völker die gleiche Bedeutung und Wichtigkeit haben konnte und sich darum nur auf einen kurzen Abriss des heiligsten Lebens und Lehrwandels Jesu Christi beschränkten, so weit derselbe unter den Augen von ganz Palästina verlaufen war.

Sollte aber die Frage der Juden bei Joh 7,35 «Wohin will Er gehen, dass wir ihn nicht finden sollen? Will Er in die Zerstreuung der Heiden gehen und die Heiden lehren?», welche sie in der Zeit nach der Rückkehr aus Zypern an den Herrn gerichtet haben, wenn nicht auf eine gerüchteweise und dunkel verbreitete Kunde dieser Reise, so doch auf die richtige Anschauung hinweisen, dass der, welcher sich als der Messias offenbarte, den Heiden nicht fremd bleiben durfte? – Wenn aber endlich, wie die Gesichte zu verstehen geben, das Stillschweigen über die Reise nach Zypern auf einem ausdrücklichen Befehl des Heilandes selber beruht, so könnte man höchstens noch einwenden, es sei schwer zu begreifen, dass uns nicht wenigstens aus der nachapostolischen oder der ältesten christlichen Zeit eine, wenn auch nur spärliche, Andeutung über das so merkwürdige Ereignis überliefert wurde.

Wenn man erwägt, als welch ein großer Vorzug es schon in der ältesten Zeit gegolten hat, die Gründung einer Kirche auf den Namen eines Apostels zurückführen zu können, so wird das Schweigen des christlichen Altertums über die ganz einzigartige Auszeichnung, welche Zypern zuteil geworden, noch unerklärlicher. Allein hierauf kann man mit Recht mit der Gegenfrage erwidern, was ist uns denn überhaupt aus der ältesten Kirchengeschichte Zyperns, dieses im klassischen Altertum durch seine Schönheit und Fruchtbarkeit, sowie durch die Üppigkeit seines Aphrodite-Dienstes hochberühmten Eilandes bekannt geworden? Wir haben nur sehr spärliche Nachrichten, und doch herrschte auf demselben in der Mitte des vierten Jahrhunderts ein so kräftiges kirchliches Leben, dass sämtliche Bischöfe sich zu der Wahl des strengen, glaubenseifrigen und dabei so viel gelästerten heiligen Mönches Epiphanius zu ihrem Metropoliten vereinigen konnten.

Dieses Ereignis allein bezeugt genügend, welch wunderbare Veränderung mit der einst in alle Greuel des phönizisch-griechischen Götzendienstes versunkenen Insel vorgegangen sein muss; allein das Nähere über die Geschichte dieser Bekehrung ist uns nicht überliefert worden.

Der Befehl des Heilandes, von seiner Reise dahin keine Mitteilungen zu machen, schließt nichts Ungeeignetes oder Widersprechendes in sich; denn der scheinbar kleine Erfolg seines Aufenthaltes konnte leicht zu Angriffen auf den Glauben an seine Person und sein Werk gebraucht werden, wie auch die palästinensischen Juden überhaupt nicht im Stande gewesen wären, die Nachrichten über den Verkehr des Heilandes mit zyprischen Heiden zu ertragen.

Dasselbe gilt auch von der in diesem Band erzählten Reise des Herrn in das Land der Heiligen Drei Könige, nach Chaldäa und Ägypten. So auffallend auch dieses Ereignis erscheint, so steht es doch zu dem, was die Evangelien überhaupt von dem Zusammenkommen des Herrn mit den Heiden berichten, in vollkommener Übereinstimmung. In dem Bericht des hl. Matthäus über die Ankunft der Drei Könige in Bethlehem und deren Anbetung des Jesuskindes ist schon das ganze Geheimnis der Berufung der Heiden und der persönlichen Begegnung des Menschgewordenen mit denselben während seines irdischen Wandels vorgezeichnet.

Zuerst und unmittelbar kommt das Heil zu dem auserwählten Volk, dem es so oft von Gott verheißen war; die Heiden aber werden durch die zuvorkommende Gnade erweckt und gerufen, das Heil bei den Juden zu suchen. Während der Herr überall die Stämme seines Volkes selber aufsucht und, wie oft sie ihn abweisen, ihn lästern und verfolgen, nicht müde wird, sie zur Annahme der Erfüllung zu bewegen, bewegt Er innerlich die Heiden, dass sie ihm nahen und sich das von seinem Volk verschmähte Heil um so begieriger zu eigen machen.

Zwar berichten uns die Evangelien keinen Lehrvortrag, den der Herr an die Heiden gehalten, aber sie schließen nirgends die Annahme aus, dass unter den Tausenden, welche an den Ufern des Sees Genezareth zusammengeströmt waren, sich nicht ebenfalls Heiden befunden haben. Heilt ja doch der Herr selbst in Kapharnaum den heidnischen Knecht des heidnischen Hauptmannes und preist den Glauben des Letzteren selig, um, wie der hl. Chrysostomus sagt, über die Heiden zu prophezeien und fröhliche Hoffnungen in ihnen zu erwecken; denn die dem Herrn nach Kapharnaum gefolgt waren, waren aus dem Galiläa der Heiden.[6]

Und wenn auch das noch sprachlose Kind nicht in Worten zu den Erstlingen der Heiden geredet hat, so wusste doch die ewige Weisheit andere Wege zu ihren Herzen zu finden und ihnen den Mangel der Rede überreich zu ersetzen. Es beweisen dies die wunderbaren Wirkungen der Gnade, welche die Kirche aller Zeiten in dem Benehmen der Drei Könige erkannt und gepriesen hat. Durch die Treue aber, mit der die Heiden dem Stern nach Bethlehem gefolgt waren und dem neugeborenen König ihre Huldigung dargebracht hatten, während Tempel und Synagoge, obwohl durch das Wort so vieler Propheten unterrichtet, seiner gar nicht einmal gedachten, erlangten sie nach den Gesichten die überaus große Auszeichnung, dass Er in seinem letzten Jahr sie selbst in ihrem Land aufsuchen und ihnen das Wort des Heils verkünden wollte.

Wie unerhört diese Mitteilung der Gesichte auch scheinen mag, so ist doch die Reise des Herrn zu den Drei Königen, die Er während des über die Auferweckung des Lazarus entstandenen Tumultes ausgeführt hat, in sich nicht auffallender und wunderbarer oder der erbarmenden Liebe des Menschensohnes weniger entsprechend, als seine Berufung der Heiden durch den Stern an die Krippe, wo sie der Anschauung seiner demütigen Kindheit und wunderbaren Armut gewürdigt wurden und also erblickten, was wenige Augen aus dem erwählten Volk selbst, ja nicht einmal die hl. Apostel und Evangelisten zu schauen erlangt hatten.

Es ist diese Reise nicht geheimnisvoller und der Fassung schwieriger als etwa der Besuch des Herrn in Nazaret, als diejenigen ihn vom Berg herabstürzen wollten, die ihn doch seit seiner Rückkehr aus Ägypten in seinem Wandel und der Übung aller Vollkommenheit unter sich geschaut hatten. Und da der Herr selbst verheißt, hundertfach auf Erden schon alles zu vergelten, was jemand um seinetwillen verlässt, oder wenn Er alle Herbergen besucht, in denen einstens Maria auf dem Weg nach Bethlehem oder der Flucht nach Ägypten Aufnahme gefunden hatte, war es dem nicht entsprechend, dass Er die Heimat der Könige durch seine heilige Gegenwart begnadete, von denen Er, arm und klein in der Krippe liegend, Gaben anzunehmen sich gewürdigt hatte und die ihn bei seiner Ankunft auf Erden mehr geehrt hatten als Nazaret, Kapharnaum oder Jerusalem es getan hatten?

Dass der Herr auch sonst das heidnische Gebiet betrat, das beweist sein mehrjähriger Aufenthalt in Ägypten sowie seine Reise nach Syrophönizien (Mt 15,22 und Mk 7,24).

«Warum ging Er in diese Gegenden?», fragt der hl. Chrysostomus[7] und antwortet: «Um auch den Heiden die Tür zu öffnen. Wenn jemand sagen wollte, warum Er seinen Jüngern befiehlt:

‹Gehet nicht den Weg zu den Heiden›, und Er doch selbst denselben betritt, dann erwidere ich, dass Er dem, was Er seinen Jüngern befahl, nicht auch selbst unterworfen war.»

Bei Johannes (12,20-23) ist auch ersichtlich, wie groß der Eindruck war, den die Kunde von dem Auftreten des Heilandes und seinen Wundern auf die heidnische Welt hervorbrachte. Heidnische Griechen baten auf dem letzten Osterfest in Jerusalem den Apostel Philippus um seine Vermittlung, bei dem Heiland vorgelassen zu werden. Mit Andreas meldete er sie dem Herrn, welcher nach der Erklärung des Cornelius a Lapide antwortete:

«Wehret es den Heiden nicht, zu mir zu kommen, sondern führt sie her! Wohl habe ich gesagt: ‹Geht nicht den Weg zu den Heiden›, da meine Predigt allein zunächst für die Juden bestimmt war; da aber mein Lehramt und mein Wandel auf Erden sich ihrem Ende nahen, so wird das von den Juden verschmähte Heilswort durch euch an die Heiden gelangen. Die Stunde nämlich ist nahe, dass des Menschen Sohn verherrlicht wird, indem die Heiden nach meinem Tod mich als ihren Erlöser bekennen werden.» – Es ist eine wunderbare Fügung, dass gerade Philippus nach der Sendung des Heiligen Geistes der erste war, von dem die Apostelgeschichte erzählt, dass er einen Heiden getauft habe, nämlich den Schatzmeister der Königin Kandace. Diese Heidentaufe geschah im Geheimen; der erste solenne Akt aber, in welchem Heiden durch das Heilige Taufsakrament ohne vorherige Beschneidung der Kirche einverleibt wurden, war die Taufe des Cornelius.

Diese wurde durch die Vision eingeleitet, welche Petrus zu Joppe hatte, als die Boten des Cornelius, der ebenfalls durch eine Erscheinung an Petrus gewiesen wurde, sich auf dem Weg zu ihm befanden. Die Erklärung, welche der hl. Chrysostomus von diesem Ereignis gibt, stimmt ganz mit dem Geist der Gesichte der Anna Katharina und allem überhaupt überein, was sie über das Verhalten des Herrn und das seiner Apostel und Jünger gegenüber den Heiden vorbringt. Chrysostomus weist nämlich mit großer Feinheit nach, dass Petrus das Gesicht nicht zu seiner Belehrung, sondern vielmehr zu seiner Rechtfertigung von den auf das alte Gesetz eifersüchtigen Judenchristen empfangen habe: darum habe die göttliche Weisheit selbst die Antworten Petri während des

Gesichtes geordnet, damit dieser durch die einfache Erzählung des ganzen wunderbaren Vorgangs den ersten feierlichen Taufakt der Heiden vor den leicht geärgerten Judenchristen auf eine überzeugende Weise später rechtfertigen konnte.

Was endlich der inneren Wahrheit der Berichte über die besprochenen zwei Reisen des Herrn eine besondere Bürgschaft verleiht, ist der Charakter unmittelbarer Anschauung, der ihnen, was historische und geographische Verhältnisse betrifft, so bis ins Einzelne aufgedrückt ist, dass an Eingebungen der Phantasie gar nicht gedacht werden kann. Und mehr noch ist es die Schilderung der ganzen Wirksamkeit des Herrn auf diesen Reisen und der Art und Weise seines Auftretens, welche durch die innere Angemessenheit mit seiner Person und Würde, sowie durch die vollkommene Übereinstimmung mit dem ganzen Erlösungsplan, wie er sich in den drei Bänden überhaupt entfaltet hat, die beste Rechtfertigung der Wahrhaftigkeit dieser Mitteilungen ist.

ERSTES KAPITEL

Jesu Reise nach Zypern

Sein Aufenthalt in Salamis

Vom 30. April bis 6. Mai 1823

Bemerkung von P. Karl Erhard Schmöger CSSR

Bis Ende April 1823 hatte Anna Katharina ihre täglichen Gesichte vom Leben Jesu dem Pilger, wenn möglich, Tag für Tag erzählt; nun aber trat infolge ihrer unbeschreiblichen Leiden ein völliges Unvermögen weiterer Mitteilung ein. Der Pilger entfernte sich auf ihr Begehren von Dülmen und kehrte dahin erst nach fünfeinhalb Monaten wieder zurück. Da fand es sich, dass während seiner Abwesenheit das tägliche Schauen des heiligsten Lehrwandels sich ununterbrochen fortgesetzt hatte.

Dieselben Bilder aber wiederholten sich in gleichem Umfang und in gleicher Aufeinanderfolge jetzt zum zweiten Mal, so dass der Pilger imstande war, den Faden ihrer Mitteilungen am 21. Oktober da wieder aufzunehmen, wo ihn Anna Katharina am 28. April aus tödlicher Schwäche hatte fallen lassen müssen.

Von jenem Tag an erzählte sie wieder ununterbrochen ihre täglichen Bilder bis zum 8. Januar 1824, von welchem Tag an jede weitere Mitteilung für immer verstummte; denn unter immer steigenden Leiden nahte der Tod der gottseligen Dulderin. Der Pilger setzte seinen täglichen Aufzeichnungen vom 21. Oktober 1823 bis zum 8. Januar 1824 die Monatstage der Zeit seiner Abwesenheit oder der des erstmaligen Schauens dieser Bilder vor. Ich wollte diese Bezeichnung nicht ändern und so erhält der Leser unter den Aufschriften: vom 30. April bis 17. Juli 1823 jene Bilder, welche Anna Katharina vom 22. Oktober 1823 bis 8. Januar 1824 erzählt hat. Übrigens gilt auch von dieser Reihenfolge der Bilder nach Monatstagen dasselbe, was im Eingang des Bandes «Das zweite Lehrjahr Jesu» geltend gemacht worden ist.

Abschiedsmahl bei der Syrophönizierin

30. April: Jesus ging am Morgen nebst seiner Begleitung anderthalb Stunden weiter nach dem Judenörtchen, das östlich etwa eine Stunde von Ornithopolis und etwa drei Stunden vom Hafen entfernt ist. Mit Jesus sind nur noch Jakobus der Jüngere, Barnabas, Mnason, Azor, die zwei Söhne des Cyrinus und ein zyprischer Jüngling, den sie Jesus zugeführt hatten. Diese und viele hiesigen Juden begleiten ihn. Alle anderen Apostel und Jünger, die Jesus hierher ins Land gefolgt waren, haben sich bereits verteilt. Judas, der mit seiner Schar nach Groß-Kana ging, war der letzte gewesen.

Jesus wurde in dem Judenort von den Männern, Frauen und Kindern sehr feierlich empfangen; auch die Schulkinder kamen ihm entgegen. Jesus war in ihrer Synagoge, lehrte und tröstete sie. Er sprach hier alles sehr deutlich heraus und besonders viel von der Erfüllung der Propheten, in denen sie sehr bewandert waren.

Von hier ging Jesus östlich nach dem Wohnort der Syrophönizierin, welche ihn und die Seinigen durch ihren geheilten Verwandten zur Mahlzeit hatte einladen lassen. Dieser Mann führte sie dorthin. Die Gebäude dieser Frau liegen zwischen dem Judenort und Ornithopolis abgesondert. Es sind da große Gebäude für Färberei und Weberei. Es waren da viele Menschen versammelt, auch zahlreiche Arme und Krüppel und Jesus heilte viele.

Der Judenort, von welchem Jesus kam, ist durch zerstreute Häuser mit dieser Anstalt verbunden. Die Wohnung der Syrophönizierin mit Gärten und Höfen und allerlei Gebäuden ist wohl so groß wie Dülmen; außerdem sind noch allerlei Gebäude mit Galerien darüber da, auf denen man gehen kann, und worauf Zeug ausgespannt ist. Man sieht da gelbe, violette, rote und himmelblaue Farben. Gelb wird mittels einer Pflanze gefärbt, die dort in der Nähe gebaut wird. Zur roten und violetten Farbe brauchen sie Schnecken aus dem Meer, und ich sah dort große Schneckenbeete, wo sie gefangen oder gezogen werden. Es waren Orte ganz voll von einem Schleim, wie Froschlaich. Es wird auch in der Nähe eine Staude angebaut, welche Baumwolle trägt, aber sie ist nicht einheimisch hier. Es ist überhaupt hier nicht so fruchtbar wie im Gelobten Land und manchmal steht Wasser hier herum.

Wenn man aufs Meer hinaus sieht, meint man, es liege höher als die Gegend, so blau steigt es gegen den Himmel hinan. Am Meer stehen hie und da sehr dicke schwarze Stämme, aber nicht sehr hoch, die Äste breiten sich weit hinaus. Oft liegt oben wieder Moos und Schlamm darauf und andere Bäume wachsen daraus hervor. Es sind solch tiefe Nester von Wurzeln an den Stämmen unten, dass man Strecken weit darauf übers Wasser gehen kann. Diese schwarzen Stämme sind meist auf einer Seite hohl, da kann sich dann allerlei Ungeziefer verkriechen.

Die Syrophönizierin muss eine sehr vornehme Frau sein, denn in dem Hafenort sind ganze Strecken von Gebäuden, die ihr gehören, und ihr Mann muss ein gewaltiges Gewerbe und große Schiffahrt gehabt haben. Sie will sich aber jetzt von allem losmachen und hat den Leuten gesagt, einen Herrn unter sich zu wählen.

Jesus wurde am Eingang des Gebäudes von allen Hausleuten feierlich empfangen und vor dem Haus im Hof von der Mutter und geheilten Tochter. Es waren fünf Jünger und die zwei zyprischen Jünglinge bei ihm. Jesus heilte noch einige Leute in den Gebäuden umher und nahm dann bei der Frau eine Mahlzeit ein. Die Einrichtung der Stube und des Mahles war ganz wie beim ersten Besuch. Das Rohr mit Trauben, das ich damals sah, wächst bei Sarepta.

Als Jesus zu Tische lag, goss die Tochter der Witwe Jesus eine Flasche wohlriechender Salbe über sein Haupt. Die Mutter beschenkte ihn mit Stoffen und Gürteln und dreieckigen Stücken Goldes, und die Tochter mit Stücken, die zusammengekettet waren.

Die Frau will sich mit der Tochter ganz zurückziehen; sie sind jetzt ganz mit den Juden vereinigt.

Die Lehrer unter diesen Juden sind aus der Gegend von Hebron von Zacharias' Bekannten zur Zeit Joachims und Annas hierher gezogen und haben ihnen wieder mehr die rechte Ordnung gegeben und sie hergestellt. Von diesen sind mehrere Familien unter ihnen, und durch sie wurden auch die Frau und alle ihre Leute mit den Juden vereint. Jesus lag nicht lange zu Tisch. Er ging nachher noch unter den Anwesenden umher und bei den vielen Armen, die gespeist wurden, beschenkte sie und heilte einige.

Einschiffung im Hafen von Ornithopolis

Gegen vier Uhr entfernte sich Jesus mit seinen Gefährten in aller Stille und sie gingen wohl an drei Stunden nordwestlich in den Hafenort, welcher der entfernt liegende Hafen von Ornithopolis ist. Es liegen viele Gebäude dazwischen.

Hier begab sich Jesus in den von den Juden bewohnten Teil der sehr felsigen ungleich liegenden Stadt, in der meist Heiden wohnen. Ich sah ihn hier, wie Er von den vorausgegangenen zyprischen Juden, die vom Osterfest heim zogen, und von den Juden des Ortes feierlich empfangen wurde.

Er lehrte in der Synagoge, und sehr viele Heiden standen draußen umher und hörten zu. Sie sind hier sehr schüchtern und demütig. Er heilte auch hier einige Kranke, dann war ein großes Mahl für ihn und die Abreisenden bis in die Nacht.

Beim Sternenschein begleiteten ihn alle an den Hafen, und sie schifften sich ein. Es war eine helle Nacht, die Sterne sehen dort größer aus. Man fuhr wie mit einer kleinen Flotte ab; ein großes Lastschiff enthielt Gepäck und Waren und viel Vieh, besonders viele Esel. Auf zehn Ruderschiffen mit Segeln waren die zyprischen Ostergäste und Jesus mit den Seinen und anderen Reisenden eingeschifft.

Ungefähr fünf dieser Ruderschiffe waren mit langen Stricken an den Seiten und vorne an dem Lastschiff befestigt und zogen es vorwärts. Die fünf übrigen segelten umher. Alle diese Schiffe hatten auch, wie das Schiff des Petrus auf dem galiläischen See, um den Mast erhöhte Ruderbänke und Ruhestellen darunter.

Auf einem dieser Schiffe stand Jesus an dem Mast und lehrte. Er segnete das Land und das Meer und sie fuhren ab. Ich sah aber, dass viele Fische dem Zuge folgten und darunter ganz große, die wohl acht Fuß lang waren, und wunderliche Schnauzen hatten; sie spielten immer umher und streckten die Köpfe aus dem Wasser, als hörten sie zu.

Überfahrt nach Zypern

1. Mai: Ich habe Jesus auf der Überfahrt heilen und lehren gesehen. Das Schiff, worauf Er war, war auf der einen Seite des großen Transportschiffes mit anderen angehängt, welche das Transportschiff fortzogen; und auch auf der anderen Seite hingen Ruderschiffe. Außerdem hatten sie Segel, und die Fahrt ging so ungewöhnlich schnell bei ganz ruhigem Meer und dem schönsten Wetter, dass die Schiffsleute und Juden und Heiden ausriefen: «Oh, welch glückliche Fahrt! Das kommt von dir, o Prophet!»

Jesus aber stand auf der Bühne an dem Mast und gebot ihnen, zu schweigen und dem allmächtigen Gott allein die Ehre zu geben. Er hielt auch eine Lehre von dem Einen allmächtigen Gott und seinen Werken, und von der Nichtigkeit der heidnischen Götter, von der Nähe der Zeit, ja von ihrer Gegenwart, wo das größte Heil auf der Erde sei, und auch vom Beruf der Heiden. Die ganze Lehre war besonders für die Heiden zugeschnitten.

Eine kleine Schar Frauen war auf den Schiffen abgesondert. Ich sah viele auf den Schiffen krank werden. Den Leuten wurde ganz schwindlig und sie lagen, als wenn sie sterben wollten, in den Ecken und mussten dann heftig erbrechen. Jesus heilte mehrere auf seinem Schiff und dann meldeten sich bald viele von den anderen Schiffen mit Rufen, und der Herr heilte sie aus der Ferne.

Ich habe sie auch auf dem Schiff essen sehen. Es war Feuer in einem Gefäß. Ich sah kein Fleisch braten, aber sie taten etwas in heißes Wasser, worin es zerschmolz. Es waren lange, braune und hellere, zähe, gerollte Riemen. Davon bogen und brachen sie ab, es war glänzend auf dem Bruch, wie Leim. Sie gaben die Speisen portionenweise auf Schalen mit einem Rand und Stiel herum. Es waren mehrere Tellergruben in einer solchen Schale ausgehöhlt, worin Verschiedenes lag, runde Kuchen und Kräuter; die Brühe wurde darübergegossen.

Von hier nach Zypern sieht das Meer nicht so breit aus wie unten von Joppe. Da sieht man nichts als Wasser. Diese Flotte enthielt den größten Teil der Juden aus Zypern, welche vom Osterfest von Jerusalem zurückkehrten. Sie hatten sich durch Jesu Berglehre zu Gabara verspätet. Bei Jesus war Jakobus der Jüngere, Barnabas ein Zyprier, Mnason, Azor und Jonas, ein zyprischer Jüngling, der von Jesus bei der letzten Berglehre zu Gabara zum Jünger angenommen worden war. Die zwei Söhne des Cyrinus, welche auch bei Jesus waren, hatten ihm diesen Jonas zugeführt.

Ankunft im Hafen von Salamis

Die Schiffe kamen gegen Abend im Hafen von Salamis an. Der Hafen ist sehr weit und sicher und die beiden Ufer springen weit vor ins Meer. Er ist sehr fest mit Steindämmen und hohen Bollwerken. Die Stadt liegt wohl eine gute halbe Stunde ins Land. Das merkt man aber nicht, denn es ist alles bis dahin mit schönen Gärten und Bäumen besetzt. Es waren viele Schiffe da. Das Schiff, worauf sie ankamen, konnte nicht dicht anlanden, denn das Ufer, wie ein fester hoher Wall, lief schräg ab, und das Schiff ging zu tief und konnte darum nicht heran. Sie warfen deshalb in einiger Entfernung Anker. Am Ufer waren aber kleine Schiffchen an Seilen festgeankert, und diese fuhren heran und schifften die Leute aus und wurden an den Seilen zum Ufer gezogen.

Jesus fuhr mit den Seinen auch in einem solchen Schiffchen, deren mehrere zugleich kamen. Ein paar jüdische Männer waren darin, die ihn willkommen hießen. Am Ufer waren viele Juden aus der Stadt in einem festlichen Aufzug. Sie hatten das Schiff aus der Ferne kommen sehen, und es ist Brauch, die Juden, die vom Paschafest kommen, immer so zu empfangen. Es waren meistens ganz alte Leute, Frauen, Jungfrauen und Kinder, besonders die Schulkinder mit ihren Lehrern. Sie hatten Kränze, Pfeifen und kleine fliegende Wimpel, Kränze an Stangen und Zweigen, und machten einen freudigen Gesang.

Cyrinus, drei ältere Brüder des Barnabas und einige alte Juden in Feierkleidern empfingen Jesus und die Seinen und führten sie eine Strecke vom Hafen auf eine schöne grüne Terrasse. Da waren Teppiche ausgebreitet und Waschbecken mit Wasser aufgestellt, und auf Tafeln standen Schalen mit Erfrischungen.

Sie wuschen Jesus und den seinen die Füße und labten sie. Es wurde auch ein ganz alter Mann herbeigeführt. Es war der Vater des Jonas, des neuen Jüngers. Er fiel seinem Sohn weinend um den Hals und dieser führte ihn zu Jesus, vor dem Er sich beugte. Er hatte gar nicht gewusst, wo sein Sohn hingekommen war, denn jene, mit welchen er ausgezogen war, waren schon früher zurückgekommen. Ich habe heute mittag den Namen des Vaters gehört, habe ihn aber wieder vergessen.

Es war überhaupt eine große Besorgnis unter allen Anwesenden um die Ankömmlinge, und ich sah viele, die in die Menge drangen und riefen: «Ist der, ist jener da?» und die Gefundenen umarmten und hinwegführten; denn es war die Nachricht von dem Aufruhr und der Meuterei im Tempel gegen Pilatus, mannigfach vergrößert, schon hierher gedrungen, und alle waren um die Ihrigen in Sorge. Hier habe ich heute das Bild verlassen.

Blick auf die Örtlichkeit und Umgegend

Es war ungemein angenehm auf dem Platz, wo Jesus empfangen wurde. Gegen Abend sah man auf die weite Stadt voll Kuppeln und hohen Gebäuden, die alle von der Sonne gerötet waren, die ganz groß und rot unterging, und gegen Morgen sah man übers Meer, und die hohen Gebirge von Syrien lagen wie Wolken dahinter. Salamis ist von einer weiten Ebene umgeben. Es sind viele hohe schöne Bäume, Terrassen und Anlagen umher. Der Boden schien mir etwas fein, wie feiner Staub oder Sand, auch scheint mir das Trinkwasser hier nicht häufig.

Der Eingang in den Hafen ist nicht offen, er hat zwischen befestigten Inseln einen breiten und mehrere schmälere Eingänge; die kleinen Inseln sind an den Ufern mit halbrunden, niederen, dicken Türmen besetzt. Diese haben oben Fenster, durch welche man alles beobachten kann. Das Quartier der Juden liegt nördlich der Stadt, und als sie eine halbe Stunde bis gegen die Stadt gegangen waren, wandten sie sich rechts und gingen außerhalb der Stadt wohl noch eine halbe Stunde nördlich.

Als Jesus dort mit den Seinen ankam, waren die anderen Pascha-Juden schon dort auf einem terrassenförmigen freien Platz versammelt. Ein Ältester und Synagogen-Vorsteher stand oben auf der Höhe, wo er alle überschauen konnte, und es war mir, als wenn man Soldaten verliest, ob sie alle da sind.

Es wurde über alles Erkundigungen eingezogen, ob keiner Schaden gelitten oder gegen andere Reisekameraden zu klagen habe, und über das, was in Jerusalem vorgefallen. Jesus und die Seinen waren hier nicht dabei.

Jesus wurde hier noch von vielen alten, ehrwürdigen Juden feierlich begrüßt und hielt dann eine Ermahnung an das versammelte Volk an diesem Ort von der Höhe herab, worauf sie mit den Ihrigen nach ihren Wohnungen zogen.

Es lagen hier vor den zwei jüdischen Straßen der Stadt, zwischen schönen Spazierwegen, mehrere öffentliche Gebäude der Juden: die prächtige Synagoge, die Wohnungen der Ältesten und Rabbiner und die Schulen; auch in einiger Entfernung ein Krankenhaus mit Wassergraben oder Teich.

Der Weg nach der Stadt war fest mit feinem Sande bedeckt und von schönen Bäumen beschattet. Auch über dem freien Versammlungsort auf dem höchsten Punkt war ein dichter und oben in feinen Zweigen so starker Baum, dass man darin sitzen konnte wie in einer Laube.

Jesus und die Seinigen wurden von den Vorstehern nahe bei ihrem Hause und der Synagoge in eine große Halle gebracht, wo sie übernachteten. Ich erinnere mich nicht mehr bestimmt, ob sie nicht vorher in dem großen Haus des Ältesten waren, auch keines förmlichen Mahles an diesem Abend, sondern einer kleinen Erquickung. Jesus heilte noch einige Wassersüchtige, welche man auf Tragbetten in den Vorhof seiner Herberge gebracht hatte. Dieses Haus war eine große Lehrhalle, in welcher man auch gelehrte reisende Rabbiner beherbergte. Es war sehr schön nach heidnischer Art gebaut mit Säulen umher.

Das Innere war ein großer Saal mit erhöhten Terrassen und Lehrstühlen an den Wänden. Es waren aber auf dem ebenen Grunde Lager an den Wänden aufgerollt, und man konnte Zeltdächer, die darüber an den Wänden fest aufgeschürzt waren, niederlassen, so dass die Lager einzeln umzeltet waren. Hier schliefen sie heute nacht.

Der Vater des neuen Jüngers Jonas war auch mit hier, denn er war nicht aus der Stadt selbst; Cyrinus aber war mit seinen Söhnen nach Hause gegangen. Man konnte von außen auf diese Halle steigen, oben war eine platte Fläche und allerlei Pflanzen in Kübeln, und man hatte da eine schöne Aussicht.

Jesus heilt und lehrt

2. Mai – (Da Anna Katharina das Bild des heutigen Tages erzählte, erwähnte sie zuvor, wie sie, um in das Bild zu kommen, förmlich die weite Reise gemacht habe, welche für sie mit allerlei Hilfsarbeiten unterwegs verbunden war.)

Ich weiß nicht mehr, wo ich überall war, ich erinnere mich nur noch, dass ich mehrmals Verwundete verbinden musste. Auch war ich auf sehr stürmischer See. Ich hatte oft so lange zu tun, dass ich gar nicht mehr fortzukommen dachte; aber auf einmal war ich an einem anderen Ort und so kam ich bis Salamis und sah, was Jesus heute tat. Ich habe aber vieles davon vergessen.

Am Morgen sah ich Jesus von dem Ältesten, einem sehr ehrwürdigen Mann, und anderen Rabbinern abholen und mit ihm in das Krankenhaus gehen. Er heilte hier mehrere Wassersüchtige und Gichtkranke, auch Leute mit gutartigem Aussatz. Während dessen hatten sich die Männer an dem offenen Lehrplatz versammelt, und Jesus ging auf die Lehrstelle und lehrte sehr schön vom Mannasammeln in der Wüste und wie eben jetzt die Zeit des wahren himmlischen Manna der Lehre und Bekehrung gekommen sei, und wie ihnen ein neues Himmelsbrot solle gegeben werden. Ich verstand es vom Sakrament.

Nach dieser Lehre verließen gegen Mittag die Männer den Platz, und die Frauen nahmen ihn ein. Es kamen auch viele heidnische Frauen dazu, und diese standen abgesondert zurück. Jesus lehrte allgemeiner vor den Frauen, weil Heidinnen darunter waren.

Er sprach von dem Einen allmächtigen Gott, dem Vater und Schöpfer Himmels und der Erde, von der Torheit der Vielgötterei und von der Liebe Gottes zu den Menschen.

Festmahl bei dem Ältesten der Judengemeinde

Von hier ging Jesus mit den Seinen zu dem Hause des Ältesten zu einer Mahlzeit. Der Älteste mit mehreren Rabbinern holten Jesus ab. Es war dieses ein sehr großes Gebäude auf heidnische Art mit Vorhöfen, offenen Galerien und allerhand Terrassen. Hier war alles zu einem großen Fest bereitet, es standen viele Tafeln unter Säulengängen, es waren Bogen gespannt und Kränze aufgehängt. Es schien ein Festmahl für Jesus und die vom Pascha zurückgekehrten Freunde überhaupt.

Der Älteste führte Jesus in ein Seitengebäude, wo seine Frau und andere Frauen waren; auch einige Lehrer kamen hierher. Nachdem die verschleierten Frauen Jesus mit tiefer Verbeugung gegrüßt und Er einige freundliche Worte gesprochen hatte, kam ein Zug mit Kränzen geschmückter Kinder, auf Flöten und anderen Instrumenten spielend, und holten Jesus zur Mahlzeit. Die Tafel war schön mit Blumenbüschen und Gefäßen geschmückt, etwas höher als in Judäa; auch lagen sie dichter und nicht so ausgestreckt zu Tisch. Man wusch sich die Hände, und ich sah auch unter vielen anderen Speisen eine, wie ein Lamm, das Jesus zerlegte und auf runden Brotkuchen herumgab. Es schien mir schon zerschnitten und nur wieder zusammengelegt.

Es kamen aber die musizierenden Kinder wieder und unter ihnen auch blinde Kinder und solche, die sonst einen Mangel hatten. Es folgte ihnen eine Schar schöngeschmückter Mägdlein von acht bis zehn Jahren, worunter auch Töchter oder Enkelinnen des Wirtes. Sie waren alle in feine weiße, etwas schimmernde Stoffe gekleidet. Die Kleidung ist hier nicht so weit und hüllenartig, sie ist anders als in Judäa. Sie hatten die Haare in drei Teilen lang niederhängen, unten waren sie eingefasst und endeten mit einer Locke oder einem Schmuck, an dem allerhand kleine Zierrate, Quästchen, Perlen, oder rote Früchte hingen. Es schien dieses darum, dass die krausen Haare nicht so aufquellen sollten. Ich sah manche mit schwarzen und auch rotbraunen Haaren.

Mehrere dieser Mägdlein trugen eine große Krone, die von Kränzen und allerlei Zierwerk zusammengesetzt war. Sie war von festen Reifen gebildet, denn sie bog sich nicht zusammen. Von einem weiten Kreis stiegen Spangen aufwärts und schlossen sich an eine zweite Krone, aus der sich ein Strauß oder ein Fähnlein erhob. Ich meine nicht, dass es lebendige Blumen waren, wenigstens zum Teil nicht, denn vieles daran schien mir Seide, oder Wolle, auch Federn und mancherlei glänzendes Werk.

Die Mägdlein stellten diese große Krone wie einen Thronhimmel auf ebenso geschmückten Säulen über dem Sitze Jesu auf, und andere brachten Gewürze und Wohlgerüche in kleinen Schalen und alabasternen Krüglein, die sie vor ihm niedersetzten.

Ein Kind des Hauses zerbrach eine solche kleine Flasche über seinem Haupt und fuhr mit einem Tuch über seine Haare. Dann gingen sie wieder von dannen. Sie taten dieses ganz stille, ohne zu sprechen, und mit niedergeschlagenen Augen, ohne nach den Gästen zu schauen. Jesus ließ es stille geschehen und dankte mit einigen freundlichen, ruhigen Worten, worauf die Kinder sich wieder, ohne aufzublicken, nach dem Frauengemach begaben. Die Frauen aßen auch zusammen.

Ich sah Jesus und die Seinen nicht lange zu Tische liegen. Er sandte immer durch seine Jünger, welche schier immer den anderen dienten, Speisen und Getränke nach den Tischen der Ärmeren. Nachher ging auch Er von Tisch zu Tisch, teilte aus, lehrte und erzählte.

Jesus lässt einen Taufbrunnen bereiten und lehrt in der Synagoge

Nach der Mahlzeit gingen der Älteste und einige Lehrer mit Jesus und den Seinen hinaus nach den Wasserleitungen spazieren. Sie kamen von der Abendseite her. Die Stadt hat schlechtes Wasser. Es waren erstaunliche Bauwerke, wie große Brücken, woran sehr viele einzelne große Behälter, wie Zisternen, waren. Jeder Teil der Stadt hatte seine eigene Wasserstelle und Tröge. Bei einzelnen musste man pumpen, bei anderen Wasser einschöpfen. Die Behälter der Juden waren abgesondert.

Sie zeigten Jesus ihre Wasserbehälter und klagten über den Mangel und die schlechte Beschaffenheit und wünschten, dass Er es ihnen verbessern möge. Er sprach auch von einem neuanzulegenden Behälter, womit man beschäftigt war und wo Er taufen lassen wollte, und sprach ihnen von der Einrichtung. Von hier kehrten sie zur Synagoge zurück, denn der Sabbat begann. Die Schule war außerordentlich groß und schön, sie war mit vielen Lampen erleuchtet und voll von Menschen; außen umher liefen Terrassen und Treppen hinauf, so dass man von oben hineinschauen und zuhören konnte. – Alle diese Stellen waren von vielen Heiden besetzt und selbst unten hatten sich viele Heiden hineingedrängt und standen friedlich unter den Juden. Die Lehre war aus dem dritten Buch Moses von den Opfern und allerlei Gesetzen und aus Ezechiel. Anfangs lasen einzelne Lehrer und dann erklärte Jesus und lehrte so schön, dass alles ganz erschüttert war.

Außerdem lehrte Er auch von seiner Sendung und deren baldiger Vollendung. Sie glaubten, Er sei ein Prophet, aber sie meinten doch, Er müsse etwas mehr sein, Er müsse wenigstens der sein, welcher dem Messias vorangehen solle. Jesus erklärte ihnen, dass dieser der Vorläufer Johannes gewesen sei und sprach von allen Zeichen des Messias und woran sie ihn erkennen sollten, ohne ihnen jedoch bestimmt zu sagen, dass Er es selbst sei. Aber sie verstanden ihn und waren voll Ehrfurcht und frommer Scheu.

Nachher war Er noch mit seinen Jüngern bei dem Ältesten; sie aßen etwas Brot und einige Kräuter, worauf sie zu ihrer Wohnung gingen. Jesus betete noch immer abgesondert und viel in der Nacht. Ich habe den bestimmten Hergang am Abend etwas vergessen.

Im Ganzen ist Jesus mit ungemeiner Liebe hier empfangen worden. Alles drängt sich nach ihm und will ihm Ehre erweisen. Es ist hier keine Sekte, kein Streit. Er hat auch mehrere Kranke zu Hause geheilt. Juden und Heiden leben hier ganz vertraut, jedoch in abgesonderten Straßen. Die Juden haben zwei Straßen. Das Haus der Söhne des Cyrinus ist ein großes viereckiges Gebäude; sie haben Handel und Schiffe. Es ist hier ein anderer Baustil. Ich sah viele Türmchen und Spitzen, viele Gitterwerke und Gitterfenster und allerlei Mopsköpfe an den Gebäuden. (Sie meint: Fratzen, Löwenköpfe, heidnische Verzierungen.) Die Leute haben Jesus und den Jüngern bei ihrer Ankunft gleich Geschenke und Sohlen und neue Kleider gebracht. Jesus trug sie nur, bis die seinen ausgeschüttelt und gereinigt waren, denn Er gab sie dann den Armen.

Jesu frühes Morgengebet – Er lehrt in der Synagoge

3. Mai – (Auch heute erzählte Anna Katharina, dass sie sich auf einer langen Arbeitsreise nach Zypern befunden habe. Sie sei gestern auf der einen, heute auf der anderen Seite von Italien hinabgereist. Von da sei sie zuerst nach Judäa und dann nach Zypern gekommen. Sie sei zweimal übers Meer. Von ihren Arbeiten erinnere sie sich nur noch, dass sie viel mit Geistlichen in langen Kleidern, mit Gürteln und besonderen Kappen zu reden gehabt habe. Sie seien betend auf dem Felde gegangen, als suchten sie etwas aus, wie einer, der sich gerne niederlassen und anbauen will. Sie habe dieselben allerhand vornehmen Leuten weisen müssen

und ihnen Anschläge machen und Wege bereiten in einzelne Herzen. Sie meint, es können Jesuiten gewesen sein.)

Jesus stand, wie gewöhnlich, mit Tagesanbruch auf und betete sehr lange allein. So taten auch die Jünger. Wo Gelegenheit dazu ist, geht Jesus gewöhnlich ins Freie in ein abgesondertes Gebüsch und lehnt sich etwa gegen einen Felsen oder Rasenhügel. Er hebt meist die Hände empor und spricht gar innig und dringend zu Gott. Ich habe gar oft an ihm gesehen, wie recht und nachahmungswürdig das frühe Gebet ist.

Ich habe mir heute das Krankenhaus wieder angesehen, in dem Jesus gestern geheilt hat. Es ist ein Kreisgebäude rund um einen Gartenhof, in dessen Mitte ein Wasserbehälter ist. Dieser Behälter dient, um Badewasser daraus zu holen; zum Kochen und Trinken aber wird das Wasser immer noch vorher in großen Gefäßen durch gewisse Früchte, die sie hineinwerfen, gereinigt. In dem Garten um diesen Brunnen wachsen Arzneikräuter, welche sie brauchen.

Ein Drittel dieses Krankenhauses ist von weiblichen Kranken besetzt und durch zwei geschlossene Tore abgesondert. Außen um das Gebäude ist ein verdeckter Graben mit Morast, den man als Dünger auf die Felder führt. Hier heilte Jesus gestern nur einige Männer, welche gleich geheilt aufstanden, mit umhergingen und das Haus mit ihm verließen.

Heute am Morgen ging Jesus in die Synagoge. Sie war schon ganz voll von Juden und außenher von Heiden. Er lehrte so hinreißend von der Zeit der Gnade und der Erfüllung der Prophezeiungen, dass viele Menschen weinten. Er ermahnte zugleich zur Buße und Taufe. Außerdem wurde aus dem dritten Buche Moses und Ezechiel gelesen und erklärt. Die Lehre dauerte wohl an die drei bis vier Stunden.

Nachher ging Jesus mit einigen der Lehrer, mit den Seinigen, Cyrinus und dessen Söhnen zum Hause des Cyrinus, wo sie zu Gast geladen waren. Dieses Haus liegt zwischen der Juden- und Heidenstadt an einem Ende der letzteren. Salamis hat acht Straßen, wovon zwei jüdisch sind. Sie gingen auch jetzt nicht durch diese, sondern einen Weg, welcher zwischen der Heiden- und Judenstadt auf der Rückseite der Häuser, an den großen offenen Toren der Stadt vorüber, dahin führte. In diesen Toren waren viele Heiden, Männer, Frauen und Kinder sehr ehrerbietig versammelt. Sie grüßten und ehrten Jesus und die Seinen schüchtern aus der Entfernung. Sie hatten teilweise seine Lehre in der Schule gehört und hierauf die Ihrigen an die Tore geführt.

Halb in die heidnischen Stadtmauern gebaut liegt am Ende der Straße das große Haus des Cyrinus mit seinen Höfen und Nebengebäuden. Als man das Haus in der Ferne sehen konnte, nahten sich schon die Frau und die Töchter des Cyrinus und seine Diener und begrüßten Jesus und die Seinen. Cyrinus hatte fünf Töchter, Nichten und andere Verwandte; und alle diese Kinder hatten Geschenke bei sich, die sie, nachdem sie sich vor Jesus tief verbeugt hatten, vor seine Füße auf Teppiche, die sie ausbreiteten, niederstellten.

Es waren unter diesen Geschenken allerlei Seltenheiten, ich sah sie in allerhand Formen; es war Bernstein dabei, auch ein rotes Bäumchen auf einem Gestell, auch etwas, was ich neulich im Roten Meere gesehen. Es schien, als wolle jedes der Kinder das Liebste bringen, was es besitze, und weil sie es nicht alle bei Jesus anbringen konnten, so reichten sie es seinen Begleitern dar.

Das Haus des Cyrinus ist sehr weitläufig auf heidnische Weise gebaut, mit Vorhöfen und außen befindlichen Treppen. Oben auf dem Dach ist ein ordentlicher Garten von allerhand in Töpfe gepflanzten Gewächsen. Alles war festlich geschmückt. Der Tisch war höher als gewöhnlich und mit einem roten Tuch bedeckt und darüber war eine schimmernde, durchbrochene Decke, ich weiß nicht, ob von Seide oder feinem Strohgeflecht. Auch die Lager um den Tisch waren mehr auf heidnische Art und nicht so lang gestreckt. Es waren außer den Jüngern nur etwa zwanzig Männer; die Frauen aßen abgesondert.

Jesus im elterlichen Hause des Jonas und am neuen Taufbrunnen

Nach der Mahlzeit ging man wieder den gewöhnlichen Sabbatsweg zu den Wasserleitungen hinaus. Nun wurde Jesus mit den Jüngern von dem neuen Jünger Jonas zu dem Hause seines Vaters geführt, welches abgesondert von der Judenstadt in Gärten liegt. Es ist eine Art großes Bauernhaus und hat durch mehrere Absonderungen etwas von einem Kloster. Der alte Mann ist ein Essener. Bei ihm wohnen abgesondert mehrere schon ältere Frauen, sie scheinen verwandte Witwen, Nichten oder Töchter zu sein. Sie sind etwas verschieden gekleidet, ganz weiß und verschleiert.

Der Alte war ganz kindlich froh und demütig und ließ sich von seinen Kindern Jesus entgegenführen. Er wusste nicht, was er Jesus geben solle, er hatte keine Schätze. Er zeigte um sich her, auf sich, seinen Sohn und seine Töchter, als sage er: «Herr! Alles, was wir haben, wir selbst sind dein und mein Liebstes, ja mein Sohn ist dein.» Er lud Jesus und die Jünger auf morgen zu einem Mahl ein.

Von hier ging Jesus wieder nach der Wasserleitung und sprach mit den Vorstehern über die Einrichtung eines Badebrunnens, der nun fertig ist. Nur ist noch kein Obdach darüber und kein Wasser hinein gelassen. Sie mussten das Wasser auch von den Heiden erst erbitten oder kaufen. Es kommt von der Wasserleitung, diese ist hier in der Ebene ungefähr nur ein Stockwerk hoch und hat Behälter an beiden Seiten. Das Wasser kommt von Abend her aus dem Gebirge.

Der neue Badebrunnen, an welchem auch getauft werden soll, hat mehr als vier Ecken. Man steigt auf Stufen in ihn hinab; um ihn her sind muldenförmige Aushöhlungen, welche sich mit Wasser füllen, wenn man an dem mittleren Brunnen an einen Stempel drückt oder diesen bewegt. Das Ganze ist mit einem Wall umgeben, und es befindet sich an demselben auch noch ein schöner

Lehrplatz, mit Zeltdächern überspannt. Es waren viele Juden und auch Heiden dort versammelt, und Jesus sagte, dass Er morgen hier jene lehren werde, welche die Taufe empfangen wollten. Er hielt eine kurze Lehre. Die Juden, die ihm folgten, sprachen viel von Elias und Elisäus. Ich meine, dass diese Propheten auch hier gewesen sind.

Unterwegs hierher hatten sich hie und da jüdische Frauen mit Scharen von Kindern aufgestellt, die Jesus berührte, auch oft zu sich zog und segnete. Auch mehrere heidnische Lehrerinnen oder Mütter mit gelben Schleiern standen mit schlanken schönen Mägdlein und Knaben abgesondert, und Jesus segnete sie vorübergehend aus einiger Ferne.

Schluss des Sabbats in der Synagoge – Die Stimme Jesu

Von hier gingen alle mit Jesus zur Synagoge, den Sabbat zu schließen. Er lehrte abermals aus dem dritten Buche Moses und aus Ezechiel von den Opfern. Er sprach ganz wunderbar lieb und eindringlich und legte die Gesetze des Mose alle auf ihre Bedeutung und die jetzige Erfüllung aus. Er sprach vom Opfer eines reinen Herzens und wie die tausendfachen Opfer nichts mehr nützen könnten, man müsse seine Seele reinigen und seine Leidenschaften zum Opfer bringen.

Er schob keine Anordnung des Gesetzes bei Seite, als verwerfe Er etwas, Er löste alles auf und machte das Gesetz durch die Erklärung seines Inhalts nur noch ehrwürdiger und schöner. Er bereitete zugleich zur Taufe vor und ermahnte zur Buße, denn die Zeit sei nahe. Seine Reden und sein Ton waren hier, wie immer, gleich lebendigen, warmen und tief eindringenden Strahlen.

Er redete immer ungemein ruhig und kräftig, nie sehr schnell, außer manchmal mit den Pharisäern. Dann waren seine Worte wie scharfe Pfeile und seine Stimme strenger. Der Ton seiner Stimme ist ein sehr wohlklingender Tenor, ganz rein, und ohne seinesgleichen. Man hört ihn vor allen Stimmen aus einem großen Geräusch deutlich heraus, ohne dass Er schreit.

Die Lektionen und Gebete werden in den Synagogen in einem singenden Ton rezitiert, auf die Art wie die Chorgesänge und Messen der Christen, und manchmal singen die Juden auch wechselweise. Jesus las die Lektionen auch so.

Ein reisender Rabbiner gibt von Jesus Zeugnis

Nach Jesus begann noch ein alter, frommer Lehrer zu der Versammlung zu sprechen. Er hatte einen langen, weißen Bart, war hager, aber von freundlichem frommen Angesicht. Er war nicht von Salamis, er war ein wandernder, frommer, alter und armer Lehrer, der auf der Insel von Ort zu Ort zog, die Kranken besuchte, die Gefangenen tröstete, für Arme sammelte, die Unwissenden und Kinder lehrte, Witwen tröstete und in Synagogen Vorträge hielt. Dieser Mann wurde wie vom Heiligen Geist ergriffen und hielt an das Volk eine Rede zum Zeugnis von Jesus, wie ich es nie von einem Rabbiner öffentlich gehört habe.

Er führte ihnen alle Wohltaten des allmächtigen Gottes gegen ihre Väter und sie selbst nacheinander an, und forderte sie zum Danke auf, dass Er sie die Ankunft eines solchen Propheten und Lehrers habe erleben lassen, ja, dass dieser sich sogar erbarme, zu ihnen außerhalb des Heiligen Landes zu kommen. Er erwähnte das Erbarmen Gottes mit ihrem Stamme; denn sie waren aus Issachar, und forderte sie zur Buße und Bekehrung auf.

Ich erinnere mich, dass Er sagte, Gott werde jetzt nicht so strenge sein wie damals, als Er die Anbeter und Verfertiger des goldenen Kalbes geschlagen. Ich weiß den Zusammenhang nicht mehr davon, vielleicht dass viele aus Issachar unter jenen Götzendienern gewesen sind.

Er sprach auch gar wunderbar von Jesus und sagte, wie er ihn für mehr als einen Propheten halte, wie er nicht zu sagen wage, wer Er sei, wie die Erfüllung der Verheißungen nahe sei, wie alle sich selig preisen sollten, solche Lehren aus solchem Munde gehört, und die Hoffnung, den Trost Israels erlebt zu haben. Es war eine große Rührung unter dem Volk. Viele weinten vor Freude.

Es geschah dies in der Gegenwart Jesu, der unter seinen Jüngern ruhig bei Seite stand.

Nachher ging Jesus mit den Seinen, das Nachtmahl bei dem Ältesten zu halten. Das Gespräch war sehr lebhaft. Sie forderten Jesus auf, bei ihnen zu bleiben. Sie sprachen von den Worten einiger Propheten, von Verfolgungen und Leiden, die man auf den Messias deute, das werde doch an ihm nicht geschehen sollen! Sie fragten ihn, ob Er der Vorläufer des Messias sei. Er aber sprach von Johannes, und dass Er hier nicht bleiben könne. Ein Anwesender, der mit in Palästina gewesen war, kam auf den Hass der Pharisäer gegen Jesus zu reden und sprach hart gegen dieselben. Jesus aber verwies ihm seine Härte und sprach entschuldigend und ablenkend.

Hierbei fiel mir ein, dass ich heute der Aufwärterin zugehört, als sie bös von anderen sprach, und dass ich es ihr nicht sanft genug verwiesen habe. Ich dachte bei Jesu Reden: Ha! Ha! Das geht auf mich selbst. Noch ein andermal kam ich heute mit mir selbst in das Bild, das mir gezeigt wurde. Ich sah, dass an einigen Stellen die Leute anfingen, den Weizen abzuschneiden, es war aber noch nicht der eigentliche Erntetag, und ich dachte, das sind Hungerscherer, wie man bei uns wohl Leute nennt, welche früher als andere schneiden.

Ich sah aber hie und da so schöne und viel dickere Kamillenblumen, als bei uns im Felde stehen, und dachte, wenn mir Maria Katharinchen, mein Nichtchen, nur auch solche sammeln wollte für meine Augen, ehe sie schneiden! Auch war es mir so kurios, dass es jetzt hier im Mai sei, ich dachte an den Oktober, indem ich jetzt zu Hause in Dülmen lebe.

Der Weizen ist hier dick und buschig wie Rohr, es wird mit der Ähre nur ein paar Hand breit Stroh abgeschnitten. (Sie erwähnt noch eine Pflanze, buschig wie Erbsen stehend, mit langen Schoten, und beschreibt die Bohnen darin und noch viele andere Gewächse, aber zu unbestimmt und in ihren provinziellen Ausdrücken, dass es nicht wiederzugeben ist.) Wein wächst an den Abhängen sehr viel, auch Öl und Feigen in langen Reihen, auch viel Baumwollstauden und Bäume, viele andere Früchte und Obst. (Sie beschreibt auch Färbekräuter und Wurzeln und allerlei Beeren.)

In der Ferne sehe ich große Herden von Tieren gehen, ich meine es sind Schafe. Es muss wohl hier viel Kupfer oder anderes Metall geben, denn die Leute haben so viele gelbe Kessel. – Ich erinnere mich dunkel, als ob Lazarus, während Magdalena in der Höhle in Frankreich lebte, aus der Gegend von Marseille wegen eines Aufstandes hierher geflüchtet sei.

Die Heimat des Barnabas sehe ich drei Stunden etwa von hier im Land liegen, nahe an einem Wald, und ich meine sie haben mit Holzhandel und Zubereiten von Schiffsholz zu tun. Mnasons Eltern müssen noch weiter entfernt wohnen.

Vor Salamis sehe ich so erstaunlich lange Stricke winden, das ist wohl für Schiffe und Netze. Auch müssen Decken und Tücher da gemacht werden, es stehen längere Gerüste an einer Seite, wo allerlei Zeug daran hängt und weht.

Ich vergaß zu sagen, dass bei des Cyrinus Haus große Gewölbe sind, worin allerlei Gefäße mit Spezereien stehen, und vielerlei Würzkräuter. Er sammelte auch vieles am Tabor, und es wird da allerlei Wohlgeruch bereitet, es riecht wie bei einem Apotheker. Er handelt und bereitet Spezereien.

Taufe im Krankenhaus und am neuen Taufbrunnen

4. Mai: Ich sah Jesus sehr früh sich zum Gebet absondern. Meistens ist Er schon fort, wenn die anderen noch schlafen. Da fühlte ich so recht, wie Gott gefällig das frühe Gebet ist. Nachher ging Jesus mit den Jüngern in das Krankenhaus. Er heilte mehrere Kranke und bereitete sie am Brunnen im Hofe zur Taufe vor.

Mehrere traten mit ihm in einen Winkel des Gebäudes und bekannten ihre Schuld. Er ließ auch hier Wasser zur Taufe in Bademulden absondern, worin sie nachher von den Jüngern getauft wurden.

Hierauf sah ich Jesus zum neuen Taufbrunnen gehen, wo viele Leute noch mit allerlei Einrichtungen beschäftigt waren, wozu Er ihnen mancherlei Rat gab. Es versammelte sich aber sehr viel Volk um den Lehrhügel in der Nähe, denn es waren viele Leute aus der Gegend herangezogen, und es standen hie und da Haufen von Zelten und leichten Laubhütten bei den Wasserleitungen.

Sie waren gestern nach dem Sabbat in der Nacht schon herangezogen, teils um Jesu Lehre zu hören, teils ihrer Arbeit und Geschäfte wegen. Es waren Schnitter für die nahe Ernte darunter, auch Kaufleute und Marktleute, die sich wegen ihres Viehs bei der Wasserleitung lagerten. Es waren auch viele Heiden aus Salamis dabei und viele Juden aus der Judenstadt. Jesus lehrte bis gegen zehn Uhr unter einem Zeltdach die Versammlung, die auch unter Lauben, Zelten und Decken wegen der Sonne stand. Er lehrte von seiner Sendung, von Buße, Aussöhnung, Taufe, auch einiges vom Vaterunser und Gebet.

Jesus wird vom römischen Landpfleger in Salamis eingeladen

Es kam ein Heide, wie ein Soldat oder eine Gerichtsperson, zu den Vorgesetzten und sagte ihnen, dass der römische Landvogt in Salamis den neuen Lehrer zu sprechen wünsche und ihn zu sich entbiete. Er sagte dieses in einem ernsten Ton, als nehme er es ihnen übel, dass sie Jesus nicht gleich zu ihm geführt hätten. Sie ließen es durch die Jünger Jesus in einer Pause sagen, und Er antwortete, dass Er kommen werde und lehrte dann weiter.

Am Schluss der Lehre folgte Er mit den Jüngern und Ältesten dem Boten des Landvogts. Sie hatten wohl eine halbe Stunde auf dem Weg zu gehen, auf dem Jesus vom Hafen hierher gekommen war, bis sie an das Haupttor von Salamis kamen, welches ein hoher schöner Bogen mit Säulen ist.

Unterwegs, wo sie an vielen großen Mauerwerken und an Gärten vorüber kamen, sah ich hie und da heidnische Leute und Arbeiter warten und nach Jesus schauen, viele aber sich scheu bei seiner Annäherung hinter Büsche und Mauern verstecken.

In Salamis gingen sie wohl eine halbe Stunde hinein auf einen großen, freien Platz zu. Viele Menschen standen hie und da auf Galerien an den Vorhöfen hinter Gittern und in den Toren. An einigen Straßenecken und unter Bogen standen heidnische Frauen mit

Scharen mit Kindern, immer drei und drei hintereinander gestellt. Die Frauen beugten sich verschleiert vor Jesus; da und dort traten die Kinder und auch wohl die Frauen hervor und reichten Jesus oder seinen Begleitern kleine Gaben, die in Büchsen von Gewürz oder in Wohlgeruch in kleinen Büchsen, oder in kleinen braunen Kuchen und wohlriechenden Figuren von Sternen oder anderen Formen bestanden. Es muss dies wohl eine Sitte hier zu Lande, ein Zeichen ehrerbietigen Willkommens sein.

Jesus verweilte wenige Augenblicke mit freundlichen ernsten Blicken bei solchen Gruppen und segnete sie mit der Hand, ohne sie zu berühren. Ich sah hie und da Götterbilder stehen, sie waren aber nicht so wie in Griechenland und Rom, schöne nackte Bilder in menschlicher Gestalt, sie waren wie in Sidon, Tyrus und Joppe. Ich sah Figuren, die unten wie mit Flügeln oder Schuppen bedeckt in der Mitte dünner und gegürtet waren; sie hatten eine weibliche Brust und oben Arme und Strahlen, oder viele größere und kleinere Flügel. Ich sah auch einige gedreht, wie Wickelpuppen.

Tiefer in der Stadt schlossen sich immer mehr Menschen auf dem Weg Jesus an, und auf dem freien Platz kamen sie von allen Seiten angeströmt. In der Mitte dieses Platzes ist ein schöner Brunnen. Man steigt auf Stufen zu ihm hinab, und in der Mitte des Beckens wallt es auf. Es ist ein Säulendach darüber gebaut, und es sind offene Galerien und schöne Bäumchen und Blumen darum her. Der Zugang zu dem Brunnen ist geschlossen. Die Leute erhalten nur durch eine gewisse Bevorzugung von seinem Wasser, weil es das beste in der Stadt ist und für sehr heilsam gehalten wird.

Diesem Brunnen gegenüber steht der Palast des Landvogts mit Säulen. Auf einer großen, vorspringenden Terrasse unter einem Säulendach saß der römische Landvogt, ein Kriegsmann, auf einem steinernen Stuhl und sah Jesus ankommen. Er war weiß und knapp um den Leib gekleidet, hie und da mit roten Streifen. Sein Leibkleid ging bis an die Lenden und endete in Riemen oder Fransen. Die Beine waren geschnürt. Er hatte einen kurzen roten Mantel an und auf dem Kopf einen Hut auf die Art, wie ein Barbierbecken. Er war ein kräftiger, stämmiger Mann, mit einem kurzen krausen schwarzen Bart.

Ich sah hinter ihm und an den Stufen der Terrasse einige römische Soldaten. Alle Heiden waren erstaunt über seine Ehrerbietung vor Jesus; denn, als Er herankam, stieg der Landvogt die Terrasse hinab, fasste Jesu Hand mit einem Tuch, das er in seiner Hand hatte, und drückte dieselbe mit der anderen Hand, in welcher er das andere Ende des Tuches hatte, indem er sich etwas beugte und sodann mit Jesus zu der Terrasse hinauf ging. Er sprach nun ganz freundlich mit ihm und tat ihm mancherlei neugierige Fragen: er habe von ihm gehört, dass Er ein weiser Lehrer sei. Er achte das Gesetz der Juden. Er solle so große Wunder tun, ob die Gerüchte von ihm alle wahr seien? Wer ihm die Kraft dazu gegeben habe? Ob Er der verheißene Tröster, der Messias der Juden sei?

Die Juden erwarteten ja einen König, ob Er dieser König sei? Mit welcher Macht Er dann sein Reich in Besitz nehmen wolle? Ob Er Kriegsvolk habe irgendwo? Ob Er vielleicht hier in Zypern unter den Juden Volk sammeln wolle? Ob es noch lange währen solle, bis Er sich in seiner Macht zeigen werde?

Allerhand solche Fragen tat der Landvogt mit einem verbindlichen Ernst und sichtbarer Rührung und Ehrfurcht vor Jesus, welcher immer ganz allgemein und unbestimmt antwortete, wie Er sonst Obrigkeiten auf solche Fragen Antwort gab, z.B.:

«Du sagst es! So glaubt man. Die Zeit der Verheißung erfüllt sich. Die Propheten haben es so gesagt!» Auf die Frage von seinem Reich, seinem Kriegsvolk sagte Er, sein Reich sei nicht von dieser Welt, die Könige der Welt brauchen Krieger, Er sammle die Seelen der Menschen zum Reiche des allmächtigen Vaters, des Schöpfers Himmels und der Erde. Er ließ allerlei Lehren und tiefe Worte mit einfließen, und der Landvogt war ganz erstaunt über seine Worte und sein Wesen. Der Landvogt hatte unterdessen befohlen, eine Erquickung an den Brunnen auf dem Platz zu bringen, und lud Jesus und die Seinen ein, ihm dahin zu folgen.

Sie besahen den Brunnen und nahmen etwas Speise, welche auf einer mit einem Teppich belegten Steinbank aufgetragen war. Es waren mehrere braune Schalen mit Saft von der nämlichen Farbe, worin sie Kuchen tauchten. Auch aßen sie von armslangen und ein paar Zoll dicken Stangen, ich meine Konfekte oder Käse, auch Früchte und Backwerk in Figuren von Sternen und Blumen.

Es wurden kleine Krüge mit Wein aufgestellt. Andere Krüge von buntgeadertem Stoff, ganz von der Form wie die Krüge zu Kana, nur viel kleiner, wurden mit Wasser aus dem Brunnen gefüllt.

Der Landvogt sprach auch noch von Pilatus und dessen Gewalttätigkeit im Tempel und dem ganzen Wesen des Pilatus mit einer merklichen Missbilligung, auch von der eingestürzten Wasserleitung bei Silo.

Jesus hielt hier an dem Brunnen noch ein Gespräch mit ihm von dem Wasser und den verschiedenen Quellen, trüben und klaren, bitteren, salzigen und süßen und von dem großen Unterschied ihrer Wirkung, und wie sie in Brunnen gefasst und ausgeteilt würden; und Er kam hieraus auf die Lehre der Heiden und Juden und auf das Wasser der Taufe und die Wiedergeburt der Menschen durch Buße und Glauben, und wie sie dann alle Kinder Gottes würden. Es war eine wunderbare Lehre und hatte etwas von seiner Unterredung mit der Samariterin am Brunnen. Seine Worte machten großen Eindruck auf den Landvogt, welcher bereits den Juden sehr geneigt ist.

Nach zwölf Uhr ging Jesus mit seinen Begleitern nach des Esseners Haus, und der Landvogt wünschte, ihn öfters zu hören. Es war hier nicht eine so große Trennung zwischen Juden und Heiden, und von ausgezeichneten Heiden nahmen die verständigeren Juden und besonders die Anhänger Jesu auch in Palästina Speise und Trank an, jedoch hier wie dort immer nur in abgesonderten Gefäßen. Auf dem Rückweg begrüßten viele Heiden Jesus noch ehrerbietiger als vorher, durch das Betragen des Landvogts dazu aufgefordert.

Es gibt hier im Land ungemein viele Blumen. Aber sie machen auch sehr geschickt künstliche Blumen von bunter Wolle, Seide und Federchen. Ich sah die Heidenkinder, welche Jesus segnete, großenteils mit solchen Blumen geschmückt. Die Mägdlein wie die Knaben waren sehr kurz und dünn bekleidet; ganz kleine und ärmere gingen bis auf eine um die Mitte des Leibes geschlungene Binde ganz nackt. Die wohlhabenderen Mädchen hatten über einem Schürzchen ein dünnes leichtes, gelbliches, beinah durchsichtiges Röckchen nicht ganz bis an die Knie, und es war dieses am Gürtel und Rand und sonst hin und wieder reichlich mit solchen bunten Wollblumen benäht. Um die Brust und Schultern hatten sie auch ein Stück dünnes Zeug gekreuzt, und um die Arme und den Kopf meist Kränzchen von solchen Wollblumen.

Es muss hier einiger Seidenbau sein, denn ich sehe Bäume sorgsam an Mauern ausgebreitet, woran viele Würmer kriechen und sich nachher einspinnen; ich weiß aber nicht, ob es gerade Seidenwürmer sind.

Jesus im Hause des Vaters von Jonas

Jesus kam gegen zwei Uhr in das Haus des Esseners, des Vaters von Jonas. Es waren nur seine Jünger und einige Lehrer bei ihm. Er wurde mit Fußwaschen empfangen. Es war hier eine viel ländlichere, einfachere Wirtschaft als dort, wo Er früher bewirtet wurde. Es ist dies eine größere Essener-Familie von jenen, welche sich verehelichen, aber fromm und einfach und sehr enthaltsam leben. Die Frauen waren Witwen mit schon erwachsenen Kindern, sie waren Töchter des Alten, welche vereint mit ihm lebten.

Jonas, der Jünger, war ein späterer Sohn des Alten, und die Mutter war bei seiner Geburt gestorben. Er liebte ihn als einzigen Sohn um so mehr und war in großer Betrübnis um ihn gewesen, denn er war schon über ein Jahr abwesend gewesen. Er hatte ihn schon für verloren gehalten, als er durch Cyrinus, dessen Söhne ihn auf dem Fest und in Dabrath am Tabor gefunden hatten, von ihm Nachricht erhielt.

Der Jüngling war wie junge Lehrlinge gereist, hatte die Merkwürdigkeiten der heiligen Orte besucht, war in Judäa bei den Essenern gewesen, hatte das Grab Jakobs bei Hebron und das Grab der Rachel zwischen Jerusalem und Bethlehem besucht. Dieses lag damals noch am Wege, jetzt liegt es etwas abseits. Er hatte auch alles in Bethlehem sowie den Berg Karmel und den Tabor besucht. Er hatte von Jesus gehört und war bei einer Bergpredigt gewesen, ehe Jesus ins Land der Gergesener ging, war dann nach dem Osterfest mit den Söhnen des Cyrinus von Dabrath aus wieder bei der letzten Lehre bei Gabara gewesen, daselbst von Jesus zum

Jünger aufgenommen worden und so hierher zurückgekehrt. Das Mahl war in einer Art Garten mit langen dichten Heckenlauben, der Tisch war eine Erhöhung im natürlichen Rasengrund mit Decken auf Platten gelegt; ebenso waren die Lager an der einen Seite der schmalen Tafelfläche entlang, die einen kleinen Wall bildete, im Rasengrunde angebracht und mit Matten belegt.

Das Mahl war mit Kuchen, Brühe, eingetauchtem Grün, Lammfleisch, Früchten und kleinen Krügen sehr einfach. Die Frauen waren abgesondert, doch vertraulicher als sonst; sie trugen verschleiert das Essen auf und hörten nachher in einiger Ferne sitzend die Reden Jesu mit an. Es waren an den Seiten des Gartens ganze Reihen von einzelnen dichten grünen Laubzelten; ich meine, es ist bei dem Hause ein jüdischer Betgarten. Diese Familie ist eine ganze kleine Essener-Gemeinde; sie leben von Feldbau und Viehzucht, Weben und Spinnen.

Der Alte sprach mit Jesus unter anderm von Johannes' Ermordung und von den Propheten. Ich habe das Übrige vergessen.

Juden und Heiden werden getauft

Jesus ging von hier mit den Jüngern zu dem neuen Taufbrunnen und bereitete viele Juden durch eine Bußlehre zur Taufe vor. Ich habe auch gesehen, wie das Taufwasser von ihm gesegnet wurde. Um den mittleren Brunnen waren einige muldenförmige Becken, alle dem Boden gleich. Diese Becken waren mit kleinen Gräben umgeben, in welche die Täuflinge mit den Füßen traten. Man ging ein paar Stufen dazu hinab.

Am Rande des Beckens stand der Täufer und schöpfte auf den über das Becken gebeugten Kopf des Täuflings; die handauflegenden Paten standen hinter diesem. Durch das Öffnen oder Drücken eines Stempels in dem mittleren Brunnen trat das Wasser in die kleinen Gräben und die Becken. Ich sah an drei Becken durch Barnabas, Jakobus und Azor taufen. Vor der Taufe sah ich Jesus aus einem platten ledernen Gefäß, das sie aus Judäa mitgebracht hatten, ein wenig Jordanwasser von Jesu Taufstelle in die Becken gießen und das damit gemischte Wasser segnen. Nach der Taufe wurde nicht nur all dieses Taufwasser wieder in den Mittelbrunnen geschöpft, sondern auch mit einem Tuch das letzte aufgewischt und das Tuch in den Brunnen ausgewrungen. Ich sah die Täuflinge mit weißen Mäntelchen um den Oberleib.

Nachher sah ich Jesus in mehr westlicher Richtung zwischen Gärten und Mauern gehen, wo ihn mehrere Heiden erwarteten, welche durch die Bekanntschaft mit Cyrinus vorbereitet, auch die Taufe verlangten. Er ging mit einzelnen bei Seite und bereitete sie vor, und es wurden ihrer wohl dreißig von Barnabas in verschiedenen Gartengebäuden, wohin sie das Wasser in Badegefäßen hatten bringen lassen, getauft. Jesus segnete das Wasser.

Örtliches von Salamis – Ankunft einer Karawane – Jesus lehrt am Taufbrunnen

5. Mai: Außer den zwei Judenstraßen befindet sich noch eine ganze Judenstadt bei Salamis. An der einen Seite von Salamis ist ein ungemein dicker runder Turm mit allerhand Aufsätzen, er ist wie eine Festung. Es sind in der Stadt viele Tempel, besonders ein ungemein großer. Man kann von außen hinauf und auch von innen. Es sind sehr viele Säulen darin und einige so dick, dass sich Treppen und Stuben darin befinden und ein Teil des Volkes darin empor auf erhöhte Stellen steigen kann. Ich sehe ein paar Stunden von Salamis noch eine bedeutende Stadt.

Abendwärts vor der Stadt sah ich auch einen Zug Fremder ankommen, die sich in Zelthütten lagerten. Sie müssen von der anderen Seite der Insel kommen, ich meinte anfangs von Rom wegen der Richtung. Sie haben auch Frauen bei sich und viele dicke, langsame Ochsen mit breiten Hörnern und niedrigen Köpfen. Über den Rücken von zwei und zwei liegen Stangen, worauf sie Lasten tragen. Ich meine, dass sie teils wegen der Ernte gekommen sind, Waren gebracht haben und Getreide mitnehmen wollen.

Jesus hielt heute morgen eine sehr große Lehre vor den Juden und versammelten Heiden auf dem Lehrplatz am Taufbrunnen.

Er lehrte von der Ernte, von der Vermehrung des Getreides, vom Undank der Menschen, die größten Wunder Gottes so lau hinzunehmen, und wie es den Undankbaren ergehen werde gleich dem Stroh und Unkraut, man werde sie ins Feuer werfen. Er sprach auch, wie aus einem Korn endlich eine ganze Ernte werde, und wie alles aus einem allmächtigen Gott komme, dem Schöpfer Himmels und der Erde, dem Vater aller Menschen, ihrem Ernährer, Belohner und Strafer.

Er sprach auch, wie sie sich statt zu Gott dem Vater zu Geschöpfen, zu toten Klötzen wendeten und an den Wundern Gottes kalt vorüber gingen, und die glänzenden, aber doch so armseligen Werke der Menschen und jeden Gaukler, Zauberer anstaunten, ja ihm Ehre erwiesen.

Seine Rede kam hier auch auf die heidnischen Götter und alle ihre Meinungen von ihnen und ihre gänzliche Verwirrung, ihren Dienst und auf alle die Greuel, welche sie von denselben erzählten. Und nun sprach Er von den einzelnen Göttern und fragte und antwortete sich selbst in seiner Rede: «Wer ist denn jener? Wer dieser? und wer ist sein Vater?» und entwickelte die ganze Verwirrung ihrer Götterabstammungen und Familien, und was sie alles für Schändlichkeiten von ihnen sagten, und zeigte im Ganzen die elende Verwirrung und den Greuel, welcher nicht im Reiche Gottes, sondern allein im Reiche des Vaters der Lügen sei.

Er erwähnte die verschiedenen sich widersprechenden Bedeutungen dieser Götter und löste sie auf.

So streng und bestimmt Jesus sprach, so war doch alles so angenehm unterrichtend und so allgemein Gedanken erweckend in den Zuhörern, dass kein Ärgernis daraus entstehen konnte, denn Er lehrte gegen die Heiden hier viel milder als in Palästina.

Er sprach auch vom Beruf der Heiden zum Reiche Gottes, und dass viele Fremde vom Auf- und Niedergang die Stühle der Kinder des Hauses einnehmen würden, welche das Heil von sich stießen.

Es war aber eine Pause in der Lehre, da Jesus einige Bissen aß und trank und das Volk sich besprach. Da nahten sich einige heidnische Philosophen und fragten ihn Einiges, was sie nicht verstanden, und auch etwas, was sie von ihren Vorfahren als eine Aussage von Elias, der hier gewesen, gehört hatten. Ich habe es vergessen. Jesus belehrte sie darüber und fuhr nachher fort, von der Taufe zu lehren und auch vom Gebet, und zwar in Bezug auf die Ernte und das tägliche Brot. Viele Heiden sind durch seine Lehre ganz heilsam angeregt und zu einem fruchtbringenden Nachdenken gebracht worden; andere aber, denen sie nicht behagte, sind hinweg gegangen.

Ich sah nun, wie sehr viele Juden am Taufbrunnen getauft wurden. Jesus segnete das Wasser. Die Taufformel vergesse ich immer, Jahwe kommt darin vor. Drei standen immer um ein Becken, das Wasser in den Gräben ging ihnen bis an die Waden.

Jesus geht nach der Judenstadt

Jesus ging hierauf mit den Seinigen und einigen der Lehrer etwa eine halbe Stunde nördlich nach der abgesonderten Judenstadt. Es folgten ihm viele Zuhörer seiner Lehre und Er sprach fortwährend mit einzelnen Gruppen. Der Weg geht oft über erhöhte Stellen, und es liegen dann die Wiesen und Gärten tiefer, es stehen auch hie und da Reihen und einzelne hohe dicke Bäume am Wege, auf welche man hinauf steigt und schattige Sitze darin findet.

Ich habe mich manchmal in einen gesetzt, und da konnte man gar weit umher mehrere Ortschaften und die gelben Weizenfelder sehen. Einigemal geht der Weg auf breiten nackten Flächen von Felsen, und ich sah ganze Reihen von Zellen hineingehauen; es ist wohl für die Feldarbeiter. Vor der Judenstadt ist eine schöne Herberge oder ein Park, hier trat Jesu Gesellschaft ein und Er sagte den übrigen Begleitern, zurückzugehen. Die Jünger wuschen hier Jesus und einander die Füße, schürzten die Kleider nieder und folgten ihm hierauf in die Judenstadt.

Während der Fußwaschung sah ich in der Nähe dieses Hauses an einer Seite der Landstraße dem Ort entlang lange leichte Gebäude wie Schuppen, in welchen eine große Anzahl von jüdischen Frauen und Mägden beschäftigt waren, Obst auszusuchen, zu ordnen und aufzubewahren, das eine Art Sklavinnen oder Mägde in Körben aus verschiedenen Gärten oder Baumstücken herbei trugen. Es waren allerlei Früchte, große und kleine, auch Beeren. Sie sonderten gute und schlechte aus, machten allerlei Abteilungen, legten einiges sogar wie in Baumwolle auf Gestellen übereinander. Andere hatten mit Baumwolle selbst zu tun, die sie auseinander zupften und verpackten.

Ich bemerkte dabei die Hausfrauen alle verschleiert, sobald sich die Männer auf der Landstraße zeigten. Es waren mehrere Abteilungen in den Schuppen. Es schien mir ein allgemeines Obsternte-Haus, wo sie auch den Zehnten und Almosen absonderten. Es war eine große Geschäftigkeit dort.

Jesus ging mit seiner Gesellschaft zu den Wohnungen der Rabbiner an der Synagoge. Der älteste Rabbiner empfing ihn höflich, aber mit einer unangenehmen Zurückhaltung. Er bot Jesus die gewöhnliche Erquickung und sprach einiges obenhin mit ihm von seinem Besuch dieses Landes und von seinem großen Ruhm. Jesu Ankunft war aber bekannt, und mehrere Kranke baten um seine Hilfe. Da ging Jesus mit den Rabbinern und den Jüngern in die Häuser dieser Leute, heilte mehrere Lahme und Gichtbrüchige.

Die Geheilten und ihre Familien folgten ihm aus den Häusern nach und riefen sein Lob aus. Er wies sie aber zurück und ließ es ihnen verbieten. Auf den Straßen traten ihm auch Frauen mit Kindern entgegen, und Er segnete sie, und einzelne trugen ihm kranke Kinder zu, die Er heilte.

Festmahl bei dem Rabbiner

So ging der Nachmittag hin bis gegen Abend, da Jesus dem Rabbiner zu einem Ehrenmahl folgte, welches wohl auch teils mit der beginnenden Ernte zusammenhing. Es wurden auch die Armen und Arbeitsleute dabei gespeist und Jesus lobte diese Gewohnheit sehr. Sie wurden truppenweise vom Feld geholt und erhielten Speise an einzelnen langen Tischen, wie Steinbänken. Jesus diente ihnen oft mit den Jüngern und lehrte sie mit kurzen Sprüchen und Parabeln. Es waren noch mehrere jüdische Lehrer bei dem Mahl, doch die ganze Schar hier war nicht so wohlgesinnt und offen wie die Juden in der Herberge Jesu in Salamis. Sie hatten etwas Pharisäisches, und nachdem sie etwas warm geworden, führten einzelne anzügliche Reden; ob Er denn nicht mehr bequem in Palästina habe bleiben können? Was Er denn hier bei ihnen suche? Er möge doch keine Unruhen hier machen! Und ob Er denn lange hier zu bleiben gedenke? Auch berührten sie allerlei Punkte seiner Lehre und seines Wandels, welche die Pharisäer in Palästina immer auftischten. Jesus antwortete wie gewöhnlich, und scharf treffend oder gelinder nach dem Maß ihrer Höflichkeit. Er sagte, dass Er gekommen sei, die Werke der Barmherzigkeit zu üben und zu tun, wie der Vater im Himmel es wolle. Das Gespräch war sehr lebhaft und führte eine strenge Straflehre Jesu herbei, wobei Er jedoch ihre Milde gegen die Armen und alles Lobenswerte lobte, alle Heuchelei aber rügte. Es war schon spät, als Jesus mit den Seinen zurückkehrte. Die Rabbiner geleiteten ihn bis zum Tor.

Die Götzenpriesterin Merkuria

Als Jesus mit den Jüngern wieder in der Herberge war, kam ein heidnischer Mann zu ihm und bat ihn, einige Schritte mit ihm zu einem Garten zu gehen, wo ihn eine Person erwartete, die ihn in ihrer Bedrängnis um Hilfe anflehe.

Jesus ging mit den Jüngern zu dem Ort, und da Er zwischen Mauern am Wege eine heidnische Frau stehen sah, welche sich vor ihm beugte, ließ Er die Jünger etwas zurücktreten und fragte die Frau, was ihr Verlangen sei. Es war dies eine sehr wunderliche Frau, sie war ganz ohne allen Unterricht, tief im Heidentum, und zwar im schändlichsten Dienste befangen. Es war eine Unruhe durch Jesu Anblick in sie gekommen, sie hatte ein Gefühl, dass sie im Unrecht sei; aber sie war ohne einfachen Glauben und hatte eine sehr verwirrte Art, sich anzuklagen.

Sie sagte zu Jesus, sie habe gehört, dass Er der Magdalena geholfen habe und auch der Blutflüssigen, die nur seinen Saum berührte; sie bitte ihn auch um Hilfe, sie könne nicht mehr den Dienst der Göttin ertragen. Sie erkenne, dass die Forderungen dieses ausschweifenden Dienstes unrecht seien. Sie bitte ihn, Er möge sie heilen und belehren; aber Er könne sie vielleicht nicht heilen, weil sie nicht körperlich krank sei, wie die Blutflüssige.

Sie bekannte, dass sie verheiratet sei und drei Kinder habe, das eine aber sei ohne Wissen ihres Mannes im Ehebruch erzeugt. Sie habe auch Umgang mit dem römischen Landvogt.

Als Jesus gestern in Salamis zum Landvogt gegangen, habe sie hinter einem Fenster stehend ihn erblickt und einen Glanz um sein Haupt gesehen. Da sei sie heftig erschüttert worden. Sie habe anfangs gedacht, es sei dies Liebe zu ihm, bei diesem Gedanken aber sei eine schreckliche Angst über sie gekommen, und sie sei ohnmächtig niedergestürzt. Als sie zu sich gekommen, sei ihr ganzes Dasein und Leben ihr so fürchterlich vorgekommen, dass sie keine Ruhe mehr gehabt habe. Sie habe ihm nachgefragt und von jüdischen Frauen die Heilung Magdalenas und der blutflüssigen Frau (Enue von Cäsarea-Philippi) gehört.

Sie flehe ihn nun auch an, Er möge sie, wenn möglich, heilen. Jesus sagte ihr, der Glaube der blutflüssigen Frau sein einfach gewesen, sie habe keine lange Wahl und Erklärung gemacht, sie sei heimlich heran gekrochen und habe fest geglaubt, wenn sie nur den Saum seines Kleides berühre, werde sie genesen, und ihr Glaube habe ihr geholfen.

Die törichte Frau sagte Jesus noch, wie Er das aber habe wissen können, dass sie ihn berührt, und dass Er ihr geholfen habe, und hatte gar keinen Begriff von Jesus und seiner Macht. Aber sie verlangte doch herzlich um Hilfe.

Jesus aber wies sie zurück, befahl ihr, ihrem schändlichen Leben zu entsagen, sprach ihr von Gott dem Allmächtigen und seinen Geboten: Du sollst nicht ehebrechen. Er stellte ihr den ganzen Greuel der Unzucht vor, gegen den sich selbst ihre Natur in dem unreinen Dienst ihrer Götzen empöre, und Er traf sie mit so ernsten und zugleich barmherzigen Worten, dass sie weinend und ganz zerknirscht von dannen ging.

Sie hieß Merkuria und war eine große Frau von etwa fünfundzwanzig Jahren. Sie war in einen weißen Mantel gehüllt, hinten breit und lang, vorn etwas abfallend; er bildete um den Kopf eine Kapuze. Die übrige Kleidung war auch weiß, doch alles mit bunten Rändern. Diese Stoffe sind bei den Heidinnen so weich und anschmiegend, dass man ganz ihren Wuchs sieht.

Die hl. Katharina ist aus Salamis, ich habe ihre Vorfahren jetzt schon als Heiden hier empfunden.

Es wird hier an verschiedenen Brunnen getauft werden. Das Volk lagert an verschiedenen Stellen.

6. Mai: Heute am Morgen wurde am Brunnen von den Jüngern getauft. Ich sah Jesus an verschiedenen Stellen hier und bei den Wasserleitungen lehren. Er lehrte noch hauptsächlich in Ernteparabeln und vom täglichen Brot, vom Manna, vom Brot des Lebens, welches kommen werde, von einem Gott. Es wurden auch die Arbeiter haufenweise zur Ernte verteilt, und ich sah Jesus die vorüberziehenden Scharen lehren.

Die Leute, welche hier in Zelten lagen, waren Juden, die um Jesu willen hergekommen waren. Sie hatten auf ihren Lasttieren auch Kranke mitgebracht, und diese waren heute auf Tragbetten unter Zeltdecken und Bäumen in der Nähe des Lehrplatzes ausgestellt. Jesus heilte wohl an die zwanzig Lahme und Gichtkranke.

Heidnische Philosophen fragen Jesus über ihren Götzendienst – Er belehrt sie über das Wesen des Heidentums und seiner falschen Götter – Geschichte der Derketo

Gegen zehn Uhr wurde Jesus von mehreren gelehrten heidnischen Männern angesprochen, welche zum Teil seine gestrige Lehre angehört hatten. Sie baten ihn, Verschiedenes zu erklären, und hatten mit ihm, in der Nähe der Wasserleitung in allerlei Spazierwegen wandelnd, ein langes Gespräch von ihren Göttern, besonders von einer Göttin, die hier aus dem Meer gestiegen sei, und von einer anderen mit dem Fischleib im Tempel, welche Derketo[8] heißt. Auch fragten sie über eine Erzählung, welche unter den Juden von Elias umgehe, dass er eine Wolke aus dem Meer habe steigen sehen und dass dies eine Jungfrau gewesen sei.

Sie möchten doch wissen, wo sie niedergefallen sei, denn aus ihr solle ein König und Helfer der ganzen Erde kommen, und nach den Rechnungen sei jetzt die Zeit. Auch mischten sie eine Geschichte darunter von einem Stern, den ihre Göttin habe auf Tyrus fallen lassen, und ob das wohl jene Wolke sei.

Einer sagte, man rede jetzt von einem Schwärmer in Judäa, welcher die Wolke des Elias und die Zeit benütze und jener König zu sein vorgebe. Jesus tat nicht, als wenn Er dieser sei, aber Er sagte doch: jener Mann sei kein Schwärmer, der Falsches vorgebe. Man rede viel Unwahres von ihm, und der Sprecher selbst sei auch falsch unterrichtet. Aber es sei jetzt die Zeit, da die Propheten erfüllt würden. Der Fragende war ein schlechtgesinnter Mann, ein Schwätzer, er ahnte nicht, dass er mit Jesus rede, den er verleumdete; er hatte nur allgemein von ihm gehört.

Diese Männer waren Philosophen, welche die Wahrheit ahnten und ein Gemisch von Glauben an ihre Götter hatten und sie doch auch wieder in allerlei Bedeutungen auflösen wollten. Es waren aber alle die Personen und Götzen, welche sie erklären wollten, ganz durcheinander gekommen und vermischt, und so wollten sie gar noch die Wolke des Elias und die Mutter Gottes, von der sie jedoch nichts wussten, mit in den Wirrwarr hineinziehen.

Sie nannten ihre Göttin (die Derketo) auch die Königin des Himmels. Sie sprachen von ihr, wie sie alle Weisheit und Lust auf die Erde gebracht habe, wie ihre Anhänger nicht mehr erkannt hätten, wie sie alles vorher gesagt habe, auch dass sie ins Wasser werde hinabsteigen und als ein Fisch wiederkehren und ihnen dann ewig nahe sein, und wie das auch geschehen sei. Ihre Tochter, die sie im heiligen Dienst empfangen, sei Semiramis, die weise allmächtige Königin von Babylon.

Es war wunderlich, dass ich die ganze Geschichte der Göttinnen, während sie sprachen, ganz so sah, wie sie wirklich entstanden sind und gelebt haben, und ich war daher immer ganz ungeduldig, den Philosophen ihren groben Irrtum zu sagen. Sie kamen mir so erstaunlich dumm vor, dass sie das nicht auch sahen, und ich dachte immer: das ist doch so deutlich, so klar, das will ich nun alles erzählen! Dann dachte ich wieder: du darfst nicht dreinschwätzen, diese gelehrten Männer müssen es doch besser wissen! Und so zerquälte ich mich während des Gespräches mehrere Stunden, und jetzt weiß ich nichts mehr ordentlich davon.

Jesus legte ihnen ihre ganze Verwirrung und Torheit auseinander. Er erzählte ihnen die Geschichte der Schöpfung, von Adam und Eva, von dem Sündenfall, von Kain und Abel, von den Kindern Noes, dem babylonischen Turmbau, von der Ausscheidung der Bösen und der Steigerung der Gottlosigkeit, und wie sie, um den Zusammenhang mit Gott, von dem sie abgefallen, wieder herzustellen, allerlei Götter erfunden hätten, aber vom bösen Geist in die größten Irrwege gebracht worden seien, wie aber die Verheißung vom Nachwuchs des Weibes, der der Schlange das Haupt zertreten solle, all ihr zauberisches Dichten, Trachten und Wirken durchziehe, und daher die vielen Figuren auftreten, welche der Welt Heil bringen sollten, aber nichts als größere Sünden und Greuel aus der unreinen Quelle brächten, aus der sie selbst geschöpft worden seien.

Jesus sprach von der Absonderung Abrahams und der Erziehung eines Stammes der Verheißung, von der Führung, Erziehung und Reinigung der Kinder Israels, von den Propheten, von Elias und seiner Prophezeiung und von der jetzigen Zeit, der Zeit der Erfüllung. Er sprach so einfach, so überzeugend und eindringend, und es ging einzelnen Philosophen viel Licht auf, andere aber verwirrten sich wieder in ihren Geschichten. Jesus sprach bis gegen ein Uhr mit ihnen, und ich meine, einige von ihnen werden glauben und sich bekehren. Sie sind aber in ihren tiefsinnigen Erklärungen von allerlei törichten verwirrten Dingen gar sehr verwickelt. Jesus hat jedoch ein Licht in ihre Seelen geworfen, indem Er ihnen nachwies, dass in den gefallenen Menschengeschlechtern und ihrer Geschichte immer noch eine Spur, mehr oder weniger richtig, von den Absichten Gottes mit den Menschen geblieben sei.

Und wie sie, in einem Reiche der Finsternis und Verwirrung lebend, allerlei Unformen und Greuel des Götzendienstes ergriffen hätten, welche mitten durch ihre Torheit doch noch den äußeren Schein der verlorenen Wahrheit bieten, während Gott sich der Menschen erbarmend, aus den wenigen Reinen ein neues Volk sich gebildet habe, aus welchem die Verheißung in Erfüllung gehen werde. Er zeigte ihnen, dass diese Zeit der Gnade jetzt da sei, wer Buße tue und sich bekehre und die Taufe empfange, der werde neu zu einem Kind Gottes geboren.

Ich sah während dieses ganzen Gespräches Bilder von der Lebensgeschichte dieser Götzen, welche hier verehrt wurden, und sah sie in einer gewissen Nebenbildlichkeit mit heiligen Erscheinungen von Propheten und wohltätigen Vätern des Menschengeschlechts. Ich sah dies so, als wenn leeres Stroh neben gutem Weizen aufwächst und die einzelnen Knoten der beiderseitigen Halme in der gleichen Höhe oder zu derselben Zeit sich bilden. Ich sah, als die Kinder Noes sich schon verteilt hatten und Niederlassungen bildeten, unter den bösen Geschlechtern allerlei Zaubergreuel entstehen. Sie verwickelten sich immer mehr in Laster und Greuel und waren in stetem eigenen Dichten und Sinnen. Ich sah einzelne Spuren der heiligen Geheimnisse Noes und Sems in greulicher Missgestaltung bei ihnen.

Ich sah bei ihnen abgöttische, unzüchtige Grübeleien und zauberische Handlungen und Vermischungen, mit Kinderopfern verbunden, um einen heiligen Stamm zu erzeugen. Ich sah eine große Menge ganz in ein finsteres, teuflisches Reich versinken, welche allerlei prophetische fernsehende Zustände hatten und nach allen Seiten hinwirkten und verwirrten. Ich sah besonders ihre Gaukeleien an Wasserspiegeln, wie sie hineinschauten und wunderbare, glänzende, scheinbare Gesichte hatten.

Sie trieben auch ihre Laster meistens bei solchen Wasserspiegeln nach gewissen Prophezeiungen und Sterngesichten. Aus solchen Verbindungen, welche oft erzwungen waren durch Raub und Gewalt an anderen Stämmen, kamen nun ganz merkwürdige Geschöpfe von erschrecklicher Gewalt und sinnlicher Kraft, die sich wieder ganz einem solchen Dienst von Jugend auf opferten.

So entstand durch mehrere Geschlechter ein Stamm von gewaltigen zauberischen, sozusagen übernatürlichen Menschen, die in vertrauter Verbindung mit den bösen Geistern die anderen beherrschten, führten und täuschten. Sie lebten in einem Rausch, den sie selbst nicht kannten, denn sie waren meist in einem tierischen, abgründigen, magisch hellsehenden Zustand.

Von Derketo bis Semiramis sah ich drei Geschlechter, und eine die Tochter der anderen. Ich sah Derketo, ein großes, gewaltiges

Weib, in Tierfelle mit vielen hängenden Riemen und Tierschweifen gekleidet und einer Mütze von Vogelfedern auf dem Haupt, mit vielen anderen Weibsleuten und Männern aus der Gegend, wo nachher Babylon stand, hervorbrechen. Sie war in stetem Prophezeien, Sehen, Stiften, Opfern und Herumstreifen begriffen.

Sie trieben einzelne Geschlechter mit ihren Herden mit sich fort, weissagten gute Wohnplätze, türmten hohe Steine auf, die oft ungeheuer waren, opferten und trieben Unzucht. Alles zog sich zu ihr hin; sie war bald hier, bald dort und wurde überall verehrt und hatte eine späte Tochter in ihren Greuelzuständen empfangen, welche nachher ihre Rolle fortspielte.

Ich sah dieses ganze Bild mehr in einer Ebene, wodurch der Anfang dieses Greuels bedeutet wurde. Ich sah sie zuletzt als ein altes furchtbares Weib in einer Art Stadt am Meer wieder am Wasser ihre Zauberei treiben und in einem ekstatischen teuflischen Zustand vor allem Volke verkünden, dass sie für alle sterben und sich opfern wolle; sie könne nicht bei ihnen bleiben, sie werde sich aber in einen Fisch verwandeln und als solcher immer in ihrer Nähe sein. Sie ordnete auch den Dienst an, den man ihr erweisen sollte, und stürzte sich vor allem Volk ins Meer.

Es waren bei allen diesen Prophezeiungen Geheimnisse und allerlei Bedeutungen vom Wasser. Ich sah auch, dass sich bald nachher ein Fisch erhob, und dass das Volk ihn mit allerlei Opfern und Greueln begrüßte, und dass aus allem dem Zeug der Derketo eine ganze Abgötterei wurde.

Nach ihr sah ich eine andere, ihre Tochter, auf einem niederen Berg erscheinen. Dies deutete auf einen schon gewaltigeren Zustand. Es war dies unter Nimrods Zeiten, ich meine auch, sie waren aus einem Geschlecht. Diese sah ich mit allerhand ähnlichem Treiben wie Derketo, doch noch ungestümer und wilder.

Sie war meistens mit ganz großen Scharen jagend, und herumziehend, oft hundert Meilen weit gegen die Tiere fechtend, dazwischen opfernd, Unzucht treibend, zaubernd und weissagend.

Es wurden dabei allerlei Plätze gegründet und allerlei Götzendienerei eingerichtet. Diese sah ich gegen ein Nilpferd kämpfend ins Meer stürzen. Ihre Tochter war Semiramis, auch im Götzendienst empfangen. Diese sah ich auf einem hohen Berg mit allen

Reichen und Schätzen der Welt umgeben, als wenn der Teufel sie ihr zeige und gäbe, und sah sie den ganzen Greuel dieser Rasse in Babylon vollenden.

In den ersten Zeiten waren solche Zustände ruhiger und bei vielen; später wurden sie in Einzelnen ganz gewaltig. Diese wurden nun Führer und Götter der anderen und gründeten allerlei Götzendienste auf ihre Gesichte; wirkten auch hie und da äußerlich allerlei Kunst, Gewalt und Erfindung, denn sie waren voll des bösen Geistes. Hieraus entstanden ganze Stämme, erst von Herrschern und Priestern zugleich, später nur Priester-Geschlechter. Ich habe in der ersten Zeit mehr Weiber als Männer solcher Art gesehen, und diese waren überall in einem inneren Zusammenfühlen, Wissen und Wirken. Vieles, was man von ihnen sagt, sind unvollkommene Darstellungen ihrer ekstatischen oder magnetischen Äußerungen über sich, ihren Ursprung und ihr Treiben, teils von ihnen selbst, teils von anderen Teufelssomnambulen über sie ausgesprochen.

Auch die Juden hatten in Ägypten viele geheime Künste. Mose aber rottete sie aus und war der Seher Gottes. Bei den Rabbinern aber blieb Vieles davon als Sache der Gelehrten. Später wurde es bei einzelnen Völkern ein niedriges, armes Treiben und spukt noch hie und da in der Hexerei und als Aberglauben. Es ist aber alles aus demselben Baum des Verderbens gewachsen, aus dem einen niederen Reich. Ich sehe auch alle ihre Bilder dicht über oder gar unter der Erde. Es ist auch im Magnetismus ein Element davon.

Jenen ersten Götzendienern war das Wasser so heilig. Alle ihre Dienste übten sie beim Wasser, und der Anfang der prophetischen und Visions-Zustände war immer ein Sehen ins Wasser. Sie hatten bald eigens geweihte Teiche dazu. Später wurden diese Zustände bleibend, und sie sahen auch ohne Wasser ihre bösen Gesichte.

Ich habe bei dieser Gelegenheit von ihren Gesichten gesehen, und es ist ganz kurios, es ist dann, als wenn unter dem Wasser die ganze Welt nochmals wäre mit allen Dingen, die oben sind, aber alles ganz in einen finsteren, bösen Kreis gehüllt. Es steht Baum unter Baum, Berg unter Berg, Wasser unter Wasser. Ich sah, dass diese zauberischen Weiber alles so sahen, Kriege, Völker, Gefahr, wie solche Gesichte jetzt auch gesehen werden, nur, dass sie alles gleich taten und wahr machten, was sie sahen.

Sie sahen: dort ist ein Volk, das könnt ihr unterjochen, jenes überfallen, dort eine Stadt bauen. Sie sahen ausgezeichnete Männer und Weiber, und wie sie dieselben erlisten und sich zu Willen machen sollten, ja allen den Teufelsdienst, den sie trieben, sahen sie voraus. So sah die Derketo voraus, dass sie sich ins Wasser stürze und ein Fisch werde und tat es auch. Selbst ihre Greuel sah sie im Wasser voraus und übte sie dann.

Die Tochter der Derketo lebte schon mehr in einer Zeit, da man große Dämme baute und Wege machte. Sie streifte bis nach Ägypten hinein, und ihr ganzes Leben war ein Ziehen und Jagen. Ihr Anhang gehört zu jenen, die Hiob in Arabien so sehr beraubten. In Ägypten kam dieses alles recht in eigenes festes Wesen, und man war so darin versunken, dass viele solche Hexen auf kuriosen Sitzen vor allerhand Spiegeln in Tempeln und Kammern saßen, und dass alle ihre Gesichte, während sie noch darin begriffen waren, von hunderten von Menschen, denen Priester immer die Sachen berichteten, in steinerne Wände von Höhlen gehauen wurden.

Es ist auch seltsam, dass ich alle solche schreckliche Hauptwerkzeuge der Finsternis in einer unbewussten Gemeinschaft zu einander sah, und dass ich an verschiedenen Orten von Verschiedenen aus ihnen dieselben oder ähnliche Händel treiben sah, nur mit einigem Unterschied der Landesart und bösen Bedürfnisse der Völker. Einige Völker waren jedoch nicht so tief in diesen Greueln und der Wahrheit näher, z.B. jene, aus denen die Familie Abrahams, das Geschlecht Hiobs und der Drei Könige herkommen, wie auch die Sterndeuter, die Jesus noch in Chaldäa traf, und die den Glanzstern (Zoroaster) hatten.

Als Jesus Christus auf die Erde kam, und als die Erde mit seinem Blut begossen war, nahm die wilde Kraft dieses Treibens sehr ab, und es wurden diese Zustände matter. Mose war von Kindsbeinen an ein Sehender, aber ganz in Gott, und folgte immer dem, was er sah.

Derketo, ihre Tochter und ihre Enkelin Semiramis wurden sehr alt nach Art jener Zeit. Sie waren gewaltige, große, mächtige Menschen, die uns jetzt schier einen Schrecken mit ihrer Schönheit machen würden. Sie waren unbegreiflich kühn und stürmend und frech und handelten mit einer ungemeinen Sicherheit immer in ihrem bösen Geist vorhersehend, zuversichtlich, denn sie fühlten sich ganz erwählt und als Götter. Sie waren ganz eine Wiederholung jener noch rasenderen Zaubermenschen auf dem hohen Gebirge, welche durch die Sündflut umkamen.

Der Weg der Erlösung und des Heiles

Rührend ist es zu sehen, wie die gerechten Altväter sich mitten durch diese Greuel auch mit vielen Offenbarungen Gottes, aber unter stetem Kampf und Leiden durchwinden mussten, und wie das Heil auf verborgenen, mühsamen Wegen endlich zur Erde kam, während jenen Teufelsdienern alles äußerlich gelang und zu Diensten war.

Als ich alles dieses sah und den ungeheuren Wirkungskreis um diese Göttinnen und den großen Dienst, den sie über der Erde hatten, und daneben nun die kleine Schar Mariä mit deren Vorbild in der Wolke des Elias diese Philosophen ihren Lügengreuel zusammenbringen wollten, und Jesus, die Erfüllung aller Verheißungen, arm und geduldig lehrend vor ihnen stehen sah, und dem Kreuz entgegen gehen – ach! Das war mir sehr traurig, und war doch nichts als die Geschichte der Wahrheit und des Lichts, das in die Finsternis geleuchtet, und das die Finsternis nicht begriffen hat bis auf den heutigen Tag! Aber unendlich ist die Barmherzigkeit Gottes. Ich habe gesehen, dass in der Sündflut sehr viele Menschen durch Schrecken und Angst sich bekehrt und ins Fegfeuer gekommen sind, die Jesus bei der Höllenfahrt erlöst hat. Es blieben sehr viele Bäume in der Sündflut auf ihren Wurzeln stehen, die ich nachher wieder grünen sah; die meisten sind verschlammt und verschüttet.

Ein Sinnbild über dieses Gesicht

Ich sah am Ende dieses Gesichtes von der Fischgöttin Derketo noch ein Bild, von dem ich nur weiß, dass der Pilger mir einen wunderlichen großen Fisch mit einem sehr seltsamen Kopf auf mein Bett legte, und dass ich ihn teilen wollte, wobei mir das Fleisch der einen Seite auseinanderfiel, dass ich aber den Schwanz des Fisches ergriff und das Gerippe ganz zusammenbehielt. Die Haut rollte ich auf und sagte: das Fleisch wollen wir den Kindern geben, das Gerippe stellen wir zur Bewunderung und Belehrung auf.[9]

Jesus hatte schon vor diesem Gespräch gleich nach der Taufe den Barnabas und die anderen Jünger entlassen. Jakobus der Jüngere hatte noch zu taufen. Barnabas und die anderen gingen einige Stunden Wegs nach Chytrus, wo des Barnabas' Familie wohnt. Jesus hatte nur den Jünger Jonas und einen Jünger aus Dabrath bei sich. Den hatte sie, wie es scheint, bei der Überfahrt vergessen zu melden.

Jesus lehrt die Erntearbeiter auf den Feldern

Jesus wurde nochmals gebeten, mit dem Landvogt zu sprechen. Er schlug es aber aus und ging etwa eine halbe Stunde vor Salamis abendwärts hinaus in eine reiche fruchtbare Gegend, wo eine Art zerstreute Bauernschaft lag und überall das Volk mit der Ernte beschäftigt war. Es waren meistens Juden, deren Felder hier zu liegen scheinen. Die Gegend ist sehr angenehm und anders angebaut als bei uns.

Das Getreide wuchs auf sehr hohen Rücken, wie auf Wällen, und zwischen diesen waren tiefe, mit vielen Obst-, Öl- und anderen Bäumen umgebene und bepflanzte Weideplätze voll Vieh, das da, wie eingepfercht, schön im Schatten ging und keinen Schaden anrichten konnte. Auch sammelte sich dort Wasser und Tau in den Wiesen. Ich sah viele schwarze Kühe mit gar keinen Hörnern, auch bucklige, schwergehende Stiere mit sehr breiten Hörnern, die zum Lasttragen gebraucht werden, sehr viele Esel, sehr große Schafe mit dicken Schweifen, und Herden von Böcken oder gehörnten Schafen abgesondert. Hie und da lagen die Häuser und Schuppen zerstreut. Die Leute hatten hier eine sehr schöne Schule und einen offenen Lehrstuhl, auch einen Lehrer. Zum Sabbat aber gingen sie zur Synagoge bei Jesu Herberge in Salamis.

Der Weg war sehr schön; und kaum bemerkten die Arbeiter Jesus, den die meisten schon in der Synagoge und bei der Taufe gesehen hatten, als sie auch truppenweise ihre Arbeit verließen, ihr Werkzeug und das Stück Baumrinde, das sie gegen die Sonne auf dem Kopf trugen, ablegten und von den hohen Wällen herabeilten, und sich am Wege vor Jesus niederbeugten. Manche warfen sich ganz zur Erde.

Jesus grüßte und segnete sie und sie kehrten zurück. Als Er sich der Schule näherte, hatten sie es dem Lehrer schon hinterbracht, und er trat Jesus mit anderen ehrbaren Männern entgegen, hieß ihn willkommen, führte ihn an einen schönen Brunnen, wusch ihm die Füße, nahm ihm den Mantel ab, der geschüttelt und gestreckt wurde, reichte ihm zu trinken und einige Speise. Jesus ging mit diesen Leuten und einigen anderen, die noch von Salamis dazu gekommen waren, etwa zwölf Mann, nun von Feld zu Feld und lehrte hie und da die Schnitter in kurzen Parabeln vom Sämann, von der Ernte, vom Absondern des Weizens und Unkrauts, vom Bauen der Scheune, vom Unkraut ins Feuer werfen. Die einzelnen Gruppen hörten ihm zu und arbeiteten dann weiter, und Er ging wieder zu anderen.

Die Männer schnitten mit einem krummen Messer rasch zu, ein paar Hand unter der Ähre, und reichten es den hinter ihnen stehenden Frauen, die es banden und in Körben wegtrugen. Ich sah, dass viele Ähren, welche niedriger waren, stehen blieben, und dass arme Frauen nachgingen und diese abschnitten und die gefallenen Ähren auflasen als ihr Eigentum. Diese Frauen hatten sehr kurze Kleidung. Sie hatten die Mitte des Leibes mit Tüchern umwunden bis an die Lenden, und außerdem den Rock zu einem Sack um den Leib geschürzt, in welchen sie die gelesenen Ähren steckten. Ihre Arme waren bloß, um Brust und Nacken hatten sie Tücher gewunden, den Kopf verhüllt oder frei unter dem Bastschirm, je nachdem sie verheiratet oder Jungfrauen waren. Jesus wandelte so lehrend wohl eine halbe Stunde Weges in die Gegend hinein. Sie kehrten dann zum Brunnen an der Schule zurück, wo Jesus und den anderen auf einer Steinbank eine Brühe, ich meine Honig in Schalen, lange Stangen, von denen man Schnittchen aufs Brot legte, und Brotkuchen, auch Früchte und kleine Krüge vorgesetzt wurden.

Dieser Brunnen war unbeschreiblich schön an einer hohen Wand, die ganz voll Bäumen war. Man stieg auf vielen Stufen zu dem Brunnenkasten hinab, es war kühl und schattig hier. Abgesondert vom Lehrhaus wohnten die Frauen, und sie brachten verschleiert die Speisen heran. Jesus lehrte vom Vaterunser. Abends versammelten sich die Schnitter in der Schule und Jesus legte noch die Parabeln aus, die Er erzählt hatte, lehrte vom Manna, vom täglichen Brot und Himmelsbrot.

Heilung einer Wassersüchtigen

Nachher ging Jesus noch mit dem Lehrer und einigen anderen in die einzelnen Hütten zu Kranken, heilte mehrere Lahme und Wassersüchtige. Diese Kranken waren meist in kleinen, an die Häuser gebauten Kammern. So kam Jesus auch zu einer dicken wassersüchtigen Frau. Ihr Ställchen war nicht größer als ihr Lager und zu ihren Füßen offen, wo sie auf ein kleines Blumengärtchen sah, das Dach war leicht und konnte geöffnet werden, so dass sie den Himmel sah.

Männer und Frauen nahten sich mit Jesus der Hütte, sie nahmen das Verdeck ab, und Jesus fragte sie: «Frau, willst du wieder besser werden?» Da antwortete sie demütig: «Wie der Prophet es befiehlt, so will ich.» Da sagte Jesus: «Steh auf! Dein Glaube hat dir geholfen!» Da stand die Frau auf, ging hinaus und sagte: «Herr, nun erkenne ich deine Macht: denn viele wollten mir helfen und konnten es nicht.» Sie dankte mit den Ihrigen, pries den Herrn, und viele kamen und wunderten sich sehr über ihre Genesung. Jesus kehrte nach dem Lehrhaus zurück. Sie waren noch am Brunnen. Er lehrte, schlief und betete in der Nacht wie gewöhnlich.

Ich sah heute in Salamis Merkuria, die Sünderin, in großer Unruhe und Trauer in ihren Gemächern auf- und niedergehen. Sie weinte, rang die Hände, lag oft ganz eingehüllt in einer Ecke.

Ihr Mann, der mir etwas dumm vorkommt, und die Mägde hielten sie für wahnsinnig. Sie aber ist ganz von Reue zerrissen, denkt und sinnt nur, wie sie hier los und zu den heiligen Frauen nach Palästina kommen könnte. Sie hat zwei Töchter von acht und neun und einen Knaben von fünf Jahren. Ihr Haus liegt nahe am großen Tempel, ist sehr groß und von schweren Mauern, mit Gesindewohnungen, von Säulen und Terrassen und Gärten umgeben. Man forderte sie auf, in den Tempel zu gehen, sie schlug es aber aus, und sagte, sie sei krank.

Ich habe auch einen Blick in den großen Tempel getan. Es ist ein erstaunliches Gebäude, voll Säulen, Kammern, Wohnungen und Gewölben. Die Priester wohnen alle darin und auch Frauen. Ich sah auch Männer und verhüllte Frauen hineingehen.

Es steht ein riesenhaftes Bild der Göttin darin, so groß wie ein Christophorus-Bild. Es schimmert wie von Gold, hat einen Fischleib, der sich hinten hinauf schwänzt, Frauenbrüste und einen Kopf mit Hörnern, in der Weise eines Kuhkopfs. Es hat noch eine Figur vor sich, auf deren Schultern es seine kurzen Arme oder Pratzen legt.

Die ganze Figur steht auf Stufen erhoben auf einem großen Postament, worin Öffnungen sind und allerlei Rauchwerk und anderes verbrannt wird. Ich sah noch allerlei andere Greuel. Die Tore des Tempels waren alle verschlossen, man hatte einen geheimen schändlichen Dienst. Sie opferten hier auch manchmal Kinder, besonders Krüppel. Dieser ganze Greuel geschieht zu Ehren der Göttin. Ich kann und mag nicht davon sprechen, was da alles vorging. Es ist in dem Tempel sehr viel krauses Gitterwerk.

ZWEITES KAPITEL

Jesus in den zyprischen Städten Chytrus und Mallep und deren Umgebung

Vom 7. bis 20. Mai 1823

Jesus lehrt und heilt

7. Mai: Jesus ging heute morgen wieder von Feld zu Feld und lehrte die Arbeiter. Es war ein ganz wunderlicher Nebel heute den ganzen Tag, es konnte einer kaum den anderen sehen. Von oben schimmerte die Sonne wie ein weißer Fleck durch. Es lag die weiße Tauwolke dicht über der Erde.

Die ganze Tal- und Fruchtgegend läuft nordöstlich zwischen ansteigenden Höhen in eine Spitze zusammen. Es gibt sehr viele Feldhühner und Wachteln und erstaunlich viele kröpfige große Tauben hier. Auch erinnere ich mich einer Art dicker, grauer gerippter Äpfel an ausgebreiteten Spalier-Bäumen, mit rotgestreiftem Fleisch und ich meine acht Kernen, die zwei und zwei zusammen sind.

Jesus lehrte wie gestern in Ernteparabeln und vom täglichen Brot. Er hielt hier keine ordentliche Mahlzeit, sondern nahm hie und da an Hütten die kleine dargebotene ländliche Bewirtungen an. Er heilte mehrere lahme Kinder, welche in einer Art Mulde oder Trog zwischen Wolle, ich meine auf Schaffellen, lagen. Einige von den Leuten waren voll des Lobes über seine Lehre. Jesus verwies es ihnen, wies sie auf die Gebote Gottes und sagte ähnliche Worte, wie: dem, wer da hat, wird gegeben, wer nicht hat, dem wird genommen (Lk 8,18). Ich sah die Juden auch über allerlei Punkte in Zweifel, worüber Jesus sie belehrte. Sie fürchteten, keinen Anteil am Gelobten Land zu haben.

Sie meinten, Mose hätte nicht durchs Rote Meer zu ziehen brauchen, auch nicht so lange in der Wüste umherzuziehen, es gebe nähere Wege. Worauf Jesus ihnen entgegnete, das Gelobte Land liege nicht allein in Kanaan, das Reich Gottes könne man an sich reißen und brauche dann freilich nicht so lange in der Wüste zu irren. Er forderte sie auf, wenn sie solches dem Mose vorwürfen, doch selbst nicht in der Wüste der Sünde, des Unglaubens und Murrens herumzuziehen und den kürzeren Weg einzuschlagen durch Buße, Taufe und Glauben.

Ich kam darüber in ein langes Bild vom Zug in der Wüste und sah, wie viele Israeliten jährlich darin starben und geboren wurden, und erstaunte über die Vermehrung. Ich hatte auch die genaue Zahl und vielerlei Ursachen und Bedeutungen, habe aber alles wieder vergessen. Die Juden haben sich hier in Zypern viel mit Heiden vermischt, doch so, dass die Heiden Juden geworden sind.

Warum der Herr nach Zypern gegangen ist

Ich hatte auch ein Bild, warum Jesus nach Zypern gegangen ist, und sah, dass es um etwa fünfhundert Seelen, Juden und Heiden geschah, welche teils mit ihm ziehen, teils ihm nachfolgen werden, dass die Übrigen ihn aber vergessen werden.

Außerdem kam es in dieser Zeit zu einem Krieg zwischen Herodes und seinem Schwiegervater Aretas, weswegen Machärus befestigt worden ist. Und ich glaube, dass Jesus indessen ziemlich vergessen wurde.

Jesus wird von Barnabas nach der Stadt Chytrus, seiner Heimat, abgeholt – Er lehrt auf dem Weg eine heidnische Karawane

Gegen Mittag kam Barnabas und einer seiner Brüder mit ein paar jüdisch gesinnten heidnischen jungen Männern zu Jesus; sie kamen aus der Gegend zwischen Abend und Mitternacht, von der Heimat des Barnabas, welche Chytrus heißt und eine ziemlich große Stadt ist. Sie kamen, um Jesus dahin zum nächsten Sabbat abzuholen.

Jesus wanderte, die Schnitter und Arbeiter lehrend, nachmittags mit ihnen der Talspitze dieser Gegend zu, bis sie an eine Heerstraße kamen, welche von einem nordwestlichen Hafen Zyperns nach einem südöstlichen führt, und ein paar Stunden westlich von Salamis vorüber läuft. Es liegt hier eine große Herberge für die Juden, in welcher sie einkehrten. Nicht weit davon liegen auch eine Menge Schuppen und ein Herbergshaus und ein Brunnen für Lasttiere und ziehende Heiden. Diese Straße ist immer voll von Reisenden. Es war hier keine Frau im Hause, oder ich glaube, sie wohnt abgesondert.

Nach der Fußwaschung und einiger Erquickung kamen auch noch die anderen Jünger, welche in Salamis geblieben waren und getauft hatten, hier an und die Begleitung Jesu war wohl an zwanzig Mann.

Jesus lehrte noch im Freien die Leute, welche von der Arbeit heimkehrten, und sie brachten ihm einige kranke Arbeitsleute, welche nicht mehr ihr Brot verdienen konnten. Da sie glaubten, heilte sie Jesus und gebot ihnen, gleich an die Arbeit zu gehen.

Es kam abends noch eine Karawane aus Arabien an. Der Wirt wies sie nach den Schuppen hin. Sie hatten Lastochsen, welche paarweise auf zwei Stangen große Päcke trugen, die ihnen bis über die Köpfe gingen.

Wo der Weg im Gebirge schmal war, gingen sie hintereinander und hatten die Last zwischen sich. Auch bepackte Esel waren dabei. Auch kam ein Zug mit einigen Kamelen und großen Böcken, die Bündel von Wolle trugen. Da diese Leute ihre Tiere abgepackt und getränkt und das Ihrige besorgt hatten, begrüßten sie Jesus und baten, seine Lehre hören zu dürfen. Er zeigte den Heiden die Wahrheit, aber sehr milde und behutsam.

Es ist von hier nach Chytrus etwa vier bis fünf Stunden nordöstlich.

Örtliches

Die Städte sind gar nicht wie bei uns, wo ein Haus neben dem anderen steht, und jeder sein Haus abgesondert hat. Es sind hier mehr ganz große Gebäude mit Terrassen und dicken Mauern, und in diesen Mauern sind wieder viele Räume, worin geringe Leute wohnen. Oft sind da Straßen, wie dicke Wälle, über die man fährt, und es wohnen wieder viele Menschen in diesen Wällen, und oben drauf stehen Bäume. In Salamis muss auch viel Ordnung sein. Ich sehe, dass jeder Schlag Leute seine eigene Gegend und Straße hat.

Ich erinnere mich, dass ich die Schulkinder und andere Kinder meist in einer Straße gehen sah; so auch gehen Straßen durch, wo man immer nur Züge von Lasttieren sieht. Die Philosophen haben ein großes, eigenes Haus mit Hof, und ich sehe sie meist in einer eigenen Straße gehen.

Sie gehen in ihren Mänteln reihenweise zu vier und fünf nebeneinander und sprechen abwechselnd, und ich sehe die Aufgehenden stets an einer, und die Niedergehenden an der anderen Seite. Diese Ordnung ist meist in allen Straßen.

Der Platz, auf dem der schöne Brunnen ist, an welchem der Landvogt mit Jesus sprach, ist erhöht. Von den umgebenden Seitenstraßen steigt man auf Stufen hinauf. Es sind Bogengänge darum her mit allerhand Buden. Zur Seite ist der Markt, woran Reihen von dichten, pyramidischen Bäumen stehen, auf die man hinaufsteigen und in Lauben sitzen kann. Der Palast des Landvogts sieht auf diesen Platz zu.

Von der Wohnung der hl. Katharina in Salamis und ihren Vorfahren und Eltern habe ich vieles gesehen und weiß nur noch Einiges. Das große Haus der Sünderin Merkuria ist das nachmalige Wohnhaus von Katharinas Vater gewesen, der Kosta hieß, und Katharina ist darin geboren und erzogen worden.

Ich sah, dass ihr Vater aus Mesopotamien von einem König oder Fürsten stammt, der oder dessen Eltern für irgend einen Verlust hier entschädigt oder mit großen Gütern belohnt worden sind. Es war ein Verhältnis wie das von Lazarus' Vater in Palästina. Er heiratete hier eine Tochter aus priesterlichem Geschlecht, und einer der Philosophen, welche ich mit Jesus sprechen sah, gehört unter ihre Vorfahren. Vielleicht, dass die Gnade, welche er hatte und nicht verwarf, ihm Frucht brachte, und dass sie in seiner Nachkommin belohnt wurde, weil er nicht ganz undankbar war. Ich sah Katharina schon als Kind voll Weisheit, sie war voll von inneren Anschauungen und folgte ganz ihrer inneren Führung.

Sie sprach immer sehr verdächtig von den Göttern, konnte sie nicht leiden und brachte sie, wie sie konnte, bei Seite; darum wurde sie einmal an einem anderen Ort von ihrem Vater eingesperrt. Sie sollte an einen Prinzen nach Alexandrien verheiratet werden, ihr Vater baute gerade an einem Palast, als sie zu ihrem Bräutigam nach dort fuhr. Unterwegs hatte sie auch allerlei Erleuchtungen und äußerte sich darüber. Das ist, was ich mich jetzt noch dunkel vom Gesehenen erinnere.

8. Mai: Am Morgen zog Jesus noch in der Nähe an einzelnen Häusern umher, heilte mehrere Kranke und lehrte bei Hirten. Es liegt von Salamis bis hierher eine sehr fruchtbare Gegend und der ganze Landstrich, den Jesus durchzog, war mit den Fruchtfeldern der Juden besetzt.

Es kamen gestern abend auch Jakobus der Jüngere und andere Jünger. Mnason ist noch nicht zu Hause gewesen, ich meine seine Heimat liegt entfernt. Seine Eltern sind vornehm, aber arm. Er zog in die Fremde, um eine Stelle zu suchen, und so kam er zu Jesus.

Ich sah, dass Jesus die Karawane ziehender Araber aus der Gegend, wo Jethro, des Mose Schwiegervater, wohnte, lehrte. Sie zogen mit Frau und Kind und allerlei Tieren, sie hatten beladene Kamele, Lastochsen, Esel, Ziegen und Böcke, auf welche die Frauen hohe Lasten von Wolle gepackt hatten.

Sie waren brauner als die Leute hier, sehr lebhaft und fröhlich. Sie waren zu Schiff mit Waren aus ihrem Land hierher gekommen, und in den Bergwerksorten hatten sie Kupfer und anderes Metall eingetauscht und zogen auf der Heerstraße südöstlich, um sich wieder einzuschiffen.

Die Tiere trugen das schwere Metall in langen Särgen, und die Päcke waren kleiner als sonst wegen der Schwere. Ich meine, es waren Stangen oder lange Platten. Auch verarbeitetes Metall in Gefäßen oder Kesseln war dabei, und dieses sah ich in runden, tonnenförmigen Päcken.

Die Frauen waren sehr fleißig, sie spannen im Gehen und Reiten und flochten Decken und Bahnen, wo sie irgend lagerten, wofür sie unterwegs wieder sich erhalten und bekleiden konnten. Dies geschah von der Wolle, welche auf die Böcke gepackt war. Sie hatten die Wolle an einer Schulter angeheftet, spannen mit der einen Hand den Faden und wickelten ihn auf eine Art Spindel, welche sie in der anderen Hand immer drehten, und wenn diese voll war, so wickelten sie die Spindel wieder an eine Rolle ab, die an ihrem Gürtel befestigt war.

Jesus knüpfte die Rede bei ihnen an, indem Er ihren Fleiß lobte und dann darauf kam: für wen alle diese Mühe und Arbeit? Dann wies Er sie auf den Schöpfer und Erhalter aller Dinge hin, und sprach ihnen vom Dank gegen Gott und dessen Erbarmen mit den Sündern und verlorenen Schafen, die umherrirren und ihren Hirten nicht kennen. Er lehrte sie ganz sanft und lieblich, und sie waren gerührt und fröhlich und wollten ihm allerlei schenken. Er segnete ihre Kinder und verließ sie.

Bild der Gegend – Jesus kommt in eine Herberge vor Chytrus

Jesus zog mit seiner Begleitung mehr in nördlicher Richtung gegen Chytrus, welches vier bis fünf Stunden von hier liegt, und etwa sechs von Salamis. Ich sah sie hie und da von den Feldarbeitern, wo Jesus kleine Lehren hielt, etwas Speise nehmen. Der Weg ging nun bergan.

Ich sah hier im Land Öl- und Baumwollbäume, auch eine Pflanze, von der sie, meine ich, eine Art Seide machen, sie sieht nicht aus wie unser Flachs, eher wie Hanf, und gibt lange sanfte Fäden. Vor allem aber wächst ein Bäumchen mit schönen gelben Blumen in großer Menge und ist sehr lieblich anzusehen. Es hat schier Früchte auf Art der Mispeln und scheint mir Safran zu sein. Links schaut man schön ins Gebirg mit hohem Wald.

Es sind sehr viele Cypressen und kleine wohlriechende Harzstauden hier. Links im Gebirge sah ich auch ein Flüsschen mit einem Wasserfall niederkommen. Weiter bergwärts ist an der einen Seite Wald und an der anderen nacktes Gebirge, und vom Wege aus gehen Höhlen in den Berg, wo sie Kupfer und weißes Metall, wie Silber, ausgraben. Von oben sah ich sie auch niederbohren.

Sie müssen hier auch schmelzen, und zwar mit einem gelben Brand, es ist ein ganzer Berg davon in der Nähe, ich sah, dass sie das Zeug in große Ballen kneten und trocknen. Es wurde auch davon gesprochen, dass der Berg manchmal sich entzünde.

Nach vier Stunden Weges kam Jesus in eine Herberge, mehr als eine halbe Stunde vor Chytrus, bis wohin noch immer Bergwerke liegen. Hier kehrten sie ein, und der Vater des Barnabas nebst einigen anderen Männern empfing den Herrn und leistete ihm die gewöhnlichen Liebesdienste. Jesus ruhte hier und lehrte und nahm eine kleine Mahlzeit mit seiner Begleitung ein. Ich erinnere mich an weiter nichts mehr.

Chytrus liegt tiefer in einer Ebene. Jesus kam von der Seite, wo die Bergwerke sind. Chytrus hat jüdische und heidnische Einwohner. Es liegen viele einzelne Gebäude, wie durch Gärten und Felder verbundene Bauernschaften, rings um die Stadt.

Warum Jesus nach Zypern gekommen ist – Wirkungen seines Aufenthaltes

Ich war heute sehr betrübt, dass die große Mühe und Arbeit Jesu in Zypern so wenig gewirkt haben sollte, so dass man, wie der Pilger sagte, gar nichts in der Schrift noch sonst von dieser Reise wisse, und dass auch nicht erwähnt sei, dass Paulus und Barnabas dort viel ausgerichtet haben. Ich hatte aber ein Bild darüber, von welchem ich mich noch an folgendes erinnere.

Fünfhundertundsiebzig Seelen hat Jesus in Zypern gewonnen, Heiden und Juden. Sie sind teils gleich, teils nachher gefolgt. Ich habe gesehen, dass die Sünderin Merkuria mit ihren Kindern Jesus bald gefolgt ist und viel Gut und Geld mitgenommen hat. Ich habe sie bei den heiligen Frauen gesehen, und sie hat bei den ersten christlichen Niederlassungen um Ophel bis gegen Bethanien hin unter den Diakonen vieles zum Bauen und Unterhalt hergegeben. Ich sah auch, dass bei dem Aufstand gegen die Christen, da Saulus noch nicht bekehrt war, Merkuria ermordet wurde. Es war, da Saulus gegen Damaskus auszog.

Als nach Jesu Abreise viele Heiden und Juden mit Geld und Gut Zypern verließen und nach Palästina wanderten und nach und nach ihr Vermögen herauszogen, entstand ein großes Geschrei unter den Andersgesinnten der Familien, die sich dadurch verletzt fanden. Man schmähte Jesus einen Betrüger. Juden und Heidenpriester hielten zusammen; es durfte nicht mehr von ihm gesprochen werden. Man zog viele Menschen ein und geißelte sie. Die Heidenpriester marterten die Ihrigen und zwangen sie zu opfern.

Der Landvogt, der mit Jesus gesprochen hatte, wurde nach Rom gerufen und abgesetzt. Ja es kamen römische Soldaten und besetzten alle Häfen und ließen niemanden mehr zu Schiff. Mit der Kreuzigung aber erlosch Christi Andenken ganz, und man sprach von ihm wie von einem Rebellen und Verräter, und die noch etwas glaubten, wankten und schämten sich seiner. Zwölf Jahre nachher fanden Paulus und Barnabas keine Spur mehr, sie blieben nicht lange hier, nahmen aber doch einige mit.

9. Mai: Am Morgen sah ich Jesus mit den Jüngern zu den Bergwerken gehen und vor einzelnen Gruppen derselben lehren. Es waren teils heidnische, teils von Juden gepachtete Gruben. Diese Arbeiter sahen sehr mager, elend und bleich aus und waren an vielen Stellen ihres nackten Leibes mit braunen Lederstücken gepanzert, worin sie staken wie die Schildkröten. Jesus lehrte vom Goldschmied, der das Erz im Feuer reinigt. Die Heiden und Juden arbeiteten an verschiedenen Seiten des Weges und hörten immer von zwei Seiten zu.

Es waren aber auch einige Besessene oder Angefochtene hier, welche an Stricke gebunden arbeiten mussten. Diese begannen zu toben und zu schreien, als Jesus nahte, und sie verkündigten ihn und riefen, was Er hier wolle mit ihnen? Er gebot ihnen aber zu schweigen, worauf sie still wurden. Es kamen auch jüdische Bergleute zu Jesus und klagten, dass die Heiden unter dem Weg hinweg in ihre Grenzen gearbeitet und sie bestohlen hätten. Jesus möge es entscheiden. Da ließ Jesus nahe an der Grenze auf jüdischem Grund bohren und kam auf heidnische Gänge. Es waren da Nester von Brocken weißen Metalls, ich meine Zink oder Silber; das hatte sie herübergelockt.

Jesus lehrte nun vom Ärgernis und ungerechten Gut, und was du nicht willst, dass dir geschehe usw. Die Heiden waren überführt, und es waren Zeugen genug da. Weil aber ihre Obrigkeit nicht zugegen war, so wurde nichts ausgemacht, und die Heiden zogen sich murrend zurück.

Jesus wird in Chytrus empfangen – Er lehrt in der Synagoge

Die Heerstraße, auf der Jesus mit den Arabern gesprochen hatte, zieht westlich an Chytrus vorüber. Jesus war lange darauf gegangen, dann aber sich nördlich wendend hierher gekommen. Er ging heute nach Mittag noch etwa dreiviertel Stunden durch Gärten und einzelne Siedlungen nach Chytrus, welches ein sehr lebendiger Ort ist durch allerhand Metallarbeiten und eine große Bienenzucht hat.

Es wohnen viele Heiden und Juden hier und sind vertrauter, als ich sie sonst wohl sah, obschon sie in getrennten Straßen wohnen. Die Heiden haben mehrere Tempel und die Juden zwei Synagogen. Sie haben sich auch viel untereinander verheiratet, doch immer so, dass der Heide Jude wurde.

Vor der Stadt kamen Jesus die jüdischen Ältesten und Lehrer entgegen und auch zwei von den Philosophen aus Salamis, welche von seiner Lehre gerührt, ihm hierher gefolgt waren, um ihn weiter zu hören. Nachdem sie Jesus in einem Haus den Empfang mit Fußwaschung und Imbiss erwiesen hatten, baten sie ihn um die Heilung mehrerer Kranker, welche ihn sehnlich erwarteten. Jesus ging mit ihnen in die Judenstraße, und es lagen hie und da an dem Weg vor den Häusern etwa zwanzig Kranke, welche Er heilte. Es waren auch Lahme dabei, welche sich auf Krücken lehnten, die wie Gestelle waren und von drei Füßen getragen wurden. Die Genesenen lobten und riefen, wie auch ihre Verwandten, Jesus kurze Lobsprüche meist aus Psalmen nach; die Jünger aber beruhigten sie wieder.

Jesus ging nun in das Haus des Synagogen-Vorstehers, wo noch mehrere Gelehrte versammelt waren, darunter mehrere von der Sekte der Rechabiten. Sie hatten etwas verschiedene Kleidung und einige absonderliche strenge Sitten und Meinungen.

Sie hatten aber schon vieles davon abgelassen. Diese Gemeinde hatte eine ganze Straße hier inne. Sie haben besonders mit dem Bergbau zu tun und sind von jenem Geschlecht, das sich in Ephron im Königreich Basan aufhält, wo auch Bergbau in der Nähe ist.

Jesus wurde hier vom Vorsteher zu einem Mahl eingeladen, welches er nach dem Sabbat für ihn hatte bereiten lassen. Weil Jesus aber versprochen hatte, bei dem Vater des Barnabas zu sein, so lud Er alle dorthin mit ein und bat den Vorsteher, die armen Arbeiter und Bergleute mit seiner Mahlzeit bei der Synagoge zu bewirten.

Die Synagoge war voll von Menschen, und viele Heiden hörten von außen auf den Terrassen zu. Jesus lehrte aus dem dritten Buche Moses vom Opfer zur Stiftshütte, und aus Jeremias von der Verheißung (Lev 25 und 26, Jer 23,6-28). Er sprach vom toten und lebendigen Opfer, und sie fragten nach dem Unterschied. Außerdem lehrte Er von den acht Seligkeiten.

Heilung eines alten Rabbiners

Es war aber in der Synagoge ein alter frommer Rabbiner, der schon lange wassersüchtig war und sich wie gewöhnlich auf seinen Platz hatte hineintragen lassen. Da nun die Gelehrten noch allerlei mit Jesus disputierten, rief Er laut aus: «Schweiget, lasset mich reden!» Und da sie stille wurden, rief Er aus: «Herr! Du hast anderen Barmherzigkeit erwiesen, hilf auch mir und heiße mich zu dir zu kommen!» Da sprach Jesus zu dem Mann: «So du glaubst, stehe auf und komm zu mir!»

Da stand der Kranke auf und rief: «Herr! ich glaube», war gesund und ging zu Jesus die Stufen hinan und dankte ihm.

Da brach alles in Freude und Lob aus. Jesus und die anderen aber gingen hinaus nach der Wohnung des Barnabas. Der Speisemeister sammelte nun die Armen und Arbeiter zu der Mahlzeit, die Jesus ihnen überlassen hatte.

Das elterliche Haus und die Familie des Barnabas

Des Barnabas Vater wohnt vor der Westseite der Stadt in den dort zerstreut liegenden Häusern, denn solche Wohnungen, wie ganze Dörfer, liegen rings um Chytrus. Das Haus ist ganz ansehnlich, es hat an der einen Seite Terrassen, deren Wände braun sind, als seien sie mit Ölfarbe oder Harz bestrichen, oder ist dies natürliche Farbe? Es sind Pflanzen und Lauben darauf. Außerdem läuft ein Säulengang, eine offene Galerie, um das Haus, woran schöne Bäume sind.

Umher sind Weingärten und ein Platz voll von geordnetem, großen Bauholz. Es sind erstaunlich große dicke Stämme, und allerhand Formen von Holzstücken und alles ist so geordnet, dass man dazwischen durchgehen kann. Ich meine es ist für den Schiffsbau. Sie haben auch solche lange Wägen, nicht breiter als das Holz, und ich meine mit dicken eisernen Rädern. Es wird von Ochsen gezogen, die weit auseinander gespannt sind. Man sieht nicht weit von hier einen sehr schönen hohen Wald.

Der Vater des Barnabas ist ein Witwer. Seine Schwester mit einigen Mägden hat ein Haus in der Nähe und besorgt den Haushalt und das Essen.

Die heidnischen Begleiter Jesu und die Philosophen von Salamis lagen nicht mit zu Tische, weil es eine Sabbatsmahlzeit war, aber sie gingen in der offenen Halle auf und ab und aßen aus der Hand und hörten Jesu Lehre, unter den Säulen stehend.

Das Essen bestand außer Brotkuchen, Honig und Früchten meist aus Vögeln und breiten platten Fischen; auch waren mehrere Schüsseln mit Fleisch da, die ich noch nicht gesehen habe, es waren wie schneckenförmig gewundene Stücke, mit allerlei Kräutern besteckt. Jesus sprach noch vom Opfer und von der Verheißung und viel von den Propheten.

Während des Essens kamen mehrere Gruppen von vier bis sechsjährigen armen, halbgekleideten Kindern; sie hatten weidengeflochtene Körbchen voll allerlei essbaren Kräutern, die sie umher gepflückt hatten und den Gästen gegen eine Gabe von Speise oder Brot anboten. Sie hielten sich meist an die Seite, wo Jesus und die Seinen lagen, und der Herr stand auf, leerte ihre Körbe und füllte sie mit Speise und segnete sie. Es war dies sehr lieblich und rührend und gefiel mir von Allem am besten.

Als ein Kind brachte ich ihm auch immer die schönsten Blumen und Kräuter von meines Vaters Wiese, und jetzt kann ich ihm nichts als meine Sünden zusammensuchen und verliere sie oft halb unterwegs. Solche Sabbatsmahlzeiten sind immer mit gewissen Gebeten und Zeremonien verbunden. Der Herr und die Seinen übernachteten hier, die Fremden in der Stadt.

10. Mai: Ich sah Jesus den ganzen Morgen hinter dem Haus des Barnabas, wo ein schöner Lehrhügel und Lehrstuhl ist, zu dem man vom Hause aus durch herrliche Weinlauben geht, viele Menschen lehren. Zuerst eine Menge Bergleute und Arbeiter, dann eine Schar von Heiden und zuletzt eine große Schar von Juden, die sich mit Heidenfamilien verheiratet hatten.

Viele kranke Heiden hatten Jesus um Hilfe und Erlaubnis bitten lassen, seine Lehre anzuhören. Es waren meist verkrüppelte kranke Arbeiter, und sie waren auf ihren Lagern in der Nähe des Lehrstuhles gebettet. Jesus lehrte die Arbeiter vom Vaterunser, vom Scheiden des Erzes im Feuer; dann die Heiden von wilden Sprossen der Bäume und des Weinstocks, welche abgeschnitten werden müssen, von dem Einen Gott und den Kindern Gottes, und vom Sohne des Hauses und dem Knecht, und von der Berufung der Heiden.

Hierauf lehrte Er über die gemischten Ehen, wie sie nicht zu unterstützen, aber zugelassen seien, durch Barmherzigkeit, jedoch allein zur Bekehrung und Veredelung, nicht aber zur Sinneslust; und wie sie da nur zu dulden seien, wo beide Teile einen heiligen Willen hätten. Er sprach jedoch mehr dagegen als dafür und pries jene glücklich, welche reine Sprossen im Hause des Herrn trieben. Er sprach von der schweren Verantwortung des jüdischen Teiles, von der Kinderzucht und Frömmigkeit, vom Ergreifen der Zeit der Gnade, von der Buße und Taufe.

Nachher heilte Jesus die Kranken und nahm das Mahl bei Barnabas ein. Hierauf gingen sie mit ihm nach der anderen Seite der Stadt, wo ungemein weitläufige Bienenstände zwischen großen Baumgärten sind. Es liegt auch eine Quelle in der Nähe und ein kleiner See. Jesus lehrte und erzählte, und sie gingen dann in die Stadt zur Synagoge, wo die Lehre vom Opfer und der Verheißung geschlossen wurde.

Es waren einige gelehrte reisende Juden da, welche Jesus allerlei künstliche Fragen vorlegten, die Er ihnen auflöste. Sie hatten etwas bösen Willen. Es war von den gemischten Ehen die Rede, von Mose, der viele habe niederhauen lassen, und von Aaron, der das goldene Kalb habe machen lassen, und seiner Strafe. Jesus aß und schlief bei den Lehrern.

Jesus lehrt in dem sogenannten Bienenort bei Chytrus

11. Mai: Es muss heute ein Fest oder Fasttag bei den Juden gewesen sein. Am Morgen war Gebet und Lehre in der Synagoge, nachher ging Jesus mit allen seinen Jüngern und den heidnischen Jünglingen bei der Nordseite der Stadt hinaus. Es kamen noch jüdische Lehrer, und auch einige von den Rechabiten hinzu, und so waren es zusammen wohl hundert Mann. Sie gingen etwa eine Stunde Wegs nach einem Ort, welcher der Hauptsitz der Bienenzucht war. Weit hinaus der Morgensonne zu standen die langen Reihen der mannshohen, weißen, ich meine, von Binsen oder Bast geflochtenen Bienenkörbe. Sie hatten viele Öffnungen und waren über einander gesetzt.

Jeder Bienenstand hatte ein Blumenfeld vor sich; besonders wuchs sehr viel Melisse hier, und alles war eingezäumt, und es sah aus wie eine ganze Stadt. Den heidnischen Teil konnte man gut erkennen, denn bei diesem standen öfters in Nischen Figuren wie Wickelpuppen mit hinten in die Höhe sich beugenden Fischschwänzen; sie hatten kurze kleine Pratzen und nicht ganz Menschengesichter.

Das Dorf selbst bestand aus vielen kleinen Häusern der Bienenbesitzer, worin sie ihre Geräte hatten. Die Herberge war ein großes Gebäude mit allerlei Seitengebäuden und es kreuzten sich viele Schuppen oder offene Hallen um die Höfe, worin viele Gestelle und allerlei lange Matten waren. Der Speisemeister dieses Gebäudes lieferte allen, die hier zu schaffen haben, die Bedürfnisse. Er ist ein Heide. Die Juden haben auch besondere Säle und Gebetsorte. Ich glaube, dass in diesem Haus und den langen Schuppen das Wachs bereitet wird und der Honig, es ist wie ein allgemeines Ernte-Haus.

Ich habe hier auch viele jener Bäumchen gesehen, die so schöne, gelbliche Blüten haben. Die Blätter sind mehr gelb als grün, und die Blüten fallen so dicht auf den Boden, dass es wie ein weicher Teppich ist. Es werden dann lange Matten unter den Bäumen ausgebreitet. Ich habe gesehen, dass sie die Blüten auspressen und Farbe davon machen. Jung werden die Bäumchen wohl in Töpfen gezogen, und dann oft in Felsenlöcher mit Erde gepflanzt. In Judäa sind sie auch. Auch großen Flachs habe ich hier gesehen, von dem sie lange Fäden ziehen.

Nicht weit, etwa eine halbe Stunde nördlich von Chytrus, sprudelt eine starke Quelle aus dem Felsen und fließt erst durch die Stadt und dann durch die Gegend, wo Jesus herkam; manchmal ist sie offen, manchmal überbaut. Ich meine, sie führt auch den Wasserleitungen in Salamis ihr Wasser zu. Sie bildet bei ihrem Ursprung einen ordentlichen kleinen See. An diesem Wasser wird noch getauft werden; ich meine, dass die Rede davon war und darauf hingedeutet wurde.

Es gibt erstaunlich viele schöne, wildwachsende Blumen hier. Orangenbäume stehen dem Weg entlang, auch viele Feigenbäume, Korinthen und Rosinen.

Jesus war hauptsächlich hierher gegangen, um ohne Störung und Überlauf frei die Heiden und Juden lehren zu können. Er tat dies den ganzen Rest des Tages in den Gärten und Lauben des Gebäudes. Sie lagen teils, teils standen sie, und Jesus lehrte vom Vaterunser und über die acht Seligkeiten. Ich meine, es war die achte.

Auch lehrte Er die Heiden besonders vom Greuel ihrer Götter und wie diese entstanden, und von der Absonderung Abrahams deswegen und der Führung Israels. Er sprach sehr deutlich und streng. Es waren wohl an hundert Mann beisammen. Sie nahmen, jedoch getrennt, Speise in dem Hause, nur Brot und von dem langen Ziegenkäse, Honig und Früchte. Der Herr des Hauses war ein Heide, aber sehr demütig und zurückgezogen. Am Abend waren die Juden abgesondert; Jesus lehrte sie und sie beteten. Sie übernachteten hier alle.

Näheres von Chytrus

In Chytrus ist es schier lebendiger als in Salamis, wo alles Gewerbe und Treiben am Hafen und in ein paar Straßen ist. Hier aber ist eine große Regsamkeit. Von der Seite, woher Jesus kam, ist eine große Marktstraße mit Vieh und Vögeln; in der Stadt hängen um einen schönen erhöhten Markt und unter hohen Bogen viele bunte Stoffe und Decken feil.

Auf der anderen Seite der Stadt sind fast lauter Metallarbeiter und Schmelzer, es ist da ein erstaunliches Hämmern und Klopfen, dass man sein eigenes Wort nicht hört; doch das Meiste ist vor der Stadt. Sie machen allerlei Gefäße, besonders eine Art von dünnen großen Gefäßen, wie bei uns die Bungen (Fleischtöpfe), sie sind beinahe eiförmig, mit kleinem Deckel und haben oben zwei Henkel. Sie werden erst zusammengebogen und dann in großen Öfen mit langen Röhren geblasen, auswendig sind sie gelb, inwendig weiß. Es werden allerlei Früchte, Honig oder Sirup darin versendet. Sie kommen auf dem Wasser auf gekreuzte Balken zu stehen; man trägt sie auch an Stöcken, die durch die Henkel gesteckt werden. Sie packen so weiche Früchte hinein, die sie übers Meer senden.

Zweiter Tag der Lehre am Bienenort

12. Mai: Jesus lehrte heute noch am Bienenort bei Chytrus die Versammlung, welche zuletzt auf ein paar hundert Menschen anwuchs. Als Er den Heiden die Irrtümer so dringend auseinander setzte und ihnen das Wesen ihrer Götter schon daraus als sehr erbärmlich darstellte, dass sie diesselben immer in allerlei Bedeutungen auflösen müssten, um sie nur ertragen zu können, und sie ermahnte, von ihrem steten Grübeln, Dichten und Trachten nachzulassen und sich in Einfalt an Gott und seine Offenbarungen anzuschließen, ärgerten sich einige Heiden, welche mit Stäben wie wandernde Gelehrte hinzu gekommen waren, und sie gingen murrend ihres Weges.

Jesus sagte, sie sollten sie nur hingehen lassen, es sei besser, als wenn sie blieben und aus dem, was sie hörten, neue Götter machten. Er sprach auch viel Prophetisches von der Zerstörung dieses schönen Landes, dieser Städte und Tempel, und von dem Gericht über alle diese Länder. Er sagte, wenn der Greuel werde am höchsten gekommen sein, werde das Heidentum zu Grunde gehen, und sprach auch viel von der Strafe über die Juden und der Zerstörung von Jerusalem. Die Heiden nahmen das alles noch besser an als die Juden, welche sich mit Einwürfen immer auf ihre Verheißungen stützten. Jesus ging mit ihnen alle Propheten durch und legte alle Stellen auf den Messias aus, und sagte ihnen, dass die Zeit da sei.

Er werde mitten unter den Juden aufstehen, und sie würden ihn nicht kennen; sie würden ihn verhöhnen und belächeln, und so Er es sage, dass Er es sei, würden sie ihn ergreifen und töten. Das wollte vielen nun gar nicht in den Sinn, und Jesus stellte ihnen vor, wie sie mit allen ihren Propheten getan, und wie sie die Verkündigung behandelt, also würden sie auch dem Verkündigten selbst tun.

Die Rechabiten sprachen viel mit ihm von Malachias, auf den sie viel hielten, und wie man ihn für einen Engel Gottes halte, wie er als ein Kind zu frommen Leuten gekommen und nachher oft wieder verschwunden sei, auch wisse man nicht, dass er gestorben sei. Sie sprachen auch viel von den Prophezeiungen von dem Messias und dessen neuem Opfer mit Jesus, und Er legte ihnen alles auf jetzt und die nahe Zeit aus.

Jesus zieht wieder nach dem elterlichen Hause des Barnabas – Festlicher Empfang daselbst

Nachmittags nach einer Erquickung zog Jesus mit den Seinen und einer großen Schar, welche sich immer mehr zerstreute, indem sie truppenweise nach ihren Orten abgingen, fortwährend unter solchen Lehren von dem Bienenörtchen übers Gebirge, dann wendeten sie sich wieder in den Bergwerksweg, den Jesus nach Chytrus gekommen war. Es liegt dort in der Nähe noch ein Dorf, an dem Er das erstemal, wie jetzt, vorüber ging, und nun zogen sie sich etwas nördlich und kamen so nach des Barnabas Wohnung. Sie hatten einen Weg von einigen Stunden gemacht.

(Sie beschreibt noch vieles von der Gegend, jedoch zu unbestimmt und in plattdeutscher Mundart, daher nicht wiederzugeben.)

Als sie hierher kamen, war die Begleitung auf den engeren Kreis zusammengeschmolzen, denn der größte Teil der Schar hatte aus jungen Männern der jüdischen Gemeinde bestanden, welche wegzogen, um sich nach Jerusalem zum Pfingstfest einzuschiffen. Die Übriggebliebenen bildeten aber noch immer eine bedeutende Schar. Hier vor ihren Gärten und Wohnungen hatten sich wohl an dreißig bis vierzig heidnische Frauen und Jungfrauen, auch etwa zehn jüdische Mädchen in verschiedenen Gruppen versammelt, um Jesus ihre Verehrung zu bezeigen. Sie bliesen auf Flöten, sangen allerlei Lobsprüche, trugen Blumenkränze und warfen Zweige auf den Weg. Auch breiteten sie oft Matten über den Wegen aus, beugten sich vor Jesus und boten allerlei ländliche Geschenke, Kronen, Blumen, Gewürze, kleine Fläschchen mit Wohlgeruch zum Geschenke dar.

Jesus dankte und sprach mit ihnen. Sie zogen mit bis in den Hof des Barnabas und stellten ihre Gaben in der Versammlungshalle nieder. Alles hatten sie mit Blumen und Kränzen geschmückt. Es war ein Empfang wie am Palmsonntag, nur ruhiger und ländlicher. Hierauf begaben sie sich hinweg; es war Abend.

Mir fiel die Tracht der Heidinnen auf. Die Jungfrauen trugen so kuriose Mützen, wie ich als Kind von Schilf sogenannte Kuckuckskörbe flocht.

Einzelne trugen einfache Mützen, andere hatten noch Kränze darum geflochten, von welchen viele Fäden mit allerlei Zierwerk bis an die Stirn niederfielen; der untere Rand war immer ein Kranz von Woll- und Federblumen. Den Schleier hatten sie darunter, schlugen ihn vorn auseinander oder an der Mütze in die Höhe, und hinten lag er im Nacken. Sie waren sehr knapp um den Gürtel, und hatten ein Bruststück vor und um den Hals allerlei Fäden und Zierrate. Unter dem Gürtel wurden sie sehr breit, denn sie hatten viele Röcke von dünnen Stoffen übereinander, immer einen eine

Spanne länger als den anderen, der unterste war ganz lang. Die Arme waren nicht ganz bedeckt, sondern waren bei der Bewegung oft bloß, es waren nur lange Lappen und keine Ärmel, mit Kränzchen um die Arme geheftet.

Die Stoffe waren von verschiedenen Farben, gelb, rot, weiß, blau, gestreift und geblümt. Die Haare der Mädchen hingen lange hernieder und waren am Ende wie mit einer Schnur verbunden, welche Troddeln hatte, dadurch waren sie wie eine Decke und konnten nicht herumflattern. An den bloßen Füßen trugen sie vorne mit einer Spitze aufgebogene Sandalen, mit Schnüren angebunden. Die Frauen trugen einen anderen Kopfputz, der nicht so hoch war und über der Stirn wie einen festen Schirm hatte, der oft spitz bis auf die Nase herabstand und sich über den mit Perlen verzierten Ohren in die Höhe bog. Er war durchbrochen, mit Haargeflecht, Perlen und allerlei Zierde durchwunden. Sie trugen hinten breit niederhängende Mäntel. Sie hatten Kinder bei sich, ohne andere Bekleidung als eine Bahn Stoff, die von einer Schulter quer über die Brust hinab geschlungen die Mitte des Leibes bedeckte. Die Frauen hatten schon seit drei Stunden Jesus erwartet.

Bei Barnabas war eine Art Mahl bereitet, aber man legte sich nicht zu Tisch, sondern reichte einem jeden auf einem Brettchen, wie auf dem Schiff, etwas Speise. Es waren hier viele alte Männer versammelt, unter diesen auch der alte Gelehrte, den Jesus in der Synagoge geheilt hatte. Des Barnabas Vater ist ein alter vierschrötiger kerniger Mann; man sieht, dass er Holz verarbeitet. Alle die Männer jener Zeit sind viel derber als jetzt unsere Leute.

Jesus lehrt Juden und Heiden an einem Brunnen

13. Mai: Jesus lehrte heute an einem Brunnen auf einem Lehrstuhl und bereitete zur Taufe vor. Die Jünger aber tauften. Die Juden wurden zuerst und dann die Heiden an demselben Brunnen getauft. Die Quelle liegt vor jener Vorstadt, in welcher die vielen Schmiede arbeiteten, und wenn man zu dem Bienenort geht, lässt man sie links liegen.

Es befindet sich dort eine Art Dorf von mehreren Gebäuden, der Badegarten der Juden, andere Plätze und auch ein Lehrstuhl im Freien unter Bäumen. Der Brunnen hat mehrere Wasseradern, eine davon geht mit der Wasserleitung nach Salamis.

Die Bäder der Heiden sind an einer anderen Seite. Dieses Wasser fließt auch zu den Werkstätten der Schmiede, es bildet die Quelle bald nach ihrer ersten Fassung ein kleines Seechen, woraus sie wieder ausfließt. Auch nördlich, wo Jesus hinging, folgt Wasser von hier, teils unterirdisch, teils auf niederen Mauerwerken geleitet. Der Taufbrunnen war gleich bei der ersten Fassung des Quells angeordnet, auf die Art wie bei Salamis.

Jesus lehrt die Juden und die Heiden getrennt. Ich habe ihn auch mit einigen Lehrern über die Beschneidung sprechen hören, und dass man sie diesen Heiden nicht zumuten müsse, es sei dann, dass sie es selbst verlangten. Jedoch könne es den Juden auch nicht von ihnen zugemutet werden, dass sie die Heiden in die Synagoge zulassen, man müsse Ärgernis vermeiden und Gott danken, dass sie den Götzendienst verließen und das Heil erwarteten. Auch würde ihnen anderer Abbruch und die Beschneidung des Herzens und aller Gelüste aufgelegt. Er werde ihnen Lehre und Gebet abgesondert anordnen.

Fortsetzung 14. Mai

Als ich nach Tisch gegen drei Uhr meinen heftigen Augenschmerzen[10] schier erlag und mir gar nicht mehr zu helfen wusste, denn es schlug mir wie mit Hämmern auf das Auge, da fing ich an zu beten und erhielt nun einige Linderung und sah ganz wachend folgendes:

Um den Taufbrunnen nördlich von Chytrus standen Männer und deckten ihn ehrerbietig zu. Viele andere Zuhörer und Getaufte waren durcheinander wandernd und wie im Begriff, sich nach verschiedenen Seiten hinweg zu begeben; sie standen nur noch um einige reisende Juden, welche geschürzt mit Stäben herankamen, und etwas fragten.

Ich sah einige von den Anwesenden nördlich deuten und hörte sie sagen: «Der Prophet und Lehrer hat vom frühen Morgen bis gegen Mittag hier gelehrt und seine Jünger haben getauft, dann ist Er nach einem kleinen Imbiss mit seinen Jüngern und etwa sieben getauften Philosophen aus Salamis dort hinaus gezogen. (Sie deutet dabei nordwestlich.) Vor ein paar Stunden hättet ihr ihn noch getroffen. Er zog dort hinaus nach dem großen Dorf Mallep. (Sie schwankte mit dem Namen Mallep, Mallepo, Lapeto.)

O, Er ist entweder der verheißene Messias selbst, oder doch ein Prophet, der vor ihm hergeht! Solche Lehre und Weisheit ist nie verkündet worden!» Die Fragenden sagten nun: «Habt ihr ihn gar nicht halten können? Wie Schade, dass wir so spät kamen!» Und nun erzählten jene noch allerlei von Jesus, und die Reisenden erzählten, was sie in einem Ort gehört hätten, wo sie herkamen. «Man spricht stark von großer Unruhe und Aufwiegelung in Jerusalem. Pilatus ist wieder dort. Es ist das Gerede noch wegen der gemordeten Galiläer. Auch ist Herodes jetzt im Krieg mit seinem Schwiegervater Aretas; er hat eine abscheuliche List ausgeführt. Er saß in Machärus mit seinem Heer, und als seine Feinde sich nahten, hat er sie mit List zu freundschaftlicher Unterhaltung auf einen Platz gelockt, wo auf einmal der Grund einstürzte, Feuer heraussprang und brennende Bäume auf sie niederstürzten.»

Bei dieser Erzählung zeigten alle ihren Unwillen, und ich dachte an die Arbeitenden, die ich um Machärus gesehen hatte, als das Haupt des Johannes von den hebronischen Frauen abgeholt wurde. Während dieses kurzen Blickes sah ich Jesus mit seiner Begleitung in der Ferne von einer Stunde etwa wie eine Prozession zerstreuter Pilger wandernd, und nun verlor ich das Bild wieder, und meine Schmerzen wurden heftiger.

Das große Dorf Mallep (so nannte sie es zuerst und so mag es hier genannt stehen) ist der reizendste Ort, der sich nur denken lässt, und die Gegend ist ganz unbeschreiblich grün und fruchtbar. Ich kann es gar nicht aussprechen, wie herrlich und ordentlich es hier ist. Es wohnen nur Juden hier, der Ort ist eine von Juden erbaute Kolonie und ich meine, es ist die letzte hier in der Gegend. Es ist in späteren christlichen Zeiten, da der Ort zerstört war, ein schönes Kloster hier gestanden.[11]

Der Ort liegt auf einer Höhe am Abhang des Gebirges und hat wunderschöne Aussichten nach allen Seiten hin, man kann auch das Meer sehen. Er hat fünf Straßen, die zu der Mitte führen, in welcher auf einem Felsengrund ein schöner Wasserbehälter ausgehauen ist, der sein Wasser aus der Leitung von der Quelle bei Chytrus empfängt. Diese Brunnenzisterne liegt hoch, denn das Wasser, welches hoch herab kommt, steigt in ihr, und es sind schöne Sitze und schattige Bäume umher. Man hat da eine ganz herrliche Aussicht über den Ort und das Land voller Früchte.

Rund um den Ort ist ein doppelter Wall, ein niederer inwendig, ein höherer auswendig. Vieles davon ist in Steinfelsen gehauen. Außerhalb dieses Walles laufen, wie kleine Täler, schöne Gräben («Rieder» nach ihrem Ausdruck) weit herum.

Sie haben den frischesten Rasengrund voll herrlicher Blumen zwischen zwei Reihen der reichsten Obstbäume, unter welchen große gelbe Früchte im Gras liegen. Es ist da alles ganz taufrisch und grün. Es ist jetzt noch alles in der Ernte hier. Die Leute trocknen viele Früchte und schicken sie weg, auch machen sie Decken und Teppiche und anderes Zeug, auch sehr viele Matten und leichte niedere Kasten von Splint geflochten, die Früchte darauf zu trocknen.

Als Jesus hier ankam, zogen ihm die Lehrer der Synagoge und die Schulkinder, Mädchen und Knaben und vieles Volk bis vors Tor entgegen. Sie waren festlich geschmückt, hatten flötenspielende Kinder bei sich, sangen Lieder und trugen Palmzweige in den Händen. Die Mägdlein gingen vor den Knaben her.

Jesus dankte und ging segnend zwischen den Kindern hindurch. Die Wohnung der Lehrer ist nicht weit vom Eingang des Ortes. Sie führten Jesus und seine Begleitung von etwa dreißig Mann in eine Halle, wuschen ihnen die Füße und gaben ihnen eine Erquickung.

Es waren unterdessen wohl schon zwanzig Kranke, Lahme und Wassersüchtige in die Straße vors Haus gebracht, und Jesus ging hinaus, heilte sie und gebot ihnen, ihm zu dem Brunnen in der Mitte der Stadt zu folgen. Sie zogen alle gesund unter großer Freude ihrer Verwandten mit zu dem Brunnen, wo Jesus sie und das Volk lehrte vom täglichen Brot und von der Dankbarkeit gegen Gott.

Hierauf ging Er zur Synagoge und lehrte über «Zu uns komme dein Reich». Er sprach vom Reich Gottes in uns, von seiner Nähe, wer es nur ergreifen wolle, und wie es ein geistliches und kein weltliches sei, und wie es denen ergehen werde, die es von sich stoßen. Die Heiden, welche ihm gefolgt waren, standen getrennt außerhalb und waren hier immer mehr abgesondert als in den heidnischen Städten.

Nachher wohnte Jesus einem Mahl bei den Lehrern bei, und sie führten ihn am Schluss in eine eigene Herberge, welche sie ihm und seinem Gefolge eingeräumt hatten. Es war ein Aufseher dabei, der alles besorgen musste. Jesus schlief mit seinen Begleitern in einer großen Halle, doch geschieden, und die sieben getauften Heiden hatten einen eigenen Raum. Als die Jünger schon schliefen, ging Jesus noch ins Freie und betete.

Blick auf Merkuria, die Priesterin der Derketo

Ich habe wieder nach ihr geschaut. Sie heißt Merkuria und ist in Jerusalem nach Christi Tod Famula getauft worden. Sie ist eine Priesterin am Tempel und wird wegen ihrer großen Schönheit eine Göttin der Männer genannt. Sie ist vom priesterlichen Geschlecht und aus der Familie, aus welcher die Mutter der hl. Katharina herstammt, die in demselben Hause gewohnt hat. Sie ist genötigt worden, noch einmal in den Tempel zu gehen, hat sich aber von dem schändlichen Dienst losgesagt.

Diese Greuel werden im Dunkel in geheimer Kammer verübt. Die Kinder dieser Tempeldienerinnen werden wie heilig am Tempel erzogen, beschäftigen sich mit Sticken und Schmücken, Singen und Tanzen am Tempel, und werden meistens wieder Priesterinnen und Priester und fallen ähnlicher Schande anheim; manchmal heiraten sie auch in die Stadt.

Auch Merkuria hat Kinder dieser Art am Tempel. Zu Hause hat sie zwei Töchter von ihrem Mann und einen unehelichen Knaben. Die Töchter folgten ihr, als sie entfloh, den Knaben bekam sie nicht. Ihr Mann ist ein kurioser Kerl, ich weiß nicht, was ich von ihm denken soll, er lebt bequem und dumm dahin, lässt sich bedienen, isst und trinkt und treibt was ihn gelüstet und ist oft betrunken. Am Leben seiner Frau liegt ihm nichts.

Merkuria schminkt sich auch, sie macht sich die Augenränder schwarz, und um die roten Wangen und den Mund kommen feine rotgelbe sich verlierende Ränder, sie sieht aus wie ein Gemälde.

Die Nägel und in den Händen rötet sie sich, wenn sie zum Tempel oder zum Fest geht. Im Tempel hat sie ein langes durchsichtiges weißes Gewand an und ein gelbes darunter, mit Blumen und Rändern. Die heidnischen Mädchen und Frauen sind bei Festen alle geschminkt. Es geschieht mit einer Pflanze.

Jesus heilt und lehrt in der Synagoge

15. Mai: Man hat gestern auch von Samuel gesprochen, ich meine, es ist ein Gedächtnistag wegen seines Todes gewesen, und am Abend fingen sie an, den Neumond zu feiern, wahrscheinlich weil der Sabbat auf den Tag selbst fiel. Es ist auch ein großes Schmücken der Häuser und Synagogen, ob wegen des Neumondes oder der Vorbereitung auf Pfingsten, weiß ich nicht.

Heute früh waren vor der Herberge und auf dem Weg Jesu nach der Synagoge viele Kranke, die Er heilte. Die Synagoge ist hier sehr schön, fast wie in Jerusalem. Es sind zwei Lehrstühle darin. Es war alles darin versammelt. Ich habe überhaupt heute nicht arbeiten sehen. Es war auch, als feierten sie den Schluss der Ernte.

Jesus lehrte den größten Teil des Morgens. Einige Male lasen und sangen auch die anderen Lehrer und das Volk. Ich erinnere mich, dass Jesus vom Sämann und dem verschiedenen Acker und dem Unkraut lehrte, und auch vom Senfkorn, wie es so große Früchte trage. Er nahm sein Gleichnis von einer Staude, welche sie hier ziehen und die aus einem sehr kleinen Kern einen beinahe mannshohen, armdicken Stengel treibt und sehr nützlich ist.

Der Samen sieht fast aus wie der Samen von der Flachsseide, einem Flachsunkraut bei uns. Die Frucht wird wie eine Eichel groß, rot und schwarz. Sie pressen aus der Frucht einen Schleim, wie Leim. Die Blätter sind gelb und rot. Sie brauchen sie auch, meine ich, zum Färben. Sie färben gelb, rot und braun damit. Sie können alles bis zum Stengel gebrauchen.

Die getauften Heiden waren nicht in der Synagoge. Sie hörten draußen von der Terrasse herab zu.

Jesus heilt drei blinde Knaben

Mittags wohnte Jesus mit den Jüngern einem Mahl bei den Vorgesetzten bei. Es wurden drei blinde Knaben von etwa zehn bis zwölf Jahren durch andere Kinder hereingeführt, sie musizierten auf Flöten und einer anderen Maschine, welche sie vor den Mund hielten und mit den Fingern daran spielten. Es war keine Pfeife und hatte im Klang etwas Summendes, wie ein Brummeisen. Auch sangen sie mit angenehmen Ton dazwischen. Ihre Augen standen weit offen, es war, als hätten sie den Star.

Jesus fragte sie, ob sie gerne das Licht sehen möchten und fromm und fleißig auf gerechten Wegen wandeln, sie sagten ganz freudig: «Herr, wenn du uns helfen willst! Herr, hilf uns, wir wollen tun, wie du befiehlst!» Da sagte Jesus: «Legt eure Pfeifen nieder!» und stellte sie vor sich, führte seine beiden Daumen zum Munde und fuhr ihnen nacheinander mit den beiden Daumen zugleich von dem Augenwinkel nach den Schläfen über die Augen und hob eine Schale mit Früchten vom Tisch vor sie und sagte: «Seht ihr das?», segnete sie und gab ihnen die Früchte. Sie staunten freudig und trunken um sich her und warfen sich vor Jesus nieder und weinten. Es war eine große Rührung, Freude und Verwunderung in der ganzen Versammlung.

Die Knaben aber eilten mit ihren Führern aus dem Saal durch die Straßen in voller Freude zu ihren Eltern, und es war eine große Bewegung in der ganzen Stadt, und die Kinder kehrten mit allen den Ihrigen und vielen anderen Menschen zu dem Vorhof des Saales zurück und kamen, auf ihren Instrumenten fröhliche Lieder spielend und singend, heran, Jesus zu danken. Da hielt Jesus noch eine schöne Lehre über die Dankbarkeit und sagte: der Dank sei ein Gebet, welches neue Gnaden vorbereitet, so gütig sei der himmlische Vater.

Nach dem Mahl sah ich Jesus mit seinen Jüngern und den heidnischen Philosophen durch die schönen grünen schattigen Rieder weit um die Stadt herum wandeln und meistens die heidnischen Männer und neuen Jünger lehren. Seine eigenen Jünger lehrten auch einzelne Scharen. Am Abend lehrte Jesus wieder in der Synagoge. Als die Jünger kaum zur Ruhe gegangen waren, ging Jesus aus seiner Zelle hinaus, um zu beten.

Jesus bei den Eltern der geheilten Knaben

16. Mai: Jesus ging am Morgen und so auch seine älteren Jünger in der Stadt umher in verschiedene Häuser, tröstete, gab Almosen, heilte und gab Rat. Er besuchte auch die Eltern der geheilten blinden Knaben. Es waren Juden aus Arabien, aus der Gegend stammend, wo Jethro, der Schwiegervater von Mose, gewohnt hatte. Sie hatten einen eigenen Namen.

Sie zogen oft umher und waren schon bei Kapharnaum getauft worden, wo sie durchziehend Jesu Berglehre gehört hatten. Diese Leute, ein paar Familien von etwa zwanzig Personen zusammen mit Frau und Kindern, waren Handelsleute und Fabrikanten, welche, wie jetzt bei uns die Italiener, Tiroler und Schwarzwälder mit Holzuhren, Mäusefallen und Gipsfiguren, bald hier, bald dort eine Zeitlang verweilten und zugleich allerlei Arbeit und Handel trieben. Um diese Zeit blieben sie gewöhnlich ein paar Monate hier und hatten vor der Nordseite der Stadt eine Herberge inne mit allerhand Werkzeug und Weberei. Ihre blinden Knaben mussten auf ihren Umzügen hie und da bei Gelegenheit mit Gesang und Flötenspiel etwas verdienen.

Jesus lehrte und beriet diese Leute und nahm nochmals ihren und der Knaben Dank an. Er aber sagte ihnen, dass sie nun die Knaben nicht mehr mit herumziehen lassen sollten, sondern dass sie hier bleiben und zur Schule gehen sollten, und Er zeigte ihnen auch Leute an, welche sie aufnehmen und unterrichten wollten. Er hatte dies gestern schon zustande gebracht. Die Eltern versprachen es ihm.

Jesus geht mit den heidnischen Philosophen und redet mit ihnen von Dsemschid und Melchisedech

Jesus nahm mit den Seinen ein kleines Mahl in der Herberge und ging nach Tisch mit den Jüngern und den sieben getauften Philosophen westlich in ein ganz reizendes Wiesental nach einem Dorf Lanifa[12] lehrend spazieren.

Es zieht sich gegen Abend von Mallep ein Tal, das sich sanft aufsteigend südlicher ins Gebirge wendet. Von dieser südlichen Seite kommt von dem Quell bei Chytrus ein Bach hierher, etwa drei Schuh breit, er kommt verdeckt durch das Gebirge, läuft durch das Dorf Lanifa und das Tal gegen Mallep zu und in den Gräben umher. Es ist aber nicht das Wasser, das in der Mitte von Mallep in den hochliegenden Brunnen ist, obschon die Straße, durch welche Jesus hinausging, die fünfte Straße des Ortes ist, durch welche die Wasserleitung zu dem schönen Brunnen zieht.

Es ist gar nicht auszusprechen, wie reizend und heimelig dieses rings geschlossene sanft gewundene grüne Tal ist. Bis gegen Mallep hin ziehen sich die an den beiden Seiten zerstreut liegenden Höfe des am Ende liegenden Dorfs Lanifa. Alles ist ganz grün und voll der schönsten Blumen und Früchte, die hier wild und geordnet wachsen.

Jesus zog links an der Südseite des Baches hinauf gegen Lanifa, wo Er mit einer Schar von jungen Leuten sprach, die auf dem Weg waren, sich einzuschiffen, um auf das Pfingstfest nach Jerusalem zu kommen. Er befahl ihnen, Lazarus zu grüßen, aber außer diesem nicht von ihm zu sprechen.

Jesus, weiter wandernd, überschritt den Bach und kam an dessen Nordseite wieder das Tal herab gegen Mallep. Dort drüben berührte Er noch ein Dorf, welches einen noch seltsameren Namen hat, den ich soeben wieder vergessen habe.[13] Es ist lächerlich, dass ich in den Bildern mich immer so über die Namen wundere, und dann dazwischen denke, dass die Namen von unseren westfälischen Dörfern diesen Leuten hier auch seltsam klingen würden.

Ich habe heute morgen und jetzt beim Hinausgehen gesehen, dass die Ernte geschlossen ist, und dass die Leute Garben in Haufen zusammenstellen, welche sie den Armen geben wollen.

Jesus lehrte die heidnischen Philosophen den ganzen Weg, bald wandernd, bald an einem schönen Platz verweilend. Er lehrte sie vom gänzlichen Verderben der Menschen vor der Sündflut, von der Rettung Noes, von der neuen Verwilderung und der Aussonderung Abrahams und der Führung von dessen Geschlecht bis zur Zeit, dass der verheißene Tröster aus ihnen hervorgehen könne.

Die Heiden baten sich allerlei Erläuterungen aus und brachten manche große Namen von alten Göttern und Helden vor, und was man für Wohltaten von ihnen erzähle.

Jesus sagte ihnen, dass alle Menschen mehr oder weniger natürliche Gnaden hätten und mit ihren Gaben manches Bequeme und zeitlich Nützliche und Weise hervor brächten, dass aber viele Laster und Greuel aus diesen Wirkungen mit hervor wüchsen, und zeigte ihnen die ganze abgöttische Versunkenheit und den teilweisen Untergang jener Völker und die lächerliche fabelhafte Entstellung ihrer Götter-Geschichten, gemischt mit dämonischen Weissagungen und zauberischen Täuschungen, die als Wahrheit hineingewebt seien.

Sie erwähnten auch einen älteren weisen König, der hoch oben hinter Indien hervor gekommen sei und Dsemschid heiße und mit einem goldenen Dolch, den er von Gott erhalten, so viele Länder geteilt und bevölkert und überall Segen verbreitet habe, und fragten Jesus über ihn und allerlei Wunder, die man von ihm erzählte. Jesus sagte ihnen, dass Dsemschid ein natürlich-kluger und sinnlich-weiser Mann und Völkerführer gewesen sei, der einen Stamm Völker, als sie sich nach der Trennung beim Turm von Babel zerstreuten, geführt und Länder nach gewissen Ordnungen mit ihnen besetzt habe, und dass es solche Führer gegeben habe, welche übler gehaust hätten als er, weil seine Rasse nicht so verfinstert gewesen sei.

Er zeigte ihnen aber auch, welche Fabeln auf seine Rechnung geschrieben würden und wie er ein falsches Nebenbild und Irrbild des Priesters und Königs Melchisedech sei. Er sagte ihnen, auf diesen zu schauen und auf Abrahams Stamm; denn als die Ströme der Völker sich bewegten, habe Gott den besseren Familien den Melchisedech gesendet, dass er sie führe und verbinde und ihnen Länder und Wohnstätten bereite, auf dass sie rein erhalten und nach ihrem Werte der Annäherung an die Gnade der Verheißung fähiger oder unfähiger würden.

Wer Melchisedech gewesen sei, das möchten sie selbst denken. Aber das sei die Wahrheit, er sei ein frühes Vorbild künftiger, jetzt so naher Gnade der Verheißung gewesen und sein Opfer von Brot und Wein, welches er gebracht, werde erfüllt werden und vollendet und werde bestehen bis ans Ende der Welt.

Jesus sprach so bestimmt und unbestreitbar über Dsemschid und Melchisedech, dass diese Gelehrten erstaunt sprachen: «Meister, wie weise bist du! Ist es doch, als habest du in jenen Zeiten gelebt und kenntest alle diese Leute, wie sie sich selbst kaum kannten!» Er sprach noch vieles von den Propheten mit ihnen, auch von den kleinen Propheten und besonders von Malachias.

Als der Sabbat eintrat, ging Jesus zur Synagoge und lehrte aus dem dritten Buch Mose vom Jubeljahr und aus Jeremias. Er sprach davon, dass man sein Feld gut bebauen müsse, auf dass unser Bruder, der es von uns empfange, unsere Liebe erkenne. Nach dem Mahl hatte Er noch ein Gespräch mit den Philosophen und einigen Juden.

17. Mai: Am Morgen setzte Jesus die Lehre vom Jubeljahr und dem Bebauen des Feldes und aus Jeremias in der Synagoge fort, und ging dann mit den Jüngern und vielem Volk, Juden und einigen Heiden, vor die Stadt gegen Mittag zu, wo ein jüdischer Badegarten aus der Wasserleitung von Chytrus bestand, mit einer schönen Zisterne und Badebecken umher und mit angenehmen Spazierplätzen und langen dunklen Lauben. Es war hier bereits alles zur Taufe eingerichtet, und viele Menschen folgten Jesus zu einem Lehrplatz bei dem Brunnen. Es waren auch sieben Bräutigame dabei und ihre Führer und Verwandten.

Jesus lehrte vom Sündenfall, vom Verderben der Menschen, von der Verheißung, von der Verwilderung und Entartung, von der Absonderung besserer Menschen, vom Wachen über die Vermählung, um die Tugenden und Gnaden der Eltern zu vererben, von der Heiligung der Ehe durch Gesetz, Mäßigung und Enthaltsamkeit. So kam Er auf Braut und Bräutigam zu sprechen und nahm ein Beispiel von einer Art Bäume auf der Insel, welche von Bäumen weit entfernt, ja übers Meer befruchtet werden und sagte, so mache die Hoffnung, das Vertrauen auf Gott und die Sehnsucht nach dem Heil, die Demut und Keuschheit zur Mutter der Verheißung.

In dieser Weise kam Er auf die geheime Bedeutung der Ehe, als der Verbindung des Trösters von Israel mit seiner Gemeinde, zu sprechen und nannte die Ehe ein großes Geheimnis. Er sprach so schön und wunderbar darüber, dass ich es nicht zu wiederholen wage. Er lehrte hierauf von der Buße und der Taufe, welche reinige und austilge die Schuld der Trennung und alle fähig mache, an dem Verband des Heiles Teil zu nehmen. Jesus sonderte sich auch mit einzelnen Täuflingen ab und hörte ihre Bekenntnisse, verzieh ihnen die Sünden und legte ihnen Enthaltungen und gute Werke auf.

Jakobus der Jüngere und Barnabas tauften. Es wurden meist alte Leute und einige Heiden getauft, auch die drei geheilten Knaben, die bei der Taufe ihrer Eltern in Kapharnaum nicht getauft worden waren.

Jesus und die Seinen und viele andere nahmen hier noch eine Erfrischung zu sich und wanderten dann einen Sabbatsweg gegen Süden der Stadt. Hier fließt der Bach von Lanifa ein Stück um die Stadt und dann zum Meer. Sie mussten ihn überschreiten.

Im Tal von Lanifa ist er sehr schmal, hier ist er aber durch das Wasser aus der Stadt ziemlich stark. Die Frauen und Jungfrauen gingen auch auf abgesonderten Wegen spazieren. Jesus war immer lehrend und immer im Bezug auf die getauften Heiden, die etwas abgesondert standen. Nach einer Weile lagerten sie sich um Jesus, und dann kehrten sie zur Synagoge zurück, wo die Sabbatslehre geschlossen wurde.

Nach einem Mahl, das nachher war, brachten einige der Philosophen, die sich näherten und zuhörten, die Frage vor, ob denn Gott die schreckliche Sündflut habe über die Erde gehen lassen müssen? Und warum Er denn so lange die Menschen auf den Tröster habe warten lassen; Er habe ja alles ändern und einen schicken können, der alles gut mache.

Da lehrte Jesus, dass dieses nicht im Ratschluss Gottes gelegen sei, und dass Er die Engel mit freiem Willen und mit englischen Kräften geschaffen habe, und dass diese durch Hoffart von ihm ab und in ein finsteres Reich gefallen seien, und dass der Mensch zwischen diesem finsteren Reich und dem Reich des Lichtes abermals mit freiem Willen gestanden sei und sich durch die verbotene Frucht dem finsteren Reich hingegeben habe; dass aber der Mensch nun mitwirken müsse, auf dass Gott ihm helfe und dass er das Reich Gottes herabziehen müsse, auf dass Gott es ihm gebe. Der Mensch habe wie Gott werden wollen durch den Genuss der verbotenen Frucht, und es könne ihm nicht geholfen werden, als wenn der Vater seinen Sohn unter ihnen aufstehen lasse, der sie wieder mit Gott aussöhne. Die Menschen seien aber so verunstaltet in ihrem ganzen Wesen, dass es großen Erbarmens und wunderbarer Führungen bedurft habe, um das Reich Gottes zur Erde zu führen, indem das Reich der Finsternis im Menschen es zurückstoße. Er sprach auch davon, dass dieses Reich keine weltliche Herrschaft und Herrlichkeit sei, sondern die Erneuerung und

Aussöhnung des Menschen mit seinem Vater und die Verbindung aller Guten in einen Leib.

Lehre am Taufplatz

18. Mai: Heute morgen lehrte Jesus abermals viele Menschen und ganz besonders die Brautleute am Taufplatz. Es waren sieben Paare, darunter ein paar Heiden, welche die Beschneidung angenommen hatten und Judentöchter heirateten. Es waren viele ihrer Angehörigen, Männer und Frauen, dabei, darum meinte ich anfangs, es seien viel mehr Brautpaare. Die Bräutigame wurden getauft, und einige Heiden, welche jüdisch gesinnt waren, hatten die Erlaubnis begehrt, die Lehre mit anhören zu dürfen.

Erst lehrte Jesus im Allgemeinen über die Pflichten des Ehestandes und besonders der Frauen, sie sollten nach den Augen des Mannes sehen und sonst die Augen niederschlagen. Er sprach von Gehorsam, Demut, Keuschheit, Arbeitsamkeit, Kinderzucht.

Als die Frauen weggegangen waren, um in Leppe die Mahlzeit zu ordnen, bereitete Jesus die Männer zur Taufe vor. Er sprach von Elias und von der großen Dürre des Landes und von der Wolke des Regens, die Elias erfleht habe und die aus dem Meer aufgestiegen sei. Es war auch heute eine solche weiße Nebelwolke, wie neulich, dicht über der Erde, und man konnte nicht weit um sich sehen. Jesus sprach von jener Dürre des Landes als der Strafe Gottes für die Abgötterei des Königs Achab.

Gnade und Segen habe sich entfernt und es sei auch eine Dürre der Herzen gewesen. Er sprach von des Elias Verborgenheit am Bach Chrit, und wie der Vogel ihn ernährt habe, und wie er gegen Sarepta zur Witwe gekommen sei und dieser geholfen habe, und von seiner Besiegung der Götzendiener auf dem Karmel, und wie die Wolke aufgestiegen und alles mit Regen erquickt habe.

Und Jesus verglich diesen Regen mit der Taufe und ermahnte sie, sich zu bekehren und nicht wie Achab und Jezabel in Sünde und Dürre des Herzens nach diesem Regen der Taufe zu bleiben.

Er legte alles dieses aus. Er sprach auch von Segola, jener frommen heidnischen Frau aus Ägypten, welche sich zu Abila am Bach Chrit niedergelassen und soviel Gutes getan und Gnade vor Gott gefunden habe. Er sprach von der Art, wie die Heiden streben und sich heiligen sollen, damit die göttliche Gnade zu ihnen komme. Er sprach dieses den heidnischen Zuhörern zu Gehör, welche von Elias und dieser heidnischen Frau wussten.

Jesus bei einem Festmahl in Leppe bei Mallep

Nach der Taufe der Bräutigame wurden Jesus und die Seinen mit allen Brautleuten und Rabbinern zu einem festlichen Mahl nach dem Dorf Leppe, westlich von Mallep, von dem dortigen Judenlehrern eingeladen, dessen Tochter die Braut eines heidnischen Philosophen von Salamis war, der dort schon Jesu Lehre gehört und die Beschneidung angenommen hatte.

Sie gingen nun nach Leppe, jenem Dorf, dessen Name ich gestern nicht wusste. Der Weg führt sanft ansteigend und dann tiefer fallend in schönen Alleen, wie in einem Garten, ungefähr drei viertel Stunden nach diesem schönen Ort, der wohl so groß wie Coesfeld ist. Mallep ist beinahe wie Münster so groß.

Bei Leppe führt die Straße nach dem etwa zwei Stunden entlegenen kleineren Hafen Cerinia hin. Die andere Straße, auf der Jesus mit den ziehenden Arabern sprach, zieht nach dem großen Hafen von Lapithus, der westlicher liegt.

In Leppe wohnen die Heiden in einer Häuserreihe längs der Landstraße hin. Es ist Handel und Gewerbe dort. Die Juden wohnen abgesondert und haben eine schöne Synagoge. Ich sah in heidnischen Gärten Götzenbilder wie Wickelpuppen, und auch auf einem öffentlichen Platz und vom Wege ab in einer Umzäunung ein Götzenbild über Mannsgröße mit einer Art Ochsenkopf, und zwischen den Hörnern hatte es wie eine kurze Garbe abgebildet. Die Figur hockte auf den Beinen und hatte kurze Hände vorwärts hängend. Ich habe diese Art Figur schon in Gaulonitis gesehen. Es sind Löcher in ihr, worin allerlei verbrannt wird.

Es war hier ein festliches, doch einfaches Mahl von Vögeln, Fischen, Honig, Brot und Früchten. Die Bräute und Brautjungfern saßen abgesondert am Ende der Tafel. Sie waren verschleiert, hatten ganz lange, ehrbare, gestreifte Kleider an; an den Armen sah man hie und da die Haut durch. Sie hatten Kränze von bunter feiner Wolle oder Federchen auf. Jesus lehrte anhaltend während und nach der Mahlzeit. Er sprach von der Heiligkeit der Ehe und dass sie sich an einer Frau sollten Genüge lassen; denn sie hatten hier wohl die Gewohnheit, sich leicht zu scheiden und eine andere zu nehmen. Dagegen sprach Jesus streng.

Er erzählte auch die Parabel vom hochzeitlichen Mahl, vom Weinberg und Königssohn. Es war eine förmliche Lehre, denn es standen die Brautführer und Führerinnen draußen vor dem Haus und am Wege und luden die Vorüberreisenden ein, hereinzutreten, und jeder, der anständig war, wurde zugelassen und auch die Armen wurden gespeist und gelehrt. Es waren auch die drei geheilten Knaben auf dem Fest und musizierten, auch Mägdlein, die sangen und spielten. Es war schon dunkel, als Jesus mit den Seinen nach Mallep zurückkehrte. Oben auf der Höhe des Weges war es sehr schön, man konnte das Meer sehen, und es warf einen Glanz, einen wunderbaren Schein von sich.

Ich meine Pfingsten ist ganz nahe; jene Brautleute wollen aber vorher noch Hochzeit halten. In Mallep stehen an einigen Häusern und Ecken große Getreidebüschel aufgerichtet, ob zum Zeichen, dass hier ausgeteilt werde, oder zur Festzierde, weiß ich nicht. Die Weizen- und Obsternte ist vollendet, die Weinlese noch nicht.

Nähere Beschreibung von Mallep – Trauungsfeierlichkeiten daselbst

19. Mai: Heute morgen war in Mallep große Zurüstung zur Trauung der sieben Brautpaare. Die ganze Stadt schien an dem Fest Teil zu nehmen, denn sie ist ganz wie eine Art Verbrüderung. Arme Leute sieht man nicht, sie wohnen abgesondert an der Mauer und werden verpflegt.

Die Einrichtung von Mallep ist ganz regelmäßig. Es sieht aus wie ein Pfannkuchen, den man in fünf gleiche Stücke teilt. Die fünf Straßen, welche die Stadt einteilen, laufen alle in der Mitte auf den hohen, mit Bäumen und Terrassen umgebenen Brunnen zu. Vier von diesen Stadtteilen sind von zwei Querstraßen durchschnitten, welche im Kreis um den Mittelpunkt des Ortes, den Brunnen, herumführen. In einer der Zirkelgassen ist ein Haus, wo die Witwen und alten kinderlosen Mütter, von der Gemeinde unterhalten, zusammenleben, Schule halten und die Waisen pflegen. Auch für arme Fremde und Reisende ist ein Haus hier zur Pflege und zum Unterhalt.

In dem Haus der Witwen ist Jesus schon ein paar Mal zum Trost und zur Ermahnung auch bei den Kindern gewesen.

Das übrige Fünftel der Stadt enthält öffentliche Gebäude. Es wird durch die zu dem Brunnen führende Wasserleitung in zwei Hälften geteilt. In der einen Hälfte liegen der öffentliche Markt, mehrere Herbergen und ein Bewahrungshaus für die Besessenen, die hier nicht herumlaufen dürfen, und deren Jesus auch schon einige geheilt hat, welche ihm unter den anderen Kranken zugeführt wurden.

In der anderen Hälfte liegt in der Nähe des Brunnens das allgemeine Fest- und Hochzeitshaus mit der Höhe seines Daches der Höhe des Brunnens gleichkommend. Sein Eingang ist nicht gegen den Brunnen zu, sondern in entgegengesetzter Richtung diesen Stadtteil hinab schauend, und es führt aus dem vorneliegenden Hof ein Gang zwischen grünen Laubwänden einige hundert Schritte weit die Gasse hinab bis zur Stelle, wo der Synagogen-Vorhof ist. Es ist dies etwa zwei Drittel der Straßenlänge. Es führen zwar Zugänge aus den Kreis-Straßen hierher, aber das Volk darf nicht immer und nur mit Erlaubnis bei Festen hierher. Heute wurde dieses Festhaus während des ganzen Morgens geschmückt. Unterdessen war Jesus und die Seinen in der Herberge und es kamen vielerlei Leute, Männer und Frauen zu ihm, welche Unterweisung, Rat und Trost bei ihm suchten, darunter einige jener Witwen und einige alte Männer, denn durch die Verbindung mit den Heiden haben diese Leute oft Skrupel und Sorge. Auch die Brautpaare waren längere Zeit bei Jesus.

Er sprach mit den Bräuten allein, und zwar einzeln, und es war wie eine Beichte und Unterricht. Er fragte sie, warum sie heirateten, ob sie auch an die Nachkommen dächten und deren Heil, welches eine Frucht der Gottesfurcht, Zucht und Mäßigkeit sei, oder ob sie an ihre eigene Lust und Torheit dächten. Die meisten waren hierin nicht unterrichtet, und sie gingen gerührt und ernster von dannen. Auch die Bräutigame unterrichtete Jesus so.

Währenddessen waren die Angehörigen der Brautleute beschäftigt, das Festhaus und den Laubweg und den Platz der Trauung zu schmücken und alles zu einer leichten Mahlzeit zuzubereiten. Es wurden hie und da im offenen Laubweg Bogen aufgerichtet, Teppiche, Blumenkronen und Früchtekränze drum hergehängt, auch Treppen und Galerien errichtet, dass man von oben in die Allee hinabschauen konnte. Vor der Synagoge war eigens eine offene Laube errichtet und viele schöne Bäumchen in Kasten hingestellt. In den Höfen und Lauben um das Festhaus sah ich die Leute Speise-Gerüste herbei tragen; wer etwas aus der Stadt schickte, nahm Teil am Fest. Sie trugen die Speisen in langen Bahren herbei, welche zugleich als Tische dienten. Die Speisen, Brote und kleine Krüge, standen darin und konnten aus kleinen Seitenöffnungen von dem davor liegenden Gast herausgenommen werden.

Oben über die Bahre wurde ein Teppich gebreitet, worauf sie aßen. Diese Bahren waren niedere, aber lange geflochtene Körbe, in denen die Speisen unter einem Deckel standen und aus den Seitenöffnungen herausgenommen wurden. Die Gäste lagen davor auf Decken an Polster gelehnt. All dieses wurde bereitet und von verschiedenen Seiten hingetragen.

Unter der Trauungslaube wurde ein Teppichhimmel aufgerichtet. Jesus und seine Jünger gingen auf Bitten hin, und weil ehemalige Heiden unter den Bräutigamen waren, so standen auch einige der Philosophen und andere Heiden in bescheidener Entfernung. Die sieben Bräute und ihre Bräutigame kamen von verschiedenen Seiten mit vortretenden, spielenden, bekränzten Knaben und Mädchen, von den Brautführern und Führerinnen begleitet und von ihren Verwandten umgeben, unter die Laube gezogen.

Die Bräutigame hatten lange Mäntel um und an ihren Röcken Gürtel und Riemen mit Buchstaben, und trugen weiße Schuhe. Sie hatten gelbe Tücher in den Händen. Die Bräute hatten sehr schöne wollweiße lange Kleider an mit Goldblumen und Linien durchziert. Ihre Haare, worunter auch gelbe, waren über dem Rücken zu einem Netz mit Perlen und Goldfäden verflochten und unten mit einem Band eingefasst.

Der Schleier lag im Nacken und über das Gesicht nieder, auf dem Kopf selbst war ein Ring mit drei Zacken und einem höheren Bügel vorne, hinter welchem man den Schleier auflüften konnte. Sie trugen auch Feder- oder Seidenkrönchen. Mehrere dieser Schleier waren ganz glänzend, als seien sie von schöner Seide oder sonst seltsamem Gewebe.

Sie trugen lange goldene Fackeln in den Händen, wie Leuchter ohne Füße, und oben brannten Lichter oder Lampen drin. Sie hielten sie mit einem schwarzen oder dunkeln Tuch gefasst, und sie trugen auch weiße Schuhe, oder vielmehr Sandalen, denn sie fassten die Füße nicht ganz.

Bei der Trauung, welche vor dem Rabbiner geschah, waren allerlei Gebräuche, die ich nicht mehr recht nach der Ordnung weiß. Es wurden Rollen abgelesen, ich meine Heiratsverträge und Gebete. Das Paar trat unter den Teppichhimmel, die Anverwandten warfen Weizen nach ihnen und sprachen einen Segen aus.

Der Rabbiner verwundete Braut und Bräutigam am kleinen Finger und ließ einen Tropfen Blut von jedem in einen Becher Wein laufen, den sie zusammen tranken; dann reichte der Bräutigam den Becher hinter sich und er wurde in ein Becken mit Wasser gelegt. Es lief von dem Blut in die flache Hand, und sie rieben sich einander dies in die Hände, die sie sich reichten. Es wurde ein weißes Fädchen um die Wunde gelegt und die Ringe gewechselt. Ich meine, sie hatten nachher zwei Ringe, einen am kleinen, den anderen am Zeigefinger. Dabei wurde eine gestickte Decke oder Bahn über das Haupt des Paares gelegt. Die Braut nahm die Fackel, die sie einstweilen der Führerin gegeben hatte, mit dem schwarzen Tuch in die Rechte und gab sie in die Rechte des Mannes, der sie in die Linke nahm und ihr in die Linke gab, worauf sie dieselbe wieder der Führerin gab.

Es wurde auch ein Becher Wein gesegnet, woraus alle Verwandten tranken. Wenn die Braut nun vermählt war, nahmen ihr die Führerinnen den Kopfputz ab und verschleierten sie; dabei bemerkte ich, dass das große Haargewebe falsches Haar war. Die Bräute zogen mit ihrem Zuge zuerst nach dem Festhaus durch den Laubengang, die Männer folgten unter den Segenswünschen der Zuschauer. Es dauerte lange, bis sie fertig waren. Im Festhaus war man kurze Zeit, um den Imbiss einzunehmen.

Jesus ging mit den Seinen und den Philosophen etwas spazieren und lehrte. Die Brautleute gingen aber nach dem Badegarten an der Wasserleitung, wo sie sich belustigten. Am Abend war in der Synagoge eine Lehre für die Getrauten, und als die Rabbiner lange gelehrt hatten, baten sie auch Jesus, diesen neuen Eheleuten eine Unterweisung zu geben. Da sprach Jesus von der Ehe und ihrer Bedeutung und dem Gehorsam der Frauen und der Zucht und Heiligung. Ich sah keine Mahlzeit mehr.

Fortsetzung

20. Mai: Jesus ist mit Mnason, den Philosophen und einigen Männern heute nicht wieder zur Hochzeit gegangen. Er ging hinaus gegen Morgen zu und lehrte an einzelnen Höfen und bei Arbeitern, die das Feld räumten, und bei Ährenlesern, die hie und da nachschnitten und sammelten.

Er brachte so den ganzen Tag zu, bald wandernd, bald ruhend, es war zuletzt eine große Schar bei ihm, und Er lehrte von dem Pfingstfest, der Gesetzgebung auf Sinai, und dass des Gesetzes Erfüllung nahe sei. Es war keine Mahlzeit. Sie aßen hie und da mit den Leuten einige Bissen. Am Abend kehrte Jesus zurück. Es waren gestern drei Rabbiner, welche die Kopulation vollzogen, und doch dauerte es an vier Stunden. Heute morgen ging die Lustbarkeit erst recht an. Die sieben Paare und alle Freunde und viele Gäste zogen geschmückt mit Musik zum Festhaus.

Die Jünger Jesu waren auch zugegen, aber sie nahmen nur dienend Anteil. Es wurde von den Anwesenden den Brautpaaren Backwerk und Früchte auf schönen Gefäßen gereicht; es waren vergoldete Äpfel mit allerhand vergoldeten Kräutern und Blumen besteckt. Auch kamen Scharen von Kindern mit Gesang und Musik; sie waren fremd, sangen und spielten ums Brot, wurden beschenkt und zogen wieder ab.

Hernach spielten aber die drei von Jesus geheilten Knaben und mehrere andere Chöre aus der Stadt, und es wurde ein ganz eigener Tanz aufgeführt. Sie tanzten in einer länglichen viereckigen Laube, auf einem wiegenden gepolsterten Grund. Ich meine es waren schwankende Bretter auf eine dichte Moosfläche gelegt, oder was es war. Sie standen in vier doppelten Reihen, welche sich den Rücken zukehrten. Die Paare tanzten, sich wechselweise die Hände an den Tüchern fassend, von dem Platz der ersten Reihe bis zum letzten Platz der vierten, und alles war bald in einer schlängelnden Bewegung. Sie hüpften nicht, aber bewegten den ganzen Leib schön hin und wieder schwankend, als ob sie keine Beine im Leibe hätten.[14] Am Schluss standen alle Brautpaare und tanzten in der Mitte, und alle anderen in einem Kreise um sie her. Die Bräute und alle anderen Frauen hatten ihre Schleier etwas in den goldenen Bügeln ihres Kopfputzes aufgeschürzt. – Die Jünger Jesu tanzten nicht mit. Der Tanz währte ziemlich lange; nachher nahm man noch allerlei Erfrischungen zu sich, welche in den vier Ecken der Laube auf Gestellen aufgesetzt waren. Sie zogen dann wieder mit Musik hinaus in den Garten am Badebrunnen, der vor derselben Straße vor der Stadt an der Wasserleitung liegt.

Die Juden sind in dieser Stadt ganz frei für sich. Sie haben alte Gerechtigkeiten, dass sie bloß ihren Tribut bezahlen und außerdem sich selbst regieren. Sie haben sich die Grundstücke gekauft und die Stadt gebaut. Man hat sie auch schon darum angefochten, aber sie haben ihre Rechte behalten.

In dem Badegarten wurden in Lauben und auf Rasenplätzen allerlei Spiele gespielt, die meistens in Laufen, Springen und nach dem Ziele werfen bestanden. Die Männer spielten allein und so auch die Frauen. Es geschah um kleine Preise und Strafen an Münzen, Gürteln, kleinen Zeugstücken, Bahnen um den Hals, und wer nichts hatte, ließ es bei dem Krämer holen, der mit seinem Vorrat sich in der Nähe eingefunden hatte.

Alle Gewinne und Bußen empfingen aber die Ältesten, die alles den zuschauenden Armen austeilten. Die Bräute und Jungfrauen spielten auch Ringel- und Reihenspiele, sie hatten sich bis zu den Knien geschürzt und die Beine waren darunter mit weißen Zeugbahnen umwickelt, ihre Schleier waren aufgekrempelt und um den Kopf hinter die Stirn und Ohrenbügel geschürzt.

Sie sahen gar schön und flink aus. Sie fassten sich an dem Gürtel mit der linken Hand und bildeten so einen Kreis, der sich drehte, und warfen sich mit der rechten einen gelben Apfel zu, nach dem sie haschten, und die, welche ihn nicht fing, musste ihn, im Drehen des Kreises sich niederbückend, von der Erde aufheben.

Auch andere Spiele spielten sie. Zuletzt noch eines mit den Männern gemeinschaftlich. Sie saßen in Reihen einander gegenüber im Gras und schoben in Rinnen sich weiche gelbe Früchte zu; wenn die Früchte sich trafen, zerplatzten sie, und sie lachten.

Gegen Abend zogen sie festlich nach Hause. Es war ein lustiger Zug. Die Brautleute wurden auf geschmückten Eseln abgeholt. Die Bräute saßen in Quersätteln. Die Musik ging voran, und alles folgte jubelnd ins Festhaus, wo noch eine Mahlzeit war.

Die Bräutigame gingen noch zu den Rabbinern und legten in der Synagoge ein Gelübde der Enthaltung während gewisser Feste ab. Sie mussten Bußwerke verrichten, wenn sie dies Gelübde brachen. Sie versprachen auch, in der Pfingstnacht zusammen zu wachen und Gebete abzulesen.

DRITTES KAPITEL

Die Feier des Pfingstfestes

Letzte Zeit des Aufenthaltes Jesu auf Zypern

Vom 21. bis 31. Mai 1823

Jesus lehrt in der Herberge und am Taufplatz vom Pfingstfest und dem Heiligen Sakrament der Taufe – Die Taufe der Toten

21. Mai: Heute morgen waren bei Jesus in seiner Herberge seine Jünger und die getauften Heiden und mehrere alte Juden versammelt. Er lehrte vom Pfingstfest, vom Gesetz auf Sinai und von der Taufe sehr viele tiefsinnige Lehren und sehr vieles, was sich aus den Propheten darauf bezog.

Er sprach auch vieles in Beziehung von den heiligen Broten, die zu Pfingsten geweiht werden, von dem Opfer des Melchisedech und von dem von Malachias prophezeiten Opfer, und sprach, dass dessen Einsetzung nahe sei, und dass alsdann, wenn dieses Fest wiederkehre, eine neue Gnade über die Taufe kommen werde, und dass alle Getauften, welche alsdann an den Tröster von Israel glauben würden, dieser Gnade würden teilhaftig werden.

Als hierüber allerlei Streit und Disputieren entstand und einige es gar nicht verstehen wollten, sonderte Jesus ungefähr fünfzig ab, welche reif zu seiner Lehre seien. Die anderen wies Er hinweg, um sie ein andersmal vorzubereiten.

Er ging hierauf mit den Ausgewählten vor der Stadt bei den Wasserleitungen am Badegarten lehrend spazieren, und ich sah sie bald stehen und mit allerlei Bewegungen Fragen und Einwürfe machen, und sah Jesus mit emporgehobenem Zeigefinger oft etwas erklären. Sie hatten bei ihren Gesprächen viele Gebärden mit Händen und Fingern.

Als Er ihnen die große Gnade und das alleinige Heil durch die Taufe erklärte, welches nach der Vollbringung jenes Opfers kommen werde, fragten einige, ob ihre jetzige Taufe denn diese Gnade auch habe, und Er sagte, ja, so sie im Glauben beharrten und jenes Opfer erkennen würden; denn selbst die Altväter, welche diese Taufe nicht empfangen, aber sich danach gesehnt und sie im Geiste geahnt hätten, würden Hilfe durch jenes Opfer und jene Taufe empfangen.

Es fragte auch einer, ob denn die Toten[15] auch von der Taufe etwas haben könnten und also die Seelen im Reinigungsort, die doch gar nichts davon wüssten? Da sagte ihnen Jesus: Ja, die Verstorbenen könnten die Taufgnade empfangen durch das Gebet und die guten Werke der Lebenden, und wenn diese mit vollem Glauben und mit der vollen Liebe sich sehnten, den Geistern der Verstorbenen die Taufe zu erteilen, so sie könnten. Sie würden alsdann nach der Vollbringung jenes Opfers der vollen Gnade der Taufe teilhaftig.

Die Heiden sprachen viel hierüber und schienen es noch besser als die Juden aus einigen ihrer Gebräuche zu verstehen. Einer aus ihnen nahm einen Zweig, da sie eben an einem Bächlein waren, und tauchte ihn hinein und fragte Jesus, ob es denn erlaubt sei, nach eifrigem Gebet den Zweig ins Wasser zu tauchen und zu sprengen, mit dem Wunsche, jene Seelen zu taufen, welche danach verlangten. Und der Herr nannte dieses gut und sehr nützlich, wenn es aus inniger Begierde zu helfen, mit Glauben, Hoffnung und Liebe geschehe. Er sprach auch von dem Nutzen des eifrigen Gebetes in dieser Festzeit, welches die frommen Israeliten allezeit beobachtet und um die Erfüllung des Trostes von Israel gefleht hätten.

Jesus sprach sehr viele, tiefe Dinge, welche ich nicht mehr richtig wiederholen kann. Ich erinnere mich, dass ich sonst immer gesehen habe, wenn Jesus nach der Auferstehung mit den Seelen der Altväter durch Palästina wandelte, dass Er sie auch an seinen Taufort am Jordan geführt und sie selbst getauft hat. Vielleicht war dieses geistiger Weise so eine Handlung, um welche der Heide mit dem Zweig an der Quelle fragte, nur dass ich diese Seelen wirklich gesehen habe. Ich habe dies sonst nicht erzählen wollen.

Ich sah, dass man Jesus und den Seinen Speisen von dem Hochzeitsfest in die Herberge schickte, wohin Er mit den Jüngern gegen den Sabbat wieder zurückkehrte.

Die Brautleute wurden heute in ihre Haushaltungen eingewiesen. Sie waren im Festhaus versammelt. Derjenige Teil aber, der ein Haus als Mitgift brachte, stand vor diesem Haus und die Verwandten holten den anderen Teil im Festhaus ab und führten ihn mit Sang und Klang dreimal um das Haus, und der erstere Teil sprach ihm allerlei Sprüche und Ermahnungen zu. Auch alle Hochzeitsgeschenke wurden feierlich hineingetragen und viel den Armen gegeben.

Die Vorbereitungen zum Pfingstfest

Ich sah alles im Ort außerdem mit Putzen und Scheuern und Baden beschäftigt. Die Synagoge und viele Häuser waren mit grünen Bäumen und Blumenkränzen geschmückt und der Boden mit Blumen bestreut, auch wurde die Synagoge ausgeräuchert. Auch die Gesetzrollen wurden mit Blumen bekränzt.

Im Vorhof der Synagoge wurden Pfingstbrote am Nachmittag in dazu bestimmten Kammern gebacken, wozu die Rabbiner das Mehl segneten. Es waren aber zwei Brote aus Weizen der diesjährigen Ernte und andere Brote und große dünne Kuchen, gekerbt, um sie in Bissen zu brechen. Das Mehl dazu war aus Judäa verschrieben, von dem Felde, auf welchem Abraham das Opfermahl des Melchisedech empfangen hatte. Das Mehl wurde in langen Büchsen hierher gesendet. Sie nannten es die Saat Abrahams. Dieses wurde nicht gesäuert. Alles musste gegen vier Uhr fertig sein. Es war noch mehr Mehl und auch Kräuter da, die gesegnet wurden.

Vor dem Sabbat wurden die Rabbiner von den Schulkindern feierlich in die Synagoge abgeholt, so auch die Bräute von den Frauen und auch die Bräutigame von den jungen Männern. Jesus begab sich mit den Seinen auch zur Synagoge.

Der Gottesdienst hatte keine besondere Erklärung, sondern nur Singen und wechselweises Lesen und Beten. Ich weiß es nicht mehr ordentlich. Die geweihten Brote wurden in Stückchen in der Synagoge verteilt. Sie hielten es für ein Mittel gegen Krankheiten und Zauberei. Ich sah an diesem Abend keine Schmauserei. Mehrere Juden, unter anderen die sieben jungen Ehemänner, brachten die Nacht unter Gebet in der Synagoge zu. Viele Bewohner der Stadt gingen in Gruppen, meist zu zehn oder zwölf, hinaus ins Freie auf Hügeln und in Gärten. Sie hatten eine Fackel auf einer Stange und beteten die ganze Nacht dabei.

Die Jünger Jesu und die getauften Heiden taten es auch. Jesus aber ging allein zum Gebet. Auch die Frauen waren in der Stadt versammelt in den Häusern und beteten.

Die Pfingstfeier

22. Mai: Man war heute den ganzen Morgen in der Synagoge mit Gebet, Gesang und Lesen des Gesetzes beschäftigt. Auch hielt man eine Art Prozession. Die Rabbiner, Jesus an ihrer Spitze, und vieles Volk zogen in den Gängen um die Synagoge her und standen an verschiedenen Stellen nach den Weltgegenden hin und sprachen den Segen über Land und Meer und alle Gegenden aus.

Nach einer Pause von etwa zwei Stunden kam man nachmittags wieder zur Synagoge, und das abwechselnde Lesen wurde fortgesetzt. In einigen Pausen fragte Jesus: «Habt ihr dies verstanden?» und legte ihnen einige Teile aus. Es wurde der Durchgang durchs Rote Meer und bis zum Gesetz auf Sinai gelesen. Ich aber sah diese Dinge, während sie lasen, und erinnere mich noch an folgendes.

Die Israeliten lagen wohl eine stundenlange Strecke dem Roten Meer entlang in einer Tiefe. Das Meer war sehr breit dort, und es waren mehrere Inseln von einer halben Stunde Länge und halbviertel bis viertel Stunde Breite darin. Pharao mit seinem Heer suchte die Israeliten anfangs weiter oben und fand sie durch Kundschafter. Er glaubte sie vor dem Meere gewiss in seinen Händen. Die Ägypter waren sehr erbittert wegen der Mitnahme ihrer heiligen Gefäße, vieler Götzen und Religionsgeheimnisse. Als die Israeliten ihre Nähe vernahmen, waren sie ganz in Todesangst. Mose aber betete und sagte ihnen, sie sollten auf Gott vertrauen und ihm folgen.

Da trat die Wolkensäule hinter die Israeliten und machte einen so dichten Neben hinter ihnen, dass die Ägypter sie gar nicht mehr sehen konnten. Mose aber trat ans Ufer mit seinem Stab, der zwei Sprossen und oben einen Knopf hatte, betete und schlug ins Wasser. – Da erschienen vor der Mitte des linken und des rechten Flügels des Volkes, wie auf dem Meere wurzelnd, zwei große Lichtsäulen, oben mit einer Flammengarbe, die sich in eine Flamme zuspitzte, und ein starker Wind trieb das Meer auseinander, die ganze Breite des Volkes entlang, wohl in der Breite einer Stunde, und Mose wandelte zu dem Meeresboden auf sanftem Abhang nieder, und das ganze Volk folgte höchstens in der Breite von fünfzig Mann. Anfangs war der Grund etwas schlüpfrig, bald aber gingen sie auf dem sanftesten Grasboden wie auf Teppichen vorwärts. Die Feuersäulen leuchteten vor ihnen und es war alles wie lichter Tag. Das Schöne aber waren die Inseln, über die sie sich ergossen, und die wie schwimmende Gärten waren voll der herrlichsten Früchte und allerlei Tieren, die sie einsammelten und mit sich trieben, und ohne dieses würden sie jenseits Mangel an Nahrung gehabt haben.

Das Wasser des Meeres war aber an beiden Seiten nicht wie eine Mauer senkrecht durchschnitten, sondern mehr wie Gallerte geronnen. Sie gingen mit eilenden vorwärts stürzenden Schritten, wie schwebend, wie einer, der bergab eilt. Es war gegen Mitternacht, als sie hineinzogen. Die Lade mit Josephs Reliquien befand sich mitten im Volk. Die Lichtsäulen wuchsen aus dem Wasser empor, schienen zu wirbeln, und gingen nicht über die Inseln, sondern darum her; auf einer gewissen Höhe verloren sie sich in einen Schein. Das Wasser wich nicht einmal, sondern vor Moses Schritten wich es, keilförmigen Raum lassend, bis zur völligen Furt. Daher sah man in der Nähe der Inseln bei dem Schein der Säulen Bäume und Früchte sich darin spiegeln. Sie zogen wunderbar in drei Stunden hindurch, da sie doch neun Stunden natürlicher Weise gebraucht hätten. Eine Stadt lag etwa sechs bis neun Stunden höher am Ufer, die später vom Wasser vernichtet wurde.

Um drei Uhr kam Pharao auch zum Ufer nieder und wurde vom Nebel wieder zurückgetrieben, dann aber fand er die Fährte und rollte mit vielen schönen Wagen hernieder, und sein ganzes Heer eilte nach. Doch Mose war schon jenseits am Ufer und befahl dem Wasser zurückzukehren. Nebel und Feuer verwirrte das Heer, und sie kamen alle elend im Wasser um.

Jenseits lobte Israel Gott und erblickte seine Rettung am Morgen. Die zwei Lichtsäulen wurden wieder eine Feuersäule. Ich kann die Schönheit des Bildes nicht genug beschreiben.

Abschied von den bekehrten Philosophen

Nach dem Sabbat ging Jesus mit seinen Jüngern noch etwas ins Freie. Die Heiden von Salamis zogen heute abend zurück, und Jesus begleitete sie mit den Jüngern auf dem Weg. Er ermahnte sie, sich nicht wieder in ihren Götzendienst und die Spekulationen einzulassen und sobald wie möglich dieses Land zu verlassen, wo der neue Weg ihnen voll von Hindernissen sei. Er wies ihnen getrennte Gegenden an, worunter ich mich an Jerusalem und die jüdische Gegend zwischen Hebron und Gaza und bei Jericho erinnere. Jesus empfahl ihnen, zu Lazarus, Johannes Markus, Zacharias' Neffen, und den Eltern Manahems, des geheilten blinden Jüngers, zu gehen.

Heute kam ein jüdischer Mann zu Jesus und brachte einen Brief von der bekehrten Götzenpriesterin Merkuria aus Salamis. Er war wie eine braune lange Tüte zusammengerollt und gesiegelt. Sie fragte um etwas, was ich nicht mehr recht weiß. Ich meine wegen eines Festes. Jesus war in der Herberge, las den Brief, schrieb ein paar Zeichen darunter und gab ihn zugerollt und gesiegelt dem Boten wieder, der mit den Philosophen nach Salamis zurückkehrte. Ich habe die Frau den Brief heimlich im Bade, wo sie in einer Laube allein war, schreiben sehen.

Sie brachte ihn von dort spazieren gehend, verstohlen zu dem Vorsteher bei Jesu Herberge zu Salamis und erbat sich den jüdischen Boten, der ihn überbrachte. Sie ist jetzt ganz kränklich vor Reue, Kummer und Sehnsucht und wird von den Ihrigen sehr gehegt und gepflegt. Ich glaube, sie fragte wegen eines großen heidnischen Festes, ob sie ihm beiwohnen dürfe. Sie konnte nicht gut weg bleiben, ohne Aufsehen zu machen.

Es war erst ein großes Werk im Tempel. Sie steckten auch hie und da große Feuer an, wie bei uns die Johannisfeuer, und dann gingen Priester und vornehme Leute, Männer und Frauen in einen Wall mit vielen Kellern außer der Stadt am großen Tempel auf der anderen Seite der Stadt.

Oben darauf waren Bäume und Alleen. Ich meine es waren Grabhöhlen. Sie trugen Gefäße voll schöner Fruchte hinein und sehr kostbare Kissen. Ich meine, die Seelen zu erquicken, die darauf ruhen sollten diese Nacht. Die Kissen wurden nachher wieder geholt.

Ich sah Merkuria auch hingehen. Sie hatte ihre Kinder auch bei sich. Die Feuer wurden von Schilf und Erntestroh in mehreren dazu ausgemauerten Gruben angezündet, jeder brachte sein Bündel, man verbrannte Geflügel darauf und sang klagend drum her. Das Fest dauerte an die drei Tage.

Blick ins Gelobte Land

In Jerusalem gab es wieder eine Meuterei im Tempel. Pilatus hat gestern morgen vor allen Eingängen des Tempels an dort stehenden Säulen Tafeln von Erz, worauf oben das Brustbild des Kaisers ausgeprägt und eine Schrift darunter war, aufstellen lassen. Es war anfangs ein großes Murren darüber, und als das Volk abends zum Sabbat ging, entstand ein Aufstand, und sie rissen die Tafeln herunter und zerschlugen sie.

Heute, als alles im Gebet war, kamen Römer verkleidet aus der Burg Antonia in den Tempel, sprengten die Leute auseinander, ermordeten einige Gauloniter und plünderten den Opferkasten. Es war ein erschreckliches Getöse. Pilatus war vorher aus der Stadt gezogen.

Herodes hält sich heimlich in Jerusalem auf. Nachdem er die Soldaten des Aretas in die Falle bei Machärus gelockt hatte, haben sie ihn wieder in einer Schlacht besiegt, und er ist heimlich nach Jerusalem geflohen. Während er seinen Feind in die Nähe von Machärus gelockt und so verräterisch beschäftigt hatte, waren seine Soldaten nach Arabien in dessen Land gezogen, sind aber dort ganz elend geschlagen worden, so dass Herodes aus Angst nach Jerusalem geflüchtet ist.

Maria und die heiligen Frauen, mehrere Apostel und auch Johannes sind in Nazaret in Mariä Haus und feiern das Pfingstfest.

Jesus heilt und tröstet in Mallep

23. Mai: Ich sah die Einwohner heute abermals in der Synagoge, vormittags und kurze Zeit nachmittags.

Jesus ging am Morgen mit seinen Jüngern in zwei Viertel der Stadt, die Er noch nicht besucht hatte. Mehrere Leute hatten ihn bitten lassen. Er heilte Kranke, Männer und Frauen, welche abgesondert in angebauten Zellen in den Höfen lagen. Er ermahnte und tröstete Viele, welche allerlei Herzleiden hatten. Es gab hier manche melancholische Menschen, die geheimer Kummer verzehrte. Alles war hier so wohl eingerichtet, dass jedes Leiden, wodurch die Ehre verletzt wird, konnte geheim gehalten werden.

So kamen heute auch mehrere Frauen in befreundeten Häusern zu Jesus und fragten, wie sie sich verhalten sollten, ihre Männer seinen ihnen untreu und sie trügen Scheu, sie anzuklagen wegen des öffentlichen Ärgernisses und der schweren Strafe. Sie wünschten Änderung oder geschieden zu werden. Jesus tröstete und ermahnte sie zur Geduld und sagte ihnen, wie sie sich verhalten sollten. Sie sollten überlegen, ob sie ihre Männer von ihm selbst oder von seinen ausländischen Jüngern wollten ermahnt haben, damit der Verdacht der Anklage nicht auf sie falle und es im Lande nicht bekannt werde.

Es waren hier viele Leute äußerlich ganz ruhig und heiter, die insgeheim weinten, weil im Stillen Laster getrieben wurden. Es wurden Jesus auch viele Kinder zum Segnen in die Häuser gebracht. Auch kam Er zu mehreren Frauen und Eltern, welche in großen Sorgen um die Ihrigen waren, die zum Fest nach Jerusalem gezogen waren. Es war die Rede erklungen, eine Art Vorgeschrei, in Jerusalem werde es beim Fest wieder unruhig werden, denn Pilatus mache Forderungen an die Juden, und sie wollten sie nicht befriedigen, und er suche einen Vorwand, kurz es sei dort unruhig.

Dieses Gerücht hatte sich von den Reisenden, welche sich nach Jesu Abreise am Taufbrunnen zu Chytrus einfanden, verbreitet. Jesus tröstete sie, den Ihrigen werde nichts geschehen; Pilatus habe es nur mit den Galiläern zu tun, auch kämen die Ihrigen zuletzt mit ihrem Opfer wegen der Entfernung, sie sollten ruhig sein. Es waren wegen der Meuterei am Osterfest diesmal nur wenige Leute von Zypern nach Jerusalem gezogen. Jesus nahm hie und da bei diesen Leuten einen Bissen, und ich habe keine Mahlzeit heute gesehen. Am Nachmittag ging Jesus in ein großes Haus, wo hinten am Hof in einem Gang getrennt von einander viele vornehme kranke Männer lagen und auf der anderen Hofseite ebenso Frauen. Er verweilte lange in den Zellen, grüßte, und fragte sie einzeln. Es waren auch ganz untröstliche, melancholische, kranke Leute darunter, welche weinten.

Er heilte etwa zwanzig von diesen Menschen, sagte ihnen, was sie essen und trinken sollten, und wies sie zum Baden. Sie taten das im Haus selbst. Hernach ließ Er sie alle zusammenkommen, lehrte zuerst die Frauen und dann die Männer. Dies währte schier bis zum Sabbat, da Jesus sich zur Synagoge begab.

Jesus hält in der Synagoge eine Strafpredigt

Es wurde aber heute gelesen (Lev 26, und Jer 17) vom Fluche Gottes über die, welche seine Gebote nicht hielten, vom Zehnten, von Abgötterei, von entheiligtem Sabbat usw. Jesus legte dieses alles aus und hielt eine so scharfe und furchtbare Strafrede, dass sehr viele Leute ganz zerknirscht schluchzten und weinten. Die Synagoge war überall offen, und seine Stimme tönte so hell und einzig, wie keine andere Menschenstimme. Er lehrte besonders gegen jene, welche sich an Kreaturen hängen und von Menschen Hilfe und Lust erwarten. Er sprach von der unsinnigen Brunst der Geschlechter und von dem teuflischen Zug der Ehebrecher und Ehebrecherinnen zu einander, von dem Fluch der verletzten Eheleute, der dadurch auf die Kinder solcher Vermischungen komme, und die Schuld dieses Fluches falle auf die Ehebrecher. Er lehrte außer diesem noch von anderen Sünden und ihren Folgen.

Die Leute waren so erschreckt, dass viele sagten, als die Lehre sich schloss: «Ach, Er sprach, als ob der Tag des Gerichtes schon nahe sei!»

Jesus lehrte auch gegen alles törichte Hängen an äußerem Gut und Glanz und besonders auch gegen die Hoffart spitzfindiger Gelehrsamkeit und Grübeleien, und gegen den Glauben an große Wissenschaften.

Er zielte mit beiden auf das Herz der Ehebrecher, deren Weiber heute bei ihm geweint hatten, und gegen das Treiben mehrerer Schüler von allerlei Wissenschaften und jüdischer Gelehrsamkeit auf einer großen Schule, welche für solche Juden hier war, die nachher auf ihre Wissenschaft weiter reisten. Am Schluss sagte Jesus, diejenigen, welche Trost und Unterweisung suchten, möchten ihn morgen früh heimsuchen. Er betete in der Nacht.

Die Wirkungen der gestrigen Strafpredigt

24. Mai: Es waren heute den ganzen Morgen sehr viele Leute in der Herberge Jesu, welche von seiner gestrigen Lehre erschüttert Trost und Aussöhnung verlangten. Es waren viele Gelehrte und Schüler von der hiesigen Schule darunter. Sie verlangten Anweisung, wie sie ihr Studium betreiben sollten. Auch kamen sonst allerlei geängstigte Menschen, die in allerlei Händeln mit den Heiden verwickelt waren, weil deren Güter an die der Heiden grenzten, welche hier in der Nähe Güter und Höfe hatten.

Über das Wesen des Fluches und den Unsegen unehelicher Geburten

Es waren aber auch die Männer jener Frauen dabei, welche gestern bei Jesus geklagt hatten, und noch andere in gleichem Verbrechen, über die keine Anklage gekommen. Sie traten einzeln als Sünder vor Jesus, warfen sich vor ihm nieder, bekannten ihre Schuld und flehten um Aussöhnung. Sie waren besonders geängstigt, der Fluch ihrer Weiber möge die unehelichen sonst unschuldigen Kinder treffen und fragten, ob dieser Fluch gesühnt und getilgt werden könne. Jesus lehrte vieles über den Fluch und wie Er in Sachen der Erzeugung heftig wirke und sich mit dem Fleisch vermische und nur durch große Liebe und Aussöhnung des Fluchenden und durch Buße und Reue des Veranlassers zu tilgen sei. Der Fluch auf Zeugung treffe eindringender als auf andere Dinge; auch müsse der Fluch zurückgenommen werden vor dem Priester, der darüber segnen müsse. Er lehrte vieles hierüber und wie der Fluch fortwährt in verschiedenen Nachfolgern.

Er sagte auch, der Fluch treffe die Seelen nicht, denn der allmächtige Vater sage «alle Seelen sind mein», aber er treffe das Fleisch und zeitliche Gut. Das Fleisch aber sei das Haus und Werkzeug der Seele, und das verfluchte Fleisch mache der Seele große Not und Bedrängnis, welche an der mitempfangenen eigenen Bürde schon so schwer trage.

Ich sah bei dieser Gelegenheit viel über das Wesen unehelicher, ehebrecherisch unehelicher und verfluchter Kinder, und über die Nachwirkung des nicht gelösten Fluches auf die Kinder der Verfluchten, was ich nicht mehr so recht erzählen kann. Der Fluch wirkt verschieden durch die Intention des Fluchenden und durch das Wesen der Kinder selbst. Viele Konvulsionäre und Dämonische haben davon ihren Zustand.

Die unehelichen Kinder selbst sehe ich meistens mit zeitlichen, sündhaften Vorzügen. Sie haben etwas von jenen, die aus der Vermischung der Kinder Gottes mit den Töchtern der Menschen hervorgingen. Sie sind oft schön, listig, voll Verstecktheit, steter Begierde, sie möchten alles an sich reißen und wollen das doch nicht anerkennen. Sie tragen das Gepräge ihres geheimen, begehrenden, versteckten, verlogenen Ursprungs in ihrem Fleisch, und ihre Seele geht häufig dadurch zu Grunde.

Aussöhnung unzufriedener Ehepaare

Nachdem Jesus diese Sünder einzeln gehört und ermahnt hatte, mussten sie ihre Weiber zu ihm senden, auch diesen sagte Er einzeln die Reue der Männer, ermahnte sie zu herzlicher Aussöhnung und gänzlichem Vergessen und Rücknahme des Fluches. So sie nicht herzlich hierin handelten, komme die Schuld des Rückfalles auf sie. Die Frauen weinten und dankten und versprachen alles. Diese Unterredung geschah mit jeder einzeln.

Mehrere dieser Paare söhnte Jesus heute gleich aus, indem Er sie vor sich treten ließ und sie wie neu zu Trauende mancherlei fragte, ihre Hände zusammengab, sie mit einer Bahn Zeug bedeckte und segnete.

Einer der Männer hatte mit einer Heidin in der Gegend zu tun gehabt und hatte Kinder von ihr, die in dem jüdischen Kinderhaus hier erzogen wurden. Die Frau nahm ihren Fluch von denselben feierlich zurück, indem sie in Gegenwart Jesu über der Kinder Haupt ihrem Mann kreuzweis die Hand reichte, den Fluch widerrief und die Kinder segnete.

Jesus gab noch den Ehebrechern eine Buße von Almosen, Fasten, Enthaltung und Gebet auf. Jener, welcher mit der Heidin gesündigt hatte, war ganz verwandelt. Er lud Jesus demütig zum Mahl ein, und der Herr kam mit seinen Jüngern zu ihm. Es waren auch noch ein paar Rabbiner eingeladen, und sie, wie alle in der Stadt, waren sehr über dieses Mahl verwundert, denn dieser Mann war als leichtsinnig und weltlich bekannt, der sich eben nicht viel um Priester und Propheten bekümmerte. Er war reich und hatte Feldgüter, die seine Knechte bebauten. Das Haus lag bei jenem Krankenhaus, wo Jesus letzthin die Schwermütigen geheilt hat. Bei der Mahlzeit kamen zwei Töchterchen des Hauses und gossen Jesus köstliche Salbe aufs Haupt.

Schluss des Sabbats in der Synagoge – Strenge Mahnung Jesu an die Juden, Zypern zu verlassen

Nach der Mahlzeit ging Jesus und alles Volk zur Synagoge, den Sabbat zu schließen. Jesus setzte seine gestrige Lehre fort, aber nicht so streng, und sprach, wie Gott sie doch nicht verlassen wolle, so sie zu ihm riefen. Zuletzt sagte Er ihnen noch von dem Hängen an ihren Häusern und Gütern und ermahnte sie, so sie seiner Lehre glaubten, die große Gelegenheit zur Sünde, in der sie unter den Heiden lebten, zu verlassen und im Gelobten Land unter den Ihrigen, der Wahrheit zu folgen. Judäa sei groß genug, sie zu ernähren und aufzunehmen, wenn sie auch anfangs unter Zelten leben müssten. Es sei besser, alles zu verlassen, als die Seele zu verlieren. Aber sie trieben Abgötterei mit ihren schönen Häusern und Gütern und ihrer Bequemlichkeit zu sündigen.

Auf dass das Reich Gottes zu ihnen komme, sollten sie ihm entgegen gehen. Sie sollten nicht trotzen auf diese schönen festen Wohnungen in einem lustigen Lande, denn die Hand Gottes werde sie hier ereilen und sie würden alle hier vertrieben und ihre Wohnungen zerstört werden. Er wisse wohl, ihre Tugend sei scheinheilig und ruhe auf Lauheit und Bequemlichkeit. Sie strebten nach den Gütern der Heiden und suchten sie durch Wucher,

Handel, Bergbau und Heiraten an sich zu ziehen; sie würden sie aber einst alle verlieren. Er warnte sie auch vor solchen Heiraten mit den Heiden, wo beide Teile lau in ihrem Glauben würden und nur um Gut und Geld, um größere Freiheit und Sinnenlust sich verbänden. Alle waren sehr erschüttert und betroffen, und viele baten, morgen mit ihm sprechen zu dürfen.

25. Mai: Jesus ist heute bis in die späte Nacht in vielen Häusern gewesen, hat Leute getröstet, ermahnt und versöhnt. Es waren auch ein paar Frauen bei ihm, welche Kinder im Hause hatten, die unehelich waren. Sie klagten sich selbst an, und Jesus ließ ihre Männer kommen, söhnte sie aus und verband sie. Die Kinder wurden von den Männern angenommen und gesegnet, ohne zu wissen warum.

Es suchten auch viele Leute Trost bei Jesus wegen der gestrigen Mahnung, aus dem Heidenlande zu ziehen. Jesu Lehre gefiel ihnen ganz wohl, und sie fühlten sich, als getrennte Juden, sehr geehrt durch seinen Besuch, aber das Nachfolgen und Wegziehen wollte ihnen nicht behagen. Die Juden saßen hier reich und bequem, sie hatten eine selbstgebaute Stadt, viel Handel und Anteil am Bergbau. Sie bereicherten sich von den Heiden, waren von den Pharisäern nicht gequält, von Pilatus nicht bedrängt, sie waren zeitlich in der behaglichsten Lage, aber waren der Verbindung mit den Heiden sehr ausgesetzt.

Es lagen viele heidnische Güter und Höfe in der Nähe, und die heidnischen Töchter heirateten gerne Juden, weil die Frauen nicht so sklavisch behandelt wurden, wie bei ihnen, und so lockten sie die jungen Leute auf alle Weise mit Geschenken, Gefälligkeiten und Verführung. Wurden sie auch Jüdinnen, so war es doch kein rechter Ernst, es war aus unlauterer Absicht, und so schlich sich leicht Zuchtlosigkeit und Lauheit in die Familien ein. Unter den letzten Brautpaaren waren auch mehrere Heidentöchter.

Die Juden sind hier nicht so einfach und gastfrei wie in Palästina. Sie sind mehr eingerichtet und nicht so auf dem Stamme gewachsen. Sie brachten allerlei Skrupel gegen das Wegziehen vor, und Jesus stellte ihnen vor, dass ihre Väter doch auch Häuser und Felder in Ägypten gehabt und sie gerne und willig verlassen hätten. Er bestätigte ihnen nochmals sein Wort von ihrem künftigen

Unglück hier im Lande. Die Jünger und besonders Barnabas gingen hier viel in der Nähe umher, lehrten und unterrichteten die Leute. Die Leute hatten weniger Scheu vor Barnabas und fragten ihn alles aus. Er hat einen ganzen Kreis um sich.

Mnason ist nicht in Zypern geboren, seine armen Eltern sind von weit her, wohnen aber jetzt in Zypern. Er hat hier im Lande studiert und ist von da nach Palästina als reisender Schüler zu Jesus gekommen. Es ist eine große Überwindung für Frauen, uneheliche Kinder ihrer Männer aufzunehmen, aber es gelang diesen Frauen hier von Herzen, und die Männer mussten sie darum um so mehr lieben. Auch mehrere Männer gaben dieses Beispiel und segneten Kinder ihrer Frauen, welche nicht von ihnen waren. Es kam so eine gründliche Versöhnung zu Stande, und alles Ärgernis wurde vermieden.

Es ist heute abend spät ein Jünger Jesu, der Vetter der Witwe von Naim, aus Palästina hier angekommen. Jesus hat noch nicht mit ihm gesprochen, er bringt Botschaft von den Freunden Jesu und der Lage der Umstände. Er ist nicht zu Salamis, sondern südlich von dem Flüsschen Pädion in dem Hafen von Ammochostus gelandet, welches ich schon früher an einer Höhe anderthalb Stunden südlich von Salamis liegen sah.

Jesus zieht zu den Bergwerksarbeitern bei Chytrus – Ein Jünger aus Naim bringt Botschaft aus Palästina

26. Mai: Jesus ging heute ganz früh von Mallep hinweg mit seinen Jüngern und dem gestern angekommenen Jünger von Naim und den Söhnen des Cyrinus von Salamis, welche auch in diesen Tagen gekommen waren. Sie waren ungefähr zu zwölf. Jesus zog nach einem Bergmannsdorf bei Chytrus, aber auf einem großen Umweg. Er ging ein Stück Wegs aufsteigend in das Tal Lanifa, wendete sich dann südlich und umging den Quellenberg bei Chytrus und diesen Ort selbst, indem Er sich östlich wandte und so in jenes Bergdorf kam, welches ich neulich erwähnte, da Er den weiten Umweg mit den vielen Leuten vom Bienenort um Chytrus

herum gemacht hat. Er machte so einen Weg von etwa sieben Stunden und ruhte hie und da, verweilte auch bei einzelnen Arbeitern am Wege und sprach vom Bahnen des Weges zum Guten.

Jesus war nach diesem Bergmannsdorf durch die Familie des Barnabas und mehrere Leute von Chytrus eingeladen worden, weil die jüdischen Bergleute morgen dort ein Fest halten und Geschenke und ihren Teil an der Ernte von der Herrschaft empfangen. Den Umweg machte Jesus, um ungestört mit seinen Jüngern sprechen zu können und nicht so früh an dem Ort zu sein.

Er ließ sich nun alles von dem Jünger aus Naim erzählen, was diesem aufgetragen war; denn, wenn er gleich alles wusste, so pflegte er dieses doch nicht zu äußern, weil es die Mitgehenden gestört hätte.

Der Jünger war den Tag vor Pfingsten, nachdem die Opfergelder gebracht worden waren und die Meuterei des Pilatus geschehen war, aus Jerusalem nach Naim, von Naim über Nazaret nach Ptolemais und von da nach Zypern abgereist.

Er erzählte Jesus, dass seine Mutter und die anderen heiligen Frauen, Johannes und einige andere Jünger das Pfingstfest in Nazaret stille gefeiert hätten, und dass seine Mutter und Freunde ihn grüßen ließen und bitten, Er möge doch noch einige Zeit in Zypern verweilen, damit alles noch ruhiger um ihn würde. Die Pharisäer sagten schon, dass Er sich verlaufen habe. Herodes habe ihn auch wollen nach Machärus fordern, unter dem Vorwand, sich mit ihm wegen der in Thirza ausgelösten Gefangenen zu besprechen, habe ihn aber gefangenhalten wollen, wie Johannes. Da sei ihm der Krieg dazwischen gekommen, und Herodes sei weggezogen. Da er nun wieder zurück sei, möge Jesus doch noch eine Zeit wegbleiben. Jesus erklärte, dass dies nicht sein könne und dass Er zurückkehre, wenn seine Zeit komme.

Der Jünger erzählte dann von Pilatus' Meuterei am Rüsttage vor Pfingsten, da sie die Opfer zum Tempel gebracht hatten. Leider sind ein paar Freunde Jesu, Tempeldiener, von den Verwandten des Zacharias, die zufällig unter das Gedränge gerieten, dabei umgekommen. Jesus wusste es schon und war seit ein paar Tagen traurig darüber. Die Nachricht machte ihn abermals nebst seinen Jünger sehr betrübt. Pilatus war am Abend vorher zur Stadt hinausgezogen und hatte sich mit einigen Truppen seitwärts vom Wege nach Joppe, wo er ein Schloss besaß, aufgehalten. In der Nähe davon hatte der eine Schächer sein Wesen getrieben. Er hatte die Opfersteuer dieses Festes begehrt, um sehr weit her eine Wasserleitung machen zu lassen, und hatte auf Erztafeln den Kopf des Kaisers und darunter eine Schrift, welche die Abgabe begehrte, an den Ausgängen des Tempels an die dort befindlichen Säulen aufrichten lassen.

Das Volk war sehr verärgert über die Bilder, und die Herodianer wiegelten durch ihre Leute eine Schar Galiläer von der Partei des Judas Gaulonita, der beim letzten Tumult erstochen worden war, auf. Herodes, der heimlich in Jerusalem war, wusste darum. Dies Gesindel wurde am Abend ganz toll, riss die Tafeln herunter, verstümmelte und beschimpfte die Bildnisse und warf die Trümmer vor das Prätorium am Markt und schrie: «Da hast du dein Opfergeld!» Sie liefen dabei auseinander, und man rügte es nicht besonders. Als sie aber am anderen Morgen aus dem Tempel wollten, waren die Ausgänge mit Wachen besetzt, welche das von Pilatus befohlene Geld begehrten, und da sie sich widersetzten und durchdringen wollten, drangen Verkleidete mit ihnen heraus, die sie mit kurzen Schwertern erstachen. Darüber wurde der Lärm allgemein, und die beiden herzugelaufenen Tempeldiener wurden auch mit erschlagen. Aber die Juden wehrten sich und trieben die Soldaten in die Burg Antonia zurück. Es sind lange nicht so viele Menschen umgekommen wie das vorige Mal.

Herodes hat in Arabien eine tüchtige Niederlage erlitten. Seine schlechte Frau hält sich ganz heimlich in Hesebon jenseits des Jordan auf, und es liegen in jener Gegend viele seiner Soldaten, die davongekommen sind. Seine Absicht, Jesus zu fangen, haben jene Leute aus Machärus den hebronischen Freunden verraten, welche damals das Haupt des Johannes zu suchen gestatteten.

Jesus sprach auf dem Wege vieles mit den Jüngern von den Einwohnern in Mallep und ihrem Hängen am zeitlichen Gut und den Häusern, und wie schwer ihnen die Zumutung falle, nach Palästina zu ziehen. Auch sprach Er von den heidnischen Philosophen, welche ihm folgen würden, und wie sie sich in Palästina gegen sie verhalten sollten, wenn sie ihre Mitgefährten würden.

Er tat dieses, weil sie nicht recht mit diesen Philosophen übereinzustimmen schienen und sich etwas an ihnen ärgerten.

Gegen Abend kamen sie ins Bergmannsdorf, eine halbe Stunde von Chytrus entfernt an. Es liegt in der Nähe der Bergwerke, um einen hohen Felsrücken herum, in welchen viele Wohnungen mit der Rückseite eingebaut sind. Auf diesen Felsrücken sind einige Gärten und in der Mitte ein mit schattigen Bäumen umgebener, gemachter Lehrhügel. Es führen Stufen auf diesen hohen Rücken, von dem man das Dorf überschaut, das noch einige Gärten und freie Plätze umher hat.

Jesus stieg in einer Art Herberge ab, wo der Aufseher wohnt, der diesen Leuten befiehlt und ihnen ihren Sold und ihre Lebensmittel verabreicht. Die Leute empfingen ihn sehr freudig. Es waren auf das Fest schon alle Eingänge des Ortes und das Haus des Aufsehers mit grünen Bogen und Blumenkränzen geschmückt. Sie führten Jesus und die Seinen in das Haus, wuschen ihnen die Füße und boten ihnen einen Imbiss. Er zog dann mit ihnen auf den Felsen zum Lehrhügel. Da saß Er und die Menge lagerte umher, und Er sprach mit ihnen vom Glück der Armut und Arbeit, und wie sie glücklicher seien als die reichen Juden in Salamis; wie vor Gott nur der Tugendhafte reich sei, und wie sie weniger Gelegenheit zur Sünde hätten. Er sagte auch, dass Er zu ihnen komme, um zu zeigen, dass Er sie nicht verschmähe und dass Er sie liebe. Er lehrte bis in die Nacht und erzählte Parabeln, auch vom Vaterunser.

Das Heidenfest in Salamis

dauerte drei Tage und ist ein Totenfest für einige besser gesinnte Heiden, welche das blutige Opfer verkrüppelter Kinder abgeschafft haben, und für die Seelen dieser Opfer selbst. Sie legen ihnen Kissen hin, dass sie fein ruhen sollen, und setzen Früchte neben die Töpfe, in welchen ihre Asche und Knochen sind. Sie können aber doch die krüppelhaften Kinder nicht leiden und stecken sie in abgesonderte Häuser zusammen. – Merkuria hat auch so ein Kind. Sie haben überhaupt einen Widerwillen gegen alles, was nicht schön, gerade und blühend ist, und suchen alle körperlichen Mängel und den Tod zu verbergen.

Zweiter Tag im Bergmannsdorf

27. Mai: Gestern abend waren schon Vorräte aller Art an Kleidungsstücken, Speisen und Getreide aus Chytrus hierher geschafft worden, und heute morgen kamen des Barnabas' Vater und Brüder und mehrere vornehme Bürger und Bergwerksbesitzer, auch einige Rabbiner von Chytrus hierher. Sie besuchten Jesus am Morgen, und nachdem alle Gaben auf mehreren Plätzen des Ortes zusammengetragen waren, gingen sie dahin, wo das Volk sich in Reihen versammelt hatte.

Hier wurde muldenweise Getreide ausgeteilt, auch große Brottafeln etwa zwei Fuß ins Gevierte, Honig und Früchte, auch Krüge und lederne Kleidungsstücke, wie sie dieselben trugen, Decken und allerlei Gerätschaften.

Die Frauen erhielten auch das Ihrige, worunter ich Stücke von dickem Zeug, wie Teppiche, von etwa anderthalb Ellen ins Gevierte bemerkte. Ich meine, sie wickeln es um die Füße oder machen Sohlenfutter daraus. Ich weiß es nicht mehr bestimmt. Während des Austeilens waren Jesus und die Jünger an verschiedenen Orten zugegen, lehrten und ermahnten die Leute.

Hierauf lehrte Jesus auf dem Lehrhügel der Felshöhe, wo sich alle versammelten, von den Arbeitern im Weinberg und vom barmherzigen Samariter, vom Dank und Segen der Armut, vom täglichen Brot und vom Vaterunser. Nachher hatten die Leute ein Gastmahl im Freien unter Lauben, und Jesus, die Jünger und andere vornehme Leute dienten ihnen. Ich sah Jesus auch mehrere Bergleute, welche an Händen, Armen und Beinen Quetschungen und Verwundungen hatten, heilen.

Die Leute hatten Knaben und Mädchen, welche auf Flöten spielten und sangen. Nach ihrer Mahlzeit machten sie allerlei kindliche Spiele, und zwar Männer und Frauen nicht getrennt, mit Laufen, Springen, Augenverbinden und Suchen, was viel auf unsere Kinderspiele herauskommt. Sie tanzten auch, indem sie in langen Reihen sich hin und wieder beugend aneinander vorüber zogen und dann Kreise schlossen.

Am Abend ging Jesus mit etwa acht bis zehn Knaben von sechs, acht Jahren nach den Berggruben hin spazieren.

Die Kinder waren nur um die Lende gegürtet und hatten Festkränze von Wolle, oder Federn um den Gürtel oder über die Brust. Sie sahen sehr lieblich aus.

Sie zeigten Jesus ganz kindlich alle Stellen, wo gute Gruben seien, und erzählten alles, was sie wussten. Jesus lehrte sie sehr freundlich und machte auf alles eine Anwendung. Er lehrte sie oft mit Rätseln und erzählte ihnen Parabeln. Heute morgen wusste ich sie noch, habe sie aber wieder vergessen über den Störungen. Es war dies ein gar schönes Bild.

Danach hielt Jesus noch vor den Jüngern und Vornehmen eine Lehre. Diese Bergleute sind trotz ihrer schmutzigen Erdarbeit zu Hause und in ihren Festkleidern alle sehr reinlich.

Die bekehrten Philosophen ziehen vorläufig nach Gessur

Heute nacht sah ich die sieben Philosophen von Salamis nach Berythus überfahren. Sie wollten nicht nach Sidon oder Thyrus, weil sie dort zu bekannt seien. Sie reisen von dort östlich über den Libanon, und wenden sich dann wieder südlich nach Gessur, wo Jesus neulich mehrere Heiden getauft hat. Sie werden sich da aufhalten, bis Er sie weiter beschneidet; vielleicht nehmen sie dort die Beschneidung an.

Der Jünger von Naim wird nicht nach Titium, sondern östlicher gehen, nicht weit von den Salzhügeln, wo ein langes Gebäude auf einer Landzunge weit ins Meer hinein liegt. Es sind ihm dahin noch der Bräutigam Nathanael und des Hauptmanns Sohn von Kapharnaum nachgekommen. Er wird sie abholen und zu Jesus bringen.

Jesus begleitet den abziehenden Jünger von Naim und kehrt wieder ins Bergmannsdorf zurück

28. Mai: Heute ganz früh sah ich Jesus mit seinen Jüngern den Jünger von Naim nach dem Hafen zu begleiten, von wo Jesus nach Palästina zurückfahren wird. Sie gingen südlich und etwa eine Stunde abendlicher als die Straße, auf welcher Jesus mit den reisenden Araben gesprochen hat, als Er von Salamis kam. Sie ließen die große Stadt Tremithus zur Rechten auf einem Berg liegen, höher als Chytrus. Man kann aber doch nicht hinsehen, denn es ist ein anderer Berg dazwischen.

Sie begleiteten den Jünger wohl an fünf Stunden weit. Ein Trupp ging voraus, einer folgte, und Jesus ging meistens mit dem Jünger und einigen anderen abwechselnd in der Mitte. Er sprach viel mit dem Jünger und gab ihm allerlei Aufträge an seine Mutter und die Apostel. Der Jünger reist nach der Salzgegend bei Titium. Der Hafen ist hier nicht so weit vom Ort wie bei Salamis, das Meer tritt weit ins Land, und man meint, die Stadt liege im Meer. Von da nicht fern liegt ein sehr hoher Berg. Es ist auch ein Salzberg in der Nähe. An der Schiffslände bei dem Salzort sind nur kleine Schiffe und Flöße; auch schwimmt viel Bauholz da. – Ich habe die Ahnung, dass Jesus von hier auf einem kleinen Schiff nach Syrien zurückkehren wird. Er wird in Sykamin landen und von da nach Misael gehen, wo jetzt Bartholomäus mit Judas und anderen ist. Ich glaube, Er wird dann nach Kapharnaum ziehen.

Blick auf die heiligen Apostel

Johannes war während des Festes bei Maria und den heiligen Frauen in Nazaret und ist von da mit Andreas, der ihm von Kapharnaum aus entgegen gekommen war, nach Saphet gezogen. Sie besuchten die einzelnen Orte im Gebirge, wo sie sonst nicht waren. Nathanael-Chased ist jetzt auch bei ihnen. Thomas ist mit seinen Jüngern jetzt in der Gegend von Gaza, Simon und Thaddäus in Judäa bei Maspha, Petrus und Jakobus der Ältere jenseits des galiläischen Sees bei Dalmanutha.

Bei diesen ist der Jüngling Jaköbchen genannt. Er ist ein Verwandter Jesu, ich meine von Annas oder Josephs Bruder her.

Ich habe es sonst schon einmal erwähnt, und meine, er ist von unehelichem Vater oder solcher Mutter. Die Witwe von Naim hat ihn bei sich gehabt.

Er ist einmal bei Kapharnaum getauft worden, als Verwandte Jesu dort waren, und ist, glaub' ich, nachher zu Jakobus aufs Schiff gekommen, er ist so ein Läufer, ein Bote. Bei allen diesen Aposteln waren mehrere Jünger.

Keiner war zu Hause bei seinem Gewerbe, sie haben immer gelehrt und getauft und geheilt. Es ist ihnen ziemlich gut gegangen. Der Hauptmann von Kapharnaum und andere Freunde haben ihnen oft beigestanden gegen die Pharisäer. Ich meine, Jesus wird in etwa zwölf Tagen mit ihnen zusammenkommen. Jesus und die Jünger aßen im Freien noch einiges, was sie bei sich hatten, und der Herr segnete den begleitenden Jünger, und die anderen Jünger umarmten ihn und ließen ihn reisen.

Sie kehrten dann nach dem Bergmannsdorf zurück, wo sie von des Barnabas' Familie und mehreren anderen erwartet wurden. Hier war noch ein gemeinsames Mahl, und Jesus lehrte das um die Herberge versammelte Volk.

Blick auf das heidnische Totenfest und Merkuria

Auch ein missgestaltetes Kind, das Merkuria im scheußlichen Tempeldienst geboren hatte, war den Opfertod gestorben, und dies schwebte ihr immer vor Augen und war mit eine Quelle ihrer Bekehrung. Es war das Opfern solcher Kinder heimlich wieder eingerissen, nachdem es schon früher abgeschafft worden war. Der jetzige Landvogt in Salamis aber hatte endlich die gänzliche Abschaffung herbei geführt und dieses Totenfest zum Gedächtnis der Schlachtopfer und der ersten Abschaffer des Menschenopfers erneuert auf Veranlassung der Merkuria, die früher mit ihm in Sünden gelebt hatte.

Für die Seelen der Kinder trugen sie die Kissen hin, und die Opferfeuer mit den Vögeln wurden für sie der Göttin gebracht. Merkuria weinte mit ihren Töchtern entsetzlich in der Höhle bei der Urne ihres Kindes, Gram, Reue und Sehnsucht verzehrten sie ganz. Sie ließ Jesus fragen, ob sie das Fest mitfeiern dürfe.

Er sagte ihr, ja, aber sie opferte nicht. Der Landvogt ist gleich nach Jesu Abreise von Salamis nach Rom geschifft. Er hat vorher mit Merkuria gesprochen und deren Bekehrung mit Rührung erfahren. Er hat in Rom allerlei vorzubringen, worüber er damals bei Jesus sich Rat geholt hat. Ich habe vergessen, was es war.

Jesus geht nach Cerynia und besucht Mnasons Eltern

29. Mai: Heute früh verließ Jesus mit den Jüngern das Bergmannsdorf bei Chytrus und ging übers Gebirge in nordwestlicher Richtung nach dem Hafen Cerynia zu. Sie ließen Mallep rechts liegen, gingen durch einen Teil des Tales Lanifa und beim Ort Leppe vorüber. Unterwegs ruhte Jesus einmal an einer schönen stillen Höhe mit Schatten und lehrte; und so kamen sie gegen vier Uhr nachmittags etwa dreiviertel Stunden vor Cerynia an, wo sie in einem Betgarten, einem schattigen Winkel in der Einbuchtung eines Abhanges, von der Familie Mnasons und mehreren anderen Juden empfangen wurden.

Diese Familie wohnt eine Viertelstunde von hier, eine halbe Stunde vor Cerynia seitwärts vom Weg. Mnasons Vater ist ein hagerer, alter, gebückter Jude mit langem Bart, aber sehr rasch und lebendig. Er hat noch zwei Töchter und drei Söhne, einen Schwiegersohn und eine Schwiegertochter. Alle wohnen hier zusammen seit etwa zehn Jahren. Vorher waren sie herumziehende Handelsleute. Sie empfingen Jesus mit vieler Freude und Demut, wuschen den Reisenden in einem Becken die Füße und reichten ihnen einen Imbiss. Es war hier eine Terrassierung und Schattengänge, es war ein Betort dieser Leute.

Jesus lehrte noch bis gegen Abend von der Taufe, vom Vaterunser und den Seligkeiten.

Hernach folgte Jesus dem Vater Mnasons, der Moses hieß, und den Brüdern nach dem Haus, wo ihm etwa vier von Mnason geführte Kinder entgegen kamen, die Er segnete. Mnasons Mutter und Schwestern nahten verschleiert auch in einiger Ferne, und Jesus redete sie an. Es war hernach eine Mahlzeit der ganzen Familie im Freien unter einer Laube, und die Leute gaben das Beste, was sie hatten, Brot, Honig, Vögel und Früchte, welche noch an kleinen Zweigen zusammenhingen. Jesus lehrte nach Tisch. Sie herbergten in einer langen Laube, die inwendig mit Splintwänden dicht geschlossen, auswendig aber ganz mit Grün überwachsen war. Es war eine Reihe von Lagern darin.

Mnasons Mutter war eine starke und kräftige Frau. Ich habe sonst gemeint, Mnasons Eltern, weil ich sie früher viel ziehen sah, wohnten ferne, und er habe hierzulande nur studiert.

Es verhält sich aber die Sache so: Moses, Mnasons Vater, ist aus dem Stamme Juda, seine Voreltern waren in der babylonischen Gefangenschaft verkommen und nicht zurückgekehrt. Er wurde hernach herumziehend und führte Karawanen, lebte auch eine Zeitlang in Arabien gegen das Rote Meer und hat vor etwa zehn Jahren ganz verarmt sich hier mit seiner Familie niedergelassen. Da kam Mnason in die Schule nach Mallep und reiste später nach Judäa zum Studieren, wo er zu Jesus kam. Sein Vater lebt mit seinen erwachsenen Kindern, von denen Mnason der jüngste ist, hier in mehreren leichten Hütten zusammen.

Sie haben keinen anderen Feldbau als einige Gärten, die sie sich hinter den Häusern mit Lauben und Obstbäumen angelegt haben. Früher selbst Handelswaren mit Karawanen herumführend, hat sich der Alte hier als ein Herbergsvater, Helfer und Besorger für die Handelskarawanen niedergelassen.

Sie halten hier vor Cerynia an; auch hat Moses einige Esel und Tragochsen, womit er kleinere Lasten, die nach den Seitenorten gehen, den Karawanen abnimmt und weiter besorgt. Er ist wie ein Fuhrmann, der nun ein Wirt für Fuhrleute geworden ist. Er ist arm, aber sie nähren sich doch in streng jüdischer Sitte ganz ordentlich. Es gehen nicht viele Handelszüge nach Cerynia; die Hauptstraße geht nach Lapithus, ein paar Stunden westlicher.

30. Mai: Heute morgen lehrte Jesus wieder auf dem Lehrplatz, wo Er gestern gelehrt hat. Es waren auch mehrere Juden von Cerynia da und Leute von einer kleinen Karawane, welche angekommen war. Diese waren unbeschreiblich froh, Jesus hier

zu finden, denn sie hatten ihn schon bei Kapharnaum gehört und waren dort getauft worden.

Er lehrte heute ganz scharf gegen den Wucher und die Handelsgier, sich an den Heiden zu bereichern; außerdem aber von der Taufe, dem Vaterunser und den Seligkeiten. Am Mittag war ein gemeinsames Mahl, und Jesus diente mehr zu Tisch und ging lehrend umher, als dass Er selbst zu Tisch lag.

Vom Tod eines Mägdleins

Die eine verheiratete Schwester Mnasons kam nicht zum Vorschein, ihr Töchterchen war vorgestern gestorben. Sie saß verhüllt bei dem Leichnam und trauerte. Das Kind konnte gestern, ich weiß nicht mehr wegen welcher Hindernisse, nicht begraben werden. Heute gegen vier Uhr erwartete sie die Rabbiner von Mallep, die es holten, denn dort hatten sie ihren Kirchhof. Das Kind war schon ziemlich groß und immer krank, es konnte noch nicht recht sprechen und nicht gehen, aber es verstand alles, und Mnason, der schon mehrmals hier gewesen war, hatte Jesus davon gesprochen. Da hat ihm Jesus gesagt, es würde bald sterben, und hat ihn gelehrt, wie er es zum Tod bereiten solle. Dies hatte Mnason redlich getan, wenn die Mutter nicht zugegen war. Er hatte das Kind zum Glauben an den Messias gebracht und zu herzlicher Reue über seine Sünden und zur Hoffnung auf das Heil. Er hatte mit ihm gebetet und es mit von Jesus gesegnetem Öl gesalbt, und das Kind ist so eines sehr guten Todes gestorben.

Ich sah es neben der verhüllten Mutter in einer Art Mulde liegen, es war ganz wie eine Wickelpuppe eingewunden und hatte das Gesicht mit einem Überschlag, wie mit einer Kapuze bedeckt. Es hatte ein Blumenkrönchen auf, und Kräuterbüschchen waren zu ihm gepackt. Seine Arme und Hände waren auch umwickelt, aber man konnte sie doch unterscheiden, und es lag ihm ein weißes Stäbchen im Arm, an dessen Spitze eine große Kornähre, etwas Weinlaub, ein Ölzweiglein, eine Rose und andere Kräuter des Landes zu einem Strauß angebunden waren.

Es kamen auch mehrere Frauen zur Mutter und klagten mit ihr, legten zu dem Kind allerlei Spielwerk in den Sarg, zwei kleine Flöten, ein krummes, gewundenes Hörnchen, einen ganz kleinen Bogen, mit einer Sehne gespannt, oben eine Rinne und ein Stäbchen, wie einen Pfeil darauf. Außerdem hatte es in jedem Arm einen wie vergoldeten kurzen Stab mit einem Knopf oben liegen; schier wie Trommelklöpfel (vielleicht ein Werkzeug zum Stricken, Weben oder Spinnen).

Als die Rabbiner kamen, die Leiche zu holen, war der leichte Deckel des Sarges nur mit einer Binde drum geheftet und nicht zugenagelt. Vier Männer trugen den Sarg auf Stangen zwischen sich. Es wurde eine brennende Lampe in einer Art Hornlaterne auf einer Stange dabei getragen, ein Trupp Leute und Kinder gingen dicht zusammengedrängt mit. Jesus, die Jünger und die Leute standen vor dem Hause und sahen den Zug. Jesus tröstete die Mutter und die Verwandten und lehrte von der Auferstehung.

Sabbat in Cerynia

Sie gingen nun alle gegen Cerynia zum Sabbat. Cerynia hat drei Straßen gegen das Meer. Die mittlere ist sehr breit, und zwei Straßen durchschneiden diese drei. Die Stadt ist auf der Landseite mit einer dicken Wallmauer umgeben, in welche die Häuser der wenigen Juden von außen eingebaut sind, so dass sie außer der Stadt wohnen; doch sind diese Wohnungen nochmals mit einem Wall umgeben. So wohnen hier also die Juden zwischen zwei Mauern der Stadt, von dem heidnischen Cerynia getrennt, welches wohl an zehn heidnische Tempel oder Götzenorte hat.

Der Juden sind wenige und sie sind nicht besonders reich, haben aber doch alle ihre Einrichtungen in Ordnung. Sie haben in einem Gebäude Schule, Synagoge und die Rabbiner- und Lehrerwohnungen beieinander. Es ist hoch und hat zwei Abteilungen übereinander. Sie haben auch einen fließenden schönen Brunnen, einen Strahl aus einer anderen Quelle, und haben ihn geteilt in einen Trinkquell und einen Badebrunnen in einem angenehmen Garten. Ich meine, es wird hier getauft werden.

Die Lehrer empfingen Jesus sehr ehrerbietig am Eingang der Straße und führten ihn ins Lehrhaus, dann nach dem gewöhnlichen Willkomm in die Synagoge, in welche sich auch sieben Kranke auf kleinen Tragebetten hineintragen ließen, seine Lehre anzuhören. Es waren ungefähr hundert Männer beisammen. Sie ließen Jesus allein lehren. Es wurde gelesen aus Moses (Ex 1-4,21) von der Zahl der Kinder Israels, und von vielen Geschlechtern, und vom Propheten Hoseas (Hos 1,10-2,21) eine heftige Strafpredigt gegen Unzucht und Abgötterei, und große Drohungen.

Es kam auch darin vor, dass Gott dem Hoseas befiehlt, eine Dirne zu heiraten, und dass die Kinder dieser Ehe besondere Namen erhielten. Sie fragten Jesus hierüber, und Er legte es ihnen aus. Es war darin, dass der Prophet mit seinem ganzen Leibe und Leben den Zustand des Bundes Gottes mit dem Hause Israel vorstellen musste, und die Namen der Kinder mussten die Strafurteile Gottes aussprechen. Es war auch darin, dass oft auf Gottes Veranlassung Bessere sich mit Sündern verbinden müssen, um die Brut der Sünde zu unterbrechen.

Diese Verheiratung des Hoseas mit einer Dirne und die verschiedenen Namen der Kinder zeugen von dem mehrmaligen Erbarmen Gottes und den fortwährenden Greueln. Ich weiß das Ganze nicht mehr. Jesus lehrte sehr streng, und mahnte zur Buße und Taufe und sprach von der Nähe des Reiches und von der Strafe derer, die es zurückstoßen, und von der Zerstörung Jerusalems.

Neue Art der Krankenheilung

Während der Lehre Jesu riefen in den Pausen die Kranken mehrmals: «Herr! Wir glauben deiner Lehre, aber Herr, hilf uns!» Als sie aber merkten, dass Er die Synagoge bald verlassen werde, ließen sie sich vorher hinaustragen. Sie lagen im Vorhof in zwei Reihen und riefen Jesus an: «Herr, tue an uns, was du vermagst! Herr, was dir verliehen ist, tue an uns!»

Jesus heilte hier nicht sogleich, und als die Rabbiner auch für die Leute baten, fragte Er die Kranken: «Was vermag ich an euch zu tun?» Da antworteten sie: «Herr, hilf uns von unserer Krankheit! Herr, heile uns!» «Glaubt ihr, dass ich dieses kann?» fragte Jesus, und alle Anwesenden riefen: «Ja, Herr! Wir glauben, dass du es vermagst!» Da befahl Jesus den Rabbinern, Gebetsrollen zu holen und mit ihm über diese Kranken zu beten.

Sie holten die Rollen und beteten, den Jüngern aber befahl Jesus, den Kranken die Hände aufzulegen, und sie legten ihnen die Hände auf, dem einen auf die Augen, dem anderen auf die Brust, und so auf verschiedene Stellen. Jesus fragte sie nochmals: «Glaubt ihr, und wollt ihr genesen?» Da sagten sie abermals:

«Ja, Herr! Wir glauben, dass du uns hilfst!» Da sagte Jesus: «Steht auf! Euer Glaube hat euch geholfen!», und sie standen alle sieben auf, dankten Jesus, der ihnen gebot, sich zu baden und zu reinigen. Einige darunter waren sehr vom Wasser aufgedunsen gewesen, ihre Krankheit war vorüber, aber sie gingen noch schwach an ihrem Stab von dannen. Ich weiß jetzt nicht mehr, warum Jesus hier etwas verschieden heilte und die Rabbiner mitbeten ließ. Vielleicht geschah es, weil sie strenge Sabbatsjuden waren, oder dass Er sie die Kraft des Gebetes lehren wollte.

Ich habe an Jesus diese Weise, die Kranken unter dem Mitbeten der Rabbiner und der Handauflegung der Jünger zu heilen, schon mehrmals in Zypern, zu Chytrus, Mallep und Salamis bemerkt. Weil die Rabbiner und Lehrer gutwillig waren, so ließ Er sie wie Jünger an der Heilung teilnehmen und erweckte so Vertrauen in ihnen. Jesus aber hatte diese neue Art der Heilung deswegen hier ergriffen, um sie auf das Wirken seiner Jünger vorzubereiten, weil auch viele Rabbiner unter den fünfhundertsiebzig Juden waren, die Er in Zypern gewann. So viele sind es, die von hier Jesus folgen. Er hat es den Jüngern nochmals gesagt. Jesus kehrte mit den Seinen und den Rabbinern zu Moses zurück, wo sie noch etwas aßen und Jesus auf- und niederwandelnd lehrte.

31. Mai: Heute morgen gegen neun Uhr kamen ungefähr fünfzig Juden, und darunter die sieben gestern geheilten Alten von Cerynia heraus zum Lehrplatz bei des Moses Haus, wo sie getauft wurden. Es wurde das Wasser hierzu aus einer nahen Quelle herangebracht, denn Moses' Haus lag etwas hoch und es war kein Brunnen daselbst. Er hatte aber hier seinen Wasserbehälter. Er bestand aus einem großen, ich meine, kupfernen Becken, das in die Erde eingelassen und rings mit einem kleinen Steingraben umgeben war, der wieder einen Abfluss in einen steinernen Trog hatte. In dem Becken war ganz reines Wasser. In der Rinne pflegten sie zu waschen, zu spülen und die Füße abzuwaschen. Der Steintrog war zur Viehtränke und zum Begießen. Jetzt stellten die Täuflinge die Füße hinein, wie gewöhnlich, und wurden mit Wasser aus dem Becken getauft.

Jesus lehrte erst auf dem Lehrhügel, der sehr schön eingerichtet ist und gar angenehm liegt, von der Buße und Reinigung der Taufe. Die Männer hatten lange weiße Kleider, Manipeln und Gürtel mit Buchstaben an. Es waren außer den sieben Geheilten nur noch acht, insgesamt fünfzehn, die getauft wurden. Die anderen hatten die Taufe schon in Mallep empfangen. Sie sprachen teils einzeln mit Jesus und bekannten ihre Sünden.

Jesus lehrte auch, sie sollten die Zeit der Gnade benützen, um das Gesetz nach den Propheten zu erfüllen, nicht aber seine Knechte sein; denn das Gesetz sei ihnen gegeben, und nicht sie dem Gesetz. Es sei ihnen gegeben, um die Gnade an demselben zu verdienen.

Unter den Täuflingen waren die Brüder und Schwäger Mnasons. Moses aber, sein Vater, war ein alter frommer, doch etwas eigensinniger Jude und wollte sich nicht dazu verstehen. Mnason hatte ihn vergebens die ganze Zeit schon darauf hin bearbeitet, und Jesus sprach auch heute noch mit ihm davon, aber der alte eigensinnige eingerostete Mann war nicht von der Stelle zu bringen. Er zuckte die Schultern, bewegte den Kopf und weigerte sich mit allerlei Scheingründen. Er brachte allerlei von der Beschneidung vor, woran er sich halte. Ich weiß seine Gründe nicht mehr alle.

Mnason war so betrübt darüber, dass er weinte, und Jesus beruhigte ihn und sprach unter anderm, der Vater sei sehr alt und eigensinnig geworden, er habe übrigens immer fromm gelebt, er werde nun seine Blindheit am anderen Orte beweinen und dort sehend werden.

Jesus segnete noch das Taufwasser und goss von dem Wasser des Jordan hinein. Nach der Taufe wurde der Rest sorgsam ausgeschöpft und vergraben.

Jesus tröstet Frauen und mahnt sie zum Wegzug nach Palästina

Während der Taufe ging Jesus hinter dem Lehrplatz auf die Anhöhe, wo ein schöner Garten mit Lauben und vielen Obstbäumen war, und in diesem Garten erwarteten ihn wohl an dreißig bis vierzig jüdische Frauen. Sie waren verschleiert und verbeugten sich tief vor ihm. Sehr viele dieser Frauen wünschten Trost von Jesus, und Er trat mit ihnen in eine Laube, oder wandelte auf und nieder mit ihnen.

Viele von den älteren Frauen waren in großer Angst und Sorge, dass ihre Männer sie verlassen und ihm nachziehen würden, und dass sie dann hilflos wären. Sie baten ihn, Er möge ihren Männern doch sagen, sie nicht zu verlassen. Jesus tröstete sie und sagte ihnen, dass sie nicht verlassen werden sollten, und wenn ihre Männer ihm nachfolgten, sollten auch sie nach Palästina folgen und ein Unterkommen finden.

Er erzählte ihnen das Beispiel der hl. Frauen und stellte ihnen die Zeit in ihrer Würde dar. Es seien nicht die Tage des bequemen, ruhigen Lebens, sondern es komme darauf an, dem nahenden Reiche entgegen zu ziehen und den Bräutigam zu empfangen. Er lehrte auch die Parabel vom verlorenen Groschen, den fünf klugen und fünf törichten Jungfrauen.

Andere junge Frauen klagten und weinten bei ihm über ihre Männer. Er solle sie doch ermahnen, sich nicht den heidnischen Töchtern zu nahen, Er habe ja so strenge über die Mahnung des Hoseas gegen die Versündigung mit den Heiden gelehrt. Er solle doch ihre Männer ermahnen. Sie hatten teils Ursache, waren aber meist von Eifersucht geplagt.

Jesus tröstete sie und fragte sie über ihr eigenes Betragen gegen die Männer. Er ermahnte sie zur Milde, Ordnung, Demut, Geduld, Gehorsam, Freundlichkeit, Fleiß und warnte sie vor Vorwürfen, Klatscherei, Murren und Quälen. Er sprach wohl ein paar Stunden auf diese Weise.

Nachher war ein gemeinsames Mahl der Täuflinge und der anderen, welche alle dazu beigetragen. Die weibliche Familie des Hauses war im Hause der Frau, der das Kind gestorben. Es war verschlossen und es brannten Lampen darin. Sie waren auch nicht im Garten mit den anderen Frauen. Jesus und die Jünger dienten mehr zu Tisch als dass sie selbst mit aßen. Jesus segnete die Speisen und erzählte Parabeln.

Hierauf gingen alle nach Cerynia zur Synagoge, wo Jesus die Sabbatslehre beschloss und streng lehrte, doch mehr von der erwählten als ausgestoßenen Gemeinde Gottes aus Hoseas. Er verabschiedete sich und segnete alle, dann nahm Er im Vorübergehen Abschied im Hause des Moses und ging noch mit den Jüngern den geraden Weg nach Mallep.

VIERTES KAPITEL

Abreise von Zypern und Ankunft in Palästina

Vom 1. bis 17. Juni 1823

Vorbereitungen Jesu zur Abreise von Zypern – Wiederholte Strafpredigt und Mahnung an die Juden, Zypern zu verlassen

1. und 2. Juni:

Ich sah Jesus heute morgen in seiner Herberge mit vielen Leuten der Stadt reden, Er kündete ihnen seine nahe Abreise an, sprach und tröstete über allerlei Angst, die manche hatten, weil sie entschlossen waren, ihm zu folgen. Auch mit vielen Frauen sprach Jesus und tröstete sie. Am Nachmittag war Er hauptsächlich mit jenen, die von hier wirklich abziehen werden, im Garten am Badebrunnen, und unterrichtete sie über ihr Vorhaben. Sie sprachen auch über die Art ihrer Abreise und wie sie sich verteilen sollten.

2. Juni: Jesus hielt heute morgen eine große Lehre am Brunnen in der Stadt. Er wiederholte nochmals alles, was Er bisher ihnen vorgehalten hat. Er sprach von der Nähe des Reiches, vom demselben Entgegengehen, von seinem Abschied, von seiner kurzen Zeit, die Er überhaupt noch bleibe, von der schweren Vollendung seines Werkes, von der Nachfolge und Mitarbeit. Er sprach abermals von der bald folgenden Zerstörung und Strafe über Jerusalem und über alle, welche das Reich Gottes von sich stießen und nicht Buße tun

und sich bekehren wollten, sondern an ihrem irdischen Gut und ihren Lüsten hängen blieben.

Er stellte ihnen vor, wie alles hier so angenehm und bequem aussehe, und wie alles nur ein bunt angetünchtes Grab sei, inwendig voll Moder und Unrat. Er wies sie auf ihr Inneres zurück. Sie sollten selbst schauen, wie es in ihnen bei all der äußeren schönen Einrichtung sei. Er sprach von ihrem Wucher, ihrem Geiz, ihrer auf Habsucht beruhenden Vermischung mit den Heiden, ihrer Gefangenschaft in irdischem Gut, ihrer Scheinheiligkeit usw. Er sagte ihnen nochmals, sie sollten umher schauen über alle diese Herrlichkeit und Bequemlichkeit, alles dieses werde zuerstört werden, und es werde eine Zeit kommen, wo kein Israelit mehr hier leben werde. Er sprach sehr deutlich von sich und der Erfüllung der Propheten, doch nur wenige verstanden ihn.

Die Leute traten während dieser Lehre scharenweise abwechselnd in die Nähe, und immer in Klassen: Greise, Männer, Jünglinge, Frauen, Jungfrauen usw., und alle waren tief erschüttert, weinten und schluchzten.

Nachher ging Jesus mit einigen Jüngern und nachfolgenden Leuten von Mallep ein paar Stunden morgenwärts, wohin ihn die Bewohner mehrerer Bauerngüter zu kommen gebeten hatten, zu denen Er schon einmal von Mallep aus gegangen war. Sie hatten da einen schönen schattigen Lehrhügel.

Es waren hier auch Leute vom Bergmannsdorf bei Chytrus. Jesus war besonders darum hierher gegangen, weil auch der Jünger von Naim mit dem Nathanael von Kana und dem Sohn Serobabels von Titium aus hierher gekommen waren, ihn zu begrüßen und von den Anstalten zu seiner Abreise aus Zypern zu berichten.

Sie hatten ein Schiffchen bei Titium. Es waren Boten vom Landvogt aus Salamis an Jesus auf dem Weg mit ihnen zusammengetroffen und hatten sie geführt. Es sind auch einige Leute von Titium mit ihnen gekommen, welche begehren, getauft zu werden.

Der Landvogt ließ Jesus grüßen. Er sehnt sich, ihn in Salamis zu sehen und verlangt nach der Taufe.

Heilung eines blinden Kindes

Jesus lehrte auch hier zum Abschied, wie in Mallep, und ging nachher in einige Hütten und heilte mehrere Kranke, die ihn gebeten hatten. Als Er schon auf dem Rückweg nach Mallep begriffen war, bat ihn ein alter Bauer, sich doch in sein Haus zu bemühen und sich seines blinden Knaben zu erbarmen.

Es waren in diesem Haus drei Familien, zusammen zwölf Personen, die Großeltern und zwei verheiratete Söhne mit ihren Kindern. Die verschleierte Mutter brachte Jesus den blinden Knaben, der schon sprechen und laufen konnte, auf ihren Armen liegend zu. Jesus nahm das Kind auf die Arme und strich ihm mit den Fingern der rechten Hand, die Er zum Mund führte, Speichel auf die Augen, segnete es, stellte es nieder und hielt ihm etwas vor die Augen. Da griff das Kind ungeschickt danach, und alle brachen in Freude aus. Das Kind lief nach der Stimme der Mutter, und sie umarmte es, und zum Vater, und aus einem Arm in den anderen, und sie führten es zu Jesus zurück und dankten weinend auf den Knien.

Jesus drückte das Kind an sich und gab es den Eltern zurück mit der Ermahnung, es zum wahren Licht zu führen, damit es mit sehenden Augen nicht in tiefere Finsternis als vorher falle. Er segnete auch die anderen Kinder und das ganze Haus. Die Leute weinten und lobsangen ihm nach.

In Mallep war ein Mahl in dem allgemeinen Festhaus, alles nahm daran teil. Die Armen wurden gespeist und beschenkt. Jesus und die Jünger gingen hin und wieder, dienten und lehrten.

Lehre über das Wort Amen

Jesus hielt zuletzt eine große Lehre über das Wort Amen. Er sprach, dass es die ganze Summe des Gebetes sei. Wer es leicht hinspreche, der vernichte sein Gebet. Das Gebet rufe zu Gott, verbinde uns mit Gott, tue uns seine Barmherzigkeit auf, und mit dem Wort Amen, so wir recht gebetet, nehmen wir die Gabe aus seinen Händen. Er sprach ganz wunderbar von der Kraft des Wortes Amen. Er nannte es den Anfang und das Ende von allem, und Er sprach schier, als habe Gott die ganze Welt damit geschaffen. Er sprach auch das Amen über alles, was Er sie gelehrt und über seinen Abschied hier und bei der Vollendung seiner Sendung und endete ganz feierlich mit Amen.

Diese Lehre dauerte bis spät in die Nacht. Er segnete sie alle; sie weinten und riefen ihm nach.

Jesus zog sich hierauf zurück und verließ mit den Jüngern die Stadt. Barnabas und Mnason folgen erst morgen. Ich meine, sie haben unterwegs etwas geruht. Sie ließen Chytrus zur Rechten und gingen gerade Feldwege durch Gebüsch über Bergrücken.

Jesus hat am Tag vor seiner Abreise seine Herberge bezahlt, der Jünger von Naim hatte Geld mitgebracht. Da man es nicht nehmen wollte, wurde es an die Armen verteilt.

Von Merkurias Entfernung aus Salamis habe ich gesehen: sie hat Verwandte in Tyrus, und bald ist dort ein Fest, auf welchem sie erscheinen muss. Sie wird ohne ihren Mann mit ihren beiden Töchtern und vertrauten Dienern hinfahren, dort aber nicht ankommen, sondern es werden sie bestellte Leute, vielleicht von Ornithopolis, mit einem Schiffchen erwarten, und sie wird vor Tyrus zu ihnen übersteigen und in Sicherheit gebracht werden.

Auch die Wege all jener, welche von Mallep, Chytrus und Salamis jetzt gleich und in nächster Zeit nach Palästina folgen, sind eingeteilt. Ein Teil fährt nordöstlich von Salamis über, andere, die Handel nach Tyrus haben, fahren in Salamis über, die anderen an anderen Orten. Die getauften Heiden gehen meistens nach Gessur.

Jesus kommt nach Salamis, unterredet sich mit dem Landvogt und Merkuria – Der Landvogt wird getauft

3. Juni: Ich sah heute nachmittag gegen zwei Uhr Jesus und seine Begleiter bei Salamis in dem Lehrhaus ankommen, wo Er bei seiner Ankunft in Zypern immer gewohnt hatte. Sie sind nordwestlich hereingekommen, die Wasserleitung lag ihnen

rechts, die Judenstadt links. Ich sah sie noch aufgeschürzt, drei und drei in dem Vorhof des Lehrhauses an einem Becken sitzen, welches mit kleinen Gräben umgeben ist, in die man die Füße zum Waschen setzt. Man schöpft aus dem Becken in die Gräben. Drei und drei hatten einen langen braunen Lappen, womit sie die Füße trockneten. Nicht immer ließ sich Jesus von anderen die Füße waschen, meist taten sie es alle selbst. Man hatte sie erwartet, und es wurde ihnen Speise gereicht.

Es waren viele vertraute Menschen da, welche Jesus wohl ein paar Stunden lehrte. Er nahm auch noch von den Eltern des Jüngers Jonas Abschied; dann hatte Er eine lange Unterredung mit dem römischen Landvogt[16], der ihm noch zwei heidnische Jünglinge vorstellte, welche mit ihm Unterricht und Taufe verlangten. Jesus sprach mit ihnen insgesamt und dann auch einzeln. Sie bekannten ihm ihre Sünden unter Tränen, und Jesus vergab sie ihnen. Sie wurden nachher gegen Abend heimlich im Vorhof der Lehrerwohnung getauft. Sie standen in den Gräben und lehnten sich auf ein Geländer, das über das Wasserbecken gestellt wurde. Der jüngere Jakobus taufte, der Jünger von Naim und Nathanael legten ihnen die Hände auf die Schultern. Diese zwei getauften Jünglinge werden den Philosophen nach Gessur folgen.

Merkuria ließ hierauf Jesus bitten, in einem Garten bei der Wasserleitung mit ihr zu sprechen. Er folgte dem Diener dahin, und sie näherte sich ihm verschleiert und führte ihre beiden seltsam gekleideten Töchterchen an der Hand.

Die eine war schon hübsch und groß und ausgebildet. Sie hatten nur kurze Röckchen bis kaum an die Knie, der übrige Leib war mit einem feinen durchsichtigen Zeug bewickelt, woran sie hie und da wie Fransen oder Woll- oder Federkränze hatten. Die Arme waren frei, die Füße umwunden, die Haare lose. Sie waren schier, wie man die Engel bei uns auf der Krippe kleidet.

Jesus sprach lange und freundlich mit Merkuria. Sie weinte ganz entsetzlich und war sehr betrübt, dass sie ihren Sohn werde zurücklassen müssen und dass die Eltern ihre jüngere Schwester von ihr entfernt hielten und diese so in ihrer Blindheit bleiben werde. Sie weinte auch über ihre Sünden, und Jesus tröstete sie, und versicherte ihr nochmals der Vergebung. Die beiden Mägdlein schauten ganz unwissend zu der Mutter hinauf und weinten mit ihr und schmiegten sich fest an sie an. Jesus aber zog die Kinder zu sich, segnete und tröstete sie.

Auch über die Art ihrer Entfernung von Salamis und über ihren künftigen Aufenthalt wurde gesprochen. Hierauf verließ Merkuria Jesus und kehrte nach dem Lehrhaus zurück.

Barnabas und Mnason kamen nun auch von Chytrus und Cerynia zurück und mit Mnason einer seiner Brüder, der dem Herrn auch nach Palästina folgen wollte. Nach einem Abschiedsmahl lehrte Jesus noch, tröstete und segnete alle.

Reise an den Seehafen bei Citium zur Einschiffung nach Palästina

Nun gingen sie nach einem nahe gelegenen Platz, wo der römische Landvogt einige seiner Leute mit einer Menge großer Esel mit Sätteln hinbestellt hatte. Alle setzten sich auf. Ich sah Jesus auf einem Quersitz mit einer Lehne, der über den Esel gelegt wurde, seitwärts sitzen. Auch der Landvogt ritt mit. Sie ritten durch die Wasserleitungen und kamen hinter Salamis weg über den Fluss Pädion. Sie ritten einen kürzeren schmalen Landweg. Die eigentliche Straße geht mehr am Ufer in einem Bogen.

Ich sah den Landvogt durch die schöne Nacht hin meist in der Nähe Jesu reiten. Ich sah vorne einen Trupp von Zwölfen, dann einen Trupp von neun, unter denen Jesus und der Landvogt etwas abgesondert, dann wieder einen Trupp von Zwölfen. Ich erinnere mich, außer dem Palmsonntag nur hier Jesus reiten gesehen zu haben.

Als der Morgen anfing zu dämmern und sie etwa noch drei Stunden bis zum Meer hatten, schied der Landvogt mit einigen Begleitern von Jesus, um kein Aufsehen zu machen. Jesus reichte ihm die Hand und segnete ihn. Er war abgestiegen und wollte Jesu Füße umarmen; dann beugte er sich tief vor Jesus und nach einigen Schritten hinweg nochmals, es muss so Sitte sein, worauf er sein Lasttier wieder bestieg und zurückritt. Die zwei neugetauften

Heiden kehrten mit ihm zurück. Jesus ritt nur bis auf etwa eine Stunde vor den Ort hin, dann stiegen sie alle ab und sandten die Esel mit den Knechten zurück. Sie kamen nun durch die Salzhügel, wo tiefe Wege durchführten. Es ist dort sehr kahl.

4. Juni: Sie sind am Morgen einige hundert Schritte vom Meeresufer und etwa eine Stunde östlich von Citium, nicht weit von den Salzhügeln an einem langen Gebäude, mit den sie erwartenden Schiffern zusammengetroffen. Es ist hier eine stille und einsame Gegend am Meer. Es sind wenige Bäume hier, hie und da ein ungeheuer dicker, wie ein ausgebrannter kurzer Stamm, aus dem viele junge wachsen. Es steht nichts da als ein ganz erstaunlich langer Wall, oben mit Rasen, Gärten und Bäumen besetzt. Nach der Meerseite waren viele Wohnungen und offene Hallen, und es wohnten mehrere arme Judenfamilien, und an dem anderen Ende einige Heidenfamilien darin. Am tieferen Ufer sind mehrere ausgemauerte Buchten mit Treppen herauf, worin drei Schiffchen für Jesu Reise lagen und auch noch andere Schiffe. Es ist hier gut landen, und ich meine, dass die Leute hier das Salz einladen und in die Uferstädte fahren.

Die sehr armen Juden, welche hier wohnen, haben etwas wie verlorene oder verworfene Leute, die verbannt sind, an sich. Oder sind es arme Salzarbeiter-Knechte? Eine Herberge liegt dabei, wo die Schiffer und Arbeiter Unterkunft finden. Jesus wurde hier erwartet. Die von den Schiffen hatten für eine Erfrischung gesorgt. Sie aßen Fische, Honig, Brot und Früchte.

Das Wasser ist hier sehr schlecht, man reinigt es, indem man etwas hineinwirft, ich meine Früchte (vielleicht Mandeln). Sie haben es in Krügen und Schläuchen. Es waren sieben Juden von den Schiffen, welche hier aus einem Becken getauft wurden. Ich weiß nicht mehr, wer sie waren. Sie sind mit den Jüngern gekommen, vielleicht Juden vom Pfingstfest zurückkehrend, die noch nicht getauft waren.

Jesus erbarmte sich der armen Leute hier. Er ging von Wohnung zu Wohnung, tröstete und beschenkte sie und heilte einige bei den Salzarbeiten Verwundete und andere Kranke, die ihm elend die Hände entgegen streckten. Er fragte nur, ob sie glaubten, dass Er sie heilen könne. Sie sagten: «Ja, Herr! Wir glauben es», und da heilte Er sie. Er ging bis ans Ende des langen Walles, auch zu den Wohnungen der Heiden, welche sehr schüchtern und scheu waren. Er sagte ihnen einige ermahnende freundliche Worte. Er hat hier auch die armen Kinder gesegnet und vor allen Versammelten gelehrt, und eine Parabel vom Salz der Erde erzählt.

Als sie die bestellte Mahlzeit zu sich nahmen, sandte Jesus die Speisen den armen Leuten.

Hierher war der Jünger von Naim am Mittwoch gereist und hatte die zwei anderen Jünger erwartet, welche später ankamen, und war mit diesen am Montag gegen Mallep gekommen; wo sie auf dem Weg den Sabbat gehalten, weiß ich nicht mehr. Diese Jünger sind heute morgen schon abgefahren, um die Ankunft Jesu in Palästina zu melden.

Abfahrt nach Hepha

Die Gesellschaft Jesu war siebenundzwanzig Mann stark. Am Abend, als es dämmerte, fuhren sie in drei kleinen Schiffen ab. Das Schiff Jesu war das kleinste. Es waren vier Jünger und einige Ruderknechte darin. Auf allen Schiffen waren in der Mitte um den Mast aufsteigende Gerüste mit kleinen Abteilungen, in denen sie lagen und schliefen. Wenn die Ruderer nicht oben gestanden hätten, dann hätte man niemanden gesehen.

Jesu Schiffchen sah ich vorausfahren, und ich wunderte mich, dass die anderen eine andere Richtung nahmen. Aber ich sah sie, da es schon dunkel war, in der Entfernung eine halbe Stunde vom Ufer auf zwei Stellen festgefahren, und sie steckten Fackeln an den Mast, als Notzeichen. Da befahl Jesus seinen Schiffern zurückzufahren, und sie nahten erst dem einen Schiff und warfen ihm einen Strick zu, zogen es heran, und fuhren dann mit demselben eine Strecke herum nach dem anderen, mit dem sie es ebenso machten. Dann wurden sie an Jesu Schiff gebunden und folgten ihm. Jesus verwies ihnen ihr Besserwissenwollen des Weges, und sprach vom Eigenwillen und der Nachfolge. Sie waren in einen Strudel zwischen Sandbänke gekommen.

5. Juni: Einmal sah ich heute um Mittag Jesus auf der Überfahrt. Man teilte Speisen aus, die Schiffe hatten sich zusammengehängt, und Jesus lehrte. Am Abend, schon nahe vor der weiten Bucht, welche das Meer zwischen Ptolemais und Hepha am Fuße des Karmels in das Land hinein macht, sah ich die drei Schiffe Jesu wieder zurück in die See rudern, denn es waren im Eingang der Bucht ein großes und ein kleines Schiff mit mehreren anderen kleinen Schiffen im Kampf begriffen. Das große Schiff siegte, die kleinen Schiffe mussten fliehen, und es wurden mehrere Tote ins Wasser geworfen.

Als Jesu Schiffe dem streitenden Schiff näherkamen, hob Jesus die Hand auf und segnete gegen die Streitenden, worauf sie sich bald trennten. Sie sahen Jesu Schiffe nicht, die in einiger Entfernung den Ausgang erwarteten. Es war kein Krieg, sondern ein Privatstreit, der in Zypern über die Schiffsladung entstanden war. Die kleinen Schiffe passten dem großen hier auf. Sie hakten sich aneinander an und stießen mit langen Stangen aufeinander. Man hätte denken sollen, es bliebe niemand am Leben, es dauerte wohl ein paar Stunden. Das große Schiff nahm die kleinen gefangen und schleppte sie mit. Ich weiß die eigentliche Ursache nicht mehr.

Als die Schiffe hinweg waren, fuhr Jesus mit den Seinigen an der Südseite des Meerbusens herein und landete östlich von Hepha, das nahe am Meer liegt. Wo Er landete war nicht die Stadt, sie fuhren an ihr vorüber und stiegen an Treppen und Steinmauern aus. Es musste noch zur Schiffslände gehören. Es waren oben gemauerte Plätze und Alleen.

Am Ufer empfingen Jesus mehrere Apostel und Jünger, wohl einige zwanzig an der Zahl. Es waren Thomas, Simon, Thaddäus, Judas, Nathanael Chased, ich meine auch Philippus und Jakobus der Ältere und Eliachim, die Söhne von Marias ältester Schwester, die Johannisjünger, und auch Jünger von Josephs Verwandten. Ich weiß die Namen nicht gleich. Es war eine unbeschreibliche Freude, sie umarmten Jesus und die Angekommenen, und zogen, als alles mit den Schiffen in Ordnung war, wohl noch eine halbe Stunde am Ufer einen Weg hinan, wo manchmal Stufen waren, und lagerten dann an einem Ort unter Bäumen, wo sie eine Erquickung einnahmen, welche die Apostel mitgebracht hatten. Hier habe ich das Bild verlassen.

Jesus geht nach der Levitenstadt Misael im Stamme Aser

6. Juni: Jesus ist eigentlich bei der Ausmündung des Kison gelandet, den Er weiterwandernd hinter sich ließ. Er umging etwa viereinhalb Stunden weit den Meerbusen, dann überschritt Er in nordöstlicher Richtung ein kleines seichtes Flüsschen, das bei Ptolemais in den Meerbusen fällt, auf einer langen Brücke[17], gleich einer gemauerten Straße.

Diese Brücke reicht bis zum Fuß der Anhöhe, hinter welcher der Sumpf Cendevia liegt. Sie stiegen die Anhöhe hinan und gingen in die Vorstadt der Levitenstadt Misael, welches von dieser Vorstadt durch eine Wendung der Anhöhe getrennt liegt. Elisabeth, des Täufers Mutter, hat in ihrer Jugend in Misael gewohnt. Die Vorstadt hat die Aussicht gegen Abend auf das Meer und gegen Süden auf das schöne grüne Tal und den Karmel. Sie besteht nur aus einer Herberge und einer Straße, welche sich über die Höhe zieht.

Am Weg bei einem schönen Brunnen, zu dem man mit vielen Stufen hinabsteigt, kam Jesus ein Festzug von Leuten des Ortes mit vielen Kindern entgegen, die Palmzweige trugen, woran noch Datteln hingen, und ihn mit einem Liede begrüßten, dessen Inhalt ich ganz verstanden, aber vergessen habe. Es kam etwas von der Unschuld darin vor. Es war jener Hausvater Simeon dabei aus der Wasserstadt Libnath mit seiner ganzen Familie, welchen Jesus voriges Jahr dort getauft hat. Er ist seitdem nach Misael gezogen, denn seine Kinder ließ ihm keine Ruhe, bis er sich wieder ganz mit den Juden vereinigt hatte. Er hatte auch noch viele andere bekehrt. Er hat fünf Kinder, darunter noch kleine, und hat den ganzen Empfang Jesu auf seine Kosten veranstaltet.

Hierauf wusch man Jesus die Füße, und alle reinigten sich. Sie zogen dann in eine Herberge, man schüttelte ihnen die Kleider aus und gab ihnen andere Sohlen, und sie nahmen eine Erquickung. Hierauf sah ich neun Leviten zu drei und drei wandernd von der

Stadt herüber zu Jesus kommen, ihn zu begrüßen und mit ihm zu sprechen. Nachmittags war ein Mahl, dem die Leviten beiwohnten, worauf sie zurückkehrten.

Jesus begab sich mit den Jüngern nach einem nördlich von der Vorstadt mit der Aussicht nach Westen am Abhang gelegenen schönen Park. Es war ein allgemeiner Park der Stadt, denn man brachte den Schlüssel aus der Stadt herüber, und in dem Garten waren wieder verschlossene Teile, welche einzelnen Leuten zum Privatgebrauch und zur Gebetsversammlung gehörten. Der Garten hatte sehr schöne Schattenbäume, Hallen und Lauben und eine herrliche Aussicht über den Meerbusen.

Er liegt auf der halben Höhe des Hügels; ganz oben auf dem Hügel sieht man den See oder Sumpf Cendevia, und geht man weiter, die sogenannte Wasserstadt Libnath an einen Sumpfwinkel. Sie ist anderthalb Stunden von hier und liegt näher gegen das Meer, das dort ins Land einspringt, als Misael, welches wohl ein paar Stunden vom Meer liegt. Dabbeseth ist fünf Stunden östlich von hier am Kison, Nazaret etwa sieben Stunden. Jesus ging und lagerte lehrend und sich erzählen lassend mit den Jüngern in dem Garten, und es sprach einer von der letzten Meuterei in Jerusalem und erzählte die Niederlage des Herodes, der Jesus habe fangen wollen, mit einer Art Schadenfreude, worauf Jesus ihm einen Verweis gab.

Jesus erzählte ihnen hier eine Parabel von einem Fischer, der übers Meer fuhr, um zu fischen und fünfhundertsiebzig Fische fing. Er sprach, wie ein guter Fischer die guten Fische aus schlechtem Wasser in gutes versetze, wie er die Quellen verbessere gleich Elias, und wie er die guten Fische aus dem bösen Wasser wegtue, wo die Raubfische sie verschlingen würden, und ihnen neue Brutteiche mache in besserem Wasser.

Er kam so weit in der Parabel, dass auch der Fall darin vorkam, wie sie aus Eigensinn vorgestern abend auf die Sandbank gekommen seien, indem sie dem Fischmeister nicht gefolgt seien. Es war eine große und schöne Parabel, ich kann sie nicht mehr zusammenbringen.

Mehrere der mitgekommenen zyprischen Männer weinten, als Er von den in besseres Wasser mühsam versetzten Fischen sprach. Jesus sprach die Zahl fünfhundertsiebzig guter Fische, welche gerettet seien, bestimmt aus, und sagte, dass dies wohl die Arbeit lohne. Es waren einige hier, die zurückreisten und mit der Überschiffung anderer zu tun hatten.

Jesus ging sodann zur Schule dieses Vorortes, der höchstens zwanzig Familien fasste. Die Leviten hielten hier den Dienst, wenn Fremde den Sabbat hier, wo es näher an der Landstraße war, in der Herberge hielten. Jesus lehrte über die Sabbatslektion aus Mose über das Sündopfer und aus dem Buch der Richter von Simson (Lev 4,21 bis 8,1 und Ri 13). Vor Sabbat kamen ein paar Jünger als Boten der Syrophönizierin von Ornithopolis an. Es sind von den Juden bei Ornithopolis schon viele weggezogen, sie zogen durch Samaria über den Jordan am Jakob hinauf jenseits Ramoth Gilead, wo Joseph und Joachim ein Feld hatten.

7. Juni: Jesus blieb am Morgen in der Vorstadt von Misael und hielt auf Bitten der Einwohner die Lehre am Sabbat. Die Leviten besuchten ihn hernach und gingen wieder mit ihm in den Park. Jesus sprach hier von Zypern. Die Leute freuten sich, dass Juden von dort herüber kommen. Es werden viele über Ptolemais kommen und auch hierher. Man besprach einige Anordnungen. Jesus sprach von der Gefahr, die ihnen dort drohe. Die Leute fragten bange, ob die Heiden auch hier so mächtig werden würden, dass Gefahr komme. Jesus sprach von dem Gericht über das ganze Land hier. Es werden Juden bei einem nächsten Fest von Zypern nach Jerusalem kommen und dann nicht zurückkehren.

Er sprach auch von der Gefahr, die ihm selbst bevorstehe, und von der Strafe über Jerusalem. Sie konnten nicht begreifen, dass Er wieder dahin wolle. Er sagte aber, Er habe noch vieles zu tun und dann zu vollenden.

Jesus sprach auch mit den Jüngern, die gestern abend von der Syrophönizierin aus Ornithopolis gekommen waren. Sie hatten goldene Stengelchen und zusammengekettete Goldbleche mitgebracht. Sie benachrichtigten Jesus, wie die Syrophönizierin der Merkuria von Zypern mit einem ihrer Schiffe zur Flucht helfen wolle. Ich habe vergessen, wie die Einrichtung war, ich bin mit meinen Gedanken davon abgekommen. Es war hierauf ein Mahl, dem die Leviten beiwohnten, es sind deren zwölf in Misael.

Nach Tisch ging Jesus auf ihre Bitten mit nach der Stadt. Sie ist mit Mauern und Türmen umgeben und sehr alt. Es wohnen einzelne Heiden in den Mauern.

Jesus ging mit nach dem Levitenhaus, das ein Gebäude mit abgestumpften Ecken ist, in der Mitte steht der Herd und noch einige abgeschlagene Räume, auswendig sind kleinere Wohngebäude der Leviten angehängt. Elisabeth hat hier eine Zeitlang bei ihrem Vater gewohnt, der als Levite hier diente. Auch Zacharias war einmal hier. Elisabeth ist zwei Stunden von hier in der Ebene Esdrelon in einem einzelnen Hof geboren, der ihren Eltern gehörte, und den sie nachmals erbte. Sie kam mit dem fünften Jahr zum Tempel.

Als sie heraus kam, war sie noch eine Zeit in Misael und auf dem Hof und zog dann nach des Zacharias Haus in Judäa. Jesus sprach von ihr und von Johannes, und von diesem so deutlich als Vorläufer des Messias, dass sie wohl ahnen konnten, wer Er selbst sei. Jesus ging nun in der Stadt mit den Leviten umher, welche ihn in mehrere Häuser zu Kranken baten. Er heilte Kinder und unter anderen Kranken mehrere Lahme, die ihm die Hände in der Binde entgegenstreckten. Es mochten ihrer wohl an sechzehn sein.

Er besuchte auch den Simeon von Libnath in seinem Haus, der ihn gestern so freundlich empfangen hatte. Dann ging Er zur Synagoge und beschloss den Sabbat. Die Frauen standen hier in der Synagoge hoch, und nicht weit von dem Lehrstuhl. Er lehrte von dem Sündopfer und von Simson. Er gab viele Erklärungen von Simsons Taten und sprach von ihm als von einem Heiligen, dessen Leben prophetisch sei.

Er habe nicht alle Kraft verloren, eine habe er behalten, die Kraft, Buße zu tun. Er habe den Tempel der Heiden über sich gestürzt aus göttlicher Eingebung. Er sprach, dass er als ein Gottverlobter durch die Lüste mit dem Weib sich geschwächt habe. Er sprach auch vom Honig im Rachen des Löwen, und dass er die Tat den Eltern verborgen habe, und erklärte ein Geheimnis daraus, auch vom Kinnbacken, usw., ich habe es vergessen. Ich habe schon früher viele Erklärungen von Simson gehabt, aber das meiste vergessen.

Im Honig im Löwenmaul, im Quell aus dem Zahn des Kinnbackens, in den Pforten von Gaza und in anderm wusste ich Vorbilder auf Jesus. Simson hat zehn Jahre gerichtet und zehn Jahre Krieg geführt. Er war fünfzehn Jahre, als er Richter wurde. Er war so schön, so stark, so wunderbar klug und riet den Richtern alles, wie sie es machen sollten, die Philister zu überlisten und zu beruhigen. Da gaben sie ihm das Amt selbst.

Die Heirat mit der Philisterin und deren Tod und seine Rache, alles war ihm im Gesicht befohlen, und er wusste es voraus. Es geschah, um Streit mit den Philistern zu bekommen. In Gaza bei dem schlechten Weib hatte er sich nur versteckt, weil man auf ihn lauerte, aber sich nicht versündigt und hat darum seine Stärke behalten, die Tore der Stadt auszuheben und wegzutragen. Mit Dalila hat er sein Gelübde der Enthaltung gebrochen, berauschende Getränke getrunken und sich in Sünde verdorben.

Seine sieben Locken deuten auf die sieben Gaben des Heiligen Geistes, die er nach und nach verloren hat. Das Spielen im Tempel war Spott, den man mit ihm trieb. Er hatte aber durch Buße seine Kraft wiedergewonnen.

Der später (nach dem Eselskinnbacken) Lechi genannte Ort lag an der äußersten Grenze Judäas. Bis zu diesem Ort war es Maria und Joseph auf der Flucht nach Ägypten so bange gewesen, weil sie erst dort aus des Herodes Gebiet kamen. Jesus kehrte nach der Lehre zur Herberge zurück. Die Jünger, die mit ihm nach Zypern gereist waren, gingen nach dem Sabbat in zwei Scharen weiter. Eine Schar gegen Kapharnaum, die andere gegen Dabrath am Tabor.

8. Juni: Ich habe heute nacht mancherlei Unterricht vom Laufe einzelner Flüsschen und Bäche im Gelobten Land gehabt. Ich erinnere mich aber nur noch, dass durch das Tal von Magdalum ein Wasser ins galiläische Meer und von Thirza eines in den Jordan fließt.

Das dünne, seichte Flüsschen, wenn man es so nennen darf, welches Jesus vor Misael auf einer Brücke überschritten hat, ist nur zwei Stunden lang. Seine Quelle ist von einem seltsamen Gebäude[18] überbaut. Es ist eine große viereckige Masse, man steigt auf Treppen hinan, und oben darauf stehen Gebilde wie Türme. Es fließt gegen Ptolemais zu und hängt mit dem Sumpf oder See Cendevia zusammen. Heutzutage existiert es nicht mehr.

Jesus ging heute mit den Leviten ungefähr anderthalb Stunden weit südostwärts nach einem Örtchen, das eine Synagoge und ein paar hundert Einwohner hat, die wie in Bauernhäusern umher wohnen. Es liegt an der Anhöhe und ist von der Mittagsseite durch einen Berg eingeschlossen. Eine Strecke davon im Tal ist ein schöner Lehrhügel, auf welchem Jesus vor ein paar hundert Menschen gelehrt hat.

Judas, der gern Geschäfte und Einrichtungen macht, und Thomas, dessen Familie Flößholz im Hafen liegen hat und dort gut bekannt ist, und mehrere andere Jünger sind morgens nach Hepha gegangen, um dort Anordnungen wegen der ankommenden Zyprier zu treffen. Einige zyprische neue Jünger zogen mit. Jesus gab ihnen bis auf die Brücke über das Flüsschen das Geleit, ehe Er mit den Leviten und Jüngern zu jenem Örtchen ging. Ich meine, es ist heute ein Fest- oder Fasttag gewesen, denn ich habe keine Mahlzeit gesehen.

9. Juni: Jesus ist heute gegen Mittag an dem Ort gewesen, von dem ich sagte, dass Elisabeth einmal in ihrer Jugend dort gewohnt habe. Der Ort ist größer als der vorige. Es ist aber keine Synagoge da. Es wohnen Verwandte Jesu von Elisabeths und Josephs Seite hier. Es sind dies die Eltern des sogenannten Jaköbchens. Auch von jenen Verwandten wohnen hier, welche bei Jesus am 4. November des vorigen Jahres in der Gegend von Abez, wo Saul sich ermordete, gewesen waren und ihn hatten bereden wollen, sich zurückzuziehen. Es waren alte Leute darunter, welche Söhne unter den Jüngern hatten. Jesus hielt sich nicht lange bei ihnen auf und heilte einige Leute. Es sind hier noch mehrere Jünger[19] zu ihm gekommen. Am Abend ging Er an ein kleines Örtchen, eine Viertelstunde von Sephoris, wo Er früher einmal mit einem Rabbiner über die Ehe gestritten hat. Der Ort liegt zwei Stunden von Nazaret. Es gehört in diese Gegend auch das Feld Ginnim. Jesus verteilte manche der neuen Ansiedler von Ornithopolis hier herum.

10. Juni: Jesus ist heute aus der Gegend von Sephoris nach Thanach gegangen, welches eine Stunde südwestlich von Megiddo liegt. Er hat etwa fünf Stunden dahin. Es liegt ein paar Stunden östlich von Dabbeseth, das am Kison liegt. Es ist eine alte kananitische Königsstadt, und es ist da etwas geschehen, ich meine eine Schlacht, wo dem Mann der Nagel durchgeschlagen wird (die Schlacht gegen Sisera). Thanach ist eine Levitenstadt. Jesus war noch nicht hier, obschon Er früher bei Megiddo war, wo im vorigen Jahr die Johannesjünger zu ihm gekommen sind.

Er wurde hier erwartet. Die Synagogenvorsteher empfingen ihn und boten ihm Fußwaschung und Imbiss. Es sind heute und auch schon gestern abend hier verschiedene Jünger zu Jesus gekommen und sind nun ungefähr zehn bei ihm, darunter Saturnin, die Söhne von Maria Heli, die auch seine Brüder heißen, einige von Dabrath und von Josephs Verwandten.

Die Pharisäer hier waren zwar nicht offenbare Feinde, doch spitz und lauernd. Ich merkte es an ihren zweideutigen Reden. Sie sagten, Jesus möge doch verschiedene Kranke besuchen, und ob Er denn wohl auch einen von ihnen besuchen wolle, der in Kapharnaum gewesen sei und sich sehr elend befinde. Sie meinten aber, Er werde das nicht wollen, weil dieser dort bei der auf Jesus lauernden Kommission ihm sehr entgegen gewesen war.

Dieser Pharisäer war zur Strafe für sein dortiges Benehmen, da er sehr gegen Jesus wegen seiner Zurückweisung gewisser Jünglinge geschmäht hatte, in eine seltsame Krankheit gefallen. Er schluchzte immer auf, zuckte dabei mit dem Oberleib, erbrach sich und zehrte ganz ab. Er war ein Mann zwischen dreißig und vierzig Jahren und hatte Frau und Kinder. Er lag ganz elend, und Jesus fragte ihn, ob er wieder gesund werden wolle und ob er glaube, dass Er ihm helfen könne. Er war ganz kleinlaut und beschämt und sagte: «Ja, Herr! Ich glaube es!»

Da legte Jesus ihm die eine Hand auf den Kopf und die andere auf die Brust, betete und befahl ihm, aufzustehen und Speise zu nehmen. Der Mann stand auf und dankte Jesus unter Tränen, so auch Frau und Kinder, und Jesus sprach freundlich und tröstend gegen alle und erwähnte nichts von dem Vergehen des Mannes gegen ihn.

Dann ging Jesus noch in mehrere Häuser und heilte Kranke. Die Pharisäer verloren alle Lust, ihm zu widersprechen, als sie den geheilten Pharisäer abends in der Synagoge erscheinen sahen. Jesus lehrte von der Erfüllung der Propheten, von Johannes dem Täufer, dem Vorläufer des Messias, und von dem Messias selbst so deutlich, dass sie wohl ahnen konnten, Er meine sich.

11. Juni: Jesus ging heute morgen in Thanach nach einem Zimmermannshof, wo Joseph zuerst gearbeitet hatte, als er von Bethlehem geflohen war. Es war ein Gebäude, worin wohl zwölf Leute um einen Hof wohnten, die sich mit Handel von Holzwaren beschäftigten. Die Werkstelle, worin Joseph gearbeitet hatte, war von Nachkommen jener Meister bewohnt. Sie machten aber die Sache nicht mehr selbst, sondern ließen sie von ärmeren Leuten machen und hatten einen Verlag davon, den sie teils auf Schiffe verkauften.

Es waren allerlei feine Holzplatten und Stäbe und geflochtene Stellwände und dergleichen. Es war noch ein Gerede davon, des Propheten Vater solle einmal hier gearbeitet haben, aber sie wussten es doch nicht mehr recht, ob es der nämliche Joseph von Nazaret gewesen sei oder nicht. Ich dachte noch, wenn die Leute das schon nicht mehr recht wussten, so ist es kein Wunder, dass wir so wenig davon wissen. Jesus besuchte dies Haus wie die anderen. Sie setzten ihm auch eine Erquickung vor, und Er lehrte in dem Hof, von der Arbeitsamkeit und dem Wucher.

Jesus geht von Thanach nach Sion am Tabor

Jesus hat in der Herberge bezahlt und ist noch um Mittag drei Stunden östlich nach einem alten, hässlichen Ort, Sion genannt, gegangen. Dieser Ort besteht aus einer Art Burg mit dicken Mauern und umliegenden Häusern, ungefähr zwei Stunden westlich vom Tabor. Der Kison entspringt am Tabor. Ein Arm fließt östlich durch das Tal, wo Saul zu Grunde gegangen ist, und worin ein Sumpf oder See ist, nach Skythopolis, der andere Arm fließt nach Westen durch das Tal Jezrael nach dem Meer bei Ptolemais zu.

Sion, die alte Burg mit den Häusern umher, liegt etwas hoch. Nicht weit davon am Ufer des Kison liegen tief hinter Wällen, worauf Bäume stehen, noch eine Anzahl Häuser in einem dunklen Nest beisammen. Es ist nicht gesund da unten, sie können nicht über die Wälle sehen. Es wohnen oben bei der Synagoge mehrere Pharisäer. Die Leute unten kommen mir wie abhängig von denen oben vor, und sie werden von ihnen gedrückt und gequält.

Sie waren hier sehr spitz und tückisch, empfingen aber Jesus doch mit Fußwaschung und Imbiss. Eine Herberge war ihm von Naim aus bestellt. Er lehrte hier in der Synagoge gegen die Pharisäer vom Auflegen schwerer Bürden und selbst nicht Halten, von Druck und Herrschsucht; auch von dem Messias und wie Er ganz anders erscheinen werde, als sie ihn erwarteten. Sie disputierten mit ihm darüber, und Jesus brachte sie zum Schweigen.

12. Juni: Jesus war darum nach Sion gekommen, um die armen gedrückten Menschen zu trösten. Der Ort ist etwas wüst und verfallen, er liegt südlich von der Landstraße ab, die am Tabor vorüber zieht, und ist vernachlässigt, wie denn jetzt um Jesu Zeit die Juden sehr nachlässig und verdrossen sind, etwas im Stand zu erhalten. In Zypern sieht alles viel schöner aus.

Jesus ging heute morgen noch in das untere so eng eingeschlossene Stadtquartier und heilte mehrere Kranke in ihren Hütten. Es waren meistens Gichtkranke und Lahme. Die Pharisäer schickten alle Kranken an diesen elenden Ort, wo sie kaum frische Luft schöpfen konnten. Jesus und die Jünger beschenkten hier die armen Leute mit allem, was sie bei sich hatten an Geld, Tüchern und Zeugbahnen, denn sie selbst bedurften nichts, da sie in Naim alles wieder erhalten konnten.

(Wahrscheinlich hatten die Jünger, welche zuerst zu Jesus kamen, dergleichen von Naim zu Almosen mitgebracht.)

Jesus geht von Sion nach Naim, wo Er mit den heiligen Frauen zusammentrifft

Jesus ging mit den Jüngern von hier nach Naim in etwa anderthalb Stunden. Sion liegt westlich, Naim südlich vom Tabor. Er ging noch, ohne den Kison zu überschreiten, auf hügeligem Weg und hatte auf seiner Linken höher am Tabor einen Ort liegen, wo Er einmal am 5. Januar dieses Jahres eine Lehre gehalten hat.

Sie gingen nun über eine Brücke etwas südlich, und bei einem Brunnen vor Naim kamen noch mehrere Jünger und Leute, darunter der erweckte Jüngling von Naim, zu Jesus. Er lehrte hier noch und man wusch ihm die Füße und bot ihm einen Imbiss. Sie wechselten die Kleider und nahmen andere Sohlen. Es waren nun etwa zwölf Jünger, aber keine Apostel bei Jesus.

Die jerusalemischen Jünger waren mit einigen der heiligen Frauen von Jerusalem nach Naim gekommen; andere hatten das Pfingstfest in Nazaret mit Maria gefeiert und waren auf dem Rückweg hierher gekommen, Jesus zu erwarten.

Jesus kehrte zuerst in der eigenen Herberge ein, die Er in Naim hatte. Sie war in einem der Gebäude der Witwe eingerichtet. Hernach ging Er mit den Jüngern zu der Witwe selbst. Die Frauen traten ihm verschleiert in der Halle des inneren Hofes entgegen und warfen sich vor ihm nieder. Er grüßte sie und begab sich mit ihnen in den Saal. Es waren fünf Frauen außer der Witwe: Martha, Magdalena, Veronika, Johanna Chusa und die Suphanitin.

Die Frauen saßen am einen Ende des Saals abgesondert mit untergeschlagenen Beinen auf Kissen und Teppichen auf einem erhöhten Gestell wie ein langes, niederes Kanapee. Man sah die Füße desselben. Die Frauen sprachen nicht eher mit Jesus, als bis Er das Wort an sie richtete, und dann eine nach der anderen. Sie erzählten auch von Jerusalem und von Herodes, dass er ihm nachgestellt habe, und es kam wohl vor, dass Jesus den Finger erhob und ihnen die weltliche Sorge und das Richten über andere verwies. Ich hatte da auch Ursache, mir selbst eine Ermahnung zu geben.

Jesus erzählte ihnen von Zypern und von denen, welche die Wahrheit erkannt hatten. Er sprach auch mit besonderer Liebe von dem römischen Landvogt in Salamis, und da die Frauen meinten, es wäre gut, wenn dieser doch auch nicht dort bliebe, sagte ihnen Jesus: nein, er müsse dort bleiben und noch vielen helfen, bis einst, wenn er selbst sein Werk vollendet habe, ein anderer dahin komme, der statt jenes Landvogts dort ein Freund der Gemeinde werde. Ich hatte geträumt, Jesus meine jenen zu Pauli Zeit auch gut gesinnten Landvogt von Zypern damit. (Sergius Paulus, Apg 13,7-12). Er sprach auch viel von Merkuria, aber ich habe es vergessen. Ich sage nicht gern, was ich nicht recht weiß.

Die Frauen weinten oft, und ich weinte mit. Es schadet meinen Augen nicht, und doch dachte ich daran. Es war noch ein Mahl.

Schilderung der heiligen Frauen

13. Juni: Jesus hat einige Leute besucht und ist bei den Frauen in der Witwe Haus gewesen. Er war im Garten mit ihnen und sie sprachen auf- und abwandelnd einzeln mit ihm.

Magdalena und die Suphanitin sind lange nicht mehr so schön wie sonst. Sie sind bleich und abgehärmt, ihre Augen sind rot von Tränen. Sie sind stille und zurückgezogen. Martha ist sehr emsig und in Geschäftssachen sehr beredt. Die Chusa ist eine lange, bleiche, starke Frau, ernst und rüstig.

Veronika hat in ihrem Wesen viel von St. Katharina, sie ist entschlossen, tapfer und freimütig. Wenn sie so beisammen sind, nähen und wirken sie und bereiten allerhand zu für die Gemeinde, was nach den einzelnen Herbergen und Vorratskammern verteilt wird, von wo aus die Jünger und Apostel wieder zu eigenem Gebrauch und zum Austeilen an die Armen nehmen. Auch arbeiten sie, wenn sie das Nötige fertig haben, für arme Synagogen. Sie haben gewöhnlich auch Mägde bei sich, die voraus- und nachgehen und Zeug tragen, teils in einer ledernen Tasche, wie ein Schlauch, teils um den Gürtel unter dem Mantel.

Die Mägde tragen engere Kleidung um den Oberleib und kürzere Röcke. Wenn sie an Ort und Stelle z.B. hier in Naim sind, gehen die Mägde wohl zurück und warten in Herbergen unterwegs.

Veronikas Magd war lange bei ihr und diente ihr noch nach dem Leiden Christi.

Jesus nahm in seiner Herberge das Mahl. Als Er am Sabbat zur Synagoge ging, trat Er nicht an den Lehrstuhl, sondern stand, wo die reisenden Lehrer zu stehen pflegen, mit seinen Jüngern. Die Rabbiner aber nötigten ihn, nachdem sie ihn bewillkommnet hatten, vor die aufgelegten Rollen zu treten und zu lesen. Es war die Lektion (Num 8,1-13,1, Sach 2,10-4,8) von den Leviten, von dem Murren und den Wachteln, und der Strafe der Miriam. Im Propheten Zacharias kam von der Erwählung der Heiden und dem Messias vor.

Jesus lehrte sehr streng und sagte, die Heiden würden im Reich des Messias an die Stelle der verhärteten Juden treten. Er lehrte auch vom Messias, dass sie ihn nicht erkennen würden, und Er werde ganz anders erscheinen, als sie ihn erwarteten. Sie waren sehr spitz und geärgert und widersprachen ihm, aber Er brachte sie zum Schweigen.

Es waren drei dicke, freche Kerle unter ihnen, die auch mit der Kommission in Kapharnaum gewesen waren; diese stritten hauptsächlich. Sie waren sehr erbittert über die Heilung des Pharisäers in Thanach und sagten, Jesus habe das nur getan, damit die Pharisäer dort ihm durch die Finger sehen sollten. Sie forderten ihn auch auf, sich ruhig zu verhalten und den Sabbat nicht mit Heilen zu stören. Er möge sich überhaupt zurückziehen und die Unruhen vermeiden. Jesus sagte ihnen, Er werde tun, was seines Amtes sei, wandeln und lehren, bis seine Zeit erfüllt sei.

Sie luden ihn hier in Naim zu keiner Mahlzeit ein und waren voll heimlichen Ärgers an ihm, weil seine Lehre und seine Liebe alle Armen, Elenden und Einfältigen zu ihm hinriss, welche sie selbst aber von sich zurückstießen.

Es war heute unbeschreiblich schönes Wetter in Naim. Ich sah Jesus am Morgen mit den Jüngern um die Stadt herumspazieren und lehren. Es sind hier viele schöne Gänge und Parks mit Terrassen, wo sich die Leute auf ihren Sabbatswegen im Schatten niederlassen. Man ist hier in den Feldern in der Saatzeit. Die Straße von Samaria her läuft durch Naim über den Kison in die große Landstraße.

Alle diese Jünger, die hier um Jesus sind, müssen ihm sehr vertraut sein, denn Er lehrte sehr ernst und innig von seiner Zukunft. Er ermahnte sie, fest und treu zu bleiben, denn es stünden ihm große Leiden und Verfolgungen bevor. Sie möchten sich doch dann nicht an ihm ärgern! Er werde sie nicht verlassen, sie möchten ihn auch nicht verlassen, aber man werde ihn so misshandeln, dass ihr Glaube werde geprüft werden. Sie waren sehr gerührt und weinten

Sie gingen in einen schönen Park der Witwe Maroni, voll schöner Plätze, Fruchtbäume und Lauben. Auch hatte sie ein eigenes Bad darin, und das Wasser war, glaube ich, vom Kison herein geleitet, denn der Garten lag gegen den Kison zu und sah gegen den Tabor. Naim liegt auch an einem Hügel.

Die heiligen Frauen kamen auch in den Garten, und Jesus lehrte und erzählte, von den Jüngern umgeben, in einer Laube, an deren einer Seite die Frauen saßen. Er erzählte auch von der Aussöhnung verschiedener Eheleute in Mallep und besonders von jenem Ehepaar, bei welchem Er damals ein Mahl eingenommen hatte und welche Familie auch nach Palästina ziehen werde. Er sprach auch von Merkuria. Diese wird zuerst zu der Syrophönizierin kommen, welche sich ebenfalls rüstet, Ornithopolis zu verlassen. Sie ziehen beide zuerst nach Gessur und dann weiter herab. Es sind schon viele Leute aus Zypern herüber. Eine Anzahl wird auch in der Gegend von Joppe landen.

Es kamen auch mehrere Frauen hier in den Garten, welche Jesus am 19. November des vorigen Jahres mit ihren Männern ausgesöhnt hatte. Sie sind eng verbunden mit der Witwe Maroni und helfen ihr an den Arbeiten zu milden Zwecken. Sie kamen, als die heiligen Frauen schon wieder hinweg waren und Jesus mit den Jüngern hier ein kleines Mahl genommen hatte. Er ermahnte und bestärkte sie in ihrem Wandel, und sie machten wieder anderen Platz. Es kamen mehrere andere Witwen und andere Leute zu ihm und klagten ihm ihr Elend und ihre Zweifel, wie sie von den Pharisäern gedrückt und belastet würden. Er tröstete und beschenkte sie.

Jesus schließt den Sabbat in der Synagoge – Widerspruch der Pharisäer

Als Jesus aus dem Garten mit den Jüngern zur Synagoge ging, um den Sabbat zu schließen, hatten sich mehrere Kranke auf ihren Tragbetten auf seinen Weg bringen lassen und streckten ihre Hände nach ihm aus, baten um Hilfe, und Er heilte sie. So kam Jesus bis zur Synagoge, wo auch einige auf Betten sich heranbringen ließen. Darunter waren solche und auch ein von Gicht ganz aufgedunsener Mann, denen Jesus bei seiner letzten Anwesenheit die Heilung versagt hatte, weil ihr Glaube nicht rein war, und sie noch länger leiden sollten, um demütiger die Heilung zu erbitten. Es kamen aber die Pharisäer hinzu und ärgerten sich besonders, dass Er diese heilte, weil sie ausgesprengt hatten, Er vermöge es nicht. Sie machten nun ein großes Geschrei, Jesus entheilige den Sabbat. Jesus aber vollendete die Heilung, und es waren etwa sieben, denen Er auf dem Weg geholfen.

Er antwortete den ergrimmten Pharisäern mit strengen Worten, ob es am Sabbat verboten sei, Gutes zu tun. Ob sie sich selbst am Sabbat nicht hegten und pflegten? Ob diese Kranken nicht geheilt seien, um selbst den Sabbat zu heiligen? Ob man am Sabbat auch nicht trösten dürfe? Ob man am Sabbat ungerechtes Gut behalten müsse? Ob man die Witwen und Waisen und die Armen, welche die Woche hindurch gequält und belastet seien, auch am Sabbat in der Qual lassen müsse?

So hielt Er ihnen ihre Heuchelei und ihr Bedrücken der Armen hart vor und sprach es aus, wie sie unter dem Vorwand, die Synagoge, die doch allen Überfluss habe, zu erhalten, die Armen auspressen und ihnen dafür in dieser Synagoge noch das Gesetz aufbürden wollen, am Sabbat die Gnade Gottes nicht empfangen und nicht gesund werden zu dürfen, während sie selbst am Sabbat doch äßen und tränken, was sie von diesen Leuten erpresst hätten. Dadurch brachte Er sie zum Schweigen, und sie gingen zur Synagoge.

Als Jesus in die Synagoge trat, legten sie ihm doch die Schriftrolle vor und forderten ihn zu lehren auf, denn sie hörten sein Lehren aus List gerne und lauerten auf seine Worte, um ihn einer

Irrlehre beschuldigen und Ankläger gegen ihn sein zu können. Er lehrte noch vom Murren und der Strafe der Mirjam, und aus Zacharias, und als Er von den Zeiten des Messias sprach, dass da viele Heiden zum Volke Gottes kommen sollten, sagten sie spottweise zu ihm, Er sei wohl in Zypern gewesen, um sich Heiden zu holen? Jesus lehrte aber noch vom Zehnten und vom Bürdenauflegen und selbst nicht Tragen, und von dem Unterdrücken der Witwen und Waisen.

Es wurden nach Pfingsten bis zum Laubhüttenfest die Zehnten zu dem Tempel nach Jerusalem gebracht. In den von Jerusalem entlegeneren Orten, wie hier, sammelten die Leviten ein. Dabei waren einmal Unordnungen eingerissen, indem die Pharisäer den Leuten den Zehnten abdrückten und für sich behielten. Darüber strafte sie Jesus. Sie wurden sehr auf ihn erbittert, und als Er die Synagoge verlassen hatte, lehrten sie noch gegen ihn.

Am Abend nahm Jesus noch ein Mahl zum Abschied im Haus der Witwe ein und sagte den Frauen Lebwohl.

Naim ist eine schöne helle Stadt, wohl wie Münster so groß. Es liegt schön über einen Hügel gebreitet und ist wegen zwischenliegenden Gärten nicht so eng wie andere Judenorte, wo oft Teppiche von einem Haus zum anderen gespannt sind, so dass die engen Straßen wie Zeltgänge und Lauben aussehen.

Jesus geht nach Rimmon, Beth-Lechem und Azanoth, wo Er mit Freunden aus Kapharnaum zusammenkommt

15. Juni: Jesus ging am Morgen von Naim auf der Anhöhe diesseits des Kison nordöstlich. Er hatte nur noch einige Jünger bei sich. Nach einem Weg von etwa einer Stunde kam Er nach einem Örtchen, dessen Name wie Rimmon klingt. Es ist da keine Synagoge, aber eine Schule, welche von Leviten besorgt wird, die hier die Schulen von einem anderen Ort aus visitieren. Sie kamen Jesus an der Schule entgegen, denn sie waren gerade anwesend. Jesus lehrte die Jünglinge und Knaben und besuchte auch die Schule der Jungfrauen. Er lehrte vor der Schule auf einem freien

Platz, wohin auch die übrigen Leute kamen, welche schon in Naim seine Lehre gehört hatten.

Jesus lehrte die Kinder mehr von allgemeinen Pflichten aus dem Gesetz und sprach die Drohungen der Zeit nicht so vor ihnen aus wie in den Volksversammlungen. Er verweilte hier bis zum Mittag und nahm noch ein kleines Mahl ein.

Dieser Ort liegt in einer langen Reihe am Berg hin. Es wohnen meistens Gärtner und Winzer hier, und sie liefern ihre Früchte nach Naim und arbeiten auch in den naimischen Gärten. Saul war bei seinem Herumstreifen, ehe er zur endorschen Hexe ging, auch hier.

Jesus ging von hier an der Ostseite des Tabor hinauf, und die Leviten begleiteten ihn noch ein Stück Weges. Sie waren in Rimmon mit Zehnteneinsammeln beschäftigt gewesen. Jesus ging zweimal über ein Wasser und kam nach einem Weg von etwa drei Stunden an einen verfallenen Ort, Beth-Lechem, östlich von der Stadt Dabrath. Er bestand nur aus einer Reihe von Wohnungen armer Bauersleute. Nicht weit davon ist das Feld, wo Jesus am 29. August des vorigen Jahres einen Streit geschlichtet hat.

Jesus war noch nie hier gewesen. Er ging in die Wohnungen mehrerer dieser Leute, heilte einige, tröstete und lehrte sie.

Nun ging Jesus, nachdem die Leviten sich verabschiedet hatten, noch etwa vier Stunden weiter, durchschritt das Tal, in welchem der Brunnen von Kapharnaum liegt, und kam in der Dämmerung nach Azanoth. Es ist dies der Ort, wo die heiligen Frauen und Magdalena sich am 31. Dezember vorigen Jahres aufhielten, als Magdalena bei der in der Nähe gehaltenen Lehre Jesu von sieben Teufeln befreit wurde. Dieses Städtchen liegt an der Nordostseite der gegen den See abfallenden Höhen. Es hat gegen Mittag die Höhe und sieht nur wenig vom Tabor, aber sieht den Kapharnaum und bis gegen Tarichäa hinab. Die Lage ist ganz schön und angenehm.

Jesus hat hier eine Herberge, zu welcher Er in der Dämmerung kam. Es waren hier Freunde von Kapharnaum, welche ihn erwarteten und grüßten, ihm die Füße wuschen und den Imbiss reichten. Es waren Jairus und seine Tochter, der geheilte Blinde von Kapharnaum, die verwandte Frau der geheilten blutflüssigen Enue und Lia, welche gerufen: Selig der Leib, der dich getragen.

Alle die Frauen fielen verschleiert vor Jesus auf die Knie, Er befahl ihnen aber, aufzustehen und segnete sie. Sie weinten vor Freude, ihn wiederzusehen.

Des Jairus Tochter ist nun frisch und gesund und ganz verändert, fromm und demütig. Jesus nahm mit den Jüngern und Männern eine kleine Mahlzeit, die Frauen saßen an einem Ende des Raums abgesondert, aber sie hörten zu. Er lehrte, erzählte und ermahnte sie bis spät in die Nacht.

Jesus trifft in Damna mit Lazarus zusammen

16. Juni: Die Leute von Kapharnaum gingen früh am Morgen wieder hinweg. Jesus blieb hier. Er lehrte in der Synagoge und auf einem Lehrhügel und heilte mehrere Kranke, zu welchen Er in die Häuser ging. Die Lehrer der Schule hier waren ihm wohlwollend und ohne Widerspruch.

Am Nachmittag sah ich Jesus etwa eine Stunde gegen Nordost gehen nach Damna, wo Er vor der Stadt eine Herberge hatte, welcher Verwandte von Josephs Familie vorstanden. Hier erwarteten ihn Lazarus und zwei jerusalemische Jünger, ich meine die Vettern des Joseph von Arimathäa. Lazarus war wohl schon acht Tage in der Gegend. Er hatte noch mit den Grundstücken und Gebäuden von Magdalum Geschäfte, denn es waren nur die Hausgerätschaften und dergleichen Magdalenas verkauft. Als Jesus Lazarus sah, umarmte Er ihn. Er pflegt dies nur mit ihm und den älteren Aposteln und Jüngern zu tun, den anderen bietet Er die Hände.

Nach der Fußwaschung und als sie etwas geruht hatten, wandelten sie im Garten und saßen in der Halle. Lazarus erzählte ruhig die Lage der Dinge in Jerusalem und wie es indessen allen Freunden in seinem Kreis ergangen war. Jesus sprach von den zyprischen Leuten und von den Bekehrten und Herüberkommenden.

Da hörte ich auch, dass Jakobus der Jüngere und Thaddäus gegen Gessur seien, um die dort ankommenden sieben heidnischen Philosophen und andere zu empfangen und zu führen. Jesus sprach auch mit Lazarus davon, wie manche dieser Leute untergebracht werden sollten. Er war mit Lazarus sehr vertraut und wandelte lange allein mit ihm.

Lazarus ist ein langer, sanfter und ernster Mann, sehr stille und gesittet, in allem mäßig, und hat etwas Vornehmes bei aller Vertraulichkeit mit den anderen. Er hat blonde Haare und eine Ähnlichkeit mit Joseph, Jesu Nährvater, nur dass er strengere, bestimmtere Züge hat. Joseph hatte etwas ungemein Weiches, Mildes und Dienstwilliges in seinem Wesen und hatte auch blonde Haare. Sie aßen hier zusammen und blieben die Nacht hier.

Jesus begibt sich auf das Gut des Hauptmanns Serobabel und von da in das Haus seiner heiligsten Mutter bei Kapharnaum

17. Juni: Jesus ging am Morgen mit Lazarus, den Jüngern und dem Herbergsverwalter nebst dessen Sohn, der nun auch zu den Jüngern kommen wird, von Damna zwei kleine Stunden östlich nach dem Dorf des Hauptmanns Serobabel von Kapharnaum, wo die zwei aussätzigen und später geheilten Schriftgelehrten zu ihm gekommen sind. Es liegt an der Südseite jenes felsigen Hügels, der das Tal vor Kapharnaum südwärts einschließt, und auf diesem Hügel liegen die Gärten und Weinberge des Hauptmannes.

Dieser Hügel endet sehr felsig gegen das galiläische Meer, von welchem das Dorf wohl noch eine halbe Stunde abliegt. Mittagwärts bei diesem Dorf ist eine Art angenehme Wildnis. Es wohnen hier lauter Feldarbeiter und Knechte des Hauptmanns Serobabel. Es sind auch Heiden darunter, die er nach und nach zum Judentum bekehrt.

Jesus war in der Herberge, die Er hier hat, von einigen der älteren Jünger bewillkommnet, der Bräutigam Nathanael von Kana war wieder dabei und andere, welche von den Aposteln gekommen waren, die noch immer zerstreut waren. Petrus ist noch jenseits von Dalmanutha mit Jakobus dem Älteren, Johannes, glaube ich, ist jetzt in Judäa; doch ich weiß es nicht mehr recht auswendig.

Die Apostel hatten während Jesu Abwesenheit viel gelehrt, geheilt und getauft, letzteres besonders in der Gegend von Joppe.

Nachdem Jesus die Fußwaschung und den gewöhnlichen Empfang mit ihnen geteilt, fragte Er sie über manches, und sie brachten ihre Nachrichten an.

Hierauf begab sich Jesus in die hiesige Schule. Sie haben hier zwar eine Schule, zum Sabbat und den Festen aber gehen sie in die Synagoge von Kapharnaum. Auch haben sie einen schönen Lehrstuhl auf einem Hügel.

Jesus lehrte von der Ankunft des Messias und der Nähe des Reiches. Er setzte alle Zeichen der Propheten und ihre Erfüllung auseinander. Er flehte und ermahnte um Bekehrung, Er sagte, dass der Messias nicht erscheinen werde in der Gestalt, wie die Juden sich ihn erwarteten, und es würde ihn darum nur die kleine Zahl der Bußfertigen und Demütigen erkennen. Er sagte ihnen auch, der Messias werde durch mehr als einen Mund seine Lehre verkünden, wie Er früher durch den Mund vieler Propheten gesprochen. Das Wort war mir merkwürdig.

Jesus ging auch in mehrere Häuser und heilte Kranke. Sie brachten ihm auch mehrere melancholische, stumme Besessene. Jesus legte ihnen den mit Speichel benetzten Finger unter die Zunge und befahl dem Satan zu weichen. Da sah ich einige ohnmächtig werden und sich gesund aufrichten, andere bekamen kurze Zuckungen und wurden gesund und lobten und dankten.

Jesus aß etwas mit seinen Gefährten in der Herberge. Es kamen nach Tisch noch der Hauptmann Serobabel und der Hauptmann Cornelius mit dem geheilten Knecht. Jesus ging mit ihnen in der Wildnis bei dem Dorf umher, und sie begaben sich gegen Abend zurück nach Kapharnaum. Jesus aber ging nun auch mit seinen Jüngern, sie waren nun wohl wieder sechzehn bis achtzehn, um den Hügel auf einsamem Wege nach dem Hause seiner Mutter im Tal östlich von Kapharnaum, wohin sie etwa dreiviertel Stunden zu gehen hatten

Die heiligen Frauen waren von Naim auf dem geraden Weg hierher gegangen und befanden sich alle bei der heiligen Jungfrau. Die Frauen gingen ihnen nicht vor das Haus entgegen, auch Maria eilte ihrem Sohn nicht entgegen.

Er trat gereinigt und abgeschürzt in den großen Raum, in welchem an einer Seite viele Kämmerchen abgezeltet waren. Maria trat ihm entgegen und reichte ihm, das verschleierte Haupt demütig senkend, die Hand, da Er die seine bot. Er grüßte sie freundlich und ernst. Die anderen Frauen standen verschleiert etwas zurück in einem Halbkreis. Sie beugten sich tiefer, und Jesus begrüßte jene zuerst, welche Er noch nicht zu Naim gesehen hatte.

Wenn Jesus mit Maria ganz allein war, habe ich wohl gesehen, dass Er sie tröstend und stärkend freundlich an seine Brust lehnte und ihr zusprach, sie selbst aber behandelte ihn seit seinem Lehramt immer, wie man einen Heiligen, einen Propheten behandelt, etwa wie eine Mutter sein würde, deren Sohn Papst, Bischof oder König würde, jedoch auf eine noch edlere heiligere Weise und doch mit ihrer unbeschreiblichen Einfachheit. Sie umarmte ihn nie, ja reichte nur die Hand, wenn Er die seine darbot. Ich sah hier keinen Apostel, auch keine ihrer Frauen, weder von Petrus und Andreas, noch von Matthäus.

Hernach sah ich Jesus und Maria allein zusammen essen. Es stand ein kleiner, niedriger Tisch zwischen ihnen. Jesus lag an der einen Seite desselben, gegenüber saß Maria. Es standen Honig, ein Fisch, Brot, Kuchen und zwei kleine Krüge auf dem Tisch.

Die anderen heiligen Frauen waren teils zu zwei und drei in den abgezelteten Kämmerchen, teils waren sie in einer Seitenhalle mit der Mahlzeit der Jünger beschäftigt, worunter mehrere Verwandte waren.

Jesus erzählte seiner Mutter von Zypern und von den gewonnenen Seelen. Sie freute sich still und fragte nicht viel. Sie sagte nachher einzelne Erfahrungen aus der Zeit seiner Abwesenheit und sprach, von mütterlicher Sorge bewegt, von der Gefahr seiner Zukunft.

Jesus wies sie sanft zurück, sie solle die Absicht Gottes ruhig anbeten, Er müsse seine Sendung erfüllen, bis seine Zeit der Aufnahme zu seinem Vater erfolge. Abwechselnd wurden einige der heiligen Frauen zu diesem Gespräch gerufen und saßen neben Maria, wenn Jesus lehrte oder erzählte.

FÜNFTES KAPITEL

Jesus in Kapharnaum und Kana

Vom 18. bis 30. Juni 1823

Jesus im Haus seiner heiligsten Mutter

18. Juni: Es kamen heute den ganzen Tag über sehr viele Jünger und andere Leute aus der Gegend von Bethsaida, Kapharnaum und Julias zu Jesus, um ihn zu begrüßen und mit ihm zu sprechen. Der Hof und Garten am Haus seiner heiligsten Mutter wurde nicht leer. Es sind wohl dreißig Jünger nun beisammen. Ich habe keine Mahlzeit, aber hie und da einen Imbiss gesehen, der den Ankommenden gereicht wurde. Die Frauen waren immer damit beschäftigt, die Speisen anzurichten, welche die Jünger gebracht hatten. Die Samaritin und Maria Markus und die Kleophä sind auch bei den hl. Frauen. Johannes Markus und die Simeonsöhne sind auch da, aber noch kein Apostel.

Unter den Jüngern sind einige von Judäa gekommen und haben angezeigt, dass in Joppe Schiffe mit zweihundert zyprischen Juden angekommen sind. Barnabas, Mnason und sein Bruder sind schon dort, um sie zu empfangen. Johannes ist in Judäa bei des Zacharias Leuten bei Juta oder Hebron. Er betreibt dort die Einrichtungen zur Unterkunft dieser Zyprier.

Die Essener beschäftigen sich auch damit, sie alle zu versorgen. Sie werden sich dort einstweilen in Höhlen niederlassen, bis ihre Verteilung geordnet ist. Für die Juden aus der Gegend von Ornithopolis haben die Syrophönizierin und Lazarus die Ansiedlung südlich bei Ramoth Gilead besorgt. Heute sind Lazarus, Johannes Markus, die Simeonsöhne und noch einer mit mancherlei Aufträgen nach Judäa zurückgereist.

Ich habe bei dem Wiedersehen Jesu mit den Seinen und den hl. Frauen auch von dem Tod ihrer Verwandten bei der Meuterei am Pfingstfest gehört. Zwei Söhne des Heli aus Juta oder Hebron, bei dem Jesus einmal über den Tod des Johannes getröstet hat und welcher der Herbergsvater bei dem letzten Abendmahl war, sind erschlagen worden; sie dienten als Leviten beim Fest und kamen in ihren Geschäftswegen ganz unschuldig und wehrlos in dem Gemetzel um. Jesus sagte, sie seien gut gestorben. Johannes wird wohl auch Trostes halber dort sein. – Die geheilten besessenen Gergesener, welche nachher Jünger geworden sind, sind bei Petrus, wo auch Andreas und Jakobus der Ältere und andere sind.

Die Jünger und Ankömmlinge herbergen teils in des Petrus Haus vor Kapharnaum, das ganz dazu da ist, teils in Bethsaida, teils im Lehrhaus in Kapharnaum. In Marias Haus wohnt nur Jesus, sie hat keine Knechte. Einige Jünger sind in der Nähe.

19. Juni: Die hl. Frauen werden über den Sabbat hier bleiben; sie wohnen teils bei Maria, teils in des Petrus Haus vor dem Tor, teils in anderen Häusern der hiesigen Freunde. Maria hat keinen männlichen Dienstboten, sondern nur ihre Magd und Verwandte im Hause. Das Haus besteht aus großen Räumen, wie gewöhnlich, und hat Kammern von beweglichen Wänden. Es ist ein Hof mit offener Halle davor und ein ziemlich großer Garten mit Lauben, der von einem vertrauten Mann in Ordnung gehalten wird.

Jesus segnet kranke Kinder

Heute morgen ging Jesus mit einigen Jüngern nach dem Hause des Petrus vor Kapharnaum. Er besuchte Petrus Frau, Schwiegermutter und Tochter, und da sie in den Seitengebäuden aus Barmherzigkeit mehrere arme Kranke zur Pflege aufgenommen hatten, ging Jesus zu denselben und heilte einige.

Hierauf ging Er auf dem Marktplatz von Kapharnaum in das Haus eines Teppichhändlers, vor welchem Hause Er am 11. April dieses Jahres den Knaben[20] eines nahe wohnenden Kaufmanns gesegnet und den Jüngern vorgestellt hatte. Diese sehr guten Leute sind gegen Jesu Mutter und Freunde sehr liebevoll und verehren Jesus sehr hoch als einen großen Propheten oder als den Messias.

Sie haben mehrere Kinder, mit welchen Jesus sich unterhielt, sie lehrte und segnete. Einige von ihnen waren krank und wurden auf die Bitten der Eltern von Jesus geheilt. Es sind Jünger aus diesen Kindern geworden, besonders einer, der in Cäsarea war, als Paulus dort gefangengehalten wurde. Dieser hatte die hl. Jungfrau immer so sehr geliebt und geehrt. Ich meine, es schon gesagt zu haben.

Als die Eltern des am 11. April von Jesus gesegneten Knaben, der an derselben Krankheit darniederlag, den Jubel über die Heilung vernahmen, ließen sie Jesus bitten, auch ihrem Söhnlein zu helfen. Jesus ging aber heute noch nicht zu ihnen.

Er ging wieder zurück zum Haus von Petrus am See, wo alle anwesenden Jünger versammelt waren, denn Jakobus der Jüngere und Thaddäus waren von Gessur gekommen und mit ihnen drei der heidnischen Philosophen von Salamis, welche die Beschneidung angenommen hatten. Die vier anderen waren noch nicht zurück.

Es waren dies sehr angenehme, feine Jünglinge. Jesus stellte sie den anderen Jüngern vor, auch Andreas und Simon kamen mit anderen Jüngern zu Schiff an. Der Willkomm war gar rührend.

Jesus lässt sich von den Jüngern ihr Tun und Wirken während seiner Abwesenheit in Zypern erzählen

Nachdem sie sich ein wenig erfrischt hatten, ging Jesus mit allen nach Bethsaida in das Haus des Andreas, wo dessen Frau und Töchter waren, die Er grüßte und mit denen Er sprach. Es war hier eine einfache Mahlzeit.

Die Jünger erzählten, wo sie gewesen und wie es ihnen ergangen war. Hie und da waren sie mit Steinen beworfen, aber nicht getroffen worden. An einigen Orten mussten sie flüchten, waren aber immer wunderbar beschützt worden. Sie hatten aber auch viele gute Leute gefunden, hatten viele geheilt, getauft und gelehrt. Jesus hatte ihnen befohlen, nur zu den verlorenen Schafen Israels zu gehen. Sie hatten also die Juden in den heidnischen Städten aufgesucht und sich mit Heiden nicht eingelassen, außer mit einigen, welche bei Juden Knechte waren.

Nicht weit von Gaser liegt noch eine Stadt mit Türmen, welche so ungefähr wie Gazora heißt, sie liegt nordöstlich von Jabesch Galaad; dahin waren Andreas und seine Jünger gekommen und hatten mehrere jüdische Sklaven losgekauft. Sie hatten alles darum hingegeben, was sie hatten. Sie fragten Jesus, ob sie recht getan. Er sagte, ja.

Gazora ist eine schöne heidnische Stadt, es sind nach der Gefangenschaft in Babylon viele Juden dageblieben. So erzählten sie mancherlei. Jesus aber hörte nicht alle an. Manchen, welche mit einem gewissen selbstgefälligen Eifer gerne erzählt hätten, nahm Er das Wort gleich und sagte etwa: «Es ist mir schon bekannt.» Anderen, welche einfältig und demütig erzählten, hörte Er der Länge nach zu, forderte die ganz Schweigenden auch wohl selbst auf. Wenn dann die Abgewiesenen fragten, warum Er sie nicht anhöre, sagte Er ihnen den Unterschied, mit welchem sie und diese gesprochen hätten.

Jesus unterbrach oft ihre Mitteilungen mit der Erzählung von mehreren Parabeln. Er erzählte zuerst vom Unkraut, das unter den guten Samen gesät worden und wenn es aufgewachsen ist, bei der Ernte verbrannt wird.[21] Er sprach, es werde nicht alles aufgehen, was gesät worden. Er sprach von mehreren, welche von den Jüngern abgefallen waren und ermahnte diese, auf ihre Werke nicht zu sicher zu sein, denn sie würden noch große Versuchungen zu bestehen haben. Hernach in einer anderen Pause erzählte Jesus die Parabel von dem Herrn, welcher auszieht, ein fremdes Königreich in Besitz zu nehmen und seinen zurückgelassenen Knechten eine gewisse Anzahl von Talenten überlässt und hernach Rechenschaft fordert.[22]

Diese Parabel bezog sich hier auch auf seine Reise nach Zypern und die jetzige Rechenschaft der Jünger über ihre Wirksamkeit während derselben. Während der Erzählung wandte Jesus sich oft zu dem einen oder anderen, dessen Gedanken Er erriet, und sagte etwa:

«Warum denkst du so Unnützes?» oder: «Denke nicht dergleichen!» oder: «Du meinst dies jetzt ganz anders, denke so und nicht so!» Er erriet die Gedanken der Zuhörenden und strafte sie gleich. Es dachte aber hie und da einer: «Damit meint Er diesen oder jenen.»

Ich kann gar nicht sagen, wie mir die Zeit darüber vergeht, wenn ich das so ansehe und höre, und dann habe ich oft Mitleid, wenn Jesus einen nicht anhört und denke: Das könnte Er doch wohl hören, oder; sieh, so geschähe dir auch, wenn du immer von deinen Händeln mit ihm sprechen wolltest!

Jesus sprach sehr ernst mit den Jüngern, und sie waren ein wenig traurig darüber. Er kehrte aber am Abend nach dem Haus seiner Mutter zurück, und die Jünger waren mit ihm in dem Garten, wo auch die Frauen verschleiert und abgesondert zuhörten. Da tröstete Er sie wieder und erzählte auch die Parabel vom verschiedenen Lohn der Arbeiter im Weinberge[23] und legte sie ihnen aus.

Jesus stellt die Neubekehrten von Salamis unter den Schutz seiner heiligsten Mutter

Hier stellte Jesus die neuen Jünger und Neubekehrten seiner Mutter vor. Ich sah ihn dies in der letzten Zeit immer tun. Es war ein stillschweigender Vertrag, ein inneres Einverständnis unter ihnen beiden, dass die hl. Jungfrau die Jünger in ihr Herz, ihr Gebet, ihren Segen, und gewissermaßen in sich selbst, als ihre Kinder und seine Brüder aufnehme, dass sie ihre geistliche wie seine leibliche Mutter sei. Sie tat dies mit ernster Innigkeit.

Jesus behandelte sie dabei sehr feierlich. Es war eine Heiligkeit in dieser Handlung, eine Innerlichkeit, die ich nicht auszusprechen vermag. Maria war die Rebe, die Ähre seines Fleisches und Blutes.

20. Juni: Jesus ging heute morgen mit mehreren Jüngern von dem Hause seiner Mutter nordöstlich über die Höhe, wo Er oft so viele Karawanenleute gelehrt und geheilt hatte und wo Gärten liegen und die Straße von Kapharnaum nach Bethsaida und zum Jordan hinführt.

Er ging aber nördlich von Bethsaida in das dort liegende Haus der Aussätzigen, heilte mehrere, lehrte sie und befahl ihnen, sich den Priestern zu stellen. Es liegt auch gleich dabei ein Haus, worin Besessene bewahrt werden. Er ging nicht hinein.

Als Jesus nach Kapharnaum zurückgekehrt war, sah ich ihn wieder in dem Hause von Petrus vor der Stadt, wohin man Kranke aus Kapharnaum und Bethsaida gebracht hatte. Er lehrte und heilte mehrere. Es ist hier eine gute Gelegenheit für Kranke, denn es ist Wasser hier zum Trinken und Baden.

Von des Petrus Familie

Des Petrus und Andreas Vater, Jonas, hatte eine Witwe als zweite Frau, die ihm zwei Stiefsöhne von ihrem ersten Mann zugebracht hatte. Diese werden Brüder des Andreas genannt. Des Petrus Weib war auch eine Witwe. Sie brachte ihm zwei Söhne und eine Tochter zu, welche noch jung ist und Petronilla genannt zu werden pflegt.

Petrus selbst hat keine Kinder. Seiner Frau Mutter, die Jesus einmal geheilt hat und auch der Vater leben noch im Hause vor der Stadt. Des Andreas Stiefbrüder und die Stiefsöhne von Petrus halten den Hausstand in Ordnung. Einer von den Stiefsöhnen von Petrus kam zu den Jüngern. Diese Familie von Petrus ist in den beiden Häusern verteilt, deren eines von seinem Vater, das andere von seiner Frau herkommt.

Nach Tisch bis zum Sabbat sah ich Jesus, die Seinen und alle Jünger mit noch sehr vielen anderen Leuten aus der Stadt, aus Bethsaida und der Umgegend im Lehrhaus. Er lehrte abermals vom Messias, sagte ihnen alle Zeichen desselben und dass Er mitten unter den Juden sein werde und dass sie ihn nicht erkennen würden. Er lehrte sehr streng und eindringlich.

Jesus lehrt in der Synagoge

Als der Sabbat eintrat, ging Jesus mit den Jüngern zur Synagoge. Die Pharisäer standen schon auf dem Lehrplatz. Jesus aber ging gerade hinauf und sie räumten ihm den Platz. Die Lehre war von den Kundschaftern Moses nach Kanaan, dem Murren des Volkes und seiner Strafe, und von den Kundschaftern Josuas nach Jericho und Rahab (Ex 13-16; Jos 2).

Die Pharisäer waren über seine Kühnheit sehr erbittert. Sie sagten auch zu einander, sie wollten ihn jetzt nur reden lassen, aber sie wollten am Abend einen Rat halten, oder wenn der Sabbat aus sei, und dann wollten sie ihm schon den Mund schließen.

Jesus, der ihre Tücke innerlich erkannte, sagte ihnen, dass sie die Kundschafter einer ganz eigenen Art seien, und dass sie nicht hier seien die Wahrheit zu erkunden, sondern sie zu verraten. Er lehrte streng gegen sie, und aus dem Propheten Ezechiel, und kam auf die Zerstörung von Jerusalem und das Gericht über das Volk, das nicht Buße tue und das Reich des Messias nicht erkenne. Er lehrte auch die Parabel wieder von dem König, dessen Sohn in dem Weinberg von den ungetreuen Knechten erschlagen wird. Sie waren sehr erbittert, wagten aber nicht, ihm zu widersprechen.

Die Frauen waren alle in der Synagoge. Es sind Plätze für Fremde da. Maria und die Frauen der Familien aus Kapharnaum haben ihre eigenen Plätze.

Petrus ist noch jenseits des Sees in der Dekapolis. Jakobus der Ältere und Matthäus sind auch drüben. Johannes ist in Judäa, um die Eltern der im Tempel ermordeten Helisöhne zu trösten.

Es ist noch ein anderer Jünger bei ihm, der auch so sanft und lieblich ist, wir kennen ihn gut, ich habe den Namen vergessen.

Judas und Thomas sind in der Gegend von Ptolemais. Bartholomäus ist zwischen Joppe und Cäsarea. Philippus ist mit Barnabas, Mnason und dessen Bruder in Joppe wegen der Ankömmlinge.

Petrus ist unterdessen auch in Betharamphtha-Julias gewesen und hat dort mit der Fürstin Abigail gesprochen, die Jesus im vorigen Jahr besucht hatte.

Diese Frau war sehr gütig gegen ihn. Sie ist immer noch sehr jüdisch gesinnt und verehrt Jesus und seine Lehre. Sie kann aber keinen Schritt tun, denn sie ist von heidnischen Wächtern umgeben. Sie hat mehrere Kinder, sitzt da auf Pension und hat spionierende Hofherren um sich. Sie ist in den Vierzigern und eine gebeugte wohlgesinnte Frau.

Matthäus, der verheiratet ist, hat auch sein Haus in Kapharnaum, nicht weit vom Lehrhaus; seine Zollstätte war nur ein Amtshaus jenseits des Sees. Thaddäus war, meine ich, auch verheiratet; sonst entsinne ich mich keines anderen. Maria Kleophä wohnte bei Kana. Auch der alte Jakob, der Johannes-Jünger, Maria Heli Sohn, ist verheiratet. Die heiligen Frauen arbeiten immerwährend an Decken und Kleidern und Sohlen und Gürteln und bereiten Vorrat, backen Brot, besuchen Arme und Kranke.

Maria ist ungemein still und einfacher und ernster als alle.

Jesus heilt in Kapharnaum kranke Kinder

21. Juni: Jesus sah ich heute morgen das Haus seiner Mutter, von mehreren Leuten in Kapharnaum gebeten, verlassen, um in ihren Familien die kranken Kinder zu heilen. Er ging mit einigen Jüngern wohl in zwanzig Häuser zu Vornehmen und Geringen

und heilte sehr viele Kinder von drei bis acht Jahren, Knaben und Mägdlein.

Es musste eine Art Seuche sein, denn sie hatten meist dieselbe Krankheit. Der Hals und die Wangen waren ihnen geschwollen und auch die Hände; dabei sahen sie ganz gelb aus. Es waren Zustände wie sie manchmal nach anderen Krankheiten, z.B. nach dem Scharlachfieber, folgen.

Jesus tat nicht überall dasselbe. Einigen legte Er die Hand an die kranke Stelle, andere bestrich Er mit Speichel, andere hauchte Er an. Er heilte nicht alle gleich. Viele standen gleich auf. Er segnete sie und gab sie den Eltern mit Ermahnung zurück. Bei anderen befahl Er Gebet und die Art der Pflege. Es geschah dies zum Besten der Kinder und Eltern.

Auf dem Markt ging Jesus in das Haus von Ignatius' Eltern und heilte diesen Knaben. Derselbe ist sehr lieblich und etwa vier Jahre alt. Seine Eltern sind wohlhabend und handeln, glaube ich, mit erzenen Gefäßen, denn ich sah in langen Gängen viele solche Sachen stehen. Die Leute hatten Jesus schon vorgestern gebeten, da Er die Kinder des nahewohnenden Teppichhändlers heilte; Er kam aber erst heute.

Zu dem Markt in Kapharnaum laufen vier Straßen. Der Platz ist erhöht, man geht einige Stufen zu ihm hinauf. Er ist mit Bogengängen umgeben, worin die Waren der Kaufleute ausgestellt sind. Es ist ein Brunnen in der Mitte, und an beiden Enden sind zwei große Gebäude, wie zwei Rathäuser.

Jesus besuchte auf diesen Wegen auch den Jairus, den Serobabel und den römischen Hauptmann.

Die Pharisäer erheben Widerspruch gegen die Heilungen am Sabbat

Am Nachmittag hatte man viele Kranke in des Petrus Haus vor der Stadt gebracht, und Jesus heilte und lehrte sie. Die Pharisäer hatten schon den ganzen Morgen voll Grimm gelauert, und heute nachmittag kamen drei von ihnen in den Hof des Hauses, wo

Jesus die Leute in den anliegenden Hallen heilte. Sie nahten ganz schmeichelnd, drängten sich Jesus zu Gesicht und brachten vor, Er möge dies unterlassen, sich ruhig halten und keine Störung am Sabbat erregen. Sie wollten zu disputieren anfangen, Jesus aber wendete sich von ihnen weg und sagte, Er habe nichts mit ihnen zu tun, an ihnen sei, als an Unheilbaren, nichts zu heilen, und so wendete Er sich zu anderen Kranken, und sie gingen mit großem Grimm von dannen.

Während dessen und am Morgen schon waren die anderen Jünger nördlich von Marias Haus auf die Höhe zu dem Weg gegangen, wo Jesus neulich gelehrt hat. Es waren da wieder viele ziehende Leute in Zelten gelagert. Die Jünger lehrten und heilten da auf Jesu Weise den ganzen Tag. Sie tragen die einzelnen Lehren Jesu, welche sie oft gehört haben, und die ihnen auf den vielen Wegen so mannigfaltig von dem Herrn ausgelegt sind, wieder vor und heilen mit Auflegen der Hände und mit geweihtem Öl.

Jesus schließt den Sabbat in der Synagoge

Am Abend gingen Jesus und alle zum Schluss des Sabbats zur Synagoge, und Jesus lehrte abermals vom Murren des Volkes über die Nachricht der Kundschafter und vom Fluch über das Volk, dass es in der Wüste umkommen und dass nur ihre Kinder das Gelobte Land sehen sollten. Er lehrte aber besonders und sehr streng vom Fluch und Segen, von den falschen Kundschaftern nach dem Reiche Gottes, von denen, die nicht hineinkommen würden, von der Verkennung des Messias, von dem Gericht über das Land und Jerusalem.

Nun traten aber zwei Pharisäer auf den Lehrstuhl und lehrten über eine Stelle der heutigen Lektion, wo Gott dem Mose in der Wüste befiehlt, einen Mann, der am Sabbat Holz sammelte von dem ganzen Volk steinigen zu lassen (Num 15,32-36). Sie wendeten dies gegen das Heilen Jesu am Sabbat an.

Jesus aber fragte sie, ob die Gesundheit der Armen und Notleidenden Holz sei, das man verbrenne? Ob eine tote hölzerne

Heuchelei nicht vielmehr ein Holz sei, und ob das Ärgernis suchen am Heilen der Armen, das Richten über die Splitter im Auge, da man selbst einen Balken im Auge habe, nicht vielmehr ein Holzsammeln sei, um es in den Weg der Wahrheit zu werfen und zum Kochen und Wärmen des Giftes der Zwietracht und Verfolgung zu benützen, als um sich Speise zu bereiten? Sollen wir nicht das, worum wir am Sabbat flehen, auch am Sabbat empfangen und geben, so wir es haben?

Er legte alles im Gesetz auf die weltliche Arbeit aus und sagte, dass diese nur verboten sei, um die geistliche Arbeit verrichten zu können. Wie könne also der Sabbat verbieten, dass der Kranke genese, auf dass er den Sabbat heiligen könne? Auf diese Weise widerlegte sie Jesus und beschämte sie so, dass sie kein Wort mehr vorbringen konnten. Einige wenige Zuhörer bezeigten sich dabei sehr still und gerührt nachdenkend, mehrere steckten die Köpfe zusammen und sagten: «Ja! Er ist es! Er ist der Messias! So kann kein Mensch, kein Prophet lehren!»

Die meisten winkten sich mit den Augen und freuten sich der Niederlage der Pharisäer, die Verstockten aber ärgerten sich mit diesen. Jesus ging danach zum Mahl bei seiner Mutter.

Ich sah heute Jakobus den Älteren, Petrus und Matthäus in Ramoth-Galaad zum Sabbat mit einigen Jüngern versammelt und gleich nachher noch in der Nacht nordwestlich gegen Gergesa gehen, um nach Kapharnaum zu kommen.

Jesus belehrt die Jünger über ihre Arbeiten – Ankunft des heiligen Petrus, Jakobus und Matthäus

22. Juni: Heute morgen ging Jesus auf den Hügel nördlich des Weges zwischen Kapharnaum und Bethsaida, wo Er voriges Jahr die Lehren vom Essen seines Fleisches und Trinken seines Blutes gehalten, woran sich einige Jünger geärgert hatten. Hier waren alle anwesenden Jünger und Apostel versammelt.

Heute nacht sind auch mehrere Jünger gekommen. Es sind jetzt wohl schon fünfzig beisammen. Auch alle die heiligen Frauen und die heiligen Jungfrauen waren zugegen, wie auch andere gutgesinnte Leute und Freunde.

Jesus lehrte die Jünger über ihre Sendung und Arbeit, und wie sie gearbeitet hätten und was für Früchte es tragen würde, und wie sie wirken sollten, und um welchen Lohn, und über ihre Gesinnung, ihren mannigfachen Irrtum und guten Willen, auch über die Verfolgungen der Zukunft.

Er gab allerlei Lehren über die Weise, zu lehren und zu leben, und über die Eifersucht aufeinander, und erzählte hier nun die ganze Parabel von den Arbeitern im Weinberg, wie sie im Evangelium steht. Neulich abends bei Maria hatte Er sie nur einfach und flüchtig erzählt, um sie darüber nachdenken zu lassen; hier aber legte Er sie weitläufig aus.

Die heiligen Frauen waren zugegen, weil auch sie wirken und pflegen, und weil manche von ihnen noch keinen rechten Begriff von der Gesinnung hatten, in welcher alles getan werden muss, was verdienstlich sein und gute Früchte bringen soll.

Jesus lobte und tröstete die Jünger und sprach, dass, wenn sie alle beieinander sein würden, die Er ausgesendet habe, so werde Er sie eine Zeitlang entlassen, die Ihrigen zu besuchen und auszuruhen. Er gab ihnen auch seinen Segen mit ausgestreckter Hand über ihre Häupter insgesamt und füllte sie von Neuem mit Mut und Stärke. Diese Lehre währte den ganzen Morgen.

Am Nachmittag kamen Petrus, Jakobus der Ältere, Matthäus und einige alte Johannes-Jünger an und begrüßten Jesus in Marias Haus. Petrus weinte vor Freude und Eifer, und nachher waren alle in Petrus' Haus bei einem Mahl, und man erzählte und bewillkommnete sich, und Jesus lehrte und erzählte auch von Zypern. Petrus hatte auch die neu angesiedelten Juden von Ornithopolis bei Ramoth-Galaad besucht.

Jesus hat jene Parabel von einem ausfahrenden Fischer und 570 Fischen, und vom Versetzen in gutes Wasser, die Er zu Misael über seine zyprische Reise erzählt hatte, nachher seiner Mutter und den heiligen Frauen und den Jüngern wieder erzählt. Es werden alle Parabeln oft wieder erzählt und nach verschiedenen Seiten ausgelegt, so dass über unsere Evangelien damals schon der Herr lehrte. Von der heutigen Jüngerlehre steht auch manches in den Evangelien; es ist aber dort mit den Aussendungslehren an die Jünger in eines zusammengezogen, wie auch dort die so oft wiederholten Parabeln alle nur einmal stehen.

Die heiligen Frauen hatten Vorräte von allerlei Kleidungsstücken, Sohlen und Gürteln bei sich, welche unter den angekommenen Jüngern verteilt wurden, da die ihrigen auf der Reise sehr abgerissen waren. Jesus lehrte bei der Austeilung über die Bedeutung dieser Kleidungsstücke. So sagte Er z.B. bei den Gürteln: umgürtet eure Lenden, und haltet brennende Lichter in den Händen!

Jesus setzt seine Unterweisung an die Apostel und Jünger auf dem See fahrend fort

23. Juni: Heute morgen ging Jesus mit den anwesenden Aposteln und Jüngern zu Schiff. Sie bestiegen das große Schiff von Petrus und das kleinere von Jesus und fuhren getrennt ab, hängten sich aber vom Ufer entfernt aneinander an; dann wurde nicht gerudert, nur dann und wann gesteuert, und man ließ das Schiff sanft treiben. Die Jünger waren alle auf dem großen Schiff, Petrus und ein paar Apostel auf dem kleinen Schiff Jesu, der auf der Ruderbühne am Mast hoch saß und anhörte oder lehrte.

Jesus war aber mit den Jüngern hinausgefahren, um ganz ungehindert vom Zudrang der Menschen sich ihre Erfahrungen erzählen zu lassen und sie darüber zu belehren. Es betraf dies besonders die zuletzt Gekommenen. Sie hatten viel gelehrt, getauft und geheilt, mit Handauflegung und heiligem Öl, und einige waren nicht genesen. Sie hatten manche Verfolgung erlitten, waren mit Steinen beworfen und weggewiesen worden. In Disput mit den Pharisäern hatten sie sich nie eingelassen und sich immer zurückgezogen. Das Gute, welches sie genossen und gewirkt hatten, überwog doch das Böse, das sie erlitten, bei Weitem.

Petrus war erstaunlich eifrig zu erzählen, und sprach mit einer gewissen Freude aus, dass sie so viel Gutes erfahren und gewirkt hätten. Da wandte sich Jesus zu ihm und sagte:

«Schweige, du Ruhmsüchtiger! Ich will es nicht hören!», und der alte, feurige Mann, den Er doch so innig liebte, wurde ganz stille, und sah, wie schon oft mit Reue ein, dass er zu eifrig sei. Judas ist auch ruhmsüchtig, aber ohne Offenheit; er lauert und schweigt und nimmt sich mehr in Acht, nicht beschämt zu werden, als nicht zu sündigen.

Es war ein schöner Tag und das Meer war sonnig; sie hatten die Segel zum Schatten über sich gespannt und aßen ihre Mahlzeit auf dem Schiff auf kleinen Brettchen. Dieses Erzählen währte bis gegen Abend, da sie zurückfuhren.

Jesus hielt an einer Höhe, etwa eine halbe Stunde von Petrus' Schiffstelle, noch eine Lehre an sie, wie sie sich in allen zweifelhaften Lagen zu verhalten hätten. Sie hatten ihm erzählt, wie sie seine Lehren und Parabeln wiederholt hätten, und wie sie es sagen und nicht sagen könnten und wiederholten ganze einzelne Teile und fragten, ob es so recht sei. Jesus belehrte sie über alles und sagte ihnen auch, wenn Er zu seinem Vater gegangen sei, wolle Er ihnen den Heiligen Geist senden, dann sollten sie immer recht zu lehren wissen.

Zu dieser Lehre waren noch Judas und Philippus, auch Barnabas, Mnason und Mnasons Bruder gekommen. Sie kamen von Joppe her und brachten Nachricht von den gelandeten Zypriern. Es kamen auch noch andere Jünger und ich meine, dass wohl an sechzig von den ausgesandten bereits beisammen sind, außer mehreren Boten und Helfern.

Viele kamen sehr zerrissen und abgetragen wieder. Sie wurden erquickt und gelabt und alle ihre Kleider wurden erneuert. Die heiligen Frauen sind deswegen mit hier versammelt, um alles für die Zurückkommenden zu erneuern und zu besorgen, und nach ihren Berichten wird auch für andere Arme hie und da etwas bereitet und Sorge getragen.

Es waren heute fünf Pharisäer und einige andere Männer Jesus auf dem See nachgefahren. Sie hatten gemeint, Er fahre hinüber oder sonst irgendwohin, und werde das Volk lehren, da wollten sie auf ihn lauern, aber sie hatten sich geirrt und mussten enttäuscht wieder abziehen.

Der Eindruck, den das Wirken Jesu auf die Pharisäer und Jünger hervorbringt

Wenn ich das ganze Leben und Wandeln Jesu und der Seinigen betrachte, so kommt mir oft die deutliche Gewissheit, dass, käme Er zu uns, es ihm noch viel hinderlicher gehen würde.

Wie frei kann Er und die Seinen gehen, lehren und heilen! Außer den ganz verhärteten, aufgeblasenen Pharisäern geschieht ihm kein Hindernis, und diese selbst wissen nicht, woran sie bei ihm sind. Sie wissen wohl, dass die Zeit der Verheißung da ist, dass die Propheten sich erfüllen; sie sehen etwas Unwiderstehliches, Heiliges, Wundervolles an ihm. Wie oft sehe ich sie sitzen und die Propheten und alte Auslegungen aufschlagen, und niemals wollen sie sich beugen, denn sie erwarten ihn ganz anders und meinen, Er müsse ihr Freund und Genosse sein, und doch wagen sie sich noch nicht an Jesus heran.

Viele Jünger meinen auch, Er müsse noch eine geheime Macht, einen Zusammenhang mit einem Volk oder König haben, und Er werde einst in Jerusalem den Thron besteigen, als ein heiliger König eines frommen Volkes, und sie würden dann in seinem Reich gute Plätze haben und auch fromm und weise sein.

Jesus lässt sie noch eine Zeit bei diesem Glauben. Andere nehmen die Sache mehr aufs Himmlische, doch nicht ganz bis zur Erniedrigung des Kreuzestodes. Wenige handeln allein aus kindlicher, heiliger Liebe und Begeisterung.

Jesus geht durch den Landstrich Gennesaret nach Kana

24. Juni: Die heiligen Frauen und Maria sind heute morgen alle nach Kana gegangen. Maria Kleophä wohnt dort, sie hat noch jüngere Kinder. Es blieben Marias Magd und eine Dienerin des Andreas im Hause zurück. Jesus ging nachmittags mit den neun Aposteln, mit Nathanael dem Bräutigam und einigen anderen Angehörigen auch dorthin. Der Weg nach Kana ist sehr angenehm, meist mit Alleen und Spazierwegen. Man kann ein Stück durch

das Land Gennesaret gehen, welches hinter dem großen Felsen südlich bei Kapharnaum anfängt, den Serobabel hat ebnen und mit Gärten und Weinbergen bepflanzen lassen. Jene angenehme Wildnis, von der ich neulich bei dem Dorf Serobabels sprach, ist der Anfang. Es zieht sich durch die Schlucht von Magdalum, welches selbst dazu gehört, hinter Tiberias herum bald dem See näher, bald etwas getrennt an Gabara vorbei bis nach Tarichäa zu. Das Badeseechen und alle schönen Gegenden dort gehören dazu, wenn man es im Ganzen ansieht.

Es ist eine ganz reizende Wildnis voller Lustschlösser und Gärten mit Bächen und Wasserfällen, schönen Wegen, Lauben, Gebüschen voll von angenehmen Tieren und Vögeln.

Getreide ist nicht da, aber die herrlichsten Früchte und Blumen, ganze Blumenbüsche wie Pyramiden. Es ist überall vom See oder Felsen, Gebäuden und Zäunen geschlossen, und keine öffentliche Straße, nur Fußpfade führen hindurch.

Jesus ging mit seinen Begleitern durch einen Teil dieser Gegend bis gegen das Tal des Badesees oder des Brunnen Kapharnaum, wie er heißt; da durchschnitten sie südwestlich das Tal und kamen nach Kana, welches zwischen zwei Höhen in dieses Tal selbst hereinliegt. Es hat die Aussicht auf Cydessa, Magdalum und die Gebirge über dem See. Es ist ein sehr schöner Ort, freundlich, reinlich und wohlhabend, es geht eine Handelsstraße durch.

Die heiligen Frauen und Israel, der Braut-Vater, und andere Verwandte kamen ihnen schon eine Strecke entgegen. Es war Abend; nach Fußwaschung und Willkomm gingen sie bald zum Mahl, das schon bereitet war. Die Mutter der Braut ist seit ihrer Heirat gestorben. Ich meine Philippus hat eine Tante hier. Es waren viele Verwandte und Freunde Jesu hier, allerlei Leute von hier, Sephoris und aus dem Tale Zabulon.

Jesus lehrt auf einem Hügel – Bekümmernisse seiner Verwandten

25. Juni: Es waren hier viele Verwandte und Freunde Jesu zusammengekommen, welche ihn besuchten und in ihn drangen, wie schon früher geschehen, Er möge sich doch zurückziehen, weil ihm gewiss Gefahr bevorstehe.

Die Spannung nehme zu, und die Pharisäer würden immer erbitterter gegen ihn. Jesus antwortete ihnen wie gewöhnlich, und lud sie ein, seine Lehre am Lehrhügel in Kana anzuhören. Er besuchte noch mehrere gute Leute und Freunde in der Stadt und heilte einige Kranke; auch die Kinder segnete er, welche ihm auf den Straßen scharenweise von Eltern und Lehrern zugeführt wurden.

Es war aber mitten in Kana ein Hügel, und der Vater der Braut hatte ihn mit einem Weingarten umgeben; auf demselben war ein schöner Lehrstuhl und Jesus lehrte hier vor allen seinen Verwandten, den Frauen und Jüngern, und vielen vertrauten Leuten von Kana, wo Er überhaupt wenige Feinde hatte.

Er sprach von seiner Sendung und deren Erfüllung, wie Er nicht um die Bequemlichkeit und Lust des Lebens gekommen sei, und wie es töricht sei, anderes von ihm zu verlangen, als den Willen seines Vaters. Er sprach deutlicher als je, dass derjenige da sei, der lange erwartet worden ist; Er werde aber nur von Wenigen erkannt werden, und werde, wenn seine Arbeit getan sei, zum Vater zurückkehren.

Er sprach drohend und bittend eine sehr ernste Mahnung aus, das Heil und die Zeit der Gnade nicht zurückzustoßen. Er wies abermals auf die Erfüllung der Propheten hin, und seine Lehre war so wunderbar und eindringend, dass die Leute zueinander sagten: «Er ist mehr als ein Prophet! So hat nie einer in Israel gesprochen!»

Ankunft des hl. Johannes, Bartholomäus und Thaddäus – Die cyprischen Ansiedler

Nachher ging Jesus mit den Aposteln und einigen Jüngern etwa anderthalb oder zwei Stunden südwestlich längs dem Tabor hin, wo ihm die zurückkehrenden Apostel Thomas, Johannes, Bartholomäus und Verwandte von Zacharias, auch ein Neffe des Joseph von Arimathäa und noch einige Jünger entgegen kamen.

Es waren fünf arme Bergleute aus der Gegend von Chytrus in Zypern bei ihnen, die sie mitgebracht hatten, um die heiligen Frauen morgen als Boten zurückzubegleiten. Auch wollten die armen Leute anmelden, was ihnen alles fehle, und die Milde der Gemeinde ansprechen.

Sie hatten Aufträge und Nachrichten von den anderen. Die Bewillkommnung war sehr rührend, besonders von Johannes. Bartholomäus war in den letzten Tagen in Peräa gewesen. Thomas kam von Joppe, Johannes von Hebron.

Die Zyprier lassen sich südlich von Gaza, westlich von Hebron, nicht weit vom Brunnen Simsons im Lande nieder, wo noch nicht angebaut ist. Sie wohnen zuerst noch in Höhlen. Jetzt sind es schon zweihundert Cyprier, die dahin ziehen, und dreihundert kommen noch nach. Zur Zeit der ersten Gemeinde unter den Diakonen sah ich viele Leute hinziehen und nach und nach wurde ein Ort daraus, ich meine, es müssen wenigstens noch Ruinen davon stehen.

Es wurde später daraus die Stadt Eleutheropolis, welche schon früh Bischöfe hatte, deren Gründer man nicht mehr kennt.

Jesus kehrte mit den Jüngern nach Kana zurück, wo auch alle Jünger ankamen, die zu Kapharnaum zurückgeblieben waren, so dass nun alle Apostel und die siebzig ausgesandten Jünger und mehrere andere, viele Verwandte Jesu, und die heiligen Frauen hier beisammen waren. Es war eine große Mahlzeit im Hause und Hofe Israels des Vaters der Braut von Kana angerichtet. Auch die Armen des Ortes und welche sonst herzukamen, wurden gespeist und beschenkt. Jesus und mehrere Apostel dienten den Armen.

Am Schluss, nachdem Jesus bei Tisch gelehrt hatte, erzählte Er auch noch die Parabel von den klugen und törichten Jungfrauen, legte sie ihnen aus und sprach viel von der Nähe der Zeit des

Bräutigams. Es war dieses eine Art Erinnerungsfest der Hochzeit von Kana, weil wie damals alle Jünger, Apostel und Freunde beisammen waren.

Das Festhaus war mit Blumen bekränzt, man trank aus jenen Wasserkrügen des ersten Wunders, Kinder machten Musik und brachten Blumenkronen und Pyramiden heran getragen, und Bartholomäus, Nathanael Chased und einige Jünger hatten schöne Sprüche auf geistliche Vermählung gemacht.

Jesus geht mit allen Aposteln und Jüngern über Gabara nach Kapharnaum zurück und lässt sich über ihr Tun und Wirken berichten (Lk 10,17-24; Mt 11,25-27)

26. Juni: Heute morgen kehrte die heilige Jungfrau mit einigen Begleiterinnen nach Kapharnaum zurück. Die anderen heiligen Frauen reisten gegen Naim und weiter nach Jerusalem. Ihre Mägde und die cyprischen Männer, die gestern gekommen waren, begleiteten sie. Die Verwandten Jesu kehrten nach Hause zurück.

Jesus aber wandelte heute morgen mit den Aposteln und allen Jüngern, die ausgesandt gewesen waren, von Kana aus und nahm seinen Weg zum Lehrberg über Gabara, wo Magdalena ihn zum erstenmal gesalbt hatte. Sie wandelten in Haufen langsam, oft um Jesus her stillstehend und sprechend. Jesus war sehr liebevoll und redete sie oft an mit den Worten: «Meine lieben Kinder!»

Er befahl ihnen, alles zu erzählen, was sie erlebt hatten, und wie es ihnen ergangen war. Er sagte so süß: «Liebe Kinder, nun wird es sich zeigen, wer mich geliebt und in mir meinen himmlischen Vater, und um meinetwillen das Wort des Heiles verbreitet und geheilt hat und nicht um seinetwillen und eitlen Ruhmes wegen und noch vieles dergleichen.

Da erzählte bald dieser, bald jener Apostel, und nach jedem die Jünger, die zu ihm gehörten. Es geschah dieses hauptsächlich auf einem Hügel, der etwa zwei Stunden vom Lehrberge und zwei von Kana entfernt liegt. Man pflegt ihn zu besteigen, weil man da mehr Aussicht hat, die sonst hier etwas beschränkt ist.

Petrus erzählte gerade sehr eifrig, was es für verschieden Arten von Besessenen gegeben und wie er sie behandelt habe, und wie sie in Jesu Namen alle vor ihm gewichen seien. Er war ganz ruhmredig, und hatte in seiner Begeisterung den vorgestrigen Verweis auf dem Schiff schon wieder vergessen.

Er war gleich so feurig und eifrig. Er erzählte auch: ja, im Gergesener Land seien ein paar Besessene gewesen, die hätten mehrere nicht heilen können, und nannte dabei die Jünger, worunter die zwei ehemals selbst besessenen Gergesener Jünger waren; er aber habe aus ihnen die Teufel gleich ausgetrieben, und sie seien ihm unterworfen gewesen.

Da winkte ihm Jesus zu schweigen, schaute empor, und alle schwiegen; Er aber sagte: «Ich sah den Satan wie einen Blitz vom Himmel fallen.»

Als Er das sagte, und hinausschaute, sah ich wie einen sich windenden trübfeurigen Strahl durch die Luft zucken. Und Jesus verwies dem Petrus seinen Eifer, und allen, die auch prahlhaft sprachen oder dächten: sie sollten handeln und wirken in seinem Namen und aus ihm, und in Demut aus dem Glauben, und nicht denken, einer könne mehr, als der andere.

Er sagte auch: «Sehet, ich habe euch die Macht gegeben, auf Skorpionen und Schlangen zu treten und über alle Gewalt des Feindes, und nichts wird euch schaden.

Aber sucht keine Freude darin, dass euch die Geister gehorchen, freut euch, dass eure Namen im Himmel geschrieben stehen, und noch mehreres sagte Er immer gar freundlich und liebend mit der Anrede «liebe Kindlein», und hörte noch viele an. Auch Thomas und Nathanael erhielten einen Verweis wegen einer Nachlässigkeit, aber alles mit großer Liebe und Innigkeit.

Als Jesus auf dem Hügel stand, war Er ganz ernst und freudig und selig und hob die Hände empor. Ich sah aber Licht um ihn wie eine helle Wolke, die über ihn kam. Da war Er ganz entzückt und betete freudig: «Ich bekenne dich Vater, Herr des Himmels und der Erde, dass du solches den Weisen und Verständigen verborgen und es den Kleinen geoffenbart hast! Ja, Vater! weil es dir so gefallen hat. Alles ist mir von meinem Vater übergeben, und niemand weiß, wer der Sohn ist, als nur der Vater, und niemand weiß, wer der Vater ist, als nur der Sohn allein, und wem der Sohn es offenbaren will!»

Und Jesus sagte auch den Jüngern: «Selig die Augen, welche sehen, was ihr seht; denn ich sage euch, viele Propheten und Könige wünschten zu sehen, was ihr seht, und sahen es nicht, und zu hören, was ihr hört und hörten es nicht!»

Unter vielen Erzählungen und Zurechtweisungen kamen sie an den Berg über Gabara, wo sie unten eine kleine Mahlzeit einnahmen von Fischen, Broten, Honig und Früchten, welches alles von Kana hierher gebracht worden war. Hernach ging Jesus mit ihnen auf den Berg und lehrte sie ausführlich über alles, was sie ihm erzählt hatten. Er unterrichtete sie in allem, was sie nicht wussten und worin sie schwankten und gefehlt hatten. Er unterwies sie auch über die verschiedenen Besessenen und wie sie Teufel austreiben müssten. Er sprach, was ihnen noch alles bevorstehe, von seiner Sendung, und seiner nahen Vollendung.

Er sagte ihnen auch, dass Er sie nächstens auf eine Zeit wolle nach Hause gehen und ruhen lassen, wie sie aber auch dann wirken und lehren und das Reich verbreiten sollen. Er dankte ihnen auch für ihren Fleiß und Gehorsam, und zog mit ihnen nach Kapharnaum, wo sie erst in der Nacht ankamen. Sie werden den Sabbat noch zusammen halten und ich meine, Jesus wird nachher noch eine große Lehre auf dem Berge der acht Seligkeiten halten. Es waren noch viele andere Zuhörer hier oben auf dem Berg.

Jesus hält den Sabbat in der Synagoge vor Kapharnaum

27. Juni: Jesus war am Morgen im Hause seiner Mutter, und entließ eine Anzahl von Jüngern, welche sich auf den Weg machten, um noch vor Sabbat nach Hause oder doch in dessen Nähe zu kommen. Die Meisten aber blieben. Er wird auch nächstens eine große Bergpredigt halten und die Lehre von den acht Seligkeiten schließen. Ich meine etwa am Donnerstag. Jesus bestimmt die Zeit mit einem anderen Ausdruck, in meine mit einem Stundenmaß, aber ich merke, es müsse etwa um den Donnerstag sein.

Es waren am Morgen die Frauen und Verwandten von Petrus, Andreas und Matthäus, die Eltern des Johannes und Jakobus und andere Frauen und Freunde bei Maria. Jesus sprach mit ihnen, lehrte und tröstete sie. Ich habe das Genauere vergessen. Er aß mit seiner Mutter und war am Nachmittag mit den Aposteln und zurückgebliebenen Jüngern im Lehrhaus in Kapharnaum, wo Er sie unterrichtete und vorbereitete bis zum Sabbat.

Jesus ging mit allen den Seinen zum Sabbat in die Synagoge, und lehrte über Kore und Abiron, und wie Samuel sein Richteramt niederlegte (Num 16-19, 1 Sam 11,14-12,23). Er legte die Lektion sehr ernst und streng aus, und erbitterte die Pharisäer, die auf ihn lauerten, um so mehr, da sie sich überall getroffen fühlten. Sie konnten aber nichts Falsches in der Lehre auf ihn herausbringen und hatten allerlei Lappereien aus dem Wandel seiner Jünger zusammenspioniert, die sie ihm vorwarfen.

Sie sagten, dass seine Jünger nicht ordentlich die Fasten hielten, und auch selbst am Sabbat Ähren abstreiften, und Früchte auf dem Wege aufläsen und äßen, dass sie grob und unrein seien mit ihrer Kleidung, dass sie hier oder dort in die Synagoge mit von der Reise beschmutzten Kleidern gekommen und nicht gehörig abgeschürzt gewesen seien, dass sie sich da und dort beim Essen nicht gewaschen hätten und allerlei solches Zeug.

Da wurde Jesus ganz lebhaft, und hielt eine scharfe Straflehre gegen die Pharisäer und schilderte all ihr Tun und Treiben. Er nannte sie Natterngezücht, wie schon früher, die anderen Bürden auflegen und selbst nicht tragen. Er sprach von ihrem Herumspazieren am Sabbat, von ihrer Schinderei der Armen, ihrem Unfug mit Zehnten, ihrer Gleißnerei, führte auch an, dass sie den Splitter vor dem Auge eines anderen tadelten und den Balken vor ihrem eigenen Auge nicht, und dass Er aber lehren und wandeln und heilen werde, bis die Zeit seiner Aufnahme komme usw.

Während dieser großen und harten Strafpredigt rief plötzlich ein junger Mann unter den Pharisäern ganz laut aus, indem er die Hände emporhob, und heran trat: «Wahrhaftig, dieser ist der Sohn Gottes! Der Heilige in Israel! Er ist mehr als ein Prophet!» und ergoss sich in ein begeistertes Lob Jesu. Es war eine große Bewegung in der Synagoge. Zwei alte giftige Pharisäer fassten ihn jedoch bei den Armen und schleppten ihn zur Synagoge hinaus, während er noch immer Jesu Lob verkündete. Jesus aber redete weiter, und der Mann sagte sich draußen laut und heftig vor allem Volk von den Pharisäern los.

Da nun der Sabbat geschlossen war und Jesus mit den Seinen von dannen ging, warf sich vor der Synagoge der Mann zu seinen Füßen und flehte ihn an, unter seine Jünger aufgenommen zu werden. Jesus sagte ihm, ja, wenn er Vater und Mutter verlassen, all das Seine den Armen geben, sein Kreuz auf sich nehmen und ihm nachfolgen wolle, und sagte noch einiges Ernste und Schwere von dem, was die Nachfolge erfordere, befahl ihn auch einigen Jüngern an, worunter Mnason war, die ihn mit sich nahmen. Jesus ging zu seiner Mutter.

Einiges von Eleutheropolis

So hieß später die Stadt, welche aus der Niederlassung der Cyprier in Judäa entstanden ist. Ich habe vieles ganz deutlich von ihr gesehen, und weiß noch folgendes. Sie liegt mehrere Stunden von Jerusalem und etwa eine Stunde von der Philisterstadt Gaza. Simson hatte dort einmal sehr viele Philister totgeschlagen, und der Brunnen des Kinnbackens ist nicht weit davon, jedoch mehr gegen das Meer zu.

Sie hatten später zu Eleutheropolis einen Brunnen, den sie dafür hielten, er war jedoch die Quelle nicht selbst, wohl aber von ihrem Wasser. Es sind dort viele Höhlen, wo die Leute sich jetzt ansiedeln. Es ist später eine ansehnliche Niederlassung daraus geworden; allein die Juden haben dieselbe nach Christi Tod mehrmals zerstört. Einmal geschah es in der Verfolgung des Stephanus, da Merkuria auch umgekommen ist.

Es ist damals auch die Ansiedlung zwischen Ophel und Bethanien zerstört worden. Die Leute zogen von hier öfters nach Jerusalem, um im Abendmahlshaus oder in der Kirche am Teiche Bethesda ihre Opfer und Beisteuer zu bringen, und da wurde das Abendmahlshaus und der Ort bei Ophel zerstört, und es zogen dann viele andere Bekehrte nach Eleutheropolis. Nach jeder Zerstörung haben sich die Einwohner immer wieder versammelt und vermehrt.

Joses Barsabas, der Sohn der Maria Kleophä mit ihrem zweiten Mann Sabas, wurde zu Antiochien zum ersten Bischof von Eleutheropolis geweiht. Er hatte eine sehr zerstreute Gemeinde und wurde in einer Verfolgung dort an einem Baum gekreuzigt.

Später sah ich die Hohlwege und Höhlen alle mit der Stadt überbaut, so dass sie unterirdische Behälter hatten, und sah in einer Verfolgung oben alles verwüsten und viele des Volkes mit ihrem Bischof in der Erde versteckt und sich nachher wieder herausarbeiten; dann aber wurde Ruhe, und der Ort kam ganz in Flor und wurde eine schöne Stadt. Ich habe alles genau und deutlich gesehen, aber wieder vergessen.

Jesus geht nach Bethsaida und lehrt vor den Aussätzigen

28. Juni: Jesus ist mit den Aposteln und einigen Jüngern am Morgen nach Bethsaida in das nördlicher liegende Haus der Aussätzigen gegangen, und hat dort nicht geheilt, sondern nur gelehrt. Es waren auch besonders die Schifferknechte und Arbeiter aus der dortigen Gegend unter den Zuhörern. Jesus stand im Vorhof des Krankenhauses, die unreinen Kranken waren durch einen Graben getrennt, und die Apostel und Jünger und andere Zuhörer standen hinter Jesus außerhalb auf der Linie, bis zu welcher man sich nahen durfte, um nicht unrein zu werden. Er lehrte hier die Sabbatslehre von dem Gericht über Kore und Abiron und über Samuels Entsagung vom Richteramt, und dann gab Er noch allgemeine Lehren von Buße, Bekehrung, Barmherzigkeit, Glauben und der Nähe des Reiches und legte Parabeln aus.

Jesus lehrt seine Apostel in der Synagoge von Kapharnaum und schließt den Sabbat mit einer Strafpredigt an die Pharisäer (Mk 13,34-37; Lk 12,35-59)

Nachmittags sah ich Jesus mit den Aposteln und Jüngern nach Kapharnaum in die Synagoge gehen, und da sich mehrere Kranke vor dieselbe hatten tragen lassen, um seine Ankunft zu erwarten, wies Er diese zurück und sagte, dass sie ihn morgen im Hause von Petrus vor der Stadt erwarten sollten. Es war aber noch nicht die Zeit des Sabbatschlusses und Jesus ging mit seinen Jüngern nur in die Synagoge, damit jedermann hören konnte, was Er die Seinen lehre, um zu zeigen, dass Er sich nicht scheue und nicht in Winkeln zu lehren brauche. Er lehrte allerlei, was Er sie einsam schon gelehrt hatte. Ich erinnere mich noch, dass in dieser Lehre vor den Pharisäern und falschen Propheten gewarnt wurde, und dass Er ihnen Wachsamkeit empfahl und die Parabel vom guten wachsamen und vom faulen Knecht erzählte und auslegte.

Petrus fragte ihn auch in der Rede, ob Er dies bloß für die Jünger oder für alle spreche. Da sprach Jesus so mit Petrus, als ob Petrus der Haushälter, der Aufseher über die Knechte sei und sprach mehreres zum Lobe eines guten Haushälters; aber dann sprach Er auch sehr streng über den Haushälter, so er nicht seine Pflicht tue. Es steht davon im Evangelium, aber bei weitem nicht alles, sondern nur den Ausgang. Es war in dieser Lehre das meiste aus Lukas (Lk 12,35-59).

Jesus lehrte, bis die Pharisäer kamen, um den Sabbat zu schließen; und da Er ihnen Platz machen wollte, waren sie ganz höflich und sagten: «Rabbi, lege die Lektion aus!» und führten ihn wieder zum Lehrstuhl und legten ihm die Schriftrollen vor.

Jesus lehrte unter anderm sehr schön und wunderbar von Samuel, als er sein Richteramt vor dem Volk und dem neuen König Saul niederlegte, und legte die Rede Samuels auf eine Art aus, welche den Pharisäern neu und ärgerlich war, denn Er legte die Abdankungsworte Samuels als die Worte Gottes des Vaters, und seines Sohnes, des Gesandten, aus, so dass man wohl merken konnte, dass Er auf sich deute bei den Worten[24]: «Ich bin alt und grau geworden.» Und bei seiner Erklärung, die ich vergessen habe, hatte ich auch eine innere Erklärung, warum Gott der Vater als ein alter greiser Mann abgebildet wird.

Das sind dann so Nebengedanken von mir. Es heißt auch so viel wie: «Ihr habt mich lange, ihr seid meiner müde, ihr erneuert euch immer, und ich bin ewig da.» Dass Samuels Söhne nicht recht gut waren, legte Er aus auf den unrechten Wandel der Lehrer und Pharisäer. Und nun richtete Er alle die Fragen Samuels an die Israeliten: «Habe ich dieses oder jenes Unrecht getan an euch?» als die Fragen Gottes und seines Gesandten, und als die Fragen des Messias an das Volk, und es traf nun seine Lehre immer bestimmter auf jene Pharisäer und Lehrer, welche es nicht wagen durften, solche Fragen an das Volk zu tun wie etwa: «Habe ich euch bedrückt? Habe ich euer Vieh genommen? Geschenke von euch erpresst?», was die Pharisäer sehr hart traf.

Dass die Israeliten nach einem König schrien, der sie wie die Heiden regieren sollte, und den Richter abwiesen, das deutete Jesus auf ihre verkehrte Erwartung eines weltlichen Reiches, eines prächtigen, weltlichen Königs und Messias', bei dem sie in weltlicher Pracht und Freude leben könnten und der all ihre Sünden und Greuel nicht mit Mühe, Leiden, Buße und Genugtuung hinweg nehme, sondern sie samt ihrem Schmutz und Greuel in seinen prächtigen Königsmantel einhülle und für ihre Sünden belohne. Dass ferner Samuel nicht aufhörte, für das Volk zu beten, und dass er Donner und Regen auf sein Gebet hin auf sie kommen ließ, legte Jesus aus als Gottes Erbarmen mit den Besseren, und dass dessen Gesandter, den sie nicht aufnehmen, sondern verstoßen würden, auch seinen Vater bis ans Ende für sie anflehen werde.

Den erbeteten Regen und Donner legte Jesus aus als die Zeichen und Wunder, welche den Gesandten Gottes begleiten würden, auf dass die Besseren sich bekehren und erwachen möchten.

Dass ihr König und sie Gnade vor Gott finden würden, wenn sie vor Gott wandelten, der sie nicht verstoßen werde, legte Er aus, dass die Gerechten Gerechtigkeit erfahren würden und Gnade zur Erkenntnis, den Ungerechten aber werde Saul ein schweres Gericht werden. Dann kam Jesus auf David und dessen Salbung zum Gegenkönig und auf die Scheidung der Guten von den Bösen und auf den Untergang Sauls und der Seinen zu sprechen.

Die Pharisäer erhoben in der Synagoge keinen Widerspruch, weil sie dann immer vor dem Volk beschämt und widerlegt wurden. Sie hatten es sich aber auf nachher vorbehalten, da Jesus mit den Aposteln und einem Teil der Jünger zu einem Mahl von ihnen eingeladen war.

Es war im Haus der Synagogen-Lehrer nahe bei der Synagoge. Das Mahl war in einer offenen Halle des Hauses, woran Gärten und Lauben angeschlossen waren. Es waren wohl an die zwanzig Pharisäer da. Vor dem Essen brachte ein höhnischer alter Schelm ein großes Waschbecken recht sichtbar zu Jesus, und fragte ihn, ob Er sich nicht waschen wolle, und sprach Jesus und den anderen zu Gehör von dem alten heiligen Gebrauch und Gebot der Israeliten. Jesus aber wies ihn von sich und sagte, Er kenne seine Schalkheit wohl und wolle kein Wasser von ihm, und Er hielt eine Strafrede gegen ihre Gleißnerei und ihren Trug.

Als sie aber zu Tische waren, begannen sie mit Jesus über seine heutige Lehre von Samuels Entsagung zu disputieren. Sie sagten, dort sei keine Zeit zum Antworten gewesen, und hoben nun einen großen Streit darüber an. Jesus aber überführte und beschämte sie dermaßen, dass sie ganz ergrimmten.

Viele von ihnen waren jedoch dadurch so erschüttert und auch gerührt, dass während des Gespräches, welches sie, stehend und hin und her wandelnd, führten, mehr als zwölf von ihnen hinweg gingen und sich so die Zahl der Feinde Jesu unter ihnen bis auf sieben der Verstocktesten gemindert hatte.

Als Jesus in der Halle wandelte, trat einer der Jünglinge von Nazaret ihm entgegen, welche ihn so oft vergeblich um Aufnahme gequält hatten, und fragte ihn: «Herr! Was soll ich tun, um das ewige Leben zu erlangen?»

Da kam die ganze Szene aus dem Evangelium in Lk 10,25-37 und die Erzählung vom barmherzigen Samariter vor. Die noch anwesenden Pharisäer machten Jesus nun Vorwürfe, warum Er solche Menschen nicht unter seine Jünger aufnehme, weil sie etwas gelernt haben und sich das Maul nicht verbieten lassen, wie die Seinen. Sie beschuldigten auch seine Jünger wieder der Unordnung, Unreinlichkeit, des Ährenabstreifens am Sabbat, Obstauflesens am Wege und Essens zu ungewohnter Zeit, der Grobheit und vieler solcher Dinge. Besonders beschuldigten sie Petrus, der ein Zänker und Streiter sei wie sein Vater. Jesus verteidigte die Jünger. Er sagte auch, sie müssten froh sein, so lange der Bräutigam da sei; und da Er die Pharisäer noch sehr hart mit Worten bedrängte und sie ganz ergrimmten, ging er, von den Seinen umgeben, weg.

Er entfernte sich gegen des Jairus Haus durch den Gartengraben bei der Synagoge und kam über den Landweg gegen Bethsaida zu und betete einsam bis nach Mitternacht, da Er zu seiner Mutter ging; denn die Pharisäer hatten früher Gesindel gedungen, welches heran drängte und Steine hinter den Jüngern herwarf. Gott aber beschützte sie. – Sie wussten nicht, wo Jesus hingegangen war.

Jesus lehrt die Jünger vom Gebet und vom Vaterunser (Lk 11,1-13)

29. Juni: Ich sah, dass Jesus am Morgen ganz früh von Marias Haus den Weg von Kapharnaum nach Bethsaida durchschneidend nördlich in die dortige Wildnis ging, und zwar mit einigen, meist der noch nicht so unterrichteten Jüngern. Sie gingen gegen jenen Lehrberg zu, auf welchem Jesus am 15. Dezember vorigen Jahres die Apostel ausgesendet hat.

Es ist etwa drei Stunden von Kapharnaum bis dort; auf dem Weg dahin sind Hügel und Wildnisse und gegen den Jordan zu Wiesen, wo die Kamele und Esel der Karawanen gewöhnlich weiden.

Unterwegs fand Jesus Mnason und einige andere Jünger, welche sich hier in der Gegend mit dem am Freitagabend bekehrten Pharisäer verborgen hatten. Er war von Thanach bei Naim her und dort schon durch die Heilung des Pharisäers gerührt worden; auch hatte er die letzte Lehre auf dem Berg über Gabara gehört und war dadurch erschüttert worden. Es ist mir auch dunkel, als sei auf diesem Weg der Jüngling, der um Erbschaftsteilung mit seinem Bruder bittet, zu Jesus gekommen; ich weiß es jedoch nicht gewiss (Lk 12,13-14).

Um den Apostelaussendungsberg herum liegen mehrere kleine Orte. Es ist ein wohlgeordneter Lehrplatz mit Obdach und Schatten oben. Die Leute in den nächst am Fuße gelegenen Orten bringen, wenn oben gelehrt wird, Speise hinauf. Am Fuß des Berges kam Jesus zu einer langen Hütte, wo etwa zehn arme gichtbrüchige, ganz gekrümmte Kranke der Gegend lagen, welche von den Hirten daherum bedient wurden. Jesus hielt sich bei diesen Leuten auf, heilte und lehrte sie.

Hierauf verweilten sie in einer einsamen Wildnis. Jesus betete, und die Jünger, in mehreren Gruppen gesondert, ebenfalls. Sie baten ihn, Er möge sie doch beten lehren, und Er zog mit ihnen auf den Berg der Aussendung, und es kamen noch etwa dreißig gute Leute aus der Gegend hinzu.

Hier lehrte Er sie das Vaterunser beten, Er erklärte alle einzelnen Bitten und legte sie weitläufig aus, wobei Er die schon früher erzählten Beispiele wiederholte; wenn einer nachts bei einem Freund um Brot pocht und wie er dringend wieder pochen müsse, bis er erhört werde, und vom Kind, das den Vater um ein Ei bittet, er werde ihm keinen Skorpion geben, und so Alles, was Er früher vom dringenden Gebet und vom ganz väterlichen Verhältnis Gottes zu den Menschen gesagt hatte; denn Er lehrte alle seine Jünger dasselbe und wiederholte es sehr oft mit einer sehr rührenden Mühe und Geduld, auf dass sie überall genau dasselbe wieder lehren könnten.

Jesus blieb diese Nacht im Gebet mit den Seinen auf dem Berg.

Über Inhalt und Ordnung in den heiligen Evangelien

Es sind die oft wiederholten Lehren Jesu in den Evangelien zusammengezogen, und eine Begebenheit, welche bei einer solchen Lehre, als sie zum ersten Mal gelehrt wurde, vorkam, steht manchmal dort, wo sie das andere Mal gelehrt wurde und ist das erste Mal etwa gar nicht angeführt.

Auch sind oft Lehren, die Jesus an verschiedenen Orten und zu verschiedenen Zeiten gehalten hat, z.B. Strafreden gegen die Pharisäer bei Mählern und die Begebenheiten bei denselben, wenn zwei Mähler kurz hintereinander waren, bei einem Mahl zusammen erzählt.

Auch die Hauptstrafreden bei solchen Gelegenheiten, wie die Vorwürfe der Pharisäer, welche stets dieselben waren, wiederholten sich oft; denn Jesus lehrte, wie die Kirche uns im Katechismus lehrt, meist mit denselben Worten und unter ganz gleichen Veranlassungen meistens Ähnliches, um die einfachen Jünger zu bestärken und zu belehren, Er blieb, wie die Wahrheit immer tut, bei seiner Rede. Alle diese Wiederholungen wie auch wiederholte Wunder sind im Evangelium, welches nur ein sehr kurzer Auszug ist, auf eines zusammengezogen worden, und darum ist es oft unmöglich, eine im Evangelium angeführte Geschichte in dem, wie ich es sehe und höre, ganz wieder zu finden. Es liegen oft Monate und weite Gegenden dazwischen.

Lukas, der nur aufschrieb, was er erzählten hörte, ist am unordentlichsten (in der Folge der Begebenheiten). Johannes hat Vieles in der Reihenfolge, jedoch mit großen Auslassungen.

Manchmal heißt es im Evangelium «Und während dies geschah, geschah jenes», dieses heißt aber nicht immer: «Hierauf folgt dieses», sondern: «In der Zeit, um jene Zeit.»

Jesus geht nach Bethsaida-Julias und trifft auf dem Weg mit seiner heiligsten Mutter zusammen

30. Juni: Jesus schloss heute morgen seine Lehre vom Gebet. Er verfuhr dabei ganz wie bei einer Kinderlehre. Er fragte alle heute wieder einzeln um die gestern gegebenen Erklärungen, berichtigte und wiederholte und legte aus, was sie noch nicht recht erkannt hatten. Zuletzt wiederholte Er das ganze Gebet und hielt wie einmal in Zypern vor allen eine Auslegung über das Wort Amen, als das Wort, das alles in sich enthalte, den Anfang und das Ende. Es waren etwa fünfzig Menschen, Jünger und andere, um ihn.

Es kamen auch ein paar Pharisäer von Bethsaida-Julias, die noch einen Teil seiner Lehre anhörten und deren einer ihn in sein Haus nach Bethsaida-Julias zur Mahlzeit einlud, was Jesus annahm.

Als Er mit den Jüngern nach Bethsaida-Julias ging, wandelte Er erst südlich von der Jordansbrücke noch etwas gegen das diesseitige Bethsaida zu bis zu einer Herberge, wo ihn seine Mutter, die Witwe von Naim, die Lia, welche gerufen, «selig der Leib», und noch ein paar andere Frauen, erwarteten, denn nur die jerusalemischen Frauen waren von Kana weggereist. Weil Er nun über den Jordan gehen und jenseits das Land hinabziehen und lehren wollte, kamen sie, um Abschied zu nehmen.

Maria war sehr betrübt. Ich habe Jesus auch selten sie mit solcher Rührung trösten sehen. Sie war mit ihm allein in einem Raum, und allerlei Trauriges ahnend, weinte sie sehr und flehte ihn an, Er möge doch zum Fest der Tempelweihe nicht nach Jerusalem gehen. Sie brachte dieses mit solcher Demut und Liebe vor, dass ich fühlte, wie sie wohl die Notwendigkeit des heiligen Schicksals ihres Sohnes dunkel ahnte, aber nicht gewiss und deutlich wusste.

Jesus lehnte sie an seine Brust und tröstete sie mit großer Milde und Liebe, dass Er vollenden müsse, wozu sein Vater ihn gesandt habe und weswegen sie seine Mutter geworden sei. Sie solle stark sein und fortfahren, die anderen zu stärken und zu erbauen. Dann grüßte Er die anderen Frauen, segnete sie, und sie kehrten nach Kapharnaum zurück.

Jesus wandelte nun mit den Jüngern nach Bethsaida-Julias, wo Er von den Pharisäern empfangen und ganz ehrbar behandelt wurde. Es waren außer den hiesigen Pharisäern auch einige von Paneas hier, denn es war eine Art Feiertag wegen eines bösen Buches der Sadduzäer, das einmal verbrannt worden war. Auch hier kamen ihre alten Vorwürfe wieder vor.

Jesus wollte sich eben zu Tische setzen, da zog ihn einer der Pharisäer am Arm und sagte zu ihm, er müsse sich sehr wundern, wie ein Mann, der so herrlich lehren könne, so wenig die heiligen Sitten beobachte, dass Er sich vor dem Essen nicht wasche.

Da sagte ihm Jesus, die Pharisäer reinigen das Äußere der Schüssel und des Bechers, inwendig aber seien sie voll Bosheit; worauf der Pharisäer erwiderte, woher Er denn wisse, wie sein Inwendiges sei? Jesus antwortete, der das Äußere gemacht, habe auch das Innere gemacht, Gott sehe auch auf das Innere.

Es kamen hier noch dieselben Vorwürfe wie vor drei Tagen in Kapharnaum vor. Die Jünger zogen Jesus bei Seite und baten ihn, nicht so zu eifern, sie möchten sonst vertrieben werden. Er verwies ihnen aber ihre Feigheit. Es ging noch ruhig ab, das Mahl wurde beendet. Hier war es nicht, wo der Gesetzlehrer auftrat, sondern in Kapharnaum; und diese zwei Mahlzeiten sind im Evangelium zusammengezogen.

Jesus lehrte am Abend noch in der Synagoge. Er heilte hier nicht, denn die Pharisäer hatten die Leute hier eingeschüchtert; sie waren stolz und hatten eine Art hohe Schule hier. Er wohnte in einer Herberge. Es waren bei weitem nicht alle Jünger hier; unter den Aposteln fehlten z.B. Petrus, Andreas, Jakobus der Ältere, die anderen fanden sich hier ein; aber morgen bei der Lehre auf dem Berg kommen alle zusammen.

Jesus lehrt auf dem Berg der Brotvermehrung von der achten Seligkeit

1. Juli: Jesus ist heute morgen anderthalb Stunden nordöstlich von Julias auf den Lehrberg der Brotvermehrung gegangen, wo sich alle Apostel und Jünger und noch ein paar hundert andere Leute aus Kapharnaum, Cäsarea Philippi und anderen Orten aus der Nähe versammelt hatten. Es wollten sich auch Pharisäer einschleichen, aber es standen unten am Berg Jünger, welche ihnen sagten, der Meister wolle allein sein, Er lehre hier nur die Seinigen; wenn sie ihn hören und mit ihm streiten wollten, sollten sie es in ihren Synagogen tun. Da zogen sie sich zurück.

Jesus lehrte von der achten Seligkeit: wenn sie euch hassen und verfolgen um des Menschensohnes willen, und dann noch viele andere Lehren, die Er teils früher schon verkündet hatte, auch: wehe den Reichen, den Gesättigten von den Gütern dieser Welt, sie haben ihren Lohn schon dahin, und dass sie sich aber freuen sollten auf zukünftigen Lohn.

Dann lehrte Er auch vom Salz der Erde, von der Stadt auf dem Berg, vom Licht auf dem Leuchter, von der Erfüllung des Gesetzes und viele andere Lehren, von der Verborgenheit der guten Werke, dem Gebet in der Kammer. Auch das ganze Vaterunser sprach Er wieder; besonders erinnere ich mich, vom Fasten gehört zu haben, dass man es fröhlich, mit gesalbtem Haupt und nicht scheinheilig öffentlich tun soll. Es naht aber bald ein großes jüdisches Fasten.

Ferner sprach Er vom Sammeln der Schätze im Himmel, der Sorglosigkeit, dass Niemand zwei Herren dienen könne, dass man nicht richten solle, von dem Blinden, der den Blinden führt, vom Splitter und Balken, vom Gebet, Anklopfen, Auftun, von «was ihr wollt, dass es euch geschehe, das tut den anderen», von der engen Pforte, dem breiten Weg, von dem falschen Propheten, vom schlechten Baum und der schlechten Frucht, von «wo dein Schatz ist, da ist dein Herz», von dem Rufen: «Herr! Herr!», von dem weisen Mann, der ein festes Haus baut, und von den Toren, die auf Sand bauen.

Jesus lehrte länger als drei Stunden, und die Zuhörer gingen einmal hinab von der Höhe an den Fuß des Berges, um zu essen, was durch die Jünger herzugetragen war. Dann setzte Jesus die Lehre wieder fort und ermahnte die Apostel und Jünger nochmals über alle jene Punkte, von welchen Er schon bei den fruheren Aussendungen geredet hatte, erinnerte sie auch, wie Er hier zweimal das Volk gespeist habe; sie sollten doch glauben, vertrauen und ausharren. Gegen Abend ging Jesus etwa eine Stunde nordöstlich in der Richtung von Gessur nach Argob, einem doppelt gelegenen hohen Ort, der auf den Berg der Seligkeiten schaut, und blieb dort in der Herberge. Jesus ist bereits am 13. März dort gewesen.

Zweiter Tag der Lehre auf dem Berg der Brotvermehrung

2. Juli: Jesus hat heute eine große Lehre vor mehreren Tausenden von Leuten auf dem Berge gehalten, wo Er gestern schon gelehrt hat. Er hatte nur vor Argob in seiner Herberge übernachtet, die Er dort mit den Aposteln und Jüngern hat.

Es waren Leute aus dem ganzen Lande hier und auch viele Kranke, Besessene und Leute von herumziehenden Karawanen.

Auch zogen Pharisäer und Feinde herauf; sie kamen aber nicht zum Disput. Jesu Wunder waren so groß und das Volk war sehr begeistert. Jedoch wurden die Pharisäer scharf in seiner Lehre getroffen.[25]

Das Volk hatte Speise bei sich und lagerte zum Essen. Jesus heilte sehr viele Kranke und trieb Teufel aus. Auch einen Blinden aus Jericho machte Er sehend. Er war auch lahm gewesen, und ein Jünger hatte ihn gehend gemacht, aber nicht sehend; es sei ein Vetter Manahems.

Dieser und der Jünger führten ihn zu Jesus. Jesus lehrte auch die zweiundsiebzig Jünger und sagte die Worte: «Ich sende euch wie Lämmer unter die Wölfe.»

Auch sprach Er Wehe über Chorazin, Bethsaida und Kapharnaum und lehrte von der Zerstörung Jerusalems. Er sendete aber nicht dieselben zweiundsiebzig wie das letzte Mal aus, sondern andere, meistens neuere Jünger, und sandte sie alle zu zwei und zwei, was sonst nicht so war. Er hat sich in der letzten Woche eine erstaunliche Mühe gegeben, sie zu unterrichten, wie die Kinder mit Fragen und Antworten.

Es ist auch einer der Vettern des Joseph von Arimathäa von Jerusalem zu Jesus gekommen mit der Nachricht, dass Lazarus krank sei. Er sei so melancholisch, habe keine Freude mehr am Tempeldienst, sei ganz bleich und magere ab.

Am Abend sind sie wieder zur Herberge bei Argob gegangen und haben die Nacht dort zugebracht. Ich habe die Anzeige von dieser großen Lehre am Donnerstag vor dem Sabbat von Jesus den Jüngern in Kapharnaum machen gehört. Ich kann aber die Bestimmung der Zeit nicht wieder sagen; sie ist anders, als nach Tagen, sie ist wie nach einem gewissen Stundenmaß, so wie es heißt: nach der ersten, der zweiten Nachtwache. Ich sehe das dann auch mit Zeichen wie Haken vorgestellt.

3. Juli: Jesus hat die Jünger und Apostel am Morgen bei Argob entlassen. Petrus, Jakobus, Johannes, einige Jünger und Matthäus gingen mit ihm. Sie gingen etwa fünf Stunden Wegs zum Zollhaus des Matthäus, wo noch Bekannte von ihm wohnen. Hier lehrte und tröstete Jesus noch etwa zwanzig Freunde aus Kapharnaum, von denen Er Abschied nahm; es waren Jairus, Serobabel, der

Hauptmann Cornelius, der Kaufmann mit den vielen Kindern, der Vater des Ignatius, der geheilte Blinde und mehrere Verwandte der Apostel und sonstige Freunde dabei.

Sie nahmen hier die Mahlzeit ein, dann fuhr Jesus mit etwa zwölf Begleitern hinab nach Dalmanutha: Petrus, Jakobus und Johannes und der geheilte Blinde von Jericho, welcher wohl fünf Stunden hier näher nach Haus hatte, waren dabei. Jesus lehrte auf dem Schiff.

SECHSTES KAPITEL

Jesus verlässt Galiläa und lehrt in Peräa

Vom 4. bis 13. Juli 1823

Jesus in Edrai

4. und 5. Juli:

Jesus hat gestern abend bei Dalmanutha gelehrt und ist heute mit Petrus, Jakobus und Johannes etwa sieben Stunden morgenwärts in dem Tal eines zum Jordan fließenden Wassers gegen den Strom östlich gegangen. Er hat Gabara und Abila zur Rechten liegen lassen, und sie sind nach Edrai, einer großen Stadt, gekommen, wo einmal der König Og gewohnt hat und von Moses geschlagen worden ist.[26] Diese Stadt war schon zu Abrahams Zeit und liegt an einem Flüsschen.

Betharamphtha-Julias liegt nicht weit südlich davon. Hier hielt Jesus den Sabbat. Es sind auch viele Heiden hier.

5. Juli: Edrai ist eine schöne Stadt, die Heiden wohnen abgesondert. Jesus hat hier keinen Widerspruch gehabt und hat viele geheilt. Die Lehre handelte von der gesprenkelten Kuh, vom Tode Aarons und Mirjams, von der ehernen Schlange. Jesus deutete dabei auf den Messias; auch von Jephtas Gelübde lehrte Er (Num 19,1-22,2 und Richter 11,1-34) und vom Untergang Kores, Dathans und Abirons. Es seien Nachkommen von deren Vorfahren hier herum. Es ist einmal eine Schlacht von Mose in der Gegend gewesen. Josua gab Edrai halb an Manasse.

6. Juli: Jesus ging von Edrai mit Petrus, Jakobus und Johannes noch östlicher gegen Bosra, und hielt unterwegs im Freien eine Lehre vor vielem Volk, besonders über den Untergang von Dathan, Kore und Abiron, denn es wohnten viele Nachkommen vom Geschlecht Kaaths[27] hier herum. Es waren Leute aus der ganzen Gegend hier, auch viele Leute von Betharamphtha-Julias.

Er heilte auch viele Besessene und Kranke und ging dann nach Bosra, welches etwa sechs Stunden von Edrai östlich liegt.

In dem Zwischenort, wo Er lehrte und heilte, war ein schöner Lehrhügel mit Bäumen und Umzäunungen etwa eine kleine Stunde von einem etwas zerstreut in der Länge liegenden Ort, den jenes Geschlecht von Kore, Dathan, Abiron meist bewohnt. Ich meine, der Ortsnamen klingt wie Kore, oder Korae, ja! So heißt es.

(Anna Katharina beschrieb nun noch das Terrain des ganzen Weges von Edrai hierher, Bergrücken und Täler, aber zu schnell und schweifend, um es aufzufassen. Sie sprach auch noch unbestimmt, wie den Leuten dieser Ort schon ganz früh von Josua angewiesen worden sei, aber es war nicht recht aufzufassen.)

7. Juli: Bosra ist eine Levitenstadt. Abgesondert wohnen viele Heiden dort und haben mehrere Tempel. Petrus ist, während Jesus in Zypern war, schon hier gewesen und hat hier Juden ausgelöst, welche Sklaven von Heiden waren. Es waren deren aber noch viele übrig, die Jesus nun auslöste. Er heilte hier viele Kranke und trieb viele Teufel aus. Er heilte auch Kranke hier, welche die Jünger nicht geheilt hatten. Viele, welche die Taufe begehrten, lehrte Jesus beim Taufbrunnen und bereitete sie zur Taufe vor, welche die Apostel ihnen erteilten. Auch einige Heiden wurden in der Stille abgesondert getauft. Sie werden wohl die Beschneidung annehmen. – In Edrai und hier brachten mehrere bekehrte Leute dem Herrn viel Gold zum Geschenk, womit die Gefangenen ausgelöst und die Armen beschenkt wurden.

Bosra ist eine Freistätte für Totschläger, und mehrere Sünder bekannten Jesus ihre Verbrechen. Jesus wohnte bei den Leviten und ging abends noch etwa fünf Stunden nordöstlich nach Nobah, wo Er sehr spät ankam.

8. Juli: In Nobah wohnen außer dem heidnischen Teil der Stadt lauter Rechabiten. Sie haben diesen Ort, als sie aus der babylonischen Gefangenschaft kamen, von den Heiden besetzt gefunden, haben ihn erobert und sich dann dort zusammengezogen. Sie stammen, glaube ich, von Jethro her, und wurden nachher durch Propheten in eine gewisse Ordnung gebracht. Es ist da ein großes, altes Gebäude, wie eine große Burg, um welche herum sie besonders wohnen.

Sie haben einen außerordentlichen Hass gegen die Pharisäer und Sadduzäer und ziehen von ihnen weg, wo sie nur können. Nobah liegt auch ganz weit draußen, im äußersten Morgen, und man sieht nach Arabien hinein, das kaum eine Stunde davon anfangen muss. Es geht hier eine Heerstraße durch von Arabien nach Damaskus, Gessur und Paneas und diesen Gegenden. Die Rechabiten leben sehr streng und haben viel Viehzucht, sie trinken keinen Wein außer an einigen festlichen Tagen.

(Sie erwähnt einiges von den Rechabiten, doch viel weniger als am 17. September vorigen Jahres, wo Jesus dergleichen Leute zu Ephron in Basan belehrte.)

Sie halten ganz gewaltig auf den Buchstaben der Schrift, und Jesus ermahnte sie darüber und lehrte vom Geiste des Buchstabens. Sie waren sehr demütig und nahmen alles gut an.

Auch hier wurden viele Leute getauft und geheilt und Besessene befreit, die zu Jesus geführt wurden. Es war ein ganzes Hospital voll Besessener hier. Es war noch kein Apostel hier gewesen. Petrus, Jakobus und Johannes heilten und lehrten auch.

Es kamen einige Heiden auf die Wegscheide zu Jesus und ehrten ihn. Es wurden auch einige Heiden getauft und geheilt. Jesus segnete auch Kinder. Er war hier ohne Widerspruch und arbeitete erstaunlich. Er wohnte in der Herberge an der Synagoge.

Nobah ist eine freie Stadt und gehört zur Dekapolis, sie regiert sich aber selbst.

9. Juli: Jesus ist von Nobah wieder fünf Stunden südwestlich gegangen, ein paar Stunden östlich von Bosra und etwa dreiviertel Stunden von Selcha, das am Hermongebirge liegt, in einem wunderbar lieblichen Hirtenaufenthalt, der Jakobs Friedenslager heißt; denn hier hatte er, da Laban ihm folgte, zuerst bei seiner Rückkehr im Gelobten Land gelagert. – Es beginnt hier das Gebirge Galaad.[28] Es wohnen Hirten hier, welche von Eliezer, dem Knecht Abrahams, herstammen, der seinem Sohn Isaak die Rebekka geholt hatte. Es waren auch von den Nachkommen derer darunter, die Melchisedech aus der Sklaverei der Semiramis befreit und hier an die Grenze gesetzt hat, welche sich nachher mit den Nachkommen Eliezers vermischten.

Es sind drei schöne Brunnen hier, sie liegen um einen angenehmen Hügel, an welchem ringsumher, wie in einem grünen Walle, schöne kühle Wohnungen sind. Aus einiger Entfernung hält man sie für eine Bergterrasse. Die ältesten und vornehmsten Herdenbesitzer wohnen an dem Hügel, auf dem ein Lehrplatz ist. Weit ringsumher sind viele umzäunte Ruhe- und Weideplätze voll von Kamelen, Eseln und Schafen, jede Tierart allein, und bei den Brunnen sind Tränken.

Die Hirten wohnen unter Zelten, die auf festen Grundlagen errichtet sind, in einiger Entfernung von den Brunnen. Es stehen lange Reihen von Maulbeerbäumen dort, und besonders lustig ist ein sehr langer Weg an beiden Seiten mit Pfählen, an denen ein Gewächs sehr weit, oft ein paar hundert Schritte, hinrankte, mit Früchten wie Flaschenkürbisse.

Dieser Weg führt gegen Selcha von dem Hügel aus und bildet wie eine unabsehbare Laube. Sie hatten erst vor einigen Tagen darin ein Erinnerungsfest an die Errettung der Voreltern aus der Sklaverei der Semiramis gefeiert. Sie gehen nach Selcha zur Synagoge und werden von dort aus unterrichtet. Der Ort hier ist von jedermann geehrt, und das Ganze wird wie eine Stiftung zum Andenken Jakobs angesehen. Auch wird hier viel Gastfreundschaft geübt. Die Hirten müssen um ein Geringes die arabischen Karawanen und alle Fremden hier freundlich beherbergen und bewirten.

Jesus kam mit den drei Aposteln gegen Mittag hier an. Er setzte sich vor dem Ort an einen der dort befindlichen Brunnen. Es kamen die Ältesten der Hirten und wuschen ihm die Füße, brachten ihm Früchte, Honig und Brot. Sie wussten schon, dass Er kommen werde, und es waren viele Kranke in das lange Haus am Hügel gebracht worden, welche Jesus heilte und belehrte. – Es versammelten sich wohl vierhundert Hirten mit Frauen und Kindern. Die Frauen trugen viel kürzere Röcke als sonst im Gelobten Land.

Jesus lehrte sie am Hügel. Er war ganz kindlich und vertraut mit ihnen und erinnerte sie an den Zug der Drei Könige, die vor zweiunddreißig Jahren hier gerastet hatten. Es waren viele Leute da, die davon wussten. Er sprach von dem Stern aus Jakob, von dem Balaam geweissagt hat, und von dem neugeborenen Kind, das jene weisen Könige damals aufgesucht.

Er sprach von der Erfüllung der Propheten und von Johannes dem Vorläufer und dessen Lehre und Zeugnis und sagte, dass der verheißene Messias, der Tröster und Helfer, da sei mitten unter den Israeliten, dass sie ihn aber nicht erkennten. Außerdem erzählte Er ihnen Parabeln vom guten Hirten und vom Säen und Ernten, denn man war hier in der Gegend an einer Ernte von Obst und großem Weizen. Der Herr war ungemein kindlich und vertraulich mit ihnen; Er nannte sie immer liebe Kinder im Gespräch.

Es kamen hier auch zehn Jünger, die von anderen Aposteln zu Jesus gesendet wurden. Sie kamen paarweise, immer ein alter (meistens Johannesjünger) und ein neuerer. Die Brüder der Maria Kleophä, Mariens Neffen, Jakob, Sadoch und Eliachim waren dabei, sie hatten etwas von den anderen Aposteln und Abteilungen wegen des Zusammentreffens zu verabreden. Der Herr und sie wohnten in einem Haus am Hügel.

Jesus in Selcha

10. Juli: Jesus ist am Morgen noch in den Hütten einzelner Hirten gewesen und hat gelehrt und getröstet. Er hat hier auch von den Hirten bei Bethlehem erzählt, wie sie das Kind noch vor jenen Königen gefunden, und wie die Engel es ihnen verkündet hätten.

Die Leute gewannen Jesus sehr lieb. Viele wollten alles lassen und ihm nachfolgen, um ihn immer zu hören. Er ermahnte sie aber, zu bleiben und seine Lehre zu befolgen. Die Hirten haben hier feine Schafwolle um den Leib gebunden und spinnen dieselbe, hinter der Herde gehend.

Gegen Mittag kamen Leute von Selcha, das ungefähr eine kleine Stunde nördlich liegt, und luden Jesus in ihre Stadt ein. Er ging mit den Jüngern hin und wurde mit Feierlichkeit am Tor von den Lehrern und Schülern empfangen. Jene, die ihn abgeholt, hatten ihn gefragt, ob Er die Taufe des Johannes erteilen könne, denn die Leute hier herum halten gar sehr auf Johannes. Jesus lehrte sie vom Zeugnis des Johannes. Es wurden sehr viele hier getauft, geheilt und Kinder gesegnet. Jesus lehrte in der Synagoge. Es kamen auch Heiden zu ihm um Trost und Hilfe. Sie sind hier mit den Juden ziemlich vertraut und haben Tempel. Der Ort ist in die Länge gebaut und hat zwei Straßen.

Jesus wandert mit seinen Begleitern durch die Davidsstraße und kommt nach Thantia

11. Juli: Jesus ist mit den Seinen vor Mittag von Selcha aufgebrochen und anderthalb Stunden westlich in der sogenannten Straße Davids fortgewandert, welche hier nach den Wendungen der Täler immer westlich den Jordan hinabläuft. Sie hielten diesen Weg nur anderthalb Stunden westlich und wandten sich dann gegen Süden auf eine große Heerstraße, die nach einem kleinen alten Ort, jetzt Thantia genannt, führt, wo sie etwa fünf Stunden hin hatten und zum Sabbat ankamen.

Jesus war ein Stück mit ihnen auf der Davidsstraße gegangen, um sie ihnen zu zeigen und davon zu erzählen. Diese Straße ist eine Tiefe, eine Art Hohlweg, in welchem manchmal Wasser läuft. Sie zieht sich einsam zwischen den Bergen hinab. An der einen Seite ist eine Kamelbahn und an mehreren Stellen sind Futterplätze für die Kamele eingerichtet, es sind Tröge und Ringe zum Anbinden da angebracht. In dieser Straße hat Abraham, als er in das Land zog, ein Leuchten gesehen und ein Gesicht gehabt, welches ich vergessen habe.

Als David auf den Rat Jonathans seine Eltern in die Gegend von Maspha[29] flüchtete, blieb er hier in der Schlucht mit dreihundert Mann versteckt, wodurch sie den Namen «Straße Davids» erhalten hat. Er hatte hier ein Vorgesicht. Er sah einen leuchtenden Zug, den Zug der Heiligen Drei Könige, und hörte singen wie aus dem offenen Himmel vom verheißenen Tröster in Israel.

Er hat damals auch hier ein Stück von einem Psalm gedichtet; ich habe vergessen, welches. Auch Malachias ist nach einer Schlacht hierher einem Licht gefolgt und hat sich verborgen.

Die Heiligen Drei Könige sind auch, ihren Kamelen den Willen lassend, aus der Gegend von Selcha auf diesem Weg, wo ihnen der Stern besonders leuchtete, unter lieblichem Gesang hinab gezogen, dann längs dem Ufer bis gegenüber von Koreä, wo sie über den Jordan gingen und durch die Wüste über Anathoth nach Jerusalem. Sie gingen durch das Tor hinein, durch welches Maria von Bethlehem zum Opfer ging.

In Thantia ging Jesus gleich zur Synagoge. Die Lehre war von Balaam, vom Sterne Jakobs, von dem Propheten Michäas, und über Bethlehem Ephrata (Num 22,2-25,10; Mich 5,7-6,9).

12. Juli: Thantia scheint alt, wie ein ehemaliger Kriegsplatz. Es sind noch alte Türme und einzelne Bogen da, es ist weitläufig und wenig bewohnt. Es sind von hier gute sieben Stunden südwestlich nach Ramoth-Galaad. Ich meine, es hat sonst anders geheißen; jetzt, zu Jesu Zeit, heißt es so. Es geht eine große Heerstraße nach Bosra und weiter hindurch, und die Leute leben meistens vom Verkehr mit den Karawanen, dem Umpacken und Senden nach anderen Richtungen. Jesus hatte hier keinen Widerspruch, Er heilte in den Häusern viele Kranke, auch mehrere, welche die

hier wirkenden Jünger nicht zu heilen vermocht hatten. Es war hier keine rechte Kranken- und Armenpflege. Die Jünger hatten sie zu ordnen begonnen, und Jesus brachte sie ganz zustande. Auch hier wurden heute von den Jüngern sehr viele Menschen getauft, die Jesus vorbereitete. Jesus lehrte vom Stern aus Jakob, von des Michäas Prophezeiung von Bethlehem und vom Zug der Könige und deutete alles sehr deutlich auf sich.

Die Leute und Rabbiner waren hier ganz fromm; ja, sie hatten hier und in anderen Orten der Gegend sogar die Gewohnheit, in die Straße Davids mit Fasten und Beten zu wallfahren und nach dem Messias zu flehen. Denn gestützt auf die alten Traditionen hatten sie die Hoffnung, dass sie dort Gesichte, Erscheinungen vom Messias haben würden, und dass Er von dort zu ihnen kommen werde. Unter Jesu Lehre sagten sie manchmal: «Er spricht, als sei Er es selbst; aber das ist doch nicht möglich!»

Dann meinten sie, der Messias müsse irgendwo wie ein Engel unsichtbar in Israel angekommen und Jesus etwa ein Verkünder und Vorläufer desselben sein. Sie hatten auch Vorstellungen, wie von Melchisedech, von dem sie viel wussten, und von Malachias. Jesus sagte ihnen, sie würden den Messias vielleicht noch erkennen, wenn es zu spät sei. – Ich sah, dass viele von hier vor und nach der Kreuzigung zur Gemeinde kamen.

Jesus in Datheman

13. Juli: Jesus ging von Thantia ungefähr vier Stunden östlich in eine Stadt auf einem Berg, die eine Festung[30] im Makkabäerkrieg gewesen ist. Es ist der Berg in der Nähe, den sich die Tochter Jephtes mit ihren zwölf Gespielinnen zum Trauern ausgewählt hatte. Auf demselben waren auch Propheten oder Einsiedler, Leute wie die Essener; ich habe es jetzt erst gesehen.

Es sind noch Anlagen von Gärten und Wohnungen dort, aber zerstört. Balaam wohnte auch einmal darauf; als er aber gelogen, konnte er nicht mehr hinaufkommen. Er ist früher nicht böse, sondern ein heiliger Mann gewesen, aber er ist gefallen. Die zehn

Jünger, welche am Mittwoch bei Selcha zu Jesus gekommen, sind gestern abend nach dem Sabbat wieder weggezogen.

Jesus begab sich heute auf den Berg hier bei Datheman, ehe Er in die Stadt selbst ging. Er hielt da oben eine Lehre vor einigen hundert Menschen. Auf dem Berg sind noch zerstörte Gemäuer und einige Türme, wie Wachtürme. Die Gegend ist ein hoher Rücken, und der Berg erhebt sich auf ihm. Man kann gegen Morgen nach Arabien hin auf die Straße sehen, die gegen Bosra, Cäsarea Philippi und Damaskus führt. Gegen Abend sieht man hinab bis über den Jordan.

Balaam war auf diesem Berg in Einsamkeit und Betrachtung, als er von dem Moabiter König gerufen wurde. Balaam war von hoher Herkunft und von sehr reichen Leuten. Er war von Jugend auf von einem prophetischen Geist erfüllt und hing mit jenen Völkern zusammen, die nach dem verheißenen Stern sahen, darunter die Voreltern der Heiligen Drei Könige.

Er war kein Zauberer und Bösewicht. Er diente nur dem wahren Gott, wie alle die Erleuchteten aus anderen Völkern, auf eine vermischte unvollkommene Weise. Er ist früh von seinen Leuten in die Einsamkeit auf die Gebirge weggezogen und hat sich besonders auf diesem Berg aufgehalten. Ich meine, mit noch anderen Propheten oder Schülern. Als er von dem Balak zurückkehrte, wollte er wieder auf diesen Berg, konnte aber aus göttlicher Verhinderung nicht mehr hinauf. Er war durch seinen schändlichen Rat an die Moabiter tief aus aller Gnade gefallen und irrte ganz verwirrt in der Wüste umher, in welcher er auch umgekommen ist, ich weiß nicht mehr wie. Ich habe sehr vieles von ihm gesehen.

Als Jephtes Tochter auf den Berg zog, war er schön mit Gärten und einigen Wohnungen versehen und von einsamen Propheten oder Einsiedlern bewohnt. Jephtes Tochter war nicht ganz Jüdin, sie und der Vater hatten heidnisches Gemisch in ihrem Wesen. Jetzt, da Jesus hier oben lehrte, waren sehr schöne Gärten, ein schöner Lehrstuhl, ein vortrefflicher Brunnen und einige alte Türme hier. Jesus ging am Abend nach Datheman, etwa eine Stunde südwestlich von hier.

Die Stadt ist groß, aber zerstört, und war eine Festung, ich meine es sind einmal Juden darin eingeschlossen gewesen, die

Judas Makkabäus befreit, und dabei viele Feinde erschlagen hat. Die Leute sind hier in der Gegend voll von der Heiligkeit der Davidstraße, sie sagten zu Jesus, sie möchten nicht im Lande über dem Jordan wohnen, wo man alles, was in der Davidstraße vorausgesehen worden und eingetroffen sei, gar nicht erwähnen dürfte. Man spreche sehr wunderbar von dem Zug jener fünfzehn Vornehmen mit den drei Anführern, die vor zweiunddreißig Jahren da durchgezogen seien und immer nach dem neugeborenen König gefragt hätten; es sei die Sage bei frommen Leuten, David habe den Zug schon vorausgesehen.

Jesus lehrte hier auch vom Balaam, vom Stern Jakobs, von Jephtes Tochter.

I. ERKLÄRUNG VON P. KARL ERHARD SCHMÖGER

1. Die Aufzeichnung der letzten Worte des vorausgehenden Abschnittes hatte der Pilger in seinem Tagebuch mit dem Ausruf begleitet: «Wie schade! Wie schade! Alles verloren!»

Die immer unvollständiger werdende Mitteilung der Todkranken hatte ihm am Abend des 8. Januar 1824 diese klagenden Worte ausgepresst, da er auf seine bittenden Fragen keine Antwort mehr erhalten konnte. Der Mund der Begnadeten war für jede weitere Mitteilung auf immer verstummt, und der Pilger vermochte nur mehr die Geschichte ihrer täglich zunehmenden Leiden bis zu dem am 9. Februar 1824 erfolgten Tod zu verzeichnen.

Auch in den Peinen dieser letzten Leidenswochen war Anna Katharina nie ohne innere Anschauungen, die sich vornehmlich auf ihr eigenes Leben und die Vollendung ihrer von Gott empfangenen Aufgabe bezogen haben; denn sie sprach einmal zu ihrem Beichtvater: «Ich habe immer für andere gelitten, jetzt aber ist es für mich selbst.» Auch tat sie am 14. Januar die dem Pilger so «merkwürdige und ihn überraschende» Äußerung: «Wie sind wir an der Zeit?» – 14. Januar – «Ach! Nun wäre ich mit dem Erzählen des Lebens Jesu bald fertig gewesen und bin nun in diesem Zustand!»

Es sind dies beinahe die letzten zusammenhängenden Worte, welche die Sterbende noch hervorzubringen vermochte und können darum mit Recht als ein um so gewichtvolleres Zeugnis dafür angesehen werden, dass die Mitteilung ihrer Anschauungen vom Leben unseres göttlichen Heilandes nebst den ununterbrochenen, alle Vorstellung übersteigenden Sühnungsleiden für die hl. Kirche die Hauptaufgabe ihres so wunderbar begnadeten Lebens gewesen war.

Diese Worte sind aber auch der Schlüssel zu der ganzen Reihe jener schönen Bilder, die sich mit dem sechsten Kapitel dieses Bandes geschlossen hat; denn ohne irgend äußere Veranlassung gesprochen, können sie nur aus der inneren Anschauung dessen, was Anna Katharina an ihrer Aufgabe bisher zu leisten vermocht hatte, erklärt werden und weisen damit auf die geheimnisvolle Absicht der heiligsten Weisheit und Erbarmung Gottes als der einzigen und ausschließlichen Ursache hin, dass sie die genannten Gesichte zweimal empfing, um sie beim zweiten Mal dem Pilger erzählen zu können.

Wer dem bisherigen Verlauf der sämtlichen Mitteilungen vom Leben Jesu mit aufmerksamer Teilnahme gefolgt ist, wird ohnehin in der besagten Wiederholung weder einen Zufall noch eine willkürliche Wiedervergegenwärtigung derselben von seiten der Schauenden erkannt haben, denn dies lag nicht in der Macht von Anna Katharina, deren reinste Seele, gleich einem klaren Spiegel, nur jene Bilder widerstrahlte, die aus dem Einströmen des übernatürlichen Lichtes der Weissagung in ihr empfangen waren.

Der Pilger war von der Bedeutung jener Worte so ergriffen, dass er sie in seinem Tagebuch mit der Äußerung begleitete:

«Sie deuten auf ein helleres innerlich Sichbewusstwerden als je, um so mehr, da Anna Katharina mehrere Monate durch besondere Gnade nachholte. Sollte alles durch göttliche Güte so genau gerechnet gegeben sein, dann fällt das Versäumte und Vernachlässigte der göttlichen Gerechtigkeit und Barmherzigkeit gegen das Schicksal alles Heiligen und Schönen in menschlichen Händen anheim.»

Die unerschütterliche Gewissheit, welche den Pilger belebte, dass Anna Katharina nicht in dem eigenen natürlichen, sondern in dem von Gott empfangenen Licht der Weissagung schaue und erzähle, ließ ihn die überraschenden Mitteilungen der letzten Monate mit derselben einfachen Treue und Unbefangenheit niederschreiben wie die aller vorhergehenden, und jene höchste Gewissenhaftigkeit, welche er der Aufzeichnung der Gesichte als der ihm von Gott bestimmten Aufgabe seines Lebens schuldig zu sein innerlichst überzeugt war, leitete auch hierin seine ganze Tätigkeit. Nie war es ihm eingefallen, sich mit der unlösbaren Frage vergeblich abzumühen, warum solche Ereignisse erst jetzt, warum auf diesem, nicht auf anderem Wege bekannt werden sollen.

Es schien ihm der göttlichen Weisheit vollkommen entsprechend, dass eine so begnadete Seele wie die der gottseligen Anna

Katharina alle Geheimnisse des heiligsten Lebens Jesu anbetend betrachte und sie in hingebender Vereinigung der ungezählten Schmerzen und Mühsale ihrer eigenen Leidensaufgabe mit dem irdischen Tagewerk unseres Heilandes die Verdienste seiner verborgenen Liebeswerke der Kirche ihrer Zeit fruchtbar und heilbringend mache. – Die gleiche Auffassung teile ich, der ich eben darum vertraue, dass nicht wenige Leser mit freudigem Dank gegen die unendliche Güte Gottes den Heiland auf all den Wegen werden begleitet haben, welche ihnen die Gesichte aufgeschlossen haben.

Je mehr dies geschieht, je reicher und mannigfacher in Förderung des innerlichen Lebens und bußfertiger, liebender Erwägung der Geheimnisse des heiligsten Lebens Jesu die Früchte dieser Gesichte zu Tage treten, um so verständlicher wird hierdurch die Antwort auf die Frage gegeben sein, warum diese Dinge durch eine arme verfolgte Klosterfrau inmitten der trübsten Zeit offenbar geworden sind.

2. In der Einleitung zum 1. Band hatte ich gesagt, Anna Katharina habe Ende Juli 1820 begonnen, den Lehrwandel Jesu Christi Tag für Tag im vollkommensten Zusammenhang zu schauen.

Die Äußerung aber muss von ihm jetzt, nachdem er durch unausgesetzte Beschäftigung mit der Lebensgeschichte der gottseligen Anna Katharina eine tiefere Erkenntnis dieser außerordentlichen Seele gewonnen hat, dahin berichtigt werden, dass die Begnadete zu dem genannten Zeitpunkt nicht mit dem zusammenhängenden Schauen, wohl aber mit dem Erzählen des Geschauten den Anfang gemacht hat.

Anna Katharina hatte nämlich die vollkommenste Anschauung des ganzen irdischen Wandels unseres Heilandes während des größten Teils ihres Lebens, also längst ehe der Pilger zu ihr gekommen und ihrer Mitteilungen gewürdigt war.

Von früher Jugend an schaute sie Tag für Tag nicht bloß das Geheimnis des jeweiligen Kirchenfestes in historischen und allegorischen Bildern, sondern auch den ewigen Grund des Kirchenjahres selbst, das ist das Leben des Gottmenschen, wie es in der von Ewigkeit her bestimmten Zeit sich auf Erden entfaltet hat und wie es in seinen Heilswirkungen der Kirche und durch diese den einzelnen Gläubigen eine immerdar lebendige Gegenwart ist. Ihre Gesichte vom Leben Jesu hatten somit einen doppelten Charakter: den der rein historischen, objektiven Anschauung und den der Anwendung oder Beziehung des Geschauten auf ihre eigene Person und die Erfüllung ihrer Aufgabe für die Kirche ihrer Zeit. Es wiederholte sich so bei ihrem Schauen dasselbe, was sich auch bei dem Glauben aller anderen, die nicht zugleich Schauende sind, darstellt.

Indem nämlich durch den Akt des göttlichen Glaubens das unbezweifelt für wahr gehalten wird, was als von Gott geoffenbart durch die unfehlbare Kirche uns zu glauben vorgestellt wird, nimmt der Gläubige die göttliche Offenbarung so wesenhaft in sich auf, dass er mit ihrer ganzen Geschichte, wie sie von Anbeginn der Zeit durch die Heilsordnung des Alten und Neuen Bundes bis auf die Gegenwart herab sich als die eine, lebendigmachende Wahrheit entfaltet, in ein tatsächliches, lebendiges Verhältnis tritt, obschon er sich der Summe der unendlichen Beziehungen dieses Glaubensaktes zu der ganzen Heilsgeschichte im Einzelnen nicht bewusst wird; ja der Gläubige ist im ganzen, ungeschmälerten Besitz der vollen Wahrheit, wie sie als Geschichte und Bedingung des Heiles, durch Eingießung des göttlichen Lichtes und im Zeugnis der unfehlbaren Kirche ihm dargeboten ist, wenn er auch eine klare Erkenntnis oder ein tieferes Verständnis aller ihrer Teile oder Geheimnisse nicht erlangen kann.

Anna Katharina aber, welche zum eingegossenen Licht des Glaubens auch das höhere Licht des Schauens oder der Weissagung empfangen hatte, sah in ihm den ganzen Inhalt des Glaubens oder die Geschichte des Heiles nach ihrem inneren Zusammenhang wie nach ihrem äußeren Verlauf durch alle Zeitalter und nach allen mitwirkenden Persönlichkeiten. Sie sah alles bis ins einzelnste und mit klarster Erkenntnis, was im Akt des bloßen Glaubens seinem Wesen nach zwar enthalten, aber dunkel und verhüllt ist. Das Schauen jedoch machte ihr den Glauben nicht überflüssig, vielmehr war ihr derselbe so notwendig und lebendig, wie für die Zeitgenossen des Heilandes selbst, die, obwohl Augenzeugen seines heiligsten Wandels und seiner wunderbaren Taten, nur in demselben Glauben gerechtfertigt werden konnten, in dem auch wir und alle Späteren das Heil erlangen.

Wie aber der Glaube auch in Liebe tätig wird und jene Geheimnisse vorzugsweise ergreift und erwägt, welche nach den persönlichen Bedürfnissen und Verhältnissen, unter welchen der Gläubige die ihm von Gott gesetzte Aufgabe zu vollenden hat, besondere Förderung, Hilfe, Erleuchtung und Stärke gewähren, ebenso traten für Anna Katharina aus ihren großen historischen Anschauungen je nach dem Charakter ihrer Leiden und Arbeiten für die Kirche, nach den Verfolgungen, die sie zu erdulden hatte, oder nach ihren anderen geistlichen Bedürfnisssen einzelne darauf bezügliche Bilder heraus und stellten sich ihr als Tröstungen, Warnungen, Mahnungen, Erleuchtungen dar.

Es geschah hierdurch dasselbe, wie wenn ein einsichtiger Seelenführer seinem Beichtkind bald dieses, bald jenes Geheimnis des heiligsten Lebens Jesu zur Nachahmung oder als Tröstung und Ermutigung vor Augen führt; nur dass bei Anna Katharina statt bloßer Erwägungen immer die ganzen Bilder der betreffenden Geheimnisse mit bestimmter Anwendung auf ihre Bedürfnisse geboten waren und sie im Schauen derselben durch ihren Schutzengel unterwiesen, geführt und getröstet wurde.

Diese letzteren Gesichte waren es, welche der Pilger zuerst von Anna Katharina vernehmen konnte. Als er nämlich an ihr Krankenbett geführt wurde und das unausforschliche, wunderbare Geheimnis dieser begnadeten Seele in seiner gewaltigen Größe ahnend begriff und wohl erkannte, dass nichts ohne Bedeutung, nichts ein bloßer Zufall oder willkürliche Erscheinung sei, was er an ihr und um sie wahrnehmen konnte, begann er vom ersten Tag an, alles genauest zu verzeichnen, was er in ihrem täglichen Befinden und Begegnungen beobachtete oder aus ihren Äußerungen und Mitteilungen nur irgend zu vernehmen hatte.

Zu den letzteren war Anna Katharina durch die steten Weisungen ihres heiligen Schutzengels angehalten, und der Beichtvater gab um so leichter hierzu seine Einwilligung, als auf der ganzen äußeren Erscheinung der Begnadeten der Widerschein ihres inneren Mitlebens und Schauens aller Feste und Geheimnisse des Kirchenjahres ausgebreitet lag und diese Gabe ihrer Umgebung längst nicht mehr ein Geheimnis war. Auch war dieselbe gewohnt, Anna Katharina in stetem Übergang von einem tödlichen Leiden in das andere und in immer wechselnden Peinen zu erblicken, für welche nie durch natürliche Arzneimittel, wohl aber durch den priesterlichen Segen, durch die Heiligen Sakramente und Sakramentalien oder durch die Reliquien der Heiligen Hilfe und Linderung gebracht werden konnte.

Dies wunderbare Gefühl für alles Heilige und Geweihte, für alles, was mit der Kirche als dem Leib Jesu Christi in lebendigem Zusammenhang stand, war der näheren Umgebung eine so alltägliche Erscheinung, dass sie dieselbe wie eine sich von selbst verstehende Erscheinung betrachtete, ohne dass sich jemand kümmerte, diese unerhörte Gnadengabe in ihrem inneren Charakter und ihren Beziehungen zur ganzen Lebensaufgabe der Gottseligen näher zu würdigen.

Indem nun der Pilger alle auf die genannten Punkte bezüglichen Anschauungen von Anna Katharina vernehmen durfte, soweit dies bei ihren Leiden und äußeren Störungen möglich war, erschloss sich ihm mehr und mehr der unendliche Reichtum von Gnaden, der in dieser Seele niedergelegt war, und er gewann durch das Aufzeichnen dieser kleineren Bilder das Verständnis und die Fertigkeit, die späteren, umfangreichen Mitteilungen zu vernehmen und in derselben Unmittelbarkeit und Einfalt wiederzugeben, wie er sie empfangen hatte.

Der Beichtvater folgte diesen ersten Aufzeichnungen des Pilgers nicht ohne gewisse Teilnahme, hatte er ja doch seit dem Jahre 1812, da er die Seelenleitung von Anna Katharina übernommen hatte, zu vieles an ihr erlebt, als dass er nicht in der Arbeit des Pilgers die Bestätigung der eigenen Wahrnehmungen hätte erkennen müssen.

Aber der große Ernst des Pilgers, der mit unglaublicher Mühe und Gewissenhaftigkeit sich den täglichen Aufzeichnungen unterzog und in einzelnen Gebieten eine große, den Beichtvater überraschende Vollständigkeit gewann, schüchterte den leicht zu verwirrenden und sehr ängstlichen Mann bald wieder ein.

Er wollte nicht und sah es nicht ein, wie auf Dinge, denen er nie ein besonderes Interesse hatte abgewinnen können, ein so großer Wert gelegt werde, und zog dann in solchen Augenblicken die zum Erzählen gegebene Erlaubnis wieder zurück oder legte seinem

Beichtkind in schwankender Gesinnung durch innerlich erteilte Befehle Beschränkungen auf, durch welche Anna Katharina die Kraft der Mitteilung verlor, welche nur mit der neu erteilten Erlaubnis wiederkehren konnte.

So ging es unter stetem Wechsel von Befehl und Gegenbefehl, von halber Zustimmung und halbem Widerruf vom September 1818 bis Juli 1820, da der Beichtvater, von der Geduld und Beharrlichkeit des Anna Katharina gegenüber so machtlosen Pilgers gerührt, von Overberg ernst gemahnt und von den Bitten der Gottseligen bestürmt, welcher der Widerstand gegen die dringenden Weisungen ihres Schutzengels zur vollen Mitteilung immer unerträglicher wurde, den Befehl und damit die Fähigkeit gab, die zusammenhängenden Anschauungen des Lebens Jesu zu erzählen.

Sie tat es, mit jenem Zeitpunkte beginnend, an welchem sich ihr Schauen eben befunden hatte. Auch bei dem Erzählen dieser zusammenhängenden Bilder stand Anna Katharina durch die hohe Vollkommenheit ihres geistlichen Gehorsams in so unbeschränkter, völliger Abhängigkeit von dem Willen ihres Beichtvaters als ihres unmittelbaren kirchlichen Oberen, dass dieser Gehorsam das eigentliche Maß ihrer Mitteilung, ja die Quelle der ihr hierzu nötigen Kraft und Stärke war.

Gott wollte von seiner treuen Dienerin kein Wort geredet haben, das nicht durch den vollkommensten Gehorsam, in welchem es gesprochen war, ein Tugendakt und durch die Beschwerden, mit denen das Erzählen immerdar verknüpft war, nicht zugleich ein heiliges Werk der Buße und Sühnung gewesen wäre.

Vielleicht mag selbst der wohlwollende Leser sich den Pilger und Anna Katharina in dem Verhältnis des Fragens und Antwortgebens oder des Empfangens und Mitteilens von Bildern wie von natürlichen Erlebnissen und Erfahrungen sich vorgestellt oder von dem persönlichen Vermögen der Erzählenden allein bedingt sich gedacht haben; so war es jedoch in Wirklichkeit nicht.

Kein Wort der Mitteilung war Sache des freien Beliebens, sondern Wirkung des geistlichen Befehles; wo dieser fehlte, war der Mund verstummt, wo er mit Festigkeit gegeben wurde, trat auch die Kraft ein, alle äußeren und inneren Hemmnisse zu überwinden, wo er nur schwankend, verwirrt und unsicher gegeben und wie halb zurückgezogen war, war die Erzählende selbst gelähmt und erlag den äußeren Störungen.

Es könnten viele Belege hierfür beigebracht werden, doch will ich hier nur folgende Tatsache aus den Tagebüchern herausheben. Es war im Mai 1821, als Anna Katharina die tiefsinnige Parabel von der Ehe, welche als Bruchstück in der Woche nach Palmsonntag unten folgen wird, nur sehr unvollständig wegen mangelnden Befehles zu erzählen imstande war. Der Pilger, von großem Schmerz über den Verlust ergriffen, begleitete seine mühsame Aufzeichnung mit den Worten:

«Man sieht aus den armen Trümmern, was hier so herzzerreißend ohne Not verloren geht.» In demselben Augenblick kam der Beichtvater hinzu und wurde vom Pilger gebeten, den Befehl zur vollständigen Mitteilung zu geben, ja Anna Katharina selbst bat darum, um im geistlichen Gehorsam die Kraft dazu zu erhalten. Er schlug die Bitte nicht ab, ja schien sich sogar für die Sache zu interessieren, deren Bedeutung ihm der Pilger mit bittenden, ernsten Worten zu erklären versuchte.

Allein während der Letztere sich damit abmühte, schaute jener zum Fenster hinaus und erblickte einen neuen Gartenzaun, den sein Bruder eben setzten ließ, dachte, es könnte vielleicht der Nachbar dagegen Einsprache erheben und eilte, ohne den Schluss des Gesprächs abzuwarten, hinunter – und alles war verloren. Die Parabel blieb so unvollständig, wie sie zum Leidwesen des Lesers weiter unten geboten wird.

Damit der Leser aber auch einen Beweis habe, wie sehr dem Pilger der geringste Einfluss auf die Gesichte nicht bloß durch den Beichtvater, sondern selbst durch den Schutzengel Anna Katharinas entzogen war, wird hier die folgende Tatsache aus vielen ähnlichen mitgeteilt. Am 20. April legte der Pilger unter die linke Hand der ekstatisch Schlummernden das sechzehnte Kapitel der Apostelgeschichte. Sie las anfänglich mit den Fingern die Zeilen nachrückend, schloss aber plötzlich die Hand.

Erwacht erzählte sie: «Es war mir, als lese ich und sehe zugleich Paulus in einer Stadt, dem eine unsinnige Magd nachschrie, und wie er den Teufel aus ihr jagte. Und ich erhielt auf einmal eine Stimme: ‹Was geht dich das an?› und brach plötzlich ab.»

Man mag über die Teilnahmslosigkeit und Gleichgültigkeit des Beichtvaters jammern, wird aber nicht umhin können, darin eine der wunderbarsten Fügungen anzuerkennen, nach welchen das ganze Leben, Leiden und Wirken der gottseligen Jungfrau von der weisesten, barmherzigen Vorsicht Gottes geordnet war.

Was wäre aus den Gesichten und ihrer Mitteilung geworden, wenn statt des spröden, ängstlichen P. Limberg ein Mann die Leitung dieser Seele gehabt hätte, den ungestümer Eifer oder eitle Vorliebe für Geheimnisvolles verleitet hätte, die ungeheure Macht auf die gegen geistlichen Befehl so empfindliche Seele zu missbrauchen und maßgebenden Einfluss auf die Gesichte zu gewinnen?

Verwirrung und Störung wären gewiss ungleich größer geworden, und der Leser müsste überdies noch von der wohlberechtigten Furcht begleitet sein, dass man nie wissen könne, was Sache des Beichtvaters und was Sache der Schauenden sei.

Auch war P. Limberg ein Mann voll lebendigen, einfältigen Glaubens, dem die Aufklärung seiner Zeit ein Greuel war; um wieviel unschädlicher war also seine Gleichgültigkeit als etwa jene sogenannte Vorurteilslosigkeit, die mit der Schere eines dürftigen Kompendiums die Gesichte zugeschnitten oder nach den «Grundsätzen einer erleuchteten Pastoralklugheit» gemaßregelt hätte.

Für die Echtheit der Gabe des Schauens aber kann es keinen größeren Beweis geben, als dass diese Gabe und deren Gebrauch ausschließlich unter die Macht des geistlichen Befehls gestellt und der persönlichen Willkür der Schauenden selbst wie jedem anderen fremden Einfluss gänzlich entrückt war.

Anna Katharina, die doch beständig von ihrem Schutzengel ermahnt wurde, dass die Mitteilung ihrer Anschauungen an den Pilger der ausdrückliche Wille Gottes sei, konnte nie zur tatsächlichen Ausführung dieser göttlichen Anordnung und somit zur Vollendung eines Hauptteils ihrer ganzen Lebensaufgabe gelangen, der die göttliche Autorität der sichtbaren Kirche an der Begnadeten zu vertreten hatte!

Es wiederholte sich so an Anna Katharina dasselbe, was sich bei allen ähnlich Begnadeten ohne Ausnahme findet und finden muss, wenn ihr Beruf aus Gott ist. Wenn nämlich die unerforschliche

Weisheit Gottes einer Seele die unzugänglich übersinnlichen Gebiete aufschließt und um sie darin heimisch zu machen die sonst schlummernden Kräfte durch sein Gnadenlicht in ihr weckt und erhöht, dass sie ein doppeltes Leben zu führen im Stande sei, eines im Schauen und eines im Glauben, das heißt im leiblich-irdischen Lebensverband mit der Streitenden Kirche auf Erden, so wird ihr auch eine doppelte Führung zuteil.

In den übersinnlichen Gebieten steht ihr der hl. Engel zur Seite, welcher als der beständige Führer und Wächter sie auf allen den geheimnisvollen Pfaden der unsichtbaren Ordnung begleitet und über alles Verborgene erleuchtet, soweit dessen Kenntnis ihr nötig ist.

In allen gewöhnlichen Verhältnissen des irdischen Lebensverbandes aber ist sie unbedingt und ausnahmslos der Führung der Kirche das heißt deren Priestern, in der Art unterstellt, dass selbst der unsichtbare Leiter seine Führung der sichtbaren Autorität der Kirche unterordnet. Nicht das Schauen nämlich oder das Wirken im Gesicht ist an und für sich verdienstlich, sondern Bedingung alles Verdienstes und aller Gottseligkeit ist der der Ordnung der Kirche unterworfene und mit ihren Gnaden ausgerüstete freie Wille des Menschen.

Wie groß und erstaunlich darum die Gnadengaben auch sein mögen, mit welchen Gott seine Auserwählten ziert, so ist doch Wert und Wirkung derselben bedingt durch die Treue und den Gehorsam, den diese der Kirche leisten.

Für Anna Katharina war dieser Gehorsam das eigentliche Lebenselement, so dass sie, gleich einer Pflanze, die nur nach dem Sonnenlicht gewendet wachsen und gedeihen kann, aus ihm ihre Stärke und alle Kraft des Wirkens und Verdienens zog.

II. FRAGMENTARISCHE MITTEILUNGEN AUS DEM LEBEN JESU VOR DER ERZÄHLUNG DER ZUSAMMENHÄNGENDEN SCHAUUNGEN

(Ehe nun die weiteren Gesichte über die letzten Monate des heiligsten Lebens Jesu angereiht werden, mit welchen Anna Katharina den Anfang ihrer zusammenhängenden Mitteilungen gemacht hatte, werden dem Leser die sämtlichen Bruchstücke vorgelegt, welche der Pilger in dem diesen Mitteilungen vorhergehenden Zeitraum seines Aufenthaltes in Dülmen vernehmen konnte. So kurz und dürftig die meisten derselben sind, so werden sie doch manchem Leser ein willkommener Beweis der gewissenhaften Treue und absichtslosen Unbefangenheit des Pilgers sein, der nichts anderes und dies nur so zu verzeichnen bestrebt war, was und wie es ihm die gottselige Dulderin zu geben vermochte.)

Evangelienbild vom zweiten Sonntag nach Erscheinung

16. Januar 1820: Ich sah den Herrn und seine Mutter einen Weg über Land gehen und reden. Ich dachte anfangs, es sei ein Jüngling und eine Frau, wie mir es meist im Anfang geschieht, dass ich sie nicht gleich erkenne, weil alles so natürlich ist.

Sie waren schon eine Zeitlang gegangen, als ich etwa vier Männer, worunter ich jenen erkannte, den ich für Johannes halte, und auch einen schwarzen auf dem Weg von einer Seite her zu ihnen stoßen sah, und auch später eine Frau, groß und älter als Maria, doch sehr rüstig. Ich habe diese Frau oft auf den Wegen des Herrn mit den anderen Frauen gesehen; auch sah ich sie bei der Kreuzigung. So begaben sie sich nach einer kleinen Stadt, deren Häuser etwas zerstreut auf Hügeln waren.

Vor dieser Stadt verließ sie die Frau, welche unterwegs zu ihnen gestoßen war, und sie gingen in ein etwas größeres Haus als die anderen, worin viele Leute und Gäste versammelt waren. Sie empfingen den Herrn mit viel Liebe und Ehrfurcht. Der Bräutigam war auch ein sehr feiner und zarter Mann, auf die Art des Johannes.

Maria und andere gingen hin und her, als sorgten sie für die Anordnung des Mahles. Der Herr aber und alle anderen standen um einen großen niederen, mit Teppichen bedeckten Tisch, und auf demselben standen von oben nach unten drei kelchförmige, mit Kränzen von Zierwerk auf dem Fuß geschmückte Trinkgefäße und außerdem für jeden Gast ein kleiner, fassförmiger Becher von einer weißlich schillernden Materie, etwa wie Perlmutter, auch mehrere Kannen; diese waren platt rund. Sie tranken zusammen aus drei kleinen Bechern, und Jesus segnete das Getränk mit erhobener Rechten, und auch alles um sich her. Nachdem sie so einige Zeit wie zum Willkomm getrunken und der Herr allerlei gesprochen hatte, kleideten sich drei in wollweiße Kleider, und um den einen Oberarm knüpften sie eine rote Binde mit Quasten.

Der Bräutigam aber hatte auch ein weißes Feierkleid an, doch etwas anders geformt; es war vorne geschnürt, oder mit Schnüren und Knöpfen, und um den Leib war ein Gürtel mit Buchstaben. Um den Kopf hatte er ein Tuch gewickelt, das an beiden Seiten auf der Schulter hing, oben aber doch etwas wie einen Knopf hatte; die meisten anderen mannigfach gekleideten Gäste schlossen sich an diese an. Einer der drei priesterlich Gekleideten ging voran, dann folgte der Bräutigam, dann die zwei anderen priesterlich Gekleideten, und dann folgten die anderen paarweise und zogen nach einem kleinen, höher liegenden Tempel.

Jesus ging nicht mit, ich habe vergessen zu sagen, dass bei dem ersten Eintritt in das Haus der Bräutigam Jesus allein in eine Kammer führte und mit ihm sprach, und dass Er erst dann mit ihm in die Versammlung trat.

Ich muss noch sagen, dass mir die Hochzeit in naher Verwandtschaft mit der Heiligen Familie schien, vielleicht war der Bräutigam ein Brudersohn des hl. Josef; der Bräutigam war groß und schlank, und es war noch ein Bruder desselben zugegen, der stärker und dicker war. Maria und der Herr selbst schienen Teil an der Bewirtung zu haben. Maria und die Frau, welche nicht mit in das Haus gegangen war, sondern noch eine Verrichtung in Kana zu haben schien, hernach aber in das Haus kam, waren vor dem Einzug der Braut die einzigen Frauen im Haus und besorgten alle Anordnungen. Das Haus gehörte nicht der Familie der Brautleute, es gehörte einem Mann, den ich ohne Frau und Kinder sah. Ich habe sonst mehrmals die Leute das Osterlamm in demselben essen sehen. Es war, als wenn er sein geräumiges Haus zu solchen Festlichkeiten hergebe, oder als ob er ein Wirtshaus oder eine Herberge halte. Es waren an dem Haus herum niedrige Dächer, auf Pfählen ruhend, wie Schuppen angebaut. Ich habe in dem Haus auf keine Art kochen sehen; die Bedürfnisse wurden in Körben zugetragen. Wenn auch in dem Hause etwas gekocht worden ist, so müsste es in den angehängten Gebäuden geschehen sein, es schien hier nur der Raum dargeliehen.

Während der Zug mit dem Bräutigam in den Tempel ging, ordneten die beiden Frauen alles zu dem Fest im Hause an, und es ist mir, als habe Jesus auch einiges geordnet, es ist mir etwas entfallen, was Er getan. In dem kleineren Tempel war ein vom Opferraum getrennter Gang mit Fenstern für die Frauen und Kinder.

In diesem, und zwar gleich in der Abteilung bei der Tür, befanden sich bei der Ankunft des Zuges schon eine Gruppe Frauen und Kinder, welche den Begleitern anzugehören schienen und in Körben die Opfer eines jeden beigetragen hatten. Es nahm auch ein jeder sein Opfer von seinem Kind oder seiner Frau, und legte es in Löcher an dem Altar.

Auf diesem Altar sah ich nochmals oben eine kleine Flamme, wie zwischen Knochen, es waren weiße Stäbe, in vielen Strahlen durchspielen. Die Männer mit dem Bräutigam traten vor eine Art Schrank, worin zwei Tafeln waren, und beteten auch vor großen Rollen. Hernach führten die Priester den Bräutigam in den Seitengang, wo viele Frauen mit der Braut an der oberen Seite standen. Die Braut war sehr geschmückt und ganz mit einem Schleier verhüllt. Sie stand unter einem weißen Himmel, der von vier Männern an Stangen über ihr gehalten wurde. In der Mitte dieses Himmels, wenn man hinauf sah, war ein Stern angebracht. Braut und Bräutigam standen einander gegenüber und die Leute auch, es wurde noch gebetet und auch aus kleinen Bechern getrunken, welche sie hinter sich zurückreichten. Die Frauen zogen dabei der Braut den Schleier etwas in die Höhe, so dass man ihre Nase und den Mund sah. Das ist, was ich mich jetzt von den Zeremonien entsinne. Es fällt mir nicht alles so der Reihe nach ein.

Nun zogen sie nach dem Hochzeitshaus. Vor dem Zuge der Braut gingen viele junge Mädchen von sechs bis acht Jahren und auch Knaben, meist in weißen Kleidern mit bunten Kränzen um die bloßen, hinten in einem Wulst befestigten Haare. Diese Kränze waren nicht von lebendigen Blumen; sie waren von allerlei krausen, bunten Fäden, wie Wolle und anderen Ziersachen, recht artig gemacht. Einige der Kinder trugen auch solche Kränze um den Arm. Diese Kinder machten Musik; sie hatten allerlei mir unbekannte Instrumente: Kästchen mit Saiten bespannt, eine Trommel, wie einen halben Kürbis, Becken, und auch einen Ring mit vielen Schellen an einer Stange, auch gebogene Flöten und mehrere Pfeifen aneinander.

Als die Braut an das Hochzeitshaus kam, trat ihr Jesus entgegen. Sie wurde mit den Kindern in einen abgesonderten Raum gebracht, der eigens für sie bestimmt war. Hier begaben sich die Männer und Frauen zu ihr, und man trank und aß kleine Bissen, und die Kinder musizierten und tanzten vor ihr, was ungemein fröhlich und unschuldig aussah. Hier bediente und bewirtete sie der Bräutigam.

Ich sah nun die Männer sich nach dem Speisesaal begeben, und es kamen die Kinder und spielten und tanzten auch vor ihnen, und begaben sich dann wieder zur Braut. In dem Speisesaal war eine Seite mit einem Vorhang abgeschieden, hinter welchem in zwei Winkeln treppenförmige Gerüste waren, worauf die Speisen und Getränke standen, und von wo aus der Tisch bedient wurde.

Maria und die andere Frau sorgten hin und her gehend für alles, und auch der Bräutigam war immer mit der Bedienung beschäftigt und hing mit seinen Augen immer an den Winken unseres Herrn Jesus. Zuerst standen sie wieder alle um den Tisch und tranken, und der Herr, welcher die Oberstelle einnahm, segnete das Getränk und alles ringsum; dann legten sie sich zu Tisch. Es war keine dünne flüssige Speise da, es standen auf dem Tisch auf länglich runden Schüsseln gebratene Lämmer, welche noch ganz mit den Füßen seitwärts liegend und mit eingekrümmtem Kopf aufgestellt waren, so wie man ein Osterlamm malt.

Hier und da stand auf dem Tisch eine Anzahl runder Platten, wie große Patenen; auf diesen wurde ein Stück des Fleisches geschnitten und hingereicht, Gabeln sah ich nicht, wohl aber weiße Messer, wo Klinge und Stiel wie aus einem Stoff schienen und woran kein Metall war; es schien wie von Bein oder weißem Stein. Nachdem dieses Gericht vorüber war, standen sie wieder auf und tranken und taten wie das erstemal und legten sich wieder nieder.

Und nun wurden Vögel auch in ganzer Gestalt aufgetragen; das Brot bestand aus eirunden, zolldicken, ovalen Scheibchen, wie kleine Kuchen. Sie standen nochmal auf und tranken und segneten, und nun wurden außerordentlich große Weintrauben, so dass ich anfangs glaubte, sie wären nur nachgemacht, aufgetragen, und auch in Schalen, welche Füße hatten, allerlei farbige, verschieden gestaltete Bissen wie kleine Küchlein.

Nun kam auch die Braut und andere Frauen und setzten sich mit untergeschlagenen Füßen etwas hinter die Männer. Der Herr war immer ernst, und ich sah ihn die Speisen und Getränke kaum versuchen. Er sprach aber nun mehr und schien zu lehren, und während Er lehrte, sah ich Maria, die auch etwas zurücksaß, immer besorgt nach den aufgestellten Trinkgefäßen sehen, denn einer nach dem anderen wollte einschenken und fand die Flasche leer. Da nahte sie sich dem Heiland, Er redete sie aber ernsthaft an, und sie trat demütig wieder zurück, sie tat mir leid.

Der Herr sprach noch fort, wie vorher; die Tür aber stand noch offen, und es war ein Diener vor derselben. Jesus befahl, die Wasserkrüge mit Wasser zu füllen; es waren sechs, und sie waren schwer. Sie trugen sie in einen Teil des Hauses, wo ein springendes, schönes Wasser in einem weißen steinernen Raum war, und füllten sie, und brachten drei herein. Jesus empfing sie an der Tür, und sie mussten die übrigen drei Krüge auch hereinbringen an den Schenktisch. Wie Er die Krüge empfing, sah ich ihn dieselben vor sich hin und ohne dass es viel bemerkt wurde, segnen, und dann ließ Er drei davon wieder hinausbringen. Von den anderen wurde roter Wein eingeschenkt. Alle waren sehr verwundert und versuchten und waren bald begeistert und fröhlich, und sie staunten und redeten im ganzen Haus und kamen heran.

Ich habe dieses Bild bis zum anderen Tage gesehen. Jesus lehrte noch viel. Ich sah abends eine vielarmige große Lampe über der Tafel anstecken. Viele Gäste sah ich nach und nach sich verlieren, sah sie auch einige Esswaren in etwas eingewickelt mitnehmen.

Es war der Herr und Maria und die Brautleute und noch andere Gäste, welche zurückblieben. Sie waren die ganze Nacht beisammen und lagen hie und da auch zu einzelnen. Sie sprachen auch untereinander und lagen hie und da an der Wand.

Der Herr sprach auch noch viel mit allen und auch zu einzelnen. Ich erinnere mich noch, wie der Herr am anderen Morgen mit Maria hinwegging. Die Brautleute, glaube ich, zogen in ein Haus allein, wo sonst niemand wohnte.

Tröstungsbilder

7. bis 8. Februar 1820 – (Anna Katharina wurde von Klatschereien bedrängt, sie ließ sich dadurch betrüben, kämpfte aber gegen ihre Schwachheit und erhielt die folgenden Tröstungsbilder:)

Ich sah den Herrn in der Nähe von Bethanien; im Ort selbst sah ich in einem Haus drei betrübte Frauenspersonen, zwei Schwestern und eine, welche ihnen zu dienen schien. Eine, die ich für Magdalena hielt, sah ich dem Herrn entgegen gehen. Sie kniete vor ihm und sagte Jesus etwas; Er sprach und wies sie zur Seite, dann ging Er in den Ort, wo die etwa acht Jünger, welche Er bei sich hatte, ihn verließen. Er ging aber mit jener Person nicht nach ihrem Hause, sondern zu einem anderen Ort. Ich sah nicht, was Er dort tat.

Als ich im Anfang die Schwestern noch im Hause sah, sah ich viele Nachbarn reden und spotten, welche bei ihnen waren: sie kennten ja den Propheten, Er könne ihn ja wieder auferwecken, Er sei ja ihr guter Freund. Da dachte ich an das höhnische Weltgespräch bei ähnlichen Fällen heutzutage.

Ich hatte dann noch ein anderes Bild. Ich sah die eine Schwester, die ich als Martha erkannte, in Bethanien in ein Haus gehen, wo niemand drin war, nur hinten lag ein geschwüriger Mann. Ich wunderte mich, dass sie in ein fremdes Haus ging und so darin herumwirtschaftete, als sei es das ihrige. Mir wurde aber gesagt, wo der Herr es verlange, da müsse man ihm dienen. Ich sah aber, dass sie alles zu einer Mahlzeit bereitete.

Hernach kam auch der Herr und seine Apostel und noch viele andere und lagen da zu Tisch. Ich sah auch Maria, die Schwester der Martha, kommen. Sie goss dem Herrn aus einem Fläschchen etwas über die Haare und wusch ihm die Füße und trocknete sie ihm mit ihren Haaren ab. Ich sah auch einen darüber murren. Zu dem Kranken ging der Herr allein, ehe sie fortgingen, und heilte ihn. Die ausgegossene Salbe roch durch das ganze Haus, und ich erhielt: Also dufte die Dankbarkeit. Es waren viele Menschen vor dem Haus.

Nachher sah ich den Herrn; Er schien mir aber jünger und als mein Bräutigam. Er zeigte jedem seine Wege. Er zeigte mit der Hand hinaus, und da sah ich die Wege seiner Jünger wie von seinen Fingern hinauslaufen. Ich sah sie teils eben, teils dunkel, teils licht, bergan, bergab, und so in verschiedenen Wegbildern hinlaufen, und auch meinen Weg zeigte Er mir.

Ich sah ihn nicht mehr lange und sah das Gefährlichste zurückgelegt. Ich sah mich bald krank und in Dornen, dann sah ich den Weg dunkel und viele boshafte Menschen lauern, als wollten sie mich greifen, dann sah ich eine Menge Lappen und Flecken am Weg, um arme Kinder damit zu bedecken.

Zuletzt sah ich den Weg an einem guten Ort friedlich endigen. Mein Bräutigam sagte mir, dies sei mein Weg, ich solle ihn ergeben und ohne Murren gehen. Ich solle mich nicht um meine Zeichen und ihr Bluten bekümmern. Er werde es nicht für die Spötter geschehen lassen, Er habe keine Wunder vor Herodes getan. Ich solle mich nicht darum betrüben und solle nichts verlangen.

13. Februar 1820: Am Morgen vom Sonntag Quinquagesima fand der Pilger Anna Katharina starr die Hände in Kreuzesform ausgestreckt. Er hielt sie betend fest und senkte sie ihr dann leise nieder. Nun fragte sie: «Wie kommst du hierher und befreist mich? Ich war angebunden, sie haben mich an einen Baum gebunden; sie sagen, ich gehöre auch zu denen. Der Herr ist da hinaus gegangen und hat einen Blinden sehend gemacht.»

(Aus der Ekstase erwacht, erzählte sie dann:) «Ich sah Jesus auf einem Weg mit seinen Jüngern und vielen anderen Leuten, welche gruppenweise gingen, vor ihm und hinter ihm. Es war, als lehre er, denn Er stand manchmal still und sie hörten zu. Hinter ihnen lag eine kleine Stadt. Es waren unter dem Volke viele übelgesinnte Laurer. Es war da ein blinder Mann am Weg. Ich sah Menschen um ihn und sah Jesus auf ihn zugehen. Jesus nahm etwas von der Erde und mischte es mit dem Finger in der Hand und strich es ihm auf die Augen, worauf er geheilt war und ihm nachfolgte.

Es waren aber viele böse Juden da, die sich darüber ärgerten, und weil sie glaubten, ich gehörte auch dazu, banden sie mich mit beiden Armen an einen Baum und verspotteten mich und sagten, ich solle warten, bis der Wundertäter wiederkäme, Er würde mir schon helfen. Ich sah aber, dass sie den Vater und die Mutter des Blinden auch ergriffen und zu mehreren Richtern schleppten und verhörten. Die Leute waren zwar sehr furchtsam, aber sie hielten sich doch gut und sagten die Wahrheit. Ich blieb einstweilen am Baum angebunden und flehte zu Gott. Da kam ein Mann und machte mich los.»

(Da sie die Hände nicht bewegen konnte, gab ihr der Pilger Reliquien in dieselben und sie kam dadurch nach und nach wieder zu ihrem Gebrauch.)

Bild aus einer Reise Jesu[31]

17. bis 18. Februar 1820 – (Am Abend des 17. Februar trat Anna Katharina in ihre gewöhnlichen Freitagsleiden ein; der Pilger bot ihr einen Trunk frischen Wassers, sie lehnte ihn aber mit den Worten ab: «Mein Bräutigam macht mir ein Leidenstränkchen» und erzählte nach wenigen Minuten folgendes:)

Es ist hier weit von Nazaret; es ist dort herum, wo sie über den See fahren. Da geht der Herr mit vielen Jüngern über Land; es ist, als begleiten sie ihn und als wolle Er allein wohin reisen. Die Frauen ziehen nach: Maria, Magdalena, Martha, Salome und Maria Kleophä.

(Sie spricht noch über die Geschäftigkeit der Martha, welche immer denke, was zu bereiten sei, und über die Leiden Mariä, welche viel ihres Sohnes wegen geschmäht wurde; auch über die Treue und Demut dieser Frauen, welche gar nichts mit sich nehmen und auf weiten Wegen dem Herrn nachfolgen, um hie und da eine Lehre zu empfangen und den Jüngern zu dienen.)

Der Herr und die Jünger nehmen in der Gegend eines Berges einen Umweg und gehen um den Berg, während die Frauen den geraden Weg durch eine schöne Ebene mit vielen Bäumen und Schäfereien gehen. Sie nehmen eine kleine, einfache Wohnung in einem flachen Haus. Es scheint ein Aufenthaltsort der Hirten; es ist ein verschlossener Brunnen dabei.

Die Frauen treten in das Haus, die guten Einwohner räumen es ihnen ein und gehen unter einen offenen Schuppen: sie schließen ihnen den Brunnen auf. Die Frauen bereiten dem Herrn und den Jüngern eine Erquickung. Sie haben in Körben kleine Gefäße mit einem weißen Saft, wie Öl, bei sich und bereiten Getränke.

Im Haus sind geringe, aber zierliche Krüge mit zwei Henkeln, in jeden geht etwa eine halbe Kanne; diese füllen sie mit Wasser und mischen von dem Saft darunter. Ich glaube, es ist von dem Saft, den ich so oft aus den kleinen Stauden tröpfeln sehe, wie sie hier viel an den Zäunen und Abhängen angebracht sind. Diese Leute leben so mäßig! Selten essen sie etwas Brot, machen die größten Tagereisen, und wenn sie ermüdet sind, so nehmen sie ein wenig Saft im Wasser und ruhen kurz und sind wieder ganz frisch. Auch essen sie von den Beeren der Staude unterwegs; ich sah es den Herrn wohl selbst tun. O sie sind ganz wie die Kinder!

Da geht Magdalena dem Herrn entgegen! Er kommt um den Berg herum hierher. Er ist so gegangen, um länger mit den Jüngern zu sein. Er hat ihnen vieles erklärt, aber sie verstehen ihn noch nicht. Da kommen auch noch Leute mit hellen Umhängen, sie haben Pelze an der Brust, es sind vielleicht Hirten. Nun liegen sie zu Tisch. Der Herr trinkt auch, aber den anderen reicht Er zuerst. Die Frauen sind allein. Es ist hier schön.

Hier sind die Frauen immer, was sie sein sollen: abgesondert und dienend. Sie sind in einem anderen Raum, sie essen nicht mit; wenn etwas fehlt, so bringen sie es.

(Am darauf folgenden Tag kam Anna Katharina noch einmal auf das eben angeführte Bild zurück. Sie bat in heftiger Fieberhitze um einen Trunk Wasser, setzte aber bei: sie wolle nur ein wenig trinken, denn der Herr habe ihr ein Tränkchen gegeben, das sei so süß, aber es seien Schmerzen von seinen Schmerzen.

Sie habe es erhalten, als sie ihm entgegen gegangen, da Er um den Berg herum mit den Jüngern gekommen sei, ehe Magdalena ihn gerufen habe. «Ich sah», fuhr sie fort, «Jesus von dem Häuschen aus, wo sie tranken, die Apostel fortschicken über den See. Er wollte nachkommen. Ich sah sie in einem großen Schiff auf dem See gefährlich getrieben. Der Herr kam ihnen nach und ging über das Wasser. Das Schiff war mitten im See.

Als Er auf dem Schiff war, legte sich der Sturm und das Schiff war gleich an Land. Die Apostel gingen wieder weiter und Jesus war in einem kleinen Ort, wo viele Kranke und Besessene zu ihm gebracht wurden, die Er heilte. Beim Austreiben des Teufels sah ich einen schwarzen Dampf von den Besessenen weichen.»

Evangelienbild vom ersten Fastensonntag

20. Februar 1820: Ich sah den Herrn in felsiger Wildnis. Er saß in der Gegend einer Höhle, welche auch sonst gebraucht worden sein muss, denn es war wie ein steinerner Tisch, oder Altar, oder Sitz darin. Hier sah ich den Versucher in Gestalt eines schlanken Mannes neben ihn treten; er hatte ein rötlich-gelbes Gewand an. Er stand neben Jesus und sprach mit ihm. Jesus aber sah nicht zu ihm.

Hernach sprach Er mehr mit ihm und stieg sodann bergauf. Der Versucher folgte ihm auf Umwegen, er wusste nicht, dass Er Gottes Sohn war. Oben auf dem Berg kam er wieder mit Jesus zusammen, und ich sah, dass er ihm einen runden, weißen Stein, wie ein Gänseei groß, reichte, dergleichen viele herumlagen.

Ich sah auch, wie er ringsherum zeigte auf der Spitze des Berges und Jesus alle Gegenden zeigte. Ich sah auch, und das war mir schrecklich, wie der Versucher unseren Herrn anfasste und durch die Luft auf die Zinnen des Tempels führte. Ich sah, wie der Herr ihn von sich trieb und wie mehrere Jünglinge um den Herrn standen und ihn wieder hinabbrachten.

(Sie war zu krank, um mehr erzählen zu können.)

Warnungsbild

22. Februar 1820: Ich war heute nacht im Gelobten Land und sah den Herrn mit den Jüngern ziehen und von seinem nahen Leiden reden und hörte seine Reden mit an. Es wurden ihm auch allerlei Kranke gebracht und ich lag auch am Weg und Er sagte zu mir: ich sei krank und leide und es wäre recht, dass sein Leiden immer erneuert werde und dass ich mitleide. Aber ich sei zu begierig, ich begehre zu vieles für andere zu tragen und überlege nie, was ich auf mich nähme, dann aber könnte ich es nicht aushalten und würde ungeduldig.

Die Begierde wäre sonst gut, denn sie rufe die Vorsehung heran. Ich sah Jesus auch ganz frei in einer Schule lehren, ich glaube in

Jerusalem, und dass Er viele beim Arm hinausschob und dass die Juden schrecklich über ihn erbittert waren.

Evangelienbild vom zweiten Fastensonntag

27. Februar 1820: Ich sah den Herrn mit vielen Jüngern einen Berg hinaufsteigend lehren. Es waren Laubgänge und Hecken, durch die sie gingen, auch Pforten. Bei einer derselben ließ Er die meisten Jünger zurück und ging mit Dreien hindurch auf die Spitze des Berges. Hier sah ich den Herrn gegen den Himmel schauen, und es kam ein Licht plötzlich wie ein Blitz vom Himmel. Das Licht blieb eine Zeitlang stehen; da fielen die drei Apostel auf ihr Antlitz nieder. Ich sah aber Jesus sehr hoch in die Wolken erhoben und sah zwei alte Männer im Licht zu ihm heranschweben, welche mit ihm redeten. Es waren noch viel mehrere über ihm als diese, es waren viele Engel um ihn.

Ich sah den Himmel über ihm offen und auf einem Thron einen wunderbar glänzenden Mann mit ernstem Antlitz sitzen. Aus seinem Angesicht und aus seinem Mund gossen sich Lichtströme nieder; auf Jesus gossen sich die meisten Strahlen. Diese Gestalt hatte in der rechten Hand, nach Jesus niedergesenkt, ein Zepter, in der linken, emporgehoben, etwas Kurzes, wie eine kurze, dicke Rute; ich kann nicht sagen, was es war. Der Thron war, von anderen Greisen, von Engeln und Gestalten getragen, wie eine Kuppel, die auf Säulen ruht, denn der Thron des Höchsten stand wie auf einem Bogen. Ich sah die tragenden Chöre wieder auf Stühlen ohne Lehne. Ich sah sehr viele leere Stühle, keinen Heiligen, ja keinen Altvater; ich sah nur Engel und allerlei Geister. Der Herr leuchtete schneeweiß und war durchaus durchsichtig und wie Licht. Nach einer Weile verschwand die Erscheinung leise. Der Herr stand bei den Jüngern und rührte sie an; da erhoben sie sich; Er sagte ihnen noch, dass sie nicht reden sollten, was sie gesehen. Er ging mit ihnen hinab zu den anderen, welche auch etwas gesehen haben mussten, denn der Glanz war zu groß. Ich habe den Herrn noch weiter gehen sehen und ein Wunder tun. Ich habe es vergessen.

Elias erweckt den toten Knaben – Epistelbild vom Freitag nach dem vierten Fastensonntag

17. März 1820: Ich habe heute nacht ein wunderbares Gesicht gehabt aus dem Gelobten Land. Ich weiß es nicht mehr ganz genau. Soviel ich mich besinne, sah ich in der Gegend von Jerusalem zwischen zwei Bergen wie einen Menschen hervortreten, dem ein leuchtendes Kreuz, wie ein Stern, auf dem Kopf stand. Dieses Kreuz sah ich wachsen und emporsteigen und sich quer über die Erde am Himmel ausstrecken von einem Berg zum anderen; es schimmerte wie ein Regenbogen.

Es war ein sehr schöner Leichnam daran, und es ergossen sich wie Blutstreifen aus demselben in den Glanz. Es war, als liege dieses Kreuz quer über der Erde bis über das Tal Josaphat. Ich sah auch unten einen langen einfach gekleideten Mann mit langen Haaren mit einigen Jüngern wandeln, und in ein Haus treten, worin eine traurige Frau in einer Rolle las, oder betete, weil ihr Sohn tot war. An der Rolle sah ich, dass es die alte Zeit war. Die Frau fiel ihn an, aber Er wies sie mit der Hand zurück. Nachher sah ich noch eine Frau hereinkommen; Er schickte sie aber beide fort und legte sich über den Toten und betete, worauf dieser sich wieder lebend aufrichtete. Dann gab Er ihn der Mutter wieder. Das ist ungefähr, was ich mich noch entsinne.

Das Wunderbarste war das Kreuz, das über dem Himmel lag. Ich kann die Bedeutung dieses Bildes nicht verstehen. Ich sah an diesem Kreuz die Wunden mit einigen Glorien, wie Eingänge in einen höheren Himmel. Der Körper war mit vielen Blutstreifen bedeckt. Wo die Füße am Kreuz waren, war es dunkel, wo Arm und Brust, war es licht.

(Anmerkung des Pilgers. Sie wusste nicht, dass dieses Gesicht die Epistel des heutigen Tages abbildete, wie Elias den Sohn der Witwe vom Tod erweckt und sich über ihn ausstreckt. Merkwürdig ist, dass sie ein Kreuz auf der Stirn eines Mannes erwachsen, und sich ebenso über die ganze Erde ausstrecken sieht, wie Elias über den Toten sich hinlegte. Es scheint, als wolle ihr Gott in der Handlung des Elias ein Vorbild des Erlösungswerkes zeigen.)

20. März 1820: Ich habe ein wunderbares Gesicht von dem Propheten Jonas gehabt, mit welchem ich mich über Nichterfüllung der Prophezeiungen unterredete. Er sagte mir: an jedem Gesicht und an jeder Prophezeiung ist etwas wahr; man muss auch nicht unwillig sein, so sie sich nicht erfüllen, denn Gott hat, als Er die Welt erschuf, gesprochen: Fiat, es werde! Als Er aber den Menschen erschuf, hat Er es nicht so gemacht; der Mensch ist frei und kann vieles verändern und abbeten.

Jonas war nicht groß, hatte eine breite, hohe Stirn, eine lange Nase, rote Wangen, trug einen langen Rock bis an die Fersen, eine Mütze mit Lappen über Ohren und Nacken, lange Haare und einen Stab. Vor der Stirn war an der Mütze ein Knopf in Gestalt eines Brustbildes; der Kopf daran war nicht ganz wie ein Menschenkopf, er hatte eher etwas von einem Götzenbild, es war als habe er Hörner. In einer hervorgestreckten Hand hatte es wie ein krummes Messer, die andere war wie in Wolken gehüllt.

Ich sah den Jonas auf dem Schiff, welches nicht sehr groß war, unten schlafen. Ich sah den Sturm, wie sie ihn hinauswarfen und sah ihn lebend im Walfisch, wie ein Kind im Mutterleib. Ich hatte gar keine Sorge um ihn; ich dachte, er würde in dem Fisch noch besser als in dem Schiff ankommen.

Ich sah ihn auch von dem Fisch ausspeien; es sah dies recht niedlich aus, denn Jonas lief wie ein kleiner Junge aus dem Maul des ungeheuren Fisches, ohne sich umzuschauen, und erst nach einer Weile stand er an einem Baum still und schaute sich um, als fürchte er sich, der Fisch könne ihm nachkommen.

Er lief wie ein Junge, der tüchtig abgeklopft worden. Ich sah ihn auch in der ungeheuren Stadt Ninive; er lief ganz weit in die Straßen hinein und rief an den Ecken wie ein Nachtwächter.

Dann sah ich ihn auf einem großen freien Platz, wo sich unzähliges Volk und auch der König mit seinen Hofleuten versammelte. Jonas stieg auf einen Rednerstuhl, der mit einem Gitter umgeben war, und redete sehr lebhaft. Ich sah, dass die Zuhörenden sich alle auf die Erde warfen, als täten sie Buße.

Ich sah ihn dann wieder zur Stadt hinauslaufen und sah ihn alsdann an einem Baum verdrießlich sitzen, sah auch den Kürbis über ihm wachsen. Hier hatte ich die Unterredung mit ihm über das Nichterfüllen der Vorhersagungen.

Evangelienbild vom Donnerstag nach dem Passionssonntag

23. März 1820: Ich sah den Herrn und etwa sieben Jünger auf einem Weg. Der Herr stand etwas getrennt von den Jüngern, welche mit vielen anderen Leuten disputierten und hin und her deuteten. Ich sah nun einen kleinen alten Juden, der mir etwas bucklig erschien, zu Jesus treten und mit ihm reden und deuten, und er fasste Jesus beim Arm, als wolle er ihn bewegen, mit ihm zu gehen. Der Herr folgte ihm seitwärts vom Wege, auf dem sie waren, nach einer Stadt, und die anderen folgten auch.

Der kleine Jude sah kurios aus; er hatte einen Riemen um den Leib, an welchem unten wie ein Löffel und andere Anhängsel oder Instrumente hingen.

Ich sah auf dem Weg, von welchem sie abgewichen waren, ihnen drei Frauen entgegenkommen. Ich sah diese Frauen bis auf einen gewissen Punkt des Weges ihnen entgegengehen, und da sie ihn nicht kommen sahen, gingen sie zurück und wandten sich auf einen Seitenweg nach dem Städtchen, wohin Jesus gegangen war. Hier sah ich zwei von ihnen, worunter ich eine große, die dem Herrn immer folgte, besonders bemerkte, in ein anderes Haus gehen; die dritte aber, welche Magdalena war, Marthas Schwester, sah ich gerade nach dem Hause eilen, wo der Herr mit seinen Jüngern bei dem kleinen alten Juden zu Tische lag. Sie waren bei Tisch; ich sah jedoch Jesus nicht essen. Er redete und lehrte; der kleine alte Jude wartete auf und stand meist bei dem Herrn, mit dem er immer redete.

Ich sah Magdalena rasch eintreten; sie hatte ein kleines Krüglein, wie von weißem Marmor, mit zwei Henkeln unter dem Arm. Ihre Haare hingen lang hernieder, sie hatte ein Tuch mit einem Zipfel um den Kopf geknüpft. Sie war noch nicht so schlicht wie die anderen Frauen gekleidet; die Perlen und Schnüre hatte sie nicht mehr, auch den Kopfputz nicht, aber es war noch ihr um die Schultern und Ellbogen geschlitztes und gezacktes, am Ober- und Unterarm geschlossenes Kleid. Sie eilte hinter den Herrn, goss ein wenig von der Salbe aus dem Krug über sein Haupt und warf sich zwischen die Gäste über seine Füße nieder, die sie umfasste und in ihre Haare einwickelte.

Sie lag auf den Knien, den Kopf auf die umarmten Füße Jesu gesenkt. Der Herr sah sich nach ihr um; alle Anwesenden sahen auf, wie sie eintrat und was sie nun tat, und flüsterten sich mit üblen Mienen in die Ohren. Der alte kleine Wirt sprach auch mit; der Herr aber legte die Hand auf den Tisch, als wolle Er ihren Argwohn unterbrechen, und begann zu reden.

Der Ort, wo dies geschah, scheint mir etwa eine Tagreise von dem Wohnort, dem Gut der Magdalena, wo ich sie, von ihren Geschwistern getrennt, früher unordentlich leben sah. Es war dieselbe Magdalena, aus welcher ich Jesus sieben Teufel austreiben sah. Einmal, als ich sie in seiner Lehre zum erstenmal sah, geschmückt auf einem schönen Stuhle sitzend, da wurde sie mehrmals ohnmächtig. Hernach sah ich sie auch auf dem Heimweg niedersinken und noch ein andersmal, wobei ich immer wie eine Wolke von ihr weichen sah.

Palmsonntag

26. März 1820: Ich habe diese Nacht für Sterbende gebetet. Ich kam dann auf den Weg längs des Ölbergs gegen Jerusalem. Ich sah überall viele Menschen herziehen, man machte auch die Wege breiter; es waren so viele eingezäunte Grasgärtchen wie schattige Parks längs des Berges, und es wurden die Zäune weggenommen, damit die Leute besser Platz hatten.

Ich sah auch an mehreren Orten Pfade und Wege machen, wo ich gar keine gesehen hatte. Mein Bräutigam führte mich in ein Gärtchen voll weißer Blumen, sie waren sehr zart und fein, und hingen in großen Sträußen. Ich musste erst durch eine dichte, stachlige Hecke durchbrechen. Die Blumen standen dicht in Beeten mit Dornen eingefasst. Es war kein Weg, ich fürchtete, sie zu zertreten; mein Bräutigam aber sagte mir, ich solle ihm folgen, so breche nichts. Ich sammelte einen weißen Flor voll, die sollte ich ihm vorstreuen, aber nicht eher als im Tempel.

Am Ende des Gartens standen auf einer Erhöhung sieben Gläser; da musste ich sieben der weißen Blumen hinstellen und sie sieben Sterbenskranken in dieser Nacht bringen. – Ich war bei diesen. Es waren Leute hieraus der Gegend, jeden Alters und meines Standes. Auch war ich hier in der Stadt bei der todkranken Nichte des A... Es waren drei Menschen in der Stube, das Kind war sehr unruhig. Als ich zu ihm kam, war mein Bräutigam bei mir. Ich reichte ihm die Blume, das Kind streckte die Hand danach aus, und wurde ruhiger und wollte gerne sterben.

Ich sah auch ein Bild von Gottes Güte, dass Er es jetzt sterben lasse; denn ich sah seinen jetzigen guten Stand, und sah sein Unglück, wenn es am Leben geblieben wäre.

Ich hatte hernach ein Bild, wie der Herr an einem kleinen Ort, wo ein außerordentlicher Zulauf von Menschen war, in einem Hause lehrte. Der ganze Raum, worin er, auf einer Stufe stehend, sprach, war mit grünem Laubwerk und Büschen und Kränzen ausgeschmückt; alle Wände waren damit bedeckt, und es hing von oben ganz feines, zartes Laubwerk nieder. Es war eine offene Halle mit glatten Säulen. Unter diesen sah ich die fünf Frauen stehen, welche ihn so oft begleiteten und seinen Lehren zuhörten.

Im Hof vor dem Haus und ringsumher war ein großes Gedränge. Als Jesus weggehen wollte, konnte Er gar nicht durch das Gedränge fort. Ich sah ihn von hier zwei seiner Apostel fortschicken nach einem kleinen Ort, der näher gegen Jerusalem lag, um die Eselin und das Füllen zu holen. Dieser Ort lag seitwärts vom Wege ab. Die Tiere standen in der Nähe der Wohnungen unter grünen Bäumen. Es war an diesem Ort sehr stille.

Die beiden Jünger warteten daselbst sehr lang, bis der Herr und das viele ihn begleitende Volk in die Nähe dieses Weges kam. Als sie den Zug wie eine Prozession kommen sahen, zogen sie gegen den Weg zu. Sie hatten auf dem Esel eine Art Sitz bereitet. Der Herr saß rittlings auf dem Tier.

Es war nun ein großes Freudengeschrei und Getümmel um ihn her. Es kamen auch viele Leute aus Jerusalem entgegen, Frauen mit Kindern auf den Armen und an den Händen, die ihre Schleier auf dem Weg ausbreiteten. Um den Herrn gingen alle seine Jünger, und hinter diesen jene fünf Frauen.

Als sie an den Tempel kamen, brachten die Jünger den Esel an ihren Ort zurück. Die Krämer in dem Tempel lagen auf niederen Tischen hinter ihren Waren. Diese hingen aber auch hinter ihnen und über ihnen. Es war auch sehr viel Vieh in den Höfen. Der Herr trieb heute die Krämer mit weit größerer Heftigkeit hinaus als das erstemal und hielt sich lange in diesen Vorhallen auf, denn es waren sehr viele Krämer und Gesindel da. Nachher lehrte Er lange, auf einer Wechselbank sitzend, von wo Er die Krämer weggetrieben hatte. Es kamen viele Frauen mit Kindern und Kranken zu ihm, die Er heilte. Es war ein großes Gedränge und Jubeln um ihn. Ich sah aber da, noch tiefer im Tempel, ein schönes Tor, das glitzerte wie Gold. Dahinter sah ich viele ganz alte Juden sitzen und beten, sie hatten allerlei Riemen, die sie um den Arm wickelten. Ich habe nie solche Bräuche, wie diese Alten hatten, in der Familie des Herrn gesehen. Joseph und seine anderen Angehörigen sah ich nie mit diesen vielen Umständen. Es war mir immer, als hätten diese Menschen das alles selbst aufgebracht. Auch sah ich die Opfer selbst eigentlich einfach. Es waren meist ihrer Drei dabei, zwei halfen und der opfernde Priester bereitete sich, wie unser messelesender Priester, zuerst mit Gebet vor.

Als Jesus sich der glänzenden Pforte nahte, sah ich die alten Priester, welche drinnen im Tempel saßen, durch Türen und andere Höfe auf den Opferplatz zurückweichen, wo der Altar stand.

Jesus zog mit seinen Begleitern in den Tempel, Maria und die anderen Frauen gingen nur bis an den Eingang, wichen dann aber vor dem großen Tumult zurück und gingen nach einer anderen Seite des Tempels, wo auf einer getrennten Anhöhe die Schule lag, in welcher Maria erzogen worden war. Ich erkannte nun den ganzen Ort wieder. Die Synagoge war wohl so groß wie unsere Stadtkirche hier; es waren viele Gitterstühle darin, auch ein Opfertisch. Die Frauen gingen früher nach Bethanien zurück, der Herr erst spät im Mondschein.

27. März 1820: Lazarus war ein ziemlich großer, nicht hagerer, schöner Mann. Ich lernte ihn erst kennen, als seine Schwester Magdalena sich bekehrte. Sie wollte damals gleich allen ihren Schmuck wegwerfen, Martha riet ihr aber, es nach und nach zu tun. Ich sah Lazarus zuerst, als Magdalena nach Bethanien zu ihrer Schwester kam und sich so sehr vor ihm schämte.

Lazarus wohnte nicht mit seinen Schwestern zusammen, er hatte ein schönes, geräumiges Haus, und es waren noch einige andere Männer bei ihm. Er war ein vornehmer Mann. Martha wohnte in einem kleinen Haus und bei ihr Magdalena und eine Magd.

Ich habe Lazarus längst siech gehen sehen, habe ihn auch in seiner Krankheit gesehen. Magdalena war mehr bei ihm als Martha. Als er gestorben und begraben war, sah ich mehrere Tage sehr viele Leute in seinem Haus, ihn zu beklagen und die Schwestern zu trösten. Ich sah die Männer und die Frauen allein in abgesonderten Stuben. Eine große Frau, welche immer mit unserem Herrn herumzog und meist als dritte Person bei den zwei Schwestern war, war gekommen und hatte ihnen die Nachricht von der Annäherung Jesu gebracht. Nicht alle Begleiter Jesu gingen an das Grab von Lazarus. Dieses Grab war an einem größeren Begräbnisplatz, dessen eine Ecke zwischen vier Steinpfeilern mit grobem Gitterwerk abgetrennt war. Hier in diesem Raum war das Grab des Lazarus.

Der Sarg mit etwas gewölbtem Deckel war nicht hoch und hatte am oberen Ende eine runde Erweiterung, gerade so groß, dass sie den Kopf des Toten aufnehmen konnte. Er schien von Holz, hatte niedrige Füße wie Kugeln und stand in einer Grube, welche etwas über halbmannstief und so groß war, dass man um den Sarg herumgehen konnte; es ging von der Seite ein Weg hinab. Über dem Ganzen lag ein Stein.

(Sie erzählte noch einiges sehr detailliert, wie der Herr hinabgestiegen, wie eine Frau auch unten gestanden, wie der Deckel abgenommen worden sei, wie der wunderbar eingewickelte Tote sich in sitzende Stellung aufgerichtet habe, wie sie ihm die Binden abgelöst haben (sie wusste die Lagen aller Binden), wie seine Freunde ihn hinausgeführt und Jesus ihn umarmt habe, sie war aber dabei so von Krankheit gehindert, dass ihre Worte nicht deutlich aufzufassen waren.)

Das Gastmahl, bei dem Magdalena den Herrn salbte, war im Hause eines Mannes in Bethanien, der einmal aussätzig gewesen war und den der Herr geheilt hatte. Er war seitdem immer ein Freund des Herrn und der Jünger gewesen, und es war da eine stete Einkehr von ihnen.

Magdalena hatte ein kleines Krüglein, das sie über sein Haupt ausgoss. Sie hatte auch noch ein Gefäß, wie eine eirunde Schüssel mit einem Deckel bei sich, aus dem sie ihm seine Füße salbte. Sie hatte die Haare um den Kopf gewunden und eine Binde darum, die sie löste, als sie ihn mit den Haaren abtrocknete.

Magdalena war sehr groß und schön gebaut, sie hatte schöne schmale Hände und lange, zugespitzte Finger.

Evangelienbild vom dritten Sonntag nach Pfingsten

18. Juni 1820: Ich sah wie einen langen großen viereckigen Saal zu ebener Erde im jüdischen Land, er war wie eine Art Schule.

Da sah ich viele Menschen sich sammeln, auch Zöllner und Sünder, und ich sah Jesus und mehrere Jünger zu ihnen hintreten. Mir war, als komme Er von einer Mahlzeit bei einem Pharisäer, und es stellten sich viele außen um die Fenster und in die Tür und hörten zu. Und ich sah viele unter ihnen falsch lauernd und sah, als murrten sie gegen den Herrn, weil Er sich mit so schlechten Leuten abgebe. Ich sah den Herrn aber ruhig sprechen und die Jünger auch zuhören. Da sah ich zuerst folgendes Bild:

Ich sah auf einer schönen blumenreichen Wiese zwischen Gehölz eine schöne Herde von großen Schafen und sah einen lieblichen Hirten in Hirtentracht unter ihnen, in welchem ich unseren Herrn Jesus Christus erkannte. Ich sah aber mehrere Schafe sich von der Herde trennen und dem Gehölz zulaufen und sah, dass der Weg zu diesem Gehölz bergab ging und dass das Holz schlechtes Holz, Erlenholz war, und dass Sümpfe und Moräste dazwischen waren und immer tiefer wie ein Föhn und Finsternis. Da sah ich den Hirten betrübt in das Holz nachgehen und sah ihn freudig wiederkehren, das Schaf über seinen Schultern zur Herde tragend. Ich sah ihn aber auch ein andermal betrübt, ohne das verlorene Schaf wiederkehren. Ich sah dieses Bild ganz wie eine Schäferei im Gelobten Land. Der Hirt ging und kehrte mehrmals leer zurück und schien sehr betrübt, und endlich kehrte Er mit dem Schaf, und Er rief andere Hirten herzu, zeigte das Schaf, und sie gingen in ein Haus, wie eine Schule, und lobsangen, die Hände emporhebend, als sei es ein Kirchenfest.

Hierauf sah ich gleich, als sehe ich Nachfolger dieses Hirten und Ebenbilder dieser Herden und verlorene Schafe, eine Reihe von Bildern von einzelnen Pfarrgemeinden und Pfarrern, welche ich kenne, teils auch nicht kenne, und sah einzelne Pfarrkinder in Sünden, in Zank, Trunk, Unreinheit, Unandacht dunkel werden, von der Kirche abweichen, in Wirtshäusern, auf Tanzböden und sah die Pfarrer sie aufsuchen, ihnen zureden, sah sie reumütig beichten und die hl. Kommunion empfangen und sah die Pfarrer freudig und Gott danken. So sah ich viele schöne Bilder von lauter guten Pfarrern und sah auch Bischöfe sich über Pfarrer sorgend, doch von diesen nicht sehr viele.

Von der verlorenen Drachme

Ich sah ein Haus wie im Gelobten Land. Es war dunkel darin. Darin sah ich ein jüdisches Weib im Dunkeln. Das Weib war dunkel um sich und in sich. Sie war betrübt und unruhig. Es kam ein Mann, ich sah ihn in die Haustür treten. Sie ging ihm entgegen, und kaum hatte er mit ihr gesprochen, so hatte sie auch eine brennende Lampe in der Hand. Es war, als habe er ihr Licht gebracht und als sei er derselbe Hirt, der das Lamm gefunden, als sei er ein Bild Jesu.

Als er wegging, stellte die Frau die Lampe mitten im Haus auf einen Leuchter. Nun wurde es hell, und die Frau selbst war heller, reiner, durchsichtiger. Sie nahm einen Besen von feinen langen Kräutern und fegte von allen Seiten des Hauses gegen die Mitte dem Schein der Lampe zu. Da sammelte sich Staub und Kehricht. Sie durchsuchte es mit den Fingern und fand den Groschen, der auch leuchtete. Und nun sah ich, als sei der leuchtende Groschen mitten in ihrer Brust und sie selbst wurde lichter, und das Licht der Lampe und des Groschens und ihr eigenes waren eins in ihr geworden und sie war ganz hell und das Haus war hell. Da sah ich eine andere Frau zu ihr kommen, und die wurde auch hell von ihrem Licht, und dann mehrere ebenso, und sie waren alle klarer und freudig und lobten Gott.

Ich sah nun mehrere Beispiele, wie einzelne gute Geistliche, auch Laien, die ich kannte und nicht kannte, einzelne Personen aus unserer Zeit durch ein Wort oder durch eine Beichte innerlich erwecken, dass sie ihre Mängel erkannten und sich besserten und ihre Besserung anderen mitteilten und wieder andere erweckten. Ich sah dieses Bild als ein Bild der Erweckung durch gute geistliche Seelenführer.

Der verlorene Sohn

Ich sah eine althebräische Familie, Haus, Knechte und Viehzucht. Ich sah einen alten Vater und zwei Söhne darin und sah den jüngeren frech und unfreundlich, den älteren aber dicht beim Vater und einig mit ihm. Der ältere gefiel mir aber doch nicht. Er hatte etwas Selbstsicheres und auf die Gunst des Vaters Bauendes in sich, und ich sah den jüngeren trotzig die Teilung des Erbes begehren. Und da er es empfangen hatte, sah ich ihn fortziehen, den Vater betrübt und den älteren Sohn erfreut. Ich sah den verlorenen Sohn weit wegziehen, und ich sah, dass er bergab zog.

Er hatte den Segen des Vaters nicht empfangen, und ich sah ihn immer mehr hinabziehen und sah, dass er in eine Gegend kam, wo Sumpf war und Nebel, und es waren da Häuser am Weg, worin Tanz und Spiel und schlechte Frauen waren, und ich sah ihn von einem ins andere ziehen, und immer in niederes und dunkleres Land und sah ihn zuletzt aus einem Haus ganz arm hinausgestoßen. Ich sah ihn in einen Wald ziehen, wo hie und da ein Sumpf war, und da sah ich ihn bei Schweinen sitzen, welche Hülsen fraßen, die da herumlagen. Ich sah ihn auf einem abgehauenen Baumstamm sitzen, traurig die Hände unter den Kopf gestützt. Dann sah ich ihn umherschauen, empor gegen den Himmel, und dann auf die Knie fallen, und da dachte ich, Gott sei Dank, jetzt liegt er auf den Knien. Dann sah ich ihn zurückeilen zu seinem Vater und den Vater ihm entgegen sehen, denn Er sehnte sich, und ihm entgegeneilen.

Der Sohn lag auf den Knien, der Vater umarmte ihn, rief den Knechten, sie sprangen herbei, brachten Kleid, Ring, Schuhe, sie waren freudig und hilfreich zu allem. Es wurde ein Kalb geschlachtet, es kamen Gäste, ich sah ein Mahl auf jüdische Art.

Sie lagen um den Tisch. Ich sah die Gäste lobsingen und auf Flöten spielen; alles war froh. Ich sah den ältesten Sohn auf dem Acker das Getümmel hören, lauschen, dem Hause nahen, einen Knecht fragen, stehen bleiben, den Vater herauskommen, den Sohn voll Neid und Ärger blass sein, den Vater antworten. Ich sah auch, dass sie um den Tisch standen und ein Lamm aßen. Es war ganz auf dem Teller und hatte wie demütig den Kopf auf den Vorderbeinen liegen.

Ich sah nach dieser Parabel, als habe der ältere Bruder viele Brüder auf Erden und der verlorene Sohn auch, und sah nun aus unserer Zeit viele einzelne und allgemeine Bilder vom Schicksal beider, deren Personen mir bekannt und unbekannt waren. Ich sah, wie einzelne Menschen sich vom Guten wendeten, auf ihr Vermögen oder auf Gnade trotzend, wie sie in körperliches oder geistliches Wohlleben fielen, sich in Lastern herumwälzten, endlich kein Genüge hatten, nach Gnade hungerten, ja selbst als Knechte gern zurückkehrten.

Ich sah die, welche ruhig sitzen geblieben waren, oft lieblos, ja verärgert dabei. Ich hatte auch Bilder von geistlichen Hirten, welche ihre Gemeinden verlassen, um bessere Stellen zu bekommen. Ich sah sie abwärts ziehen in ein Land, das fern glänzte, aber immer niedriger wurde, und sah sie nun an schönen reichen Tischen sitzen, und auf einmal waren diese Tische Schweinetröge, und sie aßen mit den Schweinen, das hieß soviel, als sie kamen von göttlicher Gnadenspeise in Lüste und Eitelkeit.

Auch war es mir, als hieße es in einzelnen Bildern, sie näherten sich den Abtrünnigen und vermischten sich mit Unreinen. Ich sah auch unter den verlorenen Söhnen viele aus Unerfahrenheit, Leichtsinn und auch als von der Kirche durch hoffärtige Erkenntnis sich Abwendende usw. Ich sah sie dann aber, wenn sie nach Schicksalen zurückkehrten und das Haus des Vaters erkannten, oft würdiger und darum besser empfangen als die treugebliebenen Brüder, welche ich von Gnaden stets genährt, doch naserümpfend und neidisch sah. Die Bilder, die ich hier alle sah, sind ungemein mannigfaltig gewesen. Ich sah als verlorene Söhne Menschen, die in Laster, in Aufklärung, in Ketzerei fallen.

Ich hatte aber, als ich solche Geistliche, die bessere Pfründen suchen, und Menschen sah, die Aufklärung und leichteres Leben wollen, als Erklärungsbild, wie Lot sich von Abraham trennte. Ich sah Lot, als er schied, dunkel; ich sah, dass Abraham ihn segnete und dass dies ihm einiges Licht mitgab und sein einziges Gut war. Ich sah Abraham voll Glanz zurückbleiben. Ich sah die Gegend, wo Lot hinzog, fern glänzend; aber ich sah ihn von Nebel umgeben ziehen und sein Weg ging immer mehr hinab, wie der Weg Adams aus dem Paradies.

Ich sah ihn ziehen mit vielen Kamelen, großen Schafen und Ochsen und Eseln und Knechten und seinem Weibe und seinen Töchtern, immer dunkler hinab und wusste, das sei ein böser Weg für ewig, wo er auch gegangen werde.

Als ich die Bilder der verlorenen Söhne in unserer Zeit sah, sah ich Bilder eines Weltgerichtes, einer Richtung über sie ausgehen. Ich sah Kriegsheere sich ergießen, sah Bilder von Streit hie und da, und viele getötet. Ich sah Pfarrer mit Mägden und Kindern aus Häusern getrieben, sah Heilige an ihre Stelle treten, bis andere Priester sie einnehmen konnten.

Es war ein wunderbares Ausmustern, die Menschen wurden ordentlich gesiebt, und ich wunderte mich, als ich viele kräftige starke Männer niederschlagen sah und alte schwache Krüppel verschont stehen blieben. Ich sah aber eine ferne Jugend heranwachsen, die Lücken ersetzen. Ich sah alles das besonders in Bezug auf das Hirtenamt. Aber ich sah auch, dass viele sich durch das Elend besannen und zum Vater zurückkehrten.

Ich sah viele verlorene Söhne zur Mutter, der Kirche, zurückkehren, die mehr Freude und Heil brachten als die älteren Söhne, welche aus ihrem Schlaf und Genügen geweckt, reichlich ausgemustert wurden. Ich sah das ganze Bild nahender Kriegsstrafe mehr in den Bildern der strafenden Wirkung als in dem Geschehen selbst. Es war ein trauriges Bild und schloss mit einem Fest der Erneuerung und des Einganges in die Kirche.

Nachdem ich die Anwendung dieser Parabeln gesehen, sah ich, dass die Jünger sich auch nach anderen Seiten des Hauses in Kammern abgesondert hatten und lehrten. Es war, als wären sie bereits die Erfüllung der Bilder der Nachbarn des Hirten, der das Schaf gefunden, und der Nachbarin der Frau, die die Drachme gefunden, und des wiedergefundenen Sohnes, und teilten die Freude, das Licht, die Versöhnung weiter mit. Die murrenden Pharisäer und Schriftgelehrten aber standen da, wie der ältere Sohn.

(Anna Katharina vermochte nur mit Mühe diese reichen Bilder zu erzählen, deren Klarheit sie mit großer Rührung erwähnte. Über dem Schluss lag ihr eine gewisse Dunkelheit in der Erinnerung, denn die Kriegsbilder als Strafe so mannigfacher Verlorenheit waren zu reich, viel und erschreckend und mit Gebet um Schonung vermischt.)

Bruchstück aus einer größeren Anschauung

19. Juni 1820: Ich sah erst ein Bild aus dem Leben des Herrn. Es war, als beginne Er sein Lehramt. Ich sah ihn hie und da in seinem Vaterland und um Nazaret herum lehrend gehen auf Wegen, Straßen und in Schulen.

Ich sah auch, als sende Er seine Jünger aus. Sie waren noch nicht alle bei ihm. Petrus war es schon. Ich erinnere mich nicht mehr deutlich.

1. Juli 1820: Ich sah die Fischer am See, sie wollten ausfahren, um zu fischen. Viele arme Leute standen am Ufer, auf die kleinen Fische wartend, welche ihnen immer geschenkt wurden. Ich sah Jesus von ihnen allen unbemerkt über das Wasser vorübergehen. Er schaute das arme Volk an und ging nach einem Ort, wo Er noch heilte. Petrus und Johannes schienen seine Nähe zu fühlen, sie waren bewegt. Sie hatten zwei größere Schiffe, ihre Kleider lagen am Ufer in Hütten. Petrus war ein lebhafter, eifriger Alter, Jakobus war schwarz und gesetzt, Johannes schlank und blond. Ich sah sie hinausfahren und mehrmals das Netz auswerfen. Fackeln steckten an den Schiffen und erhellten das Meer.

Viele Fische kamen in das Netz, aber plötzlich kam eine Bewegung in das Wasser, und alle Fische entkamen dem Netz. Am Morgen standen sie wieder am Ufer und brachten ihre Netze in Ordnung, und es erhob sich ein Brausen in der Luft, als sollte ein Sturm aufkommen. Sie dachten, das sei die Ursache des misslungenen Fischzuges, aber es war Jesus, der sich nahte.

Viele Menschen, die da auf die Fische geharrt hatten, drängten ihn. Er ging in das Schiff von Petrus. Petrus musste etwas vom Lande fahren; da lehrte Jesus vom Schiff aus.

Am Schluss wünschte Er Fische für das Volk und befahl dem Petrus, hinauszufahren. Sie fuhren gegen eine flachen Felsen.

Zebedäus und seine Söhne waren in dem anderen Schiff. Sie taten einen Zug, sodass das Netz oben platzte. Die Schiffe waren voll. Petrus kniete vor Jesus und sprach die Worte des Evangeliums: «Weiche von mir, o Herr, denn ich bin ein sündiger Mensch!» Jesus sprach vom Menschenfischen.

Am Ufer angekommen legte Petrus seine Kleider an und folgte Jesus nach; aus dem anderen Schiff taten es zwei ebenso, ein Dritter etwas später. Ein Greis war zurückgeblieben. Vier arme Leute aus der Gegend besorgten die Schiffe und den Verkauf und das Verteilen der Fische.

1. Juli 1820: Ich sah, wie Jesus den Aposteln sagte, dass sie sich in alle Welt verteilen sollten. Ich sah Jesus mit seinen Jüngern wandelnd und erkannte die Gegend als eine, wo ich Abraham und Melchisedech und andere von den Altvätern hatte irgend etwas tun sehen. Ich sah, dass Jesus mit Petrus etwas vor den anderen vorausging und mit ihm sprechend mit ausgestreckter Hand nach verschiedenen Himmelsrichtungen zeigte.

Hierauf wendete Er sich zu den anderen, die sich näherten, und sprach mit ihnen. Ich glaube, Er hat da dem Petrus etwas über die künftige weitere Aussendung der Apostel gesagt, was ich diesen in dem heutigen Bilde nun ausführen sah. Ich sah die Apostel lange nach dem Tod des Herrn, denn Paulus war schon unter ihnen, in dem selben Haus versammelt, wo sie waren, als Petrus aus dem Kerker befreit wurde und zu ihnen kam. Sie waren oft dort versammelt. Es war nicht das Haus, wo das heilige Abendmahl eingesetzt wurde und wo der Heilige Geist über sie kam. Ich sah in der Nacht dort alle Zwölf mit vielen ihrer Jünger versammelt. Alle waren sie ganz zur Reise gerüstet.

Sie standen unter der Lampe im Kreis und Petrus stand oben an. Alle Apostel hatten krumme Hirtenstäbe in der Hand, und wenn sie beteten, so lagen diese ihnen im Arm. Die hinter ihnen stehenden vielen Jünger hatten kürzere Stäbe mit Knöpfen.

Petrus redete, und ich glaube, er, Johannes und Jakobus teilten die Gegenden zu, wohin sie ziehen sollten. Jeder Apostel hatte einen oder zwei Jünger bei sich. Ehe sie schieden, umarmten sie einander und jeder segnete den anderen mit Auflegung der Hände; der Gesegnete kniete nicht. Hierauf gingen sie auseinander, und das Bild schloss sich. Ich sah hier gar keine Frauen, nur das Bild. Es war am Anbruch des Tages, als sie schieden.

Ich hatte nun Bilder nach den verschiedenen Weltgegenden, wohin sie gingen; einzelne sah ich über Meere ziehen. Ich sah Andreas und Judas Thaddäus, deren Gebeine ich hatte, das ganze Gesicht hindurch besonders deutlich.

Die Kleidung der Apostel war so: Sie hatten ihre weißen Priesterröcke an und über diese bräunliche und graue lange

Gewänder. Diese beiden langen Kleider waren durch einen ledernen Gürtel geschürzt; die Beine waren durch einen kurzen Rock von grauem Zeug bis an die Knie bedeckt und an der Seite offen, damit sie besser schreiten konnten.

Sie hatten Sohlen unter den Füßen, welche mit Riemen befestigt waren. Ich sah sie alle ohne Kopfbedeckung. Die Jünger hatten in der Sackung der geschürzten Gewänder allerlei stecken. Einige waren ganz breit bepackt; es schienen dies Abendmahlsgefäße und Rollen; auch geistliche Kleidungsstücke zu sein, denn sie hatten aus dem Abendmahlshaus, wo ich etwa neun der Apostel gesehen habe, dergleichen mitgenommen.

Unter den vielen anwesenden Jüngern waren eine Anzahl, welche nur ein Stück Weges mitgingen, um zu sehen, wo ihre Freunde blieben; andere zogen erst später nach.

Die Apostel waren nicht alle in Jerusalem gewesen, sie waren hier erst zusammengekommen, und ich habe sie von allen Seiten herreisen gesehen. Petrus war es, der hauptsächlich sprach; Johannes und Jakobus der Jüngere waren ihm wie Gehilfen. Petrus wandte sich an die einzelnen Apostel und schien ihnen etwas zu sagen, was ihm vom Herrn bekannt war. Die Apostel wählten sich nun aus den hinter ihnen stehenden Jüngern einige aus, welche sie liebten oder die ihnen vertraut waren. Sie schienen sich diese schon vorher bestimmt zu haben, weil sie alle reisefertig waren.

Diese Versammlung war mir, als verteilten sich die Apostel in ferne Länder. Es musste schon eine geraume Zeit nach der Befreiung des Petrus aus dem Kerker durch den Engel sein, denn in der Stadt war vieles anders als damals. Auch war Maria nicht mehr in Jerusalem, und ich sah gar keine von den heiligen Frauen.

Evangelienbild vom sechsten Sonntag nach Pfingsten

16. Juli 1820 – (Anna Katharina hatte das Bild von der Speisung der Viertausend (Mk 8,1-9), vermochte aber nicht, dasselbe zu erzählen. Sie bemerkte nur aus der ihr gezeigten Anwendung des evangelischen Abschnittes auf die Verhältnisse der Gegenwart, dass sie Bilder von Geistlichen gesehen habe, welche mehr als viertausend Fische hätten, aber nicht einen Menschen sättigen könnten, weil sie nicht glaubten.)

Bruchstück aus den zusammenhängenden Anschauungen

(Am 20. Juli erzählte sie:) Der Herr kam mit etwa sechs Jüngern über den See gefahren. Leute, die ihm entgegen ziehen, bringen einen Besessenen, der sich grässlich gebärdet und hin und her geschleudert und gewürgt wird. Jesus treibt den Teufel aus. Hierauf wird ihm ein anderer gebracht, welcher viele Teufel hat, aber viel leichter befreit wird.

Als Jesus mit den Jüngern ging, sprach er, wieviel Er leiden müsse und dass Er werde getötet werden, aber nach drei Tagen werde Er wieder auferstehen. Ich sah, wie Petrus durch einen Teufel versucht war, der ihm in die Ohren flüsterte: Warum will Er nach Jerusalem und da so viel Aufsehens und Störung machen? Warum will Er nicht nach Nazaret, wo sie ihn kennen und wo sie jetzt neugierig auf ihn sind. Solches sah ich in Petrus auf diese Einblasung des Teufels; und sah auch, dass er Jesus vor den anderen Jüngern beiseite zog und ihm sagte, Er solle sich doch nicht an seine Feinde hingeben.

Ich sah nun, dass Jesus nicht den Petrus anredete, sondern Er wendete seinen Kopf über die Schulter und sah neben Petrus nieder, wo der Teufel stand, und gebot diesem, hinter ihn zu treten, worauf ich den Feind hinter Petrus verschwinden sah. Petrus bezog es auch nicht auf sich, und nun redete Jesus zu allen...

(An demselben Tag sah Anna Katharina noch ein anderes Bild, wie Jesus sich mit seinen Jüngern in einem Haus befindet, wo eine heidnische Frau aus Syrophönizien sich ihm zu Füßen warf und ihn bat, den Teufel von ihrer Tochter auszutreiben.

Dann sah sie ihn gegen das galiläische Meer zugehen und einen Taubstummen heilen. Die heidnische Frau war Jesus lange nachgefolgt und hatte nie zu ihm gelangen können, da die Jünger sie oft abgewiesen hatten.

Der Pilger wusste nicht, unter welchem Gesichtspunkt er diese kurzen Bruchstücke aus den Evangelien auffassen sollte und machte in seinem Tagebuch am 20. Juli folgende Bemerkung, welche seine unbefangene Anschauung der Sache sowie sein Unvermögen und seine gänzliche Absichtslosigkeit, auf die Gesichte einen bestimmenden Einfluss ausüben zu wollen, treffend charakterisiert:

«Es ist schwer, aus den Evangelienbildern klug zu werden, wie sie aufeinander folgen, weil Anna Katharina sie oft ganz oder teilweise vergisst und nie umständlich erzählt, auch keine Ortsnamen nennt und man so nie weiß, aus welchem Jahr Christi sie die Bilder sieht, und weil die Evangelien der Sonntage durcheinander dazwischen kommen.

Sie glaubt, dass all das Erzählte im Verfolg der Speisung der Viertausend geschehen sei. Es ist ein Jammer, dass der Pilger gar nicht unterstützt wird, hierin einen Zusammenhang zu erhalten!»)

Trost- und Warnungsbild

(Am folgenden Tag hatte Anna Katharina ein Bild von der Verklärung auf Tabor. Sie erzählte:)

Ich hatte ein kurzes Bild von der Verklärung Christi. Er ging mit seinen Jüngern und entließ sie am Fuß des Berges und nahm nur Petrus, Johannes und Jakobus mit. Als sie oben waren, kam ein Glanz vom Himmel. Der Herr war ganz leuchtend empor gehoben, und zwei Gestalten schwebten neben ihm. Die Apostel aber konnten den Glanz nicht ertragen, warfen sich auf ihr Angesicht und schienen außer sich zu sein. Petrus war ganz freudetrunken und sagte heftig und lebendig, sich vergessend: wir wollen hier drei Hütten bauen!

Aber auf einmal kam eine Wolke über sie, und ich sah die Gestalt eines alten Hohenpriesters, wie ich immer in Gesichten Gott Vater sehe, und ich hörte die Stimme.

(Weiter vermochte sie nicht zu erzählen, bemerkte aber dem Pilger gegenüber, dass ihr die Freudigkeit des Petrus besonders aufgefallen sei und dass ihr Führer sie danach ermahnt habe, wie auch sie dem Petrus ähnlich sei; sobald sie nämlich gute und herrliche Gesichte bekomme, sei sie voll Mut, wenn aber die Not komme, werde sie betrübt, wie sie es eben jetzt sei.)

Siebenter Sonntag nach Pfingsten

22. Juli – (Anna Katharina hatte ein Bild der Anwendung des sonntäglichen Evangeliums von den Wölfen in Schafskleidern auf die Verhältnisse der Gegenwart. Sie sah den ganzen inneren Zustand der deutschen Kirche und den Verlauf jener unseligen Verirrungen, wie sie sich in Bayern sowohl durch die falschen Mystiker, als durch die Deisten von der Richtung eines Vitus Winter und Fingerlos und im übrigen Deutschland durch die Befeindung des katholischen Glaubens von Seiten Wessenbergs und seines weit verzweigten und in einflussreichen Ämtern stehenden Anhanges zum Verderben unzähliger Seelen geltend machten.)

Als ich in Bayern – (erzählte sie) – die frommen Laien und Bauern sah, da wurde mir gesagt: Ist dies Volk nicht wie der Kranke, der 38 Jahre am Teich Bethesda geharrt hat? Dieser Teich ist das Vorbild der Heiligen Sakramente der Kirche, denn in ihm war die Taufe nach Pfingsten, auch wurde an ihm damals das heilige Abendmahl ausgeteilt. Keiner kam, den Kranken in den Teich hinabzulassen, und er selbst war zu schwach, sich ihm zu nahen. Nun wird er aber von denjenigen geschmäht, welche versäumten, ihn hinabzulassen, dass er sein Bett am Sabbat hinwegträgt, weil ihn das Erbarmen Christi geheilt hat. Jesus aber sagte nachher zu ihm im Tempel: Siehe, du bist gesund geworden, sündige hinfort nicht mehr, dass dir nicht Ärgeres geschehe; d.h. verschmähe den Teich darum nicht, weil ich dich geheilt habe!

Ich sah große Verwirrung in der Kirche Deutschlands; ich sah die Protestanten teilnehmen und die Feinde der Kirche sich bemühen, die Kirche noch mehr herunterzubringen. Ich sah die Menschen sich in andere künftige Kämpfe einmischen und mit großem Verlust die Kirche zur Reinigung durch große Not führen.

(Da Anna Katharina mehrere Tage im Schauen dieser Bilder, weil in großen Leiden und geistlichen Arbeiten für die ihr gezeigten Weinberge der Kirche begriffen war, so wurde ihr auch ein umfassendes Gesicht von der Heilung des Kranken am Teich Bethesda zuteil, von welchem sie noch das folgende zu erzählen imstande war:)

Ich hatte zuerst ein Bild von einer Versammlung der Pharisäer, welche gegen Jesus schimpften und voll Bosheit da und dort hinzeigend von allem sprachen, was Er tue und seine verschiedenen Wunder anschwärzten. Ich sah immer in einem Blick, was sie sagten; es war, als berieten sie sich, Jesus zu verfolgen. Dabei hatte ich eine Ermahnung, dass ich mich über die Verleumdung meiner Feinde nicht betrüben dürfte, da Jesus ganz anders verleumdet worden sei.

Ich sah den Herrn und einige Jünger, als wolle Er nach Jerusalem hineinziehen, sich aber plötzlich zur Seite wenden und nach dem Teich Bethesda gehen. Dieser Teich war von fünf runden Höfen eingeschlossen. In den äußersten Hof zur linken Hand ging Jesus hin, da lag der Mann, der 38 Jahre lang krank war, unter einem an die Mauer angehefteten, mit ein paar Stützen gehaltenen Rasendach; die Leute brachten ihm zu essen.

Der innerste Hof hatte Säulengänge, in welchen andere wohlhabendere Kranke lagen. Zum Teich waren fünf Zugänge; wenn man in den mittleren zum Teich ging, lag er länglich viereckig in einem von fünf Rasenplätzen gebildeten Kreis, in welchem Gebüsche standen.

An den beiden Längsseiten führten Stufen hinab und unten waren kleine Kähne, in welche sich die Leute hinab ließen. An einer Seite des Teiches führte wie eine kleine Brücke hinein gegen eine Röhre zu, welche Wasser ausspritzte, wenn man auf der Brücke an einer Vorrichtung zog. Die Leute reinigten und wuschen sich viel in diesem Teich. Die Bewegung des Wassers aber durch einen Engel geschah nur zu bestimmten Zeiten an gewissen Tagen, welche man wusste. Es war am Abend, als Jesus zu dem Kranken kam; das Wasser pflegte sich am Morgen zu bewegen. Es ist mir erklärt worden, der Kranke habe an der linken Seite gelegen, was bedeuten solle, dass er bis jetzt nicht recht fest an die Gnade Gottes geglaubt habe, er habe keinen Glauben gehabt. Dass er aber 38 Jahre lang ohne Heilung da gelegen, sei darum geschehen, weil er bis jetzt eine große Sünde immer verdeckt und nie vor Gott gründlich Buße getan habe. Ich habe auch noch eine bestimmtere Ursache der 38 Jahre gehört, die ich vergessen habe.

Als Jesus ihn fragte: Willst du gesund werden? Da hat das soviel geheißen, als: Willst du dich mit Gott versöhnen und dich bessern; willst du deiner Sündhaftigkeit eingeständig werden? Der Mann sagte aber, er habe niemand, der ihn in den Teich lasse; das bedeutete, es nehme sich seiner Seele niemand an, er habe keinen Führer, keinen Helfer. Wenn er selbst komme, sei schon ein anderer darin, darunter sei verstanden, er sei lahm, seine Werke seien nicht vermögend, ihn in den Teich der Gnade zu führen, denn er war sündhaft, ohne Führer, ohne Mittel und ohne Glauben.

Ich sah aber, dass er wohl fühlte, dem Heiland genüge seine Entschuldigung nicht, dass er keinen Führer habe und allein zu spät komme, denn ich sah, dass er dem Herrn etwas geheim in das Ohr sagte, dass er seine Schuld bekannte, und nun erst sagte ihm der Herr: Steh auf, nimm dein Bett auf dich und gehe hin! Was so viel heißt, als: Deine Sünden sind dir vergeben, tue Buße für deine Schuld! Du bist 38 Jahre ohne Führung mit deinen lahmen Werken nicht zum Teich, nicht zur Genesung gekommen, denn du hast dich nicht als einen Sünder bekannt, du hast nicht geglaubt! Jetzt bekanntest du, glaubtest und wurdest gesund!

Ich sah aber, dass ihn Jesus erst an den Teich sendete und dass er auf der Brücke stand und dass die Leute, welche dazu da waren, Wasser über ihn laufen ließen und ihn reinigten, welches bedeutete: bist du durch den Glauben genesen, so übe die nun kräftigen Werke und lasse dich durch die Gnadenanstalt reinigen, gebrauche die Heiligen Sakramente!

Ich sah, dass Jesus mit den Jüngern auch an den Teich ging; weil aber ein großes Gedränge um den geheilten Mann war, verließ

Jesus den Ort mit den Jüngern und begab sich in das Haus der Mutter des Johannes Markus. Der Geheilte aber ging mit seinem Bett in eine kleine Hütte zu seinen Leuten, die sich sehr wunderten, dass er genesen sei. Er hielt sich aber nicht lange zu Hause auf, sondern suchte Jesus[32] auf, fand ihn, warf sich ihm zu Füßen und bat, dass er ihm nachfolgen dürfe. Ich sah, dass Jesus ihm sagte, er solle ihm nach Tiberias folgen, wo Er lehren werde, er solle aber einen anderen Weg hingehen. Ich sah auch, dass sich hier Johannes Markus, der Sohn des Hauses, zuerst zu den Jüngern gesellte und mit dem Mann auch nach Tiberias folgte.

Ich sah auch Jesus mit den Aposteln, die bei ihm waren, in den Tempel gehen, und da Er den Geheilten darin fand, sagte Er ihm: er sei gesund geworden und solle nicht mehr sündigen, damit er nicht verdammt werde. Ich sah, dass der Geheilte aus Gutmütigkeit den Pharisäern sagte, dieser Mann habe ihn gesund gemacht, weil er sah, dass sie auf Jesus erbittert waren und glaubte, ihn in ihren Augen dadurch zu ehren.

Jesus und die Seinen sah ich vom Tempel hinab gehen; Jesus ging voraus, die Apostel folgten und eine Anzahl von etwa zwölf Pharisäern eilten nach, als wollten sie ihm etwas anhaben. Sie riefen ihm, Er sah sich aber nicht um, und die Jünger riefen ihm, Er möge warten. Jesus ging aber immer zu. Da holten ihn die Pharisäer ein, fassten ihn am Arm und fragten ihn, wieso Er am Sabbat heilen dürfe und was Er für ein Lehrer sei, da seine Jünger am Sabbat Ähren abgestreift hatten?

Da sah ich, dass es die Laurer[33] seien, welche ich beim Ährenstreifen gesehen. Jesus redete da lange zu ihnen. Die Jünger waren um ihn, die anderen Pharisäer folgten nicht. Er sprach immer im Hinabgehen, manchmal stehen bleibend. Der Weg ging zwischen Mauern, es waren keine Häuser da. Sie ließen ihn allein. Er ging zum Tor hinaus mit einem Paar; die anderen gingen einen anderen Weg. Es war nicht Ernte, da Er gekommen, es war grün.

Bruchstück

(Am 23. Juli 1820 erwähnte Anna Katharina, sie habe heute etwas vom Heilen einer verdorrten Hand gesehen, dann, wie Jesus die Jünger zurückgelassen und die Nacht auf einem Berg gebetet habe. Als Er herabgekommen sei, habe Er die zwölf Apostel bestellt und sie paarweise genannt. Sie habe immer vierzehn gezählt, da sie auch den künftigen Paulus und Matthias von ferne gesehen habe. Jesus habe ihnen auch gesagt, was sie tun sollten. Sie habe auch gesehen, wo die Apostel gewirkt haben.)

Erklärung der Verschiedenheit der Geschlechtsregister bei Matthäus und Lukas

28. Juli 1820 – (Das folgende Gesicht ist das letzte Einzelbild, das Anna Katharina vom Leben Jesu erzählte, denn vom Ende Juli an begannen ihre zusammenhängenden Mitteilungen. Sie hatte während der Oktav des Festes der hl. Anna viele Anschauungen der Vorfahren der Eltern der allerseligsten Jungfrau und erhielt so auch das schöne Bild, das hier mitgeteilt wird.)

Ich sah die Stammlinie des Messias aus David sich in zwei Ströme teilen. Rechts lief die Linie durch Salomo und endigte mit Jakob, dem Vater Josephs, des Mannes Marias.

Diese Linie lief in einer höheren Richtung. Sie strömte meist aus dem Munde aus und war ganz weiß, ungefärbt. Die Gestalten neben der Linie waren alle höher als die entgegengesetzten der anderen Linie. Alle hatten einen Blumenstengel in der Hand, etwa armlang, mit ringsum palmartig hängenden Blättern. Oben auf dem Stengel saß eine weiße Glockenblume mit fünf gelben Staubfäden, welche einen feinen Staub abgaben.

Drei Glieder dieses Stammes vor seiner Mitte von oben waren ausgestoßen, erschwarzt und ganz verdorrt. Die Blumen waren von verschiedener Größe, Kraft und Schönheit; bei Joseph erschien sie rein und voll frischer Blätter, er hatte die schönste Blume. Ich sah, dass diese Linie gegen ihr Ende hin sich mit der entgegengesetzten durch einen Strahl vereinigte. Ich hatte eine Eröffnung über eine höhere geheimnisvolle Bedeutung dieser Linie; sie war mehr aus dem Geist, sie war weniger Fleisch, sie hatte etwas aus der Bedeutung Salomos. Ich kann dies nicht ausdrücken.

Die Geschlechtslinie zur Linken ging durch Nathan von David bis Heli, welches der rechte Name Joachims ist; denn dieser hatte den Namen Joachim erst später erhalten, wie Abram den Namen Abraham erhielt. Ich habe auch die Ursache gewusst und werde sie wieder erfahren.

Jesus wurde mir oft in meinen Gesichten ein Sohn Helis[34] genannt. Diese ganze Geschlechtslinie sah ich niedriger laufen; sie war farbig, hatte hie und da Flecken und kam dann wieder klarer hervor. Sie war rot, gelb, weiß; blau war nicht in ihr. Die Gestalten neben ihr waren kleiner als die auf der anderen Seite.

Sie hatten kleinere nach der Seite hängende Zweige mit gelbgrünen gezackten Blättchen und oben eine rötliche Knospe von der Farbe der wilden Rosen. Sie waren teils frischer, teils welker. Die Knospe war nicht eine Blumenknospe, sondern ein Fruchtknoten und war immer geschlossen.

Anna stammte väterlicherseits aus dem Stamme Levi, mütterlicherseits aus Benjamin. Ich sah ihre Vorfahren die Bundeslade so fromm und andächtig tragen und sah, dass sie damals Strahlen des Geheimnisses empfingen, welche sich auf ihre Nachkommenschaft, Anna und Maria bezogen. Ich sah immer viele Priester im elterlichen Hause Annas und auch bei Joachim; daher auch die Verwandtschaft mit Elisabeth und Zacharias.

Am Zweig Salomos waren mehrere Lücken. Die Früchte standen weit auseinander, aber die Gestalten waren größer und geistiger. Mehrmal berührten sich beide Stämme; etwa drei oder vier Glieder vor Heli durchkreuzten sie sich und endeten oben mit der heiligen Jungfrau. Ich meine, dass ich bei dieser Durchkreuzung das Blut der heiligen Jungfrau bereits beginnen sah.

SIEBENTES KAPITEL

Jesus in Judäa und Samaria

Vom 29. Juli bis 11. Oktober 1820

Jesus in Bethabara – Segnung der Kinder (Mt 19,1-30)

29. Juli 1820: Jesus ist mit einigen Aposteln auf dem Weg nach Bethabara. Dieser Ort ist nicht groß, es ist aber eine Schule dort. Er liegt nicht weit von der Jordanstelle, wo die Kinder Israels unter Josua durchzogen, und dem Taufbrunnen gegenüber, in welchem Jesus von Johannes getauft wurde und wo Gideon die Ephraimiten hinstellte, den Madianiten die Flucht abzuschneiden. Er lag in der Nähe eines anderen Ortes, der am Jordansufer selbst liegt und etwa wie Bethania heißt.

Es hatten sich hier unzählige Menschen versammelt: Kranke und Gesunde und besonders Freunde Jesu. Es waren auch zehn Frauen da, fünf, die gewöhnlich folgten, nämlich: Martha, Magdalena, die Magd Marzella, Maria Salome und Maria Kleophä; dann fünf andere, unter denen ich mit Freude die Frau von Jerusalem erkannte, welche man gewöhnlich Veronika nennt, denn ich habe sie immer sehr lieb, wenn ich sie sehe. Sie ist so groß, so schön und so mächtig wie Judith.

Auch sah ich Maria, die Mutter des Johannes Markus, dabei, in deren Haus zu Jerusalem Jesus oft ist. (Es werden die drei anderen wahrscheinlich die Johanna Chusa, die Susanna, und Salome von Jerusalem gewesen sein.)

Die fünf letzten Frauen hingen Jesus mehr heimlich an, wie Nikodemus, sie waren nicht so öffentlich um ihn wie die anderen, die auf allen Straßen mithalfen und Handreichung taten, wo es sich für Frauen schickte. Diese waren mehr in dem inneren Raum der Herberge und traten nicht so sehr hervor. Sie sorgten aber auch, und besonders Veronika, welche alles für die Frauen hier anschaffte, so wie Martha es wieder für den Herrn, die Jünger und Armen verwendete. Ich bemerkte anfangs nur drei Apostel bei Jesus. Der Ort war ganz voll von Menschen, sie lagen teils unter Schuppen, teils unter breiten Bäumen. Es waren allerlei Kranke.

Als Jesus nach Bethabara in die Herberge kam, lehrte Er seine Begleiter noch von der Ehescheidung. Diese sagten, wenn die Sache so stehe, so sei es nicht gut, eine Ehe einzugehen; worauf Jesus ihnen erwiderte, was bei Mt 19,10 und Mk 10,10 geschrieben steht.

Jesus heilte viele Menschen. Ich sah Lahme und Gichtbrüchige, welche die Krücken wegwarfen, auch eine Art taubstummer Besessener, und es wurde mir gesagt, es seien dies solche, welche ganz verstockt gegen die göttliche Lehre seien. Ich sah einen mit einer verdorrten Hand, auch mehrere geheilte Blinde. Es waren aber Laurer der Pharisäer hier, die auf all sein Tun achteten.

Mit den Frauen waren einige jerusalemische Jünger gekommen, denn dieselben gingen nie ganz allein. – Jesus setzte bei den Jüngern die Lehre von der Ehe fort. Ich sah später fünf Apostel in seiner Nähe, den vierten halte ich für Matthäus, der fünfte scheint kein rechter Apostel, aber er ist doch ganz vertraut, bald nahe, bald wieder abwesend (vielleicht Saturnin).

Jesus tat hier ungemein vieles und war in steter Arbeit, immer ernst, mild und ruhig und mit einer rührenden, geheimen Trauer. Er lehrte bald auf der Straße, bald zogen sie ihn bei den Kleidern in ein Haus. Er erzählte viele Parabeln, lehrte die Weisen und die Einfältigen. Zu jenen sprach er, sie sollten alles Gott aus Dankbarkeit wiedergeben, was Er ihnen gegeben habe. So tue Er auch. Er tat hier sehr vieles, wovon kein Wort im Evangelium steht. Er war auch im Hause bei den heiligen Frauen. Seine Mutter Maria war in Jerusalem in einem Haus nicht weit von Nikodemus.

Ich sah sehr viele Mütter mit Scharen von Kindern, wie ganze Prozessionen heranziehen, es waren Kinder jeglichen Alters, selbst

Säuglinge trugen sie auf den Armen. Sie kamen auf einer breiten Straße des Orts, und als Jesus um die Ecke herum in diese Straße ging, wollten die voraus gehenden Jünger die Frauen und Kinder der großen Arbeit Jesu wegen unfreundlich zurückweisen, denn Er hatte viele schon gesegnet. Jesus aber wehrte ihnen, und es wurde Ordnung gemacht. Zu einer Seite des Weges standen fünf lange Reihen von Kindern verschiedenen Alters und Geschlechts hintereinander, doch Knaben und Mädchen gesondert. Es waren viel mehr Mädchen. Die Mütter mit den Säuglingen auf den Armen standen hinter der fünften Reihe. Auf der anderen Seite des Weges standen viele andere Menschen, welche abwechselnd sich vordrängten. Der Herr aber ging längs der ersten Reihe der Kinder hinab, sprach mit ihnen, legte ihnen die Hand auf das Haupt und segnete sie.

Einigen legte Er eine Hand auf das Haupt und die andere auf die Brust, einige schloss Er an seine Brust, manche stellte Er den anderen wie ein Muster vor, und es war, als lehre, ermahne, ermuntere und segne Er. Wenn Er eine Reihe der Kinder hinab war, so ging Er an der anderen Seite der Straße bei den erwachsenen Leuten wieder hinauf, ermahnte und lehrte diese, stellte ihnen auch einige der Kinder vor, und dann ging Er die folgende Reihe der Kinder wieder hinab, und gelangte nachher wieder zu den Erwachsenen, von denen wieder andere in die vordere Reihe getreten waren. So tat Er fort, bis Er diese Liebe auch den Säuglingen erwiesen hatte.

Es wurde mir gesagt, dass alle die Kinder, die Er gesegnet, dadurch eine innere Gnade erhalten hätten und später Christen geworden seien. Es waren wohl tausend Kinder hier bei Jesus, denn ich glaube, es erneuerte sich der Andrang einige Tage hindurch.

Die Zurechtweisung des Jünglings (Mt 19,16-26) geschah, während Jesus die Kinder segnete. Der Jüngling trat aus der Gruppe hervor, welche den Kindern gegenüberstand. Es waren während der Segnung der Kinder abwechselnd mehrere solche Auftritte.

Als der Herr zu Petrus von der Wiedergeburt redete (Mt 19,28), waren die Spione der Pharisäer noch zugegen und wunderten sich und murrten.

Es war gegen Abend, als der Herr ins Haus ging, wo die Frauen das Mahl bereitet hatten. Sie aßen stehend und hin und her gehend.

Der Herr lehrte immerfort. Es gab Getränke, kleine Brote, Früchte und Honigwaben.

Der Herr ging manchmal zu den Frauen hinaus in den Vorhof; da sah ich, dass Maria Salome zwischen Johannes und Jakobus vor ihn trat und begehrte, ihre Söhne sollten an seiner Seite sitzen. Der Ärger der zehn anderen hierüber war später, als alle wieder beisammen waren.

Die Frauen von Jerusalem, darunter Veronika, gingen noch am Abend über den Jordan gegen Jerusalem, Martha aber und Magdalena kehrten mit ihrer Gesellschaft erst am anderen Morgen nach Bethanien zurück.

Ich sah, dass von den Kundschaftern der Pharisäer viele blieben und sich bekehrten, und mehrere, welche zornig nach Jerusalem zurückkehrten, sind unterwegs anderen Sinnes und später Jesu Anhänger geworden. Von einigen, welche Jesus gedrängt hatten, hatte Er sich abgewendet; und da die Seinigen um die Ursache fragten, sagte Er, es sei ihnen nicht ernst damit gewesen.

Heilung von zehn Aussätzigen

30. Juli: Heute nacht sah ich, dass der Herr am Abend nach dem Mahl mit den fünf Aposteln stille von Bethabara gegen Morgen zu ging, und als sie in der Dämmerung gegen ein großes Haus kamen, in dessen Nähe noch kleinere Häuser lagen, wurde Jesus am Weg von Leuten gerufen, in das Haus zu kommen, in welchem zehn Aussätzige lagen. Da gingen die Apostel, scheu vor den Aussätzigen, um den Ort herum und in mittäglicher Richtung voraus, um unter einem Baume ruhend Jesus zu erwarten.

Die Leute, welche Jesus riefen, waren dahin gestellt, um ihn anzuflehen, wenn Er vorüber komme. Hinten in einem entlegenen Teil des Hauses lagen die Aussätzigen, sie waren verhüllt und ganz voll Schorf.

Jesus befahl ihnen etwas, und es ist mir auch, als habe Er einen angerührt. Er verließ sie hierauf. Ich sah sie aber nacheinander von zwei Leuten zu einem kleinen Teich von etwa zwölf Fuß Breite in der Nähe des Hauses führen und sie in ein paar Tröge legen, die darin waren. Rechts und links waren Röhren in der Mauer, aus denen sie Wasser auf sich laufen lassen konnten. Sie wurden darin gewaschen, und ich glaube auch, es waren Priester in der Nähe, zu denen sie gingen.

Der Herr ging noch durch ein anderes großes Gebäude, welches bei diesem lag. Es hatte einen viereckigen Hof, der an zwei Seiten bedeckte Bogengänge hatte, in deren einem kranke und krüppelhafte Männer, und im anderen kranke Frauen lagen. Es waren für die Lager ordentliche Vertiefungen im Boden. In gleicher Linie durchschnitt ein bedeckter Gang die Mitte, der nach einem Raum am Ende des Hofes führte, wo gekocht und gewaschen wurde.

Zwischen diesem Gang und den Gängen, worin die Kranken lagen, waren Rasenplätze unter freiem Himmel, auch wieder von Wegen für die Kranken durchschnitten. Ich sah auch einige Männer mit kurzen Gewändern bis an die Knie und breiten Gürteln, welche den Kranken dienten, und verschleierte, ganz verhüllte Frauen, welche die kranken Frauen versorgten.

Hier heilte Jesus noch mehrere, und als Er hinaus ging, sah ich ihm auf dem Weg einen der Aussätzigen, die Er geheilt hatte, nachfolgen und ihm Lob nachrufen. Er schaute sich um, und der Mann warf sich auf sein Antlitz; da sprach Jesus einige Worte und ging fort. Bei den nahegelegenen Häusern aber hielten ihn noch viele Weiber mit Kindern an, die Er segnete, wie jene zu Bethabara, so dass Er erst in der Nacht weiterging. Die fünf Apostel warteten voraus unter einem Baum. Ich glaube, Jesus wird da etwas mit ihnen ruhen und sie werden sich dann in einem Bogen mittäglich wenden, wo in einem Ort keine guten Leute wohnen. Ich sehe dies in des Herrn Jesu Willen so.

Jesus kommt mit den Aposteln bei Madian zusammen und zieht von da gegen Jericho

31. Juli und 1. August:

Ich hatte in der Nacht von Sonntag auf Montag einen Blick, wie Jesus zu den fünf Aposteln unter dem Baum ankam und bei ihnen ruhte. Matthäus schien mir bestimmt dabei, außerdem Petrus, Jakobus und Johannes.

Heute gegen Morgen wandelten sie nach dem Ort, den ich vorgefühlt hatte. Machärus, das Schloss, wo Johannes enthauptet worden war, lag rechts von ihnen. Sie kamen auch noch über einen kleinen sehr reißenden Fluss, der ihnen entgegen kam. Ich hatte das Gefühl, dass in dem Ort, dem sie nahten, böse Leute wohnten, welche Heiden waren, doch wohnten auch einige Juden unter ihnen. Zuerst kamen sie an einen Ort, wo ein großes flachgedecktes Haus nach Art der Synagogen stand und noch einige Häuser und Schuppen darum her. Hier waren vier Apostel und viele Jünger, welche sie erwarteten, und noch andere Leute, die ihnen gefolgt waren. Ich sah, dass diese freudig zu ihnen herantraten. Es sind nun neun Apostel beisammen. Sie erzählen, was sie alles in Jesu Namen getan haben.

Eine Stunde von diesem Ort liegt eine größere Stadt, in welche der Herr nicht hineingeht. Die Leute darin sind zu böse, sie lauern überall, sie wissen gar nicht, was die vielen Menschen in dem kleinen Judenort bedeuten. Einige Apostel und Jünger reden doch mit den Einwohnern dort an der großen Brücke vor der Stadt.

Es ist Madian, es wohnen Madianiten dort. Moses hat Herden bei ihnen gehütet, und seine erste Frau war eine Priestertochter aus diesem Volk. Der Herr tut hier nicht so viel. Er lehrt nur. Sie rasten alle, sie haben so viel getan.

2. August: Heute abend gehen sie wieder fort. Sie kehren zurück gegen den Jordan nach einem Städtchen. Sie werden um Behtabara herumgehen, wo der Herr so viel gearbeitet hat.

Die zurückgekehrten Apostel und Jünger hatten fortwährend ihre Verrichtungen erzählt, und Jesus hatte sie darüber belehrt. Er hatte deshalb diesen Gang unternommen, um längere Zeit ungestört mit ihnen sein zu können und der Wut der Pharisäer

Zeit zur Beruhigung zu lassen. Ich sah ihn diese Nacht mit seiner Begleitung unter Schuppen der Hirten zubringen.

Diese Hirten waren sehr gutwillig, trieben ihre Herden nicht in die Schuppen und machten selbst Platz. Sie brachten auch Honig zur Erquickung. Die Apostel und Jünger schliefen, der Herr aber unterrichtete die Hirten noch in Parabeln. Später aber schlief Er auch ein wenig.

Es war auf dem Weg hierher, dass Jesus über den Rang sprach, den die Mutter der Söhne des Zebedäus für ihre Kinder wolle, denn die zuletzt gekommenen Jünger waren unwillig darüber geworden, als sie davon gehört hatten. Bartholomäus und Judas waren noch nicht zurück, und ich meine, als habe Jesus hier wieder Erwähnung getan, als sei ein Verräter unter ihnen.

3. August: Als sie hier weggingen, begleiteten sie einige der Hirten und ließen andere ihre Herde hüten. Ich habe vieles vergessen, aber ich sah sie alle, mehr gegen den Jordan zu, in einem ordentlichen Haus bei einer Hirtenfamilie einkehren und übernachten. Der Herr erzählte hier mehrere Parabeln. Ich erinnere mich, dass Knechte und Schuldner darin vorkamen. Auch erinnere ich mich des Wortes: Diejenigen, welche sagen, sie seien keusch, essen und trinken aber, was ihnen gelüstet, wollen ein Feuer mit dürrem Holz löschen.

Unter mehreren Jüngern, die hier zu Jesus kamen, erinnere ich mich eines, der nachher mit Magdalena nach Marseille ging. Nicht weit von hier liegt ein Städtchen, wo sie hinreisen und wo die übrigen drei Apostel und die anderen Jünger zu ihnen kommen werden.

4. bis 5. August:

Ich sah Jesus mit den neun Aposteln, vielen Jüngern und anderen Leuten von dem Hirtenhaus aufbrechen und sich einem Städtchen nahen, das mehr gegen den Jordan lag. Ich sah viele Leute, Kranke und Krüppelhafte nach diesem Städtchen ziehen, denn die drei übrigen Apostel Bartholomäus, Judas und noch einer mit mehreren Jüngern erwarteten ihn dort und heilten und lehrten schon.

Ich sah von diesem Ort aus den Herrn wie aus der Ferne nahend; es ist, als sehe man einer Prozession entgegen. Er geht bald vorne, bald in der Mitte, oft steht er, und sie treten ihm näher, nie aber drängen sie ihn. – Ich sah Jesus am Abend in das Städtchen kommen. Judas heilte nicht, aber er war geschäftig, hin und her zu bringen, zu helfen, zu veranstalten, Geld auszuteilen.

Jesus ging hier in ein Haus. Ich sah Pharisäer hier und sah, dass zwei zu dem Herrn traten und ihm allerlei Fragen vorlegten. Es waren auch mancherlei bedrängte Frauen hier. Ich sah eine Frau den Herrn um Heilung ihrer Tochter ansprechen, welche voll von Geschwüren war. Der Herr wollte einen Jünger zu ihr senden; sie wollte aber, Er solle selbst kommen. Da ging Jesus nicht zu ihr und sandte auch keinen Jünger und heilte sie nicht. Er lehrte hier zum Sabbat in der Synagoge und heilte vor derselben eine gekrümmte Frau. Die Pharisäer erhoben dagegen einen Streit und brachten gegen das Sabbatheilen ihre gewöhnlichen Schmähungen vor.

8. August: Ich sah den Herrn in dem kleinen Städtchen meistens lehren. Die Pharisäer wollten ihn hindern. Sie standen vor der Synagoge und wollten ihn nicht einlassen, aber Er ging mitten durch sie durch und lehrte und erzählte viele Parabeln.

Es hatte ihn hier niemand bewirtet; erst am letzten Abend zog ihn jemand in sein Haus nebst den Aposteln und vielen Jüngern und bewirtete ihn und machte ihnen allen kleine Kronen von Wolle und setzte sie ihnen bei Tisch auf. Aber er war nicht aufrichtig und ein heimlicher Anhänger der lauernden Pharisäer; er tat alles Mögliche äußerlich, aber es war nicht recht aus Liebe.

Wo sie schliefen, machte man ihnen Lager von vielen übereinandergelegten Strohmatten und Kränze von Stroh unter das Haupt, weil nicht genug Betten vorhanden waren. Ihr Gastgeber folgte dem Herrn nicht nach; er kam später in Samaria zu ihm.

9. August: Als sie das Städtchen verließen, erzählte der Herr ihnen Parabeln von der Bewirtung und sprach über das Innere ihres gestrigen Wirtes. Sie zogen nun auf Umwegen durch eine öde Gegend gen Jericho. Die Apostel und Jünger erzählten noch vieles von ihren Taten, und manches nicht ohne Eitelkeit. Da verwies es ihnen Jesus, wie damals, da Er sprach: «Ich sah den Teufel wie einen Blitz vom Himmel fallen.» Da erschraken sie.

Jesus erzählte unterwegs eine Parabel, welche ich leider vergessen habe. Sie bezog sich auf das künftige Wirken aller zwölf Apostel. Er sagte, jetzt hingen sie ihm an, weil sie gute Kost hätten. Sie verstanden das nicht, aber Er meinte Friede und schöne Lehren; in der Not aber würden sie anders tun, und Er sagte sogar, die, welche wie einen Mantel von Liebe gegen ihn trügen, würden diesen fallen lassen und nackt fliehen. Ich sah, dass dieses auf Johannes im Garten Gethsemane deutete.

Nicht weit vor Jericho holte ihn die Frau aus dem kleinen Ort jenseits des Jordan ein, welche Er mit ihrem Begehren um die Heilung ihres geschwürigen Kindes abgewiesen hatte. Sie sagte zu Jesus, Er möge ihr nun helfen, sie habe sich von allem losgemacht, was Er befohlen habe. Der Herr aber wies sie nochmals zurück, ihr Kind sei in Sünde empfangen, und Er hielt ihr einen Fehler vor, es schien nur eine Kleinigkeit, an dem sie mehrere Jahre schon klebe; sie solle nicht wieder kommen, bis sie sich davon bekehrt habe. Da sah ich die Frau an den Aposteln und Jüngern vorbei nach Jericho ziehen.

10. August: Näher gegen Jericho traten vier Pharisäer zu Jesus, sie waren von den Pharisäern von Jerusalem geschickt, ihn zu warnen, nicht hinzukommen, denn Herodes wolle ihn ermorden. Sie taten es aber, weil sie ihn fürchteten, denn sie hatten von seinen vielen Wundern gehört. Da sagte Jesus, sie sollten Herodes, dem Fuchs, nur sagen: «Siehe! Ich treibe Teufel aus, und mache gesund heute und morgen, am dritten Tag aber werde ich vollendet» (vgl. Lk 13,31-35). Es ist mir gesagt worden, dass zwei von diesen Pharisäern sich bekehrten und sich an Jesus anschlossen, während die zwei anderen erbittert nach Jerusalem gingen. Schon einmal war einer bei ihm geblieben.

Als Jesus sich Jericho nahte, kamen zwei Brüder aus Jericho zu ihm, die über ihr Erbe nicht einig werden konnten. Der eine wollte bleiben, der andere wollte wegziehen. Da hatte sich der eine vorgenommen, der berühmte Jesus solle ihnen ihre Sache teilen, und so waren sie ihm entgegengezogen. Er aber wies sie von sich, weil dies nicht sein Geschäft sei, und als selbst Johannes ihm sagte, dies sei doch ein gutes Werk, und da auch Petrus so sprach, sagte Er, Er sei nicht gekommen, irdische Güter zu teilen, sondern himmlische, und hielt eine lange Ermahnung vor vielem sich sammelndem Volk darüber. Die Jünger aber verstanden ihn noch immer nicht ganz, da sie den Heiligen Geist noch nicht hatten und immer noch ein irdisches Reich erwarteten.

Da nun hier wieder sehr viele Frauen mit Kindern Jesus entgegen zogen, welche um seinen Segen baten, und die Jünger durch die letzten Drohungen der Pharisäer sehr bange wegen des Aufsehens waren, versuchten sie, dieselben wegzuweisen, denn sie hatten die Aufgabe, Ordnung zu halten. Jesus befahl aber, die Kinder kommen zu lassen und sagte den Jüngern, sie bedürften des Segens, damit sie auch seine Jünger würden. Nun segnete Er viele Säuglinge und auch zehn- bis elfjährige Kinder. Manche jüngere segnete Jesus nicht, und ich wusste nicht warum. Die Gesegneten und manche Ungesegnete zogen wieder ab. Andere Ungesegnete harrten aber noch auf ein anderes Mal.

Jesus in Jericho – Zachäus auf dem Feigenbaum (Lk 19,1)

11. bis 21. August:

Nahe bei der Stadt Jericho, wo Gärten, Parks und Häuser durcheinander liegen, kam der Herr mit seinem Gefolge in ein dichteres Gedränge. Es waren da sehr viele Menschen aus allen Gegenden zusammengekommen. Diese und viele Kranke, die unter Schuppen und Zelten gebettet seiner harrten, umringten ihn.

Zachäus, ein Oberzöllner, wohnte außerhalb der Stadt und war hierher gelaufen, wo der Herr vorbeigehen musste. Weil er aber klein war, stieg er auf einen Feigenbaum, um Jesus im Gedränge recht sehen zu können. Da der Herr nun hierher kam, sah Er auf den Baum und sagte: «Zachäus, steige geschwind herunter, denn ich muss heute in deinem Hause einkehren!»

Zachäus stieg eilends herunter, demütigte sich und war sehr gerührt und begab sich nach Hause, um alles vorzubereiten. Dass Jesus aber zu ihm sagte, Er müsse heute in sein Haus kommen, bezog sich auf sein Herz, in das Er heute einkehrte, denn der Herr zog heute in Jericho ein.

Es waren keine Leute aus der Stadt hier vor dem Tor, sie hielten sich der Pharisäer wegen sehr still zu Hause. Es waren hier meistens Fremde, welche Hilfe begehrten. Jesus heilte noch einen Blinden und einen Taubstummen hier, die mir unter vielen anderen noch bewusst sind. Einige wurden abgewiesen. Er segnete auch noch Kinder, besonders Säuglinge, und sagte zu den Jüngern, die Menschen müssten auf diese Weise gewöhnt werden, ihre Kinder von der frühesten Jugend an ihm anzuschließen, und alle die Gesegneten würden ihm nachfolgen.

Unter dem Volk vor der Stadt war auch eine blutflüssige Frau, die ich schon vor einigen Tagen von weit her ziehen sah, mit dem festen Entschluss, von ihm geheilt zu werden. Sie kam aber heute nicht vor. Sie wird wohl noch lange harren müssen, denn ich hörte Jesus zu den Jüngern sagen, wer nicht ausharre zu flehen, dem sei es nicht ernst, der habe keinen Glauben.

Da aber der Sabbat eintrat, ging Er mit den Seinen in die Stadt zur Synagoge. Ich sah ihn nachher in einer Herberge. Er war mit den Aposteln in einem offenen Speisesaal. Die Jünger aßen draußen in den Bogengängen. Die Mahlzeit bestand aus kleinen Broten, Honig und Früchten. Sie aßen nur stehend, und Jesus lehrte und erzählte fortwährend. Die Apostel tranken zu drei und drei. Der Herr trank allein. Hier trat zu ihm die Frau abermals um Hilfe flehend heran, welche Er im Ort jenseits und unterwegs abgewiesen hatte. Er wies sie auch hier nochmals ab, denn sie trug auf beiden Schultern. Sie hatte hier in Jericho bei den Pharisäern nachgefragt, was man in Jerusalem von Jesus spreche, und hatte allerlei Klatscherei getrieben. Sie musste darum nochmals warten.

Hier kam auch Zachäus zu Jesus. Die Jünger hatten draußen schon gemurrt, dass Jesus sich mit dem verrufenen Zöllner abgebe und gar bei ihm einkehren wolle; denn obwohl der Herr ihr Vorurteil schon oft bekämpft hatte, so waren doch viele neue Jünger, die sich an Zachäus ärgerten, und besonders Verwandte von ihm unter den Begleitern Jesu, welche sich schämten, dass Zachäus sich bis jetzt nicht bekehrt hatte und ein Zöllner geblieben war. Zachäus nahte ihnen vor dem Hause, aber keiner wollte sich mit ihm einlassen, keiner bot ihm etwas an.

Da trat Jesus in die Halle, winkte ihm, herein zu treten und bot ihm Speise und Trank an.

12. August: Ich sah Jesus am Morgen nach der Synagoge gehen. Er erklärte den Pharisäern, dass sie weichen möchten, da Er die Sabbatlektion auslegen und lehren werde. Sie hoben ein großes Gezänk hierüber an, aber sie vermochten nichts gegen den Herrn. Er lehrte hier ganz offen und ohne Rückhalt. Ich erinnere mich, dass Er besonders über den Geiz lehrte. Es kam vieles darin vor, was im Evangelium steht, aber sonst noch vieles andere, überhaupt sind die Lehren im Evangelium meistens nur wie ein Auszug. Jesus heilte auch einen Kranken vor der Synagoge, den man auf einer Tragbahre herangetragen hatte.

Am Abend nach dem Sabbat gingen Jesus und die Apostel aus Jericho hinaus zu der Wohnung des Zachäus. Auf diesem Weg folgte ihm abermals die Frau nach, welche Hilfe für ihr Kind begehrte, und ich sah, dass der Herr ihr die Hand auflegte, um sie selbst von ihrem Fehler zu befreien, und dann zu ihr sagte, sie solle nach Hause gehen, ihr Kind sei gesund, und ich sah sie fortgehen.

Die Jünger gingen nicht mit zu Zachäus. Dieser bewirtete den Herrn recht gut. Es war eine längliche Schüssel, ich glaube mit einem Lammbraten, auf dem Tisch, außerdem wie gewöhnlich Honig und viele kleine Früchte. Sie lagen zu Tisch, und Zachäus wartete auf. Wenn aber Jesus erzählte, tat es ein Aufwärter, und dann stand Zachäus andächtig neben dem Herrn und hörte zu.

Einige Apostel waren nicht ganz zufrieden, dass sie bei dem verrufenen Zöllner essen mussten. Da erzählte Jesus die Parabel vom Feigenbaum im Weinberg, der drei Jahre keine Früchte getragen, für den der Weingärtner aber noch auf ein Jahr um Geduld gebeten hatte (Lk 13,5-9). Ich sah, dass Jesus dies zu den Aposteln sprach, als seien sie der Weinberg und Er der Herr, und Zachäus sei der Feigenbaum, denn er war, nachdem seine Verwandten das ehrlose Amt verlassen hatten und dem Herrn gefolgt waren, nun schon in das dritte Jahr länger bei seinem ehrlosen Geschäft geblieben und darum besonders von den Jüngern verachtet.

Nun aber hatte sich Jesus seiner erbarmt, als Er ihn von dem Baum herabrief. Jesus sprach auch noch von unfruchtbaren Bäumen, dass sie so viele Blätter trügen und keine Früchte.

Die Blätter seien das äußere Tun und rauschten immer ohne Dauer und Samen des Guten; die Früchte aber seien das innere, wirkende Wesen in Glauben und Tun mit der Erquickung der Frucht und der Fortdauer des Baumes im Kern der Frucht. Es ist mir auch, als habe Er Zachäus gesagt, vom Baum herabzusteigen, gleich als solle er sich der geräuschvollen Äußerlichkeit begeben und auch als sei Zachäus die reife Frucht, welche nun den Baum verlasse, der drei Jahre unfruchtbar im Weinberg gestanden war.

Jesus erzählte auch noch von den treuen Knechten, welche dem Herrn nicht nach dem Mund redeten, sondern wachten und kein Geräusch litten, damit sie hören könnten, wenn der Herr anpoche. Er erzählte noch viele schöne Parabeln, eine aber dem Judas zu Gehör. Ich habe sie des Besuches wegen wieder vergessen.

Jesus schlief hier. Es waren in dem Haus allerlei leere wüste Räume, Gewölbe und Behälter mit Schlössern und Ketten, um allerhand zu bewahren.

Ich tat einen Blick nach Bethanien. Lazarus ist krank, sie sehnen sich nach dem Herrn; aber Er geht erst noch nach Samaria zu, ehe Er nach Bethanien kommt. Den Jüngern ist das nicht recht, sie möchten nach Jerusalem.

16. August: Ich sah Jesus heute bei einem vornehmen Pharisäer speisen, der viele andere Pharisäer zu Gast geladen hatte. Es war die ganze Zeit hindurch in diesem Haus unter stetem Schmausen eine Versammlung der Pharisäer gewesen, die alle über Jesus erbittert waren und ihm auflauerten.

Auch die Jünger und Apostel waren in einer gewissen Unzufriedenheit und Angst, Er gebe sich eine Blöße und handle den Leuten zu sehr gegen den Sinn. Da Jesus nun zu der Mahlzeit kam, warfen sie ihm vor, dass Er am letzten Sabbat den Kranken vor der Synagoge geheilt habe, und Jesus sprach gegen sie, wie es oft im Evangelium steht. Auch ihre Hoffart, immer obenan zu sitzen, verwies Er ihnen, und erzählte Parabeln.

Die Pharisäer in diesem Haus waren über Jesu Taten und Lehren in Jericho sehr erbittert. Sie überlegten, ob sie ihn sollten gefangennehmen lassen und schickten nach Jerusalem, um einen Haftbefehl zu erhalten, worüber die Jünger sehr in Sorgen waren. Es war immer ein ungemeines Gedränge um Jesus, wo Er ging und stand, und Er lehrte an allen Orten. Er schlief in der Nacht wieder in der Herberge.

Lazarus sehe ich sehr krank. Seine Schwestern verlangen so nach Jesus, dass sie oft bis in die Nähe von Jericho entgegen gehen, ob ihre Boten den Herrn nicht mitbringen. Er kommt aber noch lange nicht, denn Er zieht von hier erst noch gegen Samaria. Maria ist in Jerusalem bei Maria Markus. Sie geht manchmal nach Bethanien.

Es wurden heute hier von Jakobus und Bartholomäus viele getauft. Mitten in Jericho ist auf einem freien Platz ein von Gebäuden umgebener Badeteich für Männer und Frauen mit getrennten Räumen. Es führen Stufen hinab und es liegen kleine schwimmende Badekästen darauf, wie zu Jerusalem am Teich Bethesda, und jenseits des Jordans, wo Jesus die Aussätzigen heilte. Die Täuflinge stiegen hinab und legten nachher ein weißes Mäntelchen um, das sie da zu leihen bekamen. Zwei Jünger legten ihnen die Hand auf die Schultern, der andere goss Wasser über sie. Auch der am Sabbat Geheilte wurde hier getauft.

17. August: Der Herr lehrte fortwährend in der Synagoge. Sünder und Zöllner drängten sich um ihn auf der Straße vor der Schule. Er lehrte überall unter großem Zulauf. Einige Apostel lehrten auch hie und da. Die Pharisäer steckten immer in ihrem Haus beisammen, erwarteten ihre Boten von Jerusalem und überlegten, den Herrn zu fangen. Die Jünger aber waren sehr bange und unwillig, dass sich Jesus so ungestört der großen Gefahr aussetzte. Ich sah, dass viele Menschen, Zöllner und Sünder vor der Synagoge um ihn standen und dass die Kranken sich zu ihm herantragen ließen.

Die Jünger aber waren so unwillig, dass sie den Herrn allein stehen ließen. Er wies aber die meisten Kranken zurück und lehrte nur. Da sah ich, dass die gichtbrüchige und blutflüssige Frau, welche hierher um Hilfe gezogen war und die nicht jene des Evangeliums ist, sich da auch vor die Tür hat legen lassen, und dass sie Jesus um Hilfe anrief. Er aber half ihr nicht, denn Er wollte zeigen, dass der Glaube sich im steten Hoffen und Flehen bewähren müsse. Hernach kam Jesus zu den Jüngern und den Leuten, die sich über sein Lehren und seinen Umgang mit Sündern und Zöllnern ärgerten, und lehrte über die Parabel vom verlorenen Sohn, dem verlorenen Schaf und der verlorenen Drachme.

Auch heute wurde wieder an dem Badebrunnen getauft. Gestern und heute lehrte Jesus an demselben und bereitete vor. Es wurden auch Kranke durch die Taufe geheilt. Viele wurden abgewiesen. Die Frauen hörten ganz eingehüllt und verschleiert die Lehren Jesu in der Ferne an und gingen zu ihrem Bad, wo sie das Haar auflösten und sich entschleierten.

Die Blutflüssige wurde heute auch wegen ihrer Krankheit an einem abgesonderten Ort in das Reinigungs- oder Sühnungsbad gebracht. Es war ein Sündenvergeben damit verbunden und sie konnten erst nach erlangter Vergebung heil werden.[35]

18. August: Jesus ging mit den Jüngern nach einer Seite der Stadt vor das Tor. Er lehrte fortwährend. Viele Kranke hatten sich an seinen Weg hinaus tragen lassen und riefen ihn um Hilfe an. Die gichtbrüchige blutflüssige Frau, die Er mehrmals abgewiesen hatte, lag auch am Wege, und als Jesus vorüber ging, kroch sie heran und rührte den Saum seines Kleides an.

Er blieb stehen, wandte sich zu ihr und heilte sie. Da stand sie auf und dankte und kehrte gesund zur Stadt und nach dem Sabbat nach Hause zurück.

Der Herr lehrte nach ihrer Heilung von dem wiederholten, steten Gebet, man müsse nicht ablassen zu flehen. Ich hatte auch eine Betrachtung über die Nächstenliebe, wobei mir gezeigt wurde, wie die Leute, welche diese Frau einen weiten Weg hergebracht hatten, sie bald hier, bald dort in die Nähe des Herrn führten und bei den Jüngern flehten, um zu wissen, wo der Herr gehen würde, damit sie ihr einen guten Platz verschaffen könnten, denn sie durfte wegen ihrer unreinen Krankheit nicht überall liegen. Sie ist nicht die blutflüssige Frau des Evangeliums, denn sie war auch gichtbrüchig und musste acht Tage lang vergeblich flehen; jene andere war gleich geheilt worden.

Es ist sehr rührend zu sehen, wie die Kranken, wo Jesus ging, dicht am Weg liegen, seufzen und flehen; wie die Jünger dabei so bang und kleinmütig sind, und wie der Herr so ernst, sicher und sanft ununterbrochen heilt und lehrt.

Es kamen heute Boten von Bethanien und flehten, Jesus möge zu Lazarus kommen, aber sie sprachen nur mit den Jüngern, denn Jesus erklärte, Er komme noch nicht, da seine Zeit noch nicht gekommen sei. Er sandte heute früh, damit sie vor Sabbat noch an Ort und Stelle kommen konnten, zwei Jünger nach Samaria, um zu melden, dass Er kommen werde.

19. August: Der Herr lehrte am Sabbat, heilte und ging von Haus zu Haus. Er ist das letztemal hier und will seine Liebe ganz erschöpfen. Er hat auch Besessene befreit. Ich habe die Einzelheiten vergessen.

20. August: Der Herr lehrte und heilte fortwährend von Haus zu Haus und trieb Teufel aus. Von den vier Pharisäern, die ihn vor Jericho warnten, nicht nach Jerusalem zu gehen, blieben zwei gleich bei ihm, die zwei anderen, die so zornig nach Jerusalem gingen, wurden dort grob aufgenommen, weil sie ihre Gesinnung über den Herrn einigermaßen geändert hatten, so dass sie nun auch zu ihm zurückkehrten. Jesus entließ und sandte paarweise eine große Zahl Apostel und Jünger heute nach Orten aus, in welche Er nicht mehr kommen wird.

21. August: Die Pharisäer hatten sich in großer Menge zu Jericho versammelt. Es waren an die hundert fremde Pharisäer zugegen, auch viele von jenseits des Jordans aus Bethabara und Bethanien. Sie waren ganz ergrimmt und lauerten auf Jesus. Heute nachmittag besonders, weil seine Umgebung durch die Aussendung mehrerer Apostel und Jünger schwächer wurde, nahmen sie sich zusammen und stellten ihn mit großer Heftigkeit zur Rede. Sie brachten alle ihre gewöhnlichen Beschuldigungen vor. Er brachte sie aber zum Schweigen. Sie suchten ihn in seinen Reden zu fangen, und weil Er oft von seinem göttlichen Vater sprach, sagten sie wieder, dass ja seine Brüder dastünden, und Er erwiderte wie früher, seine Brüder seien die, welche den Willen des Vaters erfüllten und Gottes Gebote hielten.

An einem kleinen Ort, eine Stunde nördlich von Jericho, wo Er hinziehen wird, sammeln sich schon viele Kranke.

Jesus verlässt Jericho – Heilung der zwei Blinden
(Mt 20,29-34 / Mk 10,46-52 / Lk 18,35-43)

22. August: Ich sah, dass Jesus heute morgen nach einem kleinen Ort etwa eine Stunde nördlich von Jericho ging. Es versammelten sich dort schon viele Leute, die Hilfe von ihm verlangten, und an den Weg wurden Kranke, Blinde und Krüppel gebracht, die seiner Ankunft harrten.

Auf dem Weg vor der Stadt sah ich Jesus nochmals von vielen Pharisäern angehalten und mit mancherlei listigen Fragen und Vorwürfen bestürmt werden. Sie hatten aber keine Gewalt über ihn und vermochten nichts.

Es zogen viele Leute mit ihm, und zwei Blinde saßen am Weg mit ihren Führern. Als Jesus an ihnen vorüber ging, riefen sie ihm nach und flehten um Heilung, und das Volk, worunter wohl böswillige Laurer waren, drohte ihnen, sie sollten schweigen. Die Blinden wurden ihm aber, ein jeder von zweien, nachgeführt und schrien immerfort:

«Ach, du Sohn Davids, erbarme dich unser!» Da blieb der Herr stehen und fragte, was sie von ihm wollten. Da sagten sie, Er möge ihre Augen auftun. Nun ließ der Herr sie nahen und rührte ihre Augen an. Sie wurden sehend und folgten ihm. Über diese und jenen, welche Er geheilt hatte, als Er in Jericho einzog, entstand viel Tumult. Die Pharisäer stellten auch Untersuchungen an und fragten einen derselben und auch dessen Vater aus.

Die Jünger wünschten sehr, Jesus möge nach Bethanien zu Lazarus ziehen, wo sie ruhiger und ungestörter sein könnten. Sie alle waren etwas verdrossen. Jesus heilte unterwegs noch viele, und es ist nicht auszusprechen, wie ruhig, sicher und geduldig Er unter allen diesen Zumutungen, Anfällen und Verfolgungen war, und wie sanft und ernst Er lächelte, wenn die Jünger ihn von seinem Weg abwendig machen wollten. Er lehrte auch viel von den Pharisäern und dem Ärgernis.

23. August: Heute sah ich den Herrn in einem kleinen Ort nördlich von Jericho, wo viele Kranke von ihm geheilt wurden. Er lehrte in der Schule, die dort war. Die Leute nahmen ihn hier gut auf.

24. August: Ich sah Jesus heute in Richtung Samaria zu gehen. Es versammelten sich schon allerlei Hilfsbedürftige hie und da, die ihn auf diesem Weg erwarteten. Ich sah vor einem Ort an der Landstraße etwa hundert Schritte abseits ein Zelt aufschlagen und zehn Aussätzige von ihren Führern auf Lagern in der Runde darin betten. Als Jesus durch den Ort kam und nun da vorüber zog, traten die Aussätzigen hervor und riefen ihn um Hilfe an.

Jesus blieb stehen, die Jünger aber zogen etwas voraus. Die Aussätzigen nahten ganz eingehüllt mit verschiedener Schnelligkeit dem Herrn, wie es ihre Kräfte erlaubten, und traten im Kreis um ihn. Er berührte jeden und befahl ihnen, sich den Priestern zu zeigen, worauf Er seinen Weg fortsetzte.

Einer der Aussätzigen, ein Samariter, war der schnellste und ging desselben Weges mit zwei Jüngern, die Jesus nach jener Gegend aussandte. Die anderen gingen verschiedene Wege. Diese waren nicht augenblicklich ganz genesen. Obschon sie gehen konnten, waren sie doch erst in etwa einer Stunde ganz rein, vielleicht weil sie es nicht eher verdienten.

Bald danach trat ein Hausvater aus einem Hirtendorf, das eine Viertelstunde rechts vom Wege lag, zu Jesus und flehte ihn an, mit ihm zu gehen, denn sein Töchterlein war gestorben. Der Herr ging gleich mit ihm zu seinem Wohnort. Auf diesem Seitenweg holte ihn einer der geheilten Aussätzigen, der ein Samariter war, ein, der, von seiner vollkommenen Heilung gerührt, sogleich zurückgeeilt war, um ihm zu danken. Er warf sich vor ihm nieder, da sagte Jesus: «Sind nicht zehn rein geworden, wo sind die übrigen neun? Ist keiner unter ihnen als dieser Fremdling, der Gott die Ehre gibt und umkehrt und dankt? Steh auf, gehe nach Hause, dein Glaube hat dir geholfen!» Dieser Mann ist später ein Jünger geworden.

Erweckung eines toten Kindes

Ich sah nun Jesus mit dem Hausvater in sein Haus gehen. Petrus, Johannes und Jakobus der Ältere waren bei ihm. Das Kind war ein Mädchen von etwa sieben Jahren, und ich glaube, es war schon vier Tage tot. Jesus legte dem Kind eine Hand auf das Haupt und eine auf die Brust und betete empor schauend. Da erhob sich das Kind und lebte.

Er sagte auch den Aposteln, sie sollten ebenso in seinem Namen tun. Jesus wird heute wohl noch dort bleiben. Der Vater des Kindes hatte einen starken Glauben und wartete voll Zuversicht auf den Herrn. Die Frau wollte ihn schon früher zu Jesus schicken, aber er war voll Hoffnung und wartete, bis Er kam. Seine Haushaltung übergab er bald einem anderen, und als seine Frau nach Christi Tod starb, wurde er ein Jünger und hat einen berühmten Namen erlangt. Das geheilte Mädchen ist auch sehr fromm geworden.

Es liegen dort umher noch einzelne Hirtenhäuser, die Jesus auch besuchen wird. Jesus geht auf einem großen Umweg in das Samaritanische.[36]

28. August: Jesus wanderte in diesen Tagen zwischen den weit zerstreuten Hirtenhäusern umher und heilte viele. Besonders hat Er viele Angefochtene und Besessene, Mädchen und Frauen, befreit.

Es waren nur noch Petrus, Jakobus und Johannes und sehr wenige Jünger bei ihm, die anderen sind alle nach jenen Orten gesandt, wo Er nicht mehr hinkommt.

Jesus auf einer Hirtenhochzeit

30. August: Ich sah den Herrn, wie Er von Hirtenhaus zu Hirtenhaus in das Gebirgsland gegen Hebron zu wandelte, wo Zacharias gewohnt hat. Ich sah ihn mit Petrus allein in einem Hirtenhaus bei einer Hochzeit. Ich sah, dass die Brautleute aus der Schule von der Trauung gezogen kamen. Sie wurden unter einer Art Traghimmel begleitet. Voraus gingen Mädchen mit kleinen Kränzen von bunter Wolle und auf Flöten blasend, hintennach folgten dem Zuge

geschmückte Knaben mit ähnlicher Musik. Es war ein Priester aus Jericho dabei.

Als sie in das Haus traten und den Herrn sahen, waren sie sehr gerührt und verwundert und schlossen sich ihm gleich an. Jesus aber sagte ihnen, sie sollten ihre Hochzeitsgewohnheit nicht unterbrechen, um kein Ärgernis zu geben. Sie tranken nun aus kleinen Gläsern; die Braut war allein mit den Frauen, und die Kinder spielten und tanzten vor ihr. Ich sah hierauf, dass der Bräutigam nebst der Braut zu Jesus in eine besondere Kammer traten und dass der Herr ihre Hände nochmals zusammenlegte und mit seiner Rechten diese verbundenen Hände segnete und sie über die Unauflöslichkeit der Ehe und die Enthaltung lehrte.

Der Herr und Petrus lagen nachher mit den Hirten und dem Priester zu Tisch, und der Bräutigam wartete auf. Der Priester aber war unwillig, dass den Gästen die Ehrenstelle bei Tisch gegeben worden war; er saß Jesus gegenüber und verließ bald das Mahl. Ich sah auch, dass er einige Pharisäer aufgetrieben hat, welche später hier den Herrn überfielen und zur Rede stellten. Ich sah, dass ihm einer den Mantel von der Schulter zog in heftiger Rede, der Herr aber blieb sanft, und sie konnten ihm nichts anhaben und wichen zurück.

Jesus blieb in diesem Hirtenhaus mit ungemeiner Liebe und Freundlichkeit. Es waren die Brauteltern und viele andere alte Hirten, welche noch kamen, von jenen Leuten gewesen, die ihn in der Nacht seiner Geburt an der Krippe gesucht hatten. Sie begannen auf eine sehr rührende Weise davon zu erzählen und den Herrn zu ehren. Manche Jünger erzählten, was ihnen ihre verstorbenen Eltern davon gesagt hatten. Sie brachten auch viele Kranke, welche teils aus Altersschwäche nicht mehr gehen konnten, und auch schwache und kranke Kinder, welche Jesus alle mit viel Liebe heilte. Er sagte auch den Brautleuten, sie sollten nach seinem Tode zu den Aposteln gehen und ihm nachfolgen, wenn sie getauft und in der Lehre unterrichtet sein werden.

Auf der ganzen Reise sah ich Jesus nicht so froh und heiter, wie bei diesen guten und einfachen Leuten. Das Bild war sehr rührend. Ich hatte gesehen, dass alle, welche ihn als Kind geehrt, die Gnade des Christentums erhalten haben.

31. August: Ich sah den Herrn von der Hirtenhochzeit noch südlicher gegen Juta zu in das Gebirgsland ziehen. Die Hochzeitsleute gaben ihm das Geleite. Es waren wieder etwa sechs Apostel bei ihm, darunter erinnere ich mich des Andreas. Ich hörte von den Jüngern, Er gehe nach einem Gebirgsort, wo eine Schule sei, und dort wolle Er lehren und zum Sabbat bleiben. Ich sah, wie auf dieser Reise viele kranke Kinder an den Weg gebracht wurden; sie waren meistens sehr dick und wie geschwollen und konnten nicht gehen. Er heilte sie. Die Leute hier in der Gegend waren noch sehr gut.

1. September: Jesus ging gerade nach der Synagoge des kleinen Gebirgsortes und lehrte. Die Priester, die darin waren, wichen aus und riefen noch andere zu sich, aber sie mussten den Lehrstuhl räumen. Das Volk hörte den Herrn freudig an. Er übernachtete in einer offenen Herberge in der Nähe. Ich meine, Joseph und Maria haben auch dort geschlafen, als sie zu Zacharias reisten. Der Ort ist nicht weit von Juta. Die Schule liegt allein auf einem Hügel. Es sind hier viele weiße Steine und zwischen den Felsen schöne Wiesengründe.

2. September: Ich sah den Herrn mit den Jüngern und einigen frommen Leuten den Sabbat auf dem Hügel in der Schule feiern. Die Pharisäer feierten ihn in einem anderen Haus.

Die Jünger wollten, Jesus solle nach Nazaret in seine Vaterstadt gehen, weil Er immer von seinem nahen Ende sprach. Er wollte aber den guten Leuten hier seine Zeit zugute kommen lassen und nicht nach Nazaret, wo man ihn einmal so übel aufgenommen hatte. Er lehrte über «Niemand kann zwei Herren dienen».

Die Pharisäer spotteten darüber, dass Er sagte, Er werde nicht wiederkehren; Er habe das schon oft gesagt.

3. September: Jesus lehrte noch hier. Er sagte heute, Er sei gekommen, das Schwert zu bringen. Darüber wurden die Jünger verwirrt und bange. Er erklärte nun, dass es das Loslassen von allem Bösen sei. Es waren einige unter den Leuten, die mehrere Frauen hatten, und Jesus lehrte von der Ehe und Enthaltung und von dem Verlassen der Familie und der Nachfolge. Er lehrte viel in Parabeln. Es kamen viele Leute aus entfernten Orten; die aus den näher gelegenen mussten ihnen weichen.

6. September: Jesus hat den kleinen Gebirgsort, wo ich ihn in diesen Tagen oft zur Synagoge auf- und absteigen sah, verlassen. Er hat die meisten Apostel und Jünger wieder weggesandt. Er zog ein paar Stunden weiter nördlich, aber auf einem anderem Weg, als Er gekommen war. Sehr viele Leute begleiteten ihn. Er zog nach einem kleinen Ort, wo die Leute wohlgesinnt waren und ihm vor dem Ort entgegenkamen. Jesus lehrte hier viele gute Leute meistens unter einem Baum.

20. September – (Nachdem infolge großer Leiden Anna Katharina dreizehn Tage lang nicht mehr zu erzählen im Stande gewesen war, teilte sie vom zwanzigsten an wieder folgende kurze Bruchstücke mit.)

Jesus bleibt in einem Ort bei Samaria und kommt noch nicht nach Bethanien. Ich sehe drei Marien ihm entgegen ziehen: die heilige Jungfrau, Maria Heli, ihre ältere Schwester, und deren Tochter Maria Kleophä.

21. bis 23. September:

Die heiligen Frauen sind bei Jesus. Ein Bote von Lazarus bittet ihn, nach Bethanien zu kommen. Er kommt aber noch nicht.

Die heiligen Frauen und der Bote bleiben zum Sabbat hier. Jesus ging nach einem Ort eine Tagreise nördlich von Bethanien zum Sabbat. Er lehrte hier in der großen Synagoge, die zwei Stockwerke hat und voller Menschen ist. Er lehrt oben, geht auch oft hinunter. Es kommen viele Frauen mit Kindern zum Segnen, auch werden viele Kranke auf Betten zum Heilen herangebracht. Die heiligen Frauen und der Bote erwarten ihn am vorigen Ort.

24. September: Jesus lehrte dieser Tage sehr ausführlich vom Samariter und Leviten, von der Bedeutung Jerichos und Jerusalems, auch von dem verlorenen Groschen. Er sagte, die, welche nicht nachfolgten, würden unter die Mörder fallen. Er segnete und heilte viele kleine und größere Kinder und andere Kranke.

27. September: Jesus ist wieder in dem Ort, wo die heiligen Frauen ihn erwarteten. Es waren hier Apostel und Jünger bei ihm. Sie wohnten in einer Herberge und erhielten die Botschaft von dem Tod des Lazarus.

Ich war auch in Bethanien und sah, dass Lazarus gestorben war. Ich sah, dass seine Schwestern nach dem Tod das Haus verließen.

Er wurde auf einem Brett auf jüdische Weise einbalsamiert und eingewickelt; es waren viele Leute in dem Haus. Die Leiche wurde mit dem Brett in einen Kasten von durchsichtigen Stäben mit gewölbtem Deckel gelegt und zu Grabe getragen. Martha und Magdalena sah ich nach dem Tod ihres Bruders von Bethanien nach ihrem Gut in der Nähe des Erbteils Josephs bei Ginäa und Jezrael reisen, wo sie Jesus und die Heilige Familie oft bewirtet hatten. Sie schienen dort seine Ankunft zu erwarten.

Jesus in Ginäa und auf dem Landgut des Lazarus

28. bis 30. September:

In der Nacht vom Donnerstag auf Freitag sah ich Jesus und die heiligen Frauen und alle Apostel in mehreren Gruppen bei Mondschein reisen. Jesus ging bald mit dieser, bald mit jener Schar. Sie hatten den kleinen Ort, in welchem man viel Ärgernis an ihm genommen hatte, verlassen und reisten in der Richtung des Gutes des Lazarus, wo dessen Schwestern ihn erwarteten.

Am Morgen sah ich den Herrn und seine Begleitung in einem kleinen Ort von einigen Häusern und am Nachmittag sah ich sie in der kleinen Stadt Ginäa, vor welcher das Gut des Lazarus liegt, wohin sich die heiligen Frauen gleich begaben. Jesus aber ging mit den Männern zur Synagoge und lehrte.

Am Abend nach dem Sabbat hat Jesus mit den Aposteln ein Mahl bei den heiligen Frauen auf des Lazarus Gut eingenommen. Magdalena kam ihm entgegen und sagte, dass Lazarus nun gestorben sei, wenn Er doch da gewesen wäre. Jesus erwiderte ihr, es sei seine Zeit noch nicht, es sei gut, dass er gestorben sei. Sie aßen in einem großen Saal, der an der einen Seite offen war und auf einen Hof sah. Die Frauen traten erst in den Saal, als Er lehrte, und hielten sich bescheiden im Hintergrund. Er lehrte auch von dem Ärgernis, das man im letzten Ort an ihm genommen hatte und von dem Ärgernis, das noch bevorstehe.

Jesus sagte den Schwestern des Lazarus, alles Gerät ihres Bruders stehen zu lassen; Er werde erst nach einigen Tagen kommen. Die Frauen gehen morgen nach Bethanien; Jesus kehrte mit den Aposteln nach Ginäa zurück.

Jesus nähert sich Bethanien

3. Oktober: Am Abend sah ich Jesus und die Apostel in einer Herberge eine Stunde vor Bethanien ankommen. Es sind dort einige Häuser und eine Schule. Hierher kamen Boten von den Schwestern des Lazarus und luden ihn ein. Jesus ließ ihnen durch die Jünger antworten, Er werde nach zwei Tagen kommen.

Im Evangelium des hl. Johannes ist das alles zusammengezogen. Die Nachricht von der gefährlichen Krankheit hat Jesus schon vor drei Wochen gehabt, dann die Nachricht von seinem Tod im Ort bei Samaria, wo Er mit den heiligen Frauen war und wo Er sagte: «Er schläft.» Auf dem Gut des Lazarus aber sagte Er, er sei tot.

Jesus hielt hier eine große Lehre von den Arbeitern im Weinberg. Die Mutter des Johannes und Jakobus versuchte hier nochmals, dem Herrn mit ihrer Bitte zu nahen. Sie hörte von der Nähe seiner Vollendung und meinte, einem Verwandten gebühre ein Platz in seinem Reich.

4. bis 5. Oktober:

Jesus lehrte hier in der Schule. Er verwies den Jüngern ihre Ungeduld und ihr Murren, dass Er so lange zögere, nach Bethanien zu gehen. Er war immer wie jemand, der nicht sagen konnte, wie es mit ihm und mit ihnen ist, weil sie ihn nicht verstanden. Er lehrte immer mehr, indem Er ihre Begriffe auflöste und auf ihre irdischen Meinungen Misstrauen in ihnen erregte, als dass Er ihnen das Wesen der Dinge erklärt hätte, weil sie das nicht verstanden. Es waren hier lauernde Pharisäer, die nach Jerusalem berichteten; auch Leute aus Bethanien. – Die Mutter des Johannes und Jakobus, die vor Bethanien wohnte, war wieder bei ihm mit ihrer Bitte. Er wies sie aber ernsthaft zurück.

6. bis 7. Oktober:

Zwischen dem kleinen Ort, wo Jesus war, und Bethanien waren viele Wiesen, schattige, offene Gärten und Parks. Ich sah den Herrn mit den Aposteln lehrend und wandelnd, bald hier, bald da sich setzend oder stehend verweilen und so langsam gegen Bethanien herannahen. Das Haus und Gut des Lazarus lag zwischen den verfallenen Ringmauern des Fleckens, ein Teil der Gärten und Vorhöfe aber außerhalb.

Lazarus war nun acht Tage tot, vier Tage hatten sie ihn über der Erde gelassen, in der Hoffnung, Jesus solle kommen und ihn erwecken. Die Schwestern waren nach dem Gute dem Herrn entgegengegangen, und da Er noch nicht mitgehen wollte, waren sie zurückgekehrt und hatten Lazarus begraben lassen.

Nun befanden sich viele Männer und Frauen aus Bethanien und Jerusalem bei ihnen, nach der Sitte den Toten mit ihnen zu beklagen. Die Frauen saßen beisammen und die Männer waren abgesondert. Es schien mir nach Tisch, etwas gegen Abend, als Maria, die Frau des Zebedäus, zu Martha, welche unter den Frauen saß, hereintrat – sie kam den Weg her, den Jesus kam – und ihr ins Ohr sagte, der Herr komme.

Ich sah, dass Martha mit ihr in einen Garten hinter dem Haus ging, wo Magdalena in einer Laube allein saß, und dass sie dieser sagte, Jesus nahe heran. Ich sah auch, dass sie diese aus Liebe zuerst wollte dem Herrn entgegen gehen lassen und auch, dass Magdalena mit Maria Salome, der Frau des Zebedäus, dem Herrn entgegen eilte. Ich habe aber nicht gesehen, dass sie zu ihm gelangte, ich sah sie nur weggehen und sah Martha bei den Frauen sitzen. Jesus ließ die Frauen, wenn Er mit seinen Aposteln und Jüngern war, nicht leicht zu jeder Zeit zu sich.

Nach einiger Zeit, es begann zu dämmern, kam Magdalena wieder zu den Frauen und nahm den Platz Marthas ein.

Diese aber sah ich nun dem Herrn entgegen gehen, welcher mit seinen Aposteln und einigen anderen Leuten, die sich gesammelt hatten, an der Grenze ihrer Gärten bei einer offenen Laube sprechend stand. Martha sprach mit ihm. Dann sah ich sie zurückeilen und mit Magdalena heimlich reden. Da eilte Magdalena zu dem Herrn, und ich sah ihr andere Juden nachgehen.

Jesus stand, von vielen umgeben, noch bei der Hütte, die Sonne ging schon unter. Magdalena fiel Jesus zu Füßen und sagte: «Wärst du da gewesen, er wäre nicht gestorben!» Da sah ich die Juden weinen, und Jesus wurde auch traurig und weinte. Ich sah aber, dass Er in die Laube trat und dass eine Lampe darin angezündet wurde, und dass Er und die Apostel hin und wieder gehend etwas Brot aßen und aus Bechern tranken, und dass Er sehr lange darin lehrte. Ich hörte auch, dass manche von den Zuhörern, die teils vor der Laube standen und sich immer mehrten, darüber flüsterten und murrten, dass Er Lazarus nicht am Leben erhalten habe. Ich sah auch, dass der Herr sehr betrübt und bewegt war und dass Er in der Laube eine sehr lange Lehre über das Sterben hielt und erst gegen Morgen fertig wurde.

Es schien mir in der frühesten Morgenzeit, als sie zum Grabe gingen. Die Apostel waren bei Jesus. Ich erinnere mich besonders an Matthäus und Johannes. Auch waren die Schwestern, Maria und die anderen Marien, im ganzen etwa sieben Frauen, dabei, außerdem viel Volk. Es wurde ein wachsendes Gedränge, ja es war schier ein Tumult, wie bei Christi Kreuzigung.

Sie gingen auf einem Weg, an dessen beiden Seiten grün durchwachsene Zäune waren und dann durch ein Tor, und nun hatten sie etwa eine Viertelstunde nach dem Friedhof. Der Friedhof war mit einer Mauer umgeben; wenn man zur Tür eintrat, führte ein Weg links und rechts um einen aufgeworfenen Hügel, welcher quer von Kellergewölben durchschnitten war.

Nicht weit vom Eingang war die schräg am Hügelabhang anliegende Tür zur Gruft des Lazarus. Wenn man die Tür öffnete, sah man durch ein langes Kellergewölbe quer durch den Hügel durch. Dieses Gewölbe war durch mehrere Gitter in einzelne Räume geteilt und bot, am Ende auch durch ein Gitter geschlossen, Aussicht auf Grün und Bäume dar.

Lazarus war gleich im ersten Raum begraben. Das Licht fiel durch Löcher von oben in diese Gewölbe ein. Man trat einige Stufen in das Gewölbe hinab. Von der Tür rechts an der Wand war eine halbmannstiefe, länglich viereckige Grube, welche mit einem

Stein bedeckt war; in dieser stand der Leichnam von Lazarus in einem leichten Sarg, so dass man in der Gruft um ihn hergehen konnte. Der geöffnete Grabstein lehnte gegen die Wand. In dem fortlaufenden Gewölbe waren mehrere Gräber.

Jesus und die Apostel und die verwandten Frauen traten an das Gewölbe, welches geöffnet wurde; außerdem war der Friedhof von dieser Seite um die Gruft und bis hinaus vor den Eingang offen. Jesus ging mit einigen Aposteln in das Grab; Magdalena, Martha und die anderen Frauen standen in der Tür. Die Leute waren so herangedrängt, dass sie auf die Höhe des Gewölbes und auf die Mauer des Friedhofs kletterten, um zu sehen.

Als Jesus vor dem Grabe stand, befahl Er den Aposteln, den Stein aufzuheben, was sie taten und ihn gegen die Wand lehnten und eine leichtere Tür darunter ebenso. Da sagte Martha zu ihm, Lazarus sei schon vier Tage begraben und rieche schon, und Jesus antwortete ihr; die Apostel aber nahmen nun auch den leichten geflochtenen Deckel des Sarges weg, so dass man die eingehüllte Leiche liegen sah. Nun blickte Jesus empor, betete laut und rief mit starker Stimme: «Lazarus, komm heraus!» Bei diesem Ruf erhob sich der Leichnam in die sitzende Stellung, und die Menge draußen drängte sich gewaltsam heran. Der Herr aber befahl den Aposteln, die Leute wegzuweisen; sie taten es und trieben die Menge vor den Friedhof.

Es standen aber im Grab neben dem Sarg die Apostel, welche dem Lazarus, der wie schlaftrunken war, das Schweißtuch vom Gesicht nahmen. Sie lösten ihm Hände und Füße aus den Binden und gaben die Binden hinaus, und empfingen einen Mantel herein. Da stieg Lazarus aus dem Sarg und aus dem Grab empor und schwankte wie ein Schatten. Sie hängten ihm den Mantel um, und er schritt wie ein Traumwandelnder an dem Herrn vorüber zur Tür hinaus, wo die Schwestern und die anderen Frauen scheu wie vor einem Geist zurücktraten und ohne ihn zu berühren sich auf das Angesicht niederwarfen.

Jesus aber trat hinter ihm aus der Gruft und fasste ihn freundlich ernst an beiden Händen. Nun begaben sie sich nach der Wohnung des Lazarus. Das Gedränge war groß, aber es war ein gewisser Schrecken unter den Leuten, und der Zug hatte Raum durch die folgende Menge. Lazarus ging wie schwebend, hatte aber noch allen Anschein einer Leiche. Jesus ging neben ihm, die anderen gingen weinend und schluchzend in stummer banger Verwunderung umher.

Sie kamen wieder durch ein altes Tor, dann auf den Weg zwischen den grünen Gartenzäunen bis an die Laubhalle, von wo sie ausgegangen waren und in welche der Herr mit Lazarus und den Seinigen trat. Das Volk drängte sich in Masse draußen herum, und es war ein großes Getöse. Hier legte sich Lazarus vor Jesus flach auf die Erde, wie einer, der in einen Orden aufgenommen wird. Jesus sprach hier noch eine Zeitlang; man wies die Menge zurück, und sie gingen gegen Mittag in das Haus von Lazarus, das etwa noch hundert Schritte entfernt war. Hier traten sie in einen offenen Speisesaal, der zugesetzt wurde, und die Frauen gingen nach der Küche, um das Mahl zu bereiten.

Jesus, die Apostel und Lazarus waren allein. Die Apostel stellten sich in einen Kreis um Jesus und Lazarus. Da kniete Lazarus vor den Herrn, der ihm die rechte Hand auf das Haupt legte und ihn siebenmal mit leuchtendem Odem anhauchte. Ich sah auch, dass von Lazarus wie ein dunkler Dampf wich und sah den Teufel wie eine schwarze fliegende Gestalt rückwärts außer dem Kreis in der Höhe grimmig und ohnmächtig. Hiermit weihte Jesus den Lazarus zu seinem Dienst, reinigte ihn von allem Zusammenhang mit der Welt und ihren Sünden und stärkte ihn mit geistlichen Gaben. Er sprach noch lange mit ihm, dass Er ihn erweckt habe, auf dass er ihm dienen solle. Er sagte ihm, dass er große Verfolgung von den Juden werde erleiden müssen.

Bis jetzt war Lazarus noch in den Grabtüchern; nun ging er, um sie abzulegen und sich zu kleiden, und dann erst umarmten ihn seine Schwestern und seine Freunde; denn vorher hatte er etwas Leichenähnliches, das Scheu erregte. Ich habe aber auch gesehen, dass seine Seele an einem stillen, dämmernden, peinlosen Ort gewesen war, seit sie den Leib verlassen hatte, und dass sie dort den Gerechten, Joseph, Joachim, Anna, Zacharias, Johannes erzählte, wie weit es mit dem Erlöser auf Erden gekommen sei.

Lazarus empfing durch das Anhauchen sieben Gaben des Heiligen Geistes und wurde ganz vom Irdischen gelöst. Er hat diese Gaben vor den Aposteln erhalten, denn er hatte durch seinen Tod große Geheimnisse erkannt, er hatte eine andere Welt gesehen, und er war schon einmal gestorben und nun wiedergeboren, darum konnte er diese Gaben empfangen. Lazarus hat eine große Bedeutung und ein großes Geheimnis in sich.

Nun aber wurde ein großes Mahl bereitet, und sie lagen alle zu Tisch. Es waren viele Gerichte da und viele kleine Krüge standen auf dem Tisch. Ein Mann wartete auf; die Frauen kamen nach dem Mahl und traten in den Hintergrund, die Lehre Jesu mit anzuhören; Lazarus saß neben ihm. Es war ein entsetzlicher Lärm um das Haus, es waren viele von Jerusalem gekommen, auch Wachen, welche das Haus umher besetzten.

Jesus schickte aber die Apostel hinaus, welche die Leute und die Wachen fortweisen mussten. Jesus lehrte noch bei Lampenschein und sprach auch mit den Jüngern, dass Er morgen mit zwei Aposteln nach Jerusalem gehen wolle. Da sie ihm die Gefahr vorstellten, sagte Er, man werde ihn nicht kennen, Er werde nicht öffentlich auftreten. Ich sah, dass sie nachher an den Wänden entlang ein wenig schliefen.

Jesus in Jerusalem

8. Oktober: Jesus ging vor Tagesanbruch mit Johannes und Matthäus, welche sich auf etwas andere Art als sonst kleideten, von Bethanien nach Jerusalem. Sie gingen um die Stadt herum und kamen auf Nebenwegen in jenes Haus, worin später das Abendmahl gefeiert wurde. Sie waren dort den ganzen Tag und die folgende Nacht in der Stille. Jesus lehrte und stärkte seine hiesigen Freunde. Ich sah Maria Markus und auch Veronika in dem Haus und wohl noch ein Dutzend verschiedene Männer. Ich dachte noch daran, dass man jetzt in geistlichen Dingen selten Freunde findet, welche einen heimlich verbergen.

Nikodemus, welchem dieses Haus gehört, das er aber gern den Freunden Jesu zum Gebrauch überließ, war nicht dabei. Er war an diesem Tag nach Bethanien gegangen, um Lazarus zu sehen.

Ich sah auch eine Versammlung der Pharisäer und Hohenpriester wegen Jesus und Lazarus. Ich hörte unter anderm, dass sie fürchteten, Jesus könnte ihnen alle Toten erwecken, und da würde es große Verwirrung geben. Ich fand dies lächerlich und dumm.

In Bethanien war am Mittag ein großer Tumult. Wenn Jesus da gewesen wäre, würden sie ihn gesteinigt haben. Lazarus musste sich verstecken, die Apostel entwichen, nach allen Seiten sich verteilend. Die Freunde Jesu in Bethanien verbargen sich. Es wurde aber wieder ruhiger, da sie bedachten, dass man Lazarus mit keinem Recht etwas antun könne.

Jesus war noch die ganze Nacht bis früh in dem Haus auf dem Berg Sion. Vor Tag verließ Er mit Matthäus und Johannes Jerusalem und floh über den Jordan, aber nicht den letzten Weg gegen Bethabara, sondern zwischen Morgen und Mitternacht hinauf. Gegen Mittag mochte Er schon über den Jordan sein; am Abend kamen auch die Apostel von Bethanien her zu ihm, und sie übernachteten unter einem großen Baum.

Heilung eines Blinden

10. bis 11. Oktober:

Am Morgen zogen sie zu einem nahen kleinen Ort. Am Weg lag ein Blinder, den zwei Knaben führten, die nicht mit ihm verwandt waren. Er war ein Hirte aus der Gegend von Jericho. Er hatte von den Aposteln gehört, der Herr komme, und nun rief er Jesus an. Der Herr legte ihm die Hand auf den Kopf, und er wurde sehend.

Da warf der Blinde seine Lumpen ab und folgte Jesus im Unterkleid in den Ort nach, in welchem Jesus in eine Halle trat und über die Nachfolge lehrte, dass man, wie der Blinde seine Lumpen, alles verlassen müsse, um sehend zu folgen.

Hier wurde dem Blinden ein Mantel gereicht; er wollte gleich bei Jesus bleiben, wurde aber zurückgewiesen; er solle sich erst beständig zeigen. Jesus lehrte hier bis gegen Abend. Es waren etwa acht Apostel bei ihm. Da Er sich einer kleinen Stadt nahte, hungerte ihn. Ich musste lächeln, dass ihn hungerte, denn es hungerte ihn eigentlich anders, es hungerte ihn nach Seelen. Es gingen einige aus den letzten Orten mit ihm.

Der Herr ging an einem Feigenbaum vorüber, der ohne Frucht für ihn war, und Er ging wieder zurück zu dem Baum und verfluchte ihn, und er verdorrte augenblicklich; seine Blätter wurden gelb, und er verkrümmte ganz in sich.

Als Jesus dann in dem Ort in die Schule kam, lehrte Er vom unfruchtbaren Feigenbaum. Es waren Gelehrte und Pharisäer hier. Jesus und seine Begleiter übernachteten in der Nähe in einer Herberge. Die Pharisäer waren hier böswillig und forderten Jesus auf, wieder umzukehren. Es läuft ein Flüsschen, das eine Brücke hat, bei dem Orte (vielleicht Betharan) in den Jordan. Die Schule hier liegt hoch.

Jesus verließ mit seinen Begleitern den Ort, wo es ihm nicht gefiel. Sie zogen nordöstlich durch den Stamm Gad und übernachteten in einer Hirtenherberge.

ACHTES KAPITEL

Jesus tritt die Reise in das Land der Sterndeuter an

Sein Aufenthalt in Kedar und Sichar-Kedar

Vom 12. Oktober bis 18. November 1820

Jesus in Chorazin

12. Oktober: Ich hörte Jesus sagen, wie Er reisen würde, und dass die Apostel und Jünger sich von ihm trennen sollten und wo sie lehren, und an welchen Orten sie nicht lehren sollten und wo sie wieder mit ihm zusammentreffen sollten. Er macht eine wundersame Reise; ich weiß die Gegenden nur nicht alle so nach der Reihe. Er will den Sabbat in der Stadt halten, wo Er das zweite Mal die Kinder gesegnet hat. Er hat die Jünger vorausgesandt, der Name des Ortes fängt mit Kor oder Koras an, Jesus hat einmal Wehe darübergerufen.

(Es ist dies Groß-Chorazin, in dessen Nähe Er am 27. November Kinder segnete.)

Er wird von dort auch nach Bethsaida gehen, und dann wieder ganz hinab gegen Mittag in die Gegend von Machärus, wo der Täufer enthauptet wurde. Dann kommt Er auch wieder dahin, wo die Madianiten gewohnt haben, bei denen Moses einmal war, und wo die böse Stadt Madian liegt, in welche Jesus neulich nicht gegangen ist. Er wird auch dahin kommen, wo Hagar den Ismael ausgesetzt (Bersabee, südlichster Teil des Gelobten Landes) und wo Jakob den Stein aufgerichtet hat und die drei Engel ihn besucht haben (Gen 46,1-4 und 26,23;24).

Er wird auf der Ostseite ganz um das Tote Meer herumkommen und auch dahin, wo Melchisedech vor Abraham geopfert hat. Dies Opfer geschah in einem Tal südlich von dem fruchtbaren Traubenthal, das sich gen Gaza hinzieht. An diesem Ort steht noch heutzutage eine Kapelle, und ist auch manchmal Gottesdienst da. Sie ist von ganz rohen Steinen und ganz grün überwachsen und verschimmelt, wie schier die Türme auf dem Prophetenberg.[37] Ich vernahm auch, Jesus werde nach Ägypten und Heliopolis gehen, wo Er als Kind gewohnt hatte. Es sind dort einige gute Leute, die als Kinder mit ihm gespielt hatten und ihn gar nicht vergessen konnten. Sie hatten immer gefragt, wo Er doch möge hingekommen sein.

Sie hatten zwar nach ihm gefragt, konnten aber gar nicht glauben, dass Er das sei. Er wird von der anderen Seite über Hebron und durch das Tal Josaphat zurückkommen, und wird auch dort verweilen, wo Johannes ihn getauft hat und in der Wüste, wo Er versucht worden ist. Jesus gab seine Abwesenheit etwa auf drei Monate an. Am Brunnen Jakobs bei Sichar würden sie ihn dann bestimmt wieder finden. Jedoch könnten sie ihm auch schon früher begegnen, da Er durch Judäa heimkehre.

Er unterrichtete sie von dem allen in einer langen Lehre. Besonders gab Er ihnen viele Anweisungen, wie sie sich während seiner Abwesenheit in ihrem Lehrwandel verhalten sollten. Ich erinnere mich auch der Worte, dass sie dort, wo sie nicht gut aufgenommen würden, den Staub von ihren Schuhen schütteln sollten.

Heute vom Donnerstag auf Freitag scheint Er wieder bei Hirten geherbergt zu haben. Die Jünger zerstreuten sich hier und da.

Matthäus ging auf eine Zeitlang nach Hause. Er ist verheiratet, seine Frau ist sehr gut. Sie leben seit seiner Berufung in Enthaltung. Er wird eine Zeitlang zu Hause lehren, und sich ruhig verachten lassen. Heute nachmittag kam Jesus mit Andreas, Petrus und Philippus nach Chorazin, um den Sabbat dort zu feiern. Er ging gleich in die Synagoge und lehrte.

14. Oktober: Am Morgen lehrte Jesus wieder in der Synagoge. Gegen Mittag näherte sich ihm ein Mann von Kapharnaum, der

ihn erwartet hatte. Sein Sohn war todkrank. Er flehte den Herrn an, mit ihm zu kommen und seinen Sohn zu heilen. Der Herr aber befahl ihm, zurückzukehren, sein Sohn sei bereits gesund, welches er auch tat. Es waren hier auch noch viele Kranke und Trostsuchende aus der Stadt und von Ferne um Jesus versammelt, welchen Er teils gleich half, teils für die Zukunft Heil versprach.

Jesus kommt nach Bethsaida

Am Sabbatabend nahm Jesus vor der Synagoge von den Einwohnern Abschied und zog mit ein paar Aposteln aufwärts gegen den Jordaneinfluss zum See, um auf die andere Seite zu kommen; die Überfuhr war höher oben und dadurch war der Weg viel länger. Hier fuhr man auf einer Art von Floß über, das aus einem Rost von übereinander gelegten Balken bestand, in dessen Mitte eine Art höher liegende Kufe oder Hütte angebracht war, in welche sie ihre Bündel warfen; denn da konnte kein Wasser eindringen. Dieses Floß wurde mit Stangen hinübergebrückt. Das Ufer des Jordan ist dort nicht hoch und es schienen mir einige Inselchen darin.

Ich sah den Herrn und die drei Apostel bei Mondschein gehen. Vor Bethsaida steht ein Schuppen, wie oft vor den Städten im Gelobten Land, wo sich die Reisenden zu entschürzen und zu reinigen pflegten, ehe sie in die Stadt gingen. Es befinden sich da meistens Leute, welche ihnen die Füße reinigten. Dies geschah auch hier dem Herrn und den Jüngern. Sie gingen hierauf in das Haus des Andreas, der verheiratet war, und es war hier eine Mahlzeit von Honig, kleinen Broten und Trauben bereitet. Das Haus liegt an einer Seite der Stadt und ist nicht ganz gering. Es hat einen Vorhof und Mauern umher. Mit dem Herrn kamen Petrus, Philippus und Andreas, welcher, glaube ich, voraus gegangen war.

Überhaupt waren beim Abendessen wohl zwölf Männer zu Tisch; ich weiß nicht mehr recht, ob es Apostel oder sonst Jünger waren. Am Schluss des Mahles traten auch sechs Frauen heran, welche den Herrn sprechen hörten. Jesus herbergte hier.

15. Oktober. Jesus besuchte heute in Bethsaida noch ein zweites Haus, in welchem sich mehrere Frauen befanden; ich weiß nicht, ob es das Haus des Philippus war. Er verließ dann mit den drei Aposteln Bethsaida wieder. Er ging nordwärts und hielt sich vor Bethsaida noch in einem Hause auf, worin viele Fischergerätschaften lagen. Hier waren viele Männer versammelt, vor welchen Jesus längere Zeit lehrte. Von da ging Er am Jordanufer hinauf und weit oberhalb der vorigen Übergangsstelle auf der Jordanbrücke wieder über den Fluss.

Jesus zieht durch Basan

16. Oktober: Heute wanderte Jesus mit den drei Aposteln den ganzen Tag durch Ostgaliläa, mittagswärts nach dem Land der Amoriter oder Basan. Er ist wohl auch einen Teil der Nacht gegangen.

17. Oktober: Heute morgen um fünf Uhr sah ich viele Jünger in einer Gegend jenseits des Jordans, wo viel weißer Sand und kleine weiße Steine waren, in einem offenen Hirtenschuppen, die Ankunft des Herrn erwarten. Es waren auch drei schlanke Jünglinge bei ihnen, die sie mitgebracht hatten. Sie schienen mir aus der Gegend, wo der Herr, ehe Er nach Samaria kam, unter einem Baum gelehrt und Kinder gesegnet hat. Sie sammelten hier Beeren und andere Früchte; es waren gelbe und grüne Beeren, wie Feigen so groß, auch kleine gelbe Äpfel, die teils an Sträuchern, teils an Bäumen wuchsen, von welchen sie dieselben mit Hakenstöcken abpflückten.

Der Weg, den der Herr mit den drei Aposteln herankam, war zwar ein schöner ordentlicher Weg, doch schien er wenig begangen, denn er war mit langem Gras bewachsen. Er lief unter einer Allee von breiten Fruchtbäumen hin, deren Zweige sich verschlungen hatten. Die Apostel brachen von den Früchten und steckten sie in die Tasche; Jesus nahm nichts. Es war, als sei Er die ganze Nacht durch aufwärts gegangen. Die Harrenden gingen ihm entgegen, grüßten ihn und umgaben ihn, doch ohne ihm die

Hand zu reichen. Jesus war größer als die Apostel. Wo sie gingen oder standen, war es immer, als rage Er hervor mit seiner weißen ernsten Stirne. Er ging sehr gerade und aufrecht, war nicht hager und auch nicht dick, sondern durchaus gesund und edel gebildet. Er hatte breite Schultern, eine breite Brust. Seine Muskeln waren ausgebildet durch Reisen und Übung und hatten doch keine Spur von schwerer Arbeit.

Vor dem Schuppen lag ein langer, breiter, vierkantig behauener Balken. Jesus und die anderen legten sich um denselben wie zu Tisch nieder, und es wurde vor jeden eine Portion der gesammelten Früchte gelegt. Auch hatten sie kleine Krüge mit Getränken bei sich.

In der Ferne erhob sich ein Gebirge und vor demselben lag eine Stadt. Ich meine, es sei dies im Land der Amoriter gewesen. Bald von hier zog sich der Weg wieder etwas abwärts. Ich sah sie den ganzen Tag wandeln und am Abend in einem zerstreut liegenden Dorf ankommen. Am Weg lag ein Herbergshaus, in welches sie zuerst traten. Es kamen hier viele Menschen aus Neugierde zu ihnen. Sie wussten hier nicht viel von Jesus, waren übrigens einfältig und gut. Der Herr lehrte hier eine Parabel vom guten Hirten.

Sie blieben nicht in diesem Haus, sondern gingen, eine Strecke vom Wege ab, in eine andere Herberge. Hier aßen und schliefen sie. Der Herr sagte ihnen, dass Er mit den drei Jünglingen allein durch Chaldäa und das Land Ur, wo Abraham geboren wurde, und durch Arabien nach Ägypten ziehen werde. Die Jünger sollten sich hier und da an den Grenzen zerstreuen und lehren, Er werde auch lehren, wo Er hinkomme. Nach drei Monaten bestimmte Er ihnen abermals als Hauptsammelplatz den Brunnen Jakobs bei Sichar. Ich sah unter den Jüngern Simeon, Kleophas und Saturnin.

18. Oktober: Mit Tagesanbruch trennte sich Jesus von den ihn begleitenden Aposteln und Jüngern. Er reichte ihnen die Hand. Sie waren sehr betrübt, dass Er nur die drei Jünglinge mitnehmen wollte, die sechzehn bis achtzehn Jahre alt waren. Den Namen des Jüngsten habe ich gewusst, aber wieder vergessen. Er ist später von den Aposteln viel gebraucht worden und hat sehr viel getan

und gelitten. Der Weg des Herrn ging gegen Morgen noch immer absteigend. Gegenüber erhoben sich Gebirge von Galaad. Es war ein weißer und sandiger Boden und es gab hier und da Zedern, Dattelpalmen und auch Nussbäume; im Tal flossen Bäche. Es liegen mehrere Städte umher, von denen mir die Namen Astharoth und Kedar gegenwärtig sind.

Andreas, Philippus und Petrus gingen nach ihrer Heimat zurück. Die Jünger zerstreuten sich an der Grenze entlang.

Jesus wollte zum Sabbat nach einer Stadt, welche die letzte jüdische nach dieser Seite war. Ich meine, sie ist Kedar.

Der Herr hatte auf bloßem Leibe ein bräunliches, gestricktes oder gewobenes Hemd an, welches sich dehnte und in streifige Falten nach der Länge zog; darüber hatte Er ein langes feines, wollweißes Gewand mit weiten Ärmeln, das um den Leib mit einem breiten Gürtel von demselben Stoff gehalten war wie das Tuch, welches Er beim Schlaf um das Haupt hüllte. Sie aßen unterwegs Baumfrüchte und Beeren. Die Jünglinge trugen Beutel, worin kleine Brote und Krüglein mit Getränk waren. Sie hatten Stäbe; manchmal brach der Herr sich auch einen Stab und ließ ihn wieder zurück. Er hatte Sohlen unter den bloßen Füßen. Er unterrichtete unterwegs die Jünglinge, die sehr unschuldig und einfach waren. Am Abend traten sie in ein einzeln liegendes Haus, worin einfältige, rohe Menschen wohnten. Sie schliefen in der Nacht dort.

Jesus gab sich hier nirgends zu erkennen und doch lehrte Er in allerhand schönen Parabeln, meistens vom guten Hirten. Die Leute fragten ihn hier auch über Jesus von Nazaret, aber Er sagte ihnen nicht, dass Er es sei.

Er fragte um ihre Arbeit und Geschäfte und sie hielten ihn für einen reisenden Hirten, der sich nach guten Weidegegenden umsehe, wie es oft Reisende in solchen Geschäften im Judenland gab. Ich sah ihn hier nicht heilen, auch nicht Wunder tun.

19. Oktober: Jesus reiste am Morgen weiter. Er mag nun noch einige Meilen von Kedar sein, welches auf wieder aufsteigendem Boden liegt; das Gebirge liegt dahinter. Das Vaterland Abrahams liegt in dieser Richtung, wie ich meine, noch weit gegen Nordost, das Land der Drei Könige gegen Morgen südwärts.

Die Jünger waren teils nach Hause gegangen, teils hatten sie sich lehrend zerstreut. Zachäus von Jericho war auch hier bei ihnen gewesen. Er kehrte nach Hause zurück, gab seine Wirtschaft auf, verkaufte alles, gab es den Armen und zog mit seiner Frau, mit welcher er fortan in Enthaltsamkeit lebte, an einen kleinen Ort. Neun Wochen hatte der Herr den Jüngern bis zur Wiedervereinigung bestimmt.

Der Aufruhr wegen Lazarus war in Jerusalem sehr groß gewesen. Jesus entfernte sich, um vergessen zu werden, während die Überzeugung von der Wahrheit dieses Wunders viele zur Bekehrung vorbereitete. Da Er zurückkehrte, war Er sehr mager geworden. Von dieser Reise steht nichts geschrieben, denn kein Apostel war dabei. Vielleicht wussten sie auch nicht alle, wohin Er gegangen war. Ich sehe diesen Weg, so viel ich mich erinnere, zum erstenmal.

Der Herr wanderte heute mit seinen drei Jünglingen auf mancherlei Umwegen fortwährend südöstlich. Die Nacht vom 19. auf den 20. herbergten sie wieder in einem einzeln liegenden Haus bei Hirten. Die Leute sind hier herum alle gut und ohne Arg. Sie sehen Jesus mit Bewunderung an und haben ihn lieb.

Er erzählt manche Parabeln, welche Er in Judäa erzählte und sie hören ihm gern zu. Er heilt, Er segnet nicht. Wenn sie ihn über Jesus von Nazaret fragen, erzählt Er von jenen, die ihm nachgefolgt seien und verknüpft dies wieder mit Parabeln. Sie halten ihn für einen Hirten, der Herden oder Weide sucht.

Jesus kommt nach Kedar

20. Oktober: Den Freitag brachte Jesus ebenso reisend zu. Sein Umgang mit diesen Jünglingen ist ungemein rührend. Der Jüngste von ihnen von fünfzehn bis sechzehn Jahren heißt Eremenzear. Später, als sie Jünger wurden, hat Jesus allen dreien andere Namen gegeben, welche sich auf ihre Eigenschaften bezogen. Diese weiß ich noch nicht. Sie scheinen mir keine Juden zu sein, sie sind ganz anders, schlanker und gewandter und tragen lange Gewänder.

Ich glaube, dunkel vernommen zu haben, als seien sie Nachkommen von Hirten, die aus dem Zuge der Drei Könige vom Morgenland zurückgeblieben sind. Wo sie jetzt hinziehen, das scheint ihr Vaterland zu sein. Sie sind wie die Kinder um Jesus, sie dienen ihm so lieblich, und so oft Er an ein Wasser kommt, waschen sie ihm die Füße. Sie laufen auf dem Weg hin und her, bringen Stecken, Zweige, Blumen, Beeren, Früchte.

Jesus lehrt sie sehr liebevoll und erklärt ihnen fortwährend in Parabeln alles, was bis jetzt geschehen ist. Es sind hier im Lande oft große, dichte Dornhecken, worin sehr große Beeren hängen. Sie reisten nicht auf der Landstraße nach Kedar, sondern auf vielen Umwegen und besuchten mehrere Häuser.

Heute vor Sabbat kamen sie bei Kedar an. Es war zu spät, in die Stadt zu gehen, und sie übernachteten in einer großen, offenen Herberge, wo noch viele andere Reisende Obdach gesucht hatten. Es sind mehrere offene Schuppen mit Lagerstellen darin, das Ganze ist von einem geschlossenen Hofe umgeben. Ein Mann, dem dieses Haus gehörte oder der die Aufsicht darüber hat, hatte es abends aufgetan und war dann in die Stadt zurückgekehrt. Jesus hielt den Sabbat mit den Jünglingen in der Herberge.

21. Oktober: Heute morgen kam der Mann wieder aus der Stadt nach der Herberge und empfing einen kleinen Lohn, wie ich mich dunkel erinnere. Die Reisenden zerstreuten sich. Er nahm aber Jesus und seine Gefährten mit sich in die Stadt in sein Haus. Die Stadt liegt am Vorgebirge in einem Flusstal, diesseits und jenseits. Sie besteht aus einer alten und einer neuen Stadt, welche ein kleiner Fluss trennt, der vom Morgen kommt und nach dem Gelobten Land fließt. Das Ufer ist sehr tief und es gehen zwei gemauerte Bogen darüber.

Diesseits ist der Ort unbedeutender und ärmer und meist von jüdischen Hirten bewohnt, welche auch leichtes Bauwerk, Hirten- und Stallgeräte verfertigen. Jenseits schien der Ort reicher, dort sind Heiden und keine Juden mehr.

Die Leute sind hier schon nicht mehr ganz jüdisch gekleidet, sie haben teils Zipfel-Kapuzen auf. In der Stadt diesseits ist eine Synagoge. Es ist hier auch ein Springbrunnen auf einem Platz, der mit Rasen und dann mit weißem Sand reinlich umgeben ist;

das ist noch das Schönste in dem Ort. Der Herr und die Knaben gingen mit ihrem Wirt in die Synagoge und feierten den Sabbat ganz ruhig mit.

Am Schluss der Gebete fragte sie Jesus, ob Er ihnen etwas erzählen dürfe, und da die guten Leute es alle gern anhörten, erzählte Er ihnen unter anderem vom verlorenen Sohn. Sie hörten aufmerksam zu und bewunderten ihn sehr. Sie wussten nicht, wer Er war. Er sagte, Er sei ein Hirt, der verlorene Lämmer suche und sie auf gute Weide führen wolle. Sie hielten ihn für einen Propheten und holten ihn an diesem Tag noch in die Häuser, und Er erzählte und lehrte auch noch am folgenden Tag.

22. bis 24. Oktober:

Heute erzählte Jesus im Freien bei dem Springbrunnen, wo Männer und Frauen durcheinander zu seinen Füßen saßen und lagen und Er die Kinder an seine Brust drückte, unter anderem, wie Zachäus auf den Feigenbaum gestiegen, alles verlassen habe und Jesus nachgefolgt sei und von jenem, der im Tempel gesagt:

«Gut, dass ich nicht bin wie der Zöllner», und auch von dem, der an die Brust geschlagen und gesagt hat: «Gott sei mir armem Sünder gnädig!»

Am Montag war Jesus noch in Kedar. Die Leute liebten ihn sehr und hatten kein Arg mit ihm. Sie haben ihn gebeten, bis zum nächsten Sabbat zu bleiben und dann in der Schule zu lehren. Die Leute fragten ihn über Jesus, und Er erzählte auch manches von ihm und seiner Lehre. Abends ging Er nach einem kleinen Ort etwa eine Stunde den Fluss abwärts und blieb da über Nacht. Man hatte ihn eingeladen. Er kehrte erst am Dienstag abend nach Kedar zurück.

Jesus in Edon – Heilung eines alten Ehepaares

25. Oktober: Heute ging Jesus mit seinen Gefährten morgenwärts von Kedar in eine Gegend von schönen Wiesen und Palmen. Er wollte nach einem Ort gehen, welcher, glaube ich, Edon heißt. Er besuchte unterwegs ein einzeln liegendes Haus, in welchem

Vater und Mutter schon lange unheilbar zu Bett lagen. Es waren mehrere Kinder im Haus, welche ab- und zugingen.

Es waren gute Leute und Jesus blieb bei ihnen. Sie fragten ihn nach Jesus von Nazaret, von welchem sie allerlei verkehrte Gerüchte gehört hatten.

Er sprach von ihm und wie Er verfolgt werde und wie Er in das Reich seines Vaters zurückkehren und allen denen, welche ihm nachfolgten, dieses Reich mitteilen werde.

Dieses alles erzählte Er in einer schönen Parabel von einem König und seinem Sohn. Ich sah zugleich ein Bild von seinem Leiden und von seiner Himmelfahrt und seinen Thron über der Welt neben seinem Vater, von allen Engeln umgeben, und sah den Lohn seiner Nachfolger. Ich sah das Bild seines Reiches und der ganzen Parabel, welche Er den Leuten erzählte. Ich sah, dass Er ihnen dieses Bild im Herzen zurückließ. Nachher sagte Er ihnen, ob sie das alles so glaubten und ob sie dem guten König nachfolgen wollten; und als sie ihm das beteuerten, sprach Er zu ihnen, so sollte Gott ihnen das wohl lohnen und sie gesund machen und ihm nach Edon folgen lassen. Sie wurden plötzlich gesund und folgten ihm zum Erstaunen aller Menschen morgen nach Edon.

Jesus als Gast bei einem Hochzeitsmahl

26. Oktober: Ich kam durch liebliche Felder und Wiesen mit Palmbäumen nach dem Städtchen, in welchem gleich links auf einem freien Platz ein Haus steht, worin eine Hochzeit war.

Dieses Haus, worin solche Feste gewöhnlich gefeiert wurden, besteht aus einem großen Saale, an dessen Ende die Küche ist und rings um das Haus sind Schlafstellen, in welchen immer drei und drei Lager bereitet und dann wieder durch einen Verschlag getrennt sind. Diese Schlafräume sind vom Hof und dessen Mauer umgeben. Es brannte am hellen Tag eine Lampe in dem Saal.

Die Sitten sind hier einfacher und vertraulicher als tiefer in Judäa. Männer und Frauen, Braut und Bräutigam befanden sich in demselben mit Kränzen geschmückten Raum. Knaben spielten auf

Flöten und anderen Instrumenten und sangen dazu. Diese frommen Leute erwarteten Jesus, den sie für einen Propheten hielten. Sie hatten von seinen Lehren und Parabeln in Kedar und der Gegend gehört und hatten ihn zu ihrem Fest eingeladen.

Ich sah den Herrn nachmittags von der Wohnung der zwei geheilten Eheleute her hier ankommen. Die drei Jünglinge kamen mit ihm. Er hatte einen Stab, oben krumm, wie ein Hirtenstab, in der Hand. Die Leute empfingen ihn freudig und ehrerbietig und wuschen ihm und seinen Gefährten gleich die Füße und trockneten sie mit ihren Gewändern. Sie nahmen seinen Stab und stellten ihn in eine Ecke.

Sie bereiteten dem Herrn einen Tisch; es wurden Fische aufgetragen, kleine Brote und Honigwaben, wohl einen Schuh lang, auch rote Beeren, von welchen man oben ein Krönchen von schwarzen Blättern mit weißen Punkten abriss, ehe man sie aß. Es waren auch kleine Krüge und Becher auf dem Tisch und kleine Schalen, wie von Erde, doch glasiert, aus welchen man etwas mit einem Löffelchen ins Getränk tat. Sie lagen zu Tisch auf kleinen Lehnbänken. Man gab Jesus den Sitz zwischen Bräutigam und Braut. Die Frauen saßen unten an. Der Herr segnete die Speisen und das Getränk, und sie aßen alle davon.

Jesus lehrte und erzählte bei Tisch von jenem Mann in Judäa, der bei der Hochzeit zu Kana in Galiläa Wasser in Wein verwandelt habe. Und als nun die zwei Eheleute kamen, welche Er gestern geheilt hatte, waren die Gäste, welche sie als schon so lange krank kannten, sehr verwundert.

Die Leute erzählten, was der Herr ihnen von dem König und seinem Reich erzählt habe und wie sie alles das glauben sollten, so würden sie so gewiss seines Reiches einst teilhaftig werden, als sie jetzt genesen seien.

Jesus erklärte ihnen dies alles noch einmal und sagte ihnen ganz deutlich, wie zwar noch eine Mauer zwischen ihnen und dem Reich dieses Königs sei, wie sie aber doch auch durch diese Mauer dringen würden, wenn sie sich selbst überwinden würden. Leider kann ich nichts von allem vollkommen wiedergeben, was ich gehört habe; ich habe jedes Wort, jede Frage gehört und bin die ganze Nacht mit dieser Hochzeit beschäftigt gewesen. Erst gegen Morgen gingen sie zu Bett und der Herr schlief hinter dem Speisesaal neben den Jünglingen.

Jesu Nachtgebet

Ich sah, wie Jesus nach dem Mahl nach Mitternacht zur Ruhe ging. Er schlief mit den drei Jünglingen zusammen in einem Raum. Ich sah, wie ich immer gesehen, dass der Herr, ehe Er sich niederlegte, sich absonderte und mit emporgehobenen Händen kniend zu seinem himmlischen Vater betete.

Ich sah dann Lichtstrahlen aus seinem Munde emporgehen und sah, dass Licht oder auch eine Engelgestalt zu ihm niederkam. Dies geschah auch oft unter tags, wenn Er sich an irgend einem einsamen Ort absonderte. Ich habe es von ihm schon als Kind gelernt; da ich ihn so tun sah, tat ich auch so.

Marias Gebet

Die heilige Jungfrau sah ich bis zur Empfängnis des Heilandes meistens stehend beten, die Hände über der Brust gekreuzt und den Blick gesenkt. Als sie aber die Mutter des Herrn geworden war, sah ich sie meistens kniend mit emporgehobenem Antlitz beten, den Blick zum Himmel und die Hände emporgehoben, wenn sie allein war.

Maria und andere Freunde Jesu in dieser Zeit

Ich sah, wie elend es ihnen durch die Bosheit der Juden damals ging. Diese waren wegen der Erweckung des Lazarus, durch welche viele Leute dem Herrn geneigt wurden, so erbittert, dass sie die Anhänger des Herrn überall verfolgten. Lazarus hielt sich meistens im Keller seines Hauses verborgen und die Freunde Jesu zu Bethanien, Bethphage und in dem kleinen Ort, in welchem Er zuletzt war, ehe Er nach Bethanien kam, wagten es nicht, aus ihren Schlupfwinkeln zu gehen. Ich sah wohlgesinnte und vornehme Frauen aus Jerusalem zu diesen Bedrängten unter anderm Nahrungsmittel auch kleine Vögel in Körbchen tragen. Die Mutter Jesu durfte es nicht wagen, abends über den Weg zu gehen, sonst warfen böse Leute mit Steinen nach ihr.

Johannes war in seiner Heimat.

Ich hatte in den letzten Tagen auch ein Bild von Judas. Er allein ist keck und frech in der Nähe der Pharisäer, schwätzt und prahlt mit ihnen von Jesus und meint, er wolle ihnen dieses und jenes ausreden und verleugnet den Herrn oft in seiner Prahlerei.

Ich sah dabei, wie gefährlich das Schwätzen sei. Ich sah, wie Maria ihn mehrmals warnte, wie er aber alles leicht nahm und lachte. Er war übrigens mitleidig und sehr dienstwillig. Er dauerte mich immer sehr, dass er so fallen sollte, aber er war bei der Geburt schwer verflucht worden.

Von den drei Jünglingen, die Jesus auf dieser Reise begleiteten

Der älteste hieß Eliud und wurde später Siricius getauft. Sela oder Silas hieß der mittlere, der jüngste hieß Eremenzear und wurde später Hermes genannt. Ihre Eltern, vom Stamme Mensors, waren verarmt und dem Zuge der Drei Könige gefolgt, dann bei den Hirten im Tal der Hirten zurückgeblieben, waren Juden geworden, hatten Hirtinnen geheiratet und hatten Weiden zwischen Samaria und Jericho. Ich meine, einen dieser Knaben hatte Jesus nach seinem Gespräch mit der Samaritin am Brunnen Jakobs in der Gegend von Sichar auf die Fürbitte der heiligen Jungfrau geheilt. Sie erhielten den Namen von Jüngern, die nicht genannt sind und waren später mit Thomas, Johannes und Paulus. Eremenzear hat von der Reise geschrieben.

Die Seelen, welche Jesus auf dieser Reise hier in Kedar und ferner gewonnen hat, wurden, wie ich glaube, später von Thomas getauft, dessen Weinberg da begann, wo der Weinberg des Johannes endete. Er hat diesen ganzen Strich von Arabien bis nach Indien bebaut und auch jene Angehörigen der Drei Könige getauft, welche noch lebten.

Jesus kehrt nach Kedar zurück

27. Oktober: Der Herr war heute morgen noch zu Edon. Er musste vor das Haus treten und lehren, so groß war der Zulauf. Er brachte hier vieles in Ordnung. Ein paar Leute, welche sich vermählen wollten, waren von väterlicher Seite Blutsverwandte und fragten ihn und Er erklärte ihnen aus Mose, dass sie sich nicht vermählen dürfen und lehrte überhaupt von der Ehe. Die beiden Leute verlobten sich, keusch zu bleiben.

Als Jesus hier von der Ehe lehrte, wurde ihm von einem Ort hier erzählt, wo die Leute gar keinen rechten Bescheid mehr im Ehegesetz wüssten und wie eine Person dort nun schon das siebente Geschwister seiner ersten Ehehälfte geheiratet habe. Man erzählte dies mit Betrübnis und der Herr nahm sich vor, dahin zu reisen.

Es waren auch hier bei dem Hochzeitsmahl zwei Männer jenes Ortes. Der eine hatte mit seiner Frau keine Kinder, aber mit der Frau des anderen, der Eliud hieß, mehrere Kinder gezeugt, welche dieser für die seinigen hielt. Der Ehebrecher bekam bei dem Mahl durch die Reden Jesu große Angst.

Auch zwischen diesen Leuten setzte der Herr später die Sache auseinander und brachte sie zur Buße und Entsagung. So geschah noch manches. Nachher zogen viele von diesen Leuten mit ihm gegen Kedar zurück, um den Sabbat dort zu halten.

In Kedar, welches nur ein paar Stunden von hier entfernt ist, war bei der Synagoge ein offener Betort in einem Garten, worin ein kleiner Altar und Lampen auf hohen Leuchtern standen. Eine Hecke trennte die Männer und die Frauen. Die Priester räumten dem Herrn gern ihre Stelle, und Er lehrte und betete statt ihrer. Hier waren sie wohl bis um zehn Uhr unter dem Sternenhimmel, und Jesus begab sich dann in die Synagoge.

28. Oktober: Heute lehrte Jesus den ganzen Tag in Kedar in der Schule und sie fragten ihn von vielen Seiten in zweifelhaften Gesetzessachen und besonders in Ehesachen um Entscheidung. Es war auch wieder die Rede von dem Ort, wo einer sieben Schwestern nacheinander geheiratet hatte. Die Leute schienen in ihren Meinungen sehr abweichend.

Am Abend kehrte der Herr wieder am Tor bei seinem ersten Wirt ein, nahm auch etwas Speise, nachdem Er wieder in dem Garten bei der Synagoge gelehrt hatte.

29. Oktober: Jesus lehrte morgens wieder in der Synagoge von der Ehe. Es kamen auch ein paar geschiedene Eheleute zu ihm, die Er wieder vereinigte. Es waren zwei Parteien: der Mann mit seinen Verwandten und die Frau mit den ihren. Der Herr redete mit jeder Partei einzeln, dann traten sie zusammen, reichten sich die Hände, und der Herr segnete sie.

Ich glaube, die Leute waren von jenem Ort, wo sie so verwirrt in den Ehegesetzen waren. Nachdem Jesus hier mit seiner Lehre fertig war, erzählten ihm die einfältigen guten Leute auch eine Geschichte, welche sie von ihren Vorfahren gehört hatten und fragten ihn darüber. Leider weiß ich nur noch so viel, dass darin die Rede von zwei Frauen war, einer scheinheiligen, kinderlosen Witwe und einer Frau mit Mann und Kindern und wie ein Prophet die eine scheinheilige, eigennützige anführte.

Ich habe auch den Namen des Propheten vergessen. Jesus erklärte ihnen etwas darüber. Er nahm das Mahl wieder bei seinem Wirt am Tor ein. Nach Tisch brachten seine drei Begleiter die zwei alten Eheleute, welche Er geheilt hatte, wieder nach ihrer Wohnung zurück.

Jesus wurde dann nach einer höher gelegenen Gegend der Stadt geholt in ein Haus, wo junge Leute, die Kinder hatten, wohnten. Er lehrte da, legte den Kindern die Hände auf und aß auch etwas beim Abendtisch. Es ist ein seltener Fall, dass ich ihn zweimal am Tag essen sah. Auch hier aßen die Frauen mit am Tisch, untenan sitzend. Am Abend kamen die drei Jünglinge zurück. Er schlief in der Nacht in diesem Haus.

30. Oktober: Die Stadt diesseits des Flusses, wo Jesus jetzt verkehrt, besteht aus Häusergruppen, welche an steilen Bergterrassen

herum gebaut sind. Man muss oft viele in die Felsen gehauene Treppen hinansteigen. Das Haus, wo Er zuletzt war, liegt auch so in der Höhe. Der Teil der Stadt jenseits, der nicht mit diesem zusammenzugehören scheint, liegt auf einem Hügel und ist ebener. Der Herr war noch nicht dort.

Heute abend sah ich Jesus gegen Norden wandeln, wo das Land ebener ist. Es waren viele Leute bei ihm, auch Verwandte der Braut, bei deren Hochzeit Er gewesen ist, und aus deren Heimat. Der Ort, wo ich sie sah, scheint ein Hirtenaufenthalt zu sein. Es sind da mehrere offene Schuppen, auch Häuser mit Dornenwänden, lange Reihen zusammengeflochtener Bäume, Holzzäune umher, und die ganze Zusammenstellung von Gebäuden ist mit einer Gittertür am Ein- und Ausgang geschlossen.

Doch schien es nicht, als ob Leute da wohnten. Ich sah sie da eingehen, als es Abend war; sie aßen unter einem Schuppen Früchte, Feigen, Weintrauben, Datteln und schwarze Beeren. Sie waren noch dort, als die Sterne schon am Himmel standen.

Es war eine sehr schöne Nacht, es war warm und die Tautropfen blinkten so schön. In der Entfernung liegt jene kleine Stadt, wo die Leute so verwirrt im Ehegesetz waren.

Jesus kommt nach Sichar-Kedar und schlichtet Ehesachen

31. Oktober: Jesus zog mit seiner Begleitung noch mannigfaltig durch die Landschaft umher und nahte sich erst gegen Abend einer kleinen Stadt, die von Kedar mitternächtlich am Abhang eines Gebirges liegt. Die meisten seiner Begleitung hatten sich hier in der Gegend in ihre Wohnungen zerstreut. Die drei Jünglinge waren bei ihm und es kamen ihm Leute entgegen und führten ihn in die Stadt, deren Name wie Sichar lautet[38], und in ein öffentliches Festhaus schier wie das Haus zu Kana in Galiläa. Es waren viele Leute versammelt, und es war wie eine Art Fest.

Ein paar junge Eheleute hatten plötzlich ihre Eltern durch den Tod verloren, und die Leute, welche mit beim Begräbnis gewesen waren, wurden hier bewirtet. Vor dem Haus war ein umgatterter

Hof, in welchem eine künstlich geflochtene Laube war. In den vier Ecken des Raumes standen rohe, zu Kübeln ausgehöhlte Steinblöcke voll Wasser, aus welchen krausgewachsene Schlingpflanzen an Pfählen in die Höhe und dann an Bögen gegen die Mitte des Hofes zu liefen, wo eine ausgehauene, marmorierte und mit allerlei Schnitzwerk verzierte Säule diese grünen Bögen stützte. Diese Säule schien nicht von Stein, sondern als könne man sie wegbewegen. Die Pflanzen waren nur so hineingesetzt, sie hielten sich wie Schilf ganz frisch. Diese Verzierung und viele andere Kränze im Haus waren ungemein schön.

Der Hausherr empfing Jesus in der Halle nächst diesem Hof und wusch ihm, der sich auf einen Sitz niederlassen musste, wie auch seinen Begleitern, die Füße aus einem herzugetragenen Becken. Hierauf wurde ihnen ein Trunk und etwas Brot gereicht. Sie gingen aber hernach nach einem anderen Raum, wo ein Mahl bereitet war.

Sie wollten, Jesus solle sich obenan setzen; Er tat es aber nicht, sondern wollte zu Tisch dienen, und Er diente allen, reichte ihnen das Brot und die Früchte und die großen Honigwaben. Er goss aus den Krügen in die Becher ein, und ich sah am Tisch dreierlei Getränke: einen grünen Saft, ein gelbes Getränk und eine ganz weiße Flüssigkeit. Jesus lehrte und sprach vom Dienen und von allem, was vorfiel; ich weiß es nicht mehr genau zu erzählen.

Ich glaube, sie haben nicht in diesem Haus geschlafen, es schien nur ein Festhaus. Diese Stadt aber ist jene, von welcher Jesus zu Edon auf dem Hochzeitsfest gehört hatte, dass so viele Leute in unerlaubten Eheverhältnissen dort lebten.

Der Mann, zu dem Jesus hierher gegangen war, hieß Eliud; er war auch bei dem Hochzeitsfest zu Edon gewesen. Er war jener, von dem Jesus erkannte, dass seine Frau alle die Kinder, welche er für die Seinigen hielt, im Ehebruch empfangen hatte.

Eliud war ohne sein Weib auf der Hochzeit gewesen und vor Jesus nach seiner Heimat zurückgekehrt. Er hatte dort großes Leid gefunden, denn die Eltern seiner Frau waren beide auf einmal vor Leid gestorben, indem sie entdeckten, dass ihre Tochter schwanger sei und wussten, dass es nicht von ihrem Schwiegersohn sein konnte; denn dieser hatte Enthaltung gelobt und war um die Zeit der Empfängnis abwesend gewesen.

Die guten alten Leute hatten einander in ihrem Jammer umarmt und waren so gestorben. Der Schwiegersohn wusste nichts von der Ursache ihres Todes, als er sie zu Haus verstorben vorfand; er ahnte auch nichts von der Untreue seiner Frau.

Als der Herr kam, fand Er die Leute bei dem Leichenfest in einem öffentlichen Versammlungshaus. Die Frau war nicht bei dem Fest. Alle Anwesenden waren in langen Trauerkleidern, hatten schwarze Gürtel, und einige trugen schwarze Binden um den Arm, andere auch um den Kopf. Sie verrichteten beim Fest auch Gebete. Einer trat in die Mitte und betete und redete, und dies tat hier Jesus. Er sprach über den Tod als Strafe der Sünden und über reine und unreine Geburt und kam immer auf das Gleichnis vom Weinstock.

Nach dem Fest ging Jesus mit Eliud nach dessen Haus. Seine drei Jünglinge ließ Er bei anderen Leuten einkehren. Eliud brachte ihn zu seiner Frau, und da der Herr sie in tiefer Trauer fand, wollte Er allein bei ihr sein, und Eliud verließ ihn. Hier sah ich, dass der Herr mit der Frau sprach und dass sie ihr Verbrechen gestand und zu seinen Füßen weinend niedersank und dass Jesus sie segnete. Hernach verließ Er sie, und Eliud brachte ihn nach seiner Schlafstelle. Ich sah den Herrn dem Mann noch ernste, rührende Worte sagen und als Er ihn verließ, beten und zur Ruhe gehen.

1. November: Heute früh sah ich Eliud mit einem Waschbecken und einem grünen Zweig zu Jesus hereintreten, welcher noch auf seinem Lager auf den Arm gestützt lag. Er stand aber sogleich auf, und Eliud wusch ihm die Füße und trocknete sie mit seinem Gewand.

Nun sagte ihm der Herr, er solle ihn zu seiner Betkammer führen, Er wolle ihm auch die Füße waschen. Der Mann wollte dies nicht zulassen; Jesus aber sagte ihm ernst, so er dieses nicht zulassen wolle, werde Er sogleich sein Haus verlassen; dies müsse sein, und so er ihm nachfolgen wolle, dürfe er sich nicht weigern.

Da führte der Mann Jesus in seine Betkammer und brachte Wasser in einem Becken. Jesus aber ergriff ihn bei beiden Händen, sah ihm liebevoll in sein Angesicht, sprach mit ihm von der Fußwaschung und kam dann auf das Schicksal des Mannes und sagte ihm, dass seine Kinder im Ehebruch empfangen seien, dass seine Frau schwanger sei und dass sie bereue und dass er ihr vergeben müsse. Da warf sich der Mann weinend auf die Erde auf sein Angesicht und wälzte sich in großem Schmerz wehklagend auf dem Boden. Jesus aber wandte sich von ihm, kehrte ihm den Rücken und betete.

Nach einer Weile, da der erste Schmerz vorüber war, kehrte sich Jesus zu ihm und hob ihn auf, tröstete ihn und wusch ihm die Füße. Da wurde der Mann still und ruhig, und Jesus befahl ihm, seine Frau zu rufen. Diese kam verschleiert. Jesus nahm ihre Hand, legte sie in die Hand Eliuds, segnete sie, tröstete sie und hob den Schleier der Frau auf. Nun ließ Er sie abtreten und die Kinder zu ihm senden. Da diese bei ihm waren, sprach Er mit ihnen, segnete sie und führte sie hinaus zu ihren Eltern. Die Leute blieben von nun an treu beieinander, und beide gelobten Enthaltung.

Ich sah den Herrn noch an diesem Tag in viele Häuser zu den Leuten gehen, wenige ausgenommen und sie in ihren Verirrungen zurecht führen. Ich sah den Herrn Haus für Haus mit den Leuten von ihren Umständen sprechen und ihr Herz gewinnen.

Es sind bei diesem Ort ganze Reihen von Bienenhäusern am Berg errichtet. Der Abhang ist terrassiert, und es stehen am Berg angelehnt viele viereckige, oben flache Bienenstände, etwa sieben Fuß hoch. Oben sind sie mit Knöpfen verziert. Die Bienenkörbe stehen darin in mehreren Reihen übereinander. Sie sind oben nicht rund, sondern spitz wie ein Dach, und man kann sie an der Vorderseite ganz öffnen. Der ganze Bienenstand ist mit einem fein geflochtenen Schilfgitter geschlossen. Zwischen diesen Bienenständen führen Treppen zu Terrassen, auf welchen an Gittern aufgebunden Sträucher mit Beeren und weißen Blüten wachsen. Dann steigt man wieder zu einer höheren Reihe von Bienenhäusern.

2. November: Gegen vier Uhr nachmittags sah ich Jesus unter der Laube des Festhauses lehren und erzählen. Er stand etwas höher als die vielen Zuhörer. Die Frauen standen im Hintergrund und ich fürchtete, sie möchten nicht alles hören können. Der Herr war von diesen Leuten gefragt worden, wo Er her sei und Er antwortete immer in Parabeln, und sie glaubten ganz einfältig.

Es waren hier viele Leute verschuldet und in Unordnung, und Jesus erzählte eine Parabel von einem Königssohn, der alle Schulden zu bezahlen gekommen sei. Sie nahmen das ganz als wirklich an und freuten sich, und Jesus führte sie auf die Parabel vom Schuldenerlassen und wie der Entschuldete seinen Schuldner um ein Geringes vor Gericht bringen wollte.

Er sagte ihnen auch, sein Vater habe ihm einen Weinberg gegeben und den müsse Er bebauen und schneiden, und Er müsse Arbeiter für den Weinberg suchen. Darum sei Er ausgegangen. Es müssten viele überflüssige, faule Knechte hinausgeworfen werden, wie die Reben, die sie nicht schnitten. Und nun erklärte Er ihnen das Schneiden am Weinstock und sprach von dem vielen überflüssigen Holz und Laub und den wenigen Trauben und von dem Überflüssigen, das in den Menschen durch die Sünde gekommen sei und wie dieses durch Entsagung abgeschnitten und getötet werden müsse, auf dass Früchte kämen.

So kam Er endlich auf die Ehe und ihre Gesetze und die Mäßigung in derselben und wie viele Menschen tief unter den Tieren stünden in diesem Trieb und wie dieser müsse gezügelt werden, auf dass er Früchte trage.

Dann kam Er wieder auf den Weinstock zu reden und sagte, sie sollten doch auch Wein hier bauen! Sie sagten ganz unschuldig, hier sei keine Gegend dazu. Er erwiderte aber, sie sollten bauen, wo die vielen Bienen seien, da sei eine gute Lage, und Er gab wieder eine Parabel von den Bienen. Und sie meinten, so Er wolle, wollten sie in seinem Weinberg arbeiten; Er sagte aber, Er müsse fort und die Schulden bezahlen und müsse den wahren Weinstock keltern lassen zu einem Wein des Lebens, auf dass die anderen den Wein bauen und bereiten lernten.

Da waren sie in Einfalt betrübt, dass Er fort wollte und flehten, Er solle bleiben; worauf Er sagte, so sie ihm glaubten, wolle Er Einen senden, der sie alle zu Arbeitern im Weinberg machen sollte. Ich sah auch, dass dieser ganze Ort in der Verfolgung auswanderte und dass sie durch Thaddäus Christen geworden sind.

Diese Leute wussten nicht, wer Jesus war. Er sagte hier keine Prophezeiung, tat keine Wunder, aber sie waren ganz kindlich und einfältig, obschon in den Sitten verwildert.

Blick auf die Freunde Jesu in dieser Zeit

Lazarus und die Freunde gehen nachts heimlich zueinander. Judas ist voll Prahlerei bei den Pharisäern. Maria ist oft bei ihm und ermahnt ihn. Er ist geizig und neidisch. Maria weinte, als sie ihn ermahnte.

3. November: Ich sah den Herrn abermals bei mehreren Einwohnern. Er brachte zwei Eheleute, welche lange nicht mehr beieinander lebten, wieder zusammen, legte ihre Hände ineinander und segnete sie. Er war auch bei dem Mann, welcher im Begriffe stand, die siebente Schwester zu heiraten und legte ihm aus, warum dies nicht erlaubt sei.

Hierauf lehrte Jesus wieder öffentlich vom Weinbau, vom Hacken, Düngen, Schneiden usw., und zwar auf eine ganz wunderbar tief belehrende Weise in Bezug auf Ehe, Fortpflanzung und auch auf die Stämme, Rassen der Menschen und auf die Erbsünde.

Bei dieser Lehre hörte ich Vieles von den ersten Menschengeschlechtern.

Auch hier hatte ich vieles wunderbar Einfache und Tiefe vom Geheimnis der Ehe in schlichten Darstellungen vom Weinbau. Merkwürdig und klar überzeugend war mir der Ausspruch des Herrn: wo die Ehe uneinig sei und ihren Zweck, Erzeugung reiner, guter Menschen nicht erreiche, sei allein die Schuld auf der Seite der Frau. Sie könne nur dulden und leiden und müsse es; sie sei das Gefäß, welches empfange, hüte und heranbilde, sie könne durch Arbeit in ihrer Seele alles in sich und in ihrer Frucht ausgleichen.

Sie erziehe die Frucht in sich, sie vermöge das Böse derselben zu tilgen durch Arbeit an ihrer Seele und an ihrem Leibe, und all ihr Tun gereiche dem Kind zum Heil oder Schaden.

Es sei aber in der Ehe nicht von Lust, sondern von Kampf und Abtötung, von Sorge und schmerzlicher Geburt die Rede; eine schmerzliche Geburt aber sei ein stetes Kämpfen gegen die Eigenlust, Sünde und Begierde, und ein solches Kämpfen und Siegen mache auch das Kind zum Sieger.

All dies war mit sehr tiefen und einfachen Worten gesagt. Mann und Weib seien ein Leib, die Frau aber sei das Gefäß und empfange und müsse leiden und dulden und versöhnen und könne alles ausgleichen und gutmachen. Hier sei nicht von Eigenlust und Genügen die Rede, sondern vom Tilgen der Schuld und vom Gerechtmachen durch Leiden und Gebet.

Jesus sagte noch sehr viel und Bestimmtes von der Ehe, und ich war so ergriffen von der Wahrheit und der Wichtigkeit dieser Lehren, dass ich mit großer Heftigkeit in mir dachte: Warum wird dies nicht aufgeschrieben? Warum ist kein Jünger da, der dieses aufschreibt, dass es alle Leute erfahren? Ich war aber in diesem ganzen Bild wie ein gegenwärtiger Zuhörer und ging mit hin und her. Als ich jenen Gedanken so begierig dachte, wandte sich mein himmlischer Bräutigam nach mir um und sagte soviel, als:

«Ich wirke die Liebe und baue den Weinberg, wo es Früchte trägt. Wäre dieses aufgeschrieben, es wäre wie vieles Geschriebene vernichtet, oder verdreht, oder unbefolgt. Dieses und unendlich Vieles, was nicht geschrieben steht, ist fruchtbringender geworden als das Geschriebene. Nicht das geschriebene Gesetz ist das befolgte: In den Glaubenden, Hoffenden, Liebenden ist alles geschrieben.»

Die Art, wie Jesus dieses alles lehrt und wie immer alles wieder in Parabeln übergeht, und wie die Natur am Weinstock alles beweist, was Er von der Ehe lehrt und wie die Natur an der Ehe alles beweist, was Er vom Weinstock sagt, ist unbeschreiblich schön und überzeugend. Die Leute fragen ganz einfältig. Oft bietet ihm einer seinen Acker zum Weinbau an und Jesus erwiderte ihm dann, wie Er ihn erst vorbereiten müsse und immer mehr wird ihnen das Bild zur Sache selbst, welche gelehrt wird.[39]

Der Herr wohnte am Nachmittag einer Trauung in der Synagoge bei. Es waren junge Leute; sie waren arm und wohnten im Haus der Brautmutter, wo der Jüngling, der ein Verwandter des Hauses und elternlos war, mit seiner Braut von Kind auf erzogen worden war. Sie waren beide ganz unschuldig und der Herr war ihnen sehr gut. Ich sah den Zug zur Synagoge gehen. Voraus gingen geschmückte Kinder von sechs Jahren, auf Pfeifen blasend, mit Kränzen auf dem Kopf und junge weiß gekleidete Mädchen mit Körbchen, die Blumen streuten und Jünglinge, welche auf Harfen, Triangeln und anderen seltsamen Instrumenten spielten.

Der Bräutigam war schier wie ein Priester gekleidet. Beide Brautleute hatten Führer, welche bei der Trauung die Hände auf ihre Schultern legten. Die Trauung geschah in einer Halle, deren Decke dabei geöffnet wurde, durch einen jüdischen Priester unter freiem Himmel vor der Synagoge. Jesus war dabei zugegen.

Als die Sterne am Himmel erschienen, hielten sie den Sabbat in der Synagoge und fasteten bis zum Sabbatabend, wo die Hochzeit in dem Festhaus gefeiert wurde.

4. November: Der Herr erzählte hier viele Parabeln. Er sprach vom verlorenen Sohn und von den vielen Wohnungen in seines Vaters Haus, weil der Bräutigam kein Haus hatte und bei der Mutter wohnen sollte. Er sagte ihm auch, bis er eine Wohnung in seines Vaters Haus erhalte, solle er in einem Zelt an dem Weinberg wohnen, den er an dem Bienenberg bei der Stadt anlegen solle.

Er sprach noch viel von der Ehe: So die Eltern nicht heilig seien, sei es ein Zerstreuen und Fortpflanzen der Sünde; so sie aber heilig lebten und das Werk der Ehe als Bußstand ansähen und ausübten und die Kinder zum Heile führten, werde es ein Sammeln.

Jesus sagte auch, dass Er der Bräutigam einer Braut sei, in welcher die Gesammelten wiedergeboren würden. Er sprach von der Hochzeit zu Kana in Galiläa und der Verwandlung des Wassers in Wein.

Alles, was Er von sich erzählte, sagte Er in der dritten Person als von jenem Mann in Judäa, den Er gut kenne und der so verfolgt werde. Sie würden ihn auch wohl umbringen.

All dies hörten die Leute kindlich und glaubend an, und die Parabeln wurden ihnen zur Wahrheit.

Der Bräutigam schien ein Schullehrer zu sein, denn Jesus sagte ihm, wie er lehren müsse, nicht wie die Pharisäer, welche Lasten auflegten, die sie selbst nicht tragen wollten, sondern durch sein eigenes Beispiel. Jesus sprach auch von Ismael; denn Kedar und diese Orte hier sind, glaube ich, von Nachkommen Ismaels bewohnt. Ich meine, es ist hier die Gegend Hagars.

Die Leute hier sind meistens Hirten; sie halten sich für geringer als die in Judäa, von welchen sie immer wie von sehr großen Leuten und von auserwähltem Volk sprechen. Sie leben noch ganz auf die alte Weise.

Ein großer Herdenbesitzer hat ein großes Haus, auch wohl einen Graben herum; in der Nähe liegen die Häuser seiner Unterhirten, und seine Weiden sind auch in der Gegend. Es ist ein Brunnen da, der ihm gehört und zu dem nur seine Herden gehen oder auch Nachbarn, so sie sich vertragen. Solche Besitztümer liegen viele dort zerstreut, der Ort selbst aber ist nur klein.

Jesus legt einen Weinberg an

5. November: Jesus bewog die anderen Einwohner des Ortes, den Brautleuten ein leichtes Haus, ein Zelt an dem Bienenberg zu bauen, wo sie einen Weinberg anlegen sollten. Jeder Freund im Ort machte ein Stück leichter Flechtwand dazu, welche mit Fellen belegt und mit etwas Klebendem überstrichen wurde.

Die Leute machten das zu Hause und brachten es dann an Ort und Stelle. Jeder arbeitete nach seinem Vermögen, mehr oder weniger; auch teilten sie miteinander, wessen sie bedurften. Der Herr sagte ihnen, wie alles sein musste und sie wunderten sich, dass Er es so gut verstand.

Bei dem Hochzeitsfest hatte Er sie auch gelehrt, dass die Alten und Armen obenan sitzen müssten.

Er ging mit ihnen hinaus, um die beste Lage anzuweisen. Es war auf einem kleinen Vorhügel des Bienenbergs, und hinter dem

Haus sollte der Weinberg ansteigen. Diese Ehe stiftete Jesus an diesem Ort. Er gibt dies Haus und legt diesen Weinberg an.

6. und 7. November:

Es begann eines der ersten Feste, das Gott den Israeliten zu feiern befohlen hat; ich meine das Neumondfest. Es wurde abends in der Synagoge gehalten. Hernach kamen sie alle mit Jesus im Festhaus zusammen.

Er wusste, dass viele, da Er ihnen gesagt hatte, sie sollten dem neuen Ehepaar ein Haus bauen, gedacht und auch zueinander gesagt hatten: «Hat Er vielleicht selbst kein Haus und keinen Aufenthalt und will bei diesen Leuten wohnen?»

Er sagte ihnen deswegen, Er werde nicht hier bleiben, Er habe kein Haus hier, sein Königreich werde erst kommen, Er müsse seines Vaters Weinberg pflanzen und begießen mit seinem Blut auf dem Kalvarienberg. Sie verstünden das jetzt nicht; würden es aber verstehen, wenn Er den Weinberg begossen habe. Dann werde Er wiederkommen aus einem dunklen Land, und es würden seine Boten zu ihnen kommen und sie rufen; dann würden sie ihm nachfolgen und diesen Ort verlassen.

Wenn Er aber zum dritten Mal komme, dann werde Er alle in seines Vaters Reich führen, welche den Weinberg treu gebaut hätten. Es sei ihres Bleibens nicht lange hier, darum solle das Haus nur leicht und ein Gezelt zum Abbruch sein.

Jesus lehrte auch noch lange von der Liebe untereinander und wie sie Anker ineinander werfen sollten, dass der Sturm der Welt sie nicht zerstreue und einzeln vernichte. Auch sprach Er in Parabeln vom Weinbau, vom Überfluss der Triebe, vom Schneiden der Zweige, von der Mäßigung, zu den Neuverehelichten von der Liebe und der Reinheit derselben, auf dass sie reine Früchte brächten. Er wolle nur noch dem neuen Ehepaar den Weinberg anlegen und sie lehren die Reben zu pflanzen, und dann werde Er scheiden, um seines Vaters Weinberg zu bauen.

Dies alles lehrte Er so einfach und doch so künstlich, dass sie in der Ahnung des Wirklichen immer mehr wuchsen und doch in der Einfalt blieben. Er lehrte sie im ganzen Leben und in der Natur ein verborgenes, heiliges Gesetz erkennen, das durch die Sünde entstellt worden sei.

Diese Lehre währte bis spät in die Nacht, und als Jesus sich nun entfernen wollte, hielten sie ihn zurück, umarmten ihn und flehten: «Mache uns das alles verständlicher!» Er sagte aber, sie sollten nur tun, wie Er gesagt habe; Er werde ihnen Einen senden, der sie deutlicher lehren solle.

Es wurde bei dieser Versammlung ein kleines Mahl gehalten, wobei alle aus einem Becher tranken. Jesus ging heute bei ein paar alten armen Eheleuten in einem kleinen Häuschen zur Herberge, welche ihn sehr darum gebeten hatten.

Der junge Mann, dem der Herr hier ein Haus baute, hieß auf die Art wie Jedidja, was ich noch einmal hören muss; ich habe so viele Namen gehört, dass ich es nicht recht sagen kann. (Später fiel ihr plötzlich ein, dass er Salathiel heiße.) Die Braut hieß wie: Bräunchen oder Feinchen; so hörte ich. Von Thaddäus wurden sie mit den meisten Einwohnern des Ortes getauft.

Der Evangelist Markus war auch aus dieser Gegend. – Fünfunddreißig Jahre nach Christi Himmelfahrt zog Salathiel mit seiner Frau und drei erwachsenen Söhnen nach Ephesus. Hier sah ich ihn bei dem Goldschmied Demetrius, der einmal eine Verfolgung gegen Paulus angestellt, sich aber nachher bekehrt hatte und ihm viel von Paulus und auch dessen Bekehrungsgeschichte erzählte. Paulus war nicht mehr zu Ephesus.

Salathiel, seine drei Söhne und Demetrius zogen ihm nach. Salathiels Frau aber blieb in Ephesus in einem Haus, wohin noch viele aus ihrer Gegend kamen und bei ihr wohnten. Die meisten Juden zogen von Ephesus fort. Salathiel mit seinen Söhnen, Demetrius, einer Namens Gajus und auch Silas waren alle mit auf dem Schiff, als Paulus bei Malta Schiffbruch erlitt und kamen mit auf die Insel. Aus seinem Kerker in Rom wies Paulus den drei Söhnen des Salathiel noch Plätze zur Arbeit an.

9. November: Ich sah unseren Herrn im Hause der Eltern der Braut. Er lehrte noch vieles von der Ehe und der reinen Liebe, welche reine Früchte bringe und von dem Überflüssigen im Menschen, welches gebändigt werden müsse, sonst treibe er Holz statt Früchte.

Er ging nachher mit den Männern hinaus, und sie mussten ihm Reben bringen. Er wollte sie lehren, die Reben zu pflanzen. Der

Platz für das Haus war abgesteckt und der Berg war terrassiert. Sie hatten auch bereits ein Spalier aufgerichtet. Sie sagten dem Herrn, die Trauben, die hier wüchsen, seien alle bitter. Er sagte, das sei, weil sie von unedler Art, von bösem Stamme seien, wild fortrankten, nicht geschnitten würden; darum hätten sie nur das Aussehen des Weines, aber nicht seine Süßigkeit, jene aber, die Er jetzt pflanze, sollten süß werden.

Dabei lehrte Jesus wieder von der Ehe, welche nur geordnet und in der Bändigung, Enthaltung und in Verbindung mit Arbeit, Schmerzen und Sorgen reine und süße Früchte bringe.

Als sie ihm große Bündel von Reben brachten, suchte Er nur fünf davon aus. Er hackte selbst den Grund auf und pflanzte sie in gewisser Entfernung an das Spalier und zeigte ihnen, wie sie ins Kreuz aufgebunden werden müssten. Er lehrte dabei fortwährend von der Ehe; und alles, was mit dem Weinstock geschieht von Natur und durch Pflege, bezog sich auf Fortpflanzung und geistliche Frucht.

Sie gingen hierauf in die Synagoge, und Jesus lehrte noch in vielen Parabeln von der Ehe. Er sprach auch von der großen Verderbtheit der Fortpflanzung im Menschen und dass man nach der Empfängnis sich enthalten müsse und führte zum Beweis, wie tief die Menschen von dieser Seite gegen die edleren Tiere stünden, die Keuschheit und Enthaltung der Elefanten an. Nicht sehr weit von dieser Gegend gibt es Elefanten.

Sie fragten ihn auch nach Noah, ob er nicht Wein gebaut habe und berauscht gewesen sei. Und Jesus legte ihnen das aus und sprach von dem Rausch, als großer Gefahr der Sünde bei dem Genuss des Weines und in der Ehe; es möge der Rausch vom Wein oder von böser Begierde herrühren. Er lehrte, wie durch den Rausch die Sünde erzeugt werde und wie ein Ärgernis das andere gebäre.

Jesus lehrte auch noch, dass Er sie nun verlassen müsse, dass Er auf dem Kalvarienberg den Weinstock pflanzen und begießen müsse. Er wolle ihnen aber Einen senden, der sie alles lehren und sie in den Weinberg seines Vaters führen solle.

10. und 11. November:

Jesus hat an diesem Orte kein großes Wunder getan; Er hat nur hin und wieder durch Gebet und Handauflegung kleine Krankheiten, Kopfweh, Fieber und dergleichen geheilt. Freitagabends ging Er in die Synagoge und hielt die Sabbatlehre.

Am anderen Tage lehrte Er auch dort und sprach noch vieles von dem Reich seines Vaters und den Wohnungen darin. Sie fragten ihn, warum Er denn aus diesem Reich nichts mitgebracht habe und in einem so armen Kittel einhergehe? Er sagte ihnen, den Menschen, welche ihm nachfolgten, werde das Reich bewahrt. Die, welche es empfangen wollten, müssten es verdienen. Er sei ein Fremdling hier und suche und rufe treue Knechte in den Weinberg.

Er sagte auch, warum Er das Haus des Bräutigams so leicht baue; weil des Bleibens seiner Nachfolger auf Erden nicht sei und man sich nicht an die Erde hängen dürfe. Warum sie ihrem Leibe ein Haus bauen wollten, da er doch selber ein gebrechliches Haus sei? Sie sollten das Haus ihrer Seele reinigen und als einen Tempel heiligen und nicht entweihen oder auf Unkosten der Seele überladen und verweichlichen. Mit solchen Reden kam Er wieder auf das Haus seines Vaters zu sprechen.

Jesus sprach auch vom Messias und allen Kennzeichen desselben und wie Er von hohem Stamme, aber einfältigen, frommen Eltern geboren werden müsse; und nach den Zeichen der Zeit müsse Er schon da sein. Sie sollten sich an ihn halten und seiner Lehre folgen.

Er lehrte auch vieles von der Liebe des Nächsten und dem guten Beispiel. Er sagte dem Bräutigam Salathiel, er solle sein Haus offen stehen lassen und ganz auf das vertrauen, was Er ihm sage und fromm leben, so werde ihm Gott sein Haus schon hüten, es werde ihm nichts entwendet werden. Die Leute hatten schon viel für das neue Haus verfertigt. Salathiel erhielt weit mehr, als er brauchte. Der Herr lehrt gegen den Eigennutz, man müsse alles um Gottes und des Nächsten willen tun. Die Leute waren hier sehr einfältig und ohne rechten Unterricht.

12. November: Jesus wurde mit den Leuten hier immer vertrauter. Er sprach heute vieles von der Ehe und der Mäßigung

in einer Einkleidung von der Saat. Man müsse mäßig in der Saat und der Ernte sein, sonst ernte man taube und brandige Frucht und Unkraut.

Er ging auch zu zwei Parteien, welche im Begriffe standen, in unerlaubtem Verwandtschaftsgrade zu heiraten; ein Paar war blutsverwandt. Jesus ließ sie zu sich rufen und sagte ihnen ihr Vorhaben und dass sie es wegen zeitlichen Besitzes täten und dass es nicht erlaubt sei.

Sie waren sehr erschrocken, dass Er ihre Gedanken wusste, denn niemand hatte es ihm gesagt, und sie gaben ihr Vorhaben auf.

Auch hier war ein gegenseitiges Fußwaschen, und die Braut trocknete Jesus die Füße mit einem Tuchende ihres Schleiers oder mit dem Oberteil des Mantels.

Diese beiden Leute erkannten Jesus durch seine Lehre noch mehr als einen Propheten. Sie bekehrten sich und folgten ihm nach. Er sagte ihnen die Ursache dieser Ehegesetze. Ich habe sie vergessen.

Jesus ging auch hinaus auf das Land in ein Haus, wo eine Stiefmutter war, die unreine Begierde nach ihrem Stiefsohn hatte und ihn heiraten wollte. Der Sohn war schon seit längerer Zeit unruhig über die allzu große Freundlichkeit seiner Stiefmutter; er kannte aber ihre wahren Absichten noch nicht ganz.

Der Herr, dem hier auch die Füße gewaschen wurden, eröffnete dem Sohn die Gefahr, in welcher er stehe und befahl ihm, den Ort zu meiden und zu gehen, um am Haus Salathiels zu bauen, was der Sohn gehorsam tat. Der Herr wusch auch ihm die Füße.

Die Stiefmutter, welcher Jesus ihre Schuld ernstlich verwies, war sehr erbittert. Sie tat keine Buße und ist auch zu Grunde gegangen; ich weiß nicht mehr wie.

13. November: Heute lehrte Jesus wieder über die Ehe und den Überfluss ihres Gebrauches. Er sprach von David, wie er durch den Überfluss, welchen er in sich selbst durch Entsagung und Buße hätte verzehren sollen, in so großes Sündenelend gefallen sei und wie durch Entsagung nichts verloren gehe, sondern durch Verschwendung.

Er sprach von Mose und warum seine Frau gestraft worden sei und von der Bundeslade und was er hinein erhalten habe, ehe er durch das Rote Meer gegangen sei. Die Leute hier sind sehr unwissend, aber der Herr erklärte alle ihre Fragen.

Die Leute hier müssen wohl in ihren Vorfahren irgend einen besonderen Bezug auf die Bundeslade haben. Sie fragten den Herrn, wo denn das Heiligtum der Bundeslade hingekommen sei. Er antwortete ihnen, davon hätten die Menschen so vieles empfangen, dass es nun in sie übergegangen sei. Schon daraus, dass es nicht mehr vorhanden sei, sei zu erkennen, dass der Messias geboren sei. Viele von den Leuten hierzulande glaubten, der Messias sei unter den unschuldigen Kindern getötet worden.

Eine Totenerweckung

Eine Stunde ungefähr von dem Ort, gegen Morgen, lag ein mit einem Graben umgebenes Wohnhaus eines reichen Herdenbesitzers, der plötzlich auf dem Feld nicht weit vor seinem Hause gestorben war. Frau und Kinder waren in großer Betrübnis. Er war schon zur Beerdigung bereitet und die Familie sandte in den Ort, um den Herrn zu bitten, mit anderen zur Beerdigung zu kommen.

Jesus ging mit seinen drei Jüngern, mit Salathiel und dessen Frau und mit mehreren anderen verschleierten Frauen und auch mehreren Männern nachmittags hinaus. Sie waren ungefähr dreißig Personen. Die Leiche stand bereits zum Grabe hergerichtet in einem großen, oben offenen Laubengang vor dem Haus.

Dieser Mann war zur Strafe für seine Sünden gestorben. Er hatte sich, da Hirten, die er gedrückt, die Gegend verließen, manches von ihrem Gut zugeeignet und war bald darauf auf demselben ungerechten Acker plötzlich tot niedergesunken.

Jesus sprach bei der Leiche von dem Verstorbenen und was es ihm nun nütze, dass er seinen Leib, dieses Haus, das er nun doch habe verlassen müssen, gepflegt und ihm gedient habe. Er habe seine Seele dieses Leibes wegen, der nicht gezahlt habe und nicht zahlen könne, in Schulden gesetzt.

Die Frau war sehr traurig und sagte, der Judenkönig aus Nazaret könne ja die Toten erwecken, wenn Er doch hier wäre. Da sprach

Jesus: «Ja, der Judenkönig kann es! Aber man verfolgt ihn deswegen und will ihn töten, der doch das Leben gibt! Und sie wollen ihn nicht erkennen!» Hierauf sagten sie: «Wenn Er bei uns wäre, wollten wir ihn erkennen!»

Jesus stellte sie aber auf die Probe. Er sprach ihnen von dem Glauben und dass ihnen, so sie wollten und glaubten und täten, was Er lehrte, der Judenkönig auch helfen würde.

Er sonderte nun die Familie des Verstorbenen und Salathiel und dessen Frau von den anderen Anwesenden ab, welche Er zurücksendete und sprach noch mit der Frau, der Tochter und dem Sohn des Verstorbenen.

Die Frau hatte ihm früher vor den Weggegangenen gesagt: «Herr! Du sprichst, als seiest du der König der Juden selbst!»

Er winkte ihr aber zu schweigen, und als nun die anderen, welche Er als schwächer kannte, weg waren, sagte Er den Anwesenden, so sie seine Lehre glaubten und ihm nachfolgen und Verschwiegenheit behalten wollten, so werde der Tote wieder aufleben, denn seine Seele sei noch nicht gerichtet und harre noch am Ort ihres Ausscheidens und ihres Unrechtes auf dem Felde. Sie versprachen von Herzen Gehorsam und Verschwiegenheit, und Jesus ging wenige Schritte mit ihnen auf das Feld, wo der Mann verstorben war.

Ich hatte auch ein Gesicht von dem Zustand seiner Seele nach dem Tode. Ich sah dieselbe über dem Ort seines Todes in einem Kreis, in einer Sphäre, in welcher ihr die Bilder aller ihrer Vergehen und deren irdischen Folgen vorgestellt wurden und sie mit Reue ganz verzehrten.

Sie sah auch alle die Strafen, in welche sie eingehen müsste, und erhielt in diesem Zustand eine Ansicht vom genugtuenden Leiden Jesu. Als sie ganz von Reue verzehrt in die Strafe eingehen wollte, betete Jesus und rief sie mit dem Namen Nazor, denn so hieß der Verstorbene, in ihren Leib zurück.

Jesus aber sprach zu den Anwesenden: «So wir zurückkehren, wird Nazor aufrecht sitzen und leben!» Ich sah aber die Seele auf Jesu Wort zu ihrem Leibe hinschweben und kleiner werden und wie in den Mund eingehen, worauf sich der Mann in dem Sarg in die sitzende Stellung aufrichtete.

Ich habe immer die menschliche Seele wie über dem Herzen sitzen und von da viele Fäden nach dem Kopf gehen sehen.

Als Jesus nun mit seiner Begleitung nach dem Haus zurückgekehrt war, sahen sie Nazor in die Leichentücher gehüllt und mit gebundenen Händen aufrecht in dem Sarg sitzen, und seine Frau band ihm die Hände und die Binde los.

Als er aus dem Begräbniskasten gestiegen war, warf er sich vor Jesus nieder und wollte seine Knie umfassen. Der Herr aber wich vor ihm zurück und sagte ihm, er solle sich reinigen, waschen und in seiner Kammer verborgen halten und nicht von seiner Auferweckung reden, bis Er diese Gegend verlassen habe.

Die Frau brachte nun den Mann in einen verborgenen Winkel des Hauses, und er reinigte sich und kleidete sich um. Jesus aber, Salathiel und seine Frau und die drei Jünger nahmen etwas Speise in dem Haus und schliefen dort. Der Sarg wurde in den Totenkeller gesetzt. Der Herr lehrte bis spät in der Nacht.

14. November: Der Herr ging am Morgen zu dem auferweck-ten Nazor und wusch ihm die Füße und ermahnte ihn, seiner Seele künftig mehr als seines Leibes zu gedenken und das ungerechte Gut zu ersetzen. Er ließ nachher seine Kinder kommen, sprach von der Barmherzigkeit Gottes, welche ihr Vater erfahren und ermahnte sie zur Gottesfurcht, segnete sie und führte sie den Eltern zu. Auch die Mutter führte Er zu dem Vater und übergab sie ihm als einem Wiedergekehrten zu strengerem und besserem Zusammenleben.

Jesus lehrte an diesem Tag noch vieles von der Ehe und immer unter Bildern von Weinstock und Saat. Er wandte sich dabei besonders zu dem jungen Ehepaar und sagte zu Salathiel:

«Du hast dich von der Schönheit des Leibes deiner Frau bewegen lassen! Bedenke aber, wie schön muss eine Seele sein, dass Gott seinen Sohn zur Erde sendet, mit dem Opfer seines Leibes die Seele zu retten! Wer aber dem Leibe dient, dient der Seele nicht. Die Schönheit gebiert die Begierde und die Begierde verdirbt die Seele durch Übersättigung. Diese unmäßige Befriedigung ist die Schlingpflanze, welche den Weizen und die Reben erstickt und verdirbt.»

Auf diese Weise führte Er die Ermahnung wieder in eine Anweisung beim Wein- und Weizenbau über und ermahnte sie, zwei bestimmte rankende Unkräuter aus Acker und Weinberg fern zu halten.

Jesus sagte ihnen auch, Er wolle am Sabbat zu Kedar in der Schule lehren, dann sollten sie hören, wie sie seines Reiches sollten teilhaftig werden und durch welche Nachfolge. Er werde am Sonntag diese Gegend verlassen und gegen Morgen durch Arabien ziehen.

Sie fragten ihn, warum Er zu den Heiden gehe, welche die Sterne anbeteten. Er sagte, dass Er dort Freunde habe, welche einem Stern gefolgt seien, um ihn bei seiner Geburt zu begrüßen. Diese wolle Er aufsuchen, um auch sie in den Weinberg und das Reich seines Vaters einzuladen und ihnen die Wege zu bahnen.

Er blieb auch die folgende Nacht in diesem Hause.

Jesus kehrt nach Kedar zurück und lehrt von der Ehe und der Erlösung

15. November: Heute in der Nacht vom Mittwoch auf Donnerstag kam ich nach Kedar, wo Jesus jetzt ist. Ich traf auf meinem Weg mit einem Jüngling von 14 bis 16 Jahren zusammen, dessen Eltern krank und bettlägerig waren und der da in der Gegend überall herum zog, wo er etwas von Jesus hören konnte. Er zog zum Sabbat nach Kedar, um Jesus zu hören, der mit einer Schar von etwa fünfzig Menschen dahin zurückgekehrt war.

Ich weiß nur noch, dass ich mit diesem Jüngling gesprochen habe, aber nicht was. Er ist später durch Namensänderung Titus genannt und ein Jünger von Paulus geworden. Ich sah ihn so deutlich, weil die Reliquien eines mit ihm verwandten Märtyrers in meiner Nähe waren, der Fidelis heißt und von dem ich viele Namen und Geschichten aus dieser Gegend erfahren habe.

Fidelis war zu Jesu Zeiten noch nicht geboren, war aber in seinen Voreltern hier gegenwärtig. Sein Urgroßvater war jener Mann, den Jesus zugleich mit seiner Frau am 25. Oktober bei Edon geheilt hatte. Er hieß Benjamin und stammte in gerader Linie von Ruth ab. Markus war auch mit dieser Familie bekannt;

sein Geburtsort war aber näher gegen Judäa. Auch Silas kannte diese Leute.

Es waren erstaunlich viele Menschen in Kedar; es war ein Gedränge wie am Pfingsttag in Coesfeld. Ich sah Jesus öffentlich viele Kranke heilen; hie und da redete Er, wo sie lagen, sie nur an: «Steh auf und folge mir nach!» und sogleich standen sie auf und waren gesund. Das Staunen und die Bewunderung stieg so hoch, dass, hätte Jesus sich nicht zurückgezogen, ein Aufstand der Freude im ganzen Land ausgebrochen wäre. Jesus ermahnte die Menschen und berief sie auf den Abend zur Synagoge.

Der erweckte Nazor und sein Weib waren nicht hier. Nazor war nach seiner Erweckung durch die Reue und Erschütterung, welche seine Seele mit in den Leib zurückbrachte, sehr krank geworden. Seiner Frau hatte der Herr auch eine Erkenntnis von dem Zustand seiner Seele gegeben.

17. November: Heute am Mittag sah ich Jesus mit Salathiel und seiner Frau in einem Haus zu Kedar über den Ehestand reden. Er ermahnte sie recht im einzelnen und sagte ihnen, wie sie zusammenleben müssten nach allen Bedingungen, um ein guter Weinstock zu werden. Sie sollten sich rein halten von Begierden und bei jeder Handlung der Ehe bedenken, warum sie es tun. Wo bloße Begierde sie treibe, würden sie bittere Früchte der bösen Begierde hervorbringen. Er warnte sie vor dem Überfluss in allen Dingen, ermahnte sie zum Gebet und zur Entsagung und sich vor dem Rausch des Weins zu hüten.

Er sprach von Noah und der Sünde des Rausches. Die Braut solle ein reines Gefäß sein; Er gebot ihr Absonderung in ihren Krankheiten und strenge gänzliche Enthaltung nach der Empfängnis. Er sprach vom gegenseitigen Vertrauen und dem Gehorsam der Frau. Der Mann solle nicht schweigen, so sie frage; er solle sie als ein schwaches Gefäß ehren und schonen. Er solle nicht misstrauen, so er sie mit anderen reden sehe und sie solle nicht eifern, so er mit einer anderen rede; doch solle keines dem anderen Ärgernis geben. Sie sollten keinen dritten Zwischenträger zwischen sich dulden und alles mit Liebe unter einander abhandeln.

Er sprach sehr streng über die bloße Befriedigung der Begierde und schilderte die Ehe und ihre Erfüllung in dem gefallenen

Menschen für fromme Eheleute als eine Handlung, welche von dem Gefühl der Buße und Erniedrigung begleitet sein müsse. Sie sollten sich nie zusammenfügen ohne Gebet und Überwindung und sollten die Früchte Gott empfehlen. Er sagte der Frau, sie solle eine fromme Abigail werden. Er wies ihnen auch eine Gegend zum Weizenbau an. Er sagte, sie müssten einen Zaun um den Weinstock machen; dieser Zaun war diese Ermahnung.

Jesus sprach am Vorabend des Sabbats mit dem Verwalter der Synagoge, der auch Nazor hieß und mit dem erweckten verwandt war, von Tobias, dessen Nachkommen sie waren. Er sprach über alle Führungen des Tobias. Ich habe dabei ein ganzes Bild von Tobias gesehen, aber vergessen. Die Nachkommen des Tobias und der Ruth hier zeichneten sich vor den Nachkommen der Ismaeliten durch Milde, Ordnung und Sanftmut aus.

18. November: Der Herr hielt den ganzen Sabbat hindurch eine große Lehre vom Weinstock, von einem Wall und Zaun um denselben, vom Weizenacker, von Wein und Brot, von der Bundeslade, von einer Jungfrau und vom Weizenkörnchen, das Er sei und das in die Erde müsse begraben werden und wieder auferstehen. Sie verstanden ihn nicht.

Er sagte, sie sollten ihm nur nachfolgen, aber nicht auf diesem kurzen Weg, sondern auf dem langen bis zum Gericht. Er sprach von der Auferstehung der Toten und vom Jüngsten Gericht – sie sollten wachen! Er erzählte von faulen Knechten; das Gericht komme wie der Dieb in der Nacht, jede Stunde komme der Tod.

Sie, die Ismaeliten, seien die Knechte, sie sollten treu sein. Melchisedech sei sein Vorbild gewesen; sein Opfer sei Brot und Wein gewesen; in ihm aber sei es Fleisch und Blut geworden.

Er sagte ihnen zuletzt deutlich, dass Er der Erlöser sei. Da wurden viele scheuer und schüchterner, andere inniger und feuriger. Er empfahl ihnen besonders die Liebe untereinander, Mitleiden, Teilen von Freud und Leid, als Glieder eines Leibes.

Ich weiß nicht mehr zu sagen als diese einzelnen Punkte, aber es war alles, was Jesus bis jetzt hier gelehrt, im Zusammenhang und eine kindliche, sinnbildliche Lehre über das Geheimnis des Sündenfalls, der fleischlichen Fortpflanzung und Zerstreuung und über die Gnadenanstalten und Führungen des erwählten

Volkes zur Empfängnis des Heilandes aus einer Jungfrau und der Wiedergeburt in ihm aus dem zeitlichen Tod zum ewigen Leben.

Bild, wie Abraham den Segen vom Engel empfängt

Ich sah während dieser Lehre des Herrn vom Weinstock und dem Weizen wieder viele längst vergessene Bilder des Alten Testaments als Erläuterung. Ich sah das Opfer Abrahams, als er zuerst in das Land der Verheißung zog und wie er die Gebeine Adams dabei auf dem Altare aufrichtete.

Ich sah, dass ein Engel ihm etwas wie ein Getränk brachte und dass Abraham davon trank und auch, doch weiß ich nicht gewiss, ob er von diesem etwas auf den Altar goss, worauf sich gleich das Opfer entzündete. Ich hörte den Engel auch etwas sagen, als bringe er ihm das, was Adam durch seinen Fall verloren habe. Es schien eine dichte Flüssigkeit. Ich sah in diesem Augenblick ein Bild: aus dem Nabel Abrahams wuchs eine dicke gewundene Weinrebe empor, unter dieser Rebe stand ein grimmiger Raubvogel mit aufgerichtetem Kopf, den Schnabel aufreißend, wie ein Adler oder eine Eule. Es war, als wolle er die Frucht des Weinstocks verschlingen. Unter diesem Vogel stand ein springendes Einhorn, das Haupt mit dem Horn gegen den Rachen des Vogels spießend, als verteidige es die Rebe. Über dem Einhorn um die Rebe herum sah ich drei Herzen, dann einen Zweig der Rebe zur Rechten mit einer großem Weintraube, dann über dem Weinstock ein Angesicht, über diesem eine Krone, hierüber eine Kugel und über der Kugel ein Kreuz.

Als ich später die Engel bei Abraham sah, welche ihm die Zeugung Isaaks verkündeten, sah ich, dass einer derselben ihm ein Heiligtum in den Busen schob, es war wie ein weicher geistiger Körper, und nun sah ich dasselbe Bild wieder aus Abrahams Leib hervorsteigen. Ich sah aber, dass der Traube gegenüber feine Lichtfäden hervor schossen, einen Knoten bildeten und aus diesem ein Busch Weizenähren hervor wuchs. Zwischen den Ähren sah ich mehrere Gesichter und es war, als ob zwei davon ineinander zerflössen.

NEUNTES KAPITEL

Jesu Aufenthalt im Land der Heiligen Drei Könige

Vom 21. November bis 11. Dezember 1820

Jesus verlässt Kedar und kommt zu den Sterndeutern

21. November: Ich ging heute nacht den Kreuzweg in dem jetzigen Jerusalem, der ganz verschüttet und verbaut ist; dennoch gelangte ich durch alle Mauern hindurch und sah zugleich das ganze Leiden des Herrn. Von da reiste ich den Weg, den Jesus gereist, und als ich an den letzten verfluchten Feigenbaum gekommen war, war ich im Bild der Zeit des dreiunddreißigsten Jahres Christi. Ich machte seine Wege nach Kedar und folgte ihm.

Ich sah den Herrn Kedar verlassen. Er ging mit den drei Jünglingen und von mehreren Freunden begleitet über den Fluss durch die Heidenstadt zur Wüste. Als sie durch die Heidenstadt gingen, wurde dort gerade ein Fest gefeiert. Ich hörte Getöse und sah Rauchwolken; sie opferten vor einem Tempel. Diese Heiden waren sehr feindselig gegen die Juden von jenseits des Flusses, doch waren mehrere am letzten Sabbat in Kedar gewesen und hatten Jesus gesehen und seine Lehre aus der Ferne gehört. Auch näherten sich manche nach der Abreise Jesu den Juden und fragten freundlich über seine Lehren und Wunder.

Jesus wurde wohl von zwanzig Männern, worunter Salathiel, der Jüngling Titus, Eliud, der Mann der Ehebrecherin, und Nazor der Synagogen-Vorsteher, eine große Strecke begleitet. Der Weg führte anfangs morgenwärts und dann mittagwärts zwischen zwei hohen Rücken in der Ebene, abwechselnd über Heidengrund, gelben oder weißen Sand und über weiße Steinchen.

Als sie an einem grünen freieren Fleck anlangten, an dessen Rand ein großes Zelt und mehrere kleinere zwischen Palmen vor ihnen lagen, entließ Jesus seine Begleiter aus Kedar, welche Er segnete, und sie kehrten nach Hause. Dies geschah nach Mittag. Jesus ging noch eine Strecke bis zu der Zeltstadt der Sterndeuter.

Der Tag neigte sich zum Abend, als Er an einen großen schönen Brunnen kam, der mit einem niederen Wall umgeben in einer kleinen Senke lag. Es war ein Schöpflöffel bei dem Brunnen. Der Herr trank und setzte sich an dem Brunnen nieder; die Jünglinge wuschen ihm die Füße und Er sie ihnen. Dies war sehr kindlich und rührend. Es waren in dieser Ebene schöne Palmbäume, Wiesen und weit zerstreute Zeltgruppen; auch sah man einen Turm oder eine gestufte Pyramide von ziemlicher Größe, doch nicht höher als eine gewöhnliche Kirche, aus der Landschaft hervorragen. Hie und da traten Leute hervor und sahen aus der Ferne wie befremdet und scheu auf Jesus, aber keiner nahte sich ihm.

Nicht weit von dem Brunnen lag das größte Zelthaus, es hatte mehrere Spitzen und bestand aus vielen zusammenhängenden Räumen, welche durch gespannte und gegitterte Wände verbunden waren. Es war von oben mit Fellen bedeckt und überhaupt schön und künstlich gemacht.

Aus diesem Zeltschlosse kamen fünf Männer mit Zweigen zu Jesus, jeder hatte einen Zweig von anderer Frucht in der Hand, der eine mit gelben Blättchen oder Früchten, der andere mit roten Beeren, ein dritter einen Palmzweig und einer eine Rebe mit Blättern und einer Traube; ich entsinne mich nicht aller.

Sie trugen von dem Gürtel bis gegen die Knie ein wollenes, an den Seiten aufgeschnittenes Röckchen; um den Oberleib bis zur Herzgrube eine weitbauschige Jacke mit Ärmeln bis zum halben Oberarm von ganz leichtem, wie durchsichtigem Wollenzeug.

Von der Herzgrube bis zum Gürtel waren sie nackt. Sie waren weiße Menschen, hatten schwarze, krause, kurze Bärte, die Haare lang und lockig; ihr Kopf war mit einer Mütze bedeckt, welche rings herab hing und oben wie gedreht war.

Sie gingen freundlich auf Jesus und seine Begleiter zu, begrüßten sie und luden sie ein, in das Gezelt zu kommen, indem sie ihnen die Zweige überreichten. Jesus gaben sie den Rebzweig, und der ihn führte hatte auch einen solchen. In einem Raum des Zeltes mussten sie auf einer Art Bank auf Kissen sitzen, woran vorne Quasten waren. Sie reichten ihnen hier auch etwas zu essen, ich meine Früchte. Der Herr sprach nicht viel mit ihnen. Sie brachten nachher ihre Gäste durch einen Zeltgang, woran viele getrennte Schlafräume mit erhöhten gepolsterten Ruhebetten waren, in einen Zeltraum, welcher ein Speisesaal war.

In der Mitte stützte eine Säule das Zelt und diese Säule war ganz bunt mit allerlei Laub- und Fruchtkränzen, auch Weinreben, Trauben und Köpfen verziert, die alle mit natürlichen Farben gemacht waren, so dass ich nicht wusste, ob sie lebendig oder gemacht seien. Sie setzten hier ein ovales, schemelhohes Tischchen hin, das sie aus einem dünnen Brett auseinander klappten und dessen Fuß, sich teilend, auseinander schob. Sie breiteten einen bunten Teppich aus, auf welchem viele kleine Männer wie sie abgebildet waren. Sie stellten Becher und Geräte aus einem Raum im Zelt auf den Tisch. Alle diese Räume waren ganz mit Teppichen verhängt, man konnte sie nicht sehen.

Jesus und die Jünger legten sich auf den Teppich um den Tisch. Die Männer brachten Brot, oder vielmehr Kuchen, die in der Mitte eingedrückt waren, auch allerhand Früchte und Honig. Sie selbst saßen mit unterschlagenen Beinen auf runden Klappschemeln und zwischen den Füßen stand auf einem Zapfen eine kleine Scheibe, auf welche sie eine Schüssel setzten. Sie bedienten abwechselnd ihre Gäste selbst.

Vor dem Zelt aber hatten sie Diener, welche alles bereiteten. Ich sah sie auch in ein anderes Zelt gehen und Vögel holen, welche in einer Küche am Spieß gebraten wurden. Diese Küche war ein Herd unter einer Art Erdhütte, wo der Rauch oben hinaus zog. Sie war inwendig ausgemauert. Man trug diese Vögel wunderlich zugerichtet auf; sie waren, ich weiß nicht wie, mit allen Federn besteckt und sahen wie lebendig aus.

Nachdem das Mahl vorüber war, führten sie ihre Gäste nach ihrem Schlafgemach und der Herr begehrte Wasser. Da sie dieses brachten, wuschen die Jünger ihm die Füße und Er ihnen auch. Die Leute, darüber verwundert, fragten Jesus, und Er sagte ihnen etwas und es war, als würden sie dadurch belehrt und dächten, sie wollten das auch so tun.

Nächtliche Feier der Sterndeuter

Als der Herr und die Jünger sich niedergelegt hatten, gingen die fünf Männer in Mänteln, welche hinten länger als vorne waren und auf welchen hinten vom Hals ein breiter Lappen niederhing, aus dem Zelt. Es war bereits Nacht und sie gingen nach einem Tempel, der in Gestalt einer großen viereckigen Pyramide nicht von Stein, sondern von lauter leichten Sachen, von Holz und wahrscheinlich Fellen, errichtet war. Es gingen auswendig Stufen bis in die Höhe hinauf. Dieser Tempel lag in einer Senke, welche terrassenförmig anstieg und Sitzstufen und Brustwälle im Umkreis hatte. Diese Kreise waren durch Zugänge zu den verschiedenen Abteilungen durchschnitten und die Zugänge selbst waren mit leichten zierlichen Hecken bekleidet.

Es waren wohl schon mehrere hundert Menschen in dieser Umgebung des Tempels. Die Frauen standen hinten, die Jungfrauen noch weiter und zuletzt die Kinder. Auf den Stufen der Tempelpyramide standen hie und da Kugeln. Diese erleuchteten sich und machten ganz den Eindruck von Himmelssternen und blitzten auch wie diese. Ich weiß nicht, wie das eingerichtet war.

Sie standen so geordnet wie gewisse Gestirne. Inwendig war der Tempel hohl und fasste sehr viele Menschen. In der Mitte stand eine hohe Säule, von welcher wieder Balken nach den Wänden liefen. Auf diesen Balken waren viele Lichter angebracht bis in die Spitze der Pyramide, wodurch die äußeren Kugeln erleuchtet wurden. Inwendig aber war ein wunderbares Licht, eine Dämmerung wie Mondschein und man sah wie in einen Himmel voller Sterne und den Mond und ganz oben in der Mitte die Sonne.

Es war dies alles ungemein künstlich und natürlich gemacht und brachte einen schauerlichen Eindruck hervor, denn unten im Tempel war es ganz dämmerig und um die Säule standen drei Götzenbilder. Das eine war wie ein Mensch mit einer Art Vogelkopf; es hatte einen großen gekrümmten Schnabel und ich sah, dass sie ihm allerlei Opferspeisen, Vögel und dergleichen hineinstopften, welche unter dem Leib wieder herausfielen. Ein anderes Bild hatte einen Kopf schier wie ein Ochse und saß wie ein zusammengekauerter Mensch da; sie legten ihm Vögel wie ein Kindchen in die Arme. Es hatte auch Löcher im Leib, worin Feuer war, und es war auch ein Opfertisch zugegen, worauf sie Tiere schlachteten und zerschnitten und diese verbrannten. Der Rauch ging wie durch eine Röhre in die Erde oder zu dem Tempel hinaus. Man sah keine offenbare Flamme in dem Tempel; aber die hässlichen Bilder, von welchem das dritte ein scheußliches, unzüchtiges Weibsbild war, sah man greulich rot angeschimmert in der Dämmerung.

Das viele Volk umher sang auf eine wunderbare Art: bald eine einzelne Stimme, dann wieder ein großer Chor und das mit gar wehmütigen und plötzlich heftigen Tönen. Sie schrien besonders heftig und allgemein, wenn der Mond und andere Sterne aufgingen. Ich glaube, dieser Götzendienst währte bis Sonnenaufgang.

Ich entfernte mich bei diesem Bild und kam durch die Heidenstadt bei Kedar. Ich sah die Begleiter Jesu zurückkommen und die Ihrigen ihnen entgegen gehen. Ich sah auch, dass die Heiden sie anhielten und sie freundlich und begierig über den Mann ausfragten, der so Großes bei ihnen getan hatte.

Ich sah diese Leute auch ganz verwundert und bestürzt über alles, was sie hörten und sah, wie sie, welche sonst Feinde ihrer Nachbarn waren, nun ganz anders gesinnt wurden und beschlossen, sie künftig zu besuchen und Umgang mit ihnen zu haben. Es waren bei der letzten Sabbatlehre schon etliche drüben gewesen. Diese Heiden hatten einen anderen Götzendienst als jene, welche ich heute nacht gesehen, roher und greulicher. Sie machten viele Bilder und opferten auch hie und da unter freiem Himmel. Ich reiste nun immer abwärts und kam endlich in die Gegend, wo St. Klemens starb.

22. November: Ich sah Jesus am Morgen bereit, diese Leute zu verlassen. Er gab ihnen nur wenige Lehren. Auf ihre Frage, wer Er

sei und wohin Er reise, sprach Er von dem Reich seines Vaters und wie Er ausgegangen sei, seine Freunde zu besuchen, welche ihn bei seiner Geburt begrüßt hätten, und dann wolle Er in Ägypten Gespielen seiner Jugend aufsuchen und zur Nachfolge rufen, weil Er nun wieder zu seinem Vater gehen werde. Er sprach ihnen auch von ihrem Götzendienst, wie sie sich so plagten und so viele Opfer schlachteten; sie sollten doch den Vater anbeten, der alles dies geschaffen habe, und sollten die Opfer nicht den Bildern geben, die sie selbst gemacht, sondern ihren armen Brüdern. Die Wohnungen der Frauen dieser Leute liegen ganz zurück und abgesondert von den Zelten der Männer. Jeder hatte eine ganze Menge Frauen in einem Zelt; sie waren lang gekleidet, hatten allerlei Kleinodien in den Ohren, und ihr Kopfputz bestand in einer hohen Mütze. Jesus lobte diese Absonderung der Frauen; es sei gut, wenn sie zurückstünden, aber ihre Vielweiberei schmähte Er und ermahnte sie, nur eine Frau zu haben und sie als untertänig, doch nicht als Sklavin zu behandeln. Er erschien ihnen in solchen Lehren so liebevoll und übernatürlich, dass sie flehten, Er möge bei ihnen bleiben, sie wollten einen alten weisen Priester holen; aber Jesus ließ dies nicht zu.

Sie brachten nun alte Schriften, in welchen sie nachschlugen. Es waren dies keine Rollen, sondern dicke Blätter wie Baumrinde, in welche allerlei krause Züge hinein vertieft waren. Diese Blätter sahen schier aus wie dickes Leder. Sie baten den Herrn sehr, bei ihnen zu bleiben und sie zu lehren. Er sagte ihnen aber, sie sollten ihm nachfolgen. Wenn Er zu seinem Vater gegangen sei, wolle Er sie schon rufen lassen.

Ehe der Herr schied, schrieb Er ihnen mit einem spitzen Stab fünf Glieder seiner Abstammung auf den Steinboden des Zeltes. Es schienen mir nur vier bis fünf einzelne verschlungene Buchstaben, worunter ich ein «M» erkannte. Sie waren tief eingegraben. Die Leute bewunderten diese Worte gleich sehr, erwiesen ihnen große Ehre und machten später einen Altar aus diesem Stein. Jetzt sehe ich den Stein zu Rom in der Peterskirche an einer Ecke eingemauert. Den werden die Feinde der Kirche auch nicht wegkriegen!

Jesus duldete nicht, dass sie ihn begleiteten und wanderte mit seinen Jüngern mittagwärts durch die weit zerstreuten Zelte an dem Götzenturm vorüber. Da sprach Er zu ihnen, wie liebevoll ihn diese Heiden aufgenommen hätten, denen Er nichts erwiesen habe, und wie boshaft ihn die hartnäckigen, undankbaren Juden verfolgt hätten, welche Er mit Wohltaten überhäuft habe.

Jesus wanderte den ganzen Tag mit seinen Begleitern in großer Eile. Ich weiß nicht mehr, wo Er herbergte. Es ist mir, als habe Er noch einige Tage, wohl fünfzig Meilen, bis ins Land der Könige zu wandeln.

Jesus bei einem Hirtenstamm

24. November: Am Freitag abend, kurz vor Sabbat, sah ich Jesus in der Nähe von einigen Hirtenzelten ankommen und sich mit seinen Begleitern an einem Brunnen niederlassen, wo sie ihm die Füße wuschen und Er auch ihnen. Dann begann Er mit ihnen betend und lehrend den Sabbat zu feiern, auf dass es auch hier in der Fremde nicht wahr sei, was die Juden ihm vorwarfen, dass Er den Sabbat nicht heilige. Er schlief diese Nacht mit den drei Jünglingen unter freiem Himmel an dem Brunnen. Es waren hier keine festwohnenden Hirten und auch keine Frauen bei ihnen, sie hatten hier nur eine Wohnung bei einem entfernt liegenden Weideort.

25. November: Heute kamen die Hirten um ihn her und hörten ihm zu. Er fragte sie auch, ob sie nicht von den Leuten gehört hätten, die vor dreiunddreißig Jahren durch einen Stern nach Judäa geführt worden seien, um den neugeborenen König der Juden zu begrüßen. Sie sagten: ja, ja! und der Herr erzählte ihnen nun, dass Er dieser König der Juden sei und dass Er diese Männer nun besuchen wolle.

Sie hatten eine kindliche Freude und Liebe zu ihm und machten ihm zwischen einen von Palmen umgebenen Platz einen schönen erhöhten Sitz von Rasenstufen und arbeiteten gar schnell und schnitten und stachen den Rasen mit langen steinernen oder beinernen Messern, so dass der Sitz bald fertig war. Der Herr setzte sich darauf und lehrte in schönen Parabeln, und die Leute, wohl an vierzig, hörten so kindlich zu und beteten alle mit ihm.

Am Abend brachen sie ein Zelt ab und bauten es mit einem anderen zu einem großen Saal zusammen und richteten darin ein Mahl von Früchten, einen zusammengeballten Brei und Kamelmilch für alle an. Da der Herr seine Speisen segnete, fragten sie ihn, warum Er dies tue, und da Er es ihnen erklärte, wollten sie auch die ihren von ihm gesegnet haben, und Er tat es.

Sie wollten auch, Er solle ihnen gesegnete Speise zurücklassen, und da sie ihm weichliche, vergängliche Sachen brachten, begehrte Er dauerhafte, unverwesliche Früchte, die sie ihm auch brachten. Die weißen Ballen, welche Er ihnen segnete, bestanden aus Reis. Er sagte ihnen, sie sollten, wenn sie davon äßen, immer frisches beimischen, es werde dann nie verderben und der Segen werde nie abnehmen. Die Könige wissen schon durch Träume, dass Jesus zu ihnen kommt.

Eine wunderbare Kugel

26. November: Ich sah den Herrn wieder auf dem Rasenthron lehren. Er lehrte von der Erschaffung der Welt, von dem Sündenfall und der Verheißung der Wiederherstellung. Er fragte sie, ob sie keine Verheißung hätten. Sie wussten aber nur weniges von Abraham und auch von David, und alles war mit Fabeln vermischt. Sie waren ganz einfältig wie die Kinder in der Schule; wer etwas wusste auf eine Frage, sagte es gerade heraus.

Als der Herr ihre Unschuld und Unwissenheit sah, geschah ein großes Wunder. Ich weiß nicht mehr, was Er gerade sprach, aber es war, als greife Er mit seiner Rechten aus einem Sonnenstrahl einen Ball heraus und es war dies wie eine kleine Lichtkugel, welche an einem Lichtstrahl aus der Mitte seiner rechten Hand niederhing. Sie wurde größer, als sei man in ihr und alles war in ihr zu sehen. Die guten Leute und die Jünger sahen alles darin, wie der Herr es ihnen erklärte. Sie standen alle sehr erschüttert um ihn her.

Ich sah aber die ganze Heiligste Dreifaltigkeit in der Kugel, und als ich den Sohn in ihr sah, sah ich Jesus nicht mehr, sondern ich sah einen Engel neben der Kugel schweben. Einmal hatte Jesus auch die Kugel auf der Hand liegen, und es war auch einmal, als sei seine Hand die Kugel selbst. Es waren aber unzählige sich auseinander entfaltende Bilder in der Kugel und ich hörte etwas von der Zahl 360 oder 365, wie die Tage des Jahres, wovon auch etwas in den Bildern der Kugel enthalten war.

Jesus lehrte sie auch ein kurzes Gebet, worin etwas vom Vaterunser war und sagte ihnen drei Intentionen, in welchen sie es abwechselnd beten sollten. Es war Dank für die Erschaffung, die Erlösung und ein drittes, glaube ich, für die armen Seelen, oder Auferstehung oder Himmelfahrt, nein Jüngstes Gericht.

In dieser Kugel war eine ganze auseinander sich entwickelnde Geschichte der Schöpfung, des Falls und der Erlösung und aller Mittel der Teilhaftigmachung. Ich habe es dort wie die einfältigen Leute verstanden, hier kann ich es nicht mehr sagen. Ich sah in der Kugel alles mit der Heiligsten Dreifaltigkeit durch Strahlen zusammenhängen und sich daraus entwickeln, anderes aber sah ich davon abgerissen.

Der Herr gab ihnen durch das Ausgehen der Kugel aus seiner Hand einen Begriff der Schöpfung, durch das Hängen an einem Faden den Begriff von dem Verband der gefallenen Welt mit der Gottheit und der Erlösung, mit dem Fassen in die Hand von dem Gericht. Er lehrte sie vom Jahr und den Tagen als Bildern dieser Geschichte der Schöpfung und von der Andacht und Arbeit darin. – Diese Leute waren nackter als die Sterndeuter.

Als der Herr seine Erklärung geschlossen hatte, verschwand die Bilderkugel, wie sie gekommen war, und die Leute, ganz von ihrem tiefen Elend und der göttlichen Würde ihres Gastes erschüttert, wurden ganz traurig und warfen sich nebst den drei Jünglingen weinend und anbetend zur Erde auf ihr Antlitz nieder. Auch Jesus war sehr traurig und warf sich auf dem Rasenhügel auf sein Antlitz nieder. Die Jünglinge aber wollten ihn aufrichten, und als Er sich erhob und die Leute sich auch wieder erhoben und schüchtern herumstanden und ihn fragten, warum Er so traurig sei, sagte Er, dass Er traurig mit den Traurigen sei.

Er ließ sich auch eine Hyazinthe abbrechen, welche da wild wuchs, aber weit größer und schöner, als bei uns und fragte sie, ob sie die Eigenschaft dieser Blume nicht kennten. Wenn der Himmel sich trübe, sinke sie in sich zusammen, traure, und ihre Farben erblassten, so sei auch eine Wolke über seine Sonne gezogen; und Er sagte ihnen noch mancherlei Wunderbares über diese Blume und ihre Bedeutung, was ich, wie so vieles, vergessen habe. Ich hörte auch einen wunderbaren fremden Namen der Blume, den ich heute morgen noch wusste; da wurde mir aber dabei gesagt, dass es die Hyazinthe sei.

Jesus fragte sie auch, was für einen Gottesdienst sie hätten, wenn Er es auch wusste. Aber Er war wie ein guter Lehrer, der mit den Kindern ganz kindlich ist. Da brachten sie ihm alle ihre Götter herbei. Das waren allerlei Tiere, recht natürlich nachgemacht, Schafe, Kamele, Esel; sie waren ordentlich mit Fellen überzogen, sonst schienen sie von Metall, und was ganz lächerlich aussah, war, dass sie lauter weibliche Tiergötzen hatten und unten lange Beutel als Brüste mit Rohrzitzen daran. Diese gossen sie voll Milch und melkten sie an ihren Festen, aßen davon und tanzten und sprangen dabei. Jeder stellte auch das schönste, reinste Vieh von seiner Herde besonders, und das fütterten sie und hielten es heilig. Nach diesen heiligen Tieren machten sie die Tierbilder und füllten deren Milch in sie. Wenn sie dann Gottesdienst hatten, brachten sie alle diese Bilder unter zierliche Zelte zusammen und es war da ein Treiben, wie ein Jahrmarkt. Dann waren auch ihre Weiber und Kinder dabei, und es wurde gemolken und gegessen, getrunken und gesungen und getanzt und die Tiergötter angebetet. Sie feierten nicht den Sabbat, sondern den Tag danach.

Indem sie Jesus dies erzählten und ihm ihre Tierbilder zeigten, sah ich ein solches Fest aus ihrer Erzählung. Der Herr erklärte ihnen, welch ein elender Schatten des wahren Gottesdienstes ihr Dienst sei und führte daraus endlich hervor, wie Er das reine Tier der Herde sei und das Lamm, aus welchem alle Nahrung und alles Heil gemolken werden müsse. Er sagte ihnen auch, dass sie diese Tiere abschaffen sollten, die lebendigen unter die Herde tun und die Götzen, was von Wert daran sei, an arme Leute geben.

Sie sollten sich Altäre bauen und dem allmächtigen Schöpfer, dem himmlischen Vater Weihrauch darauf anzünden und danken. Sie sollten um die Erlösung flehen und alles mit ihren armen Brüdern teilen, denn es wohnten arme Leute in der Nähe in der

Wüste, die gar nichts, auch keine Zelte hatten. Was sie von den Tieren nicht essen könnten, sollten sie im Opfer verbrennen und so auch den Teil ihres Brotes, der nicht für die Armen sei. Sie sollten die Asche an unfruchtbare Orte streuen, welche Er ihnen zeigte, um den Segen dorthin zu erflehen. Das alles sagte Er ihnen mit Erklärung der Ursache.

Jesus sprach auch mit ihnen wieder von den Königen, die ihn besucht hätten, und sie sagten: ja, sie hätten gehört, dass diese vor dreiunddreißig Jahren fortgezogen seien, den Heiland zu suchen und hätten geglaubt, sie würden nun alles Glück und Heil mitbringen; die Könige sollten auch, zurückgekehrt, ihre Andacht verändert haben, aber sie hätten weiter nichts davon gehört.

27. November: Jesus blieb auch noch am Montag bei diesen Hirten, ging mit ihnen umher zu ihren verschiedenen Herden und Hütten und belehrte sie über alles, auch über verschiedene Kräuter. Er versprach ihnen auch, bald jemanden zu senden, der sie unterrichten solle. Er sagte ihnen, dass Er für jeden einzelnen Menschen gekommen sei, der nach ihm verlange, und keineswegs für die Juden allein, wie sie demütig glaubten.

Die drei Jünglinge waren besonders erschüttert, als sie das ganz neue Wunder mit der Kugel sahen. Sie hatten ein ganz anderes Verhältnis zu dem Herrn als die Apostel, sie waren abhängig, still und kindlich dienend und hatten nichts dreinzureden, wie jene. Jene hatten ein Amt, diese waren wie arme dienende Schüler.

Die Leute hier gingen abwechselnd nach Hause zu ihren Frauen. Sie hatten eine Achtung vor der Enthaltsamkeit, und zwar durch Berichte über Abraham, und gestatteten auch ihren Herden nicht, sich nach Gelüsten zu vermischen.

Jesus reist nach der Zeltstadt der Könige

28. November: Am Dienstag wanderte der Herr weiter in das Land der Drei Könige. Es begleiteten ihn etwa zwölf Hirten von hier. Einige von ihnen schienen ein Geschäft zu haben oder eine Abgabe zu entrichten. Sie trugen Körbe mit Vögeln hin. Diese

Reise war sehr einsam, auf dem ganzen langen Weg kamen sie an keine Wohnung, doch war der Weg bestimmt gezogen und verlor sich nicht in der Wüste. Längs großer Strecken des Weges waren Bäume gepflanzt, welche eine essbare Frucht von der Größe einer Feige trugen; auch andere Beeren wuchsen hie und da.

An gewissen Ruhepunkten der Reise, wo eine Tagereise abgesteckt war, befand sich immer ein zugedeckter Brunnen, von Bäumen umgeben, welche oben durch einen Reif zusammengezogen und verwachsen waren und mit den rings niederhängenden Zweigen eine Laube bildeten. Es waren an solchen Ruheorten auch bequeme Stellen zum Feuer-Anmachen und Obdächer angebracht.

Am Mittag bei der großen Hitze ruhten sie an solchen Brunnen und aßen Früchte. Dann wuschen der Herr und die Jünglinge einander jedesmal die Füße. Von den anderen Begleitern ließ Er sich nicht berühren. Die Jünglinge waren durch seine Güte bald ganz kindlich vertraut mit ihm, bald aber blickten sie scheu und furchtsam seitwärts nach ihm hin und schauten dann wieder einander an, wenn sie seiner Wunder und Gottheit gedachten. Ich sah auch öfter, dass Jesus vor ihnen verschwunden schien. Er lehrte und sprach mit ihnen über alles, was der Weg darbot.

Sie gingen auch einen Teil der Nacht; die Jünglinge machten dann Feuer, indem sie zwei Hölzer durcheinander drehten; auch hatten sie eine Art Laterne auf einem Stock bei sich, die oben offen war und deren kleines Licht einen großen rötlichen Schein gab. Ich weiß nicht, woraus sie bestand. Ich habe auch in der Nacht wilde Tiere scheu laufen gesehen. Die Reise ging mehrmals über hohe, doch nicht steile, sondern sanft aufsteigende Berge. Ich sah einmal auf einem Feld viele Nussbäume in Reihen und einzelne Leute, welche die herabfallenden Nüsse in Säcke füllten; es schien nur eine Nachlese.

Ich sah auch Bäume, welche die Blätter verloren und die Früchte noch hatten. Ich sah auch Pfirsiche an Anhöhen und dünne Stämme in Reihen gepflanzt, auch einen Baum schier wie die Lorbeeren bei uns. Manchmal war die Ruhestätte in großen Wacholderbüschen, deren Stamm so dick wie ein starker Mannsarm war; oben waren sie dicht zugewachsen und inwendig rein ausgehauen; sie waren sehr angenehm.

Der größte Teil des Weges ging jedoch durch weiße Sandwüste; dann kamen Stellen von weißen kleinen Steinen, andere von kleinen Steinen, glatt wie Vogeleier, auch große Lager voll schwarzer Steine, wie kleine zerbrochene Töpfchen, oder Stücke von hohlen Blasen.

Es waren an manchen ordentliche Löcher, wie Henkel, und die Leute suchten auch hierzuland die brauchbarsten zu Schüsseln und Töpfen aus. Auf dem letzten Berg lagen lauter graue Steine und jenseits niedersteigend kamen sie am Fuß des Berges an eine hohe, dichte Baumhecke, hinter welcher ein reißender Bach um ein angebautes Land floss. An dem Ufer war eine Fähre von Baumstämmen und Weidengeflecht angebunden, auf welcher sie überschifften.

Ankunft in dem Vorort der Zeltstadt

30. November: Ich sah sie über das Feld wandern gegen mehrere Hütten zu, welche aus Holz geflochten und mit Moos ausgelegt waren. Sie hatten spitze Dächer, und die Schlafstellen waren rings um den mittleren Raum herum. Ich sah Moossitze und Lager darin. Die Leute waren bekleideter und hatten Decken wie lange Mäntel umhängen. Ich sah in diesen Hütten auch Frauen, welche kochten.

Mehr in der Ferne sah ich Zeltgebäude, doch viel größer und fester als alle vorherigen. Sie hatten einen Fuß von Steinen und bestanden aus mehreren Stockwerken; es liefen auch Treppen von außen darum her. Zwischen den ersten Mooshütten sah ich den Herrn hingehen, als sich heute morgen um fünf Uhr das Bild schloss. Er setzte sich da auch an einen Brunnen und die Jünglinge wuschen ihm die Füße. Man führte ihn in ein Haus, das für Fremde eingerichtet war. Die Leute hier waren sehr gut. Die Begleiter Jesu begaben sich wieder nach ihrer Heimat zurück und erhielten Speise für den Weg.

Diese Gegend mit Moosgebäuden ist sehr ausgedehnt, es liegen unzählbar viele solche Wohnungen zwischen Feldern, Wiesen und Gärten dort. Hier kann man die großen Zeltpaläste nicht sehen, sie sind noch eine ziemliche Strecke entfernt; man sah sie vom Berge niedersteigend. Die Gegend ist ungemein angenehm und fruchtbar. Es sind an Hügeln viele Hecken von jener Balsamstaude gezogen, welche die Leute beschneiden und aus der dann ein köstlicher Saft tröpfelt, den sie in jenen topfartigen Steinschalen auffangen, die dort in der Wüste gefunden werden.

Ich sah auch prächtige Weizenfelder, die Halme wie Rohr so dick, auch Weinstöcke. Ich sah Rosen und Blumenballen wie Kindsköpfe dick und überhaupt sehr große Blumen. Kleine, klare, schnell rieselnde Bäche sind dort mit sorgsam gezogenen Hecken, die zu einer Laube verbunden sind, überwölbt.

Man sammelt die Blüten dieser Hecken und die, welche in das Wasser fallen, werden hie und da durch Netze aufgefangen und aufbewahrt. Es sind an den Stellen, wo diese Blüten aufgefischt werden, geschlossene Eingänge in diese Lauben. Ich weiß jetzt nicht, wozu diese Blüten eigentlich gebraucht werden. Die Leute hier brachten und zeigten unserem Herrn alle Früchte, welche sie hatten.

Er sprach mit ihnen von jenen Männern, welche einmal dem Stern gefolgt waren, und sie sagten, dass sie, die sonst weit getrennt gelebt hätten, nach ihrer Rückkehr hier, wo der Stern zuerst gesehen worden war und sie alle zusammengeführt habe, eine hohe Betpyramide an der Stelle des ersten Sternanblicks und darum herum eine Zeltstadt gebaut hätten, wo sie alle zusammen wohnen geblieben seien.

Sie hätten auch die Gewissheit erhalten, dass der Messias sie noch besuchen werde, und wenn Er wieder wegziehen würde, wollten auch sie diesen Ort verlassen. Mensor[40], der Älteste, lebe noch gesund, Theokeno, der zweite, könne vor Altersschwäche nicht mehr gehen, Seir, der dritte von ihnen, sei vor einigen Jahren gestorben, und sein Leichnam liege ganz unversehrt in einer Grabpyramide. An dem Sterbetag gehe man hin, öffne die Gräber und besuche sie mit Festlichkeit. Auch werde Feuer bei ihnen erhalten. Sie erkundigten sich auch bei Jesus nach jenen von dem Zuge, die draußen im Gelobten Land geblieben waren.

(Weiteres vermochte Anna Katharina aus ihren reichen Anschauungen nicht mitzuteilen. Sie befand sich während dieser

Tage durch die Größe ihrer Leiden in einer todesähnlichen Erschöpfung. – Am 1. Dezember erzählte sie mühsam das folgende:)

Die Leute hier sandten einen Boten zu der ein paar Stunden entfernten Zeltstadt Mensors, des ältesten noch lebenden Königs und meldeten, dass sie glaubten, es sei ein Abgesandter jenes Königs der Juden bei ihnen angelangt.

Als abends der Sabbat eintrat, erbat Jesus für sich und die Jünger eine einsame Hütte, und weil man hier keine Lampen auf jüdische Art hatte, richteten sie sich selbst eine zu. Jesus hat dann den Sabbat mit seinen drei Jünglingen bis zum Samstagabend abgesondert hier gefeiert.

Ich habe auch gesehen, dass sieben Männer von des Königs Wohnort zu ihm kamen, um ihn zu bewillkommnen. Ich sah diese Männer mit langen, weißen goldgestickten Mänteln, die hinten länger als vorne waren, und mit weißen mit Gold verzierten Wülsten um den Kopf. Unter anderem sah ich an diesen Wülsten einen schimmernden Knopf und daran einen langen geraden Federstrauß wie eine Rute seitwärts niedergebeugt befestigt.

Sie luden Jesus und die Jünger ein, und ich sah auch eine bessere Wohnstelle für den Herrn auf ihren Befehl ausräumen, welche voll von allerlei Früchten lag, und sie baten ihn, sich länger bei ihnen aufzuhalten. Ich hörte auch den Herrn in dem Saal dieser Wohnung eine Lehre halten und etwas von den gutmeinenden Heiden sagen und von solchen, welche nicht belehrt und doch frommen Herzens seien.

Ich sah auch in dem Wohnort der Könige, wie Vorbereitungen zum Empfang des Herrn gemacht wurden. Sie banden Bäume zusammen und machten Triumphbogen und hängten allerlei Zierden, Stoffe, Blumen und Früchte hinein.

Jesus wird feierlich von König Mensor in sein Zeltschloss abgeholt

3. Dezember: Ich sah sehr vieles und Vielerlei und kann es nicht mehr in die Reihe bringen; ich habe vieles vergessen. Ich sah schon gleich, als die Ankunft von Jesus bekannt wurde, wie die Könige mancherlei Anstalten zum Empfang des Herrn trafen.

Bei dieser Gelegenheit besah ich den Ort. Er ist unbeschreiblich luftig, zierlich und bequem, mehr ein Lustort, ein Lager, als eine Stadt.

Das Hauptgezelt gleicht einem Schloss. Es hat unten einen Fuß von Steinen und darüber ein Stockwerk ganz von durchsichtigen Gitterwänden. Darüber befinden sich dann die Gemächer des Zeltschlosses, welches mehrere Stockwerke hat. Rings um das große Gebäude laufen bedeckte Treppengänge. Noch andere solche Zeltgebäude, mehr und weniger hoch, liegen da und alle sind sie unter einander durch Wege verbunden, die mit bunten Steinen zierlich in allerlei Mustern und Bildern, Sterne und Blumen vorstellend, gepflastert sind.

Alle diese reinen schönen Wege laufen zwischen grünen Rasenplätzen und Gärten hin, deren regelmäßige Beete voll von Blumen und feinen Bäumen mit kleinen Blättern wie Myrthen und Lorbeerbäumchen und allerlei Beeren- und Gewürz-Stauden stehen. In der Mitte eines solchen Platzes ist ein sehr schöner Springbrunnen. Er ist mehrere Aufsätze hoch, und man kann ihn weit herum sehr schön in vielen Strahlen spritzen lassen.

Dieser Brunnen steht unter einem Gebäude, das von einer offenen Säulenhalle umgeben ist, in der Sitze und Bänke stehen. Hinter diesem Brunnen kommt man an den Tempel. Es liegt ein Hof vor ihm, mit Säulengängen umgeben, die nach der einen Seite offen sind, an der anderen aber die Eingänge zu einzelnen Gräbern zeigen. Hier befinden sich auch die Gräber der schon verstorbenen Könige. Der Tempel selbst ist eine viereckige Pyramide, doch nicht so flach aufstehend wie jene, welche ich zuerst auf dieser Reise gesehen habe. Es laufen hier auch Treppen mit Geländern rings um die Pyramide hinauf, und die Spitze ist durchsichtig gearbeitet. Ich bemerkte auch ein Zelthaus, worin auf einer Seite Jünglinge und auf der anderen getrennten Seite junge Mädchen waren. Ich glaube, sie werden da unterrichtet.

Die Wohnungen aller Frauen überhaupt liegen außerhalb dieses Kreises. Sie wohnen abgesondert beisammen. Es ist nicht zu sagen, wie zierlich, fleißig, grün und reinlich alles eingerichtet und angelegt ist, und alles hat dabei etwas Leichtes und Kindliches

Überall sind schöne Gärten und Ruhebänke und ich sah auch ein großes durchsichtiges Haus von unten bis oben voll von Vögeln. Entfernter sah ich allerlei Zelte und Hütten, worin mancherlei Arbeiter, auch Schmiede wohnen. Auch sah ich Ställe und große Wiesen voll Herden von Kamelen, Eseln und großen Schafen mit feiner Wolle, auch Kühe, anders als hier, mit großen Hörnern und kleinen Köpfen, anders als bei uns.

Auch habe ich nur Hügel gesehen, keine Berge, denn hier sind nur sanfte Hügel. Sie schienen mir nicht viel größer als hier bei uns die großen Heidengräber; sie sind mit einer Zeltwand umfangen, und es stehen auch kleine Zelte umher. Da sah ich lange Röhren, welche in die Erde gebohrt wurden; es war ein Bohrer mit einer Handhabe in der Röhre, woran Leute in die Erde bohrten und wenn sie den Bohrer dann heraus zogen und Gold darin fanden, was sie suchten, so gruben sie von der Seite in den Hügel und holten das Gold heraus. Ach, ich habe noch viel mehr gesehen, ich kann nur nicht mehr alles in die Reihe kriegen.

Ich sah nun, als ihnen die Annäherung des Herrn, welchen sie für einen Gesandten des Heilandes hielten, berichtet war, alles in Bewegung, ihn zu empfangen, als komme der König der Juden selber. Sie waren voll Freude und Ernst. Ich sah den alten König mit den anderen Häuptern und Priestern sich beraten und allerlei Festanstalten machen. Man bereitete Kleider zu Geschenken, reinigte und schmückte die Wege, band Bäume mit den Wipfeln zu Triumphbogen zusammen, sammelte Blumen zu Kränzen. Ich sah zugleich den Herrn die Jünger und die sieben Boten den Weg nach dem Zeltschloss antreten und von dort den alten König Mensor auf einem schönen geschmückten Kamel, das an beiden Seiten Kasten trug, mit einem Gefolge von etwa zwanzig älteren und jüngeren vornehmen Männern, von welchen auch mehrere bei dem Zuge nach Bethlehem gewesen waren, dem Herrn entgegen ziehen. Dieser Zug sang eine feierliche wehmütige Melodie, wie ich sie in der Nacht auf ihrem Zuge nach Bethlehem singen hörte.

Der König war der älteste von denen, die dem Jesuskind Opfer gebracht hatten; er war von bräunlicher Gesichtsfarbe und trug eine hohe runde Mütze, die mit einem weißen Wulst umgeben war, auf dem Kopf. Er hatte einen weißen mit Gold gestickten Mantel um, der hinten eine lange Schleppe hatte.

Vor dem Zug trug ein Mann eine Stange mit ausgezackter Spitze her, an welcher etwas breit auseinander Flatterndes, wie ein Flügel hing. Es war dies ein Ehrenzeichen, wie eine Fahne, es glich in etwa einem Pferdeschweif.

Dieser Zug kam in einer Allee zwischen schönen Wiesen, auf welchen hie und da zarte weiße Moosbecken wie dicker Pelz lagen, etwa halbwegs bis zu einem Baum, unter welchem ein Brunnen war, der von einem grünen geschnittenen Laubtempel umgeben war. Hier stieg der Greis vom Kamel und erwartete den Herrn, den man nahen sah. Die sieben Boten, welche den Herrn geholt hatten, waren Läufer, deren sich Jesus hier bediente, um Botschaften zu bringen. Einer davon lief Jesus voraus und zeigte seine Ankunft an. Nun nahm man aus dem Kasten des Kamels mehrere prächtige Kleider, weiß und mit Gold gestickt, und auch goldene Becher, Teller und Schalen mit Früchten, und setzte dies alles beim Brunnen auf einen Teppich nieder.

Als nun der Herr herannahte, ging ihm der Greis, von zwei geführt, nebst einem, der ihm die Schleppe trug, von Alter gebeugt mit großer Demut entgegen. Er hatte einen mit Gold verzierten langen Stab in der Hand, der oben in ein Zepter endete. Er hatte beim Anblick Jesu eine innere Mahnung und eine Bewegung, wie bei der Krippe, wo er sich auch zuerst auf die Knie niederließ. Er reichte Jesus seinen Stab und warf sich vor ihm nieder.

Jesus reichte ihm die Hand und hob ihn in die Höhe. Da brachte man dem Greis die Geschenke, der die schönen Kleider über seine Hände legte und sie Jesus und den Jüngern reichte.

Der Herr gab sie den Jüngern, und diese ließen sie wieder auf das Kamel legen. Der Herr nahm die Gaben an, aber Er wollte sich nicht damit bekleiden. Auch das Kamel schenkte ihm der Greis, aber Jesus dankte.

Sie traten nun in die Brunnenlaube und der Greis reichte dem Herrn frisches Wasser, in welches er etwas Saft aus kleinen Fläschchen tröpfelte, und auch Früchte in kleinen Schalen. Er war unbeschreiblich demütig und kindlich freundlich; er fragte nach dem König der Juden, denn er hielt Jesus für dessen Gesandten und konnte sich seine große innere Bewegung nicht erklären. Ich habe alle Reden vergessen; ich sah, dass die anderen mit den Jünglingen sprachen und dass sie Eremenzear, den nachmaligen Hermes, umarmten und vor Freude weinten, denn sie hörten von ihm, wie er ein Kind derer sei, welche bei dem Besuch des Jesuskindes dort im Lande zurückgeblieben seien. Später hörte ich, dass er ein Abkömmling von Abrahams zweiter Frau Ketura sei.

Als sie ein wenig hier verweilt waren, wollten sie, dass Jesus sich auf das Kamel setzen solle, aber Er tat es nicht, und der Greis musste wieder darauf sitzen. Jesus und die Jünger gingen an der Spitze des Zuges.

Nach etwa einer Stunde kam der Zug an der eigentlichen Umzäunung des Wohngebietes an, die aus aufgespannten weißen Tuchwänden bestand, welche links und rechts kreisförmig fortliefen. Am Eingang kam dem Zuge eine Schar geschmückter Jungfrauen entgegen, welche zwei und zwei Körbe voll Blumen zwischen sich trugen und so viele Blumen vor dem Herrn ausstreuten, dass der ganze Weg bedeckt war. Es waren auch am Eingang Bäume in einen Ehrenbogen gezogen. Der Weg führte durch einen langen Baumgang. Die Jungfrauen hatten weiße, ganz weite Beinkleider an und unter den Füßen Sohlen mit spitzen Schnäbeln. Sie trugen Überkleider, welche vorne offen und hinten etwas länger waren; um den Kopf hatten sie weiße Binden und an den Armen viele kleine Kränze von krausem Zeug, von Blumen und Wolle und schimmernden Federn, so auch um Hals und Brust. Sie waren ohne alle Blöße, doch nicht verschleiert.

Nach dieser schattigen Allee, in der die Bäume oben zusammengezogen waren, kam der Zug an einen Graben oder Bach, welcher im Bogen einen Garten umzog; es ging eine bedeckte Zeltbrücke darüber.

Jesus wurde hier unter einem geschmückten Ehrenbogen von den Priestern empfangen, deren es etwa fünf sein mochten. Sie hatten weiße, lange Mäntel an und hinten lange Schleppen, welche ihnen nachgetragen wurden. Sie hatten sehr viele Schnüre über das Kleid und am rechten Arm einen langen Manipel hinab hängen, welcher wie von Fäden oder Pelz bis zur Erde niederreichte. Sie hatten Kronen mit Zacken auf dem Kopf und vor der Stirn, wie ein Herz, woraus noch eine Spitze hervorragte.

Zwei trugen ein goldenes Feuerbecken in den Händen zwischen sich und andere hatten Gefäße von Gold, wie kleine Schiffchen auf Stielen, woraus sie den Weihrauch in das Feuer warfen. Als sie sich Jesus nahten, trug man ihnen die Schleppe nicht, sondern schürzte sie auf ihrem Rücken in eine Schlinge.

Jesus zog durch alle diese Ehrenbezeugungen durch, ruhig, wie am Palmsonntag.

Der ganze Weg durch den Garten ging durch einen Laubengang, der nach der Seite offen war. Der Garten war groß, nach den äußeren Grenzen standen hohe Bäume, nach innen aber kleine, feine Bäumchen. Viele Kanäle und Bäche durchrieselten den Garten, welcher durch zierlich mit Steinchen ausgelegte Wege in viele dreieckige kleine Beete geteilt wurde, worauf allerlei schöne Kräuter und Blumen standen. Die Bäume und Stauden des Gartens waren alle in mancherlei Formen geschnitten und gezogen und ich sah einige wie Menschen und Tiere figuriert.

Es waren auch viele schattige Ruhebänke und Erholungsplätze darin. Der ganze an der Seite offene Laubenweg durch die Mitte der Anlage war mit Steinen in Sternen und Figuren bunt ausgelegt.

Dieser Garten endete wieder mit einem in Bogenform fließenden Bach, über welchen auch eine bedeckte Zeltbrücke führte. Auf der anderen Seite liefen im Bogen links und rechts viereckige niedere Zelte hin, worin die Jünglinge wohnten. Der Weg führte bedeckt gerade auf die Mitte des großen runden Platzes hin, welcher der Mittelpunkt der ganzen runden Anlage war, und gegenüber lag das große königliche Gezelt. In der Mitte des Platzes war eine hügelförmige Garteninsel, rund herum von Wasser umgeben. Hier stand ein rings offener Brunnentempel mit einem Dach von Fellen auf schlanken Säulen.

Bei dem Eintritt des Herrn über die Brücke auf den Platz empfingen ihn die Jünglinge des Ortes mit Musik von Flöten und kleinen Trommeln. Sie waren seltsam gekleidet, und ich glaube sie dienten als eine Art Leibwache; denn ich sah solche auch hin und wieder mit kurzen Schwertern, gleich Hackmessern, Wache stehen. Ihre Kleidung sieht auf der einen Seite anders aus als auf der anderen. Auf der einen Seite haben sie wenig Besonderes und auf der anderen haben sie allerlei niederhängen, unter anderem ein Ding wie einen großen halben Mond; man sieht ordentlich ein Gesicht daran ausgeschnitten. Sie hatten Mützen mit einem Federbügel oben.

Als der König von seinem Kamel abgestiegen war, brachten sie das Tier weg, und der König führte Jesus und die Jünger zu dem Brunnen auf das Inselchen. Der Brunnen ist ein Springbrunnen und steht unter einem offenen Tempelchen; er hat mehrere Springkreise übereinander und ist von schönem blinkenden Metall, mit vielen Röhren. Wenn man alle Zapfen rings loszieht, spritzt er in die Runde und das Wasser läuft in vielen Rinnen zwischen kleinen grünen Hecken den Hügel hinab in den umgebenden Bach. Es sind Sitze rund um den Brunnen angebracht.

Hier ließ der König seine Gäste ein wenig verweilen und die Jünger wuschen dem Herrn die Füße und Er ihnen auch. Ich meine, die Leute wollten es ihnen auch tun; ich weiß aber nicht mehr, ob Jesus es zuließ. Von diesem Ort gingen sie über eine Brücke abermals durch einen bedeckten Zeltgang hinüber auf die andere Seite des großen runden Platzes in das Zeltschloss des Königs.

Dies ist ein großes Gebäude, mehrere Stockwerke hoch; unten sind erst Steine und darauf ein vergittertes Stockwerk, worin allerhand Bäumchen und Pflanzen stehen, so dass man unter dem Gebäude wegsehen kann. Es laufen aber auswendig bedeckte Treppen und Galerien rings um das Schloss bis hoch hinauf. Man sieht hie und da Fensteröffnungen, aber nicht regelmäßig. Das Zeltdach hat oben viele Giebel und Fähnchen, Sterne und Monde auf Spitzen. – Sie brachten Jesus in einen großen Saal, der rund oder vielmehr achteckig abgespannt war. In der Mitte stand eine stützende Säule, um welche runde Scheiben übereinander befestigt waren, worauf sie allerlei stellten. Um diese Säule stand eine runde niedrige Tafel, auf welcher ein Mahl in sehr schönen Gefäßen aufgetragen war.

Alle standen noch und Jesus redete mit ihnen. Das Mahl war sehr zierlich angerichtet, es waren allerlei feine Kräuter wie Gärtchen in die Teller geordnet. Dieses und die Geschirre von Gold mit allerlei Verzierungen erinnerten mich an die schönen Schüsseln bei himmlischen Tafeln aus Gold mit blauen Rändern. Es waren vielerlei schöne Früchte auf dem Tisch, unter anderen eine große gerippte gelbe Frucht, mit vielem Kraut am Butzen oben.

Es waren auch gebratene Vögel da, kleine goldene Becher, schöne Trinkgefäße, kleine Brote und besonders schöne Honigwaben. Die Wände des Zeltes waren mit bunten Decken überzogen, worauf man allerlei Blumen, Figuren und auch Bilder von Knaben sah, welche in einen Becher eingießen. Der Fußboden war auch ganz weich mit Tüchern belegt.

Als ich dies alles sah, war ich mit meinem Führer außen an dem Zelt, und als ich die Honigwaben sah, flogen plötzlich aus der Ferne, wo ein Bienenstand war, eine Menge großer Bienen auf meine Schürze; sie taten mir nichts, aber sie bedeckten ganz schwarz mein Vortuch bis an die Brust, und ich begann auf sie zu schlagen. Da sagte mein Führer: «Was schlägst du die Bienen! Sie bringen dir Honig.» Sie flogen weg – und meine Schürze war mit dem schönsten Honig bedeckt. Das Gesicht war aber aus; ich weiß nicht mehr, wo ich mit dem Honig hingekommen bin.

Mensor erzählt dem Herrn die Geschichte des Sternes

4. bis 6. Dezember – (Anna Katharina teilte von diesen drei Tagen nur folgendes Allgemeine mit:)

Der alte König und die anderen erzählten den ganzen Hergang, wie sie den Stern gesehen hatten. Es war eine alte Verheißung bei ihrem Stamm von einem solchen Stern. Sie hatten ihn fünfzehn Jahre vor Christi Geburt zum erstenmal gesehen und nachher alle fünf Jahre wieder. Sie hatten immer gewisse Bilder in dem Stern gesehen, die sich auf Jesus bezogen, wie man denn so in einem Sterne allerlei sieht. (Hier fragte der Pilger Anna Katharina, ob sie wohl in einem Stern schon so etwas gesehen habe, und sie sagte:)

«O ja! Man sieht darin Gärten, Häuser, Bäume, allerlei Begebenheiten und Verwandlungen. Ich habe das als Kind sehr oft gesehen, wenn ich auf dem Feld nachts im Winter betete, und ich habe immer gemeint, dies sehen alle Menschen.»

Ich habe alle diese Bilder, welche die Könige gesehen, gewusst, habe sie aber vergessen. Das erste Bild, das sie fünfzehn Jahre vor Christi Geburt sahen, war eine Jungfrau mit einem Zepter in der einen Hand, in der anderen hatte sie eine Waage, worauf eine Traube und eine Weizenähre lagen. In den letzten fünf Jahren sahen sie diese Bilder oft wechseln, zuletzt sahen sie darin das Kind in der Krippe und Josef und Maria dabei und sahen sogar Buchstaben und Worte, ich glaube den Namen Judäa. Sie hatten auch einiges von der Erlösung erkannt und dass Jesus noch zu ihnen kommen würde. Sie waren es nicht allein, die dies gesehen hatten; die anderen Sterndeuter, wo der Herr auf dieser Reise zuerst gewesen, hatten den Stern auch gesehen, waren ihm aber nicht gefolgt und darum weiter im Heil zurückgeblieben. Ich meine, sie hätten auch eine Gestalt gesehen, welche ein Kreuz trug, und einen Berg.

Als sie in der Weihnacht das Jesuskind in dem Stern sahen und die Mahnung empfingen, sandten sie Boten zu einander und machten sich auf hinzureisen, um das neugeborene Kind zu ehren. Der Stern war ihnen immer näher gekommen und zog vor ihnen her. Sie waren hier in der Gegend zusammengetroffen. Sie hatten früher weit voneinander gewohnt; als sie aber bei Bethlehem im Traum die Mahnung erhielten, nicht zu Herodes zurückzukehren, sondern auf einem anderen Weg nach Hause zu reisen, wurde ihnen auch gesagt, dass sie zusammen an diesen Ort ziehen und harren sollten, dem König der Juden in ein anderes Land zu folgen.

Sie fragten nun auch Jesus, warum sie vor Jerusalem den Stern verloren hätten, und Er sagte: «Um euren Glauben zu prüfen, und weil er nicht über Jerusalem kommen sollte.»

(Diese Rede gab die Kranke während ihrer Erzählung dem Pilger lächelnd als Antwort, da er ihr vorhielt, dass sie so vieles und wichtiges, z.B. die Bilder in den Sternen, wieder so unachtsam vergessen habe.)

Ich sah auch, wie der Herr in dem Zelt lehrte und ihnen zuletzt sagte, dass Er nicht der Gesandte Jesu, sondern dass Er es selbst sei, worauf sie sich weinend auf die Erde warfen. Der alte König Mensor weinte besonders heftig vor Liebe und Ehrerbietung und sie konnten sich gar nicht fassen. Sie konnten gar nicht begreifen, dass Er zu ihnen gekommen sei. Er sagte ihnen aber, Er sei für die Heiden wie für die Juden, Er sei für alle gekommen, die an ihn glaubten. Sie meinten, es wäre die Zeit, dass sie ihr Land verlassen sollten und wollten ihm gleich nach Judäa folgen.

Er sagte ihnen aber, dass sein Reich nicht von dieser Welt sei und dass sie Ärgernis nehmen und im Glauben wanken würden, wenn sie sehen müssten, wie Er von den Juden verachtet und misshandelt werde. Sie konnten das gar nicht begreifen und fragten ihn auch einmal, wie das doch sei, dass es so vielen bösen Menschen gut gehe und dass viele Gute so vieles leiden müssen. Da sagte Er ihnen, dass die, welche ihre Lust hier hätten, dort Rechenschaft geben müssten und dass dieses Leben ein Bußleben sei.

Diese Leute wussten auch von Abraham und David, und da Jesus ihnen seine Abstammung sagte, brachten sie alte Bücher herbei und suchten nach, ob sie nicht auch Verwandtschaft mit diesem Stamm hätten. Es waren dieses Tafeln, welche man im Zickzack auseinander legen konnte, wie Musterkarten. Sie waren auch so kindlich und wollten alles tun. Sie wussten, dass dem Abraham die Beschneidung befohlen war und fragten den Herrn, ob sie sich auch diesem Gesetze unterziehen sollten. Jesus sagte ihnen, dass dies nicht mehr nötig sei, dass sie ihre Gelüste schon beschnitten hätten und noch ferner beschneiden sollten. Ich hatte auch in der Lehre, welche Jesus hierüber hielt, eine deutliche Erkenntnis von diesem Geheimnis, vergaß es aber.

Sie wussten auch von Melchisedech und seinem Opfer von Brot und Wein und sagten dem Herrn, dass sie auch ein Opfer auf diese Art hätten. Dies war aber ein Opfer von kleinen Broten und einem grünen Saft. Ja sie sprachen sogar einige Worte dabei, auf die Art: «Wer mich isst und fromm ist, der soll alle Glückseligkeiten haben.» Jesus sagte ihnen etwas darüber und dass das Opfer

Melchisedechs ein Vorbild des heiligsten Opfers sei und dass Er selbst dies Opfer sei, und wie sie allerlei Formen hätten von der Wahrheit, aber alle seien von Finsternis ganz verderbt.

Einmal sah ich, ich weiß nicht, ob in der Nacht vor Jesu Ankunft oder in der darauf folgenden, um das Zeltschloss und weithin alle Wege beleuchtet. Auf Stangen standen durchsichtige Kugeln, worin Licht war, und auf jeder Kugel war ein Krönchen, das wie ein Stern blitzte. Ich sah da auch viele Menschen versammelt um und in dem Tempel, war aber selbst nicht darin.

Der Herr besucht den Tempel der Könige

Als der Herr zum ersten Mal den Tempel besuchte, war es Tag. Die Priester holten ihn feierlich in dem Zeltschloss ab. Sie hatten höhere Mützen auf als das erste Mal und hatten von der einen Schulter Schnüre mit vielen silbernen Schildern herabhängen und am anderen Arm wieder so lange Manipeln. Der ganze Weg war mit Tuch überspannt, und sie gingen nun barfuß. Ich sah in der Gegend des Tempels hie und da Frauen sitzen, welche neugierig schienen, den Herrn zu sehen. Sie hatten kleine Dächer auf Stangen als Sonnenschirme über sich stehen. Sie standen in der Ferne vor dem Herrn auf und verneigten sich bis zur Erde.

Zur einen Seite des Zeltschlosses, auch in dem weiten Kreis um den Brunnen, lag das Tempelgebäude, eine viereckige Pyramide, nicht so hoch wie das Zeltschloss. Sie hatte unten ein senkrechtes Stockwerk und es liefen unbedeckte Treppen rings umher hinan. Die Spitze war durchsichtig. Diese Pyramide lag in einem Hof, von einem bedeckten Gang umgeben, an dessen geschlossener Seite Eingänge unter die Erde zu den Grabkellern der verstorbenen Könige führten. In dem Tempel stand in der Mitte eine Säule und von dieser liefen wieder Sparren nach den vier Wänden. Oben in der Höhe hing ein Rad, woran allerlei Figuren, Sterne und Kugeln waren. Dieses Rad brauchten sie beim Gottesdienst.

Sie zeigten Jesus ein Krippenbild, welches sie bei ihrer Rückkehr von Bethlehem hier errichtet hatten, ganz so, wie sie es im

Stern gesehen hatten. Die ganze Vorstellung war von Gold und von einer sternförmigen Goldplatte umgeben.

Das goldene Kindchen saß in einer Krippe, wie die von Bethlehem, auf einer roten Decke; es hatte die Händchen auf der Brust gekreuzt und war von den Füßen bis an die Brust eingewickelt. Sie hatten sogar das Heu dabei angebracht; es war wie ein weißes Kränzchen, ich weiß nicht mehr wovon, hinter dem Kopf des Kindes zu sehen. Sie zeigten Jesus dieses Bild. Sie hatten sonst kein Bild im Tempel; an einer Wand aber hing eine sehr lange Rolle oder Tafel nieder, welche eine Heilige Schrift von ihnen war. Es waren meistens wie Figuren darauf.

Sie hatten auch einen kleinen Altar zwischen der Säule und dem Krippenbild und es waren Löcher an der Seite darin. Sie hatten auch einen kleinen Sprengbesen und Wasser, das sie wie Weihwasser umher sprengten.

Ich sah bei ihnen auch einen geweihten Zweig, mit dem sie allerlei Zeremonien machten, und kleine runde Brote, einen Kelch und ich meine auch Opferfleisch auf einem Teller. All dies zeigten sie Jesus; Er lehrte immer dabei und sie brachten allerlei Gründe vor, welche Er ihnen widerlegte.

Sie führten Jesus auch in die Gräber des verstorbenen Königs Seir und seiner Familie. Dies waren einzelne schöne Kellergewölbe in dem bedeckten Gang um die Tempelpyramide. Die Gräber waren gleich Ruhebetten in der Wand. Die Leiber lagen in langen weißen Kleidern, und schöne Decken hingen von den Lagern nieder. Ich sah ihre halbverhüllten Angesichter und ihre ganz bloßen Hände schneeweiß. Ich weiß nicht, ob es bloß die Knochen, oder ob sie mit ganz eingetrockneter Haut bedeckt waren, denn ich sah auf den Händen tiefe Furchen.[41] Es war in den Grabgewölben ganz wohnlich und es stand auch ein Sessel in jedem. Die Priester brachten Feuer mit hinein und räucherten. Sie weinten alle, besonders der alte König Mensor weinte wie ein Kind. Jesus nahte dem Leichnam und sprach von dem Tod. Es ist mir auch, als habe Er ihre Hände berührt und sie gesegnet, jedoch weiß ich es nicht mehr gewiss.

Nachträgliche Mitteilungen zu den Bildern der vorausgehenden Tage[42] – Jesus besucht den Theokeno

7. Dezember: Ich habe vergessen zu erzählen, dass, als Mensor Jesus nach dem feierlichen Empfang in das Zeltschloss führte, er ihn gleich zu Theokeno, dem zweiten noch lebenden König brachte, der aus Altersschwäche nicht mehr gehen konnte. Er war von Gesichtsfarbe der weißeste unter den Dreien und wohnte unten in dem vergitterten Raum des Zeltschlosses und ruhte da auf einem Lager von Polstern.

Die Bäumchen, welche ich dort unten gesehen, sind sein Garten, weil er nicht hinausgehen kann. Alles, was ich erzählte, dass es in dem Zeltschloss vorgefallen, geschah in seiner Gegenwart. Jesus besuchte ihn täglich mit Mensor.

Einmal erzählte er von dem verstorbenen König Seir, dass, als sie ihm nach ihrer Gewohnheit vor die Tür des Grabes einen Zweig gesteckt, eine Taube sich auf diesen Zweig niedergelassen habe, welche noch oft auf demselben sitze und ganz alt geworden sei. Er fragte, was doch dieses bedeute.

Jesus fragte ihn hierauf, wie der Glaube Seirs gewesen sei, und der Kranke sagte: «Herr, wie der meine, er hat immer, seit wir den König der Juden verehrt hatten und bis zu seinem Tod bei allem Denken und Tun verlangt, es möge nichts von ihm geschehen, als was der Wille des Königs der Juden sei.» Jesus erklärte ihnen hierauf, die Taube auf dem Zweig drücke aus, dass er mit der Taufe der Begierde getauft sei. Ich habe diese Taube selbst da sitzen gesehen.

Das heilige Feuer

Ich sah zwischen dem Tempel und dem Brunnen eine Grube in der Erde, in welcher immer ein Feuer brennt, es ist nur ein weißes Lodern und brennt nicht über den Rand der Grube hinaus. Ich sah, dass kein Holz hineingelegt wurde; die Priester brachten etwas in hohlen Röhren, das sie hineinlaufen ließen.

Ich glaube es waren solche Stücke, womit sie das Gold schmolzen und die man aus der Erde grub. Über dies Feuer war manchmal eine metallene Halbkugel gedeckt, worauf eine Figur mit einem Fähnchen in der Hand stand.

Ich habe auch gesehen, wo sie Gold geschmolzen haben, nicht weit von dem Bergwerk; sie brannten kein Holz dabei. Sie gruben braune und gelbe Stücke etwa einen halben Arm lang aus der Erde, ließen das fließende Metall in lange Rinnen laufen und machten Stangen daraus.

Das Feuer war mit dem Metall durcheinander und auswendig alles drum herum zu. Sie hatten auch viele Goldschmiede und andere Arbeiter in kleinen Zelten im äußeren Umkreis wohnen.

Es gehen etwa fünf Wege nach dem Mittelpunkt der Stadt von verschiedenen Gegenden und es liegen mehrere Goldhügel nach anderen Seiten. Sie finden das Gold in so bröcklichten Stücken, wie Knabbeln[43], die sie ausschmelzen, und auch in kleinen Körnern und Stückchen, die sie in Kästchen bewahren. Sie bohren mit dem Bohrer von oben in die Hügel und wenn sie etwas finden, graben sie von der Seite Gänge hinein.

Ich sah die Frauen auch abgesondert in einem äußeren Zirkel von Zelten wohnen. Ich sah viele zugleich beschäftigt, an langen Bahnen von weißen Teppichen, die wie Linnen ausgespannt waren, an beiden Seiten allerlei Blumen zu sticken. Sie nähten mit langen krummen weißen Stiften, die wie Fischgräten aussahen, und es arbeiteten sehr viele zusammen daran. Ich habe solche Teppiche in Zelten unten an den Wänden herum gesehen.

Ich sah heute auch, dass der Herr ihnen ein Lamm aufzeichnete, das ein Fähnchen auf der Schulter hatte und auf einem Packen Schrifttafeln lag, woran sieben Siegel hingen. Er zeichnete es auf eine Platte, sagte ihnen, sie sollten das Bild verfertigen lassen und der Krippe gegenüber an der Säule aufstellen, welches ich auch bald geschehen sah. – Nur bei der Ankunft sah ich Jesus mit den Heiden essen und auch dann nur Brot und einige Früchte; wenn Er trank, erhielt Er ein Gefäß, aus dem noch keiner getrunken hatte.

8. Dezember: Von heute an feierten drei Tage hindurch die Könige ein Fest nach ihrer Religion, von welcher ich einiges erfahren habe. Sie hatten in dieser Nacht fünfzehn Jahre vor Christi Geburt den Stern zum erstenmal gesehen und das Bild einer Jungfrau in ihm erkannt, welche ein Zepter in der einen Hand und in der anderen eine Waage hielt, in deren einer Schale eine schöne Weizenähre, in der anderen eine Weintraube lag. Sie feierten darum seit ihrer Rückkehr von Bethlehem an diesem Tag ein Fest durch drei Tage zu Ehren von Jesus, Maria und Josef, welch letzteren sie sehr verehrten, da Er sie so liebevoll empfangen hatte.

Sie wollten aber an diesem Tag aus Demut vor dem Herrn ihren gewöhnlichen Gottesdienst nicht halten und baten, Er möge allein lehren. Jesus aber sagte ihnen, sie möchten nur ihr Fest feiern, um den Leuten, welche nicht anders unterrichtet seien, kein Ärgernis zu geben.

Ich sah da allerlei von ihrer Religion. Sie hatten drei Tierbilder, die aber nicht im Tempel, sondern um ihn her standen: einen Drachen mit großem Rachen, einen Hund mit einem dicken Kopf und einen Vogel mit langen Beinen und langem Hals, fast wie ein Storch, doch mit etwas krummem Schnabel. Ich glaube nicht, dass sie diese Bilder als Götter anbeteten; ich hörte, dass sie nur gewisse Lehren durch sie vorstellten. Der Drache stellte die böse finstere Natur vor, welche man abtöten müsse. Bei dem Hund, der sich auch auf einen Stern bezog, lehrten sie von der Treue, Dankbarkeit und Wachsamkeit; bei dem Vogel aber von der Liebe gegen die Eltern.

Ich kann jedoch nicht sagen, wie dies eigentlich war und ob es immer so gewesen ist; es war noch allerlei Tiefsinniges dabei, was ich dort gut verstand, hier aber nicht so wiederbringen kann. Das weiß ich aber, es war nicht so böse wie Götzendienst, es war kein Greuel dabei, sondern viel Weisheit, Demut und Betrachtung der Wunder Gottes. Diese Tierbilder waren nicht von Gold, sie waren dunkler und wie von dem Zeug, welches sie beim Schmelzen brauchten oder was dabei übrig blieb. Unter dem Bild des Drachen las ich fünf Buchstaben, AASCC oder ASCAS, was ich nicht mehr genau weiß. Der Hund hieß Sur; den Namen des Vogels weiß ich nicht mehr.

Die vier Priester lehrten an vier verschiedenen Plätzen um den Tempel vor den Männern, den Frauen, den Jungfrauen und den Jünglingen. Ich sah, dass sie dem Drachen das Maul öffneten und sagten: «Wenn er nun lebte so hässlich und schrecklich und wollte uns verschlingen, wer könnte uns helfen, als der allmächtige Gott?» den sie auch mit einem besonderen Namen benannten.

Hernach sah ich auch, dass sie das Rad, welches ich neulich oben auf einer Säule im Tempel hängen sah, herab ließen und auf dem Altar in ein Gleis setzten und dass ein Priester es drehte. Es waren mehrere Reifen ineinander und hohle goldene Kugeln daran, welche glänzten und beim Drehen klangen. Ich erfuhr, dass es den Lauf der Sterne andeuten sollte und sie sangen dabei, wie es sein würde, wenn Gott die Sterne nicht drehe.

Sie opferten hierauf dem kleinen goldenen Christkind in der Krippe noch Weihrauch. Es schien mir auch, als ob sie kleine Gebeine verbrannten.

Jesus sagte ihnen, sie sollten die Tiere künftig weglassen, sollten von Barmherzigkeit und Nächstenliebe und von der Erlösung lehren; übrigens sollten sie Gott in seinen Kreaturen bewundern, ihm danksagen und ihn allein anbeten. – Als am Abend der Sabbat begann, sonderte sich Jesus mit den Jüngern ab und betete.

(Am Abend sank Anna Katharina von schwerer Krankheit und von trotz derselben mühsam verrichteten Näharbeiten für arme Kranke erschöpft zusammen. Ihr Hals und ihre Hände waren fieberhaft heiß und sie hatte heftige Kopfschmerzen. Nach einigen Minuten streckte sie die Hand aus, als ergreife sie etwas, das ihr gegeben würde, wendete sich dann und sprach halb erwachend: «Als ich mich hinwendete, war Er fort. Einer der Könige kam mit einem Myrrhenbüschlein und wollte mich erquicken in meinem Kopfweh». Hierauf tat sie nachfolgende abgerissene Äußerungen von der Herkunft der Heiligen Drei Könige:)

Der noch gesunde alte König von gelbbräunlicher Farbe heißt Mensor. Er hat das Gold geopfert. Er hatte viele schöne Kästchen voll kleiner bröcklichter Goldkörner. Er war rein und treu wie Gold. Er hatte als Erster vor dem Jesuskind gekniet.

Ich meine er ist, als sie drei Jahre nach Christi Himmelfahrt von Thomas getauft wurden und in mehrere Scharen verteilt weggezogen sind, noch Priester geworden. Sie zogen nach Kreta und wohnten in der Gegend von Saturnius' Geburtsort, wo auch Dionysius Areopagita und Karpus gewesen sind; an der einen Seite ist ein weites Meer, an der anderen sind schöne Felder und dann kommt wüstes Land. Es wohnten auch viele zerstreut und andere zogen als Jünger mit den Aposteln.

Die Drei Könige waren von drei Stämmen. Der eine Stamm war von Abrahams zweiter Gattin Ketura, der andere von Leuten, die das goldene Kalb angebetet und sich von Mose und Aaron getrennt hatten, als Mose die Tafeln im Zorn zerbrach; der dritte Mann ist von Hiob, ich glaube Mensor stammte von diesem.

Hiob lebte vor der Beschneidung, er war vor Abraham. Er war ein gerechter Mann; seine Geschichte ist nicht ganz so, wie sie geschrieben ist, aber sie ist geprüft und vom Heiligen Geist eingegeben. Er ist ein Vorbild der Kirche.

(Hier legte Anna Katharina mehrere Züge aus Hiobs Geschichte sehr schön auf die Schicksale der Kirche aus, besonders das Sitzen auf dem Mist, die Freunde und die Töchter:)

Das Tier Leviathan bedeutet auch das Böse, die Sünde, den Teufel. Jede Sünde hat ihr Tierbild; die kleinste lässliche Sünde hat eine scheußliche Tiergestalt, die sehe ich gar oft neben den Leuten, oder an ihren Kleidern sitzen, auch an mir sehe ich sie oft so abscheulich.

Jesus hält den Sabbat – Er bekehrt eine Götzendienerin

9. Dezember: Ich sah Jesus am Freitag abends sich zur Sabbatfeier im Zeltschloss in ein Gemach allein mit den drei Jünglingen absondern. Sie hatten lange weiße Kleider, schier wie Totenkleider, bei sich, welche sie dann anlegten, einen Gürtel mit Buchstaben und einen Riemen wie eine Stola über die Brust gekreuzt.

Sie bereiteten sich einen kleinen Altar oder Gebetstisch, rot und weiß bedeckt, und es stand eine Lampe darauf, die sie auch bereitet hatten, ein Gefäß mit Öl, woraus an sieben Dochten sieben Lichter brannten. Jesus stand in der Mitte, ein Jünger rechts, einer links und einer hinter ihm, so beteten sie. Ich wunderte mich, dass sie niemanden von den Heiden zuließen.

Die Heiden lehrten den ganzen Tag in der Umgebung des Tempels bei ihren Tierbildern Männer, Frauen, Jünglinge und Jungfrauen, jeden Stand in einem besonderen, mit Stufensitzen umgebenen Kreis. Am Schluss des Sabbats kam Jesus zu ihnen und ich sah da ein wunderbares Ereignis.

Das Drachenbild stand im Kreis der Frauen. Diese waren sehr verschieden gekleidet, viele, besonders die Jungfrauen, hatten lange ganz weiße Beinkleider an und alle, wenn sie kamen und gingen, trugen Mäntel, hinten länger als vorne. Die Frauen hatten die kleineren Kinder bei sich, welche nackt waren bis auf eine Binde um den Unterleib.

Andere Frauen waren sehr einfach mit Schurzröcken und langen Mänteln bekleidet. Es schienen dies die geringeren zu sein. Einige aber waren seltsam gekleidet, wie jene, von welcher ich hier erzählen will. Diese schienen die vornehmsten. Es war hier eine dicke starke Frau von etwa dreißig Jahren; als sie kam, hatte sie einen langen Mantel um, als sie sich aber setzte, legte sie ihn ab. Sie hatte ein steif gefaltetes Röckchen um die Lenden bis an die Knie, die Beine waren bloß, aber ganz mit gekreuzten Schnüren umzogen, an welche die Sohlen befestigt waren.

Der Oberleib bis an den Hals war mit einem knapp anliegenden Wams bedeckt und voll schimmernder Ketten und Verzierungen. Von den Schultern bis an den halben Oberarm hingen ihr Lappen wie offene halbe Ärmel nieder, der übrige Teil der Arme war wie die Beine mit Schnüren und Armbändern umgeben.

Auf dem Kopf hatte sie eine Mütze, anliegend bis auf die Augen, die Wangen und das Kinn umschließend, von lauter krausen Federkränzen gewunden und über die Mitte des Kopfes ging von vorne nach hinten ein erhabener Wulst; man sah die geflochtenen und geschmückten Haare durch. Die Ohren waren sichtbar und es hingen viele lange Schmuckketten davon herab auf die Brust, auf welcher sie auch dergleichen hatte. – Ehe der Priester seine Lehre begann, gingen viele der Frauen vor das Drachenbild, warfen sich nieder und küssten die Erde, und diese Frau tat dies mit einer besonderen Andacht und Heftigkeit.

Jesus trat dann mitten in den Kreis und fragte sie, warum sie das tue, und ich sah, dass sie von ihrer Verehrung des Gottes sprechend sagte, sie werde jeden Morgen vor Tag von ihm geweckt, stehe dann auf und werfe sich vor ihrem Lager gegen die Gegend zu, wo der Drache stehe, auf ihr Antlitz nieder und bete ihn an.

Ich sah auch in einem Bild, wie sie dies tat. Nun aber sprach Jesus zu ihr: «Warum wirfst du dich vor dem Satan nieder? Dein Glaube ist von dem Satan in Besitz genommen. Es ist wahr, dass du geweckt wirst, aber nicht der Satan, sondern der Engel sollte dich wecken. Schau, wen du anbetest!»

In demselben Augenblick stand ihr und allen Anwesenden sichtbar ein schlanker fuchsroter Geist mit scheußlich spitzem Gesicht grässlich neben ihr und sie entsetzte sich. Jesus deutete auf ihn und sprach: «Dieser hat dich geweckt. Es hat aber ein jeder Mensch einen guten Engel, vor dem wirf dich nieder und folge seinem Rat.»

Da sahen alle eine leuchtende schöne Gestalt neben ihr, und sie warf sich ganz erschüttert vor derselben nieder. Ich sah aber den guten Engel hinter ihr stehen, als der Satan neben ihr stand, und nun wich der Satan zurück und der Engel trat vor. Diese Frau ging dann sehr bewegt zurück auf ihren Platz. Ich habe auch ihren Namen gewusst, sie ist später eine heilige Martyrin geworden, welche wir noch verehren. Ich werde den Namen wohl noch wieder hören.[44]

Der Herr sprach noch vieles und lehrte dann auch bei dem Vogelbild, wo die Jungfrauen und Jünglinge standen. Er ermahnte hier zum gehörigen Maß in der Menschen- und Tierliebe; denn es gab hier Leute, welche ihre Eltern fast anbeteten und andere, welche den Tieren mehr Liebe erwiesen als den Menschen.

Jesus hält eine große Lehre und segnet vorbildlich Brot und Wein

10. Dezember: Jesus wollte heute die Priester und Könige im Tempel und alles Volk umher lehren. Damit nun der altersschwache König Theokeno auch zuhören konnte, begab Jesus sich mit Mensor zu ihm, befahl ihm aufzustehen und mit ihm zu gehen. Er hob ihn an der Hand auf, und der gläubige Theokeno richtete sich auf und konnte gehen. Jesus führte ihn zum Tempel. Er konnte fortan immer gehen. Er war an Hautfarbe der weißeste der Heiligen Drei Könige.

Jesus ließ die Türen der Tempelpyramide eröffnen, so dass ihn alle Leute umher sehen und hören konnten. Er lehrte teils im Tempel, teils umher, Männer und Frauen, Jünglinge, Jungfrauen und Kinder. Er erzählte viele der Parabeln, welche Er auch den Juden erzählt hatte. Die Zuhörer durften ihm in die Rede fallen und ihn fragen. Er hatte ihnen das geboten.

Manchmal rief Er auch einen auf, seine Zweifel laut vor allen zu sagen, denn Er erkannte die Gedanken eines jeden. Unter anderem fragten sie: Warum Er keine Toten hier erwecke und keine Kranken heile, der Judenkönig habe dieses getan. Ich weiß nicht mehr alles, was Er sagte; aber es war dabei, dass Er dies bei den Heiden nicht tue, Er werde ihnen aber Leute senden, welche viele Wunder bei ihnen tun sollten. Er sprach ihnen auch vom Abwaschen durch die Taufe; das sollten diese seine Gesandten ihnen erweisen, sie sollten seinen Worten glauben.

Jesus lehrte hierauf die Priester und Könige allein und sagte ihnen: alles, was in ihrer Lehre wahr scheine, seien lauter leere Formen, vom Satan erfüllt und somit Lügen; denn wie der gute Engel weiche, trete der Satan vor und verderbe den Dienst, den er in Besitz nehme. Sie hatten vorher alles verehrt, womit sie nur einen Gedanken an eine Kraft verbinden konnten, sie hatten aber bei der Rückkunft von Bethlehem darin schon nachgelassen, doch war manches übrig geblieben.

Sie sollten die Tierbilder abschaffen und einschmelzen, und Er gab ihnen Leute an, welchen sie den Wert schenken sollten. All ihr Dienst und ihr Wissen sei nichts; sie sollten ohne diese Bilder Liebe und Barmherzigkeit lehren und dem Vater im Himmel danken, dass Er sie so barmherzig zur Erkenntnis berufen habe. Er wolle ihnen einen senden, der sie weiter belehren werde.

Auch das Sternrad sollten sie wegtun. Dieses Rad war etwa so groß wie ein mäßiges Wagenrad. Es hatte sieben Felgen, an denen höher und niedriger verschiedene Kugeln mit Strahlen angebracht waren. Der Mittelpunkt war eine größere Kugel, die Erde vorstellend; am Umkreis des Rades waren zwölf Sterne, in welchen zwölf verschiedene Bilder reich und glänzend angebracht waren. Ich sah darunter das Bild einer Jungfrau mit blitzenden Augen und Mund und auch auf der Stirne hatte sie Edelsteine. Ich sah dabei auch das Bild eines Tieres mit etwas ganz Funkelndem im Maul. Ich habe nicht alles recht sehen können, weil das Rad immer gedreht wurde. Ich sah aber auch, dass nicht alle die Figuren immer gleich sichtbar waren, sondern dass sie manchmal einige verhüllten.

Jesus ließ ihnen auch geweihtes Brot und Wein zurück; ja Er weihte es ihnen selbst. Die Priester mussten ihm Brote backen, die sehr weiß und dünn, wie kleine Kuchen waren. Es war auch ein Krüglein mit einer roten Flüssigkeit, ich weiß nicht ob Wein oder Balsam dabei, und sie mussten dem Herrn eine Büchse bringen, worin sie aufbewahrt werden sollte.

Jesus stellte dieses auf den kleinen Opferaltar, betete und segnete alle Leute umher, und hierauf legte Er den vier Priestern und den Königen Mensor und Theokeno die Hände auf die Schultern. Sie mussten dabei vor ihm niederknien und die Hände über der Brust kreuzen, und Er betete über sie. Er segnete auch das Brot und die Flüssigkeit und sagte ihnen, wie sie es um Weihnachten zum erstenmal und dann dreimal im Jahr verwenden sollten, oder alle drei Monate, ich weiß es nicht mehr recht. Ich wusste auch noch vor kurzem die Worte, welche Jesus darüber aussprach, aber ich habe sie vergessen.

Sie fragten ihn auch, was sie tun sollten, wenn es nicht genug sei; da sagte er, wie sie die Bissen immer kleiner teilen sollten. Er selbst schnitt das Brot kreuzweise. Er lehrte sie auch die Art, wie sie es erneuern sollten; Er sagte ihnen die Worte und die Art des Segens. Sie hatten den Herrn vorher noch über das Opfer Melchisedechs gefragt, von welchem sie wussten und wovon Er neulich schon gesprochen hatte. Er gab ihnen auch Hinweise auf sein Leiden und das Abendmahl. Dieses für sie geweihte Brot sollte ein Opferbrot, ein Vorbild des Abendmahles sein; es war aber heute noch nicht gebraucht, sie sollten es erst zu Weihnachten brauchen.

Das Gefäß hatte die Form eines großen Mörsers und einen Deckel mit einem Knopf. Es hatte zwei Abteilungen, oben lag das Brot darin und unten war ein Türchen, worin das Krüglein mit der roten Flüssigkeit stand. Es hatte zwei Handhaben. Es hatte etwas von dem Kelch des Abendmahles, aber ohne Fuß.

Der Herr gab ihnen die Form an und sie mussten es zum Goldschmied tragen. Es war auswendig so schön silberspiegelnd wie Quecksilber, inwendig war es gelb. Ich habe nur einmal ein großes Mahl hier gesehen, als Jesus ankam, wobei Er auch Parabeln vom Mahl auslegte. Manchmal sah ich ihn ganze Tage lang lehren und nur selten wenige Bissen zu sich nehmen.

(Am Abend des 10. Dezember war Anna Katharina kaum in die Ekstase eingetreten, als sie der Pilger nach dem Namen der Götzendienerin fragte. Sie antwortete: «Wart'!» als wollte sie sich hinwenden, und fuhr dann nach einigen Augenblicken fort: «Sie ist jetzt nicht dort. Jesus lehrt die Priester noch allein, die Frauen sind nicht dort, sie sind immer entfernt. Ich werde den Namen schon finden. Jesus spricht jetzt von blinden Heiden.»)

Jesus lehrt und segnet Kinder

11. Dezember: Heute bei vollem Tag sah ich Jesus im Tempel lehren, wo alle versammelt waren. Er ging bald hinaus, bald hinein und ließ eine Schar nach der anderen zu sich kommen. Er hatte auch alle Frauen und die Kinder kommen lassen und sprach mit ihnen, wie sie die Kinder erziehen und sie beten lehren sollten. Da habe ich zum erstenmal hier viele Kinder beisammen gesehen. Die Knaben waren bis auf eine Leibbinde meist nackt, die Mädchen hatten kleine Mäntelchen um.

Ich sah auch hier jene Frau wieder, welcher der Herr ihren Götzendienst verwiesen hatte. Sie war eine vornehme Frau und ihr Eheherr, ein großer dicker Mann, war bei dem König Mensor. Sie hatte wohl zehn Kinder bei sich, darunter keine ganz kleinen. Ich kann nicht denken, dass sie alle von ihr waren. Jesus segnete die meisten von diesen Kindern, indem Er ihnen die Hand auf die Schultern legte und nicht auf den Kopf wie den Kindern in Judäa.

Er lehrte auch noch im Tempel von seiner ganzen Sendung und seinem nahen Ende und wie es ein Geheimnis sei für die Juden, dass Er hier sei. Er habe sich von Kindern begleiten lassen, welche kein Ärgernis nähmen an den Dingen und gehorchten; die Juden würden ihn ermordet haben, wenn Er nicht entwichen wäre. Er habe aber noch zu ihnen kommen wollen, weil sie zu ihm gekommen seien und geglaubt, gehofft und geliebt hätten.

Er ermahnte sie, Gott zu danken, dass Er sie nicht ganz im Götzendienst habe erblinden lassen, und dass sie treu glauben und seinen Geboten folgen sollten.

Wenn ich mich nicht irre, sprach Er ihnen auch von der Zeit seiner Rückkehr zum himmlischen Vater und wenn seine Gesandten zu ihnen kommen sollten.

Er sagte ihnen auch, dass Er nach Ägypten gehe, wo Er als Kind mit seiner Mutter gewesen sei, weil dort Menschen seien, welche ihn in seiner Kindheit erkannt hätten. Er werde dort ganz unbekannt sein, denn es seien Juden dort, die ihn fangen und ausliefern könnten; seine Zeit sei aber noch nicht gekommen.

Sie konnten seine menschliche Behutsamkeit nie begreifen und meinten ganz kindlich, wie man ihm denn solches tun könnte, Er sei ja Gott! Da erwiderte Er ihnen: dass Er auch Mensch sei, und der Vater habe ihn gesandt, alle Zerstreuten zurückzuführen, und als ein Mensch könne Er auch leiden und von Menschen verletzt werden zu seiner Zeit und weil Er ein Mensch sei, könne Er auch so vertraut mit ihnen sein.

Er ermahnte sie abermals, alles Götzenwerk zu lassen und einander zu lieben und kam, da Er von seinem Leiden geredet, auf das wahre Mitleiden zu sprechen und sagte, sie sollten die übertriebene Pflege der kranken Tiere sein lassen und sollten diese Liebe den Menschen an Leib und Seele zuwenden, und wo sie keine Bedürftigen in der Nähe hätten, sollten sie sie in der Ferne aufsuchen, ja für alle bedürftigen Brüder beten.

Er sagte auch, dass sie ihm tun, was sie den Bedürftigen täten; übrigens sollten sie die Tiere nicht grausam behandeln. Sie hatten aber hier ganze Zelte voll kranker Tiere aller Art und hatten sie ordentlich in Bettchen liegen; besonders hatten sie eine große Liebe für die Hunde, wovon viele große mit dicken Köpfen hier waren.

Ankunft eines fremden Stammeshäuptlings

Jesus lehrte schon sehr lange, als ich einen Zug mit Kamelen ankommen sah. Der Zug blieb in einiger Ferne stehen, es stieg aber ein alter fremder Stammesführer ab und nahte sich mit einem alten Diener, den er sehr hoch ehrte. Sie blieben in einiger Entfernung stehen. Niemand störte sich an ihnen, bis die Lehre des Herrn geschlossen war und dieser nun mit den Jüngern nach dem Zelt ging, um einige Speise zu sich zu nehmen.

Nun wurde dieser König empfangen und ihm ein Gezelt angewiesen. Er trat aber mit seinem alten Diener zu den Priestern und sagte, wie er nicht glauben könne, dass Jesus der verheißene König der Juden sei, weil Er so vertraut mit ihnen verkehre; denn die Juden, wisse er wohl, hätten eine Lade, worin ihr Gott sei, dem sich niemand nahen dürfe, also könne dies nicht ihr Gott sein. Auch sein alter Diener sprach einiges Missverstandene von Maria; doch waren sie beide recht gute Leute.

Dieser König hatte auch den Stern gesehen, war aber nicht nachgefolgt; er sprach viel von seinen Göttern, auf welche er große Stücke hielt, wie sie ihm so gütig seien und ihm alles Glück brächten. Er erzählte auch einen Fall von einem Krieg, den er jüngst gehabt, wo seine Götter ihm geholfen und sein alter Diener ihm eine gewisse Nachricht gebracht hätte. Ich habe es leider vergessen. Dieser König war weißer von Gesichtsfarbe als Mensor, seine Kleidung war kürzer und der Bund um seinen Kopf nicht so groß. Er hing sehr an seinen Göttern, führte auch einen davon mit sich auf einem Kamel, der rings viele Arme und viele Löcher im Leib hatte, worin man Opfer stecken konnte. Er hatte Frauen und wohl dreißig Personen bei sich.

Für sich war er sehr einfach und der alte Mann, den er bei sich hatte, ging ihm über alles, ja er ehrte ihn wie einen Propheten. Er musste eine Art Gicker (Seher) sein, denn er hatte ihn zu der Reise hierher bewogen, um ihm nun den Höchsten über alle Götter zu zeigen; doch schien ihm Jesus nicht seiner Erwartung zu entsprechen. Was der Herr von dem Mitleiden und der Wohltätigkeit gesagt, gefiel ihm sehr, denn er selbst war sehr wohltatig und sagte, er halte es für das größte Verbrechen, die Menschen über den Tieren zu vergessen. Es wurde ihm nachher ein Mahl bereitet, wobei Jesus, den ich überhaupt nicht mit ihm sprechen sah, nicht zugegen war.

Ich sah den Herrn am Abend und in der Nacht noch im Tempel und draußen lehren. Alles war voller Leuchter und im Tempel war außerordentlich viel Licht.

Alle Bewohner der Gegend waren versammelt, jeden Alters und Geschlechts. Die Götzenbilder hatten sie gleich bei seinem ersten Verbot weggeschafft. Ich sah aber etwas im Tempel, was ich noch nicht gesehen hatte, vielleicht weil ich nachts noch nicht darin war.

Oben in der Höhe sah man einen ganz leuchtenden Sternhimmel und dazwischen eine Menge von kleinen Gärtchen und Wässerchen und Bäumchen sich spiegeln, welche oben in dem Tempel aufgestellt und mit Lichtern besteckt waren. Es war dies eine ganz wunderbare Einrichtung, von der ich nicht weiß, wie sie gemacht war.

ZEHNTES KAPITEL

Jesus in Atom und Sikdor

Rückkehr über Heliopolis nach Judäa

Vom 12. Dezember 1820 bis 15. Februar 1821

Jesus verlässt die Zeltstadt der Könige und kommt nach Atom

12. Dezember: Ich sah den Herrn vor Tag die Leute hier verlassen; die Lampen brannten noch. Sie hatten ihm ein ebenso festliches Geleite, wie der Willkomm war, bestimmt; Er hatte es aber nicht gewollt und nahm auch kein Kamel an. Die Jünger nahmen nur etwas Brot und Saft in Flaschen mit. Der alte Mensor flehte noch, Jesus solle bei ihnen bleiben, er bot ihm alles an, was er hatte, er legte eine Krone, die er sonst auf seinem Bunde trug, vor seine Füße. Der alte Mann weinte wie ein Kind, die Tränen rollten wie Perlen über seine gelbbraunen Wangen; alle Leute weinten und schluchzten.

Jesus ging von der Seite hinaus, wo der Tempel lag und kam an dem Zelt der bekehrten Götzendienerin vorbei; es war ein sehr großes prächtiges Zelt. Die Frau und alle Kinder liefen zu dem Herrn hin. Sie wollte die Kinder zurückhalten, aber Er nahm sie zu sich und liebkoste sie und sprach mit der Frau, welche sich weinend flach auf die Erde warf. Ich sah Mensor, die Priester und viele andere Jesus begleiten, sie gingen abwechselnd immer zwei und zwei neben ihm und traten dann wieder anderen den Platz ab.

Jesus und die Jünger hatten Stäbe angenommen. Die Schätze Mensors befanden sich unter seinem Zelt, in dem vergitterten Raum in der Erde, wie in einem Keller. Es lagen da Stangen und Klumpen und kleine Haufen von Körnern und auch Kästchen. Mensor ist ein Nachkomme Hiobs, der auch so gelbbraun war. Diese Farbe ist nicht so braun wie die der Leute am Ganges, es ist eine sehr feine glänzende Bräune.

Judith in Afrika[45] hat eine solche Bräune, sie ist dabei unbeschreiblich schön und majestätisch, sie hat manchmal ein Krönchen auf.

Ich bin heute nacht in dem ersten Nachtlager Jesu hinter dem Zeltschloss der Könige gewesen; es mochte dahin wohl eine Reise von zwölf Stunden sein. Ich sah ihn in einem Hirtenlager, welches noch zu dem Stamm Mensors gehörte. Er und seine Jünger lagen und schliefen auf den verschiedenen Ruhebetten eines runden Gezeltes, welche durch Stellwände voneinander getrennt waren.

Ich habe Jesus und die Jünger nur beim Willkomm mit diesen Heiden essen sehen und da nur etwas Brot, Kräuter und Früchte. Wenn sie tranken, erhielten sie ein neues Gefäß, hernach aßen sie allein. Das Brot bestand hier aus platten, länglichen, ovalen Kuchen, die sie kreuzweise schnitten. Es war auf großen Platten gebacken. Die Form war in der Platte vertieft und eine andere Platte deckte es zu, oben darüber und unten war Feuer.

Ich machte nun den Weg nach dem Lager Mensors zurück und fand ihn und die anderen Begleiter auf Kamelen, welche ihnen gefolgt waren, noch unterwegs. Als sie heimkamen, war es dunkel. Ich sah die bekehrte Heidin vor ihrem Zelt stehen, ich sah wie eine Krone über ihrem Haupt und die Buchstaben CVPPES dabei. Es ist dies ihr heidnischer Name; sie hat bei der Taufe durch Thomas den Namen Serena erhalten und ist eine der ersten Märtyrinnen geworden und unter dem Namen Serena noch verehrt. Ich sah auch ihre Kinder auf Lagern an den Wänden herum liegen. Als die Begleiter Jesu zurückkamen, steckte man überall die Lampen an, und alles Volk begab sich in und um den Tempel und sie beteten kniend und lagen mit dem Angesicht auf der Erde.

Der gestern angekommene Heidenkönig hieß ACICVS oder AAICVS. (Sie kann diese Buchstaben nicht aussprechen und nennt sie wie bei Cuppes hintereinander und meint die großen lateinischen Buchstaben seien griechisch.)

Der alte Freund und Diener dieses Königs war ein Sternseher. Er war wie ein Prophet gekleidet, hatte ein langes Kleid und einen Gürtel mit vielen Knoten um, er hatte einen Turban auf, um den viele weiße Stricke und Knoten wie von Baumwolle herab hingen. Er hatte einen langen Bart. Diese Leute waren von weißer Gesichtsfarbe; sie wollten eine Zeitlang hier bleiben. Die Frauen und anderes Gefolge hatten sie weiter zurück in den Frauenzelten gelassen. Sie kamen ein paar Tagereisen weit her. Ich habe Jesus nicht mit ihnen reden sehen, aber gehört, dass Er sagte, sie würden auch noch erleuchtet werden und dass Er des Königs Barmherzigkeit gegen die Menschen lobte. Den Namen ihres Landes und sehr viele fremde Namen, welche ich hier hörte, habe ich vergessen. Ich hörte auch Namen wie Ormusd und Zorasdat. Ich vergaß auch den Namen von dem dicken Mann der Cuppes, er war ein Brudersohn Mensors und ist als Jüngling mit in Bethlehem gewesen. Er und Cuppes waren auch gelbbraun und von Hiobs Nachkommen.

Ich sah gestern auch den Begräbnisort dieser Leute. Es ist ein Hügel hinter den Goldgruben, in welchem sich Höhlen befinden. Ich sah dort die Leiche eines Kindes in einem Häuschen ohne Dach ausgesetzt liegen. Ich sah diese Leute mit großer Sorgfalt auf die Paarung der Tiere achten, ich sah, dass sie die Paare in reinliche umzäunte Gruben setzten und diese mit Tuchwänden umgaben.

Die kranken Tiere sind hier in einem großen Zelt und haben getrennte Lager nach ihrer Gattung, von Pfaden durchschnitten. Es sind meist junge Mädchen und Kinder da, welche sie pflegen.

Ich hörte gestern den König Mensor erklären, dass ein jeder, der nicht nach den Gesetzen Jesu leben und seiner Lehre nicht glauben wolle, sein Land verlassen solle. Mensor ist nicht der braunste der drei Stammfamilien, die Jesus besuchten, er ist der mittelfarbige. Es waren noch dunkelfarbigere Menschen hier. Es ist zwar hier der Hauptort, wo Tempel und Begräbnis der drei Königsstämme ist, aber ein paar Stunden im Umkreis sind noch vier Zeltlager der anderen, die sonst alle meist hier lebten.

13. Dezember: Jesus war gestern mit den drei Jüngern morgenwärts gereist. Ich sah ihn im Zelt eines Hirtenortes schlafen.

Heute morgen verließ Er diesen Ort, ehe die Bewohner erwachten, und ich sah, dass Er an einem Wasser, welches zu breit war, um durchzuwaten, mehr gegen Mitternacht hinauf reiste, wo Er es überschritt und gegen Abend zu runden Moos- oder Erdhütten kam. Er ging an einen unbedeckten Brunnen, der mit einem Wall umgeben war; sie wuschen sich da die Füße. Ich sah diese Reise etwa sieben Stunden lang an. – Jesus kehrte ohne Empfang in einer Laubhütte ein, wo Er schlief. Es war dieses eine offene, durchsichtige, wie von grünendem Geflecht und Rasen gebaute runde Hütte, mit spitzem Dach, um welche herum noch eine Umzäunung von Netzwerk war, um wilde Tiere abzuhalten.

Die Gegend hier ist sehr fruchtbar. Ich sah sehr schöne Felder, von Reihen dicker schattiger Bäume begrenzt und sah an den Winkeln, wo die Bäume zusammenliefen, Wohnungen stehen, die keine Zelte, wie bei Mensor, sondern meistens runde, geflochtene Hütten waren. In der Mitte der Gegend liegt ein großes länglichrundes Gebäude mit einem schrägen und in der Höhe flachen Dach, so dass man oben darauf zwischen zwei Geländern gehen kann. Auf diesem Geländer standen allerlei Figuren, welche mit Röhren gegen den Himmel sahen; um dieses Gebäude herum waren mit Schranken abgeteilte Plätze.

Die Bewohner dieser Gegend waren sonnenbrandfarbig, nicht so fein braun in der Haut gefärbt wie Mensor. Sie waren beinahe gekleidet wie die ersten Sterndeuter, zu denen Jesus auf dieser Reise kam. Die Frauen tragen weite Hosen und sind in Mäntel gehüllt. Die Leute schienen Weberei zu betreiben, sie haben Decken und Fäden weithin von Baum zu Baum gespannt und es arbeiten viele zugleich daran. Die Bäume, welche entlang den Feldern stehen, und viele andere sind teilweise zierlich geschnitten, auch sind Sitze in ihren Zweigen angebracht.

Die Priester hier sah ich in langen, weißen, von oben bis unten mit mehrfarbigen Schnüren zickzack besetzten Gewändern. Um den Leib hatten sie einen breiten Gürtel mit einem Niederhang, worauf blinkende Steine und Buchstaben waren; von der einen Schulter hingen ihnen Riemen mit Schildern nieder. Die Leute hatten hier ein kurzes krummes Horn anhängen. Vor dem Tempel ist ein heiliger geschlossener Brunnen und auch ein Feuerbecken, welches aber nicht dicht an der Erde steht, sondern man kann darunter wegsehen. Das ist ungefähr, was mir von der Art der Gegend noch erinnerlich ist.

14. Dezember: Ich sah den Herrn und die Jünger in der Hütte rings an den Wänden schlafen. Ich sah mehrere Leute der Hütte nahen, und als sie den Herrn und die Jünger sahen, auf eine ehrfurchtsvolle Weise erschrecken, hinaus eilen und sich zur Erde auf ihr Antlitz werfen. Warum sie so erschrocken und so von Ehrfurcht durchdrungen schienen, weiß ich jetzt nicht. Ich glaube sie vermuteten an seiner Kleidung, dass Er ein Jude war, deren sie hier keine kannten.

Die Jünger standen auf und schienen Jesus zu wecken, der sich erhob, sein weites Hemd mit dem Gürtel, den Er nachts immer löste, gürtete und den Mantel umlegte, mit dem Er bedeckt war. Auf dem Wege trugen sie den Mantel nicht um, sondern als ein Bündel oder ein Übergehäng. Die Jünger brachten nun Wasser und wuschen ihm die Füße; dann ging Er mit ihnen in einen Winkel und sie verrichteten ein kurzes Gebet. So lange blieben die Leute draußen auf dem Angesicht liegen.

Jesus kam hierauf zu ihnen hinaus und sagte ihnen, sie sollten nicht vor ihm erschrecken. Es kamen auch noch andere zu ihm und sie gingen mit ihm gegen den Tempel zu. Da stand oben ein Priester und guckte mit einem Rohr in die Höhe; dem rief Jesus, und er kam herab und ich sah, dass einer aus dem Tempel kam und Jesus einen Zweig brachte, den Er nahm und dem Eremenzear gab und dieser dem Silas und der dem Eliud.

Eremenzear aber empfing ihn wieder und brachte ihn in den Tempel, wohin Jesus und die anderen folgten. Hier stand ein kleiner runder Altar und auf demselben ein Kelch ohne Stiel gleich einem Mörser, worin wie ein gelblicher Brei war, in welchen Eremenzear den Zweig steckte. Der Zweig war wie dürr, oder gemacht, er hatte Blätter nach beiden Seiten und es ist mir, als habe Jesus gesagt, er solle grün werden.

Ich sah in diesem Tempel mehrere Bilder; sie waren aber verhüllt, es war wie ein Futteral, eine Larve von ganz leichtem, steifen Stoff, wie Papier darüber. Die Leute brachten mehrere Teile eines Lehrstuhls herbei, den sie schnell zusammenstellten und ein paar Stufen darunter. Jesus trat darauf, lehrte und fragte sie über alles wie die Kinder aus; indessen waren auch die Frauen in die Schranken gekommen. Mehr weiß ich jetzt nicht.

Der Beherrscher dieser Ansiedlung ist von Mensor abhängig. Er ist seines Bruders Sohn, kann sich aber nicht mit ihm vertragen. Es war eine Geschichte wie mit Abraham und Loth. Er hat seine Weiden mit ihm geteilt, dieser hier ist aber nach Jesu Hiersein viel besser geworden, ja sehr gut.

Ich sah manchmal unter Tags Boten, solche Läufer von Mensor, hierher und wieder zurückgehen. Diese habe auch die Ankunft Jesu hierher berichtet und das ist die Ursache, warum sie sich am Mittwoch so ehrfurchtsvoll bei der Hütte, worin Er schlief, niederwarfen. Sie hatten den Boten gegen Morgen erhalten, der ihnen sagte, dass Jesus bei ihnen sei und wussten nicht, dass Er in der Nacht schon angekommen war.

Es war in der ersten Morgendämmerung, als sie sich nahten; ich sah noch Sterne am Himmel. Der Oberherr, ein ganz ansehnlicher Mann, war bei diesen Leuten und hatte den Friedenszweig. Die Kanzel, welche sie Jesus bauten, war außerhalb des Tempels bei den Schranken, der Tempel war der ganzen Länge nach geöffnet. Es wurden da rings umher Kreise in der Erde aufgeworfen, wie Schanzen, hinter welchen sich sehr viele Menschen versammelten und zuhörten. Die Frauen waren am weitesten zurück, mir scheint, als hätten sie nicht viel hören können. Jesus lehrte etwas von dem empfangenen Zweig und dass er zum Beweis seiner Lehre grünen solle, wenn Er von ihnen scheide. Ich weiß nicht, ob wirklich, oder ob Er dies nur zum Vergleich verstand. Auch diese Leute waren ganz kindlich und nahmen alles gern an.

Ich habe jetzt nichts weiter erinnerlich, als dass Jesus den größten Teil des Tages lehrte und die erste Nacht im Haus des Oberhauptes der Gegend herbergte. Dieses Haus war rund und hatte mehrere Stockwerke; die Treppen liefen außen herum. Über der Tür des Hauses sah ich ein ovales Schild von gelbem Metall, worauf der Namen Azaria von Atom stand.[46]

15. Dezember: Ich sah, dass Jesus am Abend nicht in das Haus des Azaria, sondern wieder mit den Jüngern in das offene Haus der ersten Nachtherberge ging und dass sie dort abgesondert den Sabbat feierten. Sie rüsteten eine Lampe zu, legten die langen Kleider an und die Jünger standen wie gewöhnlich zur Seite und hinter Jesus. Ich war auch in dem Haus des Azaria, es war inwendig sehr schön mit feinen bunten Teppichen eingerichtet und dahinter lag durch einen bedeckten Zeltgang verbunden die Wohnung seiner Frau schier so abgeteilt wie die Wohnung der Muttergottes zu Ephesus.

Im Vorhaus war eine Feuerstelle und dahinter zu beiden Seiten lagen die Wohnräume der Frau; zwischen diesem aber in dem äußersten Winkel war ein Götzenbild.

Die Frau hatte viele Kinder, es waren noch mehrere Frauen oder Dienerinnen anwesend. Auf einem ziemlich großen, von Säulen unterstützten Tisch stand ein kleiner Aufsatz mit Öffnungen an allen Seiten und mit Laubwerk verziert, worauf das Götzenbild in Gestalt eines sitzenden Hundes (sie sagte Möpsken) aufgestellt war. Es saß auf Schriftblättern und es war, als sei ein Buch abgebildet, aus mehreren Tafeln bestehend, die mit Riemen zusammengeheftet waren. Den einen Vorderfuß hob das Bild in die Höhe, auf das Buch zeigend. Der Kopf war lang, platt und dick und hatte etwas Menschliches. Ich sah, dass Priester in einer Röhre Feuer aus dem Becken vor dem Tempel holten und es unter das Bild schütteten und dass das Bild hohl war, denn es sprühten Funken und Dampf aus Maul und Nase, und die Augen funkelten.

Über diesem Götzenbild stand noch ein zweites mit vielen Armen. Es war, als ob es auf Schlangen säße und hatte etwas Greuliches in sich, denn es war eine Anbetung des weiblichen Geschlechts dabei; ich kann das nicht ausdrücken. Es war ein indisches Götterbild und ich hatte auch eine Geschichte, wie der Dienst herüber gekommen ist zu diesen Leuten.

Ich sah nun wie eine kranke Frau des Azaria, der auch zugegen war, von zwei anderen Frauen hereingeführt wurde. Sie war seine vornehmste Frau und litt an Blutfluss. Sie sollte vor dem Götzenbild geheilt werden. Sie setzten sie auf eine Art Thron auf Kissen und Teppiche, ihre Kinder standen bei ihr. Die Priester beteten, räucherten und opferten auch, ich glaube Vögel, vor dem Bild; aber es wollte nicht gehen.

Es schlugen die Flammen aus dem Bild, ein dicker schwarzer Qualm zog heraus, ich sah hässliche Mopsfiguren heraus fliehen und verschwinden, und die Kranke war ganz elend. Indem sie ohnmächtig, wie tot, niedersank, rief sie aus: «Diese Götzen können mir nicht helfen! Es sind böse Geister! Sie können nicht mehr hier bleiben, sie fliehen vor dem Propheten, dem König der Juden, der bei uns ist. Wir haben seinen Stern gesehen und sind ihm gefolgt! Der Prophet allein kann mir helfen!»

Als sie dieses mit ein paar Worten gesagt hatte und nun wie ganz leblos und unbeweglich hinsank, war alles sehr bestürzt. Sie hatten nicht recht gewusst, dass Jesus es selbst sei. Sie hatten gemeint, Er sei nur ein Gesandter des Königs der Juden. Sie gingen nun ehrerbietig zu Jesus, der in der abgesonderten Hütte den Sabbat mit den Jüngern feierte, und baten ihn, zu der Kranken zu kommen und sagten ihm, wie sie gesagt hatte, Er allein könne ihr helfen und wie die Götzen vernichtet seien.

Ich sah nun Jesus noch in seinen Sabbatkleidern und die Jünger auch, als sie zu der Kranken kamen, welche wie sterbend dalag. Jesus sprach gegen die Götzen und all ihren Dienst sehr heftig und lebhaft: sie hätten dem Satan gedient und all ihr Wesen sei nichts.

Er verwies Azaria, dass er seit seiner Rückkehr von Bethlehem (wo er als Jüngling mit den Königen gewesen) wieder so tief in die Greuel des Götzendienstes gefallen sei. Er sagte ihnen, wenn sie seiner Lehre glauben, Gottes Gebote befolgen und sich taufen lassen wollten, wolle Er in drei Jahren seinen Apostel (Thomas) zu ihnen senden, dann wolle Er der Frau nun helfen. Er fragte die Frau auch und sie sagte: ja, sie glaube ihm, und die Anderen versicherten auch, an ihn zu glauben.

Es waren aber rings die Zeltwände losgesetzt und sehr viele Menschen standen umher und Jesus begehrte ein Becken mit Wasser, aber nicht von ihrem heiligen Brunnen, sondern gewöhnliches Wasser. Auch ihren Weihwedel nahm Er nicht, sie mussten ihm einen frischen Zweig bringen, es waren schmale, feine Blättchen daran. Sie mussten die Götzenbilder bedecken, was sie mit feinen, weißen, mit Gold gestickten Teppichen taten.

Er stellte das Wasser auf den Altar, einer der drei Jünger, welche bei all diesem zu seiner Rechten, Linken und hinter ihm standen, reichte ihm eine runde Metallbüchse aus dem Beutel, den sie bei sich trugen. Es staken mehrere solche Büchsen übereinander; ich bemerkte in der einen Öl, in der anderen Baumwolle, in der Büchse, welche er Jesus reichte, war ein feiner weißer Staub. Ich kann nicht sagen, dass es Salz war, aber es schien mir Salz. Jesus streute davon in das Wasser und beugte sich darüber; ich weiß nicht, ob Er es anhauchte, aber Er war darüber gebeugt. Er betete und segnete es mit der Hand, tauchte den Zweig hinein und sprengte das Wasser umher über alle und streckte die Hand gegen die Frau aus mit dem Befehl, aufzustehen. Da stand sie auf und war gesund. Nun warf sie sich auf die Knie und wollte seine Füße umfassen, aber Er ließ sich nicht von ihr berühren.

Heilung einer vom Liebesteufel Besessenen

Da Jesus die Frau geheilt hatte, sagte er, es sei noch eine Frau hier, welche viel kränker sei und seine Hilfe nicht begehre; sie bete einen Mann an. Ich sah diese Frau, sie hieß Ratimiris; ich sah auch ihre Krankheit, die darin bestand, dass sie bei dem Anblick, dem Namen, dem Gedanken an einen Jüngling, den ich auch sah, aus unreiner Liebe in eine Art Fieber fiel und sterbenskrank wurde; und doch hatte sie einen Mann, ja mehr als einen. Dieser Jüngling wusste es aber nicht. (Sie musste über diese Frau lachen und konnte ihre Krankheit nicht begreifen.)

Jesus ließ die kranke Ratimiris zu sich rufen. Sie nahte ihm verschämt; Er trat mit ihr zur Seite und sagte ihr alle Umstände ihrer Krankheit und ihrer Sünden, und sie gestand alles ein. Es war aber der Jüngling, den sie liebte, ein Tempeldiener, und immer, wenn sie die Opfer brachte, die er empfing, bekam sie ihre Zustände. Als nun Jesus mit ihr allein gesprochen hatte, führte Er sie wieder vor die Leute und fragte, ob sie an ihn glaube und getauft werden wolle, wenn Er seinen Boten hierher sende. Da sie nun reumütig ja sagte und glaubte, trieb Er den Liebesteufel aus ihr aus, und ich sah einen schwarzen Dampf aus ihr wirbeln.

Der Jüngling hieß Caisar. Er war sehr schön und schlank und hatte etwas von Johannes in seinem Wesen. Er war ganz keusch und rein, ein Nachkomme der Ketura und Eremenzears Verwandter, der auch aus diesem Orte war, weswegen Jesus ihm beim Empfang den Friedenszweig gegeben hatte. Caisar oder Cäsar sprach mit den Jüngern und hatte längst Ahnung vom Heil gehabt; er erzählte ihnen auch mehrere Träume, unter anderem, dass er geträumt habe, wie er sehr viele Menschen durch ein Wasser getragen; die anderen meinten, er werde vielleicht noch viele bekehren. Ich sah, dass er von hier mit Jesus weiterziehen wird. Ich hatte ein Bild seiner Zukunft, wie er drei Jahre nach Christi Himmelfahrt, da Thomas hier taufte, mit Thaddäus wieder hierher kam und wie Thomas ihn später zu einem Bischof an einen Ort gesendet hat, wo er später als ein Dieb und Verbrecher unschuldig mit großer Freude seiner Seele gekreuzigt worden ist.

Jesus lehrte hier bis der Tag anbrach und die brennenden Lampen erloschen. Er befahl ihnen, die Bilder des Teufels zu vernichten und verwies ihnen, dass sie die Weiblichkeit in einem Teufelsbilde anbeteten und ihre Frauen schlechter hielten als die Hunde, welche ihnen heilig seien.

Gegen Morgen begab sich Jesus wieder in das einsame Haus mit den Jüngern, den Sabbat zu feiern.

(Am Abend sprach Anna Katharina im ekstatischen Schlummer: «Jesus hat mit diesen Heiden so eisern gesprochen, mit anderen war Er so nachsichtig! Er hatte eine sehr verschiedene Weise. Ich wollte, X. sähe das, um zu lernen, dass man nicht jedermann aus demselben Pott schmieren kann, wie er es will!»)

Ich hatte auch einen Unterricht, warum dieser Weg Jesu so verborgen geblieben. Soviel weiß ich noch davon, dass Jesus seinen Aposteln und Jüngern gesagt hat, Er wolle sich nur ein wenig entfernen, um in Vergessenheit zu kommen, und dass sie selbst nichts von diesem Weg wussten.

Der Herr hatte so einfache Knaben mitgenommen, welche kein Ärgernis an den Heiden hatten und nicht auf alles achteten. Ich meine auch, Er hat ihnen streng verboten, hernach davon zu sprechen, worauf einer gar kindlich erwiderte: «Der sehend gewordene Blinde, dem du verboten, nichts davon zu sprechen, hat es doch getan und wurde nicht gestraft!» Worauf Jesus antwortete: «Jenes geschah zur Verherrlichung, dieses würde großes Ärgernis geben!»

Ich meine, die Juden und selbst seine Apostel hätten teilweise Ärgernis genommen, wenn sie erfahren hätten, dass Er bei den Heiden gewesen sei. – Ich sah auch, dass außer Caisar von hier auch einige Jünger aus Ägypten Jesus folgen werden.

Dass ich dieses und so vieles Einzelne von Caisar gesehen habe, rührt daher, dass ein Gebein von ihm und anderen in einem Amulett in meiner Nähe ist. Ich habe alle ihre Namen wieder vergessen, weiß aber noch, dass einige der Reliquien irrtümlich mit Apostelnamen überschrieben sind. Immer sehe ich die Verhältnisse jener Personen klarer, von denen oder von deren Verwandten Gebeine in meiner Nähe sind; ja es ist als sehe ich alles, was sie angeht, durch ihre Substanz.

16. Dezember: Am Sabbatabend berief der Herr noch alle zusammen und lehrte. Er weihte ihnen Wasser und sie mussten ihm auch einen solchen neuen Kelch wie bei Mensor bereiten. Er weihte ihnen, wie Er dort getan, Brot und die rote Flüssigkeit. In dem Becher, worin Eremenzear bei der Ankunft den Zweig gesteckt hatte, damit er frisch bleiben sollte, war ein gelbgrüner Brei, der aus den Trebern einer ausgepressten Pflanze bestand, deren Saft sie als Heiligtum tranken.

Ich sah, dass Jesus die ganze Nacht vom Samstag auf den Sonntag vor dem Tempel lehrte, dass Er selbst ihre Götzen zerschlagen half und ihnen sagte, wie sie den Wert des Metalles austeilen sollten. Ich sah auch, dass Er hier den Priestern wie den früheren die Hände auf die Schultern legte und sie lehrte, das geweihte Brot auszuteilen, dass Er auch hier wie dort das Getränk bereitet hat, nur war hier das Gefäß größer.

Azaria ist später Priester geworden und Martyrer. Auch die beiden Frauen, die Jesus hier heilte, sind später wie Cuppes Märtyrinnen geworden. Der Herr sprach auch hier gegen die Vielweiberei und belehrte sie vom Ehestand.

Als die Frau des Azaria und die Ratimiris gleich von ihm getauft sein wollten, sagte Er zu ihnen, Er könne dies wohl, aber es gezieme sich nicht, Er müsse erst zum Vater zurückkehren und den Tröster senden, dann aber sollten seine Boten sie taufen; sie sollten nur in seinem Willen mit der Begierde leben, und das solle den Sterbenden bis dahin als Taufe dienen.

Ratimiris wurde von Thomas getauft und Emilie genannt, als er drei Jahre nach Christi Himmelfahrt mit Thaddäus und Caisar in diese Gegenden, doch mehr von Mittag herauf als Jesus, kam und das Volk und die Könige taufte.

Jesus verlässt Atom und kommt nach Sikdor

17. Dezember: Ich meine, Jesus sei am Sonntag von Atom fortgegangen. An den Abschied erinnere ich mich nicht mehr genau. Er ist mittäglich gereist und dann gegen Morgen. Die Gegend, durch die Er ging, war sehr fruchtbar, von Flüssen und Kanälen durchzogen. Es gibt da viel Obst, besonders Pfirsichbäume, die in Reihen gepflanzt sind. Ich hörte die Namen: Euphrat, Tigris, Chaldar und meine Abrahams Land Ur sei nicht weit von hier, ebenso der Ort, wo Thaddäus gemartert worden ist.

Jesus kam gegen Abend in einen Ort, der an der Landstraße zu liegen schien. Es wohnten Chaldäer darin. Es war keine rechte Stadt, es lagen nur einige niedrige Steinhäuser hie und da am Wege. Ich hörte Sikdor als den Namen des Ortes. Die Leute waren hier gut, Jesus belehrte sie. Sie hatten einen Berg in der Nähe und auf demselben eine hohe Pyramide, an welcher Treppen hinauf führten. Oben waren Galerien und Sitze und große Sehrohre, wodurch sie die Sterne beobachteten. Es waren viele Jünglinge hier, als sei hier eine Schule.

Diese Leute waren nicht so ganz bedeckt wie die Drei Könige, aber sie hatten Decken überhängen und waren gegürtet. Sie weissagten aus dem Lauf der Tiere, deuteten Träume und prophezeiten. Sie hatten manche Ahnung von einer Muttergottes.

In ihrem eirunden Tempel waren viele und ganz unbeschreiblich schön und zierlich in Metall gearbeitete Bilder. Der Hauptgegenstand war eine dreiseitige Säule. An deren einer Seite stand ein Götzenbild mit vielen Füßen, welche keine Menschenfüße, sondern Tierpratzen waren. Es hatte auch viele Arme und verschiedene Dinge in den Händen, z.B. eine Kugel, einen Reif, einen großen gerippten Apfel am Stil gefasst und ein Büschchen Kräuter; dieser erinnere ich mich.

Sein Angesicht war wie eine Sonne, es hatte viele Brüste und ich meine, es war das Götzenbild der natürlichen Erzeugung und Erhaltung und hieß Mytor oder Mitras. Auf der anderen Seite der Säule war ein Tierbild mit einem Horn. Es war ein Einhorn und hieß ungefähr wie Asphas oder Aspax. Dieses Tier kämpfte mit seinem Horn gegen ein anderes böses Tier, das auf der dritten Seite der Säule stand. Dieses hatte einen Kopf wie eine Eule mit krummem Schnabel, vier Beine mit Krallen, zwei Flügel und einen Schweif, der hinten wie ein Skorpion endete. Ich weiß seinen Namen nicht mehr, kann auch nur sagen, dass die anderen Namen ungefähr so lauteten, weil ich dieselben gar schwer behalte. Über diesen beiden Tieren stand vor der scharfen Ecke der Säule ein Bild, welches die Mutter aller Götter vorstellte.

Ihr Name war Frau oder Alpha. Sie war über alle Götter, und wer von dem obersten Gott etwas wollte, musste es durch sie erflehen. Sie nannten sie auch eine Kornscheuer. Es wuchs dem Bilde aus der Mitte des Bauches oder Nabels ein Busch dichter Weizenähren, den es mit den Händen gefasst hielt. Der Kopf war zwischen die Schultern gedrängt und vorwärts gebeugt, und auf dem Nacken stand ein Gefäß voll Wein. (Einmal sagte sie, es habe erst Wein hineinkommen sollen.) Es kam auch in ihrer Lehre vor, dieser Weizen solle noch zu Brot werden und wie der Wein alle

Menschen erquicke. Über diesem Bild war eine Art Krone und an der Säule standen über ihr zwei Buchstaben oder Zeichen, welche ich als O und W verstand.

Es war in dem Tempel noch ein Altartisch von Erz, auf welchem ich etwas sah, was mich sehr wunderte: unter einem kesselförmigen, leichten Schirm, welchen sie wegtaten, stand ein rundes, mit Gold ganz wie mit einem Käfig vergittertes Gärtchen und oben darüber ein Jungfrauenbild. In der Mitte des Gärtchens stand unter einem Tempelchen ein Brunnen von mehreren Becken über einander, welche aber alle verschlossen waren.

Vor diesem Brunnen stand eine grüne Weinrebe mit einer schönen roten Traube und diese Traube hing in eine schwarze Maschine hinein, welche eine Form hatte, die mich ganz ans Kreuz erinnerte. Das obere Ende war offen wie ein Trichter, und die Traube hing da hinein; der Stamm war hohl und unten konnte heraus laufen, was oben hineingetan wurde.

(Auf die Frage, wie die Kelter in ihren Gesichten von Weinbergsarbeiten aussehe, erwiderte Anna Katharina: «Sie sieht eben so aus, aber sie steht in einer Kufe.» Am folgenden Abend von dieser Gestalt sprechend, sagte sie: der Trichter oben habe wie einen ledernen Sack gehabt und die Arme habe man bewegen können, dadurch sei der Wein im Sack ausgepresst worden und durch Öffnungen unten an dem Stamm heraus gelaufen. Dieses wäre also Kreuz und Kelter.)

Dieses Gärtchen hatte etwa fünf bis sechs Schuh Länge und Breite. Es waren grüne feine Sträucher und Bäumchen darin, auch die Weinrebe und Traube waren wie natürlich. Sie hatten dieses Bild auch aus den Sterngesichten und ich meine, sie sahen es auch auf der Jakobsleiter. Sie hatten noch mehrere Ahnungen und Sinnbilder der heiligsten Gottesgebärerin.

Sie opferten auch Tiere und hatten einen besonderen Abscheu vor dem Blut, welches sie immer in die Erde laufen ließen. Sie hatten übrigens Feuer, Wasser und den Kelch mit dem Pflanzensaft und die kleinen Brote, alles wie die Anderen.

Jesus verwies ihnen ihren Götzendienst. Er sagte ihnen zwar, es seien viele Ahnungen der Wahrheit darin, aber alle diese Formen seien vom Satan verunreinigt und erfüllt.

Er erklärte ihnen das Bild des verschlossenen Gartens und sagte ihnen auch, dass Er der Weinstock sei, dessen Blut die Welt erquicken werde und dass Er das Weizenkorn sei, welches in die Erde gelegt werden und wieder auferstehen müsse. Er sprach hier viel freier und deutlicher heraus als bei den Juden, denn diese Leute waren so demütig, dass sie meinten, die Juden seien allein auserwählt.

Der Herr tröstete sie und sagte ihnen, dass Er für alle Menschen gekommen sei und befahl ihnen, die Götzenbilder zu zerstören und den Wert den Armen auszuteilen. Er verwies ihnen besonders, dass sie die himmlischen Verkündigungen und Vorbedeutungen mit lauter Irrbildern des Satans vermischt hätten. Es war hier auch ein Haus, wo Jungfrauen unterrichtet wurden.

Jesus geht nach Mozian

Als der Herr aus Sikdor wegging, waren die Leute sehr bewegt. Sie warfen sich ihm vor die Füße quer in den Weg und wollten ihn nicht fort lassen, aber Jesus ging weiter. Hierauf sah ich ihn mit seinen drei Jüngern eine Strecke weiter bei einem Haus am Weg unter einem großen Baum, der mit einer Verzäunung umgeben war, auf angebrachten Lagern ruhen und Honig und Brot essen, was ihnen aus dem Haus gebracht wurde. In der Nacht von Montag auf Dienstag sah ich den Herrn nicht einkehren. Ich sah ihn mit den Jüngern auf der Ebene bald über weiße Steine, bald über Wiesen voll weißer Blumen wandeln. Es standen viele Pfirsichbäume dünn und schlank am Weg. Manchmal stand der Herr still und sprach mit den Jüngern und zeigte umher. Es sind viele Wasser und Kanäle hier im Land.

Jesus reiste erstaunlich angestrengt manchmal zwanzig Stunden ohne Unterbrechung Tag und Nacht durch. Sein Weg bis nach Judäa zurück wird einen sehr großen Bogen beschreiben. Ich meine immer, Eremenzear habe von dieser Reise geschrieben und seine Schrift sei verbrannt worden, aber es sei doch noch einiges übrig geblieben. Sie wanderten so bis zum Dienstag abend; da sah ich den Herrn und die Jünger sich einer Stadt nahen, vor welcher an einem Hügel viele runde Gärten lagen, die meistens einen Brunnen in der Mitte hatten und mit zierlichen feinen Bäumen und Sträuchern bepflanzt waren. Der Weg des Herrn ging mittagwärts, Babylon lag gegen Mitternacht; es war, als gehe man von hier nach Babylon hinunter, das niedriger läge.

Ich hatte von hier ein Gesicht zwischen Morgen und Mitternacht hinein. Ich sah etwas wie hohe leuchtende Berge mit vielen wunderbaren Türmen darauf. Es liegt dies über den Wolken und ist der Prophetenberg, von dem alle diese Flüsse ihr Wasser empfangen. Der Fluss hier bildete bei der Stadt drei Arme, und diese flossen hinter ihr wieder in einen Fluss zusammen. Sie lag von zwei Armen umgeben und von dem mittelsten durchschnitten. Der Herr geht jenseits nochmals über den Fluss und dann macht dieser eine Wendung gegen Mittag, wo er ins Meer fließt. Er heißt, meine ich, Tigris, wenigstens hörte ich diesen Namen.

Der Herr ging ganz ruhig und ohne angehalten zu werden in die Stadt. Es war Abend, man sah wenige Einwohner, niemand störte sich an ihm; aber bald sah ich mehrere Männer mit langen Kleidern auf die Art Abrahams und mit Tüchern um den Kopf geschlungen ihm entgegen kommen und sich vor ihm neigen. Einer überreichte ihm einen kurzen Stab, oben wie ein Hirtenstab gekrümmt. Es war Rohr und auf die Art wie bei der Verspottung Christi; es hieß dies der Friedensstab. Die anderen hatten paarweise quer über die Straße eine Bahn Teppiche gehalten und wenn der Herr darüber geschritten war, gingen die Hintersten immer wieder vor und senkten den Teppich wieder nieder.

So kamen sie an einen vergitterten Hof. Es standen allerlei Götzenbilder auf dem Gitter und es hing an einer Stange eine Fahne auf die Straße heraus, auf welcher ein Mann ebenfalls mit einem solchen Krummstab abgebildet war. Es war die Friedensfahne. Sie führten den Herrn durch ein Gebäude, worauf oben ein Geländer war und auch eine Fahne steckte. Es schien dies der Tempel zu sein. Im inneren Raum standen rings verdeckte Götzenbilder und auch in der Mitte stand ein solches verdecktes Bild. Die Hülle war oben in eine Krone zusammengezogen. Der Herr verweilte hier nicht. Sie gingen durch einen Gang, an welchem man zu beiden

Seiten Schlafräume sah. Sie kamen an einen kleinen umschlossenen Gartenhof, der mit vielen bunten Steinen zierlich gepflastert und mit feinen Büschchen und Stauden geziert war. In der Mitte stand ein Brunnen unter einem offenen Tempelchen. Hier ließen der Herr und die Jünger sich nieder.

Die Götzendiener brachten ihnen auf ihr Verlangen Wasser in einem Becken. Der Herr segnete es zuerst, als wolle Er den heidnischen Segen daraus vernichten; dann wuschen die Jünger ihm die Füße und Er ihnen, und sie gossen das übrige Wasser in den Brunnen. Hierauf führten die Heiden den Herrn in eine anliegende offene Halle, worin ein Mahl von großen gelben gerippten Äpfeln und anderen Früchten, Honigwaben und Brotkuchen wie Waffeln und kleinen, viereckigen Bissen auf einem niedrigen Tisch bereitet stand. Sie aßen stehend einiges. Jesu Ankunft war den Leuten hier von den Priestern des vorigen Orts angesagt worden und sie hatten den ganzen Tag auf ihn geharrt, darum wurde Er so feierlich empfangen. Abraham hatte auch einen Willkommstab auf die Art, wie sie Jesus einen reichten.

20. Dezember: Ich habe den Namen der Stadt, in welche Jesus gestern ging, gehört; er hieß Mozin oder Mozian. Es ist eine Priesterstadt; sie stecken tief in der Abgötterei. Jesus betrat ihren Tempel nicht; ich sah ihn vor dem Tempel bei einem Brunnen auf einem ausgemauerten Stufenhügel vor vielen Leuten lehren. Er verwies ihnen sehr scharf, dass sie tiefer noch in dem Teufelsdienst seien als ihre Nachbarn. Er verwarf all ihren Dienst und sagte, dass sie das Gesetz verlassen hätten. Ich hörte, dass Er von der Zerstörung des Tempels, wobei sie gewesen seien, von Nabuchodonosor und Daniel sprach.

Er sagte ihnen, sie sollten sich trennen, die Glaubenden von den Blinden, denn es waren einige gute Leute unter ihnen. Er sagte diesen, wo sie hin sollten. Viele waren hartnäckig, es betraf einen Punkt mit den Frauen, den wollten sie nicht einsehen; ich glaube, es ging um die Abschaffung der Vielweiberei.

Die Frauen waren bei ihnen ganz getrennt in einer Straße am äußersten Ende der Stadt, es waren noch Alleen dazwischen. Sie schienen sehr verachtet und die Männer hatten einen großen Abscheu gegen die Frauen in ihrer Krankheit, und die Mädchen durften sich nur bis zu einem gewissen Alter sehen lassen. Es hat keine Frau hier Jesus gesehen; Knaben waren zugegen.

Jesus sagte diesen Leuten sehr strenge Worte: sie seien so verblendet und im Argen, dass, wenn der Gesandte komme, den Er ihnen senden werde, sie noch nicht zur Taufe bereit sein würden; was ich heute nacht, da ich das Leben des Apostel Thomas betrachtete, auch gesehen habe. Jesus wollte nicht länger bei ihnen bleiben, und als Er die Stadt verließ, zogen ihm junge Mädchen am Tor entgegen; sie trugen weite Beinkleider, hatten Kränze um die Arme und den Hals und Blumen in den Händen und sangen ihm ein Loblied. Er sprach mit ihnen.

Ich sah Jesus mit seinen Begleitern nun durch ein großes Feld ziehen und wie Er um Mittag in ein Dorf von Hirtenzelten hineinging, am Brunnen saß, die Jünger ihm die Füße wuschen und wie Männer mit einem Zweig nahten, die ihn freudig empfingen. Sie waren mehr auf Abrahams Art lang gekleidet und hatten auch eine Sternpyramide hier.

Ich sah keine Götzenbilder bei ihnen, sie schienen mir reine Sterndiener. Ich glaube, sie gehören zu den Stämmen, von welchen einige mit nach Bethlehem gezogen waren. Es schien mir nur ein kleiner Hirtenhaufen, aus dem nur Einer, der das Oberhaupt war, ein festes Haus hatte. Jesus aß stehend Brot und Früchte in diesem Haus und trank aus einem besonderen Gefäß.

Er lehrte nachher noch am Brunnen, und als Er wegging, warfen sie sich ihm in den Weg und flehten ihn an zu bleiben.

Der Herr ging die ganze Nacht durch und den folgenden Tag, und ich sah ihn einmal mit den Jüngern an einem Brunnen unter großen Schattenbäumen an einem Reiseruheplatz ruhen, etwas Brot essen und trinken.

22. Dezember: Der Herr und die Jünger gingen, sich etwas vom Fluss entfernend, südlich und kamen gegen Abend vor Sabbat an eine Stadt. Sie liegt auch am Fluss und etwa dreißig Stunden südlicher als die vorige. Die Leute wohnen da mehr durcheinander, und Männer und Frauen sind nicht so abgesondert. Ich hörte den Namen der Stadt, er klang wie Ur oder Urhi. Sie hatte einen Bezug auf Abraham, entweder war Abraham hier aus der Gegend, oder die Einwohner waren aus seinem Vaterland; ich habe es vergessen.

Ich sah, dass Jesus und seine Begleiter vor der Stadt an einen Brunnen gingen, welcher in der Mitte eines umzäunten Platzes unter vielen Gängen großer schattiger Bäume lag. Es waren auch kleine Sitze von Stein dort. Hier wuschen die Jünger dem Herrn und sich die Füße. Hierauf gingen sie in die Stadt, welche mir in der Bauart nicht mehr so vorkam wie die vorige. Es waren viele Türme darin, um welche von außen und innen Treppen hinauf führten, und oben waren Galerien, wo man nach den Sternen sah.

Sie wussten hier die Ankunft des Herrn aus den Sternen, warteten schon längere Zeit und sahen jeden ankommenden Fremden darauf an. Als nun einige Leute Jesus in der Stadt gesehen hatten, liefen sie nach einem großen Haus, vor welchem ein Platz lag, um seine Ankunft zu berichten. Man konnte oben auf dem Haus herumgehen und umher sehen.

Der Herr und die Jünger hatten sich vor dem Tor anders gegürtet und das aufgeschürzte Gewand niedergelassen. Aus dem Haus, welches mir wie eine Schule zu sein schien, kamen nun mehrere langgekleidete Männer heraus. Sie waren gegürtet mit niederhängenden Riemen, ihre Kleider waren ziemlich einfärbig; sie hatten keine Binden um den Kopf gewickelt, sondern trugen Mützen wie einen Kinderfallhut, dessen Wulst aus krausen, flockigen Sachen wie Federn bestand und oben in Streifen zusammenlief, die sich in einem Büschel auch federartig vereinigten, so dass man die Haare dazwischen sehen konnte. Diese Männer warfen sich vor Jesus nieder und reichten ihm einen Zweig; einer hatte auch wie ein Zepter. Aus dem Haus wurde auch eine Fahne herausgesteckt; ich weiß aber nicht mehr, was darauf abgebildet war.

Die Männer nahmen Jesus und die Jünger in die Mitte und führten sie in das Haus, welches aus einem großen Saal bestand. Sie führten ihn auf einen erhabenen Lehrstuhl, zu dem man auf Stufen hinan stieg; es waren mehrere Sitze übereinander und der in der Mitte war der höchste. Es kamen sehr viele Menschen, um Jesus zu hören.

Er lehrte aber nicht lange, dann brachten sie ihn nach einem anderen Haus, wo man durch eine Reihe von vielen Schlafstellen ging und in einen Saal trat, wo sie ihm ein Mahl bereitet hatten. Er aß aber nur stehend einige Bissen, und sie brachten ihn hierauf in eine Kammer mit den Jüngern allein, wo sie zusammenliegend etwas aßen. Nachher beteten sie, den Sabbat haltend.

23. Dezember: Sie feierten den Sabbat. Ich sah Jesus auch heute auf einem freien Platz, wo ein Brunnen war, auf einer steinernen Rednerbühne nach dem Sabbat lehren. Alle Frauen waren hier um ihn versammelt. Sie waren eng gekleidet und so eingewickelt, dass ich nicht wusste, wie sie gut gehen konnten. Einige trugen Stoffe mit großen Blumen, auch Mützen von solchem flockigen Federzeug. Diese Mützen waren wie eine Kapuze, oben hatten sie eine kleine Kuppe, auf der Stirn gingen sie spitz herab und hingen an den Wangen gerippt in zwei Lappen nieder.

Jesus lehrte nachher noch im Haus der Männer. Es waren hier auch Götzentempel und Bilder, aber der Herr betrat sie nicht und die Bilder waren alle mit Decken zugehängt. Er sprach heftig mit den Leuten von Abraham und wie tief sie gesunken seien.

Thomas taufte bei seiner ersten Ankunft hier im Lande diese Leute nicht.

Jesus verlässt Ur und übernachtet in einem einzeln liegenden großen Gebäude

24. Dezember: Das Volk von Ur begleitete Jesus heute morgen und streute Zweige vor ihm auf die Straße. Er reiste westlich lange über schönes Feld, dann war es sandiger, dann kamen sie durch Gebüsche und gegen Mittag an einen Brunnen, woran sie liegend aßen und ruhten. Dann kamen sie durch Wald, wo Hütten umher lagen, und das Land war etwas angebaut.

Gegen Abend kamen sie an ein rundes großes Gebäude, das nebst einem Hof von Wasser umgeben war. Es standen Häuser darum herum mit flachen Dächern und ganz plump gebaut. Oben auf dem Schloss war es grün und ich sah Bäume; aber das ist wohl nicht möglich? In die dicken Mauern waren Wohnungen geringerer Leute eingebaut.

Jesus und die Jünger gingen in den Hof hinein, wo zwischen allerlei Bäumen ein Brunnen war. Sie wuschen ihm wie gewöhnlich die Füße. Nun kamen aus dem runden Haus zwei Männer, die mit vielen Schnüren umwickelt waren und Federmützen auf hatten.

Einer davon, ein alter Mann mit langem Kleid und einem hohen spitzen Aufsatz, trug einen Zweig und ein Büschchen, woran Beeren waren, und gab dieses Jesus, der ihm mit den Jüngern in das runde Gebäude folgte. In der Mitte des Hauses war ein rundes Zimmer, wo das Licht von oben herein fiel und eine Feuerstelle auf Stufen. Von diesem runden Zimmer ging man rings durch Türen in unregelmäßige Gemächer, deren runde Hinterwand mit Teppichen verhängt war, hinter welchen allerlei Geräte bewahrt wurde. Die Fußböden waren schön geplattet und wie die Wände mit dicken Decken belegt. Sie nahmen hier ein Mahl zu sich, doch mit Behutsamkeit, sie aßen Brot und Scheiben einer großen Frucht; auch war ein besonderes Getränk da, das ich nicht kannte, sie tranken aus neuen Gefäßen.

Nun zeigte der Herr des Hauses Jesus alles und führte ihn überall umher. Das ganze Schloss war voll von schön gearbeiteten Götzenbildern; es waren große und kleine Gestalten da mit Hunde- und Ochsen-Köpfen, mit Schlangenleibern und viele andere Tierbilder, auch Figuren wie Wickelkinder. Im Hof standen einige unter Bäumen, z.B. ein Vogel, der in die Höhe schaute und andere Tiere um ihn her. Ich hatte auch Anschauungen von ihrer Religion, wovon ich nur noch weiß, dass sie Tiere opferten und Abscheu vor dem Blut hatten, das sie in die Erde laufen ließen. Sie hatten auch einen Brauch, wo sie Brot teilten und aßen.

Es ist mir nur erinnerlich, dass die Vornehmen mehr davon wollten, zwei oder größere Stücke. Es war auch ein Götzenbild da mit mehr Armen und Köpfen auf der Brust, in deren Rachen sie etwas hineinschoben.

Jesus lehrte nachher im Hof am Brunnen sehr eifrig gegen ihren Teufelsdienst. Sie hörten ihn nicht gutwillig an und ich sah den Oberherrn besonders verblendet und geärgert und dass er Jesus auch widersprach. Dabei hörte ich, dass Jesus zu ihnen sagte: zum Beweis der Wahrheit dessen, was Er sage, sollten in der Nacht, da der Stern den Königen erschienen sei, die Götzenbilder zerbrechen, die Ochsenbilder brüllen, die Hundebilder bellen, die Vogelbilder schreien.

Sie hörten dies ohne Glauben unwillig an. Er aber sagte ihnen, dass dies auf dem ganzen Weg geschehen solle, den Er durch das Land der Heiden gegangen sei. Es fällt mir hier ein, dass Er dies allen gesagt hat, wo Er gewesen war.

Jesus kommt in die erste ägyptische Stadt

25. bis 27. Dezember:

Am 25. abends um zehn Uhr sah ich den Herrn und die Jünger wieder. Sie gingen schon weit von diesem Schloss auf einem Weg zwischen Wald. In der Ferne rechts sah ich allerlei verfallene Mauern und viele Säulen; es war, als wohnten arme Leute dazwischen. Es war dies nur ein Blick.

Der Weg ging noch immer gegen Abend. Jesus reiste nun sehr schnell. Und was mich außerordentlich verwunderte, in der Christnacht hatte ich kurz vor der Geburt des Heilandes Bilder von diesem ganzen Reiseweg, von allen den Orten, von der Heidenstadt bei Kedar, von den ersten Sterndienern, von den Hirten, die ihre Tiergötzen molken, von dem Lager der Drei Könige, von Azaria zu Atom und den ersten Chaldäern und vom letzten Götzenschloss, und sah, wie überall die Götzen zerbrachen und alle Tierbilder schrien. Die Könige sah ich im Gebet in ihrem Tempel, sie hatten viele Lichter bei dem Krippchen und es ist mir, als wäre nun auch das Bild eines Esels dabei gestanden. Sie hatten zwar ihre Tierbilder in keiner Verehrung mehr, aber diese brüllten doch zu einem Zeichen, dass Jesus wirklich der sei, zu dem der Stern sie geführt hatte, woran manche Schwache vielleicht noch zweifelten.

Ich sah seit gestern abend Jesus und die Jünger nicht wieder eingekehrt, sondern immer unterwegs, anfangs in sehr sandiger, weiter Wüste, dann einen langsam steigenden Bergrücken überschreitend, dann wieder in etwas grünerem Land zwischen vielem kurzen Holz mit feinen Blättern; es glich niedrigen Wachholder-Wäldern und war oben dicht zusammengeschoren, unten aber sehr geräumig, wie eine Halle. Da müssen die Tiere schön drin wohnen können.

Dann kamen grüne Steine wie mit Efeu bewachsen und wieder mehr Wiesen und Bäume. Hierauf kam ein Fluss, auf welchem ein Rost von Balken an einem Anker lag, womit sie selbst hinüberfuhren.

Es wohnten Leute in der Gegend, aber Jesus und seine Begleiter fuhren in der Nacht über. Der Fluss war nicht reißend, aber tief. Es vereinigte sich ein anderer Fluss mit ihm, oder es war ein Arm des Flusses, was ich nicht mehr weiß. Diesem Arm gingen sie nach und kamen heute in der Nacht in eine Stadt, welche zu beiden Seiten des Flusses lag. Es war dies, glaube ich, die erste ägyptische Stadt.

Ich sah den Herrn und die Jünger unbeachtet, da alles still war, unter die Vorhalle eines Tempels gehen, wo Lagerstellen für Reisende waren. Hier verlor ich das Bild. Die Stadt schien mir sehr verwüstet. Es waren dort große, dicke Mauern und plumpe Steinhäuser und es schienen viele arme Leute hier zu sein. Ich hatte die Empfindung, als sei Jesus an einer Seite der Wüste hergereist, wo die Kinder Israels gezogen waren.

28. Dezember: Ich sah heute morgen einen Tumult in der ägyptischen Stadt. Jesus und die Jünger entfernten sich eilig. Es liefen ihnen viele Kinder nach und schrien: «Das sind heilige Leute!»

Die Einwohner aber waren sehr aufgebracht und der Herr entkam ihnen mit den Jüngern vor der Stadt. Es war große Unruhe in der Nacht gewesen, denn viele Götzenbilder waren herabgestürzt, und Kinder hatten von heiligen Leuten, die in die Stadt eingezogen seien, geträumt und geweissagt.

Jesus und die Jünger zogen in tiefen hohlen Wegen durch sandiges Land, und am Abend sah ich sie nicht weit vor einer Stadt am Ursprung eines Baches sich erholen und etwas Speise nehmen, nachdem die Jünger Jesus die Füße gewaschen hatten.

Es lag neben diesem Bach auf einem großen runden Stein die Figur eines liegenden Hundes, der einen Kopf wie ein Mensch hatte und ganz freundlich aussah; er hatte einen Kopfputz, wie ich ihn bei Leuten des Landes gesehen habe mit seitlich niederhängenden, gekerbten Lappen, eine Binde um den Kopf und oben eine Kuppe, er war wohl so groß wie eine Kuh. Vor der Stadt stand ein Götzenbild unter einem Baum, und ich dachte schon: «Wird das nicht umfallen?», aber es blieb stehen. Es hatte, wenn ich mich recht entsinne, einen Ochsenkopf und Löcher im Leib, etwas darin zu verbrennen, auch mehrere Arme. Es war eine große Stadt. Von dem Tor liefen fünf Straßen hinein.

Jesus wanderte die erste Straße rechts, welche innerhalb an der Mauer durchführte. Diese Mauer war ein breiter, dicker Steinwall, auf welchem grüne Stauden, Gärten und ein Fahrweg waren. Unten in dem Damm waren Wohnungen mit leichten Türen von Flechtwerk. So gingen sie nachts durch die Stadt, ohne mit jemand zu sprechen oder bemerkt zu werden. Auch hier waren mehrere Götzentempel und viele verfallene dicke Gebäude, in deren Mauern Leute wohnten.

Als sie wieder weit draußen waren, gingen sie auf einem breiten Weg, wie auf einem Damm über den großen Fluss, der darunter wegfloss. Er floss von Mittag nach Mitternacht und war der breiteste, den ich auf dieser Reise gesehen habe; es waren auch Inseln darin und längs demselben waren viele Gräben.

Das Land war flach und man sah in der Ferne mehrere ganz hohe Gebäude auf die Art wie die Tempel der Sterndiener liegen; sie waren aber von Stein und sehr groß. Das Land war nur längs dem Fluss sehr fruchtbar. Als sie jenseits des Flusses wanderten, hatte ich ein Gesicht in die Ferne von einer Stadt an demselben Fluss gelegen. Ich sah sie, als wenn man eine Stadt auf einem Berg liegen sieht; ich weiß nicht, ob sie wirklich hoch lag, aber ich meine Türme und Bäume gesehen zu haben.

Jesus kommt nach Heliopolis

29. Dezember: Ich sah Jesus mit den Jüngern etwa um vier Uhr nachmittags in jener Stadt ankommen, wo Er als Kind mit seiner Mutter gewohnt hatte; es war dieselbe, welche ich gestern in der Nacht gesehen habe. Ich muss noch sagen, dass der steinerne Übergang über den Fluss nicht nahe bei der letzten Stadt war, sondern viel weiter. Ich meine auch, dass die Stadt, in welche Jesus jetzt kam, an dem ersten Arm des großen Flusses lag, der in der Richtung gegen Judäa floss. Der Fluss teilte sich in dieser Gegend in sehr viele Arme, die nach verschiedenen Richtungen flossen.

Ich sah an dem Weg hie und da Leute arbeiten, sie schnitten und banden Hecken; auch sah ich sie große Balken schleifen und in tiefen Gräben arbeiten, die längs dem Fluss waren. Jesus und die Jünger hatten sich die Kleider nieder gelassen, was ich sonst nie auf dem Weg gesehen habe. Ich sah auch mehrere Gruppen von fünf oder sechs der hie und da am Weg Arbeitenden von ihren Aufsehern Erlaubnis begehren und Zweige abbrechen und zu Jesus hinlaufen und sich vor ihm niederwerfen und ihm die Zweige reichen. Wenn Er sie in der Hand gehabt hatte, dann steckten sie dieselben am Weg in die Erde.

Ich weiß nicht, woher sie Jesus gleich kannten; vielleicht erkannten sie ihn an der Kleidung als einen Juden. Ich erinnere mich, dass sie ihn erwarteten und glaubten, Er solle sie befreien. Ich sah aber auch Leute, welche unwillig schienen und weg nach der Stadt liefen, vielleicht um Verdruss zu erregen. Es waren wohl an zwanzig Männer, welche mit ihm gegen die Stadt zogen, vor welcher viele Bäume standen.

Ehe sie an die Stadt kamen, blieb Jesus am Weg bei einem Baum stehen, der auf eine Seite niedergesunken war, so dass seine

Wurzeln aus der Erde gebrochen waren und eine große Grube bei ihm bildeten, die voll schwarzen Wassers war. Diese Pfütze war mit einem hohen eisernen und so dichten Gitter umgeben, dass man keine Hand durchstecken konnte. Hier war ein Götzenbild versunken, als Maria und Josef mit dem Jesuskind auf der Flucht nach Ägypten hierher kamen; auch der Baum war damals umgestürzt.

Die Leute führten Jesus in die Stadt, vor der ein großer, viereckiger, ganz glatter Stein lag, worauf unter anderen Namen einer stand, der sich auf die Stadt bezog und mit polis endigte.

Ich sah in der Stadt einen sehr großen, mit zwei Mauern (Höfen) umgebenen Tempel, mehrere hohe Säulen, die oben spitzer als unten und mit vielen Figuren verziert waren, und sehr viele große liegende Hunde mit Menschenköpfen. Sonst war die Stadt sehr verwüstet.

Die Leute führten Jesus dem Tempel gegenüber unter einen Vorbau an einer dicken Mauer und liefen dann, um noch mehrere Einwohner zu rufen. Es kamen auch noch viele und darunter sehr alte Männer mit langen Bärten, auch junge Leute, und unter den Frauen fiel mir eine besonders große und starke alte Frau auf. Alle bewillkommneten Jesus ehrerbietig; sie waren Juden und Freunde der Heiligen Familie gewesen, als diese hier lebte.

Hinter dem Vorbau war in der Mauer ein großer Raum, der festlich geziert war. Der hl. Josef hatte darin eine Wohnung für die Heilige Familie gezimmert, und jetzt führten die Männer, die mit ihm als Kinder hier gewesen waren, den Herrn in denselben. Es hingen Lampen darin.

Ich sah am Abend einen sehr alten Mann den Herrn in die Schule führen, die vollkommen eingerichtet war. Die Frauen waren zurück auf einer vergitterten Bühne und hatten auch eine Lampe für sich. Ich sah Jesus beten und lehren. Sie ließen ihm ehrerbietig den Vortritt. Als Jesus in diese Stadt kam, kam Er etwa eine Wegstunde vorher auf den Weg, auf welchem Er mit Maria in der Kindheit hinein gegangen war.

30. Dezember: Heute sah ich Jesus abermals in der Synagoge lehren und dass man ihm, wie gestern, überall mit großer Ehrerbietung den Vortritt ließ.

Die Einwohner hatten meist weiße Binden um den Kopf und kurze Röckchen an; einen Teil der Schultern und der Brust trugen sie bedeckt. Die Gebäude sind hier erstaunlich dick und schwer und bestehen aus ungeheuren Steinblöcken, worauf viele Figuren eingehauen sind. Ich habe auch ganz große Figuren ausgehauen gesehen, welche ganz gewaltige Steine auf dem Kopf oder Nacken hatten, worüber ich mich sehr wunderte.

Die Leute haben hier im Land eine wunderliche Abgötterei, überall verehren sie Ochsenbilder, und auch liegende Hunde mit Menschenköpfen sind überall; sonst aber haben sie an einem Ort dieses, am anderen jenes Tier, das sie anbeten.

Ich habe auch gestern untertags vieles von Josef und den Söhnen Jakobs in Ägypten gesehen, wovon ich mich noch erinnere, dass Josef seine Brüder nach Jakobs Begräbnis in der Gegend dieser Stadt verteilte und einen, der keinen guten Segen von Jakob erhalten hatte, mehr entfernte, damit der böse Wunsch den anderen nicht schade. Josef selbst wohnte weiter gegen Mittag zurück.

31. Dezember: Ich sah den Herrn heute morgen von vielen Einwohnern begleitet schon auf dem Weg. Es sind nun fünf Jünger bei ihm; denn es folgte ihm einer mit einem Bündel von Heliopolis, der Deodatus hieß, das heißt soviel als «von Gott geschenkt». Seine Mutter hieß Mira; das ist ein wunderlicher Name, es fiel mir die Semiramis dabei ein. Diese betagte, starke Frau war am ersten Abend schon bei Jesus unter dem Vorbau. Als die Jungfrau Maria hier wohnte, hatte diese Frau lange an Unfruchtbarkeit gelitten, aber durch das Gebet Marias hatte sie später diesen Sohn erhalten. Er war groß und schlank und schien etwa achtzehn Jahre alt.

Als Jesus die Stadt verließ, überschritt Er ein Wasser. Ich sah ihn, nachdem seine Begleiter zurückgekehrt waren, mit den fünf Jüngern durch die Wüste ziehen. Er ging in einer östlicheren Richtung als der Weg der Flucht nach Ägypten war.

Die Stadt, wo Er gewesen, heißt Eliopolis; das E stand verkehrt mit dem L zusammen, was ich nie sonst gesehen habe, und da habe ich gemeint, es sei ein X darin. – Ich sah, dass Jesus in der Wüste sich einer kleinen Stadt näherte, wo auch Juden wohnten, die dahin geflüchtet waren, als einmal Jerusalem zerstört wurde.

1. bis 6. Januar 1821:

Jesus kam am Abend mit den Jüngern in eine kleine Stadt in der Wüste, in welcher dreierlei Leute wohnten: Juden in festen Häusern, Araber in Hütten von Reisern und mit Fellen gedeckt und noch andere. Diese Leute waren hierher verschlagen, als Antiochus Jerusalem verwüstete und so viele vertrieben wurden. Ich habe die ganze Geschichte gesehen, wie ein frommer alter Priester[47] einen Juden erschlug, der den Götzen opferte und wie er den Altar umstieß und alle guten Leute zusammenrief und wie ein Held alles wieder zu Stande brachte.

Bei jener Verfolgung hatten sich diese guten Menschen hierher geflüchtet. Ich sah auch, wo sie früher gewesen waren. Die Araber hatten sich früher an sie angeschlossen und waren mit ihnen vertrieben worden; später jedoch waren sie wieder dem Götzendienst verfallen. Der Herr ging hier wie gewöhnlich an den Brunnen, wurde dort von den Leuten begrüßt und in ein Haus geführt.

2. Januar: Ich sah, dass der Herr in dieser kleinen Stadt bei den Juden, welche von Mathathias und seinen Freunden herstammten, die sich hier ins Gebirge geflüchtet hatten und die von Mathathias auch eine Prophezeiung vom Messias hatten, recht geliebt und geehrt war. Sie hielten ihn wie einen Propheten und Er lehrte in einem Haus, denn sie hatten keine Schule, von der Nähe seines Heimganges zum Vater und wie die Juden mit ihm tun würden, auf die Art, wie Er zuletzt überall gelehrt hatte. Sie konnten es gar nicht glauben und hätten ihn so gerne bei sich behalten.

Jesus ging heute früh weg und es folgten ihm zwei neue Jünger, beide Nachkommen des Mathathias. Sie waren miteinander verwandt; der eine war nicht viel über zwölf Jahre alt, ich habe seinen Namen vergessen, der andere, etwa zwanzig Jahre alt, hieß Sem. Der Weg ging durch die Wüste ins Tal. Die Leute hatten keine Felder, nur Gärten hier. Jesus segnete hier die Kinder.

3. Januar: Ich sah den Herrn fortwährend in großer Eile durch die Wüste ziehen. Sie reisten oft Tag und Nacht fort mit nur ganz kurzen Unterbrechungen zur Ruhe. Hie und da waren Hütten am Weg, aber sie kehrten nicht ein.

4. Januar: Auch heute sah ich die eilende Reise Jesu. Er ließ den Weg, auf dem Er ins Land herein gekommen war, zur Rechten; zuletzt sah ich ihn auf einer grünen Stelle, wo schöne Balsamhecken waren, Rast halten. Es floss hier eine Quelle und die Gegend war lieblich. Dies war jene Stelle, wo Maria auf der Flucht nach Ägypten Jesus gewaschen hatte und wo sie sich erquickten.

Die Quelle war damals entsprungen; jetzt war sie ein Bach. Der Herr ließ sich hier mit den Jüngern nieder, sie genossen Balsam von den Stauden an dem Wasser und aßen Brot. Hier durchschnitt die Richtung, in welcher Jesus aus Ägypten wegging, den Umweg, auf welchem Maria hineingeflohen war. Maria war auf der Abendseite in einem Bogenweg hineingegangen, und Jesus zog an der Morgenseite mehr in gerader Richtung hinaus. Ich habe vergessen zu sagen, dass Jesus auf dem Weg aus Arabien nach Ägypten den Berg Sinai zu seiner Rechten in der Ferne liegen sah.

Heute abend sah ich Jesus bei Bersabee am Brunnen angekommen, von den Juden freundlich empfangen und aufgenommen.

5. und 6. Januar:

Hier in Bersabee ist springendes Wasser. Johannes der Täufer ist einmal hier in der Gegend gewesen. Es ist eine große Synagoge hier, die Leute wohnen außerdem in geringen mit Stroh gedeckten Hütten. Jesus lehrte in der Schule, gab sich förmlich zu erkennen und sprach von seinem nahen Ende. Er nahm vier oder fünf junge Leute von hier mit.

An dem Brunnen hier haben Abraham und Abimelech einen Bund geschlossen.[48] Auch der Brunnen der Hagar ist hier in der Nähe. Der Herr kann etwa noch vier Tagereisen bis zum Brunnen Jakobs bei Sichar haben, wo Er die Apostel hinbestellt hat. Er segnete Kinder und reiste früh ab, so dass Er noch vor Sabbat an einen Ort im Tal Mambre kam. Hier ließ sich Jesus mit den Seinen bei einem Brunnen nieder; die fünf Jünger von Bersabee aber gingen in den Ort und riefen Leute herbei, welche Jesus und die Jünger empfingen, ihnen die Füße wuschen und sie in die Stadt zu der Synagoge führten, wo Jesus am Sabbat lehrte.

Abrahams zweifache Höhle ist nicht weit von hier. Ich meine, es kann höchstens noch zwanzig Stunden von hier nach dem Brunnen Jakobs sein, wo der Herr seine Jünger hinbestellt hat.

Ich sah ihn heute wieder in der Synagoge lehren und auch untertags von Haus zu Haus gehen und viele Leute heilen. Ich sah einmal, dass Er mit einzelnen Jüngern zu beiden Seiten eines Bettes stehend einen Kranken aufrichtete und ihn gehen hieß, was Er auch tat. Er blieb diesen Tag hier und reiste in der Nacht gegen Sichar zu.

Ankunft am Brunnen Jakobs bei Sichar

7. bis 10. Januar:

(Vorbemerkung. Anhaltende große Leiden erlaubten der gottseligen Dulderin nur eine sehr spärliche und oft unterbrochene Mitteilung dieser so reichen Anschauungen; dazu war sie um ein bei ihr wohnendes Kind, das von einem heftigen Krampfhusten befallen war, sehr bekümmert.

Am 9. Januar rief sie im ekstatischen Schlaf von Freude glühend plötzlich aus: «Ach! da ist Er angekommen! Wie sie ihm freudig entgegen treten! Er ist am Brunnen Jakobs, sie weinen vor Freude, sie waschen ihm und den Jüngern die Füße. Es sind etwa zwölf aus der Gegend hier da, Hirtensöhne, die bei ihm waren, als Er gen Kedar ging; auch Petrus, Andreas, Johannes, Jakobus, Philippus und noch einer! Sie haben ihn hier erwartet.»

Hier schwieg sie und fuhr nach einer Pause fort: «Da haben wir es, so geht es, da kann man es sehen! Sie lassen ihn einladen, es seien Kranke da, die Er heilen möge; aber Er will nicht, Er sagt, sie hätten ihn zweimal abgewiesen!» Nun betete sie eine Viertelstunde mit ausgebreiteten Armen und fuhr in der Ekstase fort: «Ich habe recht herzhaft mit dem Herrn geredet, ihm all mein Elend gesagt; es ist doch gut, dass Er wieder da ist!» Später erzählte sie wachend das folgende:)

Jesus reiste, seit Er wieder in Judäa angekommen ist, meistens in der Nacht, um keine plötzliche Aufregung durch seine Wiederkehr zu veranlassen. Er zog durch die Hirtentäler bei Jericho zum Brunnen Jakobs, wo ich ihn heute in der Dämmerung ankommen sah.

Er hatte jetzt sechzehn Begleiter, denn aus dem letzten Ort waren noch vier junge Leute mitgegangen. Es war unfern des Brunnens eine ordentliche Herberge und in einem verschlossenen Keller des Hügels alles, was man zur Ruhe brauchte. Sie brachten einen Mann mit, der eine Strecke davon wohnte und die Aufsicht darüber hatte; er machte den Brunnen und die Hütte auf.

Der Brunnen Jakobs liegt auf einer kleinen Anhöhe, ein paar Stunden von Samaria. Es ist eine unbeschreiblich liebliche Gegend von Jericho bis gen Samaria. Der Weg ist meist mit Bäumen besetzt, die Wiesen und Felder sind so grün und die Bäche laufen so süß hin! Der Brunnen Jakobs ist von schönen Rasenplätzen und mit Schattenbäumen umgeben. Er ist mit einem achteckigen Gebäude überbaut, auf dessen Höhe sich ein Wasserbehälter befindet, aus welchem man in Rinnen das Wasser niederfließen lassen kann; um den Brunnen sind Bänke.

Jesus hielt hier am Abend noch eine sehr ernste Lehre. Er sprach von der Nähe seines Leidens, von dem Undank der Juden und dem Verderben, das über sie kommen werde. Drei Monate, glaube ich, wird es noch dauern bis zu seinem Leiden; ich habe immer das Osterfest richtig eintreffen sehen, wenn es später im Jahr fiel. Jesus bestellte die Apostel und Jünger zum Sabbat nach Sichar und entließ sie dann; Er selbst ging mit den sechzehn neuen Jüngern, mit denen Er gekommen war, zu einem ein paar Stunden entfernten zerstreut liegenden Hirtenort zu den Eltern Eliuds, Silas und Eremenzears, welche hier wohnten.

12. Januar: Der Herr ging heute von den Hirtenwohnungen gegen Sichar, wo Er schon zweimal früher gewesen ist. Er hat die Jünglinge, welche sich auf dem Rückweg an ihn angeschlossen haben, bei den Hirten verteilt und diese selbst, welche nur leichte Wohnungen hatten, gingen nun ans Werk, sich von ihrer Lebensart zu trennen und sich an die Jünger Jesu anzuschließen. Er hat bei diesen Hirten ein paar Tage gelehrt und ist dann mit Silas, Eliud und Eremenzear nach Sichar gegangen, wohin Er seine Apostel auf den Sabbat bestellt hatte. Ich sah den Herrn auf diesem Weg, der nicht mehr als vier Stunden sein konnte, sehr langsam wandern, oft stille stehen und in lebendiger Belehrung der drei Jünger begriffen. Er befahl ihnen, gegen niemanden zu äußern, wo sie mit

ihm gewesen und was auf dieser Reise vorgefallen sei und sagte ihnen teils die Ursache, warum. Er lehrte viel hierüber.

Ich sah aber auch, dass Eremenzear ihn bittend am Ärmel seines Gewandes fasste, Er möge ihm doch erlauben, etwas von dieser Reise aufzuschreiben; und dass Jesus ihm erlaubte, es nach seinem Tod zu tun und ihm befahl, es dann bei Johannes niederzulegen. Ich meine auch immer, dass irgendwo noch etwas existiert.

Petrus und Johannes kamen dem Herrn auf dem Weg entgegen, und vor dem Tor des Ortes erwarteten sie noch sechs andere Apostel, die den Herrn und die Jünger in ein Haus führten, wo der Hausherr sie gut empfing. Er hatte Jesus früher nie gesehen und dieser schien sich auch noch nicht ganz öffentlich bekannt zu machen, Er war wie einer unter den anderen. Sie wuschen den Angekommenen die Füße, und da der Sabbat begann, wurde die Lampe angezündet. Sie legten lange weiße Kleider und Gürtel an, beteten und gingen nachher in die Schule, welche etwas höher lag. Danach war bei dem Wirt ein Mahl bereitet, bei welchem noch andere alte Juden mit langen Bärten zugegen waren; auch ließ der Wirt noch einen ganz alten Mann holen, welchen zwei führten und der wie ein vornehmer Priester gekleidet war.

Weder in der Schule noch am Tisch trat Jesus besonders hervor. Der Hauswirt hatte einen falschen Blick und schien mir ein Pharisäer. Ich sah noch, dass er den Gästen nach dem Abendmahl einen Teil des Hauses zum Schlafen anwies.

13. Januar: Bei Sichar liegt der Berg Garizim, wo die Samariter ihren Gottesdienst halten, er ist etwa eine halbe Stunde vom Brunnen Jakobs entfernt; auch Samaria, eine große Stadt, kann man von diesem Brunnen aus sehen. Josef der Patriarch und seine Brüder sind hier begraben.

Ich sah, dass noch mehrere Apostel zum Sabbat angekommen waren. Sie wollten von den drei Begleitern Jesu gerne erfahren, wo Er gewesen sei, was Er getan habe und als diese es nach Jesu Verbot nicht sagten, empfanden sie Unwillen darüber; das betrübte Jesus. Und als die Apostel von ihm begehrten, Er solle sich ihnen doch deutlicher erklären, sie verstünden ihn noch nicht, Er spreche von seinem nahen Ende, Er solle doch noch nach seiner Vaterstadt Nazaret gehen und solle dort seine Macht zeigen und seine Sendung durch Wunder kundtun, wollte Jesus das nicht und sagte, die Wunder nützten nicht, wenn die Menschen sich nicht besserten, sie blieben bei den Wundern stehen und würden nicht anders. Johannes und Petrus waren seiner Meinung, die anderen aber waren nicht zufrieden. Er sagte ihnen auch, Er wolle nach Jerusalem gehen und längere Zeit im Tempel lehren. Er fügte noch hinzu, was Er denn mit den Zeichen und Wundern bewirkt habe? z.B. mit der Speisung der Fünftausend, der Erweckung des Lazarus', da sie selbst noch mehr Wunder verlangten!

Ich sah auch, dass der Herr abends nach dem Mahl, da der Wirt sie zur Schlafstelle geleiten wollte, verlangte, dass sie ihm die Synagoge öffneten, weil Er nun, da Er ihre Lehre bei Tag gehört habe, auch lehren wollte. Er ging mit allen seinen Jüngern hinein und lehrte. Es hörten auch ein paar Juden zu, die unwillig über seine Lehre waren. Ich habe auch gesehen, dass die Juden von hier Boten nach Jerusalem schickten und sagen ließen, Jesus lasse sich wieder bei ihnen sehen.

Seine Lehre habe ich diese Nacht recht deutlich angehört und großen Trost daraus erhalten. Ich weiß auch noch einiges davon: es war hauptsächlich über die Zeichen und Wunder, die nicht helfen, wenn die Leute darüber vergessen, wie sündhaft und lieblos sie seien; die Lehre sei nötiger als das Wunder. Er sprach auch in Parabeln und vom verlorenen Sohn. Er hat den drei verschwiegenen Jüngern auf dem Weg hierher gesagt, warum Er nicht mehr Zeichen und Wunder auf der Reise getan habe, denn seine Apostel und Jünger sollten durch Wunder seine Lehre bestätigen und mehr tun als Er.

Jesus geht gen Ephron und Jericho und trifft mit den heiligen Frauen zusammen

14. bis 17. Januar:

Die Pharisäer waren mit seiner Lehre äußerst unzufrieden und drohten, ihn gefangenzunehmen und nach Jerusalem auszuliefern. Jesus sagte, seine Zeit sei noch nicht gekommen, Er wolle selbst dorthin, Er habe nicht für sie, Er habe für seine Begleiter gesprochen. Hierauf verließ Er den Ort und entließ die Apostel und Jünger und behielt nur die drei verschwiegenen Jünger Eremenzear, Eliud und Silas bei sich. Jesus zog südöstlich nach Ephron, nördlich von Jericho, wo Er am 22. August voriges Jahr die Blinden geheilt hat. Er hat es Maria und den heiligen Frauen in Bethanien durch die Eltern der verschwiegenen Jünger sagen lassen, dass er zurückgekehrt sei. Sie erwarteten ihn nun in einem Herbergshaus vor Ephron, das sie gemietet haben. Die Frauen von Petrus und Andreas sind auch bei ihnen.

15. Januar: Es regnete auf dieser Reise Jesu von Sichar nach Ephron viel und war sehr neblig. Der Herr ist heute gegen Abend in Ephron angekommen. Er ist auf dem Weg von Sichar hierher nicht immer fortgewandert, sondern nach verschiedenen Seiten in Orte und Häuser gegangen, hatte getröstet, geheilt und zur Nachfolge ermahnt. Auch die Jünger und Apostel gingen nicht geradewegs nach den Orten, die ihnen bestimmt waren, sondern sie gingen auch in die naheliegenden Höfe und Häuser und verkündeten Jesu Nähe. Es war, als würden alle, die nach dem Heile verlangten, wieder aufgesucht, als würden die Schäfchen, die sich im Walde zerstreut hatten, weil der Hirte weggegangen war, nun, da Er wiederkam, von den Hirtenknechten in eine Herde zusammengetrieben. Ich sah Jesus heute abend mit den drei Jüngern in Ephron ankommen. Er ging in verschiedene Häuser, heilte Kranke und Geschwürige und hieß sie zur Schule kommen. Es war eine große Schule hier, sie hatte unten und oben einen Saal. Jesus ging mit sehr vielen Männern hinein. Es zogen auch viele Frauen hinein, und viele Leute kamen von den benachbarten Orten zur Lehre. Die Synagoge war gedrängt voll.

Jesus ließ sich einen Stuhl in die Mitte stellen und lehrte erst die Männer, dann traten die Frauen, die zurückstanden, hervor, und die Männer gingen zurück. Er lehrte von der Nachfolge und von seinem nahen Ende und von der Strafe über alle, die nicht glaubten. Es war ein Gemurmel unter den Leuten in dem Ort, denn es waren viele Böse darunter.

Ich sehe die heiligen Frauen von zwei Seiten unterwegs: die heilige Jungfrau Maria, Magdalena, Martha und noch zwei andere, darunter, glaube ich, Marias älteste Schwester, kommen von Abend von der Jerusalemer Gegend her. Es ist der Bote bei ihnen, den ihnen Jesus geschickt hat; er geht vor ihnen her und trägt zwei Bündel. Sie reisen nicht schnell, haben auch einmal unterwegs bei frommen Landleuten übernachtet. Wenn sie einkehren, geht der Bote voraus in das Haus und bestellt die Herberge. Ich sehe auch die Frau und die Tochter des Petrus und die Frau des Andreas zwischen Abend und Mitternacht herabkommen. Sie haben auch einen solchen Boten bei sich.

Die heiligen Frauen kamen heute abend in das Haus, das sie vor Jericho nach Ephron zu gemietet haben. Es sind ihrer zehn hier beisammen, denn die Frau und die Tochter des Zachäus sind noch dazu gekommen. Die Tochter ist verheiratet und ihr Mann ist ein Jünger Jesu, ein sehr vorzüglicher Jünger. Er ist von den Hirten dort in der Gegend und heißt Annadias; auf welchen Namen er später getauft wurde, weiß ich noch nicht. Er ist mit der Mutter des Silas verwandt. Die Frauen haben in dem Haus ein Mahl bereitet. Die drei verschwiegenen Jünger sah ich bei ihnen.

Jesus hatte sie vielleicht von Ephron voraus geschickt, um den Frauen seine Ankunft zu melden. Bei Ephron steht eine große Eiche, bei welcher im Alten Testament etwas Merkwürdiges geschehen ist, dessen ich mich jetzt nicht entsinne. Unter diesem Baum hat Jesus vor des Lazarus Erweckung auf der Reise nach Samaria gelehrt und viele Kinder gesegnet.

16. Januar: Heute nachmittag sah ich die heilige Jungfrau Maria, Magdalena, Martha und noch einige Frauen und Männer Jesus entgegen gehen. Es war auf dem Weg gegen Ephron ein Brunnen, an dem sie saßen und auf Jesus harrten. Er kam mit Johannes, Petrus und Andreas. Als sie zusammenkamen, sah ich die Sonne ungefähr zwei Stunden vor Untergang stehen; sie war sehr groß, wie sie dort zu Land aussieht.

Maria, Magdalena und Martha und die verschwiegenen Jünger traten Jesus noch näher entgegen. Die Frauen warfen sich vor ihm nieder und küssten seine Hand; auch Maria küsste seine Hand, und da sie sich erhob, küsste Jesus ihre Hand auch. Magdalena stand etwas zurück. Am Brunnen wuschen die Jünger ihm und den Aposteln die Füße. Da sie in das Haus gekommen waren, sprach der Herr mit allen Frauen und lehrte auch noch. Nachher war ein Mahl. Die Frauen aßen allein, kamen aber nachher in den Hintergrund des Speisesaals und hörten zu.

Der Herr und die anderen Männer sind heute nacht nicht hier geblieben, sondern nach Jericho gegangen, wo schon andere Apostel und Jünger und viele Kranke waren. Auch die Frauen folgten nach. Sie gingen in einzelne Häuser. Ich sah, dass Jesus in mehrere Häuser ging und heilte und dass Er sich die Schule aufschließen und einen Stuhl in die Mitte setzen ließ. Die heiligen Frauen waren dort in einem abgesonderten Raum und hatten eine eigene Lampe; Maria war auch da oben. Es waren sehr viele Leute und Kranke in Jericho, denn die Ankunft Jesu war durch die zerstreuten Jünger schon angekündigt.

17. Januar: Jesus hat in Jericho am Morgen noch gelehrt und geheilt. Die heiligen Frauen hatten sich wieder verteilt. Maria sah ich mit des Petrus Frau und Tochter und mit Andreas' Frau heute morgen längs einem Flüsschen, das in den Jordan fließt, aufwärts ziehen. Es scheint mir, als gehe sie mit diesen Frauen der Heimat von ihnen zu. Sie haben nicht in Jericho geschlafen, sondern sind zu dem Haus hinaus gegangen, wo sie Jesus bewillkommneten.

In Jericho wurde das Gedränge und auch das Murren der Pharisäer sehr groß und diese sandten auch nach Jerusalem. Jesus aber ging aus Jericho zum Jordan an die Taufstelle. Wie liegen da so viele Kranke am Jordan! Sie haben gehört, dass Jesus hinkäme, sie haben ihn bitten lassen. Es sind da allerlei Hütten und Zelte darüber, worunter man in das Wasser gehen kann. Die Grube auf dem Inselchen, worin Jesus getauft worden ist, sehe ich auch; sie ist bald voll, bald läuft sie wieder ab. Die Leute holen von allen Seiten das Wasser daher, wie bei uns das Sündewasser (Taufwasser). Es sind Leute aus Samaria, Judäa, Galiläa, auch aus Syrien da. Sie laden das Wasser in ledernen Säcken auf Esel; die Säcke hängen auf beiden Seiten und sind oben mit Reifen über den Rücken des Tiers verbunden. Jesus ist hier und heilt viele, es ist nur Johannes, Andreas und Jakobus der Jüngere bei ihm.

Es war jetzt kein Taufen hier, es war nur ein Abwaschen, ein Heilen. Selbst die Taufe des Johannes hatte mehr von einem Sakrament als jetzt das Waschen hier. Als Jesus das vorige Mal in Jericho war, wurden auch viele so an einem Bad in der Stadt geheilt, was auch keine eigentliche Taufe war. Es musste da ein gewöhnlicher Badeort sein, den Johannes nur erweitert hatte.

In der Grube auf der Insel, worin Jesus getauft worden war, steht noch die Stange in der Mitte, an die sie sich lehnen. Es waren Kranke aller Art hier. Jesus heilte viele ohne Wasser; den Aussätzigen goss Er Wasser auf den Kopf und die Jünger strichen es an ihnen herab. Die eigentliche Taufe kam erst nach Pfingsten. Jesus hat nie getauft. Die Mutter Gottes ist nach Pfingsten von Johannes ganz allein am Teich Bethesda getauft worden. Er las vorher die Heilige Messe, so wie es damals getan wurde: die Konsekration des Abendmahls und einige Gebete.

Jesus trifft mit Lazarus, Magdalena und Martha zusammen

18. Januar: Ich sah Jesus mit Johannes, Andreas und Jakobus den Jüngeren sich vom Jordan entfernen, als das Gedränge zu groß wurde. Ich sah sie wieder, als sie sich Bethel nahten. In dieser Gegend hatte Jakob auf einem Hügel die Himmelsleiter gesehen. Es war schon dunkel, als sie dahin kamen. Sie nahten einem Haus von vertrauten Leuten, die ihrer warteten. Es waren Lazarus mit seinen Schwestern, der heimliche Jünger Nikodemus und Johannes Markus hier, die in der Stille von Jerusalem hierher gekommen waren. Der Hauswirt hatte eine Frau und vier Kinder; das Haus hatte einen Hof und einen Brunnen.

Als der Herr und die Apostel anpochten, öffnete ihnen der Hausherr mit zweien seiner Kinder. Er führte den Herrn an den Brunnen und wusch ihm und den Aposteln die Füße. Als der Herr auf dem Rand des Brunnens saß, sah ich Magdalena aus dem Haus treten und ihm aus einem kleinen platten Fläschchen etwas Wohlriechendes über die Haare gießen. Sie tat dieses gegen seinen Rücken nahend und ging wieder weg. Sie hat dieses öfters getan. Ich wunderte mich über ihre Kühnheit.

Als der Herr und die Apostel in das Haus gingen, nahten ihm Lazarus, Nikodemus und Johannes; den Lazarus, der noch bleich und hager war und sehr schwarze Haar hatte, drückte Er an sein Herz. Es war hier ein ordentliches Mahl mit Früchten, Brötchen, Honigwaben, kleinen Bechern und grünen Kräutern, wie es in Judäa üblich ist. Jesus lehrte und heilte noch mehrere Kranke, die in einem Anbau rund ums Haus lagen. Die Frauen aßen wieder allein und traten nachher in den Hintergrund, um zuzuhören.

Heilung der Tochter eines Verwandten des Andreas

19. Januar: Der Herr ging heute mit Andreas, Johannes, Jakobus wieder von Bethel weg nach einem ein paar Stunden von da entfernten Ort, mitternächtlich von Jericho. Er machte aber einen großen Umweg. In Bethel hatte Er am Morgen noch viele Kranke geheilt. Lazarus und seine Begleiter gingen mit Martha und Magdalena wieder zurück. Sie werden an einem Ort, der hoch liegt und etwas fest ist, übernachten und dort wieder mit Jesus zusammentreffen.

Auf dem Weg, den Jesus heute machte, heilte Er noch viele Kranke und segnete Kinder, welche an den Berg hinzugetragen wurden, oder auch in einzelnen Hütten lagen.

Sie machten aber diesen Umweg, um zu einem Halbbruders-Sohn des Andreas zu kommen, dessen Tochter krank war. Sie kamen um Mittag zu einem Brunnen, wo Herbergs-Anlagen waren, und eine Strecke davon war das Haus des Halbbruders-Sohnes, welchem der Brunnen und die Herberge gehörte. Er war ein rüstiger Mann und beschäftigte sich, allerlei Flechtwände zu machen, deren viele bei seinem Haus standen.

Jesus und die Apostel saßen an dem Brunnen; der Mann, durch Andreas gerufen, kam, ihnen die Füße zu waschen und führte sie in sein Haus, wo ein Mahl bereitet war. Er hatte eine Frau und viele Kinder, darunter auch noch kleine. Zwei erwachsene Söhne von sechzehn bis achtzehn Jahren waren nicht zu Hause, sie waren am galiläischen Meer bei der Fischerei, ich glaube in dem Wohnort des Andreas. Dieser hatte ihnen auch Boten geschickt, dass Jesus da sei und hatte sie irgendwohin beschieden.

Nach dem Mahl führte der Mann Jesus und die Apostel zu einer zwölfjährigen Tochter, welche schon lange ganz bleich, wie tot lag und sich nicht bewegen konnte. Sie war bleichsüchtig und mondsüchtig. Jesus befahl ihr aufzustehen, und da sie aufstand, führten Er und Andreas sie an der Hand zu dem Brunnen und goss ihr Wasser auf das Haupt. Sie musste sich hierauf ganz baden; es war ein Behälter bei dem Brunnen und ein Zelt darüber, unter das sie trat. Sie ging, ohne geleitet zu werden, mit Jesus und Andreas in das Haus zu den Eltern zurück. Sie war ein großes Mägdlein. Als Jesus mit den Aposteln weiterging, begleitete sie der Mann ein Stück Weges.

Ich sah den Herrn vor Sabbat in einem Städtchen ankommen. Gleich unter dem Tor führte sie ein Mann in eine Wohnung in der Stadtmauer, wo sie übernachteten. Er gab ihnen sonst nichts. Jesus mit seinen Begleitern begab sich aber sogleich zur Synagoge und feierte den Sabbat.

Jesus heilt einen Aussätzigen und löst Gefangene aus

20. Januar: Heute morgen sah ich Jesus mit seinen Begleitern abermals zur Synagoge gehen. Er betete und hielt eine kurze Lehre. Später sah ich ein großes Gedränge von Menschen um ihn. Man brachte eine Menge von Kranken aller Art, welche Er heilte. Ich sah, dass ihn alle Leute an diesem Orte verehrten, denn alle drängten sich zu ihm und es war ein großer Zulauf. Die Apostel heilten und segneten auch. Selbst Priester führten die Kranken heran.

Ich sah auch, dass Jesus einen Aussätzigen heilte, der ihm früher oft nachgetragen und an den Weg gesetzt worden war, an dem Er aber immer vorübergegangen war. Man brachte ihn aus einem abgelegenen Teil der Stadt, wo er in einem Häuschen an der Stadtmauer lag. Man trug ihn auf einem Ruhebett in einer Art Kasten sitzend, der mit Decken verhängt war. Es nahte sich ihm niemand, außer Jesus, der die Decken aufhob und ihn anrührte und befahl, dass man ihn zum Bad bringen und waschen solle. Ich sah, dass sie ihn zu einem Bad an der Stadtmauer brachten und dass, da er sich wusch, die Schuppen des Aussatzes von ihm niederfielen. Er hatte aber einen doppelten Aussatz: den der Unkeuschheit und den gewöhnlichen. Der Herr heilte auch viele blutflüssige Frauen; und da dies meist in dem Hof vor der Schule geschah, wurde das Gedränge so groß, dass die Leute die Schranken niederrissen und über die Dächer kletterten.

Ich sah Jesus gegen Abend nicht mehr hier. Er war mit den drei Aposteln vor einem festen Schloss, um welches Gräben, Brunnen oder Teiche waren, welche Abflüsse hatten. Es schienen Bäder dort zu sein. Ich sah allerlei Gewölbe und Mauerwerk dabei. Jesus wollte in dieses Schloss hinein gehen; die Apostel machten ihm Vorstellungen dagegen, als könne Er Verdruss davon haben und Ärgernis dadurch geben. Jesus aber entgegnete ihnen, wenn sie nicht mitgehen wollten, so sollten sie ihn allein lassen, denn Er gehe hinein. Es waren aber allerlei seltsame Leute darin, die teils Gefangene, teils allerlei Gebrechliche und Kranke schienen.

An den Toren standen Wachen, denn sie durften nicht allein ausgehen; es gingen immer einige zusammen und eine Wache mit ihnen. Sie mussten auch in der Gegend graben und andere Schanzarbeiten machen. Der Herr ging mit den Aposteln durch das Tor des Schlosses. Die Wache hielt ihn zwar an, aber als Er gesprochen, ließen sie ihn ehrerbietig gehen.

Die Leute versammelten sich um ihn in dem Hof, wo Er mit ihnen redete und mehrere von ihnen aussonderte. Jesus ließ aus der naheliegenden Stadt zwei Männer rufen, welche Gerichtspersonen schienen, denn sie hatten metallene Schildchen an Riemen von den Schultern hängen. Er sprach mit ihnen und es war, als wenn Er für die Leute, die Er alleingestellt hatte, gutsagte. Ich sah ihn hernach mit fünfundzwanzig derselben und mit den Aposteln das Schloss verlassen und die ganze Nacht hindurch mitternächtlich am Jordan hinauf ziehen.

In der nahen Stadt hatten auch Lazarus und seine Begleitung auf ihrer Rückreise übernachtet.

21. Januar: Jesus kam heute auf seiner eiligen Reise mit den befreiten Gefangenen in ein Städtchen, woher viele derselben waren, und gab sie ihren Frauen und Kindern zurück. Andere zogen über den Jordan noch weiter hinauf und gegen Morgen. Sie waren aus der Gegend von Kedar, wo Er vor seiner Reise zu den Sterndienern so lange gelehrt hatte.

Er entließ die Apostel auf diesem Weg und ging morgendlich bei dem Brunnen Jakobs vorüber durch Täler gegen Tiberias zu. Er reiste nach Kapharnaum.

Auf diesem Weg kamen in der Gegend von Sichar die drei verschwiegenen Jünger und die anderen Begleiter auf der heidnischen Reise wieder zu ihm und gingen mit ihm. Er zog abermals einen Teil der Nacht hindurch. Sie ruhten und schliefen nur einige Stunden unter einem Schuppen.

22. Januar: Gegen Abend kamen Jesus und die Jünger in Kapharnaum an. Er ging in das Haus, wo Er sonst gewohnt hatte. Petrus, Andreas, Jakobus der Jüngere und noch einer waren hier, Johannes aber nicht. Es war auch ein Besitzer des Hauses zugegen. Sie wuschen dem Herrn die Füße und stellten ihm einen Jüngling vor, der Sela oder Selam hieß. Es war ein Vetter des Bräutigams von Kedar, dem der Herr das Haus und den Weinberg angelegt hat, als Er zu den Sterndienern reiste. Dieser hatte ihn zu Jesus gesandt. Er hat bis jetzt zu Bethsaida im Hause des Andreas auf den Herrn gewartet. Er warf sich vor Jesus auf die Knie nieder, und der Herr nahm ihn sogleich unter seine Jünger auf und legte ihm dabei die Hände auf die Schultern.

Er brauchte ihn auch sogleich und sendete ihn zu dem Vorsteher der Schule, um den Schlüssel und die Rolle zu begehren, welche in dem Tempel gefunden worden war, als er sieben Jahre ohne Dienst verwüstet gestanden hatte, und der Herr hatte, als Er das letzte Mal hier lehrte, diese Rolle gehabt, sie war von Jesaias.

Als der Jüngling zurückkehrte, gingen sie alle in die Schule. Sie zündeten die Lampen an, Jesus ließ sich Raum machen und einen Redestuhl mit Stufen hinsetzen. Es waren sehr viele Menschen da. Er lehrte lange aus dieser Rolle. Es war eine große Aufregung. Auf der Straße lief alles Volk zusammen, und ich hörte sie schreien: «Da ist der Josefssohn wieder!»

Jesus in Nazaret und auf dem Brotvermehrungsberg

23. Januar: Jesus verließ vor Tag Kapharnaum wieder, und ich sah ihn mit den Jüngern und mehreren Aposteln, die noch zu den anderen gekommen waren, in Nazaret einziehen. Ich sah bei dieser Gelegenheit im Hause Annas eine ganz andere Wirtschaft. Ich sah Jesus auch bei Josefs Haus in Nazaret, welches jetzt geschlossen und unbewohnt ist.

Der Herr ging alsbald zur Synagoge, seine Erscheinung machte viel Aufsehen und Zusammenlauf. Ein Besessener, der einen stummen Teufel hatte, schrie ihm plötzlich nach: «Das ist der Josefssohn! der Aufrührer! greift ihn, fangt ihn!» und ich sah, dass Jesus sich gegen ihn wandte und ihm zu schweigen gebot. Er schwieg, aber Jesus trieb ihm den Teufel nicht aus. In der Schule ließ sich Jesus alles beiseite räumen und den Lehrstuhl herrichten. Er tat auf dieser letzten Reise alles ganz frei und lehrte auch ganz offen und gleichsam aus eigenem Recht, worüber die Juden sich sehr ärgerten. – Sie schliefen in einer Herberge.

24. Januar: Heute morgen ging Jesus in mehrere Häuser in der Gegend von Josefs Haus, heilte und segnete auch Kinder. Da Jesus gelehrt hatte, waren die Juden noch ziemlich ruhig gewesen, als Er aber nun heilte, wurden sie ganz unwillig. Da verließ Er die Stadt und bestellte die Apostel auf einen Berg in der Gegend, wo Er schon einmal gewesen war. Er folgte ihnen mit den Jüngern allein.

Ich sah auf einem Berg, der sanft von allen Seiten anstieg, alle Apostel und viele Jünger versammelt. Der Berg muss nicht weit von der Gegend gewesen sein, wo Jesus Petrus zuerst fand.[49] Sie hatten ein Feuer oben angezündet, das in der Ferne wie ein Johannes-Feuer bei uns aussah. Als Jesus mit seinen Jüngern kam, war es schon Nacht. Er trat in die Mitte, die Apostel standen um ihn her, die Jünger außerhalb des Kreises, auch viel anderes Volk hatte sich noch versammelt. Jesus lehrte die ganze Nacht bis gegen

Morgen. Er sagte den Aposteln hin und her deutend, wo sie sich hinbegeben, lehren und heilen sollten. Es schien, als ob Er hier eine Ordnung der Wege und Arbeiten für die nächste Zeit unter ihnen festlegte. Die Apostel und viele der Jünger und das Volk schieden hier von ihm, und Er ging gegen Morgen mittagwärts.

Jesus in Thänath-Silo und der Umgegend von Bethanien

25. Januar: Ich sah den Herrn auf seinem Weg von Eltern in ein Haus gerufen, um ihre kranke Tochter zu heilen. Sie lag auch wie die kleine Base des Andreas ganz bleich und mondsüchtig. Der Herr befahl ihr aufzustehen, und sie stand auf und war gesund. Ich sah Jesus mit den Jüngern, welche Er von der Reise mitgebracht hatte, nachmittags etwa eine Stunde vor Thänath-Silo an einem Brunnen ankommen, wo ihm alle zwölf Apostel mit grünen Zweigen entgegen traten. Sie warfen sich vor ihm nieder, und Er nahm einen der Zweige in die Hand; sie wuschen ihm auch die Füße. Ich glaube, diese Feierlichkeit war, weil nun alle hier beisammen waren und weil Jesus wieder öffentlich als ihr Meister auftreten und überall lehren wollte.

Der Herr ging von den Aposteln und Jüngern begleitet näher zu der Stadt, wo die heilige Jungfrau, Maria Magdalena, Martha und die anderen heiligen Frauen, außer Petri Frau und Tochter, welche nicht seine, sondern seiner Frau Tochter aus erster Ehe ist, und außer Andreas' Frau, welche zu Bethsaida geblieben waren, ihn vor einer Herberge empfingen. Maria war aus der Gegend von Jericho mit Petrus und Andreas' Frau, als sie nach Hause reisten, hierher gegangen und hatte Jesus hier erwartet, wohin auch die anderen Frauen sich begeben hatten, jedoch auf verschiedenen Wegen. Es war hier von den Frauen ein Mahl bereitet und es waren wohl an fünfzig Gäste da. Sie gingen nachher in die Stadt, und Jesus begab sich sogleich in die Schule, deren Schlüssel Er holen ließ. Er lehrte am Abend, und die Frauen waren auch zugegen und sehr viel Volk.

Alle schliefen in der großen Herberge: Männer und Frauen an verschiedenen Seiten des Hauses. Viele Kranke waren in zwei langen Räumen des Hauses unter Abdächern in den Hof gebracht. Es schien mir eine Art Hospital, auch waren Bäder in der Nähe.

26. Januar: Jesus heilte heute morgen noch viele in dieser Stadt und heilte auch in der Herberge, an vielen Häusern ging Er jedoch vorüber. Dann sandte Er die Apostel hinweg: einige nach Kapharnaum, andere an den Ort der Brotvermehrung.

Die heiligen Frauen zogen gegen Bethanien zu und Er selbst ging denselben Weg. Vor Sabbat kam Er mit mehreren Jüngern in eine Herberge, wo alle Jünger ihn erwarteten, welche Er von seiner großen Reise aus Ägypten mitgebracht hatte. Sie kamen aus der Hirtengegend zwischen Jericho und Sichar, wo Er sie neulich verteilt hatte.

Der Weg Jesu hierher lief teils zwischen zwei Bergen, dann durch Wiesen, dann durch das Feld hin, in welchem die Jünger im Sommer des vorigen Jahres Ähren gestreift haben. Jesus feierte hier den Sabbat mit diesen Jüngern. Sie erhielten eine Lampe vom Wirt und hängten sie mitten in dem Saal auf, überdeckten einen Tisch mit Rot und Weiß, legten ihre weißen Sabbatkleider an und traten um Jesus in die Betordnung her. Er betete aus einer Rolle vor. Dieses Haus war auf die Art gebaut wie das Haus des Zachäus. Sie waren hier etwa zu zwanzig.

Die Sabbatlampe brannte den ganzen Tag. Ich sah den Herrn unter abwechselndem Gebet die Jünger fortwährend in ihren Pflichten unterrichten.

Es befindet sich ein neuer Jünger, namens Silvanus, unter ihnen, den Jesus in der letzten Stadt aufgenommen hat. Er ist schon über dreißig Jahre alt. Seine Eltern, deren Namen ich vergessen habe, sind von dem Geschlechte Aarons. Jesus kennt ihn von Jugend auf und sah ihn schon als einen künftigen Jünger auf dem Jugendfest bei der hl. Mutter Anna, da Er als zwölfjähriger Knabe von seiner Lehre im Tempel heimkehrte. Bei demselben Fest hat Er auch den künftigen Bräutigam von Kana auserwählt. Von diesem Silvanus muss ich eine Reliquie, ein kleines weißes Splitterchen besitzen. Ich fühle mich durch dasselbe angeregt.[50]

28. Januar: Heute sah ich Jesus und die Jünger, die ihn begleiteten, auf dem Weg näher nach Bethanien zu. Ich hörte, wie Er sagte, Er gehe nun nach Jerusalem, um zu lehren und werde dann

bald zu seinem himmlischen Vater zurückkehren. Er sprach ihnen von der Nachfolge und Treue und sagte, von den anderen, die nun in Bethanien zu ihm kommen würden, würde einer wohl von ihm abfallen, er habe den Verrat schon im Herzen.

Ich fühlte auch, dass diese neuen Jünger Jesus ganz treu geblieben sind und vernahm, dass sie ihn baten, Er möge sie beten lehren, wie Er die anderen beten gelehrt. Da hörte ich, wie wunderbar Er ihnen das Vaterunser auslegte. Ganz wunderbar war mir, was Er vor und nach der Bitte: Unser tägliches Brot gib uns heute, sagte, aber ich kann es nicht wiederbringen.

Jesus heilte auf diesem Weg mehrere Aussätzige, welche an die Straße gebracht wurden. Sie gingen für diese Nacht nicht nach Bethanien, sondern kehrten eine Stunde davon in einem Herbergshaus ein, das den heiligen Frauen gehörte. Ich habe auch heute nacht deutlich gesehen, wie die Frauen mehrere solche Häuser unterhielten, darunter eines in Kapharnaum, eines bei Jericho, wo sie den Herrn neulich empfangen haben, und dieses vor Bethanien. Es ist dies dasselbe, wo ich Jesus vor Lazarus' Erweckung abends so lange lehren und Magdalena ihm entgegen gehen gesehen habe. Sie hatten in diese Häuser arme Familien gesetzt, welche den Herrn und die Apostel bewirten mussten, und so dienten diese Häuser als Sammelplätze und Herbergen.

Dieses Haus nun, eine Stunde von Bethanien, bewirtschaftete ein Mann und eine Frau mit Kindern. Ich habe vor wenigen Minuten seinen Namen noch gewusst, er ist mir wieder entfallen. Der Herr hatte oben am galiläischen See, um die Zeit, da Er die vielen Leute speiste, ein Wunder an ihm getan.

Es waren heute Maria und die anderen Frauen in dem Haus und fünf Apostel: Judas, Thomas, Simon, Jakobus der Jüngere und Thaddäus, auch Johannes Markus und einige andere Männer und Priester. Lazarus war nicht zugegen.

Die Apostel und Jünger kamen dem Herrn wieder ein Stück Wegs bis zu einem Brunnen entgegen, wo sie ihn begrüßten und ihm die Füße wuschen. Sie gingen nachher zu den Frauen in das Haus. Der Herr lehrte hier, und es gab ein Mahl. Die Frauen gingen hierauf nach Bethanien, und die Priester und Jesus schliefen hier mit den Aposteln und Jüngern.

29. Januar: Jesus und die Jünger zogen heute morgen noch nicht in Bethanien ein. Die fünf Apostel und sechzehn Jünger, welche mit Jesus gekommen waren, teilten sich in zwei Gruppen, welche von Thaddäus und Jakobus geführt, in die Umgegend zogen und heilten. Ich sah sie auf sehr verschiedene Weise heilen: durch Handauflegung, Anhauchen oder dadurch, dass sie sich über einen Kranken hinstreckten, oder dass sie Kinder quer auf den Schoß gegen die Brust nahmen und anhauchten.

Jesus zog mit den drei verschwiegenen Jüngern auch heilend in der Gegend umher. Ich habe gesehen, wie Er mehrere blutflüssige Frauen, bleiche und mondsüchtige Mädchen und andere Krüppel heilte, auch einen Besessenen befreite, dessen ich mich genau erinnere. Die Eltern dieses besessenen Jünglings liefen dem Herrn, da Er in ein zerstreut liegendes Dorf einzog, an den Weg entgegen, und Er folgte ihnen in den Hof ihres Hauses, wo ihr besessener Sohn sich befand, der bei der Annäherung des Herrn wie rasend wurde, hin und her sprang und an den Wänden hinauf lief. Die Leute wollten ihn fangen, vermochten es aber nicht, weil er immer rasender wurde und sie hin und her riss. Da befahl der Herr allen Anwesenden, hinaus zu gehen und ihn allein zu lassen, und sie gingen alle zu dem Hof hinaus.

Da Jesus nun allein mit ihm war, rief Er dem Besessenen, zu ihm zu kommen. Dieser kam aber nicht und streckte die Zunge mit scheußlich verzerrtem Gesicht gegen Jesus. Er rief ihn nochmals, und er kam wieder nicht, sondern sah, mit dem Kopf über die Schulter gedreht, nach ihm hin. Nun richtete Jesus seine Augen zum Himmel empor und betete; und da Er dem Besessenen befahl, kam er vor ihn und warf sich der Länge nach zu seinen Füßen hin.

Der Herr fuhr nun mit dem einen und dann mit dem anderen Fuß zweimal über ihn, als trete Er auf ihn, und ich sah aus dem offenen Mund des Besessenen einen schwarzen verschlungenen Dampf steigen und in der Luft verschwinden.

In diesem aussteigenden Qualm erkannte ich drei Knoten, von welchen der letzte der finsterste und stärkste war. Diese drei Knoten hingen durch einen stärkeren und viele dünnere Fäden zusammen. Ich kann das Ganze mit nichts vergleichen als mit drei Rauchfässern übereinander, deren Rauchwolken aus verschiedenen Löchern ziehen und sich miteinander verbinden.

Nun lag der Besessene ruhig und wie tot zu den Füßen des Herrn, und dieser bewegte seine Hand über ihn, segnete so, als wenn man ein Kreuz über etwas macht und streckte seine Hand dann nach ihm mit dem Gebot, aufzustehen; da stand der arme Mensch auf; er war ganz nackt und bleich, und Jesus brachte ihn gegen die Tür des Hofes seinen Eltern entgegen, gab ihnen denselben wieder und sagte ihnen: Er gebe ihn ihnen wieder, werde ihn aber auch wieder von ihnen verlangen, sie sollten sich nicht mehr an ihrem Sohn versündigen; denn sie hatten sich an ihm versündigt, wodurch er in dieses Elend gekommen war; ich weiß jedoch nicht mehr, auf welche Art. – Hierauf verließ Jesus diese Leute und ging nach Bethanien. Die Geheilten aber und viele von ihren Angehörigen zogen ihm nach und voraus nach Bethanien, wohin auch die von den Aposteln Geheilten kamen.

Da war ein großes Getümmel in Bethanien, denn die Geheilten machten ihr Glück überall bekannt. Ich sah auch, dass Jesus gut empfangen wurde und dass ihm Priester entgegen kamen und ihn in die Synagoge führten, wo sie ihm ein Buch Moses vorlegten, worüber Er lehren sollte. Es waren viele Menschen in der Schule und die Frauen am Frauenort.

Nachher gingen sie in das Haus des geheilten aussätzigen Simon von Bethanien, wo die Frauen ein Mahl bereitet hatten; Lazarus war nicht hier. Jesus und die drei verschwiegenen Jünger schliefen in einer Herberge der Synagoge. Die Apostel und anderen Jünger gingen in das der Gemeinde Jesu gehörige Haus zum Schlafen hinaus. Es war die Frau jenes Hauses, welche vor des Lazarus Erweckung der Martha die Annäherung Jesu gemeldet hatte. Sie war groß und stark und lief oft Botengänge für die Gemeinde.

Maria und die anderen Frauen wohnten im Hause der Martha und Magdalena, welches ein anderes als das Haus des Lazarus war, das gegen die Jerusalemer Seite wie ein Schloss mit Gräben und Brücken umgeben war. Das Haus der Martha lag an der Seite, durch welche Jesus eingegangen war.

Ich hatte heute nacht ein großes wunderbares Gesicht von der Teufelsaustreibung Jesu, die ich bei Bethanien gesehen; ich kann es schwerlich mehr ganz «up de Riehe kriegen». Es ging immer aus Einem ins Andere und ich weiß auch den Anfang und Gang nicht mehr ganz: Ich sah aus dem Mund des Besessenen einen schwarzen Qualm aufsteigen, in dem ich drei mit schwarzen Dampfsträngen verbundene Knoten und Nester sah.

Ich konnte das nicht verstehen, und als ich darüber nachdachte, kam ich in ein Bild. Ich sah nochmals in einem Blick den Besessenen auf dem Boden liegen und den Herrn, der mit dem Fuß über ihn fuhr. Ich sah die zusammenhängenden schwarzen Dampfwolken aus seinem Mund fahren und sah diesen Umfang wie vor mir in der Luft stehen.

Nun sah ich das Bild des Besessenen nicht mehr, und indem ich das schwarze Geflecht ansah, ging ich immer mehr in das Einzelne des Gesichtes ein, das endlich zu einer ganzen Welt wurde.

Es war, als sehe man erst einen bewegten Schatten, dann erkenne man einen menschlichen Schatten, dann eine menschliche Gestalt, dann unterscheide man alle Glieder, dann das Innere; man sehe sein Herz, sein Gehirn und die übrigen inneren Teile und komme endlich in die Verrichtungen dieser Teile, sehe alles ihr Tun und Fühlen und Denken und gehe in Leib und Seele dieses Menschen, den man zuerst als einen Schatten gesehen, herum und sehe auch, wie er sich zu anderen verhält. Es ist aber gar nicht auszusprechen, wie das geschieht.

Ich sah die drei schwarzen Knoten verschieden dunkel. Ich sah dann verschiedene Abteilungen in ihnen, welche vor meinen Augen wie zu verschiedenen Gärten wurden, in deren verschiedenen Beeten ich allerlei böse Dinge sah.

In den Beeten des einen Gartens sah ich die seltsamsten, scheußlichsten Marterwerkzeuge, allerlei Unkraut und giftige Kräuter und Tiere; in den Beeten des anderen Gartens allerlei wunderliche Verbindungen von Pflanzen, Tieren, Steinen, Metallen, Siegeln, Zahlen, Ringen, Spiegeln, Maschinen, Instrumenten und kuriosen Figuren. In den Beeten des dritten Gartens aber war lauter Lust und Herrlichkeit, Blumen, Früchte, Musik, schöne Gemälde und nackte Figuren, aber gar nichts Geistliches, gar nichts Heiliges. In der Mitte eines jeden dieser drei Inbegriffe oder Gärten sah ich einen Brunnen, oder eine Pfütze, woraus jeder Garten seiner Art nach begossen wurde.

Jeder dieser Brunnen war mit einer anderen Art von ekelhaften, greulichen Dingen angefüllt: da waren Kröten, Schlangen, allerlei Gewürm und giftige Tiere und Blut und Greuel aller Art. Alles in jedem der Gärten hatte einen inneren Zusammenhang und bezog sich aufeinander auf eine Weise, welche nichts als Böses, Greuel, Schmerz, Sünde, Nacht, Blindheit hervorbrachte. Je mehr ich aber das Einzelne in den Inbegriffen (Gärten) sah, um so mehr kam ich in diesen Raum selbst hinein und bemerkte seine Grenzen nicht mehr so genau. – Ich sah endlich in den Bezirken kleine Gestalten, dann Menschen, und es war wie ein zusammenhängendes Reich und Leben und Treiben. Die Gärten waren nun verschiedene Kreise von Treiben und Wirken. Als das Bild schon in diesem Grad von Ausbildung war, standen die Kreiseknoten nicht mehr in der Luft, sondern es war alles wie eine Welt. Ich sah auch leuchtende Kreise und Inbegriffe jenen dunkeln entgegengesetzt und sie unterbrechend; sah sie aber nicht so im Einzelnen, außer nur da, wo ich Leute aus ihnen in die dunkeln Kreise übergehen sah.

Als ich die Kreise schon als Welten sah voll Menschen und Handlungen, sah ich das, was im Anfang Brunnen voll scheußlicher Tiere war, als Kirchen der Finsternis. Ich sah in dem untersten finstersten Kreis einen wirklichen greulichen Teufelsdienst. Alles war dunkel und greulich. Ich sah anstatt des Altares wie einen kleinen Berg und hinter demselben ein Loch, worin mit großen Scheitern eine Glut gehalten wurde. Alle Flammen waren rot und trüb und der Dampf zog zur Erde nieder; der ganze Dienst, alles Gebet ging wie hinab.

Ich sah da eine Art Heiligtum, ein Opfer. – Alles war aber mit Hohn, Greuel, Entstellung, Ekel und Schandtat gemischt. Es war ein ganzes Zeremoniell, das sich feierlich auf den Teufel bezog. Ich kann den Greuel nicht aussprechen: alles war Hohn, Grässlichkeit, Kot und Entsetzen. Ich sah um diesen Mittelpunkt herum Leute, welche aus Kräutern, deren Namen ich kannte und vor denen ich als Kind immer schauderte, wenn ich sie irgendwo stehen sah, und aus allerlei anderen scheußlichen Dingen in großen Kesseln etwas kochten.

Ich sah, dass sie sich damit salbten und sah sie daliegen und sah sie an anderen Orten wieder, wie sie zusammenkamen mit Männern, die auch so erstarrt waren und Sünde mit ihnen trieben. Ich sah auch, dass aus allen ihren Seelen Fäden nach anderen Orten gingen und von da zurück und dass dadurch einer vom anderen wusste und sah.

Alles war Greuel und Verwirrung und ich sah, dass wie schwarze Vögel in diesen Fäden über geistigen Kanälen hin und her die Verbindungen brachten. Ich sah auch, wie sie Menschen allerlei Schaden und Krankheit zufügten und ihnen allerlei seltsamen Kot und Kehricht, Haar und Nadeln beibrachten, die sie in ihre Salben warfen. Ich sah unter diesen Leuten Menschen von allerhand Landesart, leider auch noch aus unserer Zeit und Gegend, besonders viele Juden aus fremden Gegenden; im Ganzen war die Schar nicht sehr groß. Alles geschah mit dem finstersten Geheimnis und nichts brachten sie hervor als Unsinn, Greuel und Bosheit, selbst für sich keinen Gewinn.

Ich sah im Umkreis dieser Widerkirche ein ganzes Leben von allen Greueltaten und unnatürlichen Werken, Mord und alle Unzucht und Unnatur. Es waren dies gleichsam die guten Werke dieser Teufelsdiener; und ich erkannte zugleich, wie alle, welche in solchen Lastern leben, jener Teufelskirche angehören, ohne es zu wissen.

Ich sah ferner in diesem Kreis allerlei Zustände und Verhältnisse, die im gewöhnlichen Leben für gar nicht unerlaubt gehalten werden, besonders in der Nähe der Erstarrenden, die sich mit den Salben reiben und dann in die Ferne sehen und in die hässlichsten Sünden mit anderen fielen, nämlich viele Magnetisierte.

Ich sah etwas Greuliches zwischen ihnen und dem Magnetiseur, ich sah allerlei schwarze Wolken zwischen ihnen hin und her ziehen. Ich habe schier noch keine Magnetisierte gesehen, wo sich nicht wenigstens eine ganz feine fleischliche Unreinlichkeit einmischt. Ich sehe auch immer ihr Sehen von bösen Geistern zugetragen.

Ich sah, wie Leute aus dem Lichtreich, das ich darüber sah, durch den Anteil und ein scheinbares gelehrtes Interesse an dieser zauberischen Heilart herab in das finstere Reich kamen. Ich sah sie hier magnetisieren, und durch den betrügerischen Erfolg verführt, zogen sie viele aus dem Lichtreich herab. Ich sah, dass sie dies Heilen der Finsternis und dieses Spiegeln der Nacht mit dem Heilen des Lichtes und dem Sehen der Begnadeten vermischen wollten. Ich sah sehr ausgezeichnete Menschen hierunter ohne es zu wissen im Reich der Greuel-Kirche arbeiten.

In dem anderen Kreis und Umfang war auch eine Kirche, ein Geheimnis, aber es war mehr wie allerlei Brüderschaften (Verbrüderungen). Es war da kein offenbarer Teufelsdienst und ich sah den Satan auch nicht persönlich und sah auch keine so greulichen Laster mit Willen und Bosheit. Es war hier ein Treiben mit allerlei geheimen Künsten und Naturgeheimnissen: sie machten Gold, gingen mit Stöckchen, woran sie einen Kamm schnitten, und diese schlugen auf die Erde. Sie hatten auch allerlei mit Ringen zu tun, worauf Buchstaben waren, mit Amuletten, die sie anhängten, mit Festmachen, Kartenschlagen, Fieberbesprechen, allerhand wunderlichem Heilen, Blutläppchen von Wunden in fließendes Wasser werfen, Kinder messen.

Ich habe tausend seltsame Sachen hier gesehen, welche scheinbar zum körperlichen Heil und zeitlichen Vergnügen der Menschen waren; aber in allen sah ich einen verdeckten Teufelsdienst, ein Geheiltwerdenwollen ohne Aufhebung der Sünde als der Quelle des Todes und der Krankheit, ein Hilfesuchen nicht bei Jesus und seiner Kirche, sondern bei der gefallenen Natur.

Ich sah auch alle diese Heilungen oberflächlich und verderblich; es wurde mir dieses durch Bilder gezeigt; z.B. ein Loch mit Papier zugedeckt, dass man es nicht sieht. Diese Widerkirche war wieder und zwar mehr von magnetischen Personen umgeben als die finstere; aber sie waren nicht in so sehr sündhaftem Zustand, doch war alles wie eine Vorschule zum Ärgsten. Ich sah diese Welt wieder mit den mannigfaltigsten Menschen bevölkert, die sich zu jenem tiefsten Mittelpunkt wie Laien zu Priestern verhielten.

Wo ich unten um den greulichen Teufelsdienst Hurerei, Mord, unnatürliche Laster, Giftmischerei und Verfertigung schändlicher

Bilder und Schriften sah, da sah ich hier die Verliebten, Schmachtenden, den Götzendienst der Natur und Kreatur, Affenliebe der Eltern, Liebesbriefe, besonders weltliche Musik, Tanz, Haarlocken, Ringe, Liebesportraits. Im vorigen sah ich Giftmischen, Unfruchtbar machen, hier waren abergläubische Mittel, Liebe zu erwecken.

In dem dritten Reich war es wieder ganz anders, aber es war doch dasselbe, nur immer in einem anderen Grade. Hier war auch eine Kirche im Mittelpunkt, und diese war nichts als Freimauerei und solche Sachen. Es war im ganzen Kreis nichts als Wohltätigkeit ohne Jesus, Aufklärung ohne Licht, Wissenschaft ohne Gott, Wohlleben, Bequemlichkeit. In diesem Kreis glaubten sie nicht an die beiden anderen und meinten, gegen sie zu arbeiten, während sie nur gegen die Religion arbeiteten und jene wachsen ließen, ja selbst auf ihrem Boden wuchsen.

Diese Welten waren alle miteinander verbunden durch dreifach verschlungene Kanäle und viele einzelne Beziehungen und Strahlen, und alle arbeiteten mit großer Mühe und Anstrengung, aber alles, was sie hervorbrachten, war lauter Verwirrung, Nacht, Not und Verzweiflung und alle ihre Heilungen waren nur Bedeckung und oft schädlichere Versetzung des Übels. Ich sah in diesem letzten Kreis und in den vorigen meist alle Gelehrten und besonders auch die Ärzte und Apotheker begriffen.

Die Folge des Bildes weiß ich nicht mehr genau; es war ganz die Welt und ihr Treiben geworden. Ich sah nicht mehr die Lichtwelt und die finsteren Kreise getrennt, es war alles durcheinander. Ich ging auch darin herum und sah meine Freunde und Bekannte, wie sie den dunklen Kreisen zutaumelten und wie ich sie zurückzog. Meinen Zustand weiß ich nicht mehr recht; es war, als sei ich in einem Loch mit meiner Schwester, wie in einem Fegefeuer. Meines Bruders Kind hatte ich immer an der Hand und hielt es zurück; mein Vater und meine Mutter waren bei mir. Einmal kam auch das Jesuskind zu mir und brachte mir etwas, ich weiß nicht mehr was. Ich hob auch das Jesuskind in die Höhe und winkte meinen irrenden Freunden, die mir dann zuliefen. W. taumelte auch, der Pilger lief oft gefährlich spekulierend um das Nachtreich herum; sie kamen aber alle zu mir zurück, auch B., der weit weg gerannt war. Das Ende des Bildes weiß ich nicht genau; aber es war eine Art Erntebild, ein Abschneiden und Sichten und Verbrennen des Unkrauts und Sammeln des Weizens, und ich lief noch mit meinen Freunden nach der lichten Seite des Ackers.

(Anmerkung des Pilgers: Es war unmöglich, dieses Bild ganz mit ihren Worten nieder zu schreiben, da sie sich oft wiederholte und durcheinander erzählte. Übrigens ist nichts hinzugesetzt, denn sie sagte viel mehr; es ist nur die Ordnung beobachtet, wie sie selbst sagte, als ihr nachher das Geschriebene vorgelesen wurde.

Sie sah in jedem der genannten Kreise eine ganze Pflanzen- und Tierwelt, welche sich auf ihn im physischen, moralischen und mystischen Sinn bezog und sah in allen drei Welten den verschiedenen Missbrauch derselben. Sie sah die Bedeutung der Tiere und ihre wirkliche, wie sinnbildliche Beziehung auf die Sünden und die ihnen entgegengesetzten Tugenden.

Sie sah das Wesen der gefallenen Welt außerhalb der Kirche Jesu Christi, wie sie in Greueln dem Teufel persönlich und unmittelbar und in der Natur mittelbar dient und wie sie in ihrem Verstand sich selbst anbetet und sich selbst erlösen will.)

30. und 31. Januar:

Am Morgen lehrte der Herr heute wieder in der Schule. Ich kannte viele unter den Jüngern, unter anderen sah ich Saturnin, Nathanael, Chased und Zachäus. Es waren auch viele Kranke nach Bethanien gebracht worden.

Jesus hatte wieder in dem Haus des geheilten aussätzigen Simon ein Mahl mit den Jüngern, bei der viele Arme zugegen waren, denen Jesus reichlich alles austeilte, was da war. Er ließ selbst noch andere herein rufen und mitessen. Darüber war der Wirt ärgerlich, schickte in Bethanien bei den Pharisäern herum und verursachte auch Geklatsch in Jerusalem, wie Jesus ein Verschwender geworden sei und alles an das Gesindel vergeude. Jesus schlief wieder an der Schule, die Jünger und Apostel vor dem Ort in der Gemeindeherberge.

Ich sah Jesus wieder in Bethanien lehren und heilen. Man hatte sehr viele Kranke gebracht und während Er in der Schule lehrte, hatten sie von der Schule bis zum Haus des Simon eine doppelte Reihe von Zelten gemacht, worin die Kranken lagen. Es waren dies lauter Männer. Ich habe da recht gesehen, wie ernst und ruhig Jesus war, wenn Er heilte und war betrübt, wenn ich dachte, wie ungesammelt und leichthin es oft Geistliche vergebens versuchen.

Es waren hier keine Aussätzigen dabei, die sehe ich immer an abgelegene Orte kommen. Jesus ging an einigen ganz vorüber, andere ermahnte Er, ohne zu helfen; sie mussten sich erst bessern. Es folgten ihm meistens drei Jünger, zwei etwas hinter ihm zu beiden Seiten und einer gerade hinter ihm; sie waren ordentlich wie seine Leviten.

Es war hier kein Gedränge um den Herrn, obschon immer viele Leute in einiger Entfernung nachzogen und standen. Er ging beim Heilen an der einen Seite hinab, an der anderen hinauf und heilte auf sehr verschiedene Weise. Einige nahm Er bei der Hand und befahl ihnen aufzustehen, andere rührte Er an; einen Wassersüchtigen sah ich, dem Er mit der Hand vom Kopf bis auf den Leib strich und der sogleich dünner wurde, denn das Wasser drang in einem Strom von Schweiß aus ihm. Ich sah es von seinem Kopf und Leib rinnen. Viele der Geheilten warfen sich vor Jesus auf das Angesicht nieder; seine Begleiter richteten die Genesenen auf und führten sie weg. Als der Herr wieder in die Schule kam, ließ Er den Genesenen Sitze ganz nahe bei sich machen und lehrte.

1. bis 3. Februar:

Ich sah Jesus in Bethanien die Jünger paarweise in die Gegend aussenden, zu lehren und zu heilen. Er beschied sie teils nach Bethanien, teils nach Bethphage zurück. Ich sah Jesus hierauf selbst mit den drei verschwiegenen Jüngern südlich von Bethanien ein paar Stunden weit in einen kleinen Ort gehen.

Ich hatte anfangs gemeint, Er ziehe nach jenem Ort auf dem Weg von Bethlehem, wo Lazarus sich jetzt aufhält; aber ich sah ihn hier heilen. Unter anderem sah ich ihn in das Haus eines Mannes gehen, welchen Er früher von der Stummheit geheilt hatte, der sich aber wieder versündigt hatte und lahm geworden war. Die Hände und Finger waren ihm ganz verkrümmt. Ich sah, dass Jesus ihn ermahnte und ihn anrührte und dass er wieder aufstand.

Ich sah Jesus an diesem Ort auch mehrere bleiche, krank liegende Mädchen heilen. Sie waren wie tot, weinten und lachten oft heftig; sie waren mondsüchtig.

Ich sah Jesus heute abend vor dem Sabbat wieder in Bethanien zurück und zur Schule gehen. Ich hörte, dass die Juden unwillig gegen ihn prahlten, Er könne doch nicht tun, was Gott für die Kinder Israels getan habe, da Er Manna in der Wüste habe niedertauen lassen. Sie waren ganz unwillig über ihn. Ich hörte auch die ganze Nacht seine Lehre recht schön und deutlich, kann sie aber nicht wiederbringen. Er schlief heute nacht nicht in Bethanien, sondern draußen in der Jüngerherberge.

Heute hab ich Jesus in der Synagoge lehren gesehen. Das Mahl war in dem Haus Simons, der nicht mehr so verkehrt wie neulich war.

Jesus geht nach einem Gut des Lazarus

4. und 5. Februar:

Es kamen drei heimliche Jünger von Jerusalem zu Jesus, die ihn fragten, warum Er sie so lange verlassen und so viel an anderen Orten getan habe, wovon sie nichts erfahren hätten. Ich hörte da eine Antwort von ihm, wovon ich noch etwas behalten habe.

Er sprach von Teppichen und guten, wert gehaltenen Sachen; wenn man sie eine Zeitlang von sich entferne, so würden sie einem wieder neu und lieber. Er sagte auch, so man alles hinter einander und auf einmal auf einen Fleck säe, könnte ein Hagel alles vernichten, zerstreute Lehre und Hilfe aber könne nicht so leicht zerstört werden. Solches ungefähr antwortete Er.

Von den drei heimlichen Jüngern weiß ich nur noch folgendes: Einer war von den Söhnen des alten Priesters Simeon, der nach der Darstellung Christi im Tempel gestorben ist. Er wurde, glaube ich, mit Jakobus oder einem anderen der ersten Märtyrer zu Jerusalem hingerichtet und hieß Obed. Der zweite war ein Sohn oder Verwandter der Veronika, er wurde auch gemartert; ich habe noch ein Bild vor Augen, wie seine Gebeine verbrannt wurden. Der dritte, mit Johanna Chusa verwandt, war schon in seinem zwölften Jahr mit Jesus bekannt, als Er in Jerusalem zurückgeblieben war. Er war nachher bei Simon und Judas, wurde Bischof zu Kedar und lebte eine Zeitlang als Einsiedler in Ägypten in der Gegend eines Dattelbaumes, der sich mit seinen Früchten zu Maria auf ihrer Flucht herabgebeugt hatte, dass sie davon essen konnte. Dieser Baum stand in einem Busch. Ich habe das Bild gesehen, es kamen nachher noch viele Hirtenkinder zu dem Baum, um Früchte zu sammeln. Es lag eine Bedeutung und ein Segen darin. Es geschah nicht weit von dem großen Fluss dort, ich sah so viele Gräben zur Überschwemmung ziehen. Als dieser Jünger starb, war er hundert oder hundertzehn Jahre alt.

Diese drei Jünger brachten eine schlimme Nachricht. Sie sagten Jesus, dass die Hohenpriester und Pharisäer rings auf den Orten um Jerusalem Lauerer aufstellen wollten, um ihn, so bald Er sich nähere, zu fangen. Jesus nahm hierauf nur die beiden neuesten Jünger, den Selam von Kedar und den Silvanus aus der Gegend von Sichar, zu sich und ging mit ihnen die ganze Nacht hindurch nach jenem bei einer Festung gelegenen Gut des Lazarus, wo dieser sich jetzt aufhielt.

Lazarus war zwar bis vor zwei Tagen noch in dem Städtchen zwischen Bethanien und Bethlehem gewesen, in dessen Nähe die Drei Könige auf der Reise nach Bethlehem die Tiere gefüttert hatten, aber er war auf eine Nachricht Jesu von dort nach seinem Gut gegangen. Jesus hatte also wohl gewusst, dass Er sich entfernen werde, ehe die Jünger ihm die Nachricht brachten, woraus ich mir auch erkläre, dass Er schon zwei Nächte nicht in Bethanien, sondern draußen in der Jüngerherberge geschlafen hat.

Ich sah Jesus heute früh im Dunkeln mit den zwei Jüngern vor dem Haus des Lazarus bei der Festung ankommen. Er klopfte am Tor der Hofmauer; es war ein Graben um das Haus. Lazarus kam selbst mit einer versteckten Leuchte und öffnete und führte Jesus in das Haus in einen Saal.

Hier waren noch Nikodemus, Joseph von Arimathäa, Johannes Markus und Zair, der mittlere Sohn Simeons, anwesend. Sie wuschen Jesus die Füße, nachdem sie ihn begrüßt hatten; es war auch ein Mahl bereitet. Ich hörte auch, dass Jesus an den Ort wollte, wo Er vor des Lazarus Tod die vielen Kinder gesegnet und in der Umgegend in einer Art Hospital Aussätzige geheilt hatte; ich meine, es heißt Bethabara, doch weiß ich es nicht genau.

6. bis 15. Februar – (Während dieser Tage waren die Mitteilungen der Gottseligen fast ganz unterbrochen, denn ihr alter geistlicher Freund Abbé Lambert, ein frommer emigrierter Priester aus Amiens, starb am 9. Februar. Um ihm die Gnade eines seligen Todes und baldige Erlösung aus dem Fegefeuer zu verdienen, hatte Anna Katharina die größten Peinen auf sich genommen und auch körperlich alle Schmerzen des Sterbenden mitgelitten. In diesen Nöten vermochte sie nur die folgenden, flüchtigen Äußerungen zu tun:)

Ich sah Jesus mit Silas und Silvan seit den letzten Tagen über dem Jordan zu Bethabara, wo Er einmal so viele Kinder gesegnet hat. Er hat dort den Sabbat gehalten und Leute, die Er früher geheilt und bekehrt hatte, von neuem ermahnt.

(Am 11. Februar sagte sie so unbefangen, wie ein Mensch, der das, was so eben geschehen, sieht:)

Jetzt ist unser Herr Jesus nach Ebrian[51] gegangen! Dies Örtchen liegt etwa eine halbe Stunde von der großen Stadt (Jericho). Er ist in Bethabara gewesen. Hier in dem Ort hat Er zwei Blinde geheilt.

Selam und Silvan waren bei ihm. Es kamen hier Andreas, Judas, Thomas, Jakobus der Jüngere, Thaddäus, Zachäus, ein Jünger von Jerusalem, ein Verwandter der Veronika, ein Jünger von Bethanien, der bei des Lazarus Erweckung gewesen war, und außerdem noch sieben andere Jünger zu Jesus.

Ich habe jene unter ihnen, die von Jerusalem waren, nach Bethanien gehen und die anderen abholen gesehen, daher weiß ich, woher sie gewesen sind. Ich habe aber nicht Zeit, alle ihre Wege bis hierher zu erzählen. Ehe Judas von Bethanien wegging, sah ich die heilige Jungfrau Maria mit ihm reden und ihn dringend warnen, er solle sich doch mäßigen, auf sich acht geben und sich nicht in alles so einmischen.

Ich sah, dass Jesus in diesem kleinen Ort noch Blinde, Lahme, Stumme und Taube heilte, die hingebracht wurden, und dass Er auch einen Teufel ausgetrieben hat. Er hat bei einem Diener der Synagoge von Jericho hier geherbergt.

12. Februar: Heute abend zog Jesus an einen Ort eine Stunde nördlich von Jericho, wo eine Art Zufluchthaus für Kranke und Arme war, und übernachtete in einer Herberge, wo Er einen alten

blinden Mann sehend machte, den Er früher einmal in der Heilung übergangen hatte, als Er bei demselben Ort zwei Blinde mit einer Salbe von Erde und Speichel geheilt hat. Nun hat Er diesen mit seinem bloßen Wort geheilt. Der Ort lag am Weg. Von da zog der Herr nach dem Gut des Lazarus.

15. Februar: Heute zog Jesus mit Lazarus von dessen Gut nach Bethanien. Die heiligen Frauen kamen ihnen entgegen.

ELFTES KAPITEL

Jesus in Jerusalem – Letzte Wochen vor der Passion

Vom 15. Februar bis 28. März 1821

Anmerkung von P. Karl Erhard Schmöger CSSR

Mit dem Sonntag Septuagesima, welcher im Jahr 1821 auf den 3. Februar fiel, pflegte Anna Katharina in jedem Jahr in einen eigentümlichen Leidenszustand bis zum Ostersonntag einzutreten. Sie wurde von innerer Verlassenheit und Trockenheit befallen, die sich bis zur äußersten Trostlosigkeit steigerte, so dass sie allen inneren und äußeren Bedrängnissen, allen ihren übernommenen Krankheiten und Schmerzen, allen Sühneleiden und Bußübungen in gänzlicher Hilflosigkeit hingegeben und aller fühlbaren Gnadenhilfe und Stärkung beraubt war.

Es wurden ihr diese Leiden gewöhnlich in einem Sinnbild von Gott vorgezeigt, damit sie in freiwilliger Übernahme derselben Gott ein um so wohlgefälligeres Opfer darzubringen vermöchte. So erzählte sie auch in diesem Jahr (1821) dem Pilger:

«Am Freitag nach Septuagesima hat mir mein Bräutigam ein neues schwarzes Kleid angelegt mit sehr vielen Kreuzen. Er gab mir immer noch ein Kreuz dazu und bat mich so freundlich, ob ich es noch annehmen wolle und sagte mir, es seien so wenige, die leiden wollten und es sei so vieles zu sühnen und zu helfen! Da nahm ich alles ruhig an und mir war gesagt, ich solle es zehn Wochen tragen, dann solle ich Hilfe haben. Ich könne sterben durch die Unvernunft meiner Umgebung, aber ich solle geduldig leiden. Seit ich dieses Kleid anhabe, durchbohrt mich alles, verwundet mich alles. Ich sehe dabei in alle Herzen und sehe alle Empfindungen, höre und sehe alles, was über mich gesagt wird, und das ist eine Höllenmarter.» Nimmt dazu der Leser die unsichere Unentschlossenheit ihres ängstlichen und skrupulösen Beichtvaters, der in so verwirrten Leidenszuständen ihr allein hätte eine Stütze sein können, so wird er es begreiflich finden, dass der Pilger in diesen zehn Wochen keine ausführlicheren Mitteilungen erhalten konnte, als in den hier folgenden Bruchstücken geboten werden; er wird aber auch erkennen, welch peinvolle Mühe die Erzählerin gleichwie der Schreiber hatte, um das Wenige aus dem Meer dieser Bitterkeiten zu retten.

Jesus geht von Bethanien nach Jerusalem

15. Februar: Heute abend ging der Herr von Bethanien zum Tempel. Seine Mutter begleitete ihn ein Stück Wegs und Er bereitete sie auf sein Leiden vor und sagte, es nahe die Zeit, dass die Weissagung Simeons, es werde ihr ein Schwert durch die Seele gehen, an ihr erfüllt werde. Man werde ihn ohne Erbarmen verraten, gefangennehmen, misshandeln und wie einen Verbrecher hinrichten und sie werde dies mit ansehen müssen. Jesus sprach sehr lange davon mit seiner Mutter, und sie konnte es sich gar nicht denken. Jesus hat im Hause der Maria Markus, der Mutter des Johannes Markus, geschlafen, das etwa eine Viertelstunde vom Tempel entfernt und wie vor der Stadt ist.

17. Februar: Heute lehrte Jesus, nachdem die Juden den Tempel verlassen hatten, in demselben öffentlich und sehr ernst. Alle Apostel waren in Jerusalem und sind von verschiedenen Seiten in den Tempel gegangen. Jesus lehrte an einem runden Ort, wo viele Stühle und Stufen zum Zuhören angebracht waren; es war eben da, wo Er in seinem zwölften Jahr geredet hatte. Es waren sehr viele Menschen da zusammengekommen. Sein Leiden hat eigentlich schon begonnen, denn Er ist innerlich ganz von Betrübnis über

die Verkehrtheit der Menschen zerrissen. Er schlief heute in der Herberge vor dem Bethlehemer Tor, wo Maria verweilte, als sie ihn als Kind im Tempel darstellte.

17. Februar: Jesus lehrte heute wieder im Tempel und ich hörte die Lehre. Danach herbergte Er abermals vor dem Tor in dem Haus, wo Maria einkehrte, als sie zur Opferung ging. Es waren dort viele Gemächer nebeneinander und ein Mann hatte die Aufsicht darüber. Es begleiteten den Herrn, wenn Er in den Tempel ging, nur Petrus, Johannes und ein Apostel mit schwarzen Haaren, ich glaube Jakobus; die anderen kamen zerstreut. Er lehrte erst, wenn die Pharisäer aufgehört hatten. Der Lehrstuhl stand auf Stufen und war mit einer Vergitterung umgeben, rings umher stiegen stufenförmig Sitze empor. Einmal hörten auch die Pharisäer zu. Es waren auch viele Jünger in der Stadt. Die Apostel und Jünger herbergten meistens in Bethanien bei Lazarus, der in sein Haus zurückgekehrt war, wo auch die heilige Jungfrau Maria sich aufhielt.

19. Februar: Heute sah ich den Herrn schon morgens im Tempel lehren und ihn über Mittag nicht hinausgehen. Am halben Nachmittag aber ging Er nach Bethanien. Die Frauen kamen ihm entgegen.

20. Februar: Ich habe heute am Morgen den Herrn nach Jerusalem gehend in Bethphage gesehen. Die Apostel und Jünger herbergten teils in Bethanien, teils in Jerusalem. Nikodemus, Joseph von Arimathäa, die drei Söhne Simeons und andere heimliche Jünger von Jerusalem hörten ihm nicht öffentlich zu, sie horchten versteckt in Winkeln, wenn die Pharisäer nicht gegenwärtig waren. Es gingen nur immer etwa drei Apostel mit ihm zugleich in den Tempel, die anderen fanden sich zerstreut ein.

21. Februar: Seit Freitag (dem 15.) habe ich nun seine Lehre gehört. Sie allein hat mich in großen inneren Bedrängnissen und äußerem Verdruss und Kummer aufgerichtet. Ich meine auch, ich weiß noch etwas davon. (Hier besann sie sich und sagte:) Er lehrt immer von einen verwilderten Acker, den man behutsam behandeln müsse, um einem guten Weizenstock darin nicht zugleich mit dem Unkraut auszureißen, auf dass er fortwuchere.

Ich habe auch im Bild den Acker- und Weizenstock darin gesehen und dabei an meine Jugend gedacht, wie ich bei allen ähnlichen Erscheinungen in der Natur immer solche Parabeln innerlich betrachtet habe. Jesus sagte den Pharisäern in dieser Lehre so treffend die Wahrheit, dass sie bei allem Zorn eine heimliche Freude daran hatten.

23. Februar: Jesus war heute bis gegen Abend in Bethanien bei seinen Freunden. Ich sah ihn in der Gemeindeherberge mit seiner Mutter von seinem bevorstehenden Leiden sprechen.

Sie standen im Hof des Hauses in einer oben offenen Laube. Jetzt geht Er nach Jerusalem zum Sabbat! Ich sehe ihn gehen. (Später erzählte sie:) Ich sah ihn im Tempel lehren, als die Pharisäer heraus waren; sie waren sehr erbittert und schlossen den Tempel, dass nicht noch mehr Leute hinein könnten. Jesus lehrte bis tief in die Nacht. Er bewegte sich nicht stark und redete sehr einfach; wandte sich aber bald nach dieser, bald nach jener Seite. Ich habe auch gehört, dass Er sagte, Er sei für dreierlei Menschen gekommen und dass Er nach drei Seiten des Tempels hinzeigte, nach drei Weltgegenden, und darin sei alles begriffen.

Er hatte ihnen auch vor dem Tempel schon gesagt, wenn Er von ihnen geschieden sein werde, sollten sie ihn im Mittag suchen. Petrus aber war immer so frei und fragte, was das heiße «im Mittag?» Da hörte ich Jesus sagen: im Mittag stehe die Sonne über uns und es sei kein Schatten, im Morgen und Abend sei Schatten bei dem Licht und in Mitternacht sei Nacht. Sie sollten ihn im Mittag suchen, sie würden ihn finden, auch in sich, wenn kein Schatten sei. Ich habe aber gefühlt, als sei auch noch eine Bedeutung von Weltgegend dabei. Ich habe noch andere solche Worte gehört, aber vergessen. – Jesus blieb heute vor der Stadt in der Herberge.

24. Februar: Jesus lehrte morgens im Tempel und nahm gegen drei Uhr Nachmittag im Haus der Maria Markus mit den Aposteln und Jüngern, zwanzig an der Zahl, darunter ein Sohn Simeons, ein Mahl ein. Veronika war auch heimlich in dem Haus: Ich erfuhr hierbei, dass der Priester Simeon mit Anna von Bethlehem aus verwandt gewesen. Jesus übernachtete in der Herberge vor Jerusalem.

25. Februar: Ich habe Jesus heute wieder im Tempel lehren sehen und auch einiges davon verstanden. Die Juden werden schon grimmiger; sie hatten heute das Gitter um den Lehrstuhl und den Lehrstuhl selbst verschlossen. Als Jesus aber mit den Jüngern in

die Halle kam, ergriff Er das Gitter und es öffnete sich, und auch der Stuhl tat sich vor seiner Hand auf. Ich erinnere mich, dass viele Schüler Johannes' des Täufers und heimliche Anhänger Jesu da waren und dass Er anfing, von Johannes zu reden und was sie von diesem hielten und von ihm selbst. Ich meine, Er wollte, dass sie sich öffentlich kund tun sollten; sie fürchteten sich aber, frei zu reden. Ich habe auch gehört, dass Er eine Parabel von einem Mann und zwei Söhnen erzählte, die einen Acker umbrechen und ausjäten sollten. Der eine Sohn sagte «ja», und tat es nicht, der andere sagte «nein», und es reute ihn und er tat es. Jesus lehrte lange hierüber. – Später, nach seinem feierlichen Einzug in Jerusalem, hat Er nochmals über eine ähnliche Parabel gelehrt.

Heute ging Er nach Bethanien zu Lazarus schlafen. Er besuchte die heiligen Frauen. Sie waren nicht in dem Haus des Lazarus, sondern in dem Haus, wo Martha und Magdalena waren, als Lazarus erweckt wurde.

27. Februar: Ich sah Jesus heute im Tempel lehren. Die Jünger waren früher darin gewesen und hatten ihn geöffnet. Er lehrte noch wie gestern in Parabeln, nahm bei Johannes Markus abends das Mahl und schlief in Bethanien.

28. Februar: Ich sah heute den Herrn von Bethanien nach Jerusalem zum Tempel gehen. Es rief ihn ein Blinder dringend am Weg um Heilung an, aber Er ging an ihm vorüber. Die Jünger waren unzufrieden darüber und Jesus lehrte im Tempel, warum Er es nicht getan habe. Er sagte, der Mann sei an seiner Seele noch blinder als an den Augen. Er lehrte heute sehr ernst und sagte, es seien viele hier anwesend, welche nicht an ihn glaubten und ihm nur der Wunder wegen nachliefen; sie würden ihn in der entscheidenden Stunde verlassen. Sie seien wie jene, die ihm gefolgt seien, da Er sie gespeist mit irdischer Speise, die sich jedoch nachher zerstreut hätten. Diese aber sollten sich jetzt entscheiden. Ich sah auch, dass unter dieser Rede sehr viele weggingen und wenig über hundert um den Herrn versammelt blieben. Ich sah auch, dass Er hierüber weinte, als Er nach Bethanien zurückkehrte.

1. März: Am Donnerstag sah ich unseren Herrn erst gegen Abend in den Tempel gehen. Es gingen sechs Apostel und Jünger hinter ihm. Er setzte selbst alle Stühle in den Hallen aus dem Weg

und in Ordnung. Die Jünger wunderten sich darüber, dass Er selbst Hand anlegte. Er lehrte darüber und sprach auch, dass Er sie nun bald verlassen werde.

2. März: Am Freitag kam der Herr gegen Abend von Bethanien zum Sabbat in den Tempel und aß im Hause des Johannes Markus. Die heiligen Frauen von Bethanien und Lazarus waren auch dort. Lazarus aber hielt den Sabbat nicht im Tempel; er erscheint selten öffentlich. Alle Leute, die gestern im Tempel zugehört hatten, waren heute wieder darin. Jesus und die Seinen schliefen in Bethanien.

Große Lehre im Tempel – Es kommen neue Jünger von Sikdor

(Am 3. März nachmittags vier Uhr erzählte Anna Katharina:) Ich habe bis jetzt von heute morgen an Jesus im Tempel lehren hören; es hat mich das in meinem Elend nach einer qualvollen Nacht und einem Morgen voll Pein und Kummer sehr erquickt; nur um Mittag machte Jesus eine Pause und erholte sich etwas. Nachher hat Er fortgelehrt.

Ich habe noch sehr vieles davon vor Augen, aber es ist mir nicht möglich, es in der Ordnung zu erzählen, wie es folgte; denn manches lehrte Er vor den Aposteln und Jüngern allein in einem abgesonderten Raum, anderes lehrte Er so, dass es teils die lauernden Pharisäer, teils andere Juden mit anhörten. Er sagte den Aposteln und Jüngern vieles Zukünftige in allgemeinen Worten, ohne bestimmte Namen zu nennen, voraus; mir aber trat, wie gewöhnlich, alles, was Er damit meinte, in Bildern vor Augen.

Ich werde aber nicht immer im Erzählen gleich bestimmen können, was ich Jesus sagen hörte und was ich dabei gesehen habe, aber das wird man schon selbst unterscheiden können.

Jesus sprach viel von verfälschten Tugenden: von einer Liebe, worin Selbstliebe und Habsucht, von einer Demut, worin Eitelkeit sei. Er erklärte, wie fein sich das Böse in alles einschleiche. Er sprach, dass viele glaubten, Er habe ein weltliches Reich zu erwarten oder ein Amt und hofften, bei ihm ohne Leiden etwas zu werden; ja wie selbst die fromme Mutter der Söhne des Zebedäus eine Anzeichnung ihrer Söhne von ihm verlangt habe. Er sprach auch, dass man sich keine toten Schätze sammeln solle und vom Geiz, und ich fühlte, dass Er damit auf Judas zielte. Auch redete Er von der Abtötung, vom Fasten und Beten und von der Heuchelei darin und erwähnte dabei den Zorn der Pharisäer, da die Jünger vor einem Jahr um diese Zeit Ähren abgestreift hatten. Er wiederholte viele Lehren und erklärte vieles aus seinem ganzen Wandel.

Er sprach von seiner Abwesenheit und lobte das Verhalten der Jünger während derselben, erwähnte auch diejenigen, welche ihn begleitet hatten, lobte ihre Verschwiegenheit, ihre Folgsamkeit und in welchem Frieden Er gewandelt; Er sprach hiervon sehr rührend. Dann redete Er von seinem baldigen Ende und dass Er vorher noch feierlich in Jerusalem einziehen werde.

Er sprach von Maria seiner Mutter, dem Fleische nach, was sie leiden werde, und von seiner Sendung und deren nahen Erfüllung, von seinem Leiden und wie erbarmungslos man mit ihm umgehen werde. Er müsse aber leiden und unendlich leiden, um genugzutun. Er berührte dabei die tiefe Verderbtheit und Schuld der Menschen und wie ohne sein Leiden keiner gerechtfertigt werden könne.

Als Er von seinem Leiden und seiner Genugtuung sprach, tobten, lachten und höhnten die Juden. Sie flüsterten sich mit grimmigen Blicken zu und einige gingen hinaus und redeten mit allerlei Gesindel, das, wie bestellt, da lauerte. Es schien wie ein vorbereiteter Handel, Jesus zu überfallen. Der Herr aber sprach zu den Seinen, sie sollten sich nicht darüber beunruhigen, seine Zeit sei noch nicht da, auch dies gehöre zu seinem Leiden.

Er berührte auch in seiner Lehre das Abendmahls- und Versammlungshaus, worin sie nachher den Heiligen Geist empfingen, ohne es jedoch zu nennen, und sprach von einer Versammlung und dem Genuss einer Stärkung und Erquickung und wie Er ewig in derselben bei ihnen sein wolle.

Er sprach auch von seinen heimlichen Jüngern, den Söhnen Simeons und anderen, und entschuldigte sie vor den öffentlichen Jüngern, dass sie sich zurückhielten und erklärte dies als nützlich, denn sie hätten einen anderen Beruf. Da auch mehrere Leute von Nazaret aus Neugierde in den Tempel gekommen waren, ihm zuzuhören, sprach Jesus ihnen zu Gehör, dass es ihnen nicht ernst sei. Zu den Aposteln allein sprach Er von vielem, was nach seinem Heimgang zum Vater vorgehen werde. Er sagte zu Petrus, er werde viel zu leiden haben, er solle sich aber nicht fürchten und getreu ausharrend der Gemeinde vorstehen, die sich wunderbar mehren werde; drei Jahre solle er mit Johannes und Jakobus dem Jüngeren in Jerusalem bei der Kirche bleiben. Er sagte ihnen auch von einem Jüngling voraus, der zuerst sein Blut für ihn vergießen werde, ohne doch den Namen des Stephanus zu nennen. Auch von der Bekehrung des Verfolgers sprach Er, ohne den Namen des Paulus auszusprechen und wie dieser mehr tun werde als viele andere. Sie konnten das nicht recht einsehen.

Er deutete auf die Verfolgungen des Lazarus und der heiligen Frauen und sagte den Aposteln, wohin sie nach seinem Tod und dem ersten halben Jahr gehen sollten. Petrus, Johannes, Jakobus der Jüngere sollten in Jerusalem bleiben; Andreas, Zachäus sollten ins Land Galaad; Philippus und Bartholomäus nach Gessur an der syrischen Grenze gehen. Ich sah dabei Bilder aus der Zukunft, wie diese vier Apostel bei Jericho über den Jordan und dann gegen Mitternacht zogen und wie Philippus dort in der Stadt Gessur gleich eine Frau heilte und sehr geliebt, später aber verfolgt wurde. Nicht sehr weit von dieser Stadt Gessur war Bartholomäus zu Hause und es ist mir dunkel, als stamme er von einem König dieser Stadt, der mit David verwandt war.

Er war auch so fein gegen die anderen Apostel. Diese vier Apostel blieben nicht zusammen an diesem Ort, sondern arbeiteten in der Gegend umher. Galaad, wo Andreas und Zachäus hingingen, war nicht weit von Pella, wo Judas in seiner Jugend erzogen worden war.

Jakobus der Ältere und ein anderer Jünger sollten in die heidnischen Grenzen nördlich von Kapharnaum hinaufgehen. Thomas und Matthäus aber sollten vorerst gen Ephesus ziehen, um die Gegend vorzubereiten, wo einst seine Mutter und viele, die an ihn glaubten, wohnen würden. Sie wunderten sich aber sehr, dass Maria da wohnen sollte. Thaddäus und Simeon sollten anfangs nach Samaria gehen. Da wollte keiner gerne hin, lieber wollten sie in ganz heidnische Städte.

Er verkündete ihnen auch, sie alle würden noch zweimal in Jerusalem zusammenkommen, ehe sie das Evangelium im fernen Heidentum verkündigen würden. Er erwähnte auch einen Mann zwischen Samaria und Jericho, der viele Wunder gleich ihm, aber aus der Macht des Teufels tue. Dieser werde sich bekehren wollen und sie sollten ihn annehmen, denn auch der Teufel müsse zu seiner Verherrlichung beitragen.

(Sie meinte nachher, es sei Simon Magus gewesen). Alle diese Sachen, welche sich auf die Zukunft der Kirche bezogen, sagte Jesus seinen vertrauten Jüngern allein und nicht vor der ganzen Versammlung. Sie fragten ihn wie einen vertrauten Lehrer, was sie nicht verstanden und Er erklärte es ihnen soviel als nötig. Es ging alles so natürlich her. Ich habe sehr vieles vergessen.

(Nachdem die Erzählerin hier durch äußere Störungen in ihrer Mitteilung unterbrochen worden war, setzte sie in einer späteren Stunde noch folgendes hinzu, wovon dem Schreiber jedoch nicht gewiss ist, ob sie sich dessen aus der heutigen Lehre des Herrn oder teilweise auch aus früheren Gesichten bewusst war.)

Drei Jahre nach Christi Tod waren die Apostel in Jerusalem versammelt, dann verließen Petrus und Johannes die Stadt und Maria zog mit dem Letzteren nach Ephesus.

Nun erhob sich in Jerusalem die Verfolgung gegen Lazarus, Martha und Magdalena, welche letztere bis dahin in der Wüste jene Höhle büßend bewohnte, in welche Elisabeth den Johannes bei dem Kindermord hingeflüchtet hatte. Die Apostel haben in der ersten Zeit alles zusammengebracht, was zum Kirchenkörper gehörte.

In der Hälfte der Zeit, welche Maria nach Christi Himmelfahrt noch lebte, ungefähr im sechsten Jahr nach der Himmelfahrt, waren sie in Jerusalem nochmals versammelt, verfassten das Glaubensbekenntnis, ordneten alles, teilten und veräußerten alles das Ihrige und teilten den Kirchenkörper in Diözesen ein, worauf sie zerstreut ins fernere Heidenland zogen. Bei Marias Tod kamen sie zum letztenmal zusammen und verteilten sich dann in weitere Gegenden bis zu ihrem Ende.

(Die Erzählende erwähnt auch die Erwählung der Diakonen und die Beschwerden der Witwen und Waisen wie auch der

Sanftmut des hl. Petrus gegenüber dem hl. Paulus in Sachen der Beschneidung.)

Als Jesus nach der heutigen Lehre, welche die Pharisäer sehr ärgerte, den Tempel verließ, lauerten sie am Ausgang und auf dem Weg auf ihn und wollten ihn steinigen. Ich weiß nicht mehr, wie Er sich ihnen entzogen hat; Er hielt sich aber nun drei Tage lang verborgen.

Es sind heute auch drei junge Männer aus dem Chaldäer Land nach Bethanien gekommen, aus der Stadt Sikdor, wo Jesus am 17. Dezember gewesen ist und wo sie in ihrem hohen Tempel ein Bild des verschlossenen Gartens hatten. Sie kannten Jesus nicht; hatten aber von seiner Lehre gehört und wollten sich überzeugen. Sie kamen zu Lazarus und wurden in die Jüngerherberge gewiesen.

4. März: Jesus ist heute in Bethanien bei Lazarus. Die Apostel kommen und fragen allerlei über seine Lehre am Sabbat, und Er erklärt es ihnen und befiehlt ihnen, das, was Er von der Zukunft gesagt, aufzuschreiben. Ich sah aber, dass Nathanael, der Bräutigam von Kana, es aufschrieb, der sehr geschickt zu schreiben verstand und damals noch keinen anderen Namen hatte, den er erst nach der Taufe empfing. Ich wunderte mich, dass Johannes es nicht schrieb, sondern ein Jünger.

5. März: Drei Tage nach seiner letzten großen Lehre lehrte Jesus nicht im Tempel. Er will, die Apostel und Jünger sollen über alles Gehörte recht nachdenken. Die drei Männer, welche aus dem Chaldäer-Land hierher gekommen sind, haben Jesus in Bethanien nur ein paar Augenblicke gesprochen. Er ging an ihnen vorbei und sagte, sie sollten nach Kapharnaum zu dem Hauptmann gehen, dem Er geholfen, der sei ein Heide wie sie und würde sie belehren. Ich sah auch die Männer hingehen; sie waren ungemein groß und schlank, sehr fein und behende und viel edler gestaltet als die Juden. Sie hatten so schmale Hände und Füße. Ich habe sie auch bei dem Hauptmann gesehen und wie er mit ihnen gesprochen hat. Er erzählte ihnen von der Heilung seines Knechtes und dass er Jesus gebeten, nicht in sein Haus zu kommen.

Dazu habe seine Scham beigetragen, dass der Sohn Gottes in ein Haus eingehen solle, worin so viele Götzenbilder standen; auch hätten sie ihre heidnische Fastnacht gehabt. Ich sah auch, welch' schöne Götzenbilder er damals gehabt und wie er sie nachher alle zu heiligen Tempelgefäßen und zu Almosen hingegeben hat. Fünf Wochen vor Christi Kreuzigung hatten die Heiden ihre Fastnacht und trieben allerlei Teufelei.

Die drei Chaldäer gehen von Kapharnaum wieder nach Bethanien und dann nach Sikdor zurück. Sie werden da noch viele Leute und Schätze sammeln und dann zum König Mensor in Arabien ziehen. Ich habe Sikdor wieder gesehen, es ist eine Priesterschule jenes Landes. Die Frauen wohnen ganz getrennt in den Mauern. Es ist auch eine Schule für Mädchen da, sie ist ganz am Tor rechts in einem großen Haus. In der Mitte des Ortes steht der Tempel, ein hohes Gebäude; es ist ein Hof davor mit einem Brunnen und sehr vielen Götzenbildern.

7. und 8. März:

Jesus ging heute früh von Bethanien nach Jerusalem mit wohl dreißig Jüngern in den Tempel. Er ging gerade in den runden Lehrplatz mit ihnen, und die Pharisäer mussten weichen. Ich habe ihn sonst nur mit wenigen kommen und die anderen sich nach und nach versammeln gesehen. Die Pharisäer wichen in die Hallen umher und lauerten durch die Bogen herein. Ich habe vieles von seiner Lehre gehört, aber habe es unter den Schmerzen und den Bildern der Fastnachtssünden vergessen. Er lehrte heftig gegen die Pharisäer, sagte den Jüngern sein Leiden voraus und ging nach Bethanien zurück.

Die Juden hatten einen Festtag. Jesus war im Tempel und lehrte, als die Juden fertig waren. Er blieb in Jerusalem.

9. März: Jesus, der gestern in Jerusalem übernachtete, ging am Morgen mit allen seinen Jüngern in den Tempel. Vorne am Eingang wohnten in den Mauern etwa sieben bis acht Krämer, sie hatten allerlei Lebensmittel, auch einen roten Saft in kleinen Krügen zu verkaufen. Sie waren wie Marketender; ich weiß nicht, ob sie sehr fromm waren, aber ich sah die Pharisäer oft zu ihnen hinschleichen. Als Jesus mit den Jüngern dahin kam, ging Er in die Kammern und befahl den Krämern, augenblicklich mit aller ihrer Ware hinaus zu gehen und legte selbst Hand dazu an. Er räumte selbst ihre Sachen zusammen, da sie zögerten, und es waren Leute da, welche sie ihnen hinweg trugen.

Als Jesus in den Tempel kam, waren andere auf dem Lehrstuhl, aber die wichen vor ihm, fast als triebe Er sie selbst weg. Er lehrte hier wie in der Bergpredigt.

Nachmittags ging Jesus in das Haus des Johannes Markus und dann zum Sabbat. Als die Juden ihren Sabbat geschlossen hatten, ging Jesus wieder in den Tempel und lehrte bis spät in die Nacht. Unter anderem sprach Er heute auch in Andeutungen von seiner Reise zu den Heiden, so dass es zu verstehen war, als rede Er, wie die Heiden seine Lehre so gut aufgenommen hätten. Er sprach auch etwas von den drei Chaldäern, die ich neulich kommen sah und sagte, sie sollten ein Zeugnis über etwas ablegen, das ich vergessen habe. Jesus übernachtet in Jerusalem.

10. und 11. März:

Jesus schloss sich heute durch Absperrung von drei Bogen mit den Aposteln und Jüngern in der Lehrhalle des Tempels ab. Er lehrte lauter Lehren wiederholend, die Er schon früher gelehrt hatte. Er sprach lange vom wahren Fasten, auch von seinem Fasten in der Wüste und vom Fasten der Pharisäer. Es hatten nämlich die Pharisäer auch ein Fasten (Estherfasten), ich meine aber etwas früher gehabt. Er wiederholte auch vieles von seinem bisherigen Wandel und wie Er und wozu Er die Apostel berufen habe. Ich sah viele Bilder von diesem Berufen. Er nahm die Apostel paarweise vor. Mit Judas sprach Er wenig; dieser war ergrimmt, hatte den Verrat im Herzen und hatte schon mit den Pharisäern gesprochen. Hernach sprach Jesus auch über den Beruf der Jünger.

11. März: Jesus hat heute im Tempel gelehrt; sein Leiden muss nahe sein, die Jünger sind sehr traurig.

12. März: Jesus hat heute wohl vier Stunden lang im Tempel vor seinen Jüngern und allen Juden, die hören wollten, gelehrt. Der Tempel war ganz voll; es waren auch viele Frauen an einem abgesonderten, vergitterten Platz. Er wiederholte vieles von früheren Lehren und Taten, die Er erklärte. Er sprach auch von seiner Heilung des Mannes am Teich Bethesda und warum Er ihn um diese Zeit geheilt habe. Er sprach von der Erweckung des Sohnes der Witwe von Naim und der Tochter des Jairus und warum der Jüngling von Naim auch gleich gefolgt sei; er war jetzt Gehilfe der Jünger. Die Tochter des Jairus sei nicht gleich gefolgt. Ich sah

beide Wunder bald nacheinander geschehen und den Sohn vor der Tochter erwecken. Jesus hielt bei der Mutter des Sohnes ein Mahl. Ich habe die Bilder und Geheimnisse von all diesem gesehen.

Jesus sagte auch in seiner heutigen Lehre, wie es ihm bald ergehen und wie die Jünger ihn verlassen würden. Er werde öffentlich mit Glanz und Triumph in den Tempel einziehen und dann fünfzehn Tage noch bei ihnen sein. Er sagte nicht, dass Er auf einem Esel einziehen werde; und sie glaubten, Er werde mit großer Pracht und Herrlichkeit kommen, etwa mit Pferden und Kamelen.

Es war bei dieser Rede ein großes Geflüster. Sie hatten auch nicht verstanden «fünfzehn Tage», sondern längere Zeit; Jesus wiederholte aber: «Dreimal fünf Tage».

Es werde ihn auch bei seinem Einzug der Mund der Säuglinge, die nie gesprochen, verkünden. Viele würden Zweige von den Bäumen brechen und vor ihn hinstreuen, andere würden ihre Kleider vor ihm ausbreiten und Er erklärte ihnen das so, dass die, welche Zweige vor ihn streuten, nicht das Ihrige für ihn geben und ihm nicht getreu bleiben würden, welche aber die Kleider ausziehen und auf den Weg breiten würden, die sagten sich von dem Ihrigen los und zögen den neuen Menschen an und würden ihm getreu bleiben.

Diese Lehre dauerte etwa vier Stunden. Vieles war mit eingeflochten von seinem früheren Lehramt, das Er erklärte, und das ich in Bildern sah.

Vorabend von Palmsonntag

13. März: Nach der letzten Lehre im Tempel war große Unruhe unter den Schriftgelehrten und Pharisäern. Im Hause des Kaiphas hielten sie eine Versammlung und es wurde verboten, Jesus und die Jünger irgendwo aufzunehmen. Sie ließen am Tor auf ihn lauern; Er aber hielt sich in Bethanien bei Lazarus verborgen.

14. März: Heute sah ich Jesus, Petrus, Johannes, Jakobus, Lazarus, die heilige Jungfrau und andere sechs Frauen in des Lazarus Haus unter der Erde in Kellergemächern verborgen, in denen

Lazarus bei seiner Verfolgung sich auch versteckt gehalten hatte. Diese Räume unter dem hinteren Teil des Hauses waren ordentlich mit Fußdecken und Sitzen eingerichtet.

Ich sah anfangs Jesus mit den drei Aposteln und Lazarus in einem großen, von einer Säule gestützten Gemach, worin Lampen brannten. Die heiligen Frauen waren in einem dreieckigen vergitterten Raum. Alle waren sie hier unten wegen der Nachstellungen der Juden; die anderen Apostel und Jünger waren teils in der bethanischen Jüngerherberge, teils an anderen Orten.

Jesus sagte hier den Aposteln, der Tag seines Einzuges in Jerusalem sei morgen; dann sandte Er nach den anderen Aposteln, und als sie nun alle beisammen waren, redete Er lange mit ihnen, und ich sah sie sehr traurig werden. Er bezeigte sich gegen den Verräter Judas noch freundlich und gab ihm einen Auftrag, ich glaube, Jünger zu berufen. Dergleichen Aufträge liebte Judas sehr, denn er war begierig, etwas zu gelten und zu bedeuten.

Jesus ging hierauf zu den Frauen in den dreieckigen Raum, bei welchen auch Lazarus zugegen war. Er hielt ihnen eine sehr schöne Lehre, indem Er eine Parabel erzählte und auslegte, von der ich leider nur noch einige Züge weiß. Er sprach anfangs von Adam und Eva, dem Sündenfall, der Verheißung eines Erlösers und wie das Böse gewuchert sei und nur so wenige den Garten des Herrn gebaut hätten.

Hierüber erzählte Er eine Parabel von einem König, der einen herrlichen Garten gehabt habe und wie eine prächtige Frau zu ihm gekommen sei und ihm den Gewürzgarten eines frommen Mannes gezeigt habe, der dicht an seinen Garten stieß, sagend: da dieser Mann aus dem Lande ziehen werde, solle er ihm den Garten abkaufen und sein Gewürz darin bauen. Der König aber wollte Knoblauch und anderes stinkendes Gewürz in dem Garten des armen Mannes bauen, den dieser sehr heilig hielt und in dem er nur das edelste Gewürz zog. Der König ließ den armen Mann zu sich rufen und ich sah, dass derselbe weder wegziehen noch seinen Garten abtreten wollte. Ich sah auch diesen guten Mann in seinem Garten und wie er ihn redlich baute und selbst brauchte und wie man ihn verfolgte, wie man ihn in seinem Garten steinigen wollte, so dass er ganz krank wurde. Aber endlich sah ich, dass der König mit aller seiner Herrlichkeit zu Grunde ging und dass der Garten des frommen Mannes und er selbst und alles das Seine sich sehr vermehrte und zunahm. Ich sah ihn wie einen Baum des Segens sich weit ausbreiten und in die Welt verteilen.

Ich sah diese ganze Parabel, während Jesus sie erzählte, in Bildern vor meinen Augen vorüber gehen. Solche Bilder aber, die keine gegenwärtige Geschichte, sondern nur eine Bedeutung oder ein Beispiel sind, sehe ich nie an der Erde vor sich gehen, sondern ich sehe sie etwas über dem Boden schwebend.

Das Gedeihen des Gartens des frommen Mannes sah ich wie ein Wuchern, Wachsen, ein Sichausbreiten von Gewächsen, aber auch wie ein Bewässern durch sich ausbreitende Ströme und wie sich ergießende Lichtquellen und wie umherziehende und Regen und Tau niedersinkende Wolken. Der Segen löste und verbreitete sich nach allen Seiten bis in die weiteste Ferne.

Jesus legte diese Parabel aus. Sie enthielt Lehren von dem Paradies, vom Sündenfall und der Erlösung, vom Reich der Welt und dem Weinberg des Herrn in derselben, der vom Fürsten der Welt angefochten wird und in welchem dieser Fürst der Welt den Sohn Gottes misshandelt, dem der Vater die Pflege des Weinbergs übergeben hat.

Die Parabel deutete auch an, dass, wie die Sünde und der Tod in einem Garten angefangen habe, auch das Leiden dessen, der die Sünden der Welt auf sich genommen, in einem Garten beginnen und die Genugtuung und der Sieg über den Tod durch die Auferstehung in einem Garten werde vollendet werden.

Am Abend, nachdem der Herr den heiligen Frauen diese Parabel ausgelegt hatte, war noch ein Mahl in der großen unterirdischen Halle, in der ein abgegitterter Winkel den dreieckigen Raum bildete, worin Jesus die Frauen belehrt hatte. Die Tafel wurde sehr geschwind wieder weggeschafft, und nun hielt der Herr noch eine Lehre auch vor den früher zerstreut gewesenen Jüngern, die sich in der Dunkelheit wieder gesammelt und in den Nebengebäuden von Lazarus' Schloss geharrt hatten.

15. März: Heute früh ließ Jesus Eremenzear und Silas kommen und trug ihnen auf, nach Jerusalem zu gehen, aber nicht auf der Landstraße, sondern auf einem Seitenweg über Bethphage, wo der sonst nicht begangene Weg sich durch Gärten und eingezäunte Feldgüter hinzog. Sie sollten den Weg räumen und die gesperrten Pfade öffnen; bei einem Herbergshaus vor Bethphage, durch welches der Weg führte, würde eine Eselin und ihr Füllen in der Weide gehen. Sie sollten die Eselin an den Zaun anbinden und wenn sie gefragt würden, sagen, der Herr wolle es so haben. Sie sollten den Weg bis in den Tempel räumen und dann zurückkehren.

Ich sah nun diese zwei Jünglinge ausgehen, sie öffneten die Zäune und räumten alles Hindernde aus dem Weg. Das Haus, bei dem die Esel auf der Weide gingen, war eine große Herberge; es hatte einen Hof und einen Brunnen. Die Esel gehörten Leuten, welche nach Jerusalem zum Tempel gezogen waren und diese Tiere hier eingestellt hatten. Sie banden die Eselin an, das Füllen blieb frei. Ich sah sie hierauf ihren Weg bis in den Tempel nehmen und alles Störende beiseite schaffen.

Die Esswaren-Krämer, welche Jesus neulich hinausgewiesen hatte, hatten wieder am Eingang ihre Mauerwinkel besetzt. Die beiden Jünger gingen zu ihnen und sagten, dass sie wegziehen sollten, denn der Herr halte seinen Einzug. Als sie dies alles verrichtet hatten, gingen sie von der anderen Seite des Ölberges wieder auf der geraden Landstraße nach Bethphage zurück.

Jesus hatte die Jünger in zwei Gruppen geteilt, die älteren, welche mit den Aposteln waren, sandte Er früh geradewegs nach Jerusalem voraus. Sie gingen in einzelnen kleinen Gruppen und sollten sich zu Maria Markus, Veronika, Nikodemus, den Söhnen Simeons und solchen Freunden begeben und ihnen den Einzug melden. Er selbst ging mit den Aposteln und den jüngeren Jüngern; die sieben Frauen aber, denen Maria vorausging, folgten entfernter nach. Es war unterwegs bei einem Haus eine Art Garten oder Park mit schönen Bäumen, wo Jesus verweilte und zwei seiner Jünger nach dem Haus bei Bethphage sendete; sie sollten die Eselin vom Zaun losbinden und sagen, der Herr bedarf ihrer.

Der Herr verweilte eine gute Weile hier. Es war ein großer Zudrang von Menschen um ihn, die seine Lehre anhörten. Der ganze Raum, worin Er auf einer Stufe stehend sprach, war mit grünem Laubwerk, Büschen und Kränzen ausgeschmückt; alle Wände waren damit bedeckt und es hing von der Decke oben ganz feines, zartes Laubwerk nieder.

Es war dies eine offene Halle, von glatten Säulen gestützt, zwischen welchen ich die heiligen Frauen ihm zuhören sah. Der Hof vor dem Haus war voll von zuhörenden Jüngern und anderen Leuten.

Jesus lehrte hier die Jünger über die Vorsicht und den Gebrauch des eigenen Verstandes, denn sie hatten ihn gefragt, warum Er diesen Seitenweg genommen habe. Er sagte, um unnötige Gefahr zu vermeiden; man müsse auch selbst hüten und sorgen und nicht alles dem Zufall überlassen, darum habe Er auch vorher schon die Eselin dort anbinden lassen.

Die ausgesandten zwei Jünger hatten die Eselin vom Zaun losgebunden und warteten dort lange, von einem Kreis von Menschen umgeben, auf das Herannahen des Herrn und seiner Begleiter.

Jesus ordnete nun seinen Zug. Den Aposteln sagte Er, dass sie von nun an und nach seinem Tod überall der Gemeinde vorstehen müssten; und nun ließ Er sie paarweise vor sich her schreiten. Petrus war der Erste und ihm folgten die, welche nachher das Evangelium am weitesten verbreiteten. Die Letzten vor Jesus waren Johannes und Jakobus der Jüngere.

Da sich nun der Zug Jesu Bethphage nahte und die harrenden zwei Jünger denselben bemerkten, zogen sie ihm mit den beiden Tieren auf dem Weg entgegen. Die Jünger legten über die Eselin die Mäntel und Decken; welche sie von Lazarus mitgebracht hatten. Dieselben hingen bis zu den Füßen nieder, nur der Kopf und der Schweif des Tieres blieben sichtbar.

Jesus zog nun auch ein feierliches Gewand an, welches ein Jünger nachgetragen hatte; es war von weißer feiner Wolle und hatte hinten eine Art Schleppe. Jesus hatte auch einen breiten Gürtel um, mit Buchstaben bezeichnet, und um den Nacken hing bis über die Knie herab eine breite Stola, auf deren beide Enden etwas, gleich zwei Schildern, mit bräunlicher Farbe gestickt war.

Der eine Jünger hob Jesus auf der einen Seite auf die Eselin, der andere half von der anderen Seite. Das Tier hatte keinen Zaum, sein Kopf war nackt, um den Hals hatte es einen schmalen Streifen Tuch gebunden, der vorne niederhing. Ich weiß nicht, ob Jesus auf der Eselin oder dem Füllen ritt, denn beide waren gleich groß und das leere Tier lief nebenher.

Die Apostel und Jünger trugen Palmzweige, welche sie an dem vorigen Park gebrochen hatten. Auf der einen Seite des Herrn ging Eliud, auf der anderen Silas und hinter ihm Eremenzear, dann folgten alle die neuesten Jünger, welche Er teils von der Reise mitgebracht, teils in der letzten Zeit angenommen hatte. Als der Zug in Ordnung war, schlossen sich auch die Frauen paarweise an, und die heilige Jungfrau, welche sich sonst immer zurückgezogen und wie die Letzte hielt, ging an ihrer Spitze. Sie begannen zu singen und weiter zu ziehen, und die Leute aus Bethphage, welche sich um die Jünger, die mit dem Esel auf Jesus warteten, gesammelt hatten, folgten wie ein Schwarm hinten nach.

Jesus hatte den Jüngern nochmals gesagt, sie sollten auf jene achten, welche die Kleider vor ihm breiten, welche Zweige abbrechen und welche beides tun würden; die letzten seien jene, welche ihn mit der eigenen Aufopferung und auch mit den Reichtümern der Welt ehren würden.

Bethphage lag, wenn man von Bethanien gegen Jerusalem ging, rechts, mehr nach der Seite von Bethlehem zu. Der Ölberg trennte beide Wege. Es lag niedrig in feuchtem Boden wie in Schlamm; es bestand aus einer Reihe Häuser an beiden Seiten des Weges.

Das Haus, bei welchem die Eselin gestanden, lag vom Wege abseits auf einer schönen Wiese von Bethphage gegen Jerusalem zu. Der Weg stieg von dieser Seite an und senkte sich jenseits nach dem Tal hinab, das zwischen dem Ölberg und Jerusalems Hügeln lag. Jesus hatte zwischen Bethphage und Bethanien verweilt; die zwei Jünger hatten hinter Bethphage gewartet, wo sie die Eselin an den Weg geführt hatten.

In Jerusalem aber hatten dieselben Krämer und Leute, welchen am Morgen Eremenzear und Silas gesagt hatten, den Tempel zu räumen, denn der Herr werde einziehen, gleich freudig begonnen den Weg zu schmücken: Sie rissen das Pflaster auf und pflanzten

Bäume, welche oben zu Bogen zusammengebunden und mit allerlei gelben Früchten, wie mit großen Äpfeln behängt wurden. Die Jünger, welche am Morgen schon nach Jerusalem zu Jesu Freunden gegangen waren, und unzählige Fremde und Juden, welche zu dem nahen Fest nach Jerusalem gezogen waren, es wimmelten alle Wege von Reisenden und sehr viele Juden, welche Jesu letzte Rede gehört hatten, drängten sich nach jenem Teil der Stadt, durch welchen Jesus hereinziehen sollte.

Es waren auch viele Leute da, welche in der Ferne von der Erweckung des Lazarus gehört hatten und Jesus zu sehen wünschten.

Da nun die Nachricht sich verbreitete, dass Er nahe, zogen sie ihm ebenfalls entgegen. Der Weg von Bethphage nach Jerusalem führte durch einen Talgrund des Ölberges , der nicht so hoch wie die Lage des Tempels war; wenn man von Bethphage aus den Ölberg hinauf kam, sah man zwischen den Seitenhöhen, durch welche der Weg sich hinzog, den Tempel gegenüber liegen. Bethphage war ein armes Örtchen; wenn ich früher durch Gesch kam, erinnerte es mich immer an Bethphage. Der Weg von da bis zu Jerusalem war sehr angenehm voll Gärtchen und Bäumen.

Die Apostel und Jünger um Jesus sangen und jubelten, und aus der Stadt drang ihm das Volk entgegen. Es traten ihm aber mehrere alte Priester in ihrem Ornat in den Weg und hielten die Apostel an, welche etwas betroffen schwiegen. Diese Priester stellten Jesus zur Rede, was Er für eine Ordnung habe mit seinen Leuten und warum Er ihnen diesen Lärm nicht untersage. Er antwortete ihnen aber, wenn diese schwiegen, so sollten die Steine auf dem Wege zu schreien beginnen. Da zogen sie sich zurück.

Die Hohenpriester aber hielten einen Rat und ließen alle Männer und Verwandten der Frauen und Kinder zu sich rufen, welche aus Jerusalem Jesus entgegen gezogen waren und hielten sie in dem großen Hof versperrt und schickten Leute aus, welche lauern mussten. Die Menschen brachen Zweige ab und streuten sie auf den Weg, zogen ihre Oberkleider aus, breiteten sie darüber und sangen und schrien. Ich sah manche, die ihren Oberleib ganz entkleideten. Die Kinder hatten mit Gewalt alle Schulen verlassen und jubelten mit der Menge.

Ich sah Veronika und andere Frauen. Veronika hatte zwei Kinder bei sich, sie warf ihren Schleier auf den Weg und nahm auch dem einen Kinde etwas ab, das sie hinstreute. Sie und die anderen Frauen schlossen sich den heiligen Frauen an, die den Zug beschlossen. Es waren ihrer wohl an siebzehn. Der Weg war mit Zweigen, Kleidern und Teppichen so dicht überstreut, dass der Zug ganz weich durch die vielen grünen Zierbogen hinabging, mit denen er zwischen den Mauern überbaut war.

Jesus weinte, auch die Apostel weinten, als Er sagte, dass Viele, die jetzt so jubelten, ihn bald verspotten und einer ihn sogar verraten würde; und Er sah die Stadt an und weinte, dass sie bald werde zerstört werden. Da Er aber durch das Tor kam, wurde der Jubel immer größer und sie brachten ihm viele Kranke aller Art, geführt und getragen. Jesus hielt oft an, stieg ab und heilte sie alle ohne Auswahl. Es waren auch viele seiner Feinde da, welche mitschrien und lärmten.

Näher am Tempel war die Verzierung des Weges noch schöner und es waren zu beiden Seiten Einzäunungen angebracht, hinter welchen Bäumchen standen; und kleine Tiere mit langen Hälsen, Böckchen und Schafe mit Kränzen um den Hals sprangen dahinter wie in kleinen Gärtchen herum. Es standen hier immer, besonders gegen die österliche Zeit, ausgewählte, reine Opfertiere zum Verkauf. Der Zug vom Tor zum Tempel, etwa eine halbe Stunde Wegs, dauerte etwa drei Stunden.

Die Juden aber hatten nun alle Häuser und auch das Stadttor schließen lassen, und da Jesus vor dem Tempel abgestiegen war und die Jünger die Eselin zurückführen wollten, mussten sie innerhalb des Tores bis zum Abend warten. – Die heiligen Frauen waren auch im Tempel und sehr viel Volk. Alle diese Leute mussten den ganzen Tag ohne Erquickung verweilen, denn man hatte diesen ganzen Teil der Stadt abgesperrt. Magdalena war besonders betrübt, dass Jesus gar keine Erquickung erhalte.

(Hier wurde die Erzählende unterbrochen; später sagte sie, es sei noch etwas im Tempel vorgegangen, was sie vergessen habe.)

Bethanien – Salbung durch Magdalena

Abends war das Tor von Jerusalem wieder offen. Die Frauen waren etwas früher nach Bethanien gegangen, Jesus und die Apostel später. Magdalena war betrübt, dass der Herr und die Seinen in Jerusalem keine Erquickung erhalten hatten und bereitete selbst Speise für sie. Als der Herr mit den Aposteln im Dunkeln in den Hof des Hauses von Lazarus trat, brachte sie Wasser in einem Becken und wusch ihm die Füße und trocknete sie mit einem Tuch, das über ihrer Schulter hing. Es gab hier kein vollkommenes Mahl, nur ein Imbiss war bereitet.

Magdalena nahte während desselben dem Herrn und goss ihm Salbe auf das Haupt. Ich sah, dass Judas an ihr vorübergehend murrte und wie sie ihm antwortete, sie könne dem Herrn ja nie verdanken, was Er an ihr und ihrem Bruder getan habe.

Nach diesem Mahl begab sich Jesus nach dem Hause Simons des Aussätzigen, wo mehrere Jünger waren, und lehrte noch eine kleine Zeit; dann ging Er hinaus in die Jüngerherberge und sprach auch dort eine Zeitlang, worauf Er wieder zu Simon dem Aussätzigen ging und wenige Stunden mit den Aposteln schlief.

Jesus vertreibt die Krämer aus dem Tempel

16. März: Als Jesus heute mit den Aposteln nach Jerusalem ging, hungerte ihn; aber mir war es, als hungere Er nach der Bekehrung der Juden und nach seiner Vollendung. Er sehnte sich, sein Leiden möge überstanden sein, denn Er kannte dessen Größe und bangte davor. Er nahte einem Feigenbaum am Wege und sah hinauf, und da Er keine Frucht und nur Blätter auf ihm sah, verfluchte Er ihn, dass er verdorre und niemals mehr Frucht trage. Es werde jenen, die ihn nicht anerkennen, auch so gehen. Ich hatte auch, als bedeute der Feigenbaum das alte, wie der Weinstock das neue Gesetz.

Hierauf ging Jesus zum Tempel und ich sah von dem gestrigen Fest Zweige und grüne Kränze auf dem Weg auf Haufen geworfen.

Es hatten sich aber wieder viele Krämer vor dem Tempel und in den ersten Hallen eingefunden. Sie hatten teils Kasten auf dem Rücken, welche man auseinander schlagen konnte; sie stellten dieselben auf Stöcke, die sie bei sich trugen und zu Gestellen errichten konnten. Ich sah auch auf Tischen Haufen von Pfennigen liegen, welche mit Kettchen und Haken oder Riemen nach verschiedenen Arten zusammengebunden waren. Es waren allerlei Figuren darauf abgebildet, sie waren gelb, weiß, braun, auch einige mehrfarbig. Ich weiß nicht, ob es Geld war, ich glaube, es waren auch Pfennige zum Anhängen. Ich sah auch große Haufen von Körben mit Vögeln über einander stehen und in einer Halle Kälber und anderes Vieh. Ich sah, dass Jesus alle diese Händler wegtrieb, und als sie zögerten, drehte Er einen Gürtel zusammen und trieb sie auseinander und hinaus.

Griechen wollen mit dem Herrn reden (Joh 12,20-37)

Ich sah auch fremde, ansehnliche Leute aus Griechenland in einer Herberge und dass ihre Diener zu Philippus kamen und sagten, ihre Herren möchten Jesus gerne sehen und wollten sich doch nicht heran drängen. Dieser sagte es dem Andreas und Andreas dem Herrn, der sie auf den Weg zwischen dem Tor und dem Haus des Johannes Markus beschied, wenn Er aus dem Tempel gehen würde. Dieses Haus liegt vor dem Tor bei mehreren anderen Häusern und einer Herberge.

Jesus fuhr in seiner Lehre fort. Ich sah ihn sehr betrübt und als Er mit gefalteten Händen empor blickte, sah ich einen Strahl wie aus einer lichten Wolke über ihn kommen und ich hörte ein Schallen und sah das Volk erschüttert und bewegt empor schauen und zu einander flüstern und sah Jesus wieder fortreden, so einigemal abwechselnd. Hierauf sah ich, dass Er den Lehrstuhl verließ und sich unter seine Jünger zurückzog und in der Menge verschwindend den Tempel verließ.

Wenn Jesus redete, legten die Jünger ihm einen festlichen weißen Mantel um, den sie bei sich trugen, und wenn Er von dem

Lehrstuhl herab ging, nahmen sie ihm den Mantel ab; so konnte Er dann, wie die anderen gekleidet, sich leichter vor dem Volk verbergen.

Es waren drei Geländer um den Lehrstuhl, immer eines höher als das andere, denn die Zuhörer standen auch immer höher. Diese Geländer waren mit Schnitzwerk verziert und ich glaube gegossen; es standen allerlei braune Köpfe oder Knöpfe darauf. Ausgeschnitzte Bilder hab ich keine im Tempel gesehen, außer allerhand Verzierungen, Weinstöcke und Trauben, auch Opfertiere und Figuren, wie Wickelkinder, auf die Art, wie ich ein gesticktes bei Maria gesehen habe.

Es war heller Tag, da Jesus sich mit den Seinen in der Gegend von des Johannes Markus Haus zusammenfand. Hier traten auch die Griechen zu ihm, welche mit ihm reden wollten, und Er sprach einige Minuten mit ihnen. Es waren ansehnliche Leute und auch Frauen bei ihnen, welche etwas zurückstanden.

(Sie beschreibt nun die Kleidung dieser Leute, aber durch Störung, Eile, Müdigkeit und wegen vieler provinzieller Ausdrücke nicht auffasslich. Sie erwähnt bei den Männern herabhängende Lappen, bei den Frauen vorn wegfallende Oberkleider.)

Diese Leute waren gut und haben sich bekehrt und waren von den ersten, welche auf Pfingsten sich zu den Jüngern gesellten und getauft wurden.

Wiederholte Salbung Magdalenas

Jesus ging mit den Aposteln betrübt nach Bethanien zum Sabbat hinaus. Wenn Er im Tempel lehrte, mussten die Juden immer ihre Häuser verschließen und es war verboten, ihm oder den Jüngern irgend eine Erquickung zu reichen.

In Bethanien gingen sie in das Herbergshaus Simons des geheilten Aussätzigen. Er war jetzt wohlgesinnt und hatte alles zu einem Mahl herbeigeschafft. Magdalena, sehr mitleidig mit den Anstrengungen des Herrn, trat ihm beim Eingang des Hauses entgegen.

Sie hatte ein Bußkleid an, einen Gürtel um, einen schwarzen Schleier über ihren aufgelösten Haaren, sie warf sich zu seinen Füßen und wischte ihm den Staub mit ihren Haaren ab, wie man jemand die Schuhe putzt. Sie tat es vor allen öffentlich, und es ärgerten sich manche daran.

Da sie sich nun im Haus zum Sabbat bereitet, ihre Kleider angelegt und unter der Lampe gebetet hatten, legten sie sich zum Mahl nieder und gegen das Ende desselben erschien die von Liebe, Dank, Reue und Betrübnis getriebene Magdalena nochmals hinter dem Lager des Herrn, zerbrach ein Fläschchen mit Wohlgeruch über seinem Haupt und goss davon auf seine Füße, die sie mit ihren Haaren abtrocknete, und verließ den Saal.

Mehrere Anwesende ärgerten sich etwas darüber und besonders Judas, welcher auch den Matthäus, Thomas und Johannes Markus zum Unwillen reizte. Jesus aber entschuldigte ihre Liebe. Sie hat ihn sehr oft so gesalbt, wie denn manches, was nur einmal im Evangelium steht, oft geschehen ist.

Erster Verrätergang des Judas

Nach dem Mahl und einigen Gebeten zerstreuten sich die Apostel und Jünger. Judas aber, voll Ärger, lief heute zum erstenmal noch in der Nacht nach Jerusalem. Ich sah ihn im Dunkeln voll Neid und Gier über den Ölberg laufen; ich sah als zöge ein widerliches Licht mit ihm, als leuchte ihm der Teufel.

Er lief in das Haus des Kaiphas, er führte nur wenige Reden unten im Haus. Er hielt sich nie lange irgendwo auf. Ich sah ihn hierauf in das Haus von Johannes Markus eilen, als komme er wie ein anderer Jünger, die da oft herbergten. Es war das sein erster bestimmter Verrätergang.

Der verdorrte Feigenbaum – Jesus lehrt im Tempel, aus welcher Macht Er handelt – Die Parabel vom Weingärtner und vom verworfenen Eckstein

17. März: Als Jesus heute morgen mit einigen Jüngern von Bethanien nach Jerusalem ging, fanden diese den Feigenbaum verdorrt, den Jesus verflucht hatte, und sie wunderten sich darüber.

Ich sah Johannes und Petrus bei dem Baum auf dem Weg verweilen und wie Jesus, als der letztere seine Verwunderung bezeugte, zu ihnen sprach: Wenn sie glaubten, dann würden sie noch mehr tun als dieses, ja die Berge würden sich auf ihr Wort ins Meer stürzen. Er lehrte noch mehr darüber, auch über die Bedeutung des Feigenbaumes.[52]

Es waren sehr viele Fremde in Jerusalem, sie hatten Lehre und Gottesdienst am Morgen und Abend im Tempel. Jesus lehrte dann in der Zwischenzeit. Wer ihm etwas entgegnete, stand auf und Er setzte sich dann. Wenn Er selbst sprach, stand Er.

Als Er nun heute im Tempel lehrte, traten Priester und Schriftgelehrte zu ihm und fragten ihn, aus welcher Macht Er alles dieses tue. Jesus antwortete und sagte zu ihnen: «Auch ich will euch etwas fragen; und wenn ihr es mir sagt, so werde ich euch sagen, aus welcher Vollmacht ich solche Dinge tue.»

(Nun erzählte Anna Katharina das Wesentliche der Worte des Heilandes, welche vom hl. Matthäus 21,24-32 berichtet werden. Diese habe sie des Vormittags vernommen; am Nachmittag aber habe sie den Herrn von dem Weingärtner und dem verworfenen Eckstein der Bauleute (Mt 21,33-43) lehren hören.)

Mit dem gemordeten Weingärtner meinte Er sich und mit den Mördern die Pharisäer. Diese aber hätten ihn gerne festgenommen, wagten es aber nicht, weil alles Volk Jesus anhing, und ich sah, dass sie zusammenkamen und beschlossen, ferner auf seine Lehre zu lauern und ihm ganz vertraute Leute, Verwandte seiner Jünger zuzusenden, die versuchen sollten, ihn in seinen Reden durch verfängliche Fragen zu fangen. Sie sollten ihn unter anderem von der Auferstehung fragen. Die zu diesem Zweck erwählten Männer waren fünf an der Zahl. Es wurde mir die Bedeutung dieser Zahl erklärt, aber ich habe sie vergessen.

Als Jesus gegen Abend nach Bethanien zurückkehrte, kamen einige Leute mitleidig an den Weg und boten ihm zu trinken an. Er schlief in der Jüngerherberge bei Bethanien.

18. März: Jesus lehrte am Morgen noch zu Bethanien und ging erst spät zum Tempel, in welchem Er nur drei Stunden lang lehrte. Er erzählte die Parabel vom königlichen Hochzeitmahl. (Mt 22,1-14.) Es waren aber Lauerer von den Pharisäern da und Jesus ging früh nach Bethanien zurück und lehrte noch in einer Halle bei dem Haus, wo Magdalena und Martha sich vor Lazarus' Erweckung befanden. Auch hier wurde gelauert. Hierauf lehrte Jesus in der Jüngerherberge, wo die heiligen Frauen zuhörten. Er schlief heute in dieser Herberge.

Ob dem Kaiser Zins zu zahlen sei? – Von der Auferstehung der Toten – Manasse fragt nach dem höchsten Gebot

19. März: Jesus hat heute früh noch in Bethanien gelehrt. Ich habe ihn nicht früh im Tempel gesehen. Ich sah fünf Männer, welche mit einzelnen Jüngern verwandt und bekannt waren, aber den Pharisäern anhängen und teils Diener des Herodes waren; sie traten von den Pharisäern angestiftet zu dem Lehrstuhl durch den Weg, der vom Eingang durch alle die rund um ihn stehenden Gestühle zu ihm führte, und redeten Jesus lobend an und fragten, ob sie dem Kaiser Zins zahlen dürften. Jesus sagte, sie sollten ihm den Groschen zeigen, und einer zog eine gelbe Münze aus der Brusttasche. Die Münze war etwa so groß wie ein preußischer Taler; die Münzen, die ich bei den Verkäufern an Schnüren hängen sah, waren auf diese Art.

(Das Weitere erzählt Anna Katharina, wie es vom hl. Matthäus 22,20-23 berichtet wird.)

Nachher hörte ich noch eine sehr schöne Lehre. Jesus sprach vom Reich Gottes. Ich habe es so schön gehört und habe es auch innerlich und bin ganz davon entzückt, aber ich kann es nicht wiedergeben. Er sagte unter anderem, das Reich Gottes sei wie ein Mensch, der eine Pflanze bringe, welche sich ins Unendliche verbreite. Zu den Juden komme es nicht wieder, jene aber, die sich bekehrten, würden zu dem Reiche Gottes kommen.

Das Reich werde aber zu den Heiden kommen und eine Zeit werde sein, wo im Aufgang alles verfinstert, im Abend aber leuchtend werde. Er lehrte auch, sie sollten das Gute im Geheimen tun, wie Er getan, nun werde Er seinen Lohn am Mittag empfangen. Er sagte auch etwas, das sich auf den Mörder bezog, den sie ihm vorziehen würden. Er könne ihnen jetzt nicht alles sagen, Er müsse ihnen noch viel vorher sagen. Ich glaube, über acht Tage wollte Er diese Lehre vom Reich Gottes vollenden. Ich kann es nicht wiedergeben, es war sehr schön.

Am Nachmittag in der Lehre traten sieben Sadduzäer zu Jesus und fragten ihn nach der Auferstehung und über ein Weib, das schon sieben Männer gehabt hatte. Jesus antwortete, dass nach der Auferstehung kein Geschlecht und kein Freien sei und dass Gott ein Gott der Lebendigen und nicht der Toten sei. Und ich sah, dass alle Leute über seine Lehre staunten.

Die Pharisäer traten auch aus ihren Stühlen und sprachen zusammen; und es kam einer, der ein Amt am Tempel hatte, namens Manasse, zu Jesus und fragte sehr bescheiden, welches das höchste Gebot sei. Jesus sagte es ihm, und Manasse lobte ihn aufrichtig. Jesus aber erwiderte, das Reich Gottes sei nicht weit von ihm und sprach dann noch einiges von Christus und David und schloss damit die Lehre.

Alle waren nun verstummt und konnten nichts antworten. Als aber Jesus hinausging, fragte ihn ein Jünger: «Was heißt das: Du bist nicht fern vom Reich Gottes, was du dem Manasse gesagt?» Da sagte ihm der Herr, Manasse werde glauben und ihm nachfolgen; sie sollten aber davon schweigen. Ich war aber unterrichtet, dass Manasse von jener Stunde an nichts mehr gegen Jesus getan und sich stille gehalten hat bis zu seiner Himmelfahrt, da er sich für Jesus erklärt und an die Jünger angeschlossen hat. Er war zwischen vierzig und fünfzig Jahre alt.

Jesus ging am Abend nach Bethanien, aß mit den Aposteln bei Lazarus, ging dann nach der Herberge, wo die Frauen versammelt waren und lehrte auch diese noch in der Nacht. Er schlief in der Jüngerherberge.

Die heiligen Frauen sehe ich, während Jesus in Jerusalem ist, öfters etwa zu fünf beisammen in der Laube beten, wo Magdalena saß, da Martha sie vor Lazarus' Erweckung zu Jesus rief. Sie haben eine gewisse Ordnung des Stehens im Gebet, bald stehen sie zusammen, bald knien oder sitzen sie getrennt.

Strafpredigt gegen die Pharisäer

20. März: Jesus lehrte heute morgen noch in der Jüngerherberge zu Bethanien und ging dann nach Jerusalem zum Tempel, wo Er wohl an sechs Stunden verweilte. Die Pharisäer waren am Vormittag nicht zugegen. Die Jünger, durch seine gestrige Rede angeregt, fragten ihn, was das heiße «Dein Reich komme zu uns?» und Jesus sprach viel darüber und auch, dass Er und der Vater Eins seien und dass Er zum Vater gehe. Sie fragten aber, wenn Er und der Vater Eins seien, warum Er denn zu dem Vater zu gehen brauche? Da redete Jesus von seiner Sendung und dass Er sich von der Menschheit wende, von dem Fleisch, und wer sich durch ihn von seiner eigenen gefallenen Menschheit zu ihm wende, der wende sich auch zum Vater.

Er sprach so rührend davon, dass die Apostel ganz freudig und begeistert wurden und aufsprangen und ausriefen: «Herr! Wir wollen dein Reich verbreiten bis ans Ende der Welt!»

Jesus antwortete ihnen aber, wer so spreche, der tue nichts! Da wurden sie traurig und Er sprach abermals, sie sollten nie sagen: «Ich habe in deinem Namen Teufel ausgetrieben und dieses und jenes getan!», auch sollten sie ihre Werke nicht öffentlich tun.

Er erwähnte auch, wie Er in seiner letzten Absonderung im Geheimen vieles getan und wie sie aber damals immer gewollt, Er solle in seine Heimat gehen, obwohl die Juden wegen der Erweckung des Lazarus ihn hätten umbringen wollen! Wie dann alles hätte erfüllt werden sollen?

Sie fragten auch, wie sein Reich denn solle offenbar werden, wenn sie alles geheim halten sollten? Ich weiß seine Antwort nicht mehr. Er sprach noch sehr viel mit ihnen und sie wurden wieder ganz traurig. Gegen Mittag gingen die Jünger hinaus; Er aber blieb mit den Aposteln. Die Jünger brachten ihm auch zu trinken.

Nach Tisch kamen die Schriftgelehrten und Pharisäer, und es waren so viele, dass sie ganz dicht um Jesus standen und die Jünger nicht nahe um ihn waren. Hier hielt Er eine erschrecklich harte Rede gegen die Pharisäer. (Sie erzählte nun den größten Teil der Lehre, wie sie bei Mt 23,2-39 steht und fügte bei, dass Jesus einmal zu ihnen gesagt habe: «Ihr ergreift mich jetzt noch nicht, weil meine Stunde noch nicht gekommen ist.»)

Alle Pharisäer verließen darauf den Tempel. Jesus ging nach Bethanien, als es schon dunkel war, lehrte noch und schlief in der Herberge.

Mahl und Lehre bei Lazarus –
Petrus erhält einen strengen Verweis

21. März: Jesus war heute den ganzen Tag bei Lazarus mit den heiligen Frauen und den zwölf Aposteln. Am Morgen hatte Er in der Jüngerherberge und vor den hl. Frauen gelehrt. Sie hatten gegen drei Uhr ein großes Mahl bei Lazarus in der unterirdischen Wohnung; die Frauen dienten zu Tische und hörten nachher getrennt in dem abgegitterten dreieckigen Raum der Lehre zu. Ich habe sehr vieles von dieser Lehre klar und deutlich gehört und gewusst, aber großer Kummer hat mir schier alles entfallen machen. Jesus sagte unter anderem, sie würden nicht mehr lange beisammen sein, hier bei Lazarus würden sie nicht mehr essen, wohl noch einmal bei Simon, aber dann würden sie nicht so ruhig sein.

Er lud sie auch ein, ganz vertraut zu sein und ihn zu fragen, als seien sie alle gleich. Sie fragten ihn nun auch vieles, besonders aber Thomas, der sehr viele Zweifel hatte; auch Johannes fragte oft, aber etwas sanft und leise.

Als das Mahl vollendet war und sie gebetet hatten, ließen sie sich wieder nieder; und da Jesus von der Nähe der Zeit sprach und wie der Menschensohn werde übergeben werden durch Verrat, trat

Petrus eifrig vor ihn und sagte, warum Er immer spräche, als ob sie ihn verraten würden; wenn er auch glauben könne, dass es einer von den anderen sei, so stehe er doch für sie Zwölfe, dass sie ihn nicht verraten würden! Petrus sagte dieses ganz keck und wie an seiner Ehre angegriffen. Jesus aber war so heftig gegen ihn, wie ich ihn nie gesehen habe, ja eifriger als damals, da Er zu Petrus sagte: «Weiche von mir Satanas!»

Er sagte, wenn seine Gnade und Gebet sie nicht erhalte, würden sie alle fallen; wenn die Stunde komme, würden sie ihn alle verlassen. Einer sei unter ihnen, welcher nicht wanke und auch dieser werde fliehen und wiederkehren; Er meinte damit Johannes, welcher bei der Gefangennehmung fliehend sein Gewand zurückließ. Sie waren da sehr betrübt. Judas war bei allen diesen Reden ganz freundlich, lächelnd und dienstfertig.

Sie fragten Jesus auch noch über sein Reich, das zu ihnen kommen solle und Er sprach ganz unbeschreiblich süß davon und sagte ihnen, es werde ein anderer Geist über sie kommen, dann erst würden sie alles verstehen. Er sagte ihnen, Er müsse zum Vater gehen und ihnen einen anderen Geist senden, welcher von dem Vater und ihm ausgehe. Ich erinnere mich deutlich, dass Er dieses gesagt hat. Auch sagte Er etwas, was ich nicht recht wiedergeben kann, denn jenes Hören ist nicht wie unsere Worte; es ist mir, als habe Er so viel gesagt, als: Er sei ins Fleisch gekommen, um den Menschen zu erlösen; Er sei mehr körperlich in seiner Wirkung auf sie, der Körper wirke mehr körperlich und darum könnten sie ihn nicht verstehen. Er werde aber den Geist senden, welcher den Geist erschließe; ich kann es nicht sagen.

Jesus sprach auch von einer betrübten Zeit, die da kommen würde, da alle so bange sein würden und wie ein Weib in Geburtswehen. Er sprach auch von der Schönheit der menschlichen Seele, die nach dem Ebenbild Gottes geschaffen sei und wie herrlich es sei, die Seelen zu retten und heimzuführen. Er wiederholte ihnen, wie sie ihn so oft missverstanden hätten und wie nachgiebig Er mit ihnen gewesen sei und wie sie nach seinem Hingang auch so gegen die Sünder sein sollten. Da ihm aber Petrus vorhielt, Er sei doch selbst auch noch so eben sehr eifrig gewesen, lehrte Er noch vom wahren und falschen Eifer.

So lehrte Jesus bis spät in die Nacht; da kam noch Nikodemus und ein Sohn Simeons heimlich zu ihnen. Es war wohl schon Mitternacht vorbei, als sie schlafen gingen und Jesus sprach, sie sollten noch einmal ruhig schlafen, es würde bald eine Zeit kommen, wo sie angst und bange und ohne Schlaf sein würden und dann eine Zeit, wo sie mitten in der Verfolgung, einen Stein unter ihrem Haupt, so ruhig schlafen würden, wie Jakob unter der Himmelsleiter. Als seine Lehre geschlossen war, sagten sie alle: «Herr, wie kurz war diese Mahlzeit und dieser Abend!»

Jesus hatte so schön gelehrt, ich hatte es seit Langem nicht so klar gehört und wurde immer dazwischen von den Störungen der elenden Welt zerrissen, so dass ich alles vergaß.

Das Opfer der Witwe

22. März: Jesus ging sehr früh in den Tempel. Er ging nicht an den gewöhnlichen Lehrplatz, sondern nach der Halle, worin Maria geopfert hatte. Es war da im vorderen Teil ein Opferstock nicht weit vom Eingang in der Mitte; links stand ein Stuhl, der nicht so groß wie der Lehrstuhl war; da pflegte beim Opfer ein Priester zu sitzen, welcher achtgab und Ordnung hielt. Neben dem Eingang waren die Stühle der Frauen und an der anderen Seite die der Männer.

Am Ende der Halle war ein Gitter, hinter welchem sie den Altar aufschlugen, als Maria das Jesuskind darstellte. Der Opferstock war eine dicke, halbmannshohe eckige Säule, über welche oben ein rotes und durchsichtiges weißes Tuch gedeckt war; an drei Seiten gingen Trichter hinein, in welche sie das Geld einlegten; unten am Opferstock war ein Türchen. Es war auch ein Tisch da, auf welchen sie Vögel und andere Sachen opferten.

Es war aber heute ein Opfertag für alle, welche sich zum Osterfeste reinigen wollten. Es kamen Pharisäer, welche den Platz einnehmen wollten, den Jesus schon eingenommen hatte und sie ärgerten sich sehr, dass sie ihn da fanden. Es wollte Jesus ihnen den Platz räumen, aber sie wollten nicht. Die Apostel standen paarweise neben ihm. Die Männer kamen zuerst und dann die Frauen; sie gingen zu einer anderen Tür links wieder hinaus.

Die Opfernden standen draußen und warteten, zugelassen zu werden und wurden immer zu fünf und fünf eingelassen. Jesus saß an die drei Stunden hier.

Gegen Mittag war das Opfer gewöhnlich geschlossen, aber Er blieb noch länger sitzen und die Pharisäer ärgerten sich auch hierüber. Es war dieses die Halle, in welcher Jesus einmal die Ehebrecherin losgesprochen hat. (Welches Ereignis Anna Katharina zu erzählen vergessen hat.)

Der Tempel war wie drei Kirchen hinter einander. Es waren drei große Bogen, unter denen man stand. In dem ersten war der runde Lehrraum; der Opferort, wo Jesus jetzt war, lag rechts von diesem Lehrort, mehr gegen das Heilige zu, man musste durch lange Gänge zu dem Opferstock gehen. (Sie beschreibt noch mancherlei von anliegenden Räumen, aber zu undeutlich.)

Die letzte Opfernde von allen war heute eine arme, einfache Witwe. Man konnte nicht sehen, was man einlegte, aber Jesus wusste, was sie gab und sprach zu den Jüngern, dass sie mehr gegeben, als alle, denn sie hatte alles gegeben, was sie noch hatte, um sich heute Nahrung zu verschaffen. Jesus ließ ihr auch sagen, sie solle auf ihn warten zwischen dem Haus, wo hernach das Abendmahl gehalten wurde und dem Haus des Johannes Markus.

Strafrede gegen die Pharisäer

Nach Tisch lehrte Jesus wieder am gewöhnlichen Lehrplatz in der Vorhalle des Tempels. Der runde Lehrplatz war gerade der Tür gegenüber und es gingen links und rechts um ihn herum Stufen hinauf in das Heilige und aus diesem wieder Stufen ins Allerheiligste.

Es kamen aber nun die Pharisäer wieder in seine Lehre und Er sprach unter anderem noch von dem, was Er zuletzt gegen sie gesprochen hatte und warum sie ihn nicht gefangengenommen hätten, Er habe ihnen gestern doch Zeit gelassen. Auch davon sprach Er, dass seine Stunde noch nicht da sei, an ihnen liege es nicht; die Zeit werde kommen, sie sollten nicht glauben, so ruhige Ostern zu feiern, wie sonst; sie würden nicht wissen, wohin sich verbergen, alles Blut der Propheten, die sie ermordet, solle auf ihr Haupt kommen. Er sagte auch, dass diese aus den Gräbern auferstehen würden und dass die Erde beben würde. Sie würden aber doch verstockt bleiben. Ich habe da bei dieser Rede gesehen, dass bei Jesu Tod in Jerusalem vieles einstürzte und Gräber sich öffneten, Tote heraus kamen und verschwanden.

Jesus lehrte auch von dem Gotteskasten und von der armen Witwe; und als Er gegen Abend aus dem Tempel ging, sprach Er mit ihr unter Wegs und sagte ihr, dass ihr Sohn zu ihm kommen solle, worüber sie sehr erfreut war. Dieser ihr Sohn kam auch noch vor seinem Tod zu den Jüngern. Die Witwe war sehr fromm und streng jüdisch, aber einfältig und treu.

Jesus redet von der Zerstörung des Tempels

Unterwegs zeigte ihm ein Jünger den Tempel und sprach von dessen Schönheit und Jesus sprach, kein Stein werde auf dem anderen bleiben. Er ging aber mit ihnen an den Ölberg. An der aufsteigenden Höhe war ein steinerner Stuhl und rings Rasensitze an einem Lustplatz, wo sich die Priester manchmal abends nach langer Arbeit hinzusetzen pflegten, um zu ruhen. Jesus setzte sich auf diesen Stuhl und einige Apostel fragten ihn, wann denn die Zerstörung sein werde. Da sprach Jesus das Wehe (Mt 24,4-14). «Selig wer ausharrt bis ans Ende,» war das letzte. Jesus war kaum eine Viertelstunde hier.

Es war der Tempel von dort unbeschreiblich schön in der Abendsonne blitzend, man konnte kaum die Augen darauf halten, es waren so schöne dunkelrote und gelbe glimmernde Steine in den Mauern und alles war wie gewürfelt gemauert. Der Tempel Salomos hatte mehr Gold, dieser aber schimmerte so in den Steinen.

Die Pharisäer waren sehr über Jesus ergrimmt, sie hielten noch in der Nacht einen Rat und sandten Lauerer nach ihm aus; sie sagten auch, wenn nur Judas erst wieder zu ihnen käme, sonst könnten sie es nicht gut zu Stande bringen. Judas war nicht mehr seit jenem Abend bei ihnen gewesen.

23. März: Heute sah ich Jesus sehr früh wieder auf dem steinernen Stuhl am Ölberg mit den Aposteln und einigen Jüngern. Ich war heute nacht so verstört und krank, dass ich nur wenig von den Gegenständen seiner Reden behalten habe. Jesus hat noch von der Zerstörung von Jerusalem fortgesprochen und ein Gleichnis von einem Feigenbaum, der da stand, gebraucht. Er hat aber damals gesagt, Er sei schon verraten, der Verräter aber habe seinen Namen nicht genannt, er habe ihn nur angeboten.

Die Pharisäer sehnten sich, den Verräter wieder zu sehen; Jesus aber sprach, Er wünsche, der Verräter möge sich bessern, er möge es bereuen und nicht verzweifeln. Er sprach dies alles, während Judas lächelnd zuhörte, aber in verhüllten und allgemeinen Worten. Auch ermahnte Er die Apostel, nicht in weltlicher Sorge zu sein, weil Er ihnen gesagt, sie würden zerstreut werden; sie sollten darüber nicht das Nächste vergessen und sollten nicht eine Empfindung mit der anderen umhüllen und bemänteln.

Er sprach auch ein Gleichnis dabei aus von einem Mantel, das ich vergaß; auch verwies Er ihnen im Allgemeinen, dass einige gemurrt hätten über die Wohltat Magdalenas. Jesus meinte damit den Unwillen einiger über die Salbung Magdalenas am letzten Freitag, Er drückte sich aber nur im Allgemeinen darüber aus.

Er sprach dieses wahrscheinlich in Beziehung auf des Judas ersten Schritt zum eigentlichen Verrat, den er nach jener Handlung verübte, und als eine leise Warnung für ihn auf die Zukunft, da er bei der letzten folgenden Salbung Magdalenas den Verrat gänzlich vollendete. Dass auch einige andere sich an dieser freigebigen Liebe Magdalenas ärgerten, war missverstandene Sittenstrenge und Mäßigkeit. Sie kannten dieses Salben als eine bei weltlichen Festen oft missbrauchte Üppigkeit und wussten nicht, dass diese Handlung an dem Heiligsten der Heiligen höchst würdig war.

(Dies sind nicht ganz dic Wortc, wohl aber der Sinn der von Anna Katharina über die Äußerung des Herrn gegebene Erklärung.) Ich sah dabei die Salbung noch einmal. Magdalena trat mitleidig unserem Herrn an dem Eingang entgegen. Sie hatte ein Bußkleid an, einen Gürtel um, einen schwarzen Schleier über das Haupt und darunter ihre Haare aufgelöst. Sie warf sich zu seinen Füßen und wischte ihm mit ihren Haaren den Staub von denselben, wie man jemandem die Schuhe reinigt. Dieses tat sie vor allen öffentlich und es ärgerten sich einige daran. Hernach beim Mahl salbte sie Jesus. Sie hat das sehr oft getan, wie dann sehr vieles viel öfter geschehen ist, als es im Evangelium steht.

Magdalena hat wegen dieser Salbung nachher noch mit den Jüngern Verdruss gehabt. Jesus sagte auch den Jüngern, Er werde nun noch zweimal, wie ich glaube gehört zu haben, öffentlich lehren; und als Er ihnen vom Ende der Welt und der Zerstörung Jerusalems sprach, brachte Er mit den Zeichen, die Er ihnen anführte, auch die Zeichen in Verbindung, woran sie erkennen sollten, dass die Stunde seines Abschiedes nahe sei.

Er sagte ihnen, es werde noch ein Streit unter ihnen entstehen, welcher der Größte sei; dann würde Er sie verlassen, das solle ihnen ein Zeichen sein. Er berührte auch, dass einer unter ihnen ihn verleugnen werde und dass Er ihnen alles dieses sage, auf dass sie demütig sein und auf sich wachen möchten. Er sagte ihnen sehr vieles voraus mit ungemeiner Liebe und Geduld.

Gegen Mittag lehrte Jesus im Tempel. Es kamen die Parabeln vor von den zehn Jungfrauen und den anvertrauten Talenten; Er redete auch wieder scharf gegen die Pharisäer und wiederholte die Worte von den erschlagenen Propheten und sagte ihnen vieles, was sie vorhätten. Über diese Wiederholungen belehrte Er nachher die Jünger und Apostel, dass man auch da, wo man sich zur Besserung keine Hoffnung mehr mache, die Warnung wiederholen müsse.

Als Jesus aus dem Tempel ging. wandten sich wohl hundert Fremde und Heiden an ihn; Er wies sie zu den Jüngern, welche in der Stadt und Umgegend wohnten.

Es waren diese Leute nicht in der Lehre gewesen, denn sie durften nicht in den Tempel kommen; sie waren schon durch seinen Einzug in Jerusalem und seine Wunder und alles, was sie gehört hatten, bekehrt. Es waren auch jene Griechen dabei, mit welchen Jesus neulich gesprochen. Er trennte sich hier von den Jüngern und ging nur mit Einigen. Ich habe ihn nicht nach Bethanien gehen sehen und auch nicht auf den Ölberg. Er muss unten an dem Ölberg geblieben sein.

24. März: Es war unten am Ölberg ein schöner freier Platz und einige offene Herbergen zwischen Mauern, wo sonst Fremde einkehrten. Diese aber waren jetzt leer. Jesus hatte da übernachtet; diese Häuser wurden täglich von Jerusalem aus gereinigt. Er lehrte die Jünger und Apostel Morgens auf dem Platz. Er sagte ihnen auch allerlei voraus, Er würde noch zweimal mit ihnen essen und Er sehne sich danach, das letzte Liebesmahl mit ihnen zu halten; da wolle Er ihnen geben, was Er ihnen menschlich noch geben könne.

Dann ging Jesus noch in den Tempel. Die Pharisäer kamen zu zwei und zwei sich ablösend, ihn zu belauern. Er sprach von seinem Hingang zum Vater. Er sagte, Er sei gekommen die Herrschaft der Sünde über die Menschen zu beenden. In einem Garten habe die Sünde angefangen, in einem Garten werde sie auch enden. Sie würden in einem Garten die Hände an ihn legen.

Er warf ihnen vor, dass sie ihn schon nach der Erweckung des Lazarus hätten töten wollen; Er habe aber sich entfernt, damit alles erfüllt werde. Er teilte seine Reiseentfernung in drei Teile, ich weiß nicht mehr, ob in dreimal vier oder fünf oder sechs Wochen. Er sagte auch, wie sie mit ihm tun und ihn unter Mördern hinrichten wollten; aber es würde ihnen doch nicht gelingen, ihm nach seinem Tod Schande anzutun. Er sprach nochmals von den Gemordeten, die auferstehen würden; ja Er zeigte sogar nach den Plätzen hin, wo sie aufstehen würden. Sie, die Pharisäer, aber würden in Angst und Furcht nicht erreichen, was sie mit ihm vorhätten.

Er sprach auch von Eva, durch sie sei die Sünde auf die Erde gekommen und darum seien die Frauen auch gestraft und dürften nicht ins Heiligtum eingehen. Es sei aber auch durch die Frauen das Heil der Sünde auf die Welt gekommen und so befreie Er sie von der Sklaverei, nicht aber von der Untertänigkeit.

Jesus lehrte auch darüber, dass Er zum Vater gehe und etwas darüber, dass Er der Wille des Vaters sei, was ich nicht verstanden habe. Er hat gerade heraus gesagt, dass Er das Heil der Menschen sei, welches die Gewalt der Sünde über die Menschen wegnehmen werde. Er sprach auch, warum die gefallenen Engel nicht erlöst würden, sondern die Menschen; ich habe es vergessen. Er blieb in der Herberge unten am Ölberg; sie hatten eine Lampe dort und beteten die Sabbatsgebete.

Jesus in Bethanien

25. März: Heute morgen ging Jesus mit den Seinen über den Bach Kidron und dann gegen Mitternacht durch eine Häuserreihe, zwischen welchen kleine Grasplätze waren, worauf Schafe weideten; hier lag auch des Johannes Markus Haus.

Der Herr wendete sich dann nach Gethsemane, einem Dörfchen wohl so groß als Bethphage, auf beiden Seiten des Baches Kidron gelegen.

Das Haus des Johannes Markus lag wohl eine Viertelstunde vor dem Tor, durch welches man das Vieh nach dem Viehmarkt auf der Mitternachtsseite des Tempels brachte; es lag auf einem großen Hügel, der später mit Häusern überbaut worden ist. Von hier war es wohl eine halbe Stunde nach Gethsemane und von Gethsemane über den Ölberg ein kleines Stündchen nach Bethanien. Dieses lag ungefähr in gerader Richtung gegen Morgen vom Tempel und auf dem geraden Wege mochte es nur eine Stunde nach Jerusalem sein. Man konnte in Bethanien auf einzelnen Punkten den Tempel und die dahinter liegenden Schlösser sehen. In Bethphage konnte man dies nicht, es lag tiefer und hatte den ansteigenden Ölberg als Hindernis, bis der Tempel durch eine Bergschlucht des Weges sichtbar wurde.

Indem Jesus mit den Jüngern über den Bach Kidron nach Gethsemane ging, sagte Er den Aposteln, auf eine Vertiefung des Ölbergs hinzeigend: hier würden sie ihn verlassen, hier werde Er gefangengenommen werden. Er war sehr betrübt.

Danach ging Er mit ihnen nach Bethanien. Hier war Er in des Lazarus Haus, dann in der Herberge, wo Er besonders die Jünger lehrte und mit ihnen auch in allerlei Lustorten an der Morgenseite von Bethanien umherging.

Er war auch ein paar Stunden nördlicher, in jenem zerstreut liegenden Ort, wo Er am 29. Januar unter vielen anderen auch jenen besessenen Jüngling geheilt hat, von welchem ich die drei finsteren Reiche der Welt weichen sah. Er tröstete die Leute und sprach mit ihnen gleich einem, der Abschied nimmt.

Am Abend hatte Jesus in Bethanien ein großes Mahl bei Lazarus. Die hl. Frauen waren wieder in dem abgegitterten Raume zugegen. Jesus belehrte auch sie. Am Schluss des Mahles sagte Er zu seinen Freunden, sie sollten noch alle einmal recht ruhig schlafen.

Große Lehre im Tempel

26. März: Jesus ging heute morgen früh mit seinen Jüngern nach Jerusalem. Als Er dem Tempel gegenüber den Bach Kidron überschritten hatte, ging Er außerhalb der Stadt gegen Mittag, dann durch eine kleine Pforte hinein und am Fuße des Berges Sion auf einer gemauerten Brücke über einen tiefen Abgrund. Auch unter dem Tempel sah man Höhlen.

Jesus ging von der Mittagsseite durch einen langen gewölbten Gang, der außer einigen Öffnungen von oben dunkel war, in den Raum des Vorhofes der Weiber, dann wandte Er sich gegen Morgen und ging durch die Türe, in welche die beschimpften Frauen gestellt wurden, über den Opferplatz in die erste Tempelhalle auf den Lehrstuhl. Diese Beschimpftür war immer offen, wenn gleich bei seiner Lehre oft alle Eingänge zum Tempel von den Pharisäern versperrt wurden. Sie sagten: «Die Sündentür bleibe immer für den Sünder offen!»

Jesus lehrte sehr tiefsinnig und wunderbar, unter anderem von Vereinigung und Scheidung. Er brauchte ein Gleichnis von Feuer und Wasser, die sich löschten und einander zuwider seien. Wenn das Wasser das Feuer nicht überwältige, so werde die Flamme dadurch nur gewaltiger und wilder. Er sprach von der Verfolgung und Marter. Er meinte jene Jünger mit dem Feuer, welche ihm getreu blieben, mit dem Wasser aber jene, welche sich von ihm trennten und die Tiefe suchten. Er erklärte das Wasser als Marter des Feuers. Er sprach auch von einer Verbindung von Milch und

Wasser; dieses sei eine innige Verbindung, welche man nicht trennen könne. Ich weiß nur so viel, als habe Er seine Verbindung mit ihnen dadurch verstanden und Er sprach auch von der Sanftheit und Nahrung der Milch. Dabei sprach Er auch von der Verbindung der Menschen in der Ehe. Ich glaube, die Jünger fragten über Wiedervereinigung der Freunde und Gatten nach dem Tod. Jesus sagte, es gebe ein doppeltes Ehebett.

Die Verbindung des Fleisches und Blutes scheide der Tod auseinander und solche Ehe fänden sich dort nicht wieder zusammen; aber die Ehen des Geistes würden dort vereinigt werden. Sie sollten nicht bange sein, ob sie sich einzeln oder zusammen wiederfänden. Die in der Ehe des Geistes seien, würden sich in einem Leibe finden. Er sprach auch von dem Bräutigam und der Kirche als seinem Brautleib. Von der Marter des Leibes sagte Er, sie sollten sie nicht fürchten, die Marter der Seele sei schrecklicher.

Da die Apostel und Jünger nicht alles verstanden, befahl ihnen Jesus, was sie nicht verstünden gleich aufzuschreiben, und ich sah Johannes, Jakobus den Jüngeren und noch einen Brettchen vor sich auf die Lehne legen und dann und wann ein Zeichen machen. Sie schrieben auf die kleinen Rollen mit Farbe, die sie in einer Art Horn bei sich hatten. Sie zogen die kleinen Rollen aus dem Busen und schrieben nur im Anfang der Lehre.

Jesus sprach auch von einer Vereinigung des Abendmahles mit ihnen, welche durch nichts aufgelöst werden sollte. Er kam auch auf die Stärkung durch das Wasser und auf die Sakramente zu reden. – Jesus sagte auch den Aposteln, dass sie sich fortan ihrer Weiber enthalten sollten. Es war frageweise gestellt. Er sagte zu ihnen. «Könnt ihr das und jenes zugleich?» Es war von einem Opfer die Rede, welches gebracht werden müsse, und der Schluss war, sie sollten sich der Weiber enthalten. Ein Jünger könne jedoch ein Weib haben.

Er sprach auch von der Taufe des Johannes, sie habe nur Sünden abgewaschen,[53] Er werde ihnen aber den Heiligen Geist senden, der durch seine Taufe alle zu Kindern der Erlösung machen werde. Sie sollten nach seinem Tod am Teich Bethesda alle taufen, die kommen und es verlangen würden. Wenn viele kommen würden, sollten sie je zweien und zweien die Hände auf die Schultern legen und sie unter dem Strahl der Pumpe oder Spritze dort taufen. Wie sonst der Engel werde der Heilige Geist über die Getauften kommen, sobald sein Blut vergossen sei, auch wenn sie selbst den Heiligen Geist noch nicht empfangen hätten.

Petrus, als der, den Jesus als den ersten über die anderen gesetzt hatte, fragte, ob sie dann immer so tun sollten, ohne die Leute erst zu prüfen und zu unterrichten.

Jesus sagte, die Leute seien müde des Harrens am Feste und verschmachteten in Dürre, sie sollten nur so tun. Wenn sie den Heiligen Geist würden empfangen haben, würden sie fortan immer wissen, was sie zu tun hätten. Er sprach auch mit Petrus von der Buße und Lossprechung. Zu allen redete Er vom Ende der Welt und von den Zeichen, die ihm voran gehen würden; es werde ein Erleuchteter ein Gesicht darüber sehen, und der Herr sprach einzelne Bilder aus, die ihm vorangehen würden. Ich sah auch, dass Er die Offenbarung des Johannes meinte, denn als Jesus von dem Erleuchteten sprach, wurde mir das Bild gezeigt, wie Johannes den Engel über dem Meer stehen sieht.

Jesus selbst sprach verschiedene ähnliche Bilder aus. Er redete von den Gezeichneten an der Stirn, und aller Quell des lebendigen Wassers, das vom Kalvarienberg strömen werde, werde ganz vergiftet werden;[54] doch solle alles gute Wasser in einem Brunnen im Tale Josaphat gesammelt werden. Auch sprach Er von Männern auf Pferden und allerlei solchen Bildern. Ich hörte ihn sagen, alles Wasser müsse wieder Taufwasser werden, und noch vieles, was ich nicht wiederbringen kann.

Als Er von der Enthaltung der Apostel von ihren Weibern sprach, führte Er Abraham und die anderen Altväter an, welche sich vor dem Opfer immer so lange gereinigt und enthalten hätten.

(Als Anna Katharina in der Lehre von der Ehe vernahm, dass die Ehe des Fleisches und Blutes durch den Tod geschieden werde, die Ehe des Geistes aber jenseits fortdauere, hatte sie ein großes, mannigfaltig gegliedertes Bild einer Parabel, die vom Herrn während dieser Lehre vorgetragen wurde. Durch die andringenden Bilder der Passion und ihr persönliches Mitleiden gehindert, auch vom priesterlichen Befehl nicht genugsam unterstützt, war Anna

Katharina außer Stande, diese Parabel mit der für das Verständnis erforderlichen Vollständigkeit zu erzählen.

Der Pilger verzeichnete zwar die dürftige Mitteilung so gut er vermochte, allein ich (P. Karl Erhard Schmöger) muss mich darauf beschränken, statt der unvollkommenen und darum unverständlichen Bruchstücke, die Worte des Pilgers vorzulegen, in welchen er sich den Inhalt des Parabelbildes zu erklären suchte. «Ich glaube» – bemerkte er sich in seinem Tagebuch – «die Parabel enthielt die Entartung des rein aus der Hand gekommenen Menschen durch seine Hingabe an das fleischliche Sündenleben. Sie deutete auf das Verlassen des Paradieses und das Sich-Mehren in der Wüste.

Sie deutete, wie das Heilige, das Licht im Menschen sich verfinstert hat in der Vermischung mit der Finsternis, und wie endlich die Zeit der Verheißung des Heiles gekommen und das reine Weizenkorn und die reine Traube sich entwickelt und gefunden haben; und wie das himmlische Hochzeitsmahl entstanden ist, und wie von ihm nieder den armen versunkenen Menschen Gnade und Kräftigung herabgesendet wurde.

So enthielt die Parabel die ganze Geschichte des Falles und der Aussäung und Zerstreuung der Menschen in der gefallenen Leiblichkeit und der Anstalten Gottes, sie zu erlösen, sie einzusammeln in einen Leib, in den Brautleib Jesu Christi, in die Kirche, und sie aus dieser wieder zu gebären als Kinder Gottes, oder mit anderen Worten: Es war die Geschichte der Ehe in der gefallenen Menschheit und jener Ehe, welche eine großes Sakrament ist in Christus und seiner Kirche.»)

Während dieser ganzen Lehre waren keine Pharisäer zugegen. Jesus ging abends nach Bethanien zu Lazarus.

27. März: Jesus war den ganzen Tag im Tempel lehrend sehr ungestört und ernst. Er sprach von der Wahrheit und der Erfüllung dessen, was man lehre. Er wolle es nun erfüllen. Es sei nicht genug, zu glauben, man müsse auch den Glauben erfüllen. Sie alle, ja selbst die Pharisäer, könnten ihm nichts vorwerfen, worin Er unrecht gelehrt habe, nun aber wolle Er auch die Wahrheit, die Er gelehrt, erfüllen in seinem Hingang zum Vater.

Ehe Er aber gehe, wolle Er ihnen noch alles zurücklassen und geben, was Er habe. Geld und Gut habe Er nicht, aber Er wolle ihnen seine Gewalt und Kräfte hinterlassen und wolle eine Vereinigung mit ihnen gründen bis an das Ende der Tage, welche inniger noch sein sollte, als seine jetzige. Er wolle sie auch alle untereinander verbinden zu Gliedern eines Leibes. Er sagte so vieles, was Er noch mit ihnen tun wolle, dass Petrus Hoffnung fassend, Er bleibe noch länger, zu Jesus sprach, wenn Er alles dieses mit ihnen tun wolle, so bliebe Er bis ans Ende der Welt mit ihnen.

Jesus sprach aber das aus, was mit dem Inhalt des Abendmahles getan war, ohne das Abendmahl wirklich zu erwähnen. Er sagte ihnen auch, Er wolle das letzte Ostern mit ihnen halten; und Petrus fragte, wo Er es mit ihnen halten wolle. Jesus sagte, Er werde es zu seiner Zeit sagen; nach diesem letzten Pascha werde Er zu seinem Vater gehen. Petrus fragte dann, ob Er seine Mutter, welche sie alle sehr liebte und ehrte, nicht mitnehmen werde. Jesus sprach, dass sie eine Zahl Jahre, wobei fünf vorkam, ich glaube fünfzehn Jahre, bei ihnen bleiben werde. Er sprach auch viel von seiner Mutter, was ich vergessen habe.

Er lehrte auch heute oder am vorigen Tag von Noe, der sich in Wein berauscht habe, und von den Kindern Israels, denen das Himmelsbrot unschmackhaft geworden sei; und sprach von Wermut, womit man es durchbittern müsse, und Er wolle das Brot des Lebens bereiten in seinem Hingang, denn es sei noch nicht gebacken oder gekocht. Er sagte Wunderbares hiervon, was ich nicht deutlich aussprechen kann.

Jesus sprach auch, Er habe die Wahrheit so lange gelehrt und ihnen mitgeteilt, und sie hätten immer gezweifelt und zweifelten noch! Er fühle, dass Er ihnen durch sein körperliches Dasein nicht mehr nützen könne, Er wolle ihnen darum alles geben, was Er habe und wolle nur so viel behalten, die Blöße seines Leibes zu bedecken.

Das verstanden sie nicht, aber ich verstand es. Sie meinten höchstens, Er werde sterben oder verschwinden. Schon gestern, als Er von der Verfolgung der Juden gegen ihn sprach, sagte Petrus zu ihm, Er möge sich doch entfernen, sie wollten mit ihm fortgehen, Er sei ja nach des Lazarus Erweckung auch hinweg gegangen.

Als Jesus gegen Abend den Tempel verließ, sprach Er, von demselben Abschied nehmend, Er werde ihn in diesem Leibe nicht mehr betreten. Es war dies so rührend, dass alle Apostel und Jünger sich auf die Erde warfen und laut schrien und weinten. Auch Jesus weinte. Ich habe auch mitweinen müssen; es ist so rührend, alte Männer weinen zu sehen. Judas sah ich nicht weinen; er war aber in Angst. Alle die letzten Tage war er schon so unruhig. Jesus hat gestern kein Wort von ihm gesprochen.

Als sie vor dem Tempel in die Vorplätze kamen, wo die Heiden sich aufhalten durften, waren viele derselben da, die sich zu Jesus wenden wollten. Sie sahen es mit an, wie die Apostel weinten; und Jesus sprach zu ihnen, sie sollten sich zu den Aposteln und Jüngern nachher wenden, jetzt sei keine Zeit; jenen gebe Er alle seine Macht.

Ich sah Jesus den ganzen Weg, den Er am Palmsonntag gegangen war, mit ihnen zur Stadt hinausgehen und sich noch oft mit traurigen und ernsten Worten zum Tempel zurückwenden. Er ging mit ihnen noch in die offene Herberge unten am Ölberg, wo Er neulich abends gelehrt hatte, sprach noch mit mehreren Jüngern dort und ging im Dunkel nach Bethanien.

Hier lehrte Jesus im Haus des Lazarus noch bei einem Abendessen, wo die Frauen aufwarteten; sie waren jetzt weniger getrennt. Er bestellte ein reichliches Mahl auf den folgenden Abend im Hause Simons. Sie schliefen am Morgen im Saal umher, auf Wülsten liegend, die sie aufrollten.

An diesem Tag war es sehr still in Jerusalem; die Pharisäer waren nicht im Tempel, sie waren zu einem Rat versammelt und waren sehr besorgt, dass Judas noch nicht wieder bei ihnen gewesen war. Ich sah bei vielen guten Leuten in Jerusalem große Betrübnis; sie mussten wohl durch die Jünger von den Erklärungen des Herrn wissen.

Ich sah Nikodemus, Joseph von Arimathäa, die Söhne Simeons und andere sehr betrübt, aber doch noch ganz mit den Juden vermischt und sich nicht absondernd.

Auch Veronika (Seraphia) sah ich in ihrer Wohnung traurig umhergehen und die Hände ringen und dass ihr Mann sie zur Rede stellte, warum sie so traurig sei.

Ihr Haus lag in der Stadt, in der Mitte zwischen dem Tempel und dem Kalvarienberg. Ich war auch im Haus des Abendmahles. Es schlafen dort 76 Jünger unter den angebauten Schuppen. Ich wusste immer nicht, wo sie herbergten; es war hier.

Letzte Salbung Magdalenas

28. März – (Heute nachmittag um vier Uhr fand der Pilger die Kranke im ekstatischen Schlaf. Ihr Angesicht war mit Blut, das in Linien von der Stirn niedergeflossen, bedeckt. Die Binde ihrer Stirn war von Blut durchdrungen, auch ihre Seite und Brust hatten geblutet. Er weckte sie, das Blut von der Stirn zu wischen und ihre Binde zu wechseln, damit niemand sie in diesem Zustand finde und dass kein Geschwätz darüber entstehe. Sie erwachte in kindlicher Freude und ohne Bewusstsein der Gegenwart und ihrer äußeren Umgebung und sagte, wie ein sich eilig entschuldigendes Kind:

«Ich blute nicht! Sie haben ein Lämmchen in Simons Haus geschlachtet, da hab' ich geholfen. Der Herr lehrt bei Lazarus die Jünger. Judas hat zum Mahl eingekauft, er hat einmal den Beutel recht aufgetan. Magdalena ist nach Jerusalem, Salbe zu kaufen. Ich war überall mit dabei und habe überall mitgeholfen. Ich konnte nicht abkommen; ich weiß wohl, es sitzt jemand bei mir zu Hause und wartet auf mich, aber ich konnte nicht fort.»

Dieses alles stammelte sie in unaussprechlicher kindlicher Freude und war dabei wie trunken vor Innigkeit. Es wartete aber wirklich ein Freund, Melchior Diepenbrock, in der Vorstube schon geraume Zeit, Abschied von ihr zu nehmen. Sie sprach im gleichen Zustand mit ihm und ließ sich mit Mühe bereden, ihr Gesicht zu waschen. Dann erzählte sie folgendes:)

In Bethanien im Hof vor dem Haus des Lazarus waren heute sehr viele Jünger versammelt. Jesus lehrte am Morgen dort. Gegen drei Uhr nachmittags wurden dort Tische bereitet. Es waren mehr als sechzig Menschen, sie standen hinter den Tischen.

Jesus und die Apostel gingen an der anderen Seite der Tische herum, welche nur an der hinteren Seite von den Jüngern umgeben waren und dienten ihnen. Jesus ging von Tisch zu Tisch, reichte dieses und jenes dar und redete zu ihnen. Judas war nicht zugegen, er kaufte zu dem bei Simon bestellten Mahl ein. Magdalena war am Morgen nach Jerusalem gegangen, Salbe zu kaufen.

Maria, welcher Jesus heute früh seinen nahen Tod gesagt hatte, war unaussprechlich traurig. Ihre Nichte, Maria Kleophä, die älter ist als sie und von welcher ich ein Gebein besitze, war immer mit ihr, sie zu trösten und sie waren miteinander nach der Jüngerherberge und in die nahe gelegenen Erholungsorte in ihrer Trauer gegangen. Jesus sagte den Jüngern von seinem nahen Tod und dessen Folgen. Er sagte, es werde ihn einer, der ihm vertraut sei und ihm alles zu verdanken habe, an die Pharisäer verkaufen. Er würde ihn nicht einmal im Preis halten, er werde fragen: «Was wollt ihr mir für ihn geben?» Wenn die Pharisäer einen Sklaven kauften, so würde ihnen doch der Preis gesagt; dieser aber würde ihn verkaufen, um das, was sie böten. Er würde ihn schlechter verkaufen, als einen Sklaven.

Die Jünger weinten bitterlich und konnten vor Betrübnis nicht mehr essen; Jesus aber nötigte sie freundlich. Ich habe oft die Jünger viel milder und zärtlicher als die Apostel gegen Jesus gesehen; ich glaube, weil sie nicht so häufig mit ihm waren, so waren sie demütiger.

Jesus lehrte am Morgen die Apostel noch vieles, was sie nicht ganz verstanden und befahl ihnen, was sie nicht verstünden, aufzuzeichnen. Wenn Er ihnen seinen Geist senden werde, würden sie sich dadurch erinnern und es verstehen. Ich sah auch, wie Johannes und mehrere sich vieles vormerkten. Jesus berührte manches von ihrer Flucht, wenn Er werde überantwortet werden. Sie konnten es sich gar nicht denken und taten es doch, worüber ich mich auch wunderte. Er sagte ihnen vieles, was hernach folgen werde und wie sie sich verhalten sollten.

Den Jüngern sagte Jesus, wohin sie sich begeben sollten: einige nach Arimathäa, andere nach Sichar, andere nach Kedar. Die drei Jünger, die ihn auf der letzten Reise begleitet hatten, sollten nicht nach Hause gehen. Wenn man sich sehr in seiner Gesinnung verändert habe, müsse man nicht in die Heimat gehen, man gebe sonst Ärgernis und laufe durch Widerstand Gefahr zu fallen.

Eliud und Eremenzear gingen, glaube ich, nach Sichar. Silas blieb noch. So belehrte Jesus sie ungemein liebevoll und riet ihnen noch in allem. Ich sah auch schon am Abend viele sich zerstreuen.

Während der Lehre kam Magdalena von Jerusalem mit der gekauften Salbe zurück. Sie war am Morgen zu Veronika gegangen und hatte in deren Haus verweilt, bis diese für sie den Einkauf der Salbe besorgt hatte. Es war dreierlei und das köstlichste, was zu haben war. Sie hatte, was sie noch besaß, dazu verwendet. Es war ein Wasser oder Öl dabei, dessen Namen mit Nar[55] anfängt, es war wohl eine halbe Kanne; die Namen der anderen beiden Salben habe ich vergessen. Sie kaufte die Gefäße gleich mit. Sie war von einem weißlichen, hellen und doch nicht ganz durchsichtigen Stoff; es sah schier wie Perlmutter aus, aber war es doch nicht. Die Töpfe waren wie kleine Urnen und oben zugeschraubt; an dem gewulsteten Fuß waren allerlei Knöpfe. Magdalena trug diese Gefäße unter dem Mantel nebeneinander liegend über der Hüfte in einer Tasche, welche von der einen Schulter quer über die Brust und Rücken hing.

Die Mutter des Johannes Markus ging mit ihr nach Bethanien und Veronika begleitete sie ein Stück des Wegs. Als sie durch Bethanien gingen, sah ich, dass Judas ihnen begegnete und mit Magdalena sprach und innerlich unwillig war. Magdalena hatte von Veronika gehört, die Pharisäer hätten beschlossen, Jesus zu fangen und zu töten, aber jetzt noch nicht wegen der vielen Fremden und besonders wegen der vielen Heiden, welche Jesus anhingen. Sie sagte es den anderen Frauen. Jesus sprach heute auch mit den Jüngern von seiner Mutter: Sie werde alle die schrecklichen

Martern seines Todes mitleiden, sie werde seinen schweren Tod mitsterben und doch noch (fünfzehn Jahre) leben müssen.

Die Frauen waren in Simons Haus und halfen das Mahl zubereiten. Judas hatte alles eingekauft, er hatte heute den Beutel recht aufgetan und heimlich gedacht, er wolle es am Abend schon wieder kriegen. Bei einem Mann an einer Seite war Bethanien, wo Gärten waren, kaufte er allerlei Grünes, zwei Lämmer, Früchte, Fische, Honig und dergleichen. Der Speisesaal bei Simon war heute ein anderer als der, wo sie das vorige Mal, den Tag nach dem Einzug in den Tempel, gespeist hatten. Heute aßen sie in einer offenen Halle hinten am Hause, die auf den Hof sah.

Die Halle war geschmückt und hatte ein Öffnung in der Decke, die mit einem durchsichtigen Flor wie mit einer Kuppel überspannt war. Zu beiden Seiten dieser Kuppel hingen zwei grüne Pyramiden von einem krausen, braun-grünen, fetten Kraut nieder, welches kleine, runde Blätter hatte; ich habe den Namen vergessen. Der Boden der Pyramiden war auch grün bedeckt; es war mir, als hielten sie das immer so grün.

Unter dieser Decken-Verzierung war der Sitz Jesu. Die eine Seite der Tafel, wo durch die offene Säulenhalle die Speisen über den Hof gebracht wurden, war unbesetzt, nur Simon, welcher diente, hatte seinen Platz dort. An dieser Seite standen drei hohe flache Wasserkrüge unter dem Tisch an der Erde.

Die Gäste lagen bei diesem Essen auf niedrigen Querbänken, welche rückwärts eine anschließende Lehne und voran einen Arm hatten, auf den man sich stützte. Die Bänke standen paarweise, dass zwei und zwei sich in das Gesicht sahen. Die Frauen aßen diesmal in einer offenen Halle links und konnten schräg über den Hof auf das Mahl der Männer sehen. Als alles bereitet war, gingen Simon und sein Diener, Jesus, die Apostel und Lazarus abzuholen. Sie hatten Festkleider an; Simon trug ein langes Kleid, einen Gürtel mit Figuren und hatte an dem einen Arm eine lange, unten zottige Manipel niederhängen. Der Diener hatte keine Ärmel im Oberkleid. Simon führte Jesus, der Diener die Apostel.

Sie zogen nicht über die Straße durch Simons Haus, sondern gingen hinten durch den Garten in den Saal; denn es waren sehr viele Leute in Bethanien und durch die vielen Fremden, welche gerne den Lazarus gesehen hätten, war ein großes Getümmel. Auch war es den Leuten auffallend, dass Simnon, dessen Haus sonst öffentlich war, so viel hatte einkaufen lassen und alles verschlossen hielt. Kurz, man war neugierig und unruhig. Die Leute stiegen während des Mahles schier auf die Mauern.

Alle traten festlich gekleidet durch die Hintertür des Saales herein. Ich erinnere mich nicht, ein Fußwaschen, sondern nur ein Reinigen vor der Tür gesehen zu haben. Die Sitze, worauf sie zu Tisch lagen, waren hier breit, so dass zwei nebeneinander lagen. Jesus aber ruhte in der Mitte auf einem Sitz allein. Es standen mehrere große Becher und immer zwei kleine daneben auf dem Tisch. Es war dreierlei Getränk darin, grünliches, rotes und gelbes; ich meine, es war eine Art von Birnensaft dabei. Zuerst wurde ein Lamm aufgetragen, es lag ausgestreckt, mit dem Kopf auf den Vorderfüßen auf einer länglich-runden Schüssel; es wurde mit dem Kopf gegen unseren Herrn gestellt. Er nahm ein weißes Messer, wie von Bein oder Stein, und setzte es in den Nacken des Lammes und schnitt erst vom Nacken an der einen Seite des Halses, dann an der anderen nieder, und dann machte Er einen langen Schnitt über den ganzen Rücken und Kopf; ich dachte bei der Linie dieses Schnittes unwillkürlich an das Kreuz. Er legte das Abgeschnittene dem Johannes, Petrus und sich vor. Dann machte Simon der Wirt Querschnitte zu beiden Seiten und legte die Stücke links und rechts nach der Folge den Aposteln und dem Lazarus vor.

Die Frauen hatten auch ein Lämmchen, aber es war kleiner und lag breiter in der Schüssel und sah sich mit dem Kopf nach der Muttergottes um, die es zerlegte. Es sah schier aus wie ein Igel. (Anna Katharina lächelte bei diesem Vergleich.)

Nach dem Lamm kamen drei große Fische und kleine dazwischen. Die großen Fische lagen wie schwimmend auf dem Bauch in einer weißen starren Brühe. Dann kam ein Backwerk, Brötchen in Gestalt von Lämmern und Vögeln mit ausgebreiteten Flügeln; dann Honigwaben, grünes Kraut wie Salat und Brühe, worin sie dies Kraut eintauchten, ich meine Öl; dann kamen Früchte, es schienen Birnen, inmitten derselben stand eine Frucht, wie ein Kürbis, auf welcher mehrere andere, wie Trauben, mit dem Stiel eingesteckt waren. Die Schüsseln waren teils weiß, teils inwendig gelb, platt und tief nach der Art der Speise. Nach dem Essen des Lammes tranken sie; vor Tisch hatten sie gebetet.

Die Frauen, sieben bis neun, saßen rund um ihren Tisch; Magdalena der heiligen Jungfrau gegenüber. Sie hatte unter Tisch schon viel geweint. Jesus lehrte immer fort beim Essen. Nun war das Mahl schier geendet, und Jesus sprach und die Apostel hörten alle gespannt und mit offenem Munde zu, und auch Simon, der diente, hörte gegenüber starr zu. Magdalena aber war still bei den Frauen aufgestanden. Sie hatte einen feinen blauweißen dünnen Mantel um, schier wie das Mantelzeug der Heiligen Drei Könige, ihre aufgelösten Haare waren mit einem Schleier bedeckt.

Sie trug die Salbe in einer Falte des Mantels, ging durch die Laubgänge hinter Jesus in den Saal und warf sich zu seinen Füßen nieder und weinte heftig, indem sie ihr Angesicht auf seinen einen Fuß niederbeugte, der auf dem Ruhebett lag, den anderen Fuß, der mehr an den Boden gesenkt war, reichte ihr der Herr selbst dar und sie löste ihm die Sandalen und salbte ihm die Füße oben und an den Sohlen. Dann fasste sie ihre aufgelösten, langen, mit dem Schleier bedeckten Haare mit beiden Händen und fuhr damit abstreifend über die gesalbten Füße des Herrn, die sie wieder mit den Sandalen bekleidete.

Es entstand dadurch eine Unterbrechung in Jesu Rede. Er hatte Magdalenas Kommen wohl bemerkt, die anderen aber waren plötzlich gestört. Jesus sprach: «Ärgert euch nicht an dieser Frau!» und redete dann leise zu ihr. Als aber Magdalena ihm die Füße gesalbt hatte, trat sie hinter Jesus und goss ihm das köstliche Wasser über das Haupt, dass es in all sein Gewand niederrann, und strich ihm noch Salbe mit der Hand vom Wirbel über das Hinterhaupt nieder, und der Wohlgeruch erfüllte den Saal.

Die Apostel hatten indessen miteinander geflüstert und gemurrt, selbst Petrus war unwillig über die Störung. Magdalena aber ging weinend und verschleiert hinter dem Tisch herum und als sie bei Judas vorüber kam, hielt dieser, der mit seinem Nachbarn schon darüber gemurrt hatte, ihr die Hand in den Weg, so dass sie stehen blieb und er sprach unwillig mit ihr von Verschwendung und dass man es den Armen hätte geben können. Magdalena stand verschleiert und weinte bitterlich. Jesus sagte aber, sie sollten sie gehen lassen, sie habe ihn zu seinem Tod gesalbt, sie werde es nachher nicht mehr können, und wo man dieses Evangelium lehren werde, werde ihre Tat und ihr Murren auch erwähnt werden. Magdalena ging nun traurig hinweg; die ganze Mahlzeit war durch das Murren der Apostel und durch den Verweis Jesu gestört.

Er sprach noch einiges und dann gingen sie alle wieder zu Lazarus.

Judas aber war voll Grimm und Geiz; er dachte bei sich selbst, er könne diese Wirtschaft nicht länger ertragen. Er ließ sich nichts merken, legte sein Feierkleid ab und nahm den Schein an, als müsse er sich entfernen, um in dem Speisehaus die Überreste der Mahlzeit noch für die Armen zu bewahren.

Er lief aber spornstreichs nach Jerusalem. Ich sah den Teufel immer mit ihm rot, spitz und dünnleibig; er war vor und hinter ihm, und es war, als leuchte er ihm. Judas sah und lief, ohne sich zu stoßen ganz sicher im Dunkeln. Ich sah ihn in Jerusalem in das Haus laufen, wo Jesus nachher verspottet wurde. Die Pharisäer und Hohepriester waren noch versammelt. Er kam nicht in die Versammlung, es sprachen zwei mit ihm unten im Haus; und als er sprach, er wolle Jesus überantworten, was sie ihm dafür geben wollten, waren sie sehr froh und meldeten es den anderen.

Da kam noch einer heraus und bot dreißig Silberlinge. Judas wollte sie gleich haben, aber sie wollten sie ihm nicht geben; er sei schon einmal da gewesen und so lang ausgeblieben, er solle erst tun und dann wollten sie zahlen. Ich sah sie dann den Akkord mit Handschlag machen und am Kleid beiderseits an der einen Seite etwas zerreißen. Sie wollten, er solle da bleiben und ihnen noch sagen, wie oder wann, er aber drang zu gehen, um keinen Verdacht zu erregen. Er sagte, dass er alles genauer noch erfahren müsse, dann könne es morgen ohne Aufsehen geschehen. Ich sah den Teufel immer dazwischen; dann lief er wieder nach Bethanien, zog sein Kleid an und war bei den anderen.

Nach der Mahlzeit ging Jesus in das Haus des Lazarus zurück, und die anderen zerstreuten sich nach ihren Herbergen. In der Nacht kam noch Nikodemus von Jerusalem zu Jesus und sprach viel mit ihm. Er kehrte vor Tag nach Jerusalem zurück und Lazarus geleitete ihn ein Stück Wegs.

(Über ihre persönliche Teilnahme während dieser Anschauung erzählte Anna Katharina:) Ich war am Nachmittag bei der Zubereitung des Essens und während der Belehrung der Jünger durch Jesus so lebhaft dort gegenwärtig, dass ich zwischen Simons Haus und Lazarus' Hof hin und her lief und von Betrübnis und Freude ganz zerrissen war. Dann dachte ich auf einmal wieder: Es ist doch so, Er ist zu uns gekommen, Er muss wieder gehen!

Und so arbeitete ich mit bei der Bedienung und in der Küche, ich trug und reinigte Gefäße. Und in dem Wechsel von Freude und Betrübnis und beim Anblick der Trauer Mariä und der großen Liebe Jesu rann mir der Schweiß vom Angesicht; da kam der Pilger und weckte mich und sagte mir, dass ich mit Blut im Gesicht überronnen sei. Ich kann schwer etwas von diesen Dingen vollständig erzählen, denn ich bin immer wie dort, und die Handlung geht unaufhörlich und zwar nach verschiedenen Seiten vor meinen Augen vor.

KOMMENTAR VON P. KARL ERHARD SCHMÖGER CSSR

Die Aufzeichnung des folgenden Tages ist vom Pilger in «Das bittere Leiden» unter der Aufschrift: «Vorbereitung zum Ostermahl» übertragen worden. Er eröffnete damit die Reihe jener schönen Passionsbilder vom grünen Donnerstag bis Ostersonntag, welche er als die erste Frucht seiner Bemühungen am Krankenbett der gottseligen Anna Katharina schon im Jahr 1833 in einem eigenen Buch[56] erscheinen ließ. Da diese Schrift in unzähligen Exemplaren verbreitet ist und wohl in den Händen der meisten Leser der gegenwärtigen Gesichte vom Leben Jesu sich befindet, so halte ich es für angemessen, über die Entstehung der genannten Passionsbilder und das vom Pilger hierbei eingehaltene Verfahren eine vollkommen getreue Darstellung zu geben.

Es wird dies den meisten Lesern um so willkommener sein, als es ihnen bei dem fragmentarischen Charakter, welchen sämtliche Bilder der drei Bände vom Leben Jesu darbieten, längst befremdlich vorgekommen sein mag, dass über die wenigen Passionstage Anna Katharina dem Pilger unvergleichlich vollständigere Mitteilungen sollte gemacht haben, als sonst über die Ereignisse von ebenso vielen Monaten. Außerdem ist die große Verschiedenheit des Stiles in dem «Bitteren Leiden» und im Leben Jesu nicht zu verkennen.

Während die Bilder des letzteren durchgängig in schmuckloser, oft dürftiger Einfalt gehalten sind und dem Leser fast nirgends den Eindruck des Lückenhaften und Bruchstückartigen ersparen, entfalten sich die Passionsbilder als reiche, harmonisch vollendete Gemälde vor dem erstaunten Auge, das mit steigender Befriedigung der Meisterhand des Künstlers folgt, welche aus zahllosen Bruchteilchen ein so lebensvolles Ganzes zu schaffen verstand.

Bis zum Jahr 1823 war es dem Pilger nie vergönnt gewesen, ein vollständiges Bild der Passion von Anna Katharina zu vernehmen; denn sie trat jedesmal in der Karwoche in solches Mitleiden mit dem leidenden und sterbenden Heiland ein, dass selbst ihre ganze äußere Erscheinung erkennen ließ, wie die unnennbaren Schmerzen, die sie mit ihm trug, nicht bloß geistige, sondern auch körperliche waren.

Das Blut rann ihr vom Haupt und aus den aufgebrochenen Wundmalen und am Karfreitag zeigte ihr von Hiebwunden bedeckter Leib, in welcher Art sie die Geißelung ihres Erlösers mit zu leiden hatte. Am Karsamstag war sie dann vor Ermattung einer Toten ähnlich; sie feierte die Ruhe des Leibes Christi im Grab und stieg mit ihm hinab zur Hölle, in alle Räume den Herrn begleitend, welche seine heiligste Seele durchwandelte.

Während dieser Leidenstage konnten höchstens Bruchstücke zu Tage kommen und auch diese nur in sehr unvollkommener Weise. Der Pilger pflegte dessen ungeachtet, alle mühsam zu sammeln, und sie waren ihm um so verehrungswürdiger, je größer und heiliger die Schmerzen waren, unter welchen die Dulderin sie ihm zu reichen hatte.

Ihr Beichtvater erklärte bei solchen Umständen mehrmals, er glaube nicht, dass Anna Katharina je im Stande sein werde, die ganze Passion zu erzählen, und auch der Pilger hatte fast alle Hoffnung aufgegeben, als es auf ganz unerwartete Weise durch die Gnade Gottes in der Fastenzeit des Jahres 1823, freilich unter unendlichen Leiden und Störungen, möglich wurde.

Es war am Abend des 18. Februar 1823 (Dienstag nach dem ersten Fastensonntag), als der Pilger aus einem französischen Betrachtungsbuch Anna Katharina einige Zeilen über die Angst Jesu am Ölberg deutsch vorlas. Er tat dies in der Absicht, der Leidenden Erleichterung und Trost zu bringen, den sie immer bei geistlichen Gesprächen oder dergleichen Lesungen zu empfinden pflegte. Sie wurde plötzlich abwesenden Geistes und unterbrach den Pilger mit den Worten: «Es wird mir so übel, halten Sie ein!» Nach einer Weile schien sie zu schlafen, ihr Gesicht war sehr ernst, ihre Hände wurden federleicht und folgten jeder Berührung in wunderbarer Biegsamkeit.

Kurz vorher hatte sie den Pilger gebeten, täglich drei Vaterunser für sie zu beten zu Ehren der heiligen Walpurgis; er tat dies nun, während er die Wundmale ihrer Hände gerührt betrachtete und der heiligen fünf Wunden gedenkend diese in Vereinigung mit den Wunden und Schmerzen aller Stigmatisierten, Märtyrer und Frommen Gott zur Erhörung seines Gebetes aufopferte. Kaum war diese Gebetsreflexion in seiner Seele aufgestiegen, als Anna Katharina ihre Hände schnell und schamhaft zurückzog. Auf diese plötzliche Bewegung fragte der Pilger, was ihr fehle, und sie antwortete mit ausdrucksvollem Ton in ihrer plattdeutschen Mundart: «vull» (Vieles). Nun schien sie eine starke Viertelstunde in tiefem Schlaf und der Pilger hatte so gar keine Ahnung von dem, was in ihrer Seele vorging, dass er durch das folgende Ereignis heftig erschreckt wurde.

Die Tiefschlafende richtete sich nämlich ganz unerwartet mit der lebendigen Heftigkeit einer im Streite Begriffenen in die Höhe, streckte die beiden Arme mit geballter Faust links vor sich, als stoße sie einen Feind zurück und brach zürnend in die Worte aus: «Was willst du mit dem Schuldbriefe von Magdalum?»

Der Pilger, der nicht wusste, was dies bedeuten könnte, fragte sie, wer denn etwas mit dem Schuldbrief von Magdalum wolle? Sie erwiderte ihm mit raschem Eifer: «Ei, da kömmt der Verräter, der Verfluchte, der Satan und hält ihm den Schuldbrief von Magdalum vor und alle kommen mit Schuldbriefen und sagen, Er habe das vergeudet.» Pilger: «Wer hat das vergeudet? Zu wem kommen sie?» «Zu Jesus, meinem Bräutigam am Ölberg!»

Auf dies lebhafte Reden trat ihr Beichtvater, der in der Vorstube sein Brevier betete, herein und sagte plattdeutsch: «Was kürt se?» (Was redet sie?) Sie schien dadurch einen Augenblick in ihrem Schauen gestört; als aber der Pilger den Beichtvater schnell über ihre Reden aufklärte, fuhr sie fort, mit ausgestrecktem Arm gegen die linke Seite hin zu drohen und sprach: «Was willst du, Vater der Lüge, mit dem Schuldbrief von Magdalum? Hat Er nicht zu Thirza siebenundzwanzig Gefangene mit dem Kaufschilling von Magdalum ausgelöst? Nun sagst du, Er habe alles in Magdalum verstört, das Weib und die Bewohner vertrieben und den Ort verschleudert! Aber warte! Du sollst gebunden und gewürgt werden, du elender Bösewicht, du Verfluchter!»

Während sie die Hände noch immer drohend gegen den Satan ausstreckte, war ihr Beichtvater eben im Begriff, ihr von derselben Seite aus Neckerei die Hand hinzuhalten. Der Pilger fürchtete eine sehr grelle Störung und begann, laut von anderen Sachen zu reden, wodurch Anna Katharina zu sich kam und der Pater wieder zu seinem Gebet zurückkehrte.

Sie aber sagte sich sammelnd nachher: «Ich bin beim Herrn am Ölberg gewesen die ersten anderthalb Stunden. Die Stelle, wo die acht Apostel zurückblieben und in der Laubhütte schliefen, war wohl eine Viertelstunde von Jesu Betort. Dieser war keine weite Höhle, sondern ein kleiner Winkel unter einem überhangenden Felsen.

Die drei Apostel schliefen rechts hinter einem Felsen oder in einer Einbeugung über dem Betort des Herrn, mehr am Berg hinauf. Als Er zu ihnen ging, ging Er links vom Betort hinauf und über denselben hinweg. Es sind hier dem Herrn im Gebet alle seine Leiden und bevorstehenden Martern im Gesicht ganz natürlich vorgestellt worden; auch sah Er die Sünden aller Menschen und als das Schrecklichste ihren Undank gegen alles, was Er für sie auf sich nahm. Der Engel kam von dieser Seite.» Sie zeigt die Seite ihrer Kammer.

«Es war ein ordentliches Abrechnen, denn der Satan sandte viele böse Geister mit allerhand Beschuldigungen. Über den Schuldbrief von Magdalum ereiferte ich mich so, dass ich gegen den Satan ausbrach. Ich sah auch den unglücklichen Judas herumstreichen und dachte: Es gibt noch mehrere Judas, er ist nicht der ärgste. Er war bei Annas. Es waren noch mehrere dort. Annas liebte ihn nicht und behandelte ihn sehr verächtlich: ‹Du bist also den Meister müd und willst dich verändern! An wen willst du dich denn jetzt hängen? Ja, so kommt es zuletzt! Und das Herumziehen und Schmähen und Aufwiegeln hat ein Ende!›

Alle behandelten den Judas verächtlich, und er war sehr verwirrt und fühlte Reue; aber er war zu weit gegangen und der Teufel hatte ihn am Strick.

Es waren die ersten anderthalb Stunden, die ich sah. Die Jünger waren eingeschlafen im Gebet durch Versuchung, denn sie hatten im Vertrauen gefehlt. Sie hatten gedacht: Was soll das sein? Wie ist Er schwach und mutlos? Wo sind seine Macht und Kraft, womit Er uns tröstete? Und darüber entschliefen sie, denn der Feind kriegte Gewalt an ihnen.»

So weit erzählte Anna Katharina und sie versprach dem Pilger, zu beten, dass sie das Ganze am folgenden Tag noch wisse und vollständiger mitteilen könne. Auf die Frage des Pilgers, ob sie für das kranke Nönnchen (sich selbst) denn gar kein Mittel wisse, erwiderte sie: «Wenn man dort ist, so kümmert einen dergleichen gar nicht.»

Des anderen Tags vermochte Anna Katharina dem Pilger nicht bloß eine ausführlichere Mitteilung von dem gehabten Bild zu geben, sondern sie erhielt nun auch Tag für Tag während der ganzen heiligen Fastenzeit bis zum Ostersonntag, den 30. März 1823, die Anschauung der ganzen Passion. Es wurde ihr aber dieselbe in solcher Vollständigkeit gezeigt, dass die Leidensgeschichte des einzigen Karfreitags ihr volle dreißig Tage hindurch in täglichen kleineren Abschnitten vorgeführt wurde.

Manche Teile aus der Passion wurde ihr auch zwei- bis dreimal wiederholt und nebendem dauerte das tägliche Schauen des heiligsten Lehrwandels ununterbrochen fort, wie dies aus den Mitteilungen des zweiten Bandes ersichtlich ist.

Der Leser wolle aber nicht übersehen, dass die Fastenzeit des Jahres 1823 die letzte war, welche Anna Katharina erlebte und dass in dem Maße, als ihre Lebensdauer der Vollendung sich näherte, auch die Größe ihrer Leidensaufgabe sich steigerte.

Außerdem war für sie, die in den Wundmalen fortwährend die Leiden ihres Heilandes lebte, das Schauen der Passionsbilder ein stetes Mitleiden und das Erzählen derselben eine immer wiederholte Erneuerung aller im Schauen empfundenen Peinen.

Jedes Bild, das sie sah, zog sie in eine physische Teilnahme an den Leiden des Herrn, und sollte nun die Dulderin berichten, was sie geschaut, so mochte es manchmal geschehen, dass sie im Übermaß der Schmerzen eher erzählte, was sie selbst im Gesicht gelitten, als was sie geschaut hatte, so dass dann für den Pilger nur wenige Züge und Notizen übrig blieben, die er als Bruchstücke der einzelnen Passionsszenen niederschrieb.

Trotz der hierdurch entstandenen, mannigfach sehr großen Lückenhaftigkeit brachte der Pilger manchmal doch eine sehr große Aufzeichnung zustande, welche die wesentlichen Hauptteile der Passion in ihrer Aufeinanderfolge enthielt. Außerdem aber besaß er die Bruchstücke aus den früheren Jahren, sowie einzelne Aufzeichnungen der an allen Freitagen des Jahres gleichmäßig wiederkehrenden Passionsbilder und endlich andere auf die Passion bezügliche Festbilder[57] des Kirchenjahres, besonders aus den Oktaven des heiligen Fronleichnamsfestes, welche letzte ihm Anna Katharina teilweise mit großer Vollständigkeit mitgeteilt hatte, so dass er es versuchen konnte, alle diese Teile zu einem Ganzen zusammenzustellen, für welches er das Gewicht strengster Gewissenhaftigkeit in Anspruch nehmen konnte, die nichts anderes zu sagen wagte, als was die Begnadete selbst gesprochen.

Indem der Pilger diese sämtlichen Aufzeichnungen mit sorglicher Genauigkeit nach dem von Anna Katharina gebotenen Faden untereinander verband, musste der Eindruck einer lückenhaften Erzählung verschwinden. Tritt auch in den einzelnen Verbindungsgliedern die kunstreiche, ordnende Hand des Pilgers hervor, so ist doch sein feiner Sinn noch weniger zu verkennen, der mit ängstlicher Scheu jedes Wort, dessen er sich bedient, dem Mund der Schauenden zu entlehnen sucht.

Kein Unbefangener hat darum dem Pilger diese äußerst mühevolle Arbeit verargt, vielmehr hat jeder, dem die Passionsbilder ein Quell reichster Erbauung geworden sind, zu großem Dank sich ihm verpflichtet gehalten und hat in dem unermesslichen Segen, den das «Bittere Leiden» bereits unter allen Zungen verbreitet hat, die sicherste Bürgschaft gefunden, dass der Pilger ein Gott sehr wohlgefälliges und dem Heil der Seelen überaus förderliches Werk durch den besonderen Beistand der Gnade Gottes vollbracht hat.

ZWÖLFTES KAPITEL

Bilder von der Zeit vom Ostersonntag bis zur Himmelfahrt

Vom 1. bis 30. April 1821

Erstes Liebesmahl nach der Auferstehung – Ostersonntagabend

1. April: Ich sah den Nikodemus eine Mahlzeit für die Apostel, die Frauen und einen Teil der Jünger in der geöffneten Säulenvorhalle des Abendmahlsaales bereiten. Nach Mittag waren zehn Apostel außer Thomas dort versammelt. Thomas hatte sich eigenmächtig etwas zurückgezogen. Alles, was hier geschah, war der Wille Jesu. Er hatte während des Abendmahles dem Petrus und Johannes, welche ihm zur Seite saßen und die Er danach zu Priestern geweiht hatte, manches Tiefere von dem Heiligen Sakrament mit dem Auftrag gesagt, über dasselbe aufgrund seiner früheren Lehren darüber die anderen nachher zu belehren.

Ich sah zuerst Petrus und dann Johannes den um sie im Kreise stehenden acht anderen Aposteln die Geheimnisse, welche ihnen der Herr anvertraut hatte, mitteilen und ihnen die Absicht des Herrn über die Art, dieses Sakrament zu spenden und die Jünger zu belehren, eröffnen. Ich sah auf eine übernatürliche Weise alles, was Petrus sagte, auch von Johannes gesagt. Alle Apostel hatten ihre weißen Feierkleider an; über diese hatten Petrus und Johannes von den Schultern herab eine Stola hängen, welche über der Brust gekreuzt und mit einer Klammer gehalten war; die übrigen

Apostel trugen eine Stola von einer Schulter quer über Rücken und Brust und unter den Armen mit einer Klammer kreuzweise befestigt. Petrus und Johannes waren von Jesus geweihte Priester, die anderen waren noch wie Diakone.

Nach diesem Unterricht kamen die heiligen Frauen, neun an der Zahl, auch in den Saal; Petrus sprach mit ihnen und lehrte sie. Johannes aber empfing am Tor im Haus des Speisemeisters siebzehn, wie ich zählte, der bewährtesten Jünger, die am längsten mit dem Herrn gewesen waren. Zachäus, Nathanael, Matthias, Barsabas und andere waren dabei. Johannes diente ihnen beim Fußwaschen und Kleideranlegen, sie legten lange weiße Röcke und Gürtel an. Matthias wurde nach der Lehre von Petrus nach Bethanien geschickt, um dort bei einem ähnlichen Mahl vor viel mehr anderen Jüngern bei Lazarus zu lehren und zu tun, wie sie hier taten.

Es wurde hier ein langer Tisch in der Vorhalle bereitet, welche von allen Seiten nach dem mit Bäumen umgebenen Hof geöffnet war; der Hof selbst war mit einer Mauer umschlossen. Der Tisch war so lang, dass die Jünger von dem Haus hinaus ins Freie zu sitzen kamen. Es saßen heute Männer und Frauen an demselben Tisch ringsumher, nur dass von der Seite des Zuganges gegen den Hof zwischen den Sitzenden drei Stellen gelassen waren, um die Speisen aufzutragen.

Die heiligen Frauen saßen am Ende des Tisches. Sie trugen Schleier, doch das Gesicht nicht bedeckt, und waren auch in langen weißen Kleidern. Sie lagen nicht quer wie die Männer, sondern saßen mit unterschlagenen Füßen auf einer Art kleiner Schemel, welche einen Stiel als Handhabe hatten. In der Mitte der Tafel, einander gegenüber, saßen Petrus und Johannes; sie schlossen die Reihen der Männer gegen die Frauen ab.

Die Apostel und siebzehn Jünger lagen zu ihren beiden Seiten. Sie hatten hier nicht solche Ruhebänke wie beim Abendmahl, sondern ein kleines geflochtenes, an den Seiten gewulstetes und hinten mit einer geflochtenen Handhabe versehenes Polster, in welches die linke Lende, auf der sie lagen, gut hinein passte. Diese Polster reichten nicht viel weiter als bis zum Knie. Quer vor sich hatten sie einen Wulst auf zwei höheren Füßen stehen, die in Querhölzern befestigt waren. Alle lagen hier quer neben dem Tisch, die Füße des einen ruhten längs dem Rücken des anderen; in Simons Haus und beim Abendmahl waren sie auf anderen Stühlen gelegen und hatten die Füße ganz nach außen gekehrt.

Das Mahl war ein ordentliches Mahl; sie beteten stehend und aßen liegend, und während desselben lehrten Petrus und Johannes. Am Schluss des Mahles war vor Petrus ein flaches geripptes Brot gesetzt, an welchem er jedes zur Teilung gezeichnete Stückchen nochmals teilte; und dann ließ er auf zwei Tellern diese Bissen links und rechts herum gehen. Es ging nachher auch ein großer Becher herum, aus welchem sie alle tranken.

Obschon Petrus das Brot segnete, so war dies doch nicht das Heiligste Sakrament, sondern nur ein Liebesmahl, wobei Petrus noch sprach, sie wollten alle einig sein, wie dieses Brot eines sei, das sie ernähre und dieser Wein, den sie tränken. Nachher standen sie auf und sangen Psalmen.

Als der Tisch weggeräumt war, traten die heiligen Frauen in einen Halbkreis am Ende des Saales. Die Jünger standen an beiden Seiten und alle Apostel gingen auf und ab, lehrten und teilten mit, was sie diesen reiferen Jüngern von dem Heiligsten Sakrament sagen durften. Es war dies wie die erste Katechismuslehre nach Jesu Tod. Ich sah auch, dass sie umeinander gehend sich die Hände reichten und dass alle freudig erklärten, wie sie alles gemeinsam haben, alles für einander hingeben und ganz eins sein wollten.

Da sah ich eine große Rührung über sie kommen. Sie mögen das nur innerlich gefühlt haben, was ich äußerlich sah, denn ich sah sie von Licht übergossen ganz ineinander zerrinnen und alles löste sich in einen Lichttempel oder eine Pyramide auf, worin die heilige Jungfrau Maria wie der Gipfel und Mittelpunkt von allen erschien. Ja, ich sah, als flösse alles in Strömen von ihr auf die Apostel und von diesen durch die Mutter Jesu wieder zurück zum Herrn. Dies war ein Bild des inneren Bezuges der Anwesenden zueinander, welches ich sah. Hiermit schloss sich mir diese Anschauung.

Matthäus lehrte und tat ebenso im Hof des Lazarus bei einem ähnlichen Mahl mit viel mehr Jüngern, welche nicht in dem Grad der Vorbereitung wie diese waren.

Erste Kommunion der heiligen Apostel – Ostermontagmorgen

Ich sah heute morgen die heiligen Frauen im Hause der Maria Markus. Die Apostel hatten im Vorsaal des Abendmahlshauses, die Jünger in den Seitengängen geschlafen. Ich sah am frühen Morgen Petrus und Johannes mit Andreas in das Abendmahlshaus treten. Sie legten die priesterliche Kleidung an, und die anderen Apostel draußen in der Vorhalle taten dasselbe. Die drei Apostel gingen dann, den geflochtenen Teppichvorhang in der Mitte öffnend, in das Allerheiligste.

Dies war durch Vorhänge zu einem förmlichen Kämmerchen abgezeltet, dessen Decke, die nicht so hoch wie der Saal war, durch einen niederhängenden, mit Quasten verzierten Strick so geöffnet werden konnte, dass das Licht aus den oben im Saal befindlichen runden Fensterlöchern hereinfiel. Der Abendmahlstisch stand darin und darauf der bedeckte Kelch. Links und rechts waren Fächer in der Wand, worin auch Geräte standen. Es brannte eine Lampe, nur an einem Arm angezündet, vor dem Heiligsten Sakrament.

Sie zündeten die Opferlampe, die in der Mitte des Saales hing, daran an, trugen den Abendmahlstisch hervor in den Saal und stellten dann das Heiligste Sakrament in seinem Behälter darauf, worauf sie die Lampe im Allerheiligsten auslöschten.

Nun traten die anderen Apostel, darunter auch Thomas, herein um den Tisch. Von dem durch Jesus konsekrierten Brot, dem Allerheiligsten Sakrament seines Leibes, war noch vieles auf dem kleinen Teller, welcher auf dem Kelch mit einer metallenen Glocke bedeckt stand, die oben einen Knopf hatte. Darüber hing eine weiße Decke.

Petrus zog den Schieber aus der Unterlage heraus, bedeckte ihn mit der Decke und stellte den Teller mit dem Heiligsten Sakrament darauf. Andreas und Johannes standen hinter ihm, sie beteten. Petrus und Johannes nahmen sich beugend das Heiligste Sakrament; dann ließ Petrus den Teller herum gehen, und jeder nahm das Abendmahl selbst.

In dem Kelch, in welchem nicht mehr so viel des von Jesus konsekrierten Weines war, gossen sie etwas Wein und Wasser zu und tranken daraus. Nachher sangen sie noch Psalmen und beteten und bedeckten das Abendmahlsgefäß und brachten es, wie auch den Tisch, wieder an seine Stelle. Dies war der erste Gottesdienst, den ich die elf Apostel morgens feiern sah.

Thomas ging heute mit einem Jünger aus der Gegend von Samaria in einen kleinen Ort.

Die Jünger zu Emmaus

Ich sah Lukas, der erst seit kurzem bei den Jüngern war, aber schon früher die Johannestaufe empfangen hatte, am Sonntag bei dem Liebesmahl und dem Unterricht vom Heiligen Sakrament, den Matthäus am Abend zu Bethanien in des Lazarus Haus gehalten hat. Ich sah ihn nach dieser Lehre zweifelnd und bekümmert nach Jerusalem gehen, in des Johannes Markus Haus einkehren und da übernachten. Er wollte am folgenden Tag nach Emmaus gehen.

Es waren in des Johannes Markus Haus noch mehrere Jünger versammelt und darunter auch Kleophas, ein Enkel von dem Vaters-Bruder der Maria Kleophä. Dieser war bei dem Unterricht und Liebesmahl im Abendmahlshaus gewesen.

Die Jünger redeten über die Auferstehung Jesu und zweifelten, und Lukas und Kleophas waren besonders unentschieden im Glauben. Da außerdem von neuem der Befehl des Hohenpriesters bekannt gemacht worden war, man solle den Jüngern Jesu keinen Aufenthalt und keine Speise vergönnen, beschlossen die beiden, welche sich kannten, nach Emmaus zu gehen.

Sie verließen die Versammlung; der eine ging von Johannes Markus' Haus rechts außen um Jerusalem mitternächtlich herum, der andere von der anderen Seite, als wollten sie nicht zusammen gesehen werden. Der eine berührte die Stadt nicht mehr, der andere kam zwischen Mauern zu dem Tor hinaus.

Sie kamen auf einem Hügel vor dem Tor wieder zusammen, hatten Stäbe und Bündel an der Seite. Lukas hatte eine lederne Tasche und ich sah ihn oft vom Wege abtreten und Kräuter sammeln.

Lukas hatte in der letzten Zeit den Herrn nicht gesehen; er war auch nicht in den Lehren des Herrn bei Lazarus, sondern mehr in der Jüngerherberge bei Bethanien und auch bei Jüngern in Machärus gewesen. Er war bisher kein ständiger Jünger gewesen und schloss sich jetzt erst richtig an; jedoch war er immer mit den Jüngern umgegangen und sehr wissbegierig.

Ich fühlte innerlich, dass die beiden verstört waren und zweifelten und sich über alles besprechen wollten, was sie gehört hatten. Es machte sie besonders irre, dass der Herr so schimpflich gekreuzigt worden war. Sie konnten nicht begreifen, wie der Erlöser und Messias so schmählich misshandelt werden konnte. Dies entsinne ich mich noch von dem, was mir während ihrer Unterhaltung mitgeteilt wurde; ich ging nämlich den ganzen Weg durch eine sehr angenehme Gegend mit ihnen.

Etwa in der Mitte des Weges sah ich lange, ehe sie es bemerkten, unseren Herrn von einem Seitenweg nahen. Als sie ihn bemerkten, gingen sie langsamer, als wollten sie diesen Mann voraus lassen und scheuten, in ihrem Gespräch behorcht zu werden. Jesus ging nun aber auch langsamer und trat erst auf den Weg, als sie weiter vorne waren. Ich sah ihn eine Zeitlang hinter ihnen gehen und nachher zu ihnen treten und sie fragen, was sie sprächen. Ich hörte auch viel von dem, was Er ihnen sagte, ich habe es mit ganz ungemeiner Lust vernommen, aber heute über allerlei Verdruss vergessen. Es war viel von Moses dabei.

Vor Emmaus, einem hübschen reinlichen Ort, schien der Herr den Weg an einer Wegscheidung nach der Richtung von Bethlehem mittagwärts nehmen zu wollen, sie nötigten ihn aber herein in ein Haus, das in der zweiten Reihe der Häuser von Emmaus lag. Es waren keine Frauen in dem Haus, das mir ein offenes Festhaus schien; denn es sah aus, als sei erst ein Fest dort gewesen und es sei noch davon übrig (vielleicht vom Festschmuck).

Die Stube war viereckig und reinlich, der Tisch war gedeckt und es lagen Ruhepolster daran von der Art wie beim Liebesmahl am Ostertag. Ein Mann trug eine Honigwabe in einem geflochtenen, korbähnlichen Gefäß auf und einen großen viereckigen Kuchen und ein kleines, dünnes und durchsichtiges Paschabrot, welches vor den Herrn, als den Gast, gesetzt wurde.

Der Mann, der den Kuchen auftrug, schien gut. Er hatte schwarze Haare und hatte etwas wie eine Schürze um, als sei er ein Koch oder Speisemeister; er war aber nicht bei der feierlichen Handlung zugegen. Der Kuchen war so dick wie eine Pappe und in etwa zwei Finger breiten Abständen mit eingedrückten Linien bezeichnet. Es lag ein Messer auf dem Tisch, das nicht von Eisen war; ich sah dergleichen schon bei dem Mahl zu Kana. Es war weiß wie von Stein oder Bein, nicht gerade, sondern krumm gebogen, mehr säbelförmig und nur so groß wie bei uns eine große Klinge; manchmal waren mehrere von verschiedener Form nebeneinander mit einem Stift verbunden.

Ehe sie von dem Brot aßen, ritzten sie erst in den vorgezeichneten Linien des Brotes mit der Schärfe des Messers, die ganz vorne war, weswegen sie es weit in die Hand nahmen, und dann brachen sie den vorgeritzten Bissen ab.

Zuerst aß Jesus zu Tisch liegend, nachdem sie gebetet hatten, von dem Kuchen und Honig mit ihnen; dann nahm Er den kleinen Kuchen, der gerippt war, brach drei Bissen davon in einem Stück, nachdem Er mit dem kurzen, weißen Beinmesser vorgeritzt hatte. Dieses Stück legte Er auf das Tellerchen, segnete es, stand auf, hob es mit beiden Händen empor und betete in die Höhe schauend. Die Zwei standen ihm ganz bewegt gegenüber und wie von Sinnen. Als der Herr die Bissen brach, nahten sie mit offenem Mund das Haupt über den Tisch seiner darreichenden Hand und empfingen die Bissen in den Mund.

Ich sah aber, dass Er in der Bewegung seiner Hand, den dritten Bissen nach seinem Mund zu führen, entschwand. Ich kann nicht sagen, dass Er den Bissen wirklich nahm. Die Bissen leuchteten, da Er sie gesegnet hatte. Die beiden Jünger sah ich noch eine Weile wie erstarrt stehen und dann sich einander unter Tränen der Rührung in die Arme schließen.

Dies Bild war besonders rührend durch die sanfte Lieblichkeit des Herrn in allem seinem Tun und Lassen und durch die stille Freude der beiden Jünger, während sie ihn noch nicht erkannten und durch ihre Entzückung, als sie ihn erkannten und Er entschwand. Kleophas und Lukas eilten gleich nach Jerusalem zurück.

Der Herr erscheint den Aposteln im Abendmahlshaus – Ostermontagabend

Im Abendmahlshaus sah ich am Abend die Apostel außer Thomas und unter vielen Jüngern auch den Nikodemus und Joseph von Arimathäa versammelt. Die Türen des Hauses und des Saales waren verschlossen, in der Mitte der Decke hing eine Lampe nieder, unter welcher ich sie zusammen reden und dreimal sich im Kreis zum Gebet ordnen sah. Sie schienen wie in einer Nachfeier, einer Nachtrauer begriffen.

Alle hatten weiße lange Röcke mit Gürteln an; drei aber hatten eine ausgezeichnetere Kleidung und Schriftrollen in der Hand. Unter diesen dreien war Petrus der erste. Sein weißes, weites, hinten etwas längeres Gewand war mit einem mehr als handbreiten Gürtel geschlossen, von welchem zwei unten in zwei Zacken endende, gleichbreite Riemen bis auf jedes Knie niederhingen. Hinten war dieser Gürtel in einen leichten Knoten geschlungen und die beiden Ende hingen sich überkreuzend weiter nieder als die vorderen Riemen. Alle diese Teile und der Gürtel selbst waren schwarz und voll großer, weißer Buchstaben. Die Ärmel waren sehr weit und der eine schien weiter als der andere, er diente als Tasche. Sie steckten alles hinein, auch selbst die Gebetsrollen.

An einem Arm über dem Ellbogen trugen sie auch ein breiteres Band, geschlossen und mit zwei Bahnen, die in Quasten endeten, niederhängend und wie der Gürtel schwarz mit weißen Buchstaben. Um den Hals hatten sie ein Band, hinten schmal, wie eine Stola, auf den Achseln breiter werdend und auf der Mitte der Brust durch einen herzförmigen Schild ins Kreuz gefasst.

Das Schild, blank wie Metall, hatte in der Mitte etwas wie Knöpfe, oder eine Figur; ich weiß nicht, ob es etwas bedeutete, oder ob es bloß ein Schloss war. Die beiden Anderen außer Petrus waren ebenso gekleidet, hatten aber die Stola unter dem Arm gekreuzt und kürzere Quasten am Gürtel. Betend legten alle die Hände kreuzweise über die Brust.

Als sie beteten, standen sie im Kreis um die Lampe; die Apostel bildeten den mittelsten Kreis und Petrus zwischen den zwei anderen priesterlich Gekleideten stand mit dem Rücken gegen die verschlossene Tür. Dort, wo er stand, waren höchstens ein paar hinter ihm, die Anderen im Kreis standen dreifach.

Kleophas und Lukas, welche gleich von Emmaus nach Jerusalem geeilt waren, kamen zu dem Abendmahlshaus; das Hoftor war geschlossen und auch das Haus, sie pochten und wurden eingelassen. In der gegen den Saal zu offenen Vorhalle befand sich die Mutter Jesu, Maria Kleophä und Magdalena, welche der Andacht der Apostel und Jünger beiwohnten, die unter der Lampe so im Kreise standen, dass der Kreis gegen das Allerheiligste hin nicht geschlossen war. Petrus zwischen Johannes und Jakobus dem Jüngeren betete und lehrte.

Sie hatten ihr Gebet schon einmal durch Gespräche unterbrochen. Es schien das Ganze eine Danksagung, denn heute war das Osterfest in Jerusalem beendet. Es wunderte mich, dass schier alle, obschon Jesus dem Petrus, Johannes, Jakobus und dessen Brüdern bereits erschienen war, dennoch nicht recht daran glauben wollten und noch immer allerlei Gedanken hatten, als sei das nicht ganz natürlich, als sei es nur so wie die Propheten allerlei Erscheinungen gesehen hatten.

Sie waren aber wieder im Gebet, als die beiden Jünger freudig eintraten und ihre Nachricht brachten. Sie unterbrachen das Gebet und sprachen darüber.

Als sie zum zweitenmal miteinander gesprochen und sich dann wieder zum Gebet geordnet hatten, sah ich sie wie leuchtend und tiefer und freudiger in ihren Gesichtern werden und sah den Herrn durch die Tür, die geschlossen war, erscheinen.

Er hatte auch ein langes, weißes Kleid an, einfach gegürtet. Sie schienen seine Nähe nur allgemein zu empfinden, bis Er durch sie hindurch und in ihre Mitte unter die Lampe trat, worauf sie alle sehr erstaunt und bewegt waren. Er zeigte ihnen seine Hände und Füße und öffnete sein Gewand, um ihnen die Seitenwunde zu zeigen. Er redete, und da sie sehr erschrocken waren, begehrte Er Speise. Ich sah Licht von seinen Wunden auf sie ausgehen. Sie waren ganz wie entzückt.

Nun sah ich noch, dass Petrus hinter eine Stellwand oder hinter einen hängenden Teppich in einen abgesonderten Raum des Saales ging, den man nicht bemerkte, weil die Trennung von dem nämlichen Stoff wie die ganze Wandbekleidung war. Hier, wo in der Mitte das Heiligste Sakrament auf dem Osterherd stand, war noch eine Seitenabteilung, in welche sie den einen Fuß hohen Tisch hinschoben, wenn sie unter der Lampe liegend gegessen hatten.

Auf diesem Tisch stand ein ovalrunder tiefer Teller mit einem weißen Tüchlein bedeckt, welchen Petrus dem Herrn brachte. Es war ein Stück Fisch und etwas Honig darauf und Jesus dankte und segnete die Speise, aß und gab Einigen, doch nicht Allen, Bissen davon. Auch seiner Mutter und den anderen Frauen, die in der Öffnung der Vorhalle standen, teilte Er davon mit.

Hernach sah ich ihn noch lehren und Kräfte austeilen. Der Kreis um ihn stand dreifach und im Innern die zehn Apostel; Thomas war nicht zugegen. Wunderbar erschien mir, dass ich sah, wie einen Teil seiner Worte und Mitteilungen nur die zehn Apostel vernahmen, ich kann nicht sagen, hörten, denn ich sah nicht, dass Jesus die Lippen bewegte.

Er leuchtete, es strahlte Licht aus seinen Händen, Füßen und seiner Seite und seinem Mund auf sie, als hauche Er sie an, und dieses Licht floss in sie hinein und sie wurden inne und hatten es vernommen (aber ich habe kein Reden mit dem Mund und kein Hören mit den Ohren gesehen), dass sie die Sünden vergeben könnten und taufen sollten und heilen und Händeauflegen und Gift ohne Schaden trinken.

Ich weiß nicht, wie dies war, aber ich empfand, dass Er ihnen dies nicht mit Worten gab, dass Er es sagte nicht mit Worten und dass es nicht alle hörten, sondern dass Er es wesentlich, wie mit einer Substanz, einem Einstrahlen, gab. Ich weiß jedoch nicht, ob sie es selbst so empfangen zu haben fühlten, oder ob sie meinten, es bloß natürlich gehört zu haben; das aber fühlte ich, dass es nur der innere Kreis der Apostel vernommen oder empfangen hatte. Es war mir wie ein innerliches Reden und doch kein Flüstern, kein leises Reden.

Jesus legte ihnen mehrere Punkte der Heiligen Schrift aus, die sich auf ihn und das Heiligste Sakrament bezogen, und ordnete eine Verehrung des Heiligsten Sakramentes nach der Sabbatsfeier an.

Er sprach dabei von dem Heiligtum der Bundeslade, welches nun das Heiligste Sakrament sei. Er sprach von Gebeinen und Überresten der Vorfahren und deren Verehrung, um ihre Fürbitte an sich zu ziehen. Er sprach darin von Abraham, der Gebeine Adams, die er besessen, bei seinem Opfer aufgestellt habe. Einen anderen Punkt vom Opfer Melchisedechs, das ich dabei sah, habe ich vergessen, er war sehr merkwürdig.

Weiter sagte Jesus: der bunte Rock, den Jakob dem Joseph gegeben habe, sei ein Vorbild seines blutigen Schweißes am Ölberg gewesen. Ich sah dabei diesen bunten Rock. Er war weiß, mit breiten, roten Streifen und hatte auf der Brust drei schwarze Querschnüre, in der Mitte mit einer gelben Verzierung. Er war oben weit, um etwas hinein zu schieben, in der Mitte aber gegürtet. Unten war er eng und hatte Einschnitte in der Seite, um Raum zum Gehen zu lassen. Er ging bis unten herab und war hinten länger als vorne, auf der Brust bis zum Gürtel war er offen. Josephs gewöhnliches Kleid ging nur bis über die Knie.

Jesus sagte den Jüngern auch, dass bei der Bundeslade Gebeine von Adam gewesen seien, welche Jakob dem Joseph mit dem bunten Rock gegeben habe; und ich sah, dass Jakob sie dem Joseph gab, ohne dass dieser wusste, was es war. Er gab sie ihm aus Liebe, als gebe er ihm einen Schutz, einen Schatz, weil er wohl wusste, dass seine Brüder ihn nicht liebten.

Joseph hatte die Gebeine auf seiner Brust hängen gehabt, wie in einem Säckchen von zwei ledernen Tafeln, das nicht ganz eckig, sondern oben rund war. Als seine Brüder ihn verkauften, zogen sie ihm nur den bunten Rock und das Unterkleid aus; Joseph hatte aber auf dem bloßen Leib noch eine Binde und eine Art Skapulier über der Brust, worunter er jenes Säckchen hängen hatte.

Als Jakob nach Ägypten kam, fragte er nach diesem Schatz und offenbarte ihm, dass es Gebeine Adams seien. Dabei sah ich die Gebeine Adams wieder unter dem Kalvarienberg; sie sind schneeweiß und doch sehr hart. Auch von Joseph selbst wurden Gebeine bei der Bundeslade bewahrt.

Jesus sprach auch von dem Geheimnis in der Bundeslade und dass dieses Geheimnis nun sein Leib und Blut sei, den Er ihnen im Sakrament auf ewig gegeben. Er sprach auch noch von seinem

Leiden und einiges Wunderbare von David, was sie nicht wussten und Er ihnen auslegte.

Jesus befahl ihnen auch, in die Gegend von Sichar zu ziehen und dort Zeugnis von seiner Auferstehung zu geben. Hierauf entschwand der Herr und ich sah die Versammelten ganz freudetrunken durcheinander. Sie öffneten die Tür und gingen aus und ein, versammelten sich jedoch wieder und beteten Dank- und Lobgesänge unter der Lampe.

(Auf die Frage, sie spreche so oft von der Bundeslade, ob diese denn zu Jesu Zeiten noch im Tempel gewesen sei, erwiderte Anna Katharina: «Nein, die alte Bundeslade nicht, aber sie hatten eine nachgemachte. Sie war ganz wie die Arche Noes gebaut, hatte an der Seite eine Öffnung und auch oben ein Loch. Das Heiligtum war noch in ihr, denn die Priester hatten es heraus genommen, bevor die alte verloren ging. Die Gesetztafeln sind nicht verloren gegangen. Es ist aber in dem letzten Tempel nicht mehr viel von dem Heiligtum da gewesen, denn je mehr davor gebetet worden war, um so mehr hat es sich vermindert.»

Früher hatte Anna Katharina einmal gesagt: «Joachim hat das Heiligtum ganz erhalten und mit Maria war eine neue Bundeslade da.» – Sie sagt noch, die Gestalten der Engel über der Bundeslade hätten nicht auf der Lade selbst gesessen, sonst hätte man sie nicht tragen können; sie hätten auf einer Verzierung über ihr gesessen und zwar mit den Gesichtern nach außen, die Flügel hätten schier zusammengestoßen.[58] Die Engel seien bei den Reisen abgenommen worden.)

Die heiligen Apostel predigen von der Auferstehung

3. April: In derselben Nacht noch gingen die Apostel auf Jesu Geheiß in getrennten Gruppen nach Bethanien und Einzelne machten auch noch Wege in Jerusalem, z.B. zu Veronika. Sie verteilten die Jünger; Einzelne derselben blieben in Bethanien und lehrten die Schwächeren teils in der Synagoge, teils bei Lazarus, bei welchem Nikodemus und Joseph von Arimathäa sich

aufhielten. Auch der Sohn Simeons, welcher das Lamm bei Jesu Ostermahl geschlachtet hatte, war dahin gezogen. Er hatte einen bekannten Namen, ist später eine Zeitlang bei Paulus gewesen und hat diesem auch viel vom Abendmahl erzählt. Ich sah ihn bei Paulus wohnen, wo die Purpurhändlerin sich bekehrte.

In Bethanien blieben mehrere alte Jünger zurück und auch neuere, welche von jenen unterrichtet wurden. Auch die heiligen Frauen waren alle in einem Nebengebäude des Hauses von Lazarus, das rings mit einem Graben und Hof umgeben ist, vereinigt. Es hatte seinen Eingang von der Straße her und wurde sonst von Magdalena und Martha bewohnt.

Die Apostel gingen mit einer Schar Jünger, unter welchen auch Lukas war, in Richtung Sichar und verteilten sich auf der Reise auf verschiedene Wege. Sie lehrten hie und da in Herbergen und am Wege. Sie erzählten vom Leiden und der Auferstehung Jesu. Es war dies eine Vorbereitung zur Bekehrung auf das Pfingstfest.

Lukas, der auch bei dieser Schar war, wurde in der Gegend von Antiochien von ansehnlichen heidnischen Eltern geboren, ist aber ein Jude geworden. Er konnte malen, war ein weitgereister Arzt und ist auch in Ägypten gewesen. In Palästina wurde er mit den Jüngern und Jesu Lehre bekannt und hatte vieles von seiner Wissenschaft bei Seite gesetzt. Er pflegte die Kranken, besiegte sich und saugte ihnen die Geschwüre aus und legte ihnen heilkräftige Kräuter darauf, und durch die Erscheinung zu Emmaus war er erst recht eifrig geworden.

Nikodemus ist verheiratet; seine Frau lebte um diese Zeit nicht mehr, seine Söhne besuchen jüdische Schulen. Er und Joseph von Arimathäa hatten noch andere Wohnungen in Jerusalem; aber in dem Abendmahlshaus kamen sie viel zusammen..

Pilatus hat Jerusalem aus innerer Unruhe auch verlassen. Herodes ist schon vor ein paar Tagen nach Machärus gezogen, hat aber dort keine Ruhe gefunden und ist weiter nach Madian. Hier, wo sie den Herrn einstens nicht aufgenommen hatten, öffneten sie dem Mörder die Tore.

Simon von Cyrene ist jetzt in Bethanien bei den Jüngern. Ich meine, er hat zwei seiner Söhne unter den Jüngern gefunden, was er nicht wusste. Er war ein frommer Mann aus Cyrene, der sich um die heilige Zeit in Jerusalem aufzuhalten pflegte, wo er bei verschiedenen Familien, die ihn kannten, in den Gärten arbeitete und die Hecken beschnitt. Er aß dann bald in diesem, bald in jenem Haus; er war ganz still und gerecht. Seine Söhne waren auch schon längere Zeit in der Fremde und bei den Jüngern, ohne dass er es wusste, wie das manchmal mit armer Leute Kindern geschieht.

4. April: Die auf dem Weg zerstreuten Apostel und Jünger kamen vor Sichar in einer großen Herberge zusammen, wo der Herr bei seiner letzten Anwesenheit so viele geheilt hatte.[59] Es sind Bäder in der Nähe und es ist wie eine Art Hospital dort. Die Jünger blieben dort und die Apostel gingen in die Stadt zu einem vertrauten Mann; ich meine, es war der Vater Silvans, welcher der Besitzer oder Aufseher der Herberge draußen war. Der Jünger Silvan hatte sie dort hingeführt und für ein Mahl und alles gesorgt.

Petrus lehrte hier in einer Schule vor allem Volk vom Leiden und von der Auferstehung Jesu und besonders von der Nachfolge, dass es nun Zeit sei, alles zu verlassen und sich an die Gemeinde anzuschließen. Er lud alle mutlosen Freunde Jesu ein, nach Jerusalem zu kommen. Sie wollten alles mit ihnen teilen, sie sollten sich nicht vor den Juden fürchten, diese würden ihnen nichts tun, denn sie fürchteten sich vor ihnen.

Sie hatten ein Mahl in der Herberge vor dem Ort. Hier kam Thomas zu ihnen mit zwei anderen Jüngern. Er war für sich abgesondert mit einem Jünger aus der Gegend von Samaria in dessen Heimat gewesen. Es ist dies einer von den Jüngern, welche Jesus folgten, da Er mit der Frau am Brunnen Jakobs sprach.[60] Außerdem kam noch ein Jünger mit ihm, einer der Söhne des alten Simeon, es ist derselbige, von dem ich gestern sagte, dass er von Jerusalem nach Bethanien gezogen sei, der, welcher das Osterlamm im Abendmahlshaus schlachtete. Er war ein Diener am Tempel, ich meine, soviel wie ein Rabbiner.

Es ist nicht jener Sohn Simeons, welcher mit Jakobus dem Jüngeren in Jerusalem umkam. Er ist nachher viel beim hl. Paulus gewesen, aber nicht auf lange Zeit, sondern er ist immer von ihm wieder fortgesandt worden. Er war dort bei ihm, wo die Purpurhändlerin sich bekehrte, auch als Paulus aus der Gefangenschaft zurückkam, welche auf seinen Schiffbruch folgte. Ich habe seinen

Namen erhalten und mehrmals gesehen mit Buchstaben. (Nun spricht die Erzählerin stammelnd mehrmals Mam – Mamio – aus.[61] Sie habe auch ein Wunder von ihm gesehen. Er sei einer bekehrten Sünderin bei ihrem Tod erschienen, welche vom hl. Ambrosius ein Gebein von ihm erhalten hatte. Sie habe dies bei einem Bild vom hl. Ambrosius gesehen, dessen Fest heute in der münsterschen Diözese gefeiert wird).

Als Thomas zu den Aposteln ins Haus des Vaters von Silvanus kam, sah ich, dass diese ihm die Erscheinung des Herrn unter ihnen erzählten, aber er wehrte mit den Händen ab und wollte es nicht glauben, bis er seine Wunden berührt habe, und als sie zu den Jüngern hinaus vor die Stadt kamen und diese auch die Erscheinung des Herrn beteuerten, machte er es ebenso.

Thomas hatte sich nach Christi Tod etwas von der Gemeinschaft zurückgezogen und dadurch ist sein Glaube geringer geworden. Er war am Montag, nachdem er morgens mit den Aposteln das Abendmahl gehalten, mit den Jüngern hinter Samaria an einen kleinen Ort gegangen, der aus dem Weg liegt, und war dageblieben bis Mittwoch, da er abends zu den Aposteln nach Thänath-Silo kam. Ich sah dies in einem Bild, da ich die Gegenden überschaute, wo sich die Apostel befanden; da sah ich Thomas allein in einem entfernten Ort mit ein paar Christen.

Von Mamio fällt mir noch ein: Er war bei Paulus, als ein Aufruhr wegen eines Goldschmiedes war; dann war er es auch, der die Purpurhändlerin Lydia auf die Lehre von Paulus aufmerksam machte. Paulus aber sandte ihn gleich wieder weiter. Er wirkte ungemein viel durch sein liebevolles Vermitteln und hat Viele zur Kirche geführt. Er war auch einmal dort, wo Paulus gefangen war. – Dabei fällt mir auch Silas ein. Dieser Gefährte auf der Reise Jesu ist auch gewiss als Jünger bei Paulus gewesen und ich meine, er hat ihm vieles mitgeteilt.

Blick auf Jerusalem

In Jerusalem gingen in diesen Tagen Leute von der Partei der Hohenpriester in alle Häuser, deren Besitzer mit Jesus und den Jüngern Zusammenhang hatten, sagten sie von ihren öffentlichen Ämtern los und hoben die Gemeinschaft mit ihnen auf. Nikodemus und Joseph von Arimathäa hatten seit Christi Grablegung nichts mehr mit den Juden zu tun gehabt. Joseph von Arimathäa war so wie ein Gemeindeältester, und er stand immer mit den Juden wie ein Mann, der sich durch geräuschlose Verdienste und stetes bescheidenes Wirken die Achtung selbst der Bösen erworben hat. Was mich sehr freute, war, dass ich sah, wie der Mann Veronikas ihr nachgab, da sie ihm erklärte, sie werde sich eher von ihm als dem gekreuzigten Jesus scheiden. Ich sah, dass auch er von öffentlichen Geschäften getrennt war, aber ich erhielt auch die Weisung, er tue es mehr aus Liebe zu seiner Frau, als zu Jesus.

Außerdem ließen die Juden Wege und Stege zum heiligen Grab am Kalvarienberg durch Gräben und Zäune verstellen, weil viele dahin gingen und mancherlei Rührungen und Wunder dort geschahen. In Bethanien lehrten die Jünger ruhig fort.

Predigt des Petrus in Thänath-Silo

5. April: Die Apostel haben hier sehr viele Kranke, darunter auch Mondsüchtige, geheilt, auch Teufel ausgetrieben. Ich sah sie dabei ganz wie Jesus verfahren; ich sah es mit Anhauchen, mit Handauflegen und indem sie sich über sie hinstreckten, geschehen. Es waren dies lauter Kranke, welche Jesus bei seinem letzten Hiersein übergangen hatte. Ich sah alle Bewohner des Ortes meist sehr freundlich gegen die Apostel. Die Jünger heilten nicht, aber sie dienten den Kranken mit Tragen, Heben, Führen. Lukas, der ein Arzt war, war nun ganz Krankenpfleger geworden.

Am Abend bis spät in der Nacht lehrte Petrus in der Schule. Er sprach frei heraus und erzählte, wie man mit Jesus getan; er erzählte vieles von seinen letzten Vorhersagungen und Lehren, von seiner unaussprechlichen Liebe, von seinem Gebet am Ölberg und von des Judas Verrat und Schicksal. Darüber wurden die Leute hier sehr verwundert und betrübt, denn sie hatten Judas geliebt, der während Jesu Abwesenheit mit seiner Dienstwilligkeit hier vielen geholfen, auch Wunder getan hatte.

Petrus verschonte sich selbst nicht; er erzählte unter bitteren Tränen seine Flucht und Verleugnung und alle weinten mit, und er geriet in immer größere Trauer und Heftigkeit und erzählte, wie grausam die Juden mit Jesus getan und wie Er auferstanden am dritten Tag, den Frauen und ihm und anderen und allen insgemein erschienen sei, und er forderte von allen Anwesenden, die ihn gesehen hatten, Zeugnis dafür abzulegen. Es hoben da wohl hundert die Hände und Finger in die Höhe. – Thomas aber war still und tat es nicht, er konnte es auch noch immer nicht recht glauben. Petrus sprach noch lange zu den Leuten und forderte sie auf, nach Jerusalem zu kommen. Sie waren auch alle sehr bewegt und viele bekehrten sich. Sie wollten auch, die Apostel sollten noch bei ihnen bleiben, aber Petrus sagte, dass sie morgen zurückmüssten; und Freitag schon vor Tag habe ich sie aufbrechen sehen. Viele Leute begleiteten sie auf dem Weg, einzelne gingen mit, andere folgten.

Die heiligen Frauen zu Bethanien

Ich sah die Jünger in Bethanien fortwährend lehren und die Frauen sich still in dem Haus neben Lazarus aufhalten. Die Mutter Jesu ist traurig, aber still und ernst; Maria Kleophä, welche ungemein lieblich und Maria von allen Frauen am ähnlichsten ist, sehe ich oft zu ihr gebeugt sie freundlich und rührend trösten. Maria ist still, sie ist mehr feierlich als menschlich betrübt.

Magdalena ist wie von Sinnen aus Trauer und Liebe, sie ist über alle Scheu hinaus, ganz heroisch und ohne Sorge, sie ruht nicht, sie eilt mit aufgelösten Haaren oft durch die Straßen und wo sie Menschen findet, in Häusern oder öffentlich, klagt sie die Mörder des Herrn an und erzählt mit Leidenschaft, wie sie mit dem Heiland getan und spricht von seiner Auferstehung; und wo sie keine Menschen findet, irrt sie durch die Gärten und sagt es zu Blumen, Bäumen und Brunnen. Oft sammeln sich die Menschen um sie, und Einzelne bemitleiden sie, andere verhöhnen sie wegen ihrer früheren Lebensweise. Sie genießt keine Achtung unter den Menschen, denn sie hat früher großes Ärgernis gegeben.

Ich habe gesehen, dass ihr jetziges heftiges Wesen in ihrem Schmerz mehrere Juden ärgerte, so dass etwa fünf von ihnen sie wegfangen wollten; aber sie ging gerade durch sie durch und tat wie zuvor, denn sie hat die ganze Welt vergessen und schreit nur nach Jesus. Sie ist wie von Sinnen.

Martha hatte während der Zerstreuung der Jünger und der Leiden des Herrn ein schweres Amt und hat es noch, denn ganz von Betrübnis zerrissen sorgte und half sie überall. Alle Zerstreuten und Verirrten speiste und pflegte sie und besorgte die Nahrung für alle, und die ihr dabei hilft und eigentlich kocht ist Johanna, die Witwe des Chusa, eines Dieners des Herodes. Ich sah schon lange diese Person bei der Gemeinde immer helfen und laufen und bereiten, sie kocht auch jetzt.

In dem Abendmahlshaus sind einige ganz junge Leute als Hüter, ich glaube Söhne oder Knechte des Speisemeisters. Nikodemus und Joseph von Arimathäa gehen auch manchmal dahin in die Stadt.

Erscheinungen Jesu in diesen Tagen

Während dieser Tage habe ich Jesus an vielen Orten erscheinen sehen und zuletzt auch in Galiläa über dem Jordan in einer Talgegend, wo eine große Schule gewesen ist. Es standen mehrere Leute zusammen und sprachen von ihm und zweifelten an dem Gerücht von seiner Auferstehung; da erschien Er mitten unter ihnen und entschwand wieder nach einigen Reden. So hab ich ihn in verschiedenen Gegenden erscheinen sehen, tiefer in Asien aber noch nicht.

Die heiligen Apostel kehren nach Jerusalem zurück – Die neue Sabbatsfeier

6. April: Ich habe vergessen zu sagen, dass Petrus, als sie neulich gegen Sichar zu auszogen, freudig war und zu den anderen sagte: wir wollen zum Meer ziehen und Fische fangen; er verstand da runter Seelen. – Die Apostel reisten von Sichar aus sehr schnell zurück und schickten einen Boten nach Bethanien voraus, um ihre Rückkehr zu melden und mehrere zum Sabbat nach Jerusalem zu bescheiden; Andere sollten den Sabbat in Bethanien halten, denn sie hatten schon eine gewisse Ordnung und Gesetze. Sie selbst gingen nur durch die Orte, ohne sich aufzuhalten.

Ich sah, wie Thaddäus, Jakobus der Jüngere und Eliud in Reisekleidern den Übrigen vorauszogen und in des Johannes Markus Haus zu der Mutter Jesu und zu Maria Kleophä kamen und wie diese, als hätten sie jene lange nicht gesehen, sehr froh waren. Ich sah dabei, dass Jakobus einen Priester-Ornat, einen Mantel, auf dem Arm hatte, der für Petrus von den heiligen Frauen in Bethanien gemacht worden war und den er ins Abendmahlshaus trug.

Die Apostel zusammen kamen so spät im Abendmahlshaus an, dass sie das zubereitete Mahl nicht mehr nehmen konnten, sondern sogleich die Sabbatsfeier begannen.

Sie legten alsbald die Feierkleider an; das Fußwaschen ging immer voraus. Die Lampe wurde angezündet und ich bemerkte bereits eine Abweichung von der jüdischen Sabbatsfeier; denn zuerst wurden die Decken vor dem Allerheiligsten weggenommen und eine Bank davor gebracht, wo Petrus mit Johannes und Jakobus zur Seite eine Betrachtung oder ein Gebet hielten, worin sie der heiligen Einsetzung des Herrn und seiner Leiden gedachten und ein innerliches Opfer darbrachten.

Hernach begannen sie die gewöhnliche Sabbatfeier unter der Lampe stehend. Nachdem alles dieses vorüber war, nahmen sie ein Mahl in der Vorhalle. In dem Speisesaal selbst habe ich sie nicht mehr nach der Einsetzung des Abendmahls etwas verzehren gesehen, außer vielleicht Brot und Wein.

Jesus hatte bei seiner Erscheinung durch verschlossene Türen sie den Zusatz zu dem Sabbatsdienst, der das Sakrament betraf, gelehrt. Ich habe heute nacht einiges in Bezug hierauf gesehen, das ich neulich vergessen habe.

(Auf die Frage, was das für eine Bank gewesen sei, die vor das Heiligste gestellt wurde, antwortete sie:)

Es war der Stuhl, auf dem Christus bei der Einsetzung des Abendmahles zu Tische lag. Sie bedeckten ihn mit einer Decke und hatten ihre Gebetsrollen darauf liegen. Petrus kniete davor und Johannes und Jakobus etwas mehr rückwärts, die übrigen Apostel hinter ihnen und dann die Jünger. Wenn sie knieten, waren sie mit dem Kopf bis zur Erde gebeugt, die Hände vor das Gesicht haltend. Die Decke war von dem Kelch abgenommen, aber das weiße Tuch hing darüber. Hier waren nur jene Jünger zugegen, welche schon mehr in das Geheimnis des Heiligsten Sakramentes eingeweiht waren; so wie sie auch auf der Reise nach Sichar hauptsächlich Jene mitgenommen hatten, welche den Herrn nach seiner Auferstehung gesehen hatten, um dies beteuern zu können.

Maria betet den Kreuzweg

Die Mutter Jesu war heute von Maria Markus nach Jerusalem abgeholt worden, und Veronika, die jetzt öffentlich mit ihr umgeht, hatte sie nebst Johanna Chusa von Bethanien dahin begleitet.

Die heilige Jungfrau ist lieber in Jerusalem, denn sie geht dort einsam in der Dämmerung und nachts die Leidenswege Jesu und betet und betrachtet an allen Stellen, wo Er gelitten und wo Er niedergefallen ist, und da sie, weil die Juden vieles verzäunt und verschüttet haben, nicht überall hinkommen kann, so macht sie die Wege zu Hause, oder auf dem Feld. Sie hat auch alle Strecken und Anzahl der Schritte genau in ihrer Seele und vergegenwärtigt das Leiden Christi so, in sich alles betrachtend. Es ist gewiss, dass die Mutter Jesu den Kreuzweg und die Betrachtung des Leidens Christi gleich nach dem Tod Jesu begonnen und fortgesetzt hat.

7. April: Ich habe heute am Abend ein Bild gehabt. Sie feierten den Sabbat. Da sie ihn beendet und die Feierkleider abgelegt hatten, sah ich ein großes Mahl in der Vorhalle, es war kein Abendmahl, sondern ein Liebesmahl, wie das am letzten Sonntag. Thomas muss wohl den Sabbat anderswo in der Nähe gehalten haben, denn ich sah ihn erst nach dem Mahl kommen, da sie wieder im Saal waren.

Als ich das Bild dessen sah, was im Innern des Saales vorging, war es noch nicht spät am Abend und die Lampe war noch nicht angezündet. Es waren schon mehrere Apostel und Jünger Jesu in dem Saal und andere sah ich kommen. Sie gingen in dem Saal hin und wieder, legten lange weiße Kleider an und bereiteten sich zum Gebet, wie das letzte Mal. Petrus und zwei andere, darunter wieder Johannes, legten die ausgezeichnete Priesterkleidung an, Petrus die bedeutendste, die ich neulich beschrieben habe. Der andere Apostel bei Johannes hatte schwarze Haare und ein bräunliches Gesicht.

Während sich alle so zum Gebet rüsteten, sah ich auch Thomas eintreten. Es war, als sei er etwas spät gekommen; die anderen waren meist fertig. Er ging durch sie durch, um sich anzukleiden. Viele der anderen gingen um ihn her und sprachen mit ihm; einige fassten ihn sprechend bei den Ärmeln, andere bewegten im Gespräch die rechte Hand beteuernd, Nachdruck gebend gegen ihn. Er betrug sich zwischen ihnen wie Einer, der sich schnell anzukleiden beschäftigt ist und dem andere bereits Gekleidete indessen etwas sehr Merkwürdiges am Ort, wo es geschehen, beteuern, was er nicht glauben kann.

Währenddessen sah ich einen Mann eintreten, es schien ein Knecht zu sein, er hatte eine Art Schürze an, eine kleine brennende Lampe in der einen Hand und in der anderen einen Stecken, woran ein Haken war, mit welchem er die Lampe in der Mitte des Saales niederzog, anzündete und wieder in die Höhe schob, worauf er den Saal verließ. Hierauf sah ich auch noch verhüllt die Mutter des Herrn und Magdalena und noch eine Frau in das Haus treten. Die Mutter Jesu und Magdalena kamen in den Saal, Petrus und

Johannes traten ihnen entgegen, und es standen bei ihnen in der Nähe der Tür etwa Fünfe, mit ihnen sprechend. Die anderen gingen unterdessen auch sprechend durcheinander.

Die dritte Frauensperson außer der heiligen Jungfrau und Magdalena blieb in dem Vorgemach, sie war ganz eingehüllt und sehr groß, größer noch als Magdalena, es war dieselbe, welche nach Bethanien kam, als Lazarus gestorben war und dessen Schwestern die Ankunft Jesu meldete. Die Vorhalle war gegen das Innere geöffnet und auch ein Teil der Seitenhallen. Die äußeren Türen nach dem Hof und der Hof selbst waren verschlossen. Es befanden sich sehr viele Jünger in den Seitenhallen.

Sobald Maria und Magdalena in dem Saal waren, verschlossen die Jünger die Türen und ordneten sich bald zum Gebet. Die beiden heiligen Frauen blieben ehrerbietig zu beiden Seiten der Tür mit über der Brust gekreuzten Armen stehen.

Ich sah aber die Apostel wieder zuerst vor dem Allerheiligsten kniend beten und dann das Gebet unter der Lampe stehend und chorweise Psalmen singend verrichten. Petrus stand vor der Lampe, das Gesicht gegen das Allerheiligste gekehrt, Johannes und der andere Apostel (Jakobus der Jüngere) zu seiner Seite, dann zu beiden Seiten der Lampe die übrigen Apostel. Die Seite gegen das Allerheiligste war unbesetzt, Petrus zwischen den beiden anderen ausgezeichnet Gekleideten stand mit dem Rücken gegen die Tür, so dass hinter ihnen die beiden Frauen, doch entfernt, standen.

Jesus erscheint – Thomas legt seine Hand in Jesu Wunden

Nach einiger Zeit schienen die Versammelten in einer Gebetsunterbrechung, es war, als sei das Gebet zu Ende und sie sprachen von dem, was sie vorhatten und wie sie ans Meer von Tiberias gehen und wie sie sich verteilen wollten. Aber bald wurden ihre Angesichter alle wunderbar innig und erregt durch die Annäherung des Herrn. – Ich sah Jesus bereits in dem Hof leuchtend in einem ganz weißen Gewand mit weißem Gürtel. Er ging gegen die Tür der Vorhalle, sie öffnete sich vor ihm und schloss sich hinter ihm. Die Jünger in der Vorhalle schauten nach der sich öffnenden Tür und wichen Raum machend nach beiden Seiten zurück. Der Herr ging schnell durch die Halle in den Saal und trat zwischen Petrus und Johannes, welche wie alle Apostel nach beiden Seiten zurückwichen, auf die Stelle des Petrus.

Sein Hereinschreiten war kein eigentliches, gewöhnliches, menschliches Gehen und auch kein Geisterschweben, es war etwas zwischen beiden; es machte mir beim Zurückweichen aller den Eindruck, als wenn ein Priester in der Albe durch die gedrängte Gemeinde geht. Es erschien auf einmal im Saal alles weit und licht, denn ich sah den Herrn mit Licht umgeben und die Apostel waren nur aus diesem Lichtkreise heraus getreten; ich meinte, sonst könnten sie ihn nicht sehen.

Jesus sprach zuerst: «Friede sei mit euch!» und dann redete Er noch einiges mit Petrus und Johannes. Ich weiß nur noch, dass ein Verweis darin vorkam, sie hätten doch etwas aus eigener Meinung außer seiner Anordnung getan und darum sei es ihnen nicht gelungen.

Es war etwas von Krankenheilung auf dem Rückweg von Sichar und Thänath-Silo, wo sie nicht genau nach seiner Vorschrift verfahren waren und was darum nicht gelungen war. Sie hatten etwas nach ihrem Gutdünken dabei getan. Er sagte ihnen auch, dass sie wieder hingehen und es anders machen sollten. Was es eigentlich war, ist mir entfallen; ich meine sie hatten etwas von dem Ihrigen dazu getan, etwas Innerliches, einen moralischen Mangel an Glauben oder dergleichen. Nach einigen solchen Reden trat Jesus vor unter die Lampe, und der Kreis verengte sich etwas um ihn.

Ich sah Thomas sehr erschüttert, als er den Herrn erblickte und sah ihn wie scheu sich zurückziehen. Nun aber nahm Jesus mit seiner rechten Hand die Rechte des Thomas, dessen Zeigefinger fassend, und legte die Spitze desselben in die Wunde seiner linken Hand, dann nahm Er mit der Linken diese Hand des Thomas und legte dessen Finger in die Wunde seiner rechten Hand; dann führte Er die rechte Hand des Thomas mit seiner Rechten, ohne seine Brust zu entblößen, unter das Gewand und legte den Zeige- und Mittelfinger desselben in die Wunde seiner rechten Seite.

Er sprach dabei einige Worte, welche ich nicht mehr weiß. Thomas aber sagte: «Mein Herr und mein Gott!» und sank, indem Jesus ihn immer an der Hand hielt, in sich wie ohnmächtig zusammen; die Nahestehenden stützten ihn und Jesus hob ihn an seiner Hand wieder empor. Ich erfuhr auch, was das Sinken und das Wiederaufrichten bedeute.

Ich sah die Erscheinung Jesu in einem langen weißen Gewand und durch und durch leuchtend. Im Anfang sah ich seine Wunden nicht, als Er aber des Thomas Hand ergriff, sah ich seine Wunden, nicht wie blutige Male, sondern wie hellstrahlende kleine Sonnen. Die anderen Jünger waren sehr bewegt bei diesem Auftritt und streckten, ohne sich zu sehr aufzudrängen, die Köpfe vor, um zu sehen, was der Herr den Thomas fühlen ließe. Maria allein sah ich während der ganzen Gegenwart des Herrn ohne andere äußere Bewegung als eine stille, tiefe, innere Andacht; sie war wie entzückt. Magdalena schien etwas mehr bewegt, doch weit weniger äußerlich als die Jünger.

Jesus entschwand nicht gleich, Er sprach noch einiges und begehrte auch etwas zu essen. Ich sah, dass ihm wieder aus dem Verschlag, wo der Tisch stand, ein länglich-rundes Schüsselchen gebracht wurde, doch nicht ganz so wie das erste Mal. Es war wieder etwas wie Fisch darauf, wovon Er aß, es segnete und Thomas zuerst, dann einigen anderen den Rest gab.

Nach des Thomas Bekehrung sprach Jesus auch davon, warum Er mitten unter ihnen stehe, da sie ihn doch verlassen hätten und warum Er sich nicht näher zu Einzelnen stelle, die ihm treuer geblieben seien. Ich habe das Nähere vergessen. Er sprach auch davon, wie Er zu Petrus gesagt habe, er solle seine Brüder stärken und warum Er dies zu ihm gesagt habe. Er wendete sich zu allen und sagte, warum Er Petrus ihnen zum Führer geben wolle, wenn er ihn gleich verleugnet habe; es müsse aber ein Hirt der Herde sein, und Er sprach von dem Eifer des Petrus.

Ich sah auch, dass Johannes in das Allerheiligste ging und auf dem Arm den bunten, weiten, gestickten Mantel hatte, welchen ich gestern auf dem Arm des Jakobus bei Maria gesehen habe und an welchem ich in der letzten Zeit die heiligen Frauen in Bethanien sticken und nähen sah. Er hatte außerdem einen hohlen, schlanken, hohen Stab in der Hand, der oben krumm war, wie ein Hirtenstecken, aber blinkend und wie ein hohes Rohr.

Ich sah, dass Petrus vor Jesus kniete und dass ihm Jesus einen runden Bissen, wie einen kleinen Kuchen, zu essen gab; ich erinnere mich keines Tellers, auch nicht wo Jesus den Bissen hernahm, aber er leuchtete.

Ich hatte aber, als erhalte Petrus eine sonderbare Kraft damit; und ich sah auch, dass Jesus den Petrus anhauchte und eine Gewalt, eine Kraft in ihn goss. Es war dies kein eigentliches Anhauchen, es waren Worte und eine Kraft, ein Wesentliches, das Petrus empfing und das doch keine bloß gesprochenen Worte waren.

Jesus näherte seinen Mund dem Munde und dann den beiden Ohren Petri und ergoss in diese drei jene Kraft. Ich hatte aber, dass dies noch nicht der Heilige Geist selbst sei, sondern etwas, was der Heilige Geist am Pfingsttag erst in ihm ganz beleben sollte. Er legte ihm auch die Hände auf und gab ihm eine Kraft und Obergewalt über die anderen und legte ihm dann den Mantel um, den der nebenstehende Johannes auf dem Arm hatte und gab ihm den Stab in die Hand. Er sagte ihm auch, dass der Mantel alle die Kraft und Gewalt in ihm zusammenhalten solle, welche Er ihm gegeben und wann dieser Mantel zu benutzen sei, nämlich wenn er von seiner Kraft Gebrauch machen wolle.

Jesus sprach auch von einer großen Taufe, wenn der Heilige Geist auf sie gekommen sein werde und dass Petrus acht Tage nachher, was Er ihm gegeben, diese Kraft, wieder anderen geben solle. Er sprach noch, dass Einige das weiße Kleid ablegen und ein anderes mit einem Brustschild anlegen sollten; andere aber sollten wieder in das abgelegte weiße Gewand eintreten. Es waren Anordnungen vom Eintreten höherer geistlicher Würde und Weihen unter ihnen. Hierauf stellten sich die anwesenden Jünger auf Jesu Geheiß in sieben einzelne Scharen zusammen, deren jeder ein Apostel vortrat. Jakobus der Jüngere und Thomas aber standen bei Petrus. Sie hatten sich auf Jesu Befehl so geordnet. Es war, als stellten sie sieben Gemeinden, sieben Kirchen vor; was die drei übrigen bedeuteten, weiß ich nicht recht.

(Einmal meinte sie, diese sollten zuerst Bischöfe, oder vornehmere Bischöfe werden. Sie weiß es aber nicht mehr bestimmt.)

Petrus redete alle in seiner neuen Würde an; er war dabei wie ein anderer Mensch und voll Kraft. Sie hörten ihn sehr gerührt unter Tränen an; er tröstete sie und sprach von vielem, was Jesus immer vorhergesagt und wie es nun in Erfüllung gegangen sei. Er sprach auch, wie ich mich noch entsinne, wie Jesus achtzehn Stunden lang leidend den Hohn und die Schmach der ganzen Welt getragen habe; auch kam darin vor, wieviel an der Erfüllung seines vierunddreißigsten Jahres fehlte. Ich habe es neulich schon richtig gesagt.

Während Petri Rede war Jesus entschwunden. Kein Schrecken, keine Verwunderung unterbrach die Aufmerksamkeit auf Petri Rede, welcher mit einer ganz neuen Kraft ausgerüstet erschien. Sie sangen nachher einen Dankpsalm. Jesus hat heute weder mit seiner Mutter noch mit Magdalena geredet.

Während Jesus von den vorzunehmenden Weihen nach der Ankunft des Heiligen Geistes sprach, sah ich ein Bild von einer großen Taufe am Teich Bethesda und sah dabei den Mantel des Petrus weiß und rot geblümt und vor der Brust mit einer viereckigen Klammer wie mit einem Metallschildchen gehalten. Es war in der Mitte durch einen Streifen in zwei Hälften geteilt, auf deren einer ein Lamm, auf der anderen eine Figur wie in einen langen Mantel unten eng gewickelt war, doch weiß ich es nicht mehr ganz genau. Ich habe dies wie in einem Nebenbild gesehen, als sehe ich, was Jesus sage. Es war auch etwas von Priesterweihen dabei und vom Geist des Vaters, den Er senden wollte.[62] Der Mantel war weit, bis auf die Füße lang, und hatte hinten eine Schleppe. Er war weiß mit breiten, roten Streifen in der Länge und mit Weinreben und Ähren und noch anderen Figuren, rot, grün und gelb, durchnäht. Die zwei äußersten roten Streifen an den beiden Seiten der vorderen Öffnung waren mit kurzen Querstreifen durchkreuzt, auf welchen Buchstaben standen, welche einige Worte ausdrückten, die ich vergessen habe. Dazu gehörte noch ein Kragen und eine Kappe daran, die über Hals und Kopf gezogen wurden. Die Kappe konnte auch hinten herab hängen; Kappe und Kragen des Ornats waren himmelblau.

(Während dieser ganzen Betrachtung empfand Anna Katharina heftige Schmerzen in der Wunde ihrer rechten Seite und am stärksten, als Thomas seine Finger in die Seitenwunde Jesu legte; da ergoss sich auch reichliches Blut aus ihrer Seite.)

Danach sah ich die Apostel noch danken und Psalmen singen. Der Herr hatte auch dem Petrus gesagt, sie sollen nach Tiberias fischen gehen.

Die Apostel begeben sich an den galiläischen See

8. bis 10. April:

Ich sah sie ihre Feierkleider ablegen und sich zur Reise rüsten. Sie gingen in zerstreuten Gruppen, erst noch die Wege Jesu nach dem Kalvarienberg und dann nach Bethanien, wo sie verschiedene Jünger mit sich nahmen. Sie zogen auf verschiedenen Wegen in mehreren Gruppen gegen das galiläische Meer.

Petrus ging mit Johannes, Jakobus dem Älteren, Thaddäus, Nathanael, Johannes Markus und Silas, es waren sieben Mann, gegen Tiberias. Sie ließen Samaria zur Linken. Alle Apostel gingen auf Wegen, welche die Orte vermieden.

Sie begaben sich vor dem Ort an eine Fischerei, welche Petrus in Pacht gehabt hatte und worauf nun ein anderer Mann saß, ein Witwer mit zwei Söhnen. Sie aßen etwas bei diesem Mann und ich hörte Petrus noch sagen, dass er seit drei Jahren hier nicht gefischt habe. Sie stiegen in zwei Schiffe, das eine war etwas größer und besser, das andere kleiner. Ich sah, dass die anderen dem Petrus den Vorzug des größeren Schiffes ließen; er stieg mit Nathanael und Thomas und einem Diener des Fischers hinein; in dem anderen Schiff waren Johannes, Jakobus, Johann Markus und Silas. Petrus litt nicht, dass ein anderer ruderte, er wollte es selbst tun und war, wenngleich erst von Christus so ausgezeichnet, doch ungemein demütig und bescheiden. So sah ich ihn besonders gegen Nathanael tun, der feiner und gelehrt war.

Ich sah sie mit Fackeln die ganze Nacht hin und her fahren, oft das Netz zwischen den beiden Schiffen auswerfen und immer wieder leer herausziehen. Ich hörte sie dazwischen laut beten und singen. – Gegen Morgen, da der Tag zu grauen begann, näherten sich die Schiffe jenseits des Ausflusses des Jordans der Morgenseite des Sees und ermüdet wollten sie nah dem Ufer die Anker fallen lassen. Sie hatten die Kleider beim Fischen abgelegt und hatten nur eine Binde um den Leib und wie ein Mäntelchen um den Oberleib und waren im Begriff, sich anzukleiden und zu ruhen; da sahen sie hinter dem Schilf des Ufers eine Gestalt.

Es war Jesus, welcher rief: «Kinder, habt ihr keine Zuspeise?» Sie antworteten: «Nein!» Da rief Jesus wieder, sie sollten das Netz gegen Abend von Petri Schiff auswerfen. Das taten sie, und Johannes musste deswegen mit seinem Schiff gegen die andere Seite von Petri Schiff hinfahren.

Und wie sie das Netz so schwer fühlten, erkannte Johannes Jesus und rief dem Petrus über das stille Meer zu: «Es ist der Herr!»

Da warf Petrus gleich seinen Rock um und sprang ins Wasser und watete durch das Schilf ans Land zu Jesus. Johannes aber kam auf einer Anlände. Es war dies ein leichtes, sehr schmales Boot, das an seinem Schiff befestigt war; es hingen zwei dergleichen aneinander und man schob eines vor das andere und ging darüber ans Land; es konnte nur ein Mann darin gehen und man benutzte es in der Nähe des Landes, wo es seicht war.

Jesus erscheint mit den Seelen der Gerechten aus der Vorhölle

Ich sah, während die Apostel auf dem Meer fischten, den Heiland umgeben von vielen Seelen der Altväter, welche Er aus der Vorhölle befreit hatte, und auch mit anderen erlösten Seelen, die an verschiedene Orte in Höhlen und Sümpfen und Wüsten gebannt gewesen waren, aus dem Tal Josaphat daher schweben.

Ich muss es jetzt nur eingestehen, was ich immer aus Scheu verborgen habe. Die ganze Zeit in diesen vierzig Tagen, wenn Jesus nicht bei den Jüngern ist, sehe ich ihn mit den Seelen, welche ihn hauptsächlich angehen, von Adam und Eva an bis auf Noe, Abraham und die anderen Altväter und mit seinem ganzen Stamm alle merkwürdigen Orte seines Lebens durchziehen und ihnen alles zeigen und lehren, was Er für sie getan und gelitten hat, wodurch sie unbeschreiblich erquickt und durch Dank geläutert wurden.

Er lehrte sie gewissermaßen in dieser Zeit die Geheimnisse des Neuen Testaments, durch welches sie entbunden sind von ihren Fesseln. Ich sah ihn in Nazaret mit ihnen, an der Krippe zu Bethlehem und überall, wo etwas Bemerkenswertes mit ihm vorgegangen war. Man kann an diesen zwar geschlechtslosen Seelen doch durch eine gewisse Weichheit oder Kraft der Erscheinung unterscheiden, dass sie auf Erden Männer oder Frauen beseelten. Ich sehe sie alle, wie in langen engen Gewändern, mit niederströmenden Falten, welche schimmern; es ist, als schwebten diese Kleider hinten länger nieder.

Es erscheinen an ihnen die Haare nicht als Haare, sondern als Strahlen von einer gewissen Bedeutung und ich erkenne solche Strahlen auch am Bart der Männer. Ohne äußere Zeichen sehe ich doch die Könige und besonders die Priester, welche mit der Bundeslade zu tun hatten, von Moses her ausgezeichnet und sehe auf den Wegen des Heilandes diesen auch immer von ihnen umgeben schweben, so dass auch hier in allem der Geist der Ordnung herrscht. Alle diese Erscheinungen bewegen sich ungemein anmutig und edel und haben in ihrer Haltung etwas Schwebendes, leise schräg Liegendes; sie berühren die Erde nicht so, als seien sie schwer, sondern als schwebten sie darüber hin.

Mit diesen Seelen sah ich den Herrn am See ankommen, als die Apostel noch fischten. Es war hinter einem Wall eine tiefere Stelle, wo sich unter einem Obdach eine Feuerstelle befand, vielleicht zum Gebrauch der Hirten. Ich sah nicht, dass Jesus Feuer anmachte oder einen Fisch fing oder sonst woher erhielt. Feuer und Fisch und alles Nötige kam in Gegenwart der Altväter-Seelen sogleich zum Vorschein, als der Herr gedachte, hier solle ein Fisch bereitet werden. Wie, kann ich nicht sagen. Die Geister der Altväter hatten einen Teil an diesem Fisch und seiner Zubereitung. Er deutete auf die Leidende Kirche, auf die Seelen in der Reinigung. Sie wurden in diesem Mahl mit der Kirche äußerlich verbunden. Jesus gab mit dem Essen dieses Fisches den Aposteln den Begriff von der Verbindung der Leidenden und Streitenden Kirche. Jonas im Fisch deutet auch auf Jesu Verweilen in der Unterwelt.

Vor der Hütte lag ein Balken, der als Tisch diente. So viel hatte ich gesehen, als Jesus über den Wall ans Meer ging. Petrus schwamm nicht, er watete durchs Wasser; man konnte den Grund sehen, doch war es ziemlich tief. Als er schon bei Jesus stand, kam auch Johannes, und die auf dem Schiffe riefen, die auf dem Lande sollten am Netz ziehen helfen.

Jesus sagte auch zu Petrus, er solle die Fische bringen, und sie zogen das Netz ans Land und ich sah, dass Petrus die Fische aus dem Netz heraus auf das Ufer warf. Es waren 153 Fische von allerlei Art und ich hatte etwas von der Bedeutung dieser Zahl, was ich vergessen habe.

Es waren nicht einer, sondern mehrere Leute von dem Fischer in Tiberias auf dem Schiff, welche bei den Fischen und dem Schiff blieben; die Apostel und Jünger aber gingen mit Jesus zur Hütte. Er sagte ihnen, sie sollten kommen und etwas essen. Als sie kamen, sah ich die Geister der Altväter verschwunden.

Die Apostel waren sehr verwundert, das Feuer und einen Fisch darauf, der doch nicht von den ihrigen war, zu sehen und Brot und Honigrooß.[63] Die Apostel und Jünger legten sich an den Balken und Jesus machte den Wirt. Er gab jedem auf einem Brotkuchen eine Portion des Fisches aus der Pfanne und ich sah nicht, dass der Fisch weniger wurde. Er gab ihnen auch von dem Honigrooß und lag selbst zu Tisch und aß. Alles dieses geschah sehr still und feierlich.

Thomas war der Dritte von denen gewesen, die schon auf dem Schiff eine Empfindung von der Anwesenheit Jesu hatten. Sie waren aber alle scheu und furchtsam, denn Jesus war geisterhafter als sonst und das ganze Mahl und die Zeit hatte etwas Geheimnisvolles, keiner wagte zu fragen und alles hatte eine heilige, Staunen erregende Feierlichkeit und Stille. Jesus erschien verhüllter und man bemerkte seine Wunden nicht an ihm.

Nach dem Mahl sah ich Jesus aufstehen und die Jünger auch, und ich sah Jesus mit ihnen am Meer hin und her gehen und stehen bleibend feierlich zu Petrus sagen: «Simon, Jonas-Sohn, liebst du mich mehr als diese?» und Petrus erwiderte schüchtern: «Ja, Herr! Du weißt, dass ich dich liebe!» Da sagte Jesus zu ihm: «Weide meine Lämmer!» Und im selbigen Augenblick sah ich ein Bild von der Kirche und dem obersten Bischof, wie er die ersten Christen, die noch schwach waren, lehrte und führte und sah vieles Taufen und Abwaschen der neuen Christen wie bei den zarten Lämmern.

Dann sagte ihm Jesus wieder nach einer Pause, während sie immer gingen und Jesus sich manchmal umwendend stehen blieb und sich alle zu ihm kehrten: «Simon, Sohn des Jonas, liebst du mich?» und Petrus sehr schüchtern und demütig, seiner Verleugnung eingedenk, sagte abermals:

«Ja, Herr, du weißt, dass ich dich liebe!» Und Jesus sagte abermals feierlich: «Weide meine Schafe!»

Und sogleich sah ich ein Bild von der wachsenden Kirche und deren Verfolgung und wie der oberste Bischof die sich mehrenden, zerstreuten Christen sammelte, schützte, Unterhirten zu ihnen aussandte und sie regierte.

Nach einer Pause, da sie gegangen waren, sagte Jesus nochmals: «Simon, Jonas-Sohn, liebst du mich?» und ich sah Petrus betrübt, weil er glaubte, Jesus frage so oft, als zweifle Er an seiner Liebe, und er gedachte seiner dreimaligen Verleugnung und sagte: «Herr! Du weißt alles, du weißt, dass ich dich liebe!» Ich sah aber, dass Johannes dachte: «Oh! welche Liebe muss Jesus haben und muss ein Hirte haben, dass Er Petrus, dem Er die Herde übergeben, dreimal um die Liebe fragte!»

Jesus sagte wieder: «Weide meine Schafe! Wahrlich! Wahrlich! Ich sage dir, als du jung warst, hast du dich selbst gegürtet und gingst, wohin du wolltest, wenn du aber alt sein wirst, wirst du deine Hände ausstrecken und ein Anderer wird dich binden und wird dich hinführen, wohin du nicht willst. Folge mir nach!»

Nun wandte sich Jesus wieder, um fortzugehen, und Johannes ging mit ihm, indem Jesus mit ihm allein etwas sprach, was ich nicht hörte. Ich sah aber, dass Petrus, dies sehend, den Herrn fragte, indem er auf Johannes deutete: «Herr! was wird aber mit diesem werden?» und Jesus sagte ihm, seine Neugierde strafend: «Wenn ich will, dass er bleibe, bis ich komme, was geht das dich an, du folge mir nach!» Und nun wandte Er sich wieder, und sie gingen weiter.

Als Jesus zum drittenmal sagte: Weide meine Schafe und man werde Petrus im Alter binden und führen, sah ich ein Bild von der ausgebreiteten Kirche, sah Petrus in Rom, wie er gebunden und gekreuzigt wurde und sah die Marter der Heiligen hie und da.

Ich sah aber, dass es Petrus auch verliehen war, im Geiste dieses zu sehen und sein Ende zu erkennen und dass er nach Johannes blickend, diesen in einer Vision künftig auch unter mancherlei Leiden Jesus folgen und zugleich natürlich vor sich in demselben Augenblick sah; und er gedachte:

«Soll dieser, den Jesus so sehr liebt, nicht auch wie Er gekreuziget werden?» und er fragte darum Jesus, der ihm einen Verweis gab. Ich hatte auch, dass einige diese Worte Jesu falsch verstehen und meinen, es heiße: «Ich will, dass er so bleibe», oder «wenn ich will, dass er so bleibe.» Es heißt aber: «Wenn ich will, dass er bleibe.» Auch die anderen, welche dies gehört, haben gemeint, Johannes solle nicht sterben, er ist aber gestorben. Ich hatte auch hierbei ein Bild von seinem nachherigen Aufenthalt und seinem Tod.

Sie gingen noch eine Strecke mit Jesus, der ihnen sagte, was sie weiter tun sollten und dann vor ihnen entschwand. Er war gegen Morgen des Sees nach Gergesa zu gegangen und sie kehrten zurück nach Tiberias, kamen aber nicht wieder über die Stelle, wo Er ihnen zu essen gegeben hatte. Von den Fischen, welche die Apostel gefangen, wurden keine zum Mahl gebraucht. Als Jesus sagte, sie sollten sie herbringen, warf Petrus dieselben in Reihen hinter einander vor die Füße Jesu, wobei sie gezählt wurden.

Es war dies wie ein Anerkennen, dass sie die Fische nicht durch sich und für sich, sondern durch sein Wunder und für ihn gefangen hatten. Als die Fische da lagen, sagte der Herr: «Kommt und esst!» und führte sie über den Hügel oder Wall, wo man das Meer nicht sehen konnte und wo die Erdhütte über der Feuerstelle war.

Jesus legte sich nicht zu Tisch, sondern ging zu der Pfanne und den Jüngern und brachte jedem sein Stück Fisch auf einem Stück Brot. Er segnete auch die Portionen und ich sah sie leuchten. Die Honigkuchen lagen nicht in der Pfanne, sie waren bereitet und lagen aufeinander; Er teilte sie auch aus. Als alle ihren Teil hatten, aß Er auch. Es war nur ein Fisch in der Pfanne, er war aber größer als all die anderen, er war wohl wie ein Knabe groß.

Es war mit diesem Mahl etwas Geheimnisvolles, und die frühere Anwesenheit der Altväter und anderer Seelen und der nachmalige Beruf des Petrus und dass die Altväter mit bei dem Mahl bereitet hatten und eine innere Weisung, welche ich jetzt nicht mehr deutlich vorbringen kann, sagte mir, dass hier dem Petrus und der Kirche auch die Leidende Kirche, die Seelen am dritten Ort, einverleibt und untergeben worden seien und dass dies in diesem geistigen Mahl geschehen sei. Ich kann nicht sagen, wie, aber ich hatte im Gesicht die Überzeugung; darum schloss Jesus auch mit der Prophezeiung von Petri Tod und Johannes' Zukunft.

Jesus zog nun mit den Seelen der Altväter in die Gegend, wo Er die Teufel in die Schweine getrieben hatte und befreite dort noch mehrere Seelen, welche hier an dunkeln und wüsten Orten verweilten; denn hier waren immer viele Besessene und auch Unschuldige ermordet worden, die nach dem Urteil Gottes hier verweilten.

Die Fische wurden von den Leuten des Fischers, die mitgekommen waren, in die Schiffe geworfen und nach Hause gefahren.

Als ich die Seelen der Altväter bei dem Feuer sah, war es mir, als wirkten sie etwas bei der Zubereitung, oder hätten einen Teil daran, doch kann ich nicht bestimmt sagen, welchen Teil sie daran nahmen. Als Jesus nach dem Meer ging, war alles bereitet.

Als Jesus von Johannes sagte: «Wenn ich will, dass er bleibe, bis ich komme, was geht das dich an?» hatte ich ein Bild von seinem Tod bei Ephesus, wie er sich in das Grab legte und mit seinen Jüngern sprach und starb, wie ich das sonst schon gesehen habe. Und ich sah auch, dass sein Leib nicht auf Erden ist und sah zwischen Morgen und Mitternacht einen leuchtenden Raum, wie eine Sonne, und sah ihn darin, als vermittle er etwas, als empfange er von oben und gebe nieder. Diesen Ort sah ich noch wie mit der Erde zusammengehörend und doch ganz über sie erhaben und unzugänglich. Ich habe auch gesehen, dass das Paradies noch in dieser Region, doch abgesondert, schwebt. Ich sah vier solche Orte an den vier Enden der Welt; erinnere mich aber nicht mehr, was in denselben war. Ich sah diesmal den Ort des Johannes nicht wie den Prophetenberg, weil ich nicht selbst darauf war, sondern ich sah ihn wie einen glänzenden Körper.

Der Fischer von Tiberias war unter den Leuten, welche bei Jesu strenger Lehre auf dem Berg bei Thebez sich wieder von der Gemeinde trennten, seine Söhne aber sind dabei geblieben. Ich habe ihre Namen wieder mehrmals gewusst und vergessen.

Einige Tage danach erzählte Anna Katharina im ekstatischen Zustand noch folgendes:

Die Namen der drei Fischer von Tiberias, welche nach dem Wunder des Fischzuges mit den Aposteln nach Thebez zur Erscheinung des Herrn kamen, waren: Aminadab, so hieß der Vater. Die beiden Söhne von zwanzig und achtzehn Jahren hießen Isaak und Josaphat. Der Vater ging wieder nach Hause und empfahl die Söhne dem Petrus, der sie zum Dienst brauchte.

Der Fisch bei dem Mahl am See erschien auf den Gedanken Jesu: hier solle ein Fisch auf dem Feuer bereitet sein, sogleich in Gegenwart der Geister der Altväter, die einen Teil an diesem Fisch hatten, er deutete auf die Leidende Kirche, auf die Seelen, welche in der Reinigung sind. Diese wurden in diesem Mahl mit der Kirche durch ein äußerliches Zeichen verbunden. Jesus gab in diesem Mahl den Aposteln den Begriff von der Verbindung der Leidenden und Streitenden Kirche.

Die 153 Fische, welche die Apostel fingen, nachdem der Herr gefragt: «Habt ihr keine Zuspeise?», deuteten auf die Zahl von 153 neuen Anhängern, welche zu Thebez gewonnen wurden.

Jesus wandelt mit den Seelen der Altväter

11. April: Ich sah Jesus nach seiner Erscheinung beim Fischzug mit den Altvätern in der Gegend von Gergesa, wo Er mehrere Seelen von ihrem Bann erlöste, und ich sah ihn auch mit den Seelen im Paradies. Ich habe dabei das Paradies wieder so schön und deutlich wie je gesehen. Ich sah, dass Er ihnen alles erklärte, was die ersten Eltern mit dem Fall verloren haben und was für ein Glück bei diesem Fall gewesen sei, dass Er sie erlösen konnte.

Ich sah, dass die Seelen sich wohl nach der Erlösung gesehnt hatten, dass sie aber in Unwissenheit waren, auf welche Weise sie erfolgen würde, wie es die Menschen auch gewesen waren.

Ich sah, dass Jesus ebenso mit ihnen auf die ihrem Zustand dienliche Weise wandelte und sie belehrte, wie Er es mit den Menschen in seinem Leben getan hatte.

Ich vernahm hierbei abermals, der Mensch sei geschaffen gewesen, den Platz der gefallenen Engelchöre im Himmel auszufüllen. Ohne den Sündenfall würde er sich nur so lange vermehrt haben, bis jene Zahl ausgefüllt worden wäre und dann wurde die Schöpfung vollendet gewesen sein. Durch den Sündenfall aber sei eine zerstreuende, sich eigenwillig zersplitternde Fortpflanzung hervorgekommen und als sei die Zeugung mit Unreinem, Finsterem vermischt worden; darum sei die Strafe des Todes eine notwendige Folge und eine Wohltat gewesen. Was man auch vom Ende der Welt sage, so sei es gewiss, sie werde nicht eher untergehen, bis aller Weizen aus der Spreu geerntet und mit ihm jene Kreise der gefallenen Engel wieder erfüllt seien.

Ich sah Jesus auf großen Schlachtfeldern und sah ihn den Seelen alles erklären, wie sie zum Heile geführt worden seien; und indem Er es ihnen sagte, sah ich die Bilder der Schlachten und alles, als wäre es jetzt. Ich glaube, die Seelen sahen alles auch so. Ich sah die Hauptsachen von Noe, von Abraham im Lande Ur und von vielen Propheten.

Niemals sah ich während solcher Geisterzüge jemanden erschrecken, sondern es war wie ein angenehmes Wehen über das Land hin und viel Freude in allen Kreaturen. – Jesus ist auch seiner Mutter mit den Altvätern erschienen, als Er mit ihnen aus der Vorhölle kam; auch ist Er in allen Gegenden gewesen, wo die Apostel zuerst das Evangelium hinbrachten und hat sie mit seiner Gegenwart gesegnet. Er durchwandelte die ganze Natur.

Petrus lehrt von der Nachfolge Christi und heilt in Jesu Namen

Als Jesus am See vor den Augen der vier Apostel und drei Jünger entschwunden war, gingen dieselben nach Tiberias zu dem Fischer Aminadab zurück. Es mochte Nachmittag sein, als sie zu dem Fischer kamen, der diese Fischerei schon zwei Jahre lang von Petrus in Besitz erhalten hatte. Sie nahmen daselbst ein Mahl und Petrus erzählte das Wunder, das sie erlebt mit der Erscheinung und dem Mahl des Herrn und dem reichen Fischzug und lehrte von der Nachfolge und vom Alles-Verlassen.

Der alte Fischer, der das Schiff voller Fische ankommen sah und von seinen mitgewesenen Söhnen auch das Wunder hörte, entschloss sich nun auch, das Seine zu verlassen.

Die Fische wurden unter den Armen verteilt, er übergab seine Fischerei einem anderen und zog in der Nacht mit seinen zwei Söhnen Isaak und Josaphat den Jüngern nach. Ihr Weg ging etwas an der Abendseite des Sees und dann landeinwärts. Ich hörte von dem Fischer noch so viel, dass seine Absicht noch nicht ganz rein war und dass er bei dem Verlassen seiner Habe dachte, er könne noch etwas werden.

12. April: Die Apostel kamen gegen Anbruch des Tages bei einer ziemlich großen Synagoge an, die mitten zwischen drei Dörfern im freien Feld von einigen Herbergs-Häusern umgeben lag. Sie fanden hier viele Jünger versammelt. Sie nahmen eine Erfrischung und ruhten ein wenig. Petrus erzählte den anderen das Wunder des

Fischzugs und Mahles und die Worte Jesu. Hierauf lehrte er hier in der Schule vom Fischzug und der Nachfolge, wovon er auch unterwegs gesprochen hatte; die anderen Jünger waren betrübt, dass Jesus sie nicht angeredet hatte. Dieser Ort liegt einige Stunden gegen Mittag von Tiberias. Es waren dort sehr viele Menschen zusammengekommen, darunter viele Kranke und auch Besessene. Petrus heilte hier allein im Namen Jesu, und die anderen Apostel und Jünger dienten und lehrten.

Es waren hier durch die Jünger und den Ruf alle guten und der Lehre Jesu geneigten Leute aus der ganzen Gegend versammelt und Petrus lehrte sie in der Synagoge von den Leiden des Herrn und von seiner Auferstehung und erzählte, wie sie ihn gesehen hatten und berichtete von dem letzten Wunder des Fischzuges und lud sie zur Nachfolge ein.

Die Leute waren auch alle sehr hingerissen, denn das Wesen des Petrus hat sich seit den beiden letzten Erscheinungen ganz verändert. Er ist voll Begeisterung und Sanftmut und bewegte das Herz dieser Leute so, dass sie alle gleich mitziehen wollten und er vielen befehlen musste, in ihren Häusern zurückzubleiben.

Petrus hält auf einem Berg am See Gennesaret eine Lehre – Jesus erscheint daselbst den Fünfhundert (1 Kor 15,6)

Petrus mit den anderen Jüngern und vielen in Gruppen folgenden Leuten zog am Nachmittag von hier mehrere Stunden abendwärts. Die Gegend, wo sie hinkamen, lag hoch und hatte gegen Mitternacht ein ungemein fruchtbares Tal, wo ich oft mitten im Winter das höchste, schönste Gras sehe, denn es läuft in dieser Gegend ein Bach, der aber in heißer Zeit oft trocken ist. Manchmal ist das ganze Tal überschwemmt von dem Regen, der von den Höhen nieder kommt.

Auf dieser hohen Gegend kamen sie an einen einzelnen Berg, der wohl im Umfang so groß wie Dülmen ist. Auf der Ebene rings um diesen Hügel herum liegen Häuser und hinter den Häusern liegen Gärten den Hügel hinan, der nicht viel höher als die Häuser ist. Fünf Wege, mit Hecken und Bäumen besetzt, führen hinauf und oben ist ein großer Raum, wo einige hundert Menschen bequem gehen können.

Man kann von hier weit umher und über das galiläische Meer sehen, es ist eine sehr schöne Aussicht. Nicht weit davon liegt auch der Berg, auf dem der Herr einmal viele Menschen gespeist hat, und hier in der Gegend war es auch, wo Er die Bergpredigten gehalten hat. Es liegt auch ein Quell am Fuß dieser Gegend, ich meine der Brunnen Kapharnaum genannt.

Sie kamen am Abend hier an und fanden die anderen Apostel und viele Jünger und auch alle die heiligen Frauen, außer der Muttergottes und Veronika, hier. Auch die Frau und Tochter von Petrus und die Frauen anderer Apostel, ich meine des Andreas und Matthäus, waren von Bethsaida herab gekommen.

Außerdem waren noch viele Menschen hier und viele kamen mit den Jüngern. Die Apostel und Jünger wussten, dass sie hier zusammenkommen sollten. Sie verteilten sich umher in Schuppen und im Freien. Petrus und die anderen, nachdem sie sich die Füße gewaschen, erzählten den Aposteln und Frauen das Wunder des Fischzuges. Sie nahmen auch etwas zu sich und Petrus begab sich sodann mit allen Anderen auf den Berg, wo das Volk von einem Teil der Jünger schon geordnet war.

Auf diesem Berg war eine Vertiefung, in deren Mitte eine von Alter mit Moos bewachsene Lehrsäule stand, in welche man hineingehen und wie auf eine Kanzel hinauf steigen konnte. Die Vertiefung, in welcher diese Säule stand, war stufenförmig, so dass viele Zuhörer über einander wegsehen konnten.

Petrus stellte fünf Apostel an die fünf Wege, welche auf den Berg führten, und diese lehrten das Volk, weil ihn wegen der Menge nicht alle hören konnten.

Er stand in der Mitte an der Säule und die Apostel und Jünger und viel Volk um ihn her, und er verkündigte das Leiden und die Auferstehung und die Erscheinungen des Herrn und die Nachfolge. Ich sah Jesus nachher von derselben Seite der Gegend her kommen, von welcher Petrus her gekommen war. Er ging den Berg hinan und die heiligen Frauen, welche an dem Pfade des Bergs standen, warfen sich vor ihm nieder.

Er redete auch mit ihnen im Vorübergehen. Als Er aber leuchtend durch die Menge hinschritt, schauderten viele und ängstigten sich, und diese sind auch alle nicht getreu geblieben. Er trat auch in die Mitte an die Säule, wo Petrus gestanden, der sich ihm nun gegenüber stellte, und sprach vom Verlassen des Seinigen und von der Nachfolge und von der Verfolgung, welche sie leiden würden. Es entfernten sich zweihundert der Anwesenden, als sie ihn solches reden hörten.

Da sie weg waren, sagte der Herr, Er habe milde gesprochen, um die Schwachen nicht zu ärgern. Nun aber sprach Er sehr deutlich von den Leiden und Verfolgungen derer, die ihm nachfolgten auf Erden und von ihrem ewigen Lohn. Er redete dies zu den Aposteln und Jüngern, wie Er es schon in seinen letzten Tempellehren einmal getan hatte.

Er sagte, sie sollten zunächst in Jerusalem bleiben und sollten, wenn Er ihnen den Geist gesandt habe, taufen im Namen des Vaters und des Sohnes und des Heiligen Geistes, und sie sollten vorerst eine Gemeinde gründen. Hierauf sagte Er, wie sie sich verteilen, entferntere Gemeinden bilden und dann wieder sammeln und wieder weit ausziehen und auch die Blutstaufe empfangen sollten. Während Jesus unter ihnen stand und sprach, umgaben die Geister der Altväter die ganze Versammlung, doch dieser unsichtbar. Jesus entschwand aber wie ein erlöschendes Licht aus ihrer Mitte, und viele warfen sich auf ihr Angesicht. Petrus lehrte und betete hierauf noch. Es war dies die Haupterscheinung Jesu in Galiläa, wo Er lehrte und allen seine Auferstehung zeigte; die anderen Erscheinungen waren mehr im Geheimen.

Die Apostel heilen Kranke, die sie früher nicht hatten heilen können

14. April: Ich sah die Apostel in einem Ort und sah, dass Petrus, Thaddäus, Andreas, Jakobus der Jüngere und noch ein Apostel hier an mehreren Kranken Heilungen vollbrachten, welche ihnen neulich wegen eines inneren Mangels, den ihnen Jesus bei seiner Erscheinung verwiesen hatte, nicht gelungen waren.

Ihr Fehler war gewesen, dass sie damals die große Würde und Abgesondertheit Jesu in seinem Verhalten nachgeahmt und etwas fremd und vornehm getan und nicht in Demut das gegeben hatten, was sie empfangen hatten, sondern als gäben sie es von sich, und darum gelang es zuletzt nicht.

Heute sah ich, dass sie, was mir sehr rührend war, sich dabei demütigten, bei den Kranken niederknieten und sie um Vergebung baten, dass sie ihnen nicht geholfen, und ich sah diese Leute alle gesund werden. Es waren Leute bis von Kedar dabei.

Es war hier wie eine Niederlassung, es waren Wassersüchtige, Mondsüchtige, abgesonderte Aussätzige dabei. – Das Wesen ihres Fehlers habe ich wieder vergessen, es war dabei auch etwas, als hätten sie es zu natürlich und nicht genug von der Wirkung des Leidens Jesu aus getan; doch kann ich es nicht gewiss sagen. Thomas heilte hier auch, er war neulich nicht hier dabei gewesen,

Johannes sehe ich nicht so viel heilen, er wirkt mehr innerliche Dinge. Die geheilten Leute zogen auch mit den Aposteln nach dem Sabbat gegen Bethanien.

Maria und ihre Wege

Die Mutter Jesu war in diesen Tagen zu Jerusalem im Haus des Johannes Markus. Veronika, Nikodemus und Joseph von Arimathäa besuchten sie ohne Scheu. Sie ging täglich die Leidenswege Jesu, abends, morgens und in der Nacht, und wo die Orte verrammelt waren, ging sie nebenher und auf Umwegen. In dem Haus, in dem sie sich aufhielt, gedachte sie betend auch sieben anderer Orte.

Das Verhalten der Juden

Die Juden hatten, nachdem sie alle, die sich für Jesus erklärten und mit den Jüngern umgingen, aus öffentlichen Ämtern und aus ihrer Gemeinschaft ausgeschlossen hatten, auch die Stellen des Leidensweges, wo Jesus gefallen und irgend etwas vorgegangen war, mit Gräben durchschnitten und am Kalvarienberg durch Hecken und Schlagbäume unzugänglich gemacht. Auch hatten sie einzelne Pfade nach der Gegend, wo die Anhänger Jesu meist wohnten und gingen, zugemauert. Es kam mir so wunderlich vor, wenn man in so einer Straße wie in einem Sack gefangen war und wieder umkehren musste. Manchmal wurden die Wege zum Kalvarienberg nachts durch die Freunde Jesu wieder geöffnet.

Liebesmahl im Haus des Lazarus

15. April: Ich sah die Apostel in Bethanien. Es war eine große Menge Menschen hier versammelt, wohl etwa dreihundert und etwa fünfzig Frauen darunter, welche alle hierher gefolgt waren und der Gemeinde das Ihrige übergeben hatten. Die Apostel und Jünger hielten im Haus des Lazarus ein großes Liebesmahl mit Brotbrechen und herumgereichtem Becher. Es war dies aber ohne Konsekration, eine bloße Vereinigungsfeierlichkeit.

Dieses Mahl war in der offenen Halle des Hofs und bei offenen Türen, und Petrus lehrte nachher alle Anwesenden und eine große Menge Menschen. Es waren auch viele Lauerer unter den Zuhörern, und da Petrus verkündete, sie sollten nur alles verlassen und zu ihnen kommen, er wolle ihnen alles geben, was sie brauchten, lachten die Spötter über ihn, weil er selbst nichts habe, ein armer Fischer und Landstreicher sei, der seine Frau zu Haus kaum ernähren könne. Petrus lehrte dies alles noch immer mehr auf Geheiß Jesu als aus einem inneren lebendigen Gefühl, welches sie erst mit dem Heiligen Geist erhielten.

Die Mutter Jesu war wieder nach Bethanien ins Haus von Martha und Magdalena gekommen.

16. April: Ich sah die Apostel und die alten und neuen Jünger noch in Bethanien und Petrus noch öffentlich bei Lazarus lehren.

Petrus führt jetzt in der Versammlung das Wort, es sei denn, dass er bei zu großer Versammlung andere an anderen Orten zu lehren beauftragt. Er hat seit der Bekleidung mit dem Mantel durch Jesus und seit dem Mahl des Fisches, der kein natürlicher Fisch war und wodurch er eine eigene Kraft empfangen hatte, ein ganz anderes Wesen; es erkennen ihn alle als das Haupt, den Mund und die Hand der Gemeinde.

Und es ist mir bei den Prophezeiungen Jesu am See von des Petrus Tod und des Johannes Zukunft und bei dem Befehl, weide meine Lämmer, gewesen, als ob Petrus die Führung und das Weiden der Herde in seinen Nachfolgern ewiglich besorge, Johannes aber an dem Quell der Wasser ewig stehe, welcher die Weide erfrischt und wässert und die Schafe erquickt.

Ich erkannte – (so lautet wenigstens der Sinn ihrer Äußerung, die der Pilger nicht buchstäblich wiedergeben kann) – das Wirken des Petrus sei mehr in der Zeit, in der äußeren Verfassung, darum in Nachfolger zerfallend, das des Johannes mehr in der Natur, in der Begeisterung, im Aussenden von begeisterten Boten. Der Eine sei mehr ein Fels, ein Gebäude, der andere mehr ein Wehen, eine Wolke, ein Gewitter, ein Donnerkind, ein Stimmensender. Petrus war wie der Bau, die Besaitung und Stimmung der Harfe; Johannes wie das Wehen des Windes durch ihre Saiten.

Petrus, Johannes und Thomas werden verhört

Ich sah heute etwa fünfzig Soldaten von Jerusalem nach Bethanien ziehen, von derselben Art wie jene, die den Herrn am Ölberg gefangengenommen hatten. Sie waren von der Tempel- und Hohenpriester-Wache. Ich sah auch Abgeordnete auf dem Rathaus in Bethanien erscheinen und die Apostel vor sich rufen. Petrus, Johannes und Thomas kamen vor dieselben und antworteten fest und frei auf die Verweise, dass sie Versammlungen hielten und Unruhen unter dem Volk verursachten.

Es standen auch Soldaten beim Haus des Lazarus. Die Abgeordneten von Jerusalem verhörten die Apostel öffentlich vor dem Rathaus, die Obrigkeit von Bethanien aber, ich glaube es war der Bürgermeister, widersprach ihnen und sagte, wenn sie etwas Unrechtes von diesen Männern wüssten, so sollten sie diese gefangennehmen, aber ihnen keine Unruhe hier im Ort mit ihren Soldaten machen.

Ich sah hierauf Petrus bei Lazarus mit den versammelten Anhängern reden und um Ärgernis zu vermeiden, hundertdreiundzwanzig derselben entlassen. Die Entfernteren sollten bei den näher Wohnenden bleiben, denn sie hatten bereits alles gemeinschaftlich.

Es waren etwa auch fünfzig Frauen, welche sich wegbegaben und in einzelnen Abteilungen zusammenwohnten. Petrus bestellte jedoch alle diese Leute gegen den Tag von Christi Himmelfahrt, von welcher er eine Ahnung haben musste, hierher zurück.

Die Apostel kehren nach Jerusalem zurück – Maria empfängt von Petrus das Heiligste Sakrament

17. und 18. April:

Die Apostel kamen am Morgen von Bethanien in das Abendmahlshaus nach Jerusalem. Ich sah sie an diesem Tag ein Mahl halten und unter der Lampe und vor dem Allerheiligsten beten. Es waren etwa sieben Jünger bei ihnen. Wenngleich neulich Petrus hundertdreiundzwanzig in Bethanien entlassen hatte, so waren doch wieder andere hinzugekommen.

Die Apostel und Jünger konnten nicht mehr durch die Stadt in das Abendmahlshaus, der Weg war von dieser Seite durch die Juden unterbrochen worden. Sie mussten links vom Tempel den Weg herein gehen, wo Petrus und Johannes am Gründonnerstag herein gegangen waren. Dort waren viele Fremden-Herbergen und das rechte Judenvolk wohnte nicht dort herum.

Ich habe aus den Reden der Apostel und Jünger vernommen, dass sie doch noch nicht ganz erleuchtet sind und noch immer meinen, es werde ein äußeres Reich gestiftet werden, oder sie würden noch etwas ganz Besonderes erhalten. Ich glaube, Jesus wird sie noch tüchtig deswegen zur Rede stellen.

(Anna Katharina sah heute um halb 6 Uhr abends das folgende mit wachenden offenen Augen, während der Pilger bei ihr war und während in die Bilder die rohe Wirklichkeit ihrer Umgebung mit schroffem Kontrast hineintrat. Sie sagte: «Es muss ein großes Mahl im Abendmahlshaus sein. Lazarus ist auch da, die Apostel sind heute früh in Bethanien gewesen und haben ihn geholt. Die Frauen und die Mutter des Herrn sind da, auch Veronika, Nikodemus, Joseph von Arimathäa und der Sohn Simeons, der das Osterlamm geschlachtet hat. Sie haben heute wieder ein Lamm. Die Frauen außer Maria sind bei der Zubereitung des Mahles. Es sind die zwölf Apostel und zwanzig Jünger da. Es muss ein Fest sein.»

Dies waren ihre Äußerungen am Mittag im Sehen. Das folgende erzählte sie am 19. April Donnerstag morgens:)

Ich sah die Apostel und zwanzig Jünger im Saal unter der Lampe. Sie beteten und dann trennten sie sich in zwei Gruppen. Johannes sprach zu den Aposteln und Petrus zu den Jüngern. Sie sprachen auf eine geheimnisvolle Weise von ihrem Verhältnis zur Mutter des Herrn und was sie ihnen sein müsse. Ich sah während dieser Lehre, welche sich mir auf eine Mitteilung Jesu Christi zu gründen schien, die mir entfallen ist, die Erscheinung der Mutter Jesu über ihnen schweben in einem leuchtenden, ausgebreiteten Mantel, der sie wie umfasste und sah, dass ihr von dem über ihr offenen Himmel aus der Heiligsten Dreifaltigkeit eine Krone aufgesetzt wurde. Ich hatte die Empfindung, als sei Maria ihrer aller Haupt und ihr ganzer Tempel und Umfang.

Ich sah während dieses Gesichtes die Mutter Jesu, welche außer dem Saal betend war, nicht mehr. Ich glaube, es war dies ein Bild dessen, was durch den Willen Gottes in der Erklärung der Apostel für die Kirche in diesem Augenblick geschah; oder war es das Bild einer Erhebung Marias in einem Gesicht, das sie während der Handlung der Apostel hatte?

Gegen neun Uhr sah ich in der Vorhalle ein Mahl. Die Mutter Jesu saß allein zwischen Petrus und Johannes am Tisch der Apostel, sie saßen mit dem Rücken gegen den Hof und hatten den

Blick gegen die Tür des Hauses. Die anderen Frauen und Jünger saßen links und rechts an getrennten Tischen.

Nikodemus und Joseph dienten wieder bei Tisch. Petrus schnitt das Lamm gerade so, wie Jesus das Osterlamm geschnitten hatte. Am Ende des Mahles war ein Brotbrechen und Herumreichen des Brotes und Bechers; aber dies war nicht der Leib des Herrn, sondern nur gesegnet. Petrus sprach wieder dabei.

Ich sah nachher die Mutter des Herrn mit den Aposteln im Abendmahlshaus, sie stand zwischen Petrus und Johannes unter der Lampe. Ich muss noch sagen, dass alle Gäste bei diesem Mahl ihre Feierkleider und Maria ihr Hochzeitskleid anhatten; sie trug beim Gebet unter der Lampe einen schönen weißen Mantel und war verschleiert. Das Allerheiligste wurde geöffnet und sie beteten noch kniend vor demselben.

Ich sah dann, als schon Mitternacht vorüber sein mochte, dass die Mutter Jesu von Petrus das Heiligste Sakrament kniend empfing. Er hatte die Bissen auf dem Tellerchen vom Kelch in der Hand und reichte ihr den von Jesu selbst gebrochenen Bissen in den Mund. Ich sah ihr in demselben Augenblick, den anderen unsichtbar, den Herrn Jesus erscheinen und wieder entschwinden. Sie war ganz von Glanz und Licht durchdrungen. Sie beteten dann noch und begaben sich auseinander. Ich sah die Apostel sich in der Feierlichkeit ehrerbietiger gegen Maria zeigen. Sonst waren sie immer, wie auch mit Jesus, vertraut, doch ernst.

Die heilige Jungfrau nach der heiligen Kommunion

Die heilige Jungfrau Maria begab sich, nachdem sie das Heiligste Sakrament empfangen hatte, nach Mitternacht vom Abendmahlshaus mit den anderen Frauen in ihre Wohnung nach dem Haus des Johannes Markus. Ich sah Maria noch in ihrer Kammer stehend beten. Sie betete das Magnifikat, den Lobgesang der drei Jünglinge im Feuerofen und den 130. Psalm.[64]

Der Tag begann zu grauen, als ich Jesus durch verschlossene Türen zu ihr eintreten sah. Er redete lange mit ihr. Es war aber kein

Umarmen, noch sonstiges Berühren dabei. Er sprach mit ihr darüber, dass sie den Aposteln beistehen müsse und was sie ihnen sei.

Alles dieses war geistig und geheimnisvoll. Er gab ihr aber eine Macht über die Kirche, eine Kraft, einen Schutz in dieser Mitteilung und ich sah, als fließe sein Licht in sie ein, als gehe Er durch sie durch. Ich kann dies nicht aussprechen. Er entschwand wieder durch die Tür. Sie betete und legte sich nieder.

Der Herr erscheint dem Simon von Cyrene

(Vorbemerkung des Pilgers: Das folgende erzählte Anna Katharina am 21. April 1820, morgens zwischen zehn und elf Uhr im ekstatischen Zustand mit offenen Augen und mit der Hand hin und wieder deutend, ungefähr in der Weise, wie jemand einem kurzsichtigen Gefährten auf der Reise etwas erklärt, was er in der Gegend vorgehen sieht. Da sie dies nun am 20. Tag nach der Auferstehung mitteilte, so wird es an diesem Tag heute hier eingefügt. Sie sagte:)

«Siehst du! da gehen sie ja, ein Trupp Leute am Ölberg vorüber, nach Bethanien zu, dort an der grünen Wiese hin! Sie haben jetzt andere Kleider an, es folgen eine Strecke hinter ihnen etwa fünf Frauen, Maria ist nicht bei ihnen. Sie kommen von Jerusalem. Es ist wunderbar, sie schauen umher, sie deuten links hin und sehen Jesus nicht, der doch daher kommt! Er kommt nicht von der Seite des Ölbergs. Es sind viele Leute hie und da in den Gärtchen, sie stellen die Zäune wieder her, die am Palmsonntag eingerissen wurden von den vielen Ostergästen und Leuten, die nach Jerusalem zogen und da man die Wege breiter machte.

Das ist wunderbar! Die Jünger gehen hin und her und sehen ihn nicht! Er leuchtet und es ist als schwebe Er. Sieh! da haben ihn einige Leute in dem Gärtchen gesehen, sie werfen sich auf die Erde nieder und da ist auch der Mann, der Simon, der ihm das Kreuz tragen half! Er arbeitet in dem einen Gärtchen. Ach, der gute Mann! Der Herr tritt vor ihn. Der gute alte Mann, er zieht seine Kappe ab, fällt auf die Erde nieder und küsst sie vor den

Füßen des Herrn. Der macht ihm ein Zeichen mit der Hand, er solle schweigen, und entschwindet.

Sieh da! An dem Ort (Bethphage), wo sie den Esel geholt haben, schicken sie einen Boten zu Lazarus, sie wollen bei ihm essen. Der Bote ist flink, er ist schon dort. – Lazarus ist wieder in seinem Haus. Ich sehe ihn wieder, er war dorthin geflohen, siehst du dort über dem See, wo der Herr das Wunder tat, da Er die vielen Leute speiste. Sieh dort sind die kleinen Hütten, da war er. Ich sehe ihn in seinem Haus zu Bethanien, der Bote war schon dort. Sie rüsten sich zu einem Mahl. Es ist eine Frau bei ihm, sie ist groß und hat lange Haare, ich glaube es ist Magdalena. Ich sehe heute den Tisch höher als sonst, es stehen auch niedrige Sitze, wie halbe Kanapees daran, aber mit der Lehne gegen den Tisch.»

Maria geht zum Ölberg

Heute um Mittag sah ich die Mutter Jesu in dem Haus zu Jerusalem, wo sich die Frauen nach der Kreuzigung aufhielten, mit einer Schriftrolle beschäftigt allein sitzen.

Sie stand aber auf und eine große Person, dieselbe, welche ich bei der Versammlung, wo Jesus dem Thomas erschien, im Vorsaal stehen bleiben sah, als Maria und Magdalena zu den Jüngern eintraten, kam herein und wickelte ihr ein langes Tuch um. Sie gingen dann zum Ölberg. Die Person folgte in einiger Entfernung. Es ist dieselbe, welche ich noch als Magd bei Maria sah bis zu ihrem Tod in dem Haus des Johannes bei Ephesus.

Das Wachstum der Gemeinde

22. April: Ich habe seit der Kommunion Marias wieder oft Bilder von den Aposteln gehabt. Das Hauptsächlichste dabei ist, dass die Gemeinde zunahm. Ich sah viele Leute besonders vom galiläischen Meer heranziehen mit Eseln und Gepäck und man war

beschäftigt, sie unterzubringen. Sie kamen gewöhnlich zuerst in die Jüngerherberge vor Bethanien, wo immer abwechselnd Jünger wohnten, bei welchen die Leute Rat und Weisung erhielten. Es waren jetzt immer viele Leute dort. Durch die Jünger wurden die Ankömmlinge an Lazarus gewiesen, der viele Häuser und Wohnungen hatte.

Auch zu Jerusalem in der Gegend des Berges Sion wohnten viele. Es waren dort umher wenige Juden, außer hie und da arme Leute, und es lag da vieles wüst: alte zerbrochene Mauern von ungemeiner Dicke, leere Plätze, auf denen ich Esel grasen sah. Es wohnten dort meistens Fremdlinge, auch waren Herbergen für die Heidengäste für die Festtage da.

Ich sah außer dem ehemaligen Haus der Helden Davids, dem jetzigen Abendmahlshaus, noch ein altes, sehr großes, verfallenes Haus in der Gegend, das einstens auch berühmt gewesen war (vielleicht Burg Davids, die sie einst auch als verwüstet angab). In seinem Bereich wurden viele von den Leuten untergebracht. Ich sah auch hie und da in diesen wüsten Gegenden der Stadt Hütten, oder vielmehr Obdächer anbauen.

Auch sah ich auf dicken Mauerwerken, worin unten Leute wohnten, oben Gezelte von grobem Teppichwerk aufschlagen.

Die chaldäischen Männer, welche Jesus in der letzten Zeit an den Hauptmann von Kapharnaum gewiesen hatte und die dann nach Hause zurückgekehrt waren, sind in diesen Tagen auch wiedergekommen mit Lasttieren und Gepäck und in größerer Zahl. Sie haben ihre Tiere und Sachen in dem inneren Hof jenes verfallenen dicken Mauerwerkes stehen, dessen ehemalige berühmte Bestimmung mir jetzt entfallen ist. Die Juden tun dagegen nichts, sie sind durch die vielen wunderbaren Ereignisse etwas erschreckt und suchen nur alles zu bemänteln und zu verdrehen. Der Zugang zum Tempelberg und dem dazu gehörigen Teil der Stadt ist an der Seite des Berges Sion, wo die Christen ihr Wesen haben, ganz vermauert und die Gemeinde dadurch getrennt und abgeschlossen.

Die neuen Ankömmlinge sah ich viele Stoffe von feiner und gröberer, weißer und gelblicher Wolle, Teppiche und Zeltstoffe, alles in dicken Rollen, zum Besten der Gemeinde abliefern.

Nikodemus und Joseph verwalteten dies alles. Es werden Kleider zum Gottesdienst und zur Taufe daraus gemacht. Den Bedürftigen wird gegeben und für alles gesorgt.

Die Apostel haben in diesen Tagen noch ein Haus zu ihrem Gebrauch eingenommen. Es liegt beim Teich Bethesda, etwas höher als der Teich und ist wie eine lange Scheune. Es sind viele Abteilungen darin und hinten ist ein Lehrstuhl. Es ist wie eine Synagoge. An demselben Ort sah ich einmal bei der Taufe nach Pfingsten eine Art Messe halten, wozu das Gerät aus dem Abendmahlshaus gebracht wurde. Hier kommen die Neuangekommenen immer zusammen und werden von einzelnen Aposteln belehrt und beraten. Ich sehe in diesen Versammlungen die Frauen auch oft gegenwärtig.

Das Abendmahlshaus wird von den Neuangekommenen nicht besucht. Weder die Apostel noch Jünger noch diese Neuen sehe ich den Tempel besuchen; und dass die Apostel nach Pfingsten dahin gingen, war, um das Christentum der versammelten Menge zu verkünden, nachdem sie den Heiligen Geist empfangen hatten und sich weiter ausbreiteten. Ihr Tempel ist das Abendmahlshaus, wo ihr Allerheiligstes steht.

Ich sehe die allerseligste Jungfrau, seit sie kommunizierte, öfter bei den Aposteln; sie hat ein anderes Verhältnis zu ihnen, sie beraten sich mit ihr und sie ist wie ihrer aller Mutter und selbst wie ein Apostel.

Der Chorgesang im Abendmahlshaus

23. April: Ich habe heute morgen zwischen vier und fünf Uhr die Apostel im Abendmahlshaus gesehen. Das Allerheiligste war offen, sie standen zu beiden Seiten. Die Wand zur Vorhalle war offen, es standen etwa dreißig Jünger darin. Es wurde gesungen und gebetet mit abwechselndem Chor. Das Ganze machte mir den Eindruck einer Mette. Nachher lehrte auch Petrus diese Jünger. Der mittlere Raum des Abendmahlshauses war, wenn die Vorhalle geschlossen war, breiter als lang; jetzt, da sie offen war, hatte das

Haus ganz das Aussehen einer Kirche, weil das offene Allerheiligste, oben nischenförmig zugewölbt, den Eindruck eines Chores mit dem Altar machte. Nikodemus, Joseph von Arimathäa und der Sohn Simeons waren auch da.

24. April: Ich habe heute in der Früh im Abendmahlshaus die Andacht wieder wie gestern gesehen. Maria war auch dabei, sie stand vor der mittleren Öffnung der Vorhalle in den Saal herein ganz allein mit dem Gesicht gegen das Heiligste Sakrament. Zu ihren Seiten, mehr zurück in der Vorhalle, zwischen den offenen Säulen standen die Jünger und die Apostel sich gegenüber in zwei Linien vor dem Heiligsten Sakrament. Der Vorhang war offen, der Tabernakel aber zu. Die allerseligste Jungfrau hatte einen langen weißen Mantel an und war verschleiert. Sie schien mir eine Krone auf dem Kopf zu haben, ich meine aber, es war vielleicht keine natürliche, sondern ein Schein.

Dieses Gebet ist von Jesus selbst eingesetzt; Er hat ihnen das Geheimnis dieses Gottesdienstes bei oder mit dem Essen des Fisches zu Tiberias gegeben und auch damals als Thomas überzeugt worden war. Ich weiß es aber nicht mehr.

Die Muttergottes geht jetzt immer ihre Wege herauf in das Abendmahlshaus.

Heute früh gingen alle Apostel nach Bethanien. Des Petrus Frau und Tochter und andere Frauen, auch des Markus Frau, sind jetzt von Bethsaida nach Bethanien gezogen. Sie wohnten unter Zelthütten.

Diese Frauen haben gar keinen Umgang mit den Männern. Das Eigentum ist gemeinsam. Sie kommen mit den Aposteln nur bei der Lehre zusammen. Diese Frauen beschäftigen sich mit Weben und Flechten von langen Bahnen, grober Decken zu Zelten, wobei viele an einem Stück arbeiten.

Maria, Martha und Magdalena nähen an Stickereien. Sie liegen teils dabei, teils tun sie es umhergehend, den Stoff auf der Hand haltend. Ich sah Maria auf Stücke, nicht so groß wie eine Serviette, eine Figur sticken, ungefähr wie einen Apostel, oder den Herrn. Die Figur war nicht mehr so eingewickelt wie die früheren, die einigermaßen Wickelkindern glichen. Es sind dies Bilder zu Privat-Altärchen, sie sind grob und nicht bunt, mit bleichen

Farben; denn sie haben alle weiße Gewänder und sind meist auf gelblichen und bräunlichen Grund, jedoch einige auch auf schönes Himmelblau genäht. Ich erinnere mich auch, dass sie einmal, doch weiß ich nicht, ob jetzt schon oder später, eine Vorstellung der Allerheiligsten Dreifaltigkeit stickte und zwar auf eine Art, wie ich sie wohl im Geist sehe, ich bin aber jetzt zu bekümmert, um sie jetzt zu erzählen, ich fürchte mich zu verwirren.

Gott Vater reicht dem Sohn das Kreuz, Er war wie ein Hohepriester. Aus Beiden kam der Heilige Geist; doch nicht wie eine Taube, die Flügel waren Arme. Die Figuren standen mehr im Dreieck als untereinander. Ich habe wohl in Gesichten schon Ornate bei Handlungen der ältesten Kirche gesehen, die die allerseligste Jungfrau Maria gestickt hatte.

Die Apostel ordnen die Niederlassungen der Ankömmlinge an

25. April: Die Apostel sind morgens nach Bethanien gegangen; die heiligen Frauen, außer Maria, kamen auch dahin. Die Apostel waren meist gekommen, um den vielen Ankömmlingen Unterkunft zu verschaffen und sie zu belehren.

Es wurde auch in drei Häusern gelehrt: draußen in der Herberge, bei Lazarus und im Haus der Martha. Die Apostel legen selbst Hand mit an, den Leuten Häuser zu bauen, sie tragen Holz und Matten und geflochtene Wände zu und arbeiten tüchtig. Die Armen kriegen Kleider und auch für ihre Speisung wird gesorgt. Ich glaube, Lazarus muss den Hauptgrund für die allgemeine Kasse gelegt haben.

Petrus hat auch mit seiner Frau gesprochen. Sie ist alt und eine einfache Frau; ihre Tochter ist groß und kühn und hat etwas Edleres an sich. Simeon, der jüngste Sohn der Maria Kleophä, der mit ihr gekommen und etwa zwölf Jahre alt ist, ist ein sehr feiner Knabe. Er hält sich zwischen den Aposteln und Jüngern auf; bei Silas ist er besonders viel.

Auch die heiligen Frauen sind beschäftigt, den angekommenen Frauen zu helfen. Niemand hat ein Eigentum; wer etwas bringt, gibt es hin und wer nichts hat, empfängt. Simons des Aussätzigen Haus ist auch voll von Jüngern. Ich sehe Simon nicht mehr darin, er muss sein Haus hingegeben und sich unter die anderen gemischt haben. – Auch die Frau des Zachäus ist da.

Man baut und richtet überall Zelthütten und Schuppen zu und benützt jeden Winkel an Mauern und in alten Gebäuden. Es sind auch manche Wohnungen hier und in Jerusalem leer, denn manche Juden haben sich geärgert und sind nach der Kreuzigung weggezogen. Am Abend gingen die Apostel nach Jerusalem zurück.

Erscheinung Jesu während des Chorgesanges

26. April: Ich sah heute vor Tagesanbruch im Abendmahlshaus wieder die Andacht, die mir wie die Mette vorkommt und ich sah, dass mitten unter dem Gebet plötzlich Jesus zwischen ihnen erschien. Ich weiß nicht, was Er ihnen sagte, aber ich vernahm, Er habe ihnen zu verstehen gegeben, dass Er den zweiten Tag nach dem Sabbat zu ihnen kommen werde. Er entschwand, eh sie sich von ihrem Erstaunen erholt und ihn angeredet hatten.

Die allerseligste Jungfrau war auch wieder zugegen. Sie wohnt, seit sie das Abendmahl empfangen hat, bei dem Abendmahlshaus in dem Häuschen rechts vom Eingang des Tores, vor welchem das Osterlamm geschlachtet wurde. Johannes wohnt auch dort. Es ist für die Mutter des Herrn ein bedeckter Gang von Decken und Matten über den Hof in das Abendmahlshaus angelegt worden, so dass sie aus ihrer Zelle in das Gotteshaus kommen kann. Hier in ihrer Zelle erschien ihr auch Jesus am Morgen ihres ersten Abendmahles. Ich sah wieder ihr Haupt von einem Ring mit Sternen umgeben, den ich auch bei ihrem Abendmahl sah.

Die Apostel gingen wieder nach Bethanien. Auf dem Weg sah ich Jesus plötzlich vor ihnen herwandeln und wieder verschwinden.

27. April: Heute morgen sah ich die Apostel wie bisher die Mette beten. Gegen Abend war eine große Versammlung zum Sabbat im Abendmahlshaus. Alle waren in ihren geistlichen und

Feierkleidern. Das Beten und chorweise Singen dauerte vom Abend bis in die Nacht. Die Seitenhallen des Saales waren offen; es waren viele Jünger zugegen. Die allerseligste Jungfrau stand an ihrer gewohnten Stelle, die Frauen hinter ihr in der Vorhalle.

28. April: Ich habe auch heute die Apostel beten sehen. Sie sind bald gesessen, bald gestanden. Ich hatte einmal bei dieser Andacht das Gefühl, als sei ich in der Vesper.

29. April: Nach der Mette gingen die Apostel wieder nach Bethanien. Sie bauten selbst mit an den Hütten der neuen Ankömmlinge. Sie lehrten auch im Hause Simons.

Dieses Festhaus ist nun in eine Synagoge umgewandelt. Man hat einen von allen Seiten offenen Saal, dessen aus Flechtwerk bestehende Wände man rings wegschieben kann, auf das flache Dach des Festhauses gebaut und einen Redestuhl darin errichtet. Die Zuhörer stehen rings umher. Man steigt auf der äußeren Seite des Hauses auf Stufen an der Mauer hinauf.

Nicht alle Ankömmlinge wurden in die Gemeinde aufgenommen. Die Männer aus Chaldäa sind noch nicht aufgenommen.

Als Petrus, Johannes, Jakobus der Jüngere, Thomas und noch einige Apostel mittags von Bethanien nach Jerusalem gegen den Ölberg zu gingen, ging Jesus plötzlich zwischen ihnen und sprach mit ihnen. Sie gingen dann vorwärts und es war, als wenn Er zurückbliebe und dann entschwand.

30. April: Jesus speiste um vier Uhr mit den Aposteln allein im Abendmahlshaus ein Lamm, Salat und Brot. Die Frauen speisten draußen in der Vorhalle und die Jünger in den Seitengängen. Es war ein Liebesmahl. Jesus brach und verteilte gesegnetes Brot und lehrte.

DREIZEHNTES KAPITEL

Himmelfahrt und Pfingstfest

Mai und Juni 1821

Letzte Tage vor Christi Himmelfahrt

(In den ersten Tagen des Monats Mai vermochte Anna Katharina, durch vielfache äußere Störungen gehindert, nur folgende kurze Mitteilungen über die letzte Zeit des Verweilens des Herrn auf Erden zu geben:) Der Herr ging mit den Aposteln manche Wege um Jerusalem, so dass auch manche Juden sein Erscheinen wahrnahmen. Wo Er aber diesen erschien, verbargen sie sich und schlossen die Häuser. Die Apostel und Jünger gingen mit einer gewissen Scheu mit ihm um; Er hatte ihnen etwas zu Geistiges. Jesus lehrte viel und verwies auch einiges den Aposteln. Während der Nacht sah ich den Herrn an anderen Orten in Bethlehem erscheinen und Segen verbreiten. Auch in Nazaret, wo Er so viele Feinde hatte, erschien Er mehreren Ungläubigen und besonders solchen Leuten, mit welchen seine Mutter und auch Er früher umgegangen waren. Noch an vielen anderen Orten sah ich Erscheinungen von ihm. Die Leute, welche ihn sahen, wurden dann sehr gläubig und schlossen sich um Pfingsten an die Apostel und Jünger an.

Jesus war in den letzten Tagen fortwährend ganz natürlich mit den Aposteln. Er hat mit ihnen gegessen und gebetet und sie gelehrt. Er ist mit ihnen viele Wege gegangen und hat ihnen alles wiederholt. Nur in der Nacht war Er ihnen unbewusst, an anderen Orten.

Vorabend vor Himmelfahrt

Jesus ist mit etwa fünf Jüngern von der Morgenseite her nach Bethanien gekommen. Maria kam mit den anderen heiligen Frauen den Weg von Jerusalem dahin. Sie trafen bei Lazarus zusammen, wo auch Martha und Magdalena waren. Es sind viele Leute um das Haus versammelt; sie haben gehört, dass der Herr sie verlassen will, sie wollen ihn nochmals sehen und Abschied von ihm nehmen. Es ist ein großer Hof vor dem Haus; als der Herr im Haus war, ließen sie die Leute herein und schlossen dann den Hof.

Warum Lazarus nur so versteckt lebt? Seit seiner Auferweckung kommt er nie nach Jerusalem, geht nicht mit den Jüngern. Er lebt in seinem Haus meist in einem Gewölbe unter der Erde, wie in einem Keller, und jetzt, da alles verschlossen ist, kommt er erst zum Vorschein! Sie aßen stehend einen Imbiss miteinander. Die Jünger weinten so bitterlich. «Was weint[65] ihr, liebe Brüder? Seht diese Frau an! Sie weint nicht!»

Das sagte Er zu seinen Jüngern, welche so traurig sind und weinen, weil Er sie verlassen will, und Er zeigte auf seine Mutter, die nicht weinte. Ach, es ist so bewegend, die alten Männer so weinen zu sehen, sie weinen so sehr!

Die Frauen standen auch hier wie gewöhnlich nicht bei den Männern; doch waren sie nicht ganz getrennt. Die Mutter Jesu stand im Eingang zur anderen Stube bei anderen Frauen. So standen sie gewöhnlich, oder ganz sittsam im Hintergrund. Ich halte diesen Brauch für sehr gut, das Zurückstehen der Frauen verhindert allerlei Übles und Einmischerei in Dinge, die sie nicht verstehen. Wie gütig ist der Herr! Er geht hinaus zu den vielen Fremden, es ist ihnen im Hof ein langer Tisch bereitet; Er segnet ihnen kleine Brote und teilt sie ihnen aus und Er weist ihnen mit der Hand, von dannen zu gehen.

Sie gingen hinweg. Nun nahte ihm auch seine heilige Mutter demütig, ihn um etwas zu bitten; Er hielt ihr aber die Hand entgegen, als solle sie ihn nicht berühren und sagte, dass Er es nicht gewähren könne. Da dankte sie demütig selbst für das Abschlagen und zog sich zurück.

Ich sah den Herrn von Lazarus ganz besonders Abschied nehmen. Ich sah, dass Er ihm Brot segnete und zu essen gab, welches leuchtete. Er segnete ihn und gab ihm die Hand. Lazarus ging nicht mit, als der Herr mit den Jüngern das Haus verließ.

(Nach einer längeren Pause fuhr die Erzählende fort:) Der Herr ist unterwegs nach Jerusalem auf einem Umweg. Sie gingen erst den geraden Weg, dann seitwärts durch weite Umwege. Es waren vier Gruppen, welche in ziemlichen Zwischenräumen dem Herrn folgten, der von den elf Aposteln umgeben war. Die letzte Gruppe war die größte. Die Frauen folgten zuletzt.

Ich sah den Herrn leuchtend und hervorragend gehen; ich weiß nicht, ob die Jünger ihn auch so sahen. Sie glaubten noch immer nicht, dass Er sie verlassen werde. Sie sagten einzeln untereinander: «Er ist schon oft vor uns verschwunden!»

Sieh, Er deutet umher und sagt: «Wenn alle diese Orte durch eure Lehre glauben werden und andere sie vertreiben werden, und wenn alles Wüste hier sein wird, dann wird eine traurige Zeit sein.» (Sie schweigt eine Pause.) Er sagt auch: «Ihr versteht mich jetzt noch nicht, wenn ihr heute zum letztenmal werdet das Nachtmahl mit mir gehalten haben, werdet ihr mehr verstehen.»

Maria geht allein gerade nach Jerusalem in ein großes Haus gegen die Mauer, nicht sehr weit vom Tempel. Nikodemus und Joseph von Arimathäa bereiten da ein Mahl. Sie hilft ihnen.

(Nach einer Pause, als habe Anna Katharina sich der allerseligsten Jungfrau nachfolgend von Jesus körperlich entfernt und müsse zu ihm zurück, trat folgendes ein: Sie hob im Schlaf die Arme etwas empor, wie einer, der unter den Armen gefasst und getragen wird, dann raffte sie sich zusammen, als werde sie plötzlich niedergesetzt und sagte verwundert:)

«Wo bin ich? Wie komme ich hierher? Sie gingen so schnell, da konnte ich nicht mehr mit, da haben mich zwei von ihnen hierher getragen! Hier ist der Weg, wo der Palmsonntagszug her kam.

Sieh! Da kommen sie. Die Wunden Jesu sehe ich nicht immer sichtbar, wenn ich sie aber sichtbar sehe, dann leuchten sie wie die Sonne!»

Wo Jesus vorüber ging, sah ich hie und da in den kleinen, anmutigen Gärten viele Juden mit Beschneiden und Flechten der Hecken beschäftigt. Es wachsen schöne, pyramidenförmige Blütensträuße daran.

Diese Leute hielten, wenn sie nahten, oft die Hände vor das Gesicht und warfen sich flach auf die Erde oder flohen in die Gärten und hinter die Hecken zurück. Ich weiß nicht, ob sie den Herrn sehen oder nicht sehen konnten, ob sie aus Abscheu oder Schrecken flohen oder aus Rührung sich niederwarfen. Ich habe seit der Auferstehung dieses Fliehen immer gesehen, wo Er auf Wegen wanderte.

Zerstörung heiliger Orte

Ich habe in den letzten Tagen auf allen Stellen, welche in der Nähe von Jerusalem durch den Wandel und das Leiden des Herrn besonders merkwürdig und den Seinigen feierlich waren, eine boshafte Verwüstung durch die Juden gesehen. Sie hatten auf den Stellen des Kreuzweges, wo der Herr niedergefallen war, quer durch den Weg Gräben aufgeworfen.

Die Gärten und anmutigen Grasplätze, wo Jesus gelehrt und öfters verweilt hatte, hatten sie unwegsam gemacht und mit Zaunwerk verschlossen. An einzelnen Orten hatten sie sogar verdeckte Fallgruben gemacht, dass die, welche dorthin kamen, um das Andenken des Herrn zu feiern, hinein fallen sollten. Aber ich habe einzelne boshafte Juden selbst hinein stürzen sehen. Ich erkannte dabei, dass es in aller Zeit den Christusfeinden, welche Ähnliches tun, eben so geht und noch mehr beim Gericht so ergehen wird.

Ich erkannte, dass die Misshandler und Zerstörer der Kreuzwege, der Kreuze, der Kapellen und Kirchen, der alten Andachten, Übungen und Gewohnheiten und überhaupt alles dessen, was zum engeren Anschließen an die Geschichte der Erlösung mahnt, es sei Bauwerk, Bildwerk, Schriftwerk, Anstand oder Sitte, Feier und Gebet zu dem Sündergeschlecht dieser Feinde der blutigen Fußstapfen Jesu gehören und mit ihnen gerichtet werden.

Ja, diejenigen, welche vor den alten, rührenden Kreuzbildern weichlich schaudern und statt dieser reizende, schöne heidnische Formen einführen und sonst üppige, verführerische Heiligenbilder machen, sah ich mit jenen zusammen verbunden, welche auf dem Kalvarienberg einen Venustempel und in der Krippenhöhle noch Greulicheres erbauten.

Zerstörung des Kalvarienberges

Ich sah sie die Kuppe des Kalvarienberges abgraben und die Erde, wie man den Dünger streut, über die Pfade und die fünf herzförmigen Rasenplätze, welche durch diese Pfade zum Kreuzigungsplatz auf der Höhe gebildet wurden, hinstreuen. Als sie die Erhöhung um den Kreuzplatz abgetragen hatten, blieb ein weißer Stein nackt, in welchem ein wohl Ellen tiefes viereckiges Loch war, darin das Kreuz gestanden hatte. Ich sah sie an demselben mühsam arbeiten mit Hebebäumen, um ihn heraus zu bringen; aber sie vermochten es nicht und er sank immer tiefer. Sie verschütteten aber die Stelle.

Das heilige Grab

war als ein Eigentum des Joseph von Arimathea unverletzt. Das Haupt Christi lag im Grab gegen Morgen; wenn man um Mittag aus der Höhle trat, hatte man die Sonne gerade gegenüber und die Abendgegend zur Rechten.

Die Mahlzeit wurde in einer länglichen viereckigen Halle bereitet; diese war offen und sah auf einen mit Bäumen besetzten und mit einer Mauer umgebenen Hof; links sah man durch einen Gang in die Wohnung und Küche. An der rechten Seite der offenen Vorhalle sah man in Bogengänge, wo die Tische für die Jünger und andere bereitet wurden. Der Tisch für Jesus und die Apostel und näheren Freunde war unter der Halle gerüstet. Ich sah die heilige Jungfrau Maria manchmal in dem Gang beschäftigt.

Es standen kleine Krüge auf dem Tisch und es war eine große Platte aufgesetzt, welche ganz mit einem aufrecht stehenden, feinen, grünen Kraut verziert war, so schön, dass ich mich jener Kräuter erinnerte, welche ich manchmal unter allerlei Bedeutungen auf himmlischen Tafeln sehe.

Auf der einen Seite war in den grünen Kräutern Platz gelassen, um einen großen Fisch hinzulegen, und gegenüber war Platz für kleine Brote. Auf die Tische in dem Bogengang, welche nur aus großen Brettern bestanden, wurden Früchte aufgesetzt und dreieckige Schüsseln mit Honigwaben, worin eine beinerne Spatel steckte. Neben jeder dreieckigen Schüssel stand eine runde, worauf sich drei Brotschnitten befanden, jede einen Finger lang und zwei Finger breit. Es kamen an eine solche Schüssel drei Essende.

Ich sah Jesus mit den elf Aposteln mancherlei Wege um den Ölberg ziehen; die anderen Scharen zogen nach. Manchmal stand Jesus still, um ihnen etwas zu erklären. Alle waren in großer Angst, einige weinten, andere waren ganz niedergeschlagen. Einen mit schwarzen Haaren sah ich denken: «Wenn Er nun fortgehen wird, wer wird der Meister sein? und wie wird alles Verheißene vom Messias erfüllt werden?»

Petrus und Johannes schienen mir ruhiger und alles besser zu verstehen. Oft wurde der Herr von einigen gefragt, blieb stehen und erklärte ihnen mancherlei. So wandelten sie bis zum Abend. Oft stand der Herr sehr ernst und lehrte sie und manchmal war Er plötzlich für sie verschwunden, da waren sie dann sehr bestürzt; und plötzlich war Er wieder bei ihnen. Es war, als wolle Er sie auf seinen nahen Abschied vorbereiten. Die Sonne schien schön am Abend. Ich sah alle auf lieblichen Wegen, in Wiesengründen und unter Bäumen gehen.

Als Jesus mit den Aposteln sich dem Haus der Mahlzeit nahte, war die Sonne schon hinunter; es war nah am Dunkeln. Maria, Nikodemus und Joseph von Arimathäa gingen ihm vor dem Haus entgegen. Er war etwas vor den Aposteln voraus gegangen, welche nach der Speisehalle gingen. Jesus ging mit seiner Mutter in das Haus. Es war dort der Herd auf der Erde. Die anderen Frauen kamen erst später. Nachdem Jesus einiges mit ihnen gesprochen hatte, machten sie sich noch immer Hoffnung, als könne Er bleiben. Maria aber war in ihrer Seele von allem in Gewissheit.

Als nun noch die übrigen Jünger angekommen waren, ging Jesus in die Speisehalle. Es kamen noch viele Andere von der Gemeinde heran und standen hie und da auf Jesus harrend.

Jesus und die Seinigen nahmen die eine lange Seite des Tisches ein. Der Tisch war etwas höher als gewöhnlich; die Apostel lagen auf Quersitzen. An Jesu Stelle war kein Sitz, Er stand. Johannes hatte auch hier seinen Platz an seiner Seite. Er war heiterer als die Anderen, er war überhaupt wie ein Kind in seinem Gemüt: jetzt schnell betrübt und gleich wieder voll Trost und Heiterkeit.

Die Lampe über dem Tisch war angezündet; Nikodemus und Joseph warteten auf, und ich sah die heilige Jungfrau Maria in der Tür des Ganges stehen. Der Herr segnete den Fisch, das Brot und das Grüne und reichte es herum. Jeder erhielt ein wenig davon. Er lehrte fortwährend sehr ernsthaft.

Ich sah seine Worte oft wie Lichtstrahlen leuchtend aus seinem Mund hervorgehen und in den Mund des einen oder anderen Apostels schneller oder langsamer hinein stürzen, je nachdem er begieriger, hungriger nach den Lehren Jesu war. – Man sieht dies so, wie man alles Heilige als Licht, alles Unheilige als Nacht sieht und wie die heftige Begierde als Hunger und die Befriedigung als Verschlingen gesehen wird. Es erscheint das dort ganz deutlich und man findet es nicht seltsam, es so zu sehen. Am Ende des Mahles segnete der Herr auch einen Becher, trank daraus und reichte ihn herum; alle tranken daraus. Dies war aber nicht das Heiligste Sakrament; es war, was auch Petrus bei dem Mahl am Sonntag nach der Auferstehung getan hatte.

Nachdem die Jünger von dem Liebesmahl aufgestanden waren, versammelten sich die anderen, welche in der Seitenhalle erquickt worden waren, vor der Halle unter den Bäumen und ich sah den Herrn zu ihnen hintreten, sie lange belehren und dann segnen, worauf sie sich entfernten.

Nun sah ich, dass die übrigen Frauen, welche unterdessen auch angekommen waren, nicht durch die Halle, sondern von der Haustür her in dem Baumgarten erschienen. Die Muttergottes war bei ihnen. Jesus trat zu ihnen hin und reichte seiner Mutter die Hand. Er redete sehr ernst mit ihnen. Alle waren sehr bewegt und ich fühlte, dass Magdalena sich heftig sehnte, Jesu Füße zu umarmen. Aber sie tat es doch nicht, denn sein Wesen war so ernsthaft, dass alle etwas von ihm zurück traten. – Nachdem Jesus einige Zeit so mit ihnen geredet und sie gesegnet hatte, verließ Er sie. Sie weinten sehr, so recht in sich hinein; es war nicht wie die Leute jetzt weinen, so äußerlich, es war, als wenn die Seele weinte. Die Mutter Jesu sah ich hier nicht weinen. Ich habe sie überhaupt nie heftig äußerlich weinen sehen als damals, da sie den zwölfjährigen Jesus auf der Heimreise vom Osterfest verloren hatte, und nach seinem Tod unter dem Kreuz. Sie waren hier bis vor Mitternacht.

Jesus geht mit den Aposteln in das Abendmahlshaus

Ich sah nun den Herrn mit den Aposteln über den Palmsonntagsweg zur Stadt gehen. Maria ging hinter den Aposteln. Es folgte noch eine Schar von dreißig bis vierzig Jüngern. Es gingen auch einige von den Frauen zur Stadt, andere nach Bethanien. Auf diesem kurzen Weg drängten sich noch allerlei Menschen heran, zu denen der Herr redete; aber dicht vor der Stadt schieden sie links und rechts ab und gingen nicht mit hinein, um kein Aufsehen zu machen. Jesus aber mit den Elfen und etwa dreißig Jüngern und die Mutter Jesu und einige Frauen zogen nach dem Abendmahlshaus hinauf. Jesus, die Elfe und Maria betraten allein den inneren Saal, die Jünger gingen in die Seitenhalle, wo die Schlafbänke waren. Ich weiß nicht, ob sie schliefen oder beteten.

Die Begleiterinnen Marias blieben in der Vorstube. Es war der Abendmahlstisch gerüstet und die Lampe angezündet. Es stand nur ein Osterbrot und ein kleiner Kelch auf dem Tisch. Die Apostel legten ihre Feierkleider an und Petrus das ausgezeichnetere Kleid. Ich sah die heilige Jungfrau Maria Jesus gegenüber sitzen.

Ich sah den Herrn wie bei dem heiligsten Abendmahl tun: das Brot vorritzen, opfern, brechen, segnen und ihnen reichen; und dann tranken auch alle den Kelch, ohne dass er wieder aufgefüllt wurde. Ich sah das Heiligste Sakrament bei Jesu Wort leuchtend, wie einen kleinen Körper in den Mund der Apostel eingehen. Ich sah sein Wort bei der Konsekration des Kelches wie einen roten blutigen Schein in den Kelch strömen.

In den letzten Tagen hatten auch schon Magdalena, Martha und Maria Kleophä das Heiligste Sakrament empfangen.

Sie hielten gegen Morgen die Metten feierlicher als gewöhnlich unter der Lampe. Jesus gab dem Petrus nochmals Gewalt über die Anderen, Er legte ihm nochmals jenen Mantel um und wiederholte, was Er bei seiner Erscheinung am See zu Tiberias und auf dem Berg zu ihnen gesagt hatte. Auch lehrte Jesus sie von der Taufe und Wasserweihe. – Gegen Morgen beim Gebet und der Lehre sah ich auch noch an siebzehn der vertrautesten Jünger im Saal hinter der Mutter Jesu stehen.

Ehe sie das Haus verließen, stellte der Herr ihnen seine Mutter als ihren Mittelpunkt und ihre Fürbitterin vor, und Petrus und die anderen beugten sich vor ihr und Maria segnete sie.

In dem Augenblick, da dies geschah, sah ich Maria auf eine übernatürliche Weise wie mit einem großen himmelblauen Mantel umgeben, eine Krone über ihr schweben und sie wie auf einen Thron erhoben. Es war dies ein Sinnbild ihrer Würde, das mir so gezeigt wurde. Ich habe schon in früheren Gesichten vor bedeutenden Verrichtungen, z.B. vor der Taufe am ersten und zweiten Pfingsttag die Apostel einen solchen Segen von Maria empfangen sehen.

Gegen Morgen, als der Tag graute, verließ Jesus mit den elf Aposteln das Abendmahlshaus. Die heilige Jungfrau Maria ging dicht hinter ihnen und die Schar der Jünger folgte nach einem kleinen Zwischenraum. Sie gingen gerade durch die Straßen von Jerusalem, wo alles noch still und schlafend war. Der Herr war immer ernster und schneller in seinen Reden und seinem ganzen Tun. Am gestrigen Abend schien Er mir in seinen Reden viel teilnehmender.

Ich erkannte den Weg, den sie gingen, als den Palmsonntags-Weg und ich empfand innerlich, Jesus gehe alle Wege seines Leidens mit ihnen, um in ihnen durch Lehre und Ermahnung die Erfüllung der Verheißung recht lebendig werden zu lassen. Sie gingen den ganzen Leidensweg, und an jedem Ort, wo eine Szene seines Leidens vorgefallen, verweilte Er einige Augenblicke und belehrte sie von der Erfüllung einiger prophetischen Stellen oder Verheißungen und erklärte ihnen die Bedeutung der Orte.

An einzelnen Orten, wo Er gefallen war und wo die Juden Verwüstungen, Gräben, Steinhaufen oder andere Hindernisse angebracht hatten, um die Verehrung der Stellen zu stören, befahl Er der nachfolgenden Schar, voranzugehen und die Hindernisse wegzuräumen, welches einige schnell taten; dann ließen sie ihn an sich vorüber gehen, verbeugten sich und folgten wieder nach.

Sie zogen zu dem Tor hinaus, das nach dem Kalvarienberg führt. Hier wendeten sie sich vom Wege ab nach einem angenehmen Platz unter Bäumen, wo Gras war; es war ein Lust- oder Betort, wie mehrere um Jerusalem waren. Hier setzte sich Jesus mit ihnen, lehrte und tröstete sie. Unterdessen wurde es Tag und ihre Herzen wurden etwas leichter; es war ihnen, als könne Er doch wohl noch bei ihnen bleiben.

Hier kamen nun noch alle die Scharen, die gestern vor der Stadt sich von ihm getrennt hatten, wieder zu ihm heran. Auch sah ich viele hie und da quer durch die Gegend von anderer Seite kommen; aber es waren noch keine Frauen unter ihnen. Als die Sonne aufgegangen war, bog Jesus wieder auf den Weg, der nach dem Kalvarienberg und dem heiligen Grab führt; Er ging aber nicht ganz bis dorthin, sondern wandte sich um die Stadt herum nach dem Ölberg. Es wurden auch auf diesen Wegen einzelne Verwüstungen und Verzäunungen an Bet- und Lehrorten Jesu durch die Jünger wiederhergestellt; sie fanden Werkzeuge dazu in den Gärten dort umher, worunter ich mich einer Art runder Schaufeln erinnere, die aussahen wie unsere Backofen-Schaufeln.

An dem Ölberg angekommen ließ der Herr sich wieder mit ihnen an einem solchen, nur weit geräumigeren Platz nieder. Hier kamen auch noch viele der anderen heiligen Frauen zu der Versammlung. Der Ort war ungemein anmutig und kühl. Es war schönes langes Gras da und ich wunderte mich noch, dass es gar nirgends niedergetreten war.

Die Menge der Menschen um Jesus her und in der Gegend war hier schon nicht mehr zu zählen für mich. Alle die Nebenwege, die der Herr gegangen war, erinnerten mich an die vielen Nebenwege, die ich immer auf dem geraden Lebensweg nach dem himmlischen Jerusalem sehe und die man durch Gottes Gnade geführt wird, um dem Nebenmenschen noch länger Liebe zu erweisen.

Es schien mir denn auch, als gehe der Herr hier allein noch diese Nebenwege, um die Jünger noch länger mit Liebe vorzubereiten. Er sprach hier sehr lange mit ihnen, als Einer, der nun sein Werk abschließt und auf dem Punkt zu scheiden ist.

Sie ahnten nun, dass die Abschiedstunde nahe war, doch glaubten sie die Zeit nicht so kurz.

Die Sonne stand schon höher; aber ich weiß nicht, ob ich es recht sage, denn dort im Land kommt mir die Sonne nicht so hoch vor wie hier, es ist immer, als wäre sie näher bei einem. Ich sehe sie nicht wie hier wie eine kleine runde Kugel aufgehen, ich sehe sie dort mit weit größerem Glanz und sehe ihre Strahlen meistens nicht so fein, sondern oft wie breite Lichtbahnen.

Ich kam über dem Wort «hoch» in Irrtum; die Sonne war mehr vom Erdrand in die Himmel gerückt. Sie waren wohl über eine Stunde hier verweilt. Nun war auch in Jerusalem alles lebendig geworden und es war ein Gerede von den vielen Leuten um den Ölberg. Da zogen auch noch allerlei Haufen aus der Stadt heran und es war in der Ferne schon ein Gewimmel und in den schmaleren Wegen ein Gedränge; um Jesus und die Seinen aber blieb Raum.

Der Herr ging nun gegen Gethsemane; und wo der Ölgarten ist, ging Er den Berg hinan; den Weg, wo Er gefangen worden ist, betrat Er nicht. Die Menge der Menschen zog wie in Prozessionen auf den verschiedenen Wegen rings den Berg hinan und viele Scharen drängten rings durch Busch und Hecken und Gartenzäune. Der Herr aber war immer leuchtender und schneller. Die Jünger eilten nach, vermochten ihn aber nicht mehr einzuholen; und als der Herr schon oben auf dem Berg leuchtend stand, sah ich in dem Kreis der Menschen umher alle, die ihm am Palmsonntag aus Jerusalem entgegen gezogen waren, auch die liebe Seraphia (Veronika) sah ich unter ihnen.

Als der Herr auf der Spitze des Berges angekommen war, schien Er wie ein weißes Sonnenlicht und es ließ sich vom Himmel ein leuchtender Kreis zu ihm, der in Regenbogenfarben schimmerte. Alle Nachdrängenden standen in einem weiten Kreis, wie geblendet.

Ich sah den Herrn noch heller leuchten als die Glorie um ihn. Er legte die linke Hand vor die Brust und segnete mit erhobener Rechten, sich rings wendend, die ganze Welt. Die Menge stand unbewegt still, aber ich sah alle gesegnet. Er segnete nicht, wie die Rabbinen, mit den Handflächen, sondern wie die christlichen Bischöfe. Ich fühlte sein Segnen der ganzen Welt mit großer Freude im Innern. Nun aber strahlte das Licht von oben mit seinem eigenen Glanz zusammen und ich sah seine Sichtbarkeit vom Haupt an sich in diesem Himmelslicht auflösen und wie empor verschwinden. Es war, als ob eine Sonne in die andere eingehe, als ob eine Flamme in ein Leuchten eingehe, ein Funke in eine Flamme schwebe. Es war, als ob man in die volle Sonne am Mittag schaue und doch weißer und heller; der volle Tag schien finster dagegen. Als ich bereits sein Haupt nicht mehr sehen konnte, unterschied ich seine Füße noch leuchtend, bis Er ganz in dem Himmelsglanz verschwunden war.

Ich sah unzählige Seelen von allen Seiten in dieses Licht eingehen und mit dem Herrn empor entschwinden. Ich kann nicht sagen, dass ich ihn wie etwas Fliegendes in der Luft immer habe kleiner werden sehen; aber ich habe ihn in eine Glanzwolke empor entschwinden sehen.

Mit der Lichtwolke fiel wie ein Lichttau auf alle nieder, und während man das Licht nicht mehr ertragen konnte, wurden alle von Schrecken und Staunen erfasst. Die Apostel und Jünger standen Jesus am nächsten; sie waren teils ganz geblendet und sahen zur Erde und viele warfen sich auf ihr Antlitz nieder. Die Mutter Jesu stand dicht hinter ihnen und schaute ruhig vor sich hin.

Nach einigen Augenblicken, da der Glanz etwas gewichen, starrte die ganze Versammlung in der größten Stille und mannigfaltigsten Seelenbewegung zu dem Lichtschein empor, der noch länger verweilte, und ich sah in diesem Licht zwei Gestalten, anfangs klein, niederkommen und dann groß in langen weißen Gewändern mit Stäben in der Hand wie Propheten erscheinen.

Sie sprachen zu der Menge, ihre Stimmen klangen laut wie Posaunen und es war mir, als müsse man sie in Jerusalem hören können. Sie bewegten sich nicht, sie standen ganz ruhig, als sie sprachen: «Ihr galiläischen Männer, was steht ihr da und schaut gegen Himmel? Dieser Jesus, der von euch in den Himmel aufgenommen wurde, wird wiederkommen, wie ihr ihn gen Himmel habt fahren sehen.»[66]

Nach dieser Rede verschwanden diese Gestalten, der Glanz aber blieb noch eine Zeitlang und schwand endlich, sich auflösend, wie der Tag zur Nacht übergeht. Nun waren die Jünger ganz außer sich, nun wussten sie, was ihnen geschehen. Der Herr war von ihnen weggegangen zu seinem himmlischen Vater.

Viele sanken vor Schmerz und Betäubung auf die Erde. Während der Glanz ganz verschwand, erholten sie sich wieder und die Anderen drängten sich nun um sie her. Viele Menschen bildeten Gruppen unter einander, die Frauen traten auch heran und so verweilten die Anwesenden noch lange, sich besinnend, redend und empor schauend; sodann zogen die Jünger nach Jerusalem und die Frauen hinter ihnen her. Einige weinten, wie untröstliche Kinder, andere waren tief denkend. Die heilige Jungfrau, Petrus und Johannes waren sehr ruhig und getröstet. Ich sah aber auch viele andere Leute wie ungerührt und unglaubend und zweifelnd einzeln weggehen und sich alles nach und nach zerstreuen.

Auf der Stelle, wo Jesus auffuhr, war eine Steinfläche. Jesus stand darauf und sprach noch, ehe Er segnete und die Lichtwolke ihn aufnahm. Die Fußstapfen des Herrn blieben auf dem Steine abgedrückt und auch auf einem anderen die Spur einer Hand der heiligen Jungfrau Maria. (Sie sagte nicht, an welcher Stelle dies letztere.) Es war schon Mittag vorüber, als die ganze Menge sich verloren hatte. Ich sah die Jünger und die Mutter Jesu nach dem Abendmahlshaus gehen. Anfangs, als sie sich nun allein fühlten, waren sie unruhig und fühlten sich verlassen.

Ich dachte, das sei nicht recht, sie hatten ja die Verheißung; ich hätte wohl mein Leben dafür gelassen. Als sie aber nun in dem Haus versammelt waren, wurden sie besonders durch die ruhige Anwesenheit der Mutter Jesu unter ihnen voll Trostes, und ganz auf sein Wort trauend, dass sie ihnen ein Mittelpunkt, eine Mutter, eine Fürbitterin sein sollte, empfingen sie Frieden.

Als die Leute wieder zurück nach Jerusalem kamen, war in den Juden etwas Scheues. Ich sah manche die Tür und Läden verschließen; manche gingen in einzelne Häuser zusammen. Sie hatten in den letzten Tagen schon etwas eigentümlich Banges und heute ganz besonders. – Jesus fuhr auf der Spitze des Ölberges gen Himmel.

Die Tage nach der Himmelfahrt

Ich sah am Tag nach der Himmelfahrt und an den folgenden Tagen die Apostel immer beisammen und die heilige Jungfrau Maria unter ihnen im Abendmahlshaus. Seit dem letzten Mahl Jesu, wo es zuerst geschehen war, sah ich Maria bei dem Gebet und dem Brotbrechen immer dem Petrus gegenüber, der die Stelle des Herrn im Betkreis und bei dem Mahl einnahm.

Ich sah am Schluss des Sabbats nach Himmelfahrt, wie die Apostel in dem Saal im Gebet versammelt waren. Ich sah sie alle in ihren weißen Feierkleidern, Petrus aber und zwei andere trugen die ausgezeichneteren Kleider. Ich sah, als hätten sie etwas veränderte Zeremonien. Sie standen im Kreis unter der Lampe. Die heilige Jungfrau stand Petrus gegenüber. Zwischen ihnen unter der Lampe stand ein höheres viereckiges Tischchen, wie ein viereckiger Altar, rot und dann weiß durchscheinend bedeckt. Mehr entsinne ich mich jetzt nicht.

Seit Maria in der Nacht vor Himmelfahrt mit am Abendmahlstisch saß, habe ich immer die Empfindung, sie habe eine höhere Bedeutung unter den Aposteln erhalten und stelle jetzt die Kirche vor.

Wahl des Matthias

Ich sah die Apostel und die heilige Jungfrau in dieser Zeit immer von der größeren Schar der Jünger, der übrigen Anhänger und der Frauen abgesondert im Abendmahlshaus betend verweilen. Sie waren in verschiedenen Räumen. Die Apostel hielten sich sehr eingezogen und ich sah niemand aus der größeren Schar der Anhänger zu ihnen in das Abendmahlshaus gehen.

Die Apostel hüteten sich mehr vor den Verfolgungen der Juden und hielten sich im strengeren, geordneteren Gebet als die Schar des anderen Raumes, welche mehr aus- und einwandelten und von welchen ich auch viele nächtlich die Wege des Herrn mit großer Andacht wandeln sah.

Ich habe auch die Wahl des Matthias zum Apostel gesehen. Ich sah, dass Petrus im Abendmahlshaus in seinem bischöflichen Mantel mitten im Kreis der Apostel stand und dass die Jünger in den geöffneten Seitenhallen versammelt herein schauten.

Petrus schlug den Joses Barsabas und den Matthias vor, die beide unter der abgesonderten Schar der Jünger standen. Unter diesen waren viele, welche an die Stelle des Judas gewählt zu werden wünschten; die beiden aber hatten gar nicht daran gedacht und waren ohne alles Verlangen.

Am ersten Tag sah ich, dass Petrus die beiden vorschlug und am anderen, dass das Los über sie geworfen wurde, wobei sie selbst nicht zugegen waren. Da nun das Los auf Matthias fiel, ging einer in den Aufenthaltsraum der Jünger und holte ihn herüber.

Ich sah im Abendmahlshaus eine große Veränderung und Festanordnung. Ich sah auch dabei manches von der Einrichtung des Hauses deutlicher. In den Säulengängen, welche den Saal umgaben, konnte man die Wände öffnen und in den Saal hinein sehen, wie aus den Kreuzgängen in das Schiff einer Kirche.

Ein Teil dieses Säulenganges um das Haus aber war zu Kammern vermauert, worin sich Jünger aufhielten.

Ich sah, weil der Sabbat nahte, das ganze Innere des Saales für das Pfingstfest mit grünen Bäumen geschmückt und in den Zweigen derselben standen wieder Töpfe mit Sträuchern und Blumen und es liefen grüne Gewinde von einer Seite des Saales zur anderen. Die Decke des Saales war da, wo gewöhnlich die Lampe niederhing, durch eine weite Klappe geöffnet und die Lampe hing etwas näher gegen den Vorhang des Allerheiligsten. Die Wände gegen die Seitenhalle waren geöffnet und auch die Türen; nur das äußere Hoftor war geschlossen.

Die Apostel standen in einer etwas anderen Ordnung. Petrus in dem Bischofsmantel stand in der Mitte vor der Lampe und dem Vorhang; ihm gegenüber vor der offenen Tür der Vorhalle stand die Mutter Jesu. Sie hatte ihren Schleier ganz über ihr Gesicht gedeckt. Die übrigen Frauen standen hinter ihr in der Vorhalle und wohnten, durch die offene Tür schauend, dem Gebet bei.

Die Apostel standen den langen Seiten des Saales entlang nach Petrus hinschauend, der unter der Lampe an dem rot und durchschimmernd weiß überdeckten Tisch stand, worauf Rollen lagen. Von beiden Seiten sahen die Jünger hinter den Aposteln durch die losgesetzten Wände aus den Seitenhallen herein. Man betete und sang, aber ohne viele Leibesbewegung.

Es war alles so geschmückt, weil morgen der Pfingstsabbat ist. Es ist alles voll von Fremden in der Stadt, und auch im Tempel ist alles grün geschmückt und viele Zeremonien und Gebräuche.

Ich sah heute alle auf dieselbe Weise in dem Abendmahlshaus versammelt. Die Türen, Wände und Decken waren in dem grün geschmückten Saal offen, nur die äußeren Hoftore waren verschlossen. Nachts sah ich die Apostel wohl an den Wänden umher und in den äußeren Hallen schlafen. Am Tag sah ich sie auch in dieser Zeit zu Tisch liegen im Saal und kleine Brote und etwas Honig essen. Die Jünger in den Umgängen saßen dabei auf dem Boden; sie hatten keine große Anstalt.

Am Abend aber, als alle wieder in ihrer Betordnung standen, sah ich Petrus zwei Osterbrote, welche Abteilungen zum Brechen hatten, von dem Tischchen, das vor ihm stand, segnend empor heben, dann die einzelnen Teile abbrechen und unter den Aposteln und der heiligen Jungfrau verteilen.

Ich sah die Bissen leuchten, welche sie empfingen. Ich sah heute auch manche andere Zeremonien bei ihnen. Die anderen Apostel nahten Petrus und küssten ihm die Hand, auch die heilige Jungfrau Maria tat es. Er aber neigte sich auch zu ihnen nieder, jedoch weiß ich nicht gewiss, ob er ihnen die Hand wieder küsste.

Ich sah aber ihre Sehnsucht immer größer werden. Als die Apostel die Brote aßen, kam ich selbst in eine wunderbare Innigkeit und empfing eine Erquickung der Speise, welche ich nicht auszudrücken vermag.

Es floss eine Speise wie ein leuchtender Strom in meinen Mund. Ich schmeckte sie, doch wusste ich nicht woher sie kam, denn ich sah keine Hand, die mir sie reichte; doch schmeckte ich sie ungemein süß und ich hatte noch die Sorge, dass ich vielleicht nicht mehr nüchtern sei zum Empfang des Heiligsten Sakramentes am Morgen. Ich war nach meiner Empfindung nicht hier in meiner Stube und doch hörte ich die Glocke ganz bestimmt Schlag für Schlag zwölf Uhr schlagen und zählte jeden Schlag.

Als ich am Abend bei den Aposteln war und alles überschaute, sah ich auf den Straßen viele fremde Leute hin und her gehen und in Gruppen versammelt. Sie waren in allerlei fremden Kleidungen und von den verschiedensten Arten von Leuten, kleinen und großen Schlags, und sie sprachen ganz kurios durcheinander.

Sie hatten auch allerlei wunderliche Manieren, wie sie sich drehten und wandten und hatten allerlei Gebärden untereinander. Es war, als erkundigten sie sich untereinander, wie und wo dieses und jenes vorgegangen sei.

Viele gingen auch die Wege umher, welche der Herr in seinem Leiden geführt worden war. Als es finster wurde, verloren sie sich unter Schuppen, wo diese Pfingstgäste ihre Nachtlager hatten. Ich sah auch in Häusern hie und da Verräter, die sich besannen, wie sie den Aposteln schaden könnten.

Es war heute nacht besonders lebhaft in dem Haus, wo sich die Anhänger der Gemeinde des Herrn aufhielten. Im Abendmahlshaus und den Umgängen waren hundertzwanzig versammelt und die Mutter Jesu nebst den vertrauten Frauen. Sie erschienen mir heute beruhigter; früher hatten sie wohl sich allerlei Gedanken gemacht, wie der Tröster, der Heilige Geist, über sie kommen sollte, wie es nur werden solle. Heute waren sie viel zuversichtlicher.

Ich bemerkte nach Mitternacht eine wunderbare Innigkeit und geheime wohltätige Bewegung in der ganzen Natur, die sich allen Anwesenden mitteilte. Es schien mir auch, als sehe man den Himmel durch die offene Lücke des Saales etwas lichter werden.

Die Apostel waren ganz still geworden und hatten sich von ihrem Stand in der Mitte des Saales gegen die Wände zurückgezogen, sie standen an den Pfeilern, zwischen ihnen sahen die Jünger durch die offenen Wände aus den Seitenhallen herein.

Petrus stand vor dem Vorhang, hinter welchem das Heiligste Sakrament bewahrt wurde. Die heilige Jungfrau Maria stand im Saale vor der Tür der Vorhalle, in welcher sich die heiligen Frauen befanden, deren immer fünf im Haus verweilten.

Als sie alle so stille und sehnsüchtig, die Arme über der Brust gekreuzt, zur Erde niederblickend standen, breitete sich von ihnen aus die Ruhe über das ganze Haus. Die Jünger in den umgebenden Hallen suchten auch jeder seine Stelle, und bald war alles im ganzen Umfang des Hauses in der leisesten Stille.

Gegen Morgen sah ich über den Ölberg, wo unser Herr zum Himmel gefahren war, sich eine silberweiße, glänzende Lichtwolke vom Himmel herab in sinkender Richtung dem Haus der Apostel auf Sion nähern. In der ersten Ferne sah ich sie wie eine runde Kugel, deren Bewegung ein süßer warmer Windstrom begleitete. Näherkommend wurde die Lichtwolke größer und zog wie eine leuchtende Nebelmasse über die Stadt, bis sie über Sion und dem Abendmahlshaus sich immer dichter zusammenziehend und stets durchsichtiger leuchtend, wie eine lichte leuchtende Sonne stille stand und mit steigendem Windesbrausen wie eine tief hängende Gewitterwolke niedersank.

Bei diesem Brausen sah ich viele Juden, welche die Wolke sahen, auf ihrem Wege erschreckt nach dem Tempel laufen. Ich aber, da das Sausen sich wachsend näherte, kam in eine kindische Angst, es möchte plötzlich mit einem starken Knall endigen; ich dachte immer, wo sollst du dich nur hinverstecken, wenn nun der Schlag kommt. Das Ganze hatte Ähnlichkeit mit einem schnell heranziehenden Gewitter, das statt von der Erde herauf vom Himmel herab, statt dunkel ganz licht, statt donnernd sausend anzieht und die sausende Bewegung fühlte sich wie tief erquickender warmer Luftstrom.

Als die Lichtwolke ganz nieder über das Abendmahlshaus hing und mit steigendem Sausen immer leuchtender wurde, sah ich das Haus und die Umgebung immer heller werden und die Apostel, Jünger und Frauen immer stiller und inniger. Ich aber sah so hell, so hell! Ich sah alles durch und durch!

Nun sah ich etwa gegen drei Uhr morgens vor Sonnenaufgang plötzlich aus der sausenden Wolke weiße Lichtströme niederstürzen, die sich siebenfach durchkreuzten und unter dieser Durchkreuzung sich in einzelne Strahlen und feurige Tropfen auflösten und über das Haus und seine Umgebung niederströmten.

Der Punkt, wo sich die sieben Lichtströme durchschnitten, war mit Regenbogenlicht umgeben, und ich sah in demselben sich wie eine leuchtende, schwebende Gestalt bilden. Es schien mir auch, als habe diese Gestalt ausgebreitete Flügel unter den Schultern;

doch kann ich nicht eigentlich sagen, dass es Flügel waren, denn alles schien an ihr nur Lichtausströmung. In diesem Augenblick war das ganze Haus und sein Umfang durch und durch von Licht durchflossen. Ich sah die fünfarmige Lampe nicht mehr leuchten. Die Versammelten waren alle wie erstarrt, wie entzückt; sie richteten wie bewusstlos ihr Antlitz dürstend in die Höhe und ich sah in den Mund eines Jeden einen Lichtstrom wie kleine lodernde Flammenzungen sich ergießen.

Es war, als atmeten, als tränken sie das Feuer dürstend ein und als lodere ihre Begierde, als lodere etwas aus ihrem Mund dieser Flamme entgegen. Auch auf die Jünger und anwesenden Frauen im Vorgemach ergoss sich dieses heilige Feuer, und so löste sich die Glanzwolke wie eine sich ergießende Lichtregenwolke nach und nach auf. Die Lichtflammen kamen auf einen Jeden in verschiedener Stärke und Färbung.

Das gewitterhafte Brausen erweckte viele Menschen. Der Geist bewegte viele umher wohnende Anhänger und Jünger.

Nachdem dieser Erguss vorüber war, entstand eine freudige Kühnheit in der ganzen Versammlung. Alle waren bewegt und wie mit Freude und Zuversicht berauscht. Alle traten sie um die heilige Jungfrau, die ich, wenngleich erquickt, jedoch allein ganz ruhig und still wie immer in ihrem Innern in heiliger Fassung sah. Die Apostel aber umarmten sich untereinander und waren von einer freudigen Kühnheit zu reden durchdrungen. Es war, als riefen sie einander zu: «Wie waren wir? Was ist aus uns geworden?» Auch die heiligen Frauen umarmten sich. Alle Jünger in den Umgängen waren ebenso bewegt.

Die Apostel eilten zu ihnen, und in allen war wie ein neues Leben voll Freude, Zuversicht und Kühnheit. Dieser Ausbruch der inneren Erleuchtung und Stärkung ging nun in ein Danksagen über. Sie traten in die Betordnung zusammen, dankten und lobsangen Gott in großer Bewegung; indessen aber verschwand das Licht nach und nach. Petrus hielt nun eine Rede an die Jünger und sandte mehrere hinaus nach den anderen Aufenthaltsorten wohlgesinnter Pfingstfremden. (?)

Es waren vom Abendmahlshaus gegen den Teich Bethesda zu mehrere Schuppen und offene Schlafhäuser, wo Fremde, die zum

Fest kamen, schliefen und ihre Lasttiere unterstellten. Es lagen sehr viele dort schlafend; andere waren erwacht und hatten auch von der Gnade des Heiligen Geistes genossen, denn es war eine allgemeine Bewegung in der Natur gewesen. Viele gute Menschen hatten eine innere Erweckung empfangen; die Bösen aber waren scheu, bang und noch verstockter geworden.

Die meisten dieser Leute, welche in dieser Gegend herbergten, wo die angehende Gemeinde ihren Aufenthalt hatte, lagen seit Ostern hier, weil die Entfernung ihrer Heimat die Hin- und Herreise von Ostern bis Pfingsten nicht tunlich machte. Diese nun waren durch alles, was sie gehört und gesehen hatten, den Jüngern vertrauter und zugeneigter als andere. Als nun die ausgesendeten Jünger ganz freudetrunken zu ihnen traten und ihnen die Verheißung des Heiligen Geistes als erfüllt verkündeten, wurden sie sich auf verschiedene Weise ihrer eigenen Erweckung bewusst und sammelten sich auf die Aufforderung der Jünger alle um den Teich Bethesda in der Nähe.

Im Abendmahlshaus aber legte Petrus indessen fünf Aposteln die Hände auf, welche am Teich Bethesda lehren und taufen helfen sollten. Ich meine, es waren Jakobus der Jüngere, Bartholomäus, Matthias, Thomas und Judas Thaddäus. Ich sah bei dieser Weihe, als habe der letztere ein Gesicht; es war, als sehe ich ihn den Leib des Herrn mit seinen Armen vor seiner Brust umfassen.

Ich sah sie hierauf, ehe sie sich zur Wasserweihe und Taufe nach dem Teich Bethesda mit dem Weihgerät begaben, noch den Segen der Mutter Jesu empfangen, und zwar kniend. Vor Jesu Himmelfahrt war dies stehend geschehen. Ich sah dieses Segnen an den folgenden Tagen immer bei dem Ausgang und nach der Rückkehr der Apostel geschehen.

Die Mutter Jesu hatte bei diesen Segnungen und überhaupt, wenn sie in ihrer Würde unter den Aposteln erschien, einen großen, weißen Mantel an, einen gelblichen Schleier über dem Angesicht und vom Haupt an beiden Seiten nieder eine himmelblaue Bahn Zeug bis schier auf den Boden reichen, vorn etwas umgeschlagen und mit Stickerei verziert, auf dem Kopf aber mit einem weißen, feinen Seidenkrönchen festgehalten.

Am Teich Bethesda strömten nun die vielen Leute zusammen, welche die ausgesendeten Jünger aus den umliegenden Herbergen und dem alten großen Gebäude (Burg Davids) nicht weit vom Abendmahlshaus dahin beschieden hatten. Es war eine große Lebendigkeit und Bewegung unter ihnen und die Jünger sagten und erklärten ihnen mit großer Freude, was geschehen.

Es waren aber auf das heutige Fest, worauf von Jesus das Taufen schon bestimmt war, mancherlei Anstalten in der von den Jüngern am Teich neulich in Besitz genommenen Synagoge und am Teich selbst gemacht worden. So sah ich die Wände der Synagoge mit Teppichen bedeckt, Schranken und Abteilungen und eine Art Altar in der Mitte des Hauses und vor demselben von dem Teich her bis zum Eingang einen bedeckten Zeltgang errichtet.

Die Apostel begaben sich nun in ihren langen weißen Festkleidern auf eine feierliche Weise paarweise gehend, wie in einer Art Prozession, mit dem Gerät zur Wasserweihe und Taufe, vom Abendmahlshaus aus nach der Synagoge am Teich Bethesda.

Die heilige Jungfrau Maria und andere Frauen und Jünger folgten ihnen und machten dort Anstalten zum Austeilen von Taufkleidern. Die Apostel hatten einen ledernen Schlauch mit geweihtem Wasser und einen Weihbüschel bei sich, der jedoch keine Bürste war. Jesus hatte sie nach der letzten Mahlzeit vor Himmelfahrt von der Wasserweihe und Taufe nochmals unterrichtet. Sie wurden von der versammelten Menge mit großer Freude empfangen. Es waren dies viele fremde Juden, die seit Ostern sich hier gesammelt und durch alles, was sie gehört und gesehen, schon mehr zu der Gemeinde hingeneigt hatten.

Die Gegend um den Teich war ein gewöhnlicher Lagerplatz dieser Art Leute und sie fanden sich dadurch, dass schon wirkliche Anhänger sich hier angesiedelt hatten, der Gnade genähert, so dass man erwägen kann, wie der Teich Bethesda diesen Scharen durch die hier empfangene Taufe das wurde, was das galiläische Meer den dort verweilenden Karawanenzügern durch die Bergpredigten Jesu geworden war. Es waren aber auch noch viele Bösgesinnte unter ihnen und viele andere Leute aus der Stadt, durch die Bewegung herbei gelockt, schlossen sich ihnen an. Die fünf Apostel, welchen Petrus die Hände aufgelegt hatte, verteilten sich nun an die fünf Eingänge des Teiches und sprachen mit großer Begeisterung zu dem versammelten Volk.

Petrus aber betrat einen Lehrstuhl, der für ihn im dritten Umkreis des Teiches, vom äußersten Umkreis an gezählt, errichtet war; denn diese Terrasse war die breiteste. Die Zuhörer füllten alle Terrassen des Teiches. Als die Apostel zu ihnen also redeten, wurde die Menge bestürzt, denn jeder hörte, wie sie in seiner eigenen Sprache redeten. Bei diesem Staunen des Volkes geschah es, dass Petrus seine Stimme erhob, wie es in der Apostelgeschichte steht[67].

Als sich nun viele zur Taufe erboten, weihte Petrus mit Johannes und Jakobus dem Jüngeren feierlich das Wasser, wobei Petrus das geweihte Wasser, das sie aus dem Abendmahlshaus in einem Schlauch gebracht hatten, mit dem Sprengwedel in feinen Strahlen weit über den Teich hinsprengte.

Das Taufen und Vorbereiten dazu währte den ganzen Tag. Das Volk, welches alle die Terrassen erfüllte, nahte in einzelnen Scharen geordnet und abwechselnd herumgehend dem Lehrstuhl des Petrus. Die anderen Apostel sprachen an den Eingängen.

Die heilige Jungfrau und die anderen Frauen waren in der Synagoge am Teich mit Austeilung der weißen Kleider an die Täuflinge beschäftigt. Die Ärmel dieser Kleider waren über den Händen mit schwarzen Bändern gebunden, welche nach der Taufe aufgelöst und auf einen Haufen gelegt wurden. Die fünf Apostel, denen Petrus die Hände aufgelegt hatte, standen taufend bei den fünf Eingängen am Teich.

Die Täuflinge lehnten auf ein Geländer; das Wasser wurde mit einem Becken geschöpft und aus diesem mit der Hand dreimal über ihre Häupter gegossen, in Rinnen floss es wieder in den Teich nieder. Das Wasserbecken fasste etwa für zehn Paare Wasser, dann wurde es wieder gefüllt. Zwei Getaufte holten immer wieder zwei andere Täuflinge an ihre Stelle und legten diesen als Paten die Hände auf. Die zuerst Getauften waren meistens Jünger und Anhänger, welche nur die Johannestaufe empfangen hatten. Auch die heiligen Frauen wurden getauft. – Ich meine, es waren an dreitausend Menschen, welche heute zur Gemeinde kamen. Es währte das Taufen und vorbereitende Lehren den ganzen Tag. – Am Abend kehrten sie in das Abendmahlshaus zurück und hielten ein Mahl, und es wurde viel gesegnetes Brot ausgeteilt; dann war noch das Abendgebet.

Ich sah heute jeden Juden in einem Körbchen zwei kleine Brote von diesjährigem Korn in dem Tempel opfern. Es lagen hohe Haufen davon da und nachher erhielten es die Armen. Ich sah auch einmal, dass der Hohepriester ein Büschel von Ähren, dick wie Schilf, wie von türkischem Weizen, in der Hand hatte.

Sie opferten auch etwas wie Wurzeln und mir unbekannte Früchte. Die Leute unter den Schuppen hatten Esel damit bepackt, das Volk kaufte davon. Das Brot war von ihrem eigenen Gebäck. Die Apostel opferten alle nur die zwei Brote durch Petrus.

Vom Teich Bethesda

Der Teich Bethesda, dessen Lage auf die Ecke des Allerheiligsten zwischen Abend und Mittag sieht, wie die Lage des Kalvarienberges auf die Ecke zwischen Abend und Mitternacht, war schon seit langer Zeit im Verfall und wüst.

Er war, wie manches Heiligtum und alte heilige Gebräuche der Kirche in unserer Zeit, ganz vernachlässigt und nur von armen glaubigen Leuten gebraucht in der Weise, wie in unserer Zeit das Weihwasser, die Kreuzwege und einzelne Gnadenbilder. Er ist nicht, wie manche Leute meinen, der Schafteich, der nördlich vom Tempel am Viehmarkt bei dem Schaftor liegt und mit Steinen ausgemauert ist. Der Teich Bethesda ist nicht ausgemauert, er hat einen Sandboden und mehrere Quellen auf demselben; es gehen auch Abflüsse des Opferblutes aus dem Tempel in ihn, das Blut der Opfertiere fließt durch Röhren unter dem Altar in ihn hinab.

Jesus hat mehrere Male dort geheilt und gelehrt, und durch sein Wunder an dem lahmen Mann dort ist zwar der Teich wieder mehr in Gebrauch gekommen, aber den Pharisäern mehr verhasst geworden.

Während Jesu Abwesenheit nach des Lazarus Erweckung hielten sich oft Jünger und Anhänger da auf, denn es sind dort viele Schlupfwinkel, Wälle, Mauern, und an der einen Seite das Tal hinab wächst Wachholdergebüsch.

Nach der Kreuzigung und Auferstehung, als die Juden die Wege, Gänge und Aufenthaltsorte der Anhänger Jesu verwüsteten und sich örtlich durch Zerstörung von Wegen und Zugängen abzusondern suchten, vermauerten sie das Tor, durch welches Jesus am Palmsonntag gezogen war, sperrten den Weg vom Berg Sion zum Tempel, durchschnitten den Weg zum Kalvarienberg mit Hecken, Schlagbäumen und Gräben und verwüsteten auch vieles am Teich Bethesda, wo sich während der Kreuzigung und vorher immer Jünger und Gläubige verborgen hatten.

Der Teich Bethesda ist eirund. Die fünf Umgänge auf fünf niedersteigenden Terrassen umgeben den Teich wie ein Amphitheater und sind von fünf Wegen durchschnitten, die sich niedersenken und mit einigen Stufen abfallen. Die Hinterwände und Terrassen enthalten überwölbte kleine Hallen, in welchen muldenförmige Steinlager für die Kranken angebracht sind.

Der vordere Rand dieser Terrassen gegen den Teich zu hat keine Brustlehnen. Man kann von allen Seiten auf den Teich hinabsehen, ob sich das Wasser bewegt. Der Grund des Teiches ist ein weißer schimmernder Sand. Drei Quellen wallen in demselben auf und rühren den Sand in der Mitte zusammen; oft auch springen diese Quellen über die Oberfläche empor.

Die Gegend des Teiches mit allen Bauwerken nimmt einen sehr großen Raum ein; wenn man ihm naht, steigt man erst etwas empor und dann in den Kessel hinab.

Der eirunde Teichbau füllt die Schlucht zwischen Sion und dem übrigen Jerusalem zwischen Süd und West vom Tempel. Er liegt nach der Länge im Tal, das ostwärts steiler abfällt. Westlicher hinter dem Teich ist das dort weniger tiefe Tal mit Brücken verbunden. Der äußerste Umfang des Teichbaues ist wie ein Wall, durch welchen nur drei Eingänge führen, im Innern aber sind die Terrassen von fünf Zugängen zu dem Teich durchschnitten.

Die Mitternachtseite dieser Lage ist auch steil und bewachsen, und zwischen Mitternacht und Morgen ist ein Eingang gegen den Tempel hin, der aber jetzt verfallen und verschlossen ist. Der ganze Teich war bisher außer Gebrauch und die Gegend verlassen. Die äußeren Ringmauern sind teilweise zerfallen und auch vieles an den Terrassen. Auch die Spritzpumpe war jetzt nicht mehr im Gang, aber bald nach Pfingsten sah ich sie hergestellt und bei der Taufe gebraucht. – Die Schule hier war auch nur an Festen von Fremden gebraucht, wie auch die vielen ankommenden Gäste zu Ostern und besonders jetzt um Pfingsten sich an dem Teich aufzuhalten pflegten.

Als die Apostel und Jünger vom Abendmahlshaus und dieser Schule beim Teich Bethesda Besitz genommen hatten, wurde dort alles wieder etwas geordnet. Ich sah heute ganz früh schon alle eingestürzten Mauern mit zwischen Pfählen ausgespannten Decken ergänzt und den Weg zur Synagoge mit einem Zeltgewölbe überspannt. Westlich von dem Teich, höher auf Sion liegt das ehemalige Haus der Helden Davids. Man sieht von dieser Gegend gerade auf die Südwestecke des Allerheiligsten. – Es führen auch kleine Pfade in die Stadt, ohne dass man durch die Tore geht. Jesus bediente sich oft dieser Wege.

Pfingstmontag

Heute früh sah ich Petrus etwas am Heiligsten Sakrament ordnen; ich glaubte anfangs, man wolle es herunter nach der neuen Kirche am Teich Bethesda bringen, aber es war nur in der Bewahrung etwas verändert. Sie nahmen den Kelch und das Heiligste Sakrament aus der großen Kapsel oder dem Tabernakel und stellten beides in einen feinen, weißen durchsichtigen Überzug, wie ein Käfig von Fischbein, mit einem durchsichtigen Mäntelchen bedeckt.

Oben hatte diese Vorrichtung einen Ring zum Anfassen und das Ganze die Figur einer Glocke. Die ehemalige Kapsel legten sie voll kleiner gesegneter Brote und stellten sie vor das Heiligste Sakrament. Sie gaben den Leuten auch solche gesegneten Brote mit nach Haus.

Heute zogen sie wieder zum Teich Bethesda und der Schule daselbst, nachdem viele, darunter auch die heiligen Frauen, im Abendmahlshaus gesegnete Brote empfangen hatten.

Ehe die Apostel und Jünger hinabzogen, empfingen sie wieder den Segen der heiligen Jungfrau.

Die Mette war heute früh feierlicher als gewöhnlich. Sie tauften und lehrten den größten Teil des Tages am Teich.

Zweiter Tag nach Pfingstsonntag – Einrichtung der Bethesda-Kirche

Heute morgen zogen die Apostel wieder nach der neuen Kirche am Teich Bethesda. Es wurde aber nicht getauft, sondern nur fortwährend an der inneren Einrichtung der Kirche gearbeitet. Um die Kirche herum und im Eingang und rund um den Teich waren sehr viele Menschen der neuen Gemeinde versammelt, welche beteten und Gott für das Heil des Werkes anflehten. Ich sah sie oft in ihrem eifrigen Gebet auf der Erde auf dem Angesicht liegen.

Ich sah Petrus, Johannes, Andreas abwechselnd an drei verschiedenen Stellen lehren; Jakobus der Jüngere aber lehrte auf dem Redestuhl des Petrus auf der dritten Terrasse des Teiches. Übrigens arbeiteten alle Apostel und viele Jünger und Gehilfen an der inneren Einrichtung der Kirche.

Ich habe mir diese Kirche und die Lage des Teiches abermals recht angesehen und kann nicht anderes sagen als: in Hauptsachen bleibt sie sich immer ziemlich getreu. Man sah von dem Teich Bethesda auf die Ecke des Allerheiligsten zwischen Abend und Mittag. Der Teich ist in ein Tal hinein gebaut, welches Sion und den Tempel trennt und an der Mittagsseite des Tempels vorüber gegen Morgen in das Tal Josaphat abfällt.

Das Bauwerk des Teiches scheint dieses Tal abendlich vom Tempel gesperrt zu haben, denn an der einen Seite des Teiches konnte man nicht wie von allen anderen Seiten um ihn herum gehen. Es war zwar da noch ein breiter Weg, aber die Mauern waren teils eingestürzt und der Weg war voll Gras und Schilf und es zog sich da eine Talschlucht hinab, welche je tiefer immer grüner war. Es wuchs da auch viel Wachholder und es lagen sehr viele Knochen da. Es war vielleicht ein Abfluss vom Tempel dort. Der Berg Sion besteht aus drei Hügeln, auf dem höchsten, abendlichsten liegt die ehemalige Burg Davids, die jetzt zu einer Art Einkehr für Karawanen gebraucht wird.

An der Morgenseite dieses höchsten Punktes von Sion liegt das Haus der Helden, das jetzige Abendmahlshaus. Von dessen Hofraum heraus ging abwärts östlich der Weg um die Höhe von Sion, dann im Halbkreis nördlich, dann westlich und endlich mit einem Haken wieder östlich zu dem Teich Bethesda, der das Tal zwischen dem Tempel und Sion dort ausfüllt.

Der Teil von Sion zwischen dem Abendmahlshaus und dem Teich Bethesda, diesen mit einbegriffen, bis zum Tal Josaphat hinab ist sehr wüst und voll von öden Plätzen, Gärten, zerstörten Gebäuden und kleinen eingeflickten Armen-Wohnungen und ist der von den Juden gemiedene, an mehreren Zugängen nach Christi Tod ganz abgeschlossene Wirkungsbezirk der Christengemeinde geworden. Es befand sich auch in diesem Bezirk ein altes Bauwerk, wie ein großer Hof, wo manchmal große Züge von Lasttieren der Karawanen eingestellt wurden.

Der übrige Teil von Sion war sehr bewohnt. Der Hof des Abendmahlshauses liegt von einer Seite nicht frei, sondern ist an eine Straße von Häusern angebaut.

Die neue Kirche am Teich Bethesda aber liegt viel freier und in sich geschlossen. Sie ist ein großes längliches Viereck und inwendig von drei Seiten abwärts mit Stufen von Stein für die Zuhörer umgeben; an der einen schmalen Seite ist ein erhöhter Platz, worauf der Lehrstuhl steht. Die Fenster befinden sich hoch oben und man steigt von außen an der Mauer des Hauses auf das flache Dach hinauf, welches von einer Galerie umgeben ist.

Die Apostel haben im Inneren eine Art Chor und allerlei Scheidungen angebracht, und ich sah auch einen Altar hinter dem Lehrstuhl und höher als dieser, darin aufgeschlagen, doch so von der Mauer getrennt, dass er, an beiden Seiten durch Flechtwände mit den Seitenwänden des Hauses verbunden, hinten einen Raum wie eine Sakristei bildete.

Der Altar ruht auf drei Stufen, er ist ein längliches Viereck und hat an jeder schmalen Seite nur eine Stufe. Er ist von Holz, mit Decken belegt und tragbar; denn ich sah die einzelnen Teile von Männern herbeigetragen. Das Ganze ist hohl und besteht aus Kästen, die mit Decken und Kirchengeräten angefüllt sind, denn den Stufentritt des Altars kann man auf beiden Seiten öffnen und Bretter, worauf Teppiche liegen, herausziehen.

Der Altar selbst kann hinten auseinander geklappt werden und ist mit Kirchenkleidern ausgefüllt. Ich sah ihn von zwei Männern hereingetragen werden, die fremdartig, um den Oberleib kurz und faltig gekleidet waren. Die Arme waren zur Hälfte unbedeckt und um den Leib hatten sie eine Schürze wie eine Hose umgewickelt. Sie trugen eine Mütze und waren ganz auf ägyptische Art gekleidet. Ich habe an der Grenze einmal solche Leute gesehen, die allerlei in Holz und Wolle arbeiteten. Ich meine, es waren bekehrte Fremde, welche an den Sachen gearbeitet hatten.

Es ist gar nicht zu sagen, welche Tätigkeit diese ganze Zeit über in der Gemeinde mit Weben, Flechten und aller Art von Bereitung für die Kirche und die Armen herrschte. Ich sah dieses Arbeiten und Abliefern und Verwenden täglich und hatte immer die größte Begierde, mitzuhelfen.

Auf dem Altar stand ein Behälter oder Tabernakel von der Figur einer Glocke, er war wie ein Käfig und mit einem feinen Vorhang umgeben und dieser, wie ein Bischofsmantel, vorne mit zwei Metallschildchen geschlossen; oben hatte er einen Knopf, um ihn daran zu tragen. Es standen zu beiden Seiten mehrarmige Lampen und es brannten Dochte darin, die nicht von Wolle waren.

Den ganzen Altar umgab ein weißer, doch buntgestreifter Vorhang von einem Thronhimmel herab hängend, der an fünf Zeugbahnen, die sich vereinigten, von der Hand einer ausgestopften, bunten, von den heiligen Frauen verfertigten Figur getragen wurde. Es war die Figur eines Greises in hoher priesterlicher Kleidung, sie hatte einen dreieckigen Schein hinter dem Haupt und erinnerte mich an bekannte Vorstellungen von Gott Vater. Sie war, wie aus einer Öffnung der Decke niederschauend, herabgebeugt, streckte eine Hand segnend aus und fasste mit der anderen die fünf Tragbänder des Thronhimmels.

Ich habe solche Bildarbeiten mehrere in jüdischen Häusern dieser Zeit gesehen, z.B. bei Anna die Gestalten eng eingewickelter Figuren, wie ich es oft erwähnte.

Der Tag war mit solchen Anordnungen und Belehrungen unter Gebet zugebracht. Am Abend kehrten sie zu dem Abendmahlshaus zurück.

Einsetzung des Heiligsten Sakramentes in der Bethesda-Kirche

Heute morgen zogen die Apostel mit dem Heiligsten Sakrament zu der neuen Kirche am Teich Bethesda. Vorher lehrte Petrus, von etwa zwanzig Jüngern umgeben, unter dem Hoftor des Abendmahlshauses öffentlich vor vielem Volk mit großem Feuer. Es liefen auch viele Juden herzu, welche ihn durch Einwürfe stören wollten, aber nichts ausrichteten. – Hierauf ging der Zug hinab an den Teich in die neue Kirche. Petrus trug das Heiligste Sakrament in einer Büchse, welche wie in einem weißen Beutel um seinen Hals hing, vor sich in den Händen. Die heilige Jungfrau ging nach den Aposteln mit anderen Frauen und Jüngern.

Ein Teil des Weges war mit Wänden von Matten verhängt und in der Nähe der Teichkirche waren diese sogar oben überzeltet. Sie stellten das Heiligste Sakrament auf den Altar in den neuen Tabernakel. Sie hatten auch den Behälter voll gesegneter Brötchen bei sich. Die hintere Seite des Altares schloss eine Wand von Flechtwerk, die nach dem Altar zu mit seinem weißen, nach der Rückseite mit gröberem Stoff überzogen war. Der Thronhimmel, welcher den Vorhang trug, bildete mit der Rückseite einen Halbkreis, also eine Nische; der buntgestreifte Vorhang reichte nur etwas über die Höhe des Altares nieder und war an seinen Seiten befestigt und vorn mit Metallklammern geschlossen. Er ging oben nicht auseinander und wurde von beiden Seiten zurückgeschlagen.

Dieser Altar stand höher als der Redestuhl und zwischen beiden bildete ein bedeutender Raum gleichsam den Chor, wo die Jünger und Apostel bis zum Altar hin standen. Unter dem Redestuhl war die Gemeinde von dem Chor durch ein Gitter abgeschlossen, durch welches ihr an mehreren Stellen das Heiligste Sakrament gereicht werden konnte, fast so, wie es in Klöstern geschieht. Es führten zu beiden Seiten des Redestuhles kleine Türen in die Kirche, durch welche die Apostel und Jünger zum Chor gingen.

Die Gemeinde war nach gewissen Graden geordnet, die Frauen getrennt. Nur ein Teil der Täuflinge, welche von den Aposteln ausgesucht waren, empfingen das Heiligste Sakrament, die anderen von den gesegneten Broten.

Der Boden der Kirche war, wie auch der des Abendmahlshauses, in der letzten Zeit mit bunten Teppichen belegt und die Leute gingen mit bloßen Füßen darauf. Es war heute am Altar eine Feierlichkeit; die Leuchter brannten und auf der einen Seite lagen auf einem Pult Rollen, mit zwei Kolumnen beschrieben. Sie wurden durch höher und tiefer in das Pult eingesteckte Zapfen ab- und aufgerollt, gestützt und wenn ein Blatt abgelesen war, wurde es über das Pult hinüber geschlagen. Es lagen mehrere Blätter übereinander.

Das flache Dach des Hauses hatte mehrere, ich meine drei, kleine Kuppeln, welche man wie Luftlöcher öffnen konnte, unter der hintersten über dem Altar war jene Figur angebracht, welche den Baldachin trug. Das Heiligste Sakrament befand sich in einer Büchse, deren Deckel man wegdrehen konnte. Es lag in Bissen auf einer Platte, die den Boden der Büchse bedeckte und welche man mittels einer Handhabe empor ziehen konnte, um die tiefer liegenden Bissen bequem zu fassen. Ich habe bei allen diesen Gelegenheiten den Kelch nicht austeilen gesehen.

Heilung des Lahmen

Ich sah mehrere Apostel und Jünger nach Bethanien ziehen, nachdem hie und da in der Stadt einzelne Volksscharen belehrt worden waren. Das Abendmahlshaus war verschlossen und auch am Teich Bethesda war alles ruhig.

Es stand die Sonne schon hoch, ungefähr drei Uhr nachmittags, da sah ich Petrus und Johannes und ein paar Jünger, ich meine

Simon war auch dabei, zum Tempel gehen. Es war das erste Mal seit der letzten Lehre daselbst. Auch Maria und einige Frauen gingen dahin. Es wurde ein lahmer Mann auf einer Tragbahre hinauf zur Tempeltür getragen, und Petrus und Johannes redeten beim Hinaufgehen einige Worte zu ihm. Dann sah ich Petrus, mit dem Rücken gegen den Tempel gekehrt, im Hof vor dem Tempel, wo an einer Seite der Opferaltar steht, an der Mittagseite des Platzes, von Teppichen überspannt, wo Steinstühle zum Auflehnen sind, eine Zeitlang vor vielem Volk feurig reden. Während dieser Lehre schon sah ich die Ausgänge von Soldaten besetzt werden und die Priester, welche hohe Mützen aufhatten und an ihrer Kleidung auch Einiges, wie geflecktes Pelzwerk, hin und wieder zusammen sprechen. Nun sah ich Petrus und Johannes, die sich nach dem Tempel wendeten, von dem Lahmen um ein Almosen angesprochen. Er lag vor der Tür ganz zusammengekrümmt auf den linken Ellbogen gestützt und hatte mit der Rechten eine Krücke gefasst, an welcher er sich vergebens etwas aufzurichten versuchte.

Petrus sagte zu ihm: «Schau uns an!» und da er dies tat, sagte Petrus «Ich habe kein Silber und kein Gold, ich gebe dir aber, was ich habe! Im Namen Jesu Christi von Nazaret stehe auf und wandle». Er hob ihn an der rechten Hand auf und Johannes fasste ihn unter der Schulter. Da stand der Mann ganz freudig und kräftig auf seinen Füßen und ich sah ihn geheilt springend und jauchzend durch die Tempelhalle laufen.

Es saßen etwa zwölf jüdische Priester in ihren Gestühlen da und ich sah sie mit langen Hälsen nach dem Getümmel hinschauen – denn die Menge um den geheilten Lahmen wurde immer größer, so dass sie sich endlich zurückzogen und ihre Stühle verließen. Petrus und Johannes aber gingen in die Vorhalle und ich sah Petrus daselbst an der einen Seite der Vorhalle, wo Jesus einst als zwölfjähriger Knabe gelehrt hatte, den Lehrstuhl betreten. Dies war nicht der Lehrstuhl in der Mitte, wo der Herr zuletzt gelehrt hat. Der geheilte Lahme stand in demselben Kreis; viel Volk aus der Stadt und Fremdlinge umgaben ihn.

Die heilige Jungfrau und andere Frauen waren früher nach Hause gegangen, aber am Abend waren noch andere Apostel und Jünger herein gekommen, die hie und da im Tempel lehrten.

Petrus lehrte lange und sehr begeistert; aber da es schon dunkel wurde, sah ich, wie er mit Johannes und dem geheilten Lahmen von Tempelsoldaten gefangengenommen wurde und bei dem Richthof, wo Petrus den Herrn verleugnet hatte, nächst dem Kerker Jesu, in ein Gefängnis gesperrt wurde.

Petrus und Johannes werden freigegeben

Ich sah in dem Gerichtshaus, wo auch Jesus gerichtet worden war, Annas und Kaiphas und andere Priester auf ihren Sitzen versammelt und viele von dem Volk gegenwärtig, welche gestern durch die Worte Petri im Tempel bekehrt worden waren.

Ich sah hierauf, wie Petrus und Johannes und der geheilte Lahme durch die Reihen der Soldaten aus dem Kerker geführt wurden, in dem Jesus nachts verspottet worden war und ich sah, wie die Soldaten sie treibend mit Stöcken schlugen und stießen. Sie wurden auf denselben Treppen, wo Jesus gestanden, vor Kaiphas und anderen Priestern vor Gericht gestellt und von ihnen ausgefragt. Petrus aber sprach mit großem Eifer, und dann wurden sie frei gelassen.

Die übrigen Apostel und einen Teil der Jünger sah ich in der Nacht im Abendmahlshaus in stetem Gebet für die Gefangenen. Als nun Petrus und Johannes zurückgekommen waren und ihnen alles erzählt hatten, was ihnen begegnet war, brach ihre Freude in ein lautes Dankgebet aus, worauf das ganze Haus erbebte, als wolle ihnen der Herr dadurch sagen, dass Er unter ihnen sei und ihr Gebet erhört habe. Danach sprach Jakobus der Jüngere zu den anderen, dass Jesus bei der Erscheinung auf dem Berg in Galiläa zu ihm allein gesagt habe, wenn Petrus und Johannes zum Tempel gingen, gefangengenommen und wieder entlassen würden, dann sollten sie sich hierauf etwas zurückziehen.

Ich sah die Apostel auf diese Nachricht alles schließen und Petrus mit dem Heiligsten Sakrament in einem Beutel am Hals mit den anderen nach Bethanien wandeln. Sie gingen in drei Gruppen. Die Muttergottes und andere Frauen gingen auch hin.

In der Kirche am Bethesda sah ich aber etwas vom Heiligsten Sakrament zurückbleiben. Es blieben auch in den kleinen Wohnungen an dieser Kirche Johanna Chusa, die Magd Marias, die Magd Magdalenas und ich glaube Maria Salome mit etwa sieben Jüngern zurück; die Kirche selbst war geschlossen und das übrige Volk zerstreute sich zu seinen Wohnungen.

In Bethanien waren viele versammelt; die Apostel lehrten sehr begeistert in der Jüngerherberge, in Simons Haus und bei Lazarus; man speiste bei diesem an drei Tafeln, im Haus, Hof und in den Kellergewölben. Abends, als der Sabbat anbrach, feierten sie denselben mit Gebet stehend unter der Lampe.

Samstag nach Pfingstsonntag

Heute teilten die Apostel das Heiligste Sakrament in des Lazarus Haus und geweihtes Brot in der Jüngerherberge und in Simons Haus aus und lehrten fortwährend in großer Begeisterung. Joseph von Arimathäa und Nikodemus lebten nun immer bei Lazarus wegen des Hasses der Juden.

Am Abend kehrten die Apostel wieder nach Jerusalem zurück. Sie waren begeisterter und entschlossener als je. Ich sah die Jünger mit den Aposteln im Abendmahlshaus, wo Petrus lehrte. Thomas war in der Kirche am Teich Bethesda und lehrte die große Schar.

Petrus kam auch dahin und lehrte hier wie im Abendmahlshaus, dass sich nun bewähren müsse, wer den Geist, den Jesus gesandt, erhalten habe; nun beginne die Zeit zu wirken und Verfolgung zu leiden und alles zu teilen und wer sich nicht stark genug fühle, der solle ausscheiden. Ich sah, dass von der großen Schar der zuletzt Zugetretenen sich auch etwa hundert abwandten; von denen im Abendmahlshaus aber gar keine. Ich sah diese mit den Aposteln noch lange in der Nacht beten.

Petrus predigt im Tempel – Er stellt alle Neubekehrten feierlich unter den Schutz Marias als der gemeinsamen Mutter – Sonntag nach Pfingsten

Die Apostel waren die ganze vorige Nacht in Tätigkeit und Gebet im Abendmahlshaus. Bei Tagesanbruch gingen sie mit vielen Jüngern und auch Maria mit den heiligen Frauen in den Tempel. Es schien ein Fest daselbst zu sein, denn es war vor dem Eingang des Tempels ein Triumphbogen errichtet, in welchem oben eine Figur mit einem Siegesschwert stand.

Petrus lehrte, wo er das letzte Mal gelehrt hatte – wenn man aus dem Tempel trat – an der rechten Seite und auch unter dem Bogen mit großer Gewalt . Es waren sehr viele Menschen um ihn; er sprach öffentlich heraus, dass keine Marter, weder Geißel noch Kreuz, sie ferner zurückhalten sollte, Jesus Christus öffentlich zu verkünden. Er ging auch in den Tempel und lehrte auf dem Lehrstuhl, wo Jesus gelehrt hatte und ich hörte einmal, dass alle Apostel und Jünger die Rede von Petrus mit einem lauten beteuernden «Ja» unterbrachen. Und als sie hierauf beteten, sah ich lichte Wolken über den Tempel ziehen und ein solches Leuchten über sie kommen, dass die Flämmchen der Lampen im Tempel ganz dunkel und rot dagegen erschienen.

Als sie sodann den Tempel verließen, mochte es etwa acht Uhr morgens sein. Sie zogen paarweise, wie in einer Prozession, erst die Apostel, dann die Jünger, dann die Getauften und Neubekehrten. Die Apostel ordneten sie so vor den Tempelgebäuden im Vorhof der Heiden, und sie zogen über den Viehmarkt zum Schaftor von Jerusalem gegen Morgen hinaus in das Tal Josaphat, wandten sich dann gegen Mittag und hierauf abendwärts wieder nach Sion hinan zum Abendmahlshaus hinauf.

Die heilige Jungfrau und viele andere Frauen waren schon viel früher aus dem Tempel zurückgegangen. Maria kniete betend allein im Abendmahlshaus vor dem Heiligsten Sakrament.

Magdalena betete in der Vorhalle stehend und kniend und auf der Erde liegend mit ausgebreiteten Armen. Die anderen Frauen waren an der Bethesda-Kirche in kleinen, von leichtem Bauwerk an die Kirche angefügten Zellen. Sie waren zu zwei und zwei in diesen Häuschen und beschäftigten sich mit Waschen und Zubereitung der Hemden für die Täuflinge und mit der Anordnung solcher Geräte zum Austeilen.

Als der Zug der Apostel, Jünger und Neubekehrten im Hof des Abendmahlshauses ankam, wurden die Neubekehrten von den Aposteln dem Eingang des Abendmahlshauses gegenüber gestellt. Die Übrigen umgaben das Haus, viele begaben sich auch zum Teich Bethesda. Petrus und Johannes aber begaben sich in das Abendmahlshaus und führten die heilige Jungfrau zwischen sich heraus unter die Tür der Vorhalle desselben gegen den umgebenden Hof zu.

Die heilige Jungfrau war feierlich gekleidet, sie hatte einen langen blauen Mantel an, dessen umgeschlagenes Innere gestickt war; über dem Schleier hatte sie die schmale, lang an beiden Seiten niederhängende Zeugbahn mit dem Kränzchen auf dem Haupt befestigt. Petrus redete die Neubekehrten an und übergab sie Maria als ihrer gemeinsamen Mutter, indem er sie ihr nacheinander in Scharen von etwa Zwanzigen vorführte, die sie segnete und mit einigen Worten anredete, worauf wieder andere vortraten. Sie sagte zu allen dasselbe.

Die erste Heilige Messe

Ich sah hierauf einen großen Gottesdienst im Abendmahlshaus. Alle Wände waren nach der Seitenhalle und der Vorhalle zu geöffnet. Im Allerheiligsten hing über dem Altar noch ein grüner Festkranz, mit Blumen geschmückt. (Vielleicht ein Festbezug auf den Festbogen vor dem Tempel.)

Es brannten Lampen zu Seiten des Abendmahls-Kelches, der, nur mit einem weißen Mäntelchen bedeckt, höher stand, und ich sah noch eine Lampe vor dem Altar.

Auf dem Altar stand ein kleinerer Kelch und Abendmahlsbrot, beides bedeckt, dahinter aber ein Teller mit einem Wasser- und Weingefäß. Der Teller war zur Seite getan und das Wassergefäß an die eine, das Weingefäß an die andere Seite des Altars gestellt.

Petrus hatte seinen bischöflichen Mantel angelegt und las die Messe. Johannes und Jakobus der Jüngere dienten ihm.

Ich sah alles auf die Weise geschehen, wie Jesus bei der Einsetzung des Abendmahls getan, das Opfern, Eingießen, Händewaschen und Konsekrieren. Wein und Wasser wurden von verschiedenen Seiten eingegossen. An der einen Seite des Altares waren Schriftrollen aufgelegt. Nachdem Petrus kommuniziert hatte, reichte er den beiden Ministrierenden auch das Heiligste Sakrament und auch den Kelch. Hierauf reichte Johannes den anderen das Heiligste Sakrament; Maria empfing es zuerst, dann die Apostel, dann sechs Jünger, welche nachher die Priesterweihe empfingen, und noch viele andere.

Die Empfangenden knieten und hatten ein Tuch, eine schmale Bahn, vor sich, welche zwei auf beiden Seiten hielten. Alle diese aber sah ich den Kelch nicht empfangen.

Sechs Jünger werden zu Priestern geweiht

Die sechs Jünger, welche nun die Priesterweihe empfingen, waren aus dem Standort der Jünger mehr ins Chor vorgerückt, sie standen unter den Aposteln. Maria brachte die Kleidungsstücke für sie und legte sie auf den Altar.

Es waren: Zachäus, Nathanael, Joses Barsabas, Barnabas, Johannes Markus und Eliud, der Sohn des alten Simeon. Sie knieten paarweise vor Petrus, welcher sprach und aus einer kleinen Rolle betete. Johannes und Jakobus hatten Lichter in der Hand und legten ihnen die Hand auf die Schulter und Petrus auf das Haupt. Petrus schnitt ihnen Haare vom Haupt, welche auf einem Tellerchen auf den Altar gesetzt wurden, und salbte sie aus der Büchse, die Johannes hielt, auf Haupt und Finger.

Es wurden ihnen nachher noch die Kleider angelegt und die Stolen teils quer unter dem Arm, teils vorn über der Brust gekreuzt. Ich sah noch manches zum Feste Gehörige, was ich vergessen habe, alle Handlungen waren viel kürzer, doch feierlicher als jetzt. Petrus segnete am Schluss der Feier die Gemeinde mit dem großen

Abendmahls-Kelch, auf welchem sich das Heiligste Sakrament befand. Maria und die anderen Frauen gingen hierauf zur Kirche am Teich Bethesda. Die Apostel, Jünger und neuen Täuflinge, welche grüne Zweige trugen, zogen singend in einer Prozession dahin. Maria betete dort im Chor vor dem Altar kniend, und Petrus lehrte auf dem Lehrstuhl in Bezug auf die Ordnung in der neuen Gemeinde, wie keiner mehr haben solle als der andere, wie sie alles teilen müssten, wie für die armen Hinzugekommenen zu sorgen sei. Außerdem war seine Rede eine Danksagung für die Gnaden und den Segen des Heilandes auf der Gemeinde. – Es wurde nachher noch getauft.

Taufe am Teich Bethesda

Es führten von dem gemauerten Rand des Teiches Bethesda etwa an fünf Stellen Stufen zu dem Wasser hinab und an diesen Stellen lagen kleine Kähne oder schwimmende Kufen, in welche sich die Kranken legten oder setzten. Wenn nun das Wasser sich bewegte, schlug es über sie und benetzte sie. An der einen Seite in dem Teich war ein kupferner Brunnenstock, etwas über Mannshöhe hervortragend und wohl schier so dick wie ein kleineres Butterfass. Es führte ein hölzernes Brückchen mit einem Geländer hinzu und ich sah bei dem Brückchen ein Rohr, worin ein Stempel, mit dem Brunnenstock in Verbindung, so dass, wenn man an den Stempel drückte, ein Wasserstrahl oben aus dem Brunnenstock spritzte, indem sich eine Klappe öffnete.

Man konnte den Strahl durch Veränderungen der Öffnung dicker und dünner machen und ihm verschiedene Richtungen geben. Man konnte auch oben schließen und aus Seitenöffnungen Wasserstrahlen nach allen Seiten wie aus einer Gießkanne treiben. Oft sah ich Kranke in Kähnen an den Brunnenstock anfahren und sich so benetzen lassen.

Am Pfingsttag war dieser außer Stand gekommene Brunnenstock noch nicht hergestellt, aber er war es in den ersten Tagen nachher und ich sah fortwährend und auch heute die Neubekehrten dort getauft werden. Es waren mehrere Apostel dabei beschäftigt, zwei legten die Hände auf den Täufling, der das Geländer fassend den Kopf zu dem Strahl des Brunnenstocks hinbeugte, welchen Petrus, der den Gürtel um sein weißes Kleid gelegt hatte, mit der Hand dreimal über das Haupt des Täuflings lenkte und Worte dabei sprach. Dem Täufling war dabei ein weißes Mäntelchen über die Schultern gelegt, auf die Art des Humerales, welches die Priester unter der Albe über den Schultern tragen. Es wurden solcher Mäntelchen viele von den Frauen an der Bethesda-Kirche bereit gehalten.

Ich sah dieses Taufen heute an Männern und Frauen geschehen, vor Pfingsten aber nur an Männern. Ich sah oft auf die Getauften eine leuchtende Wolke sich ergießen, oder auch einen Strahl auf sie herabfallen. Ich sah die Getauften wunderbar gestärkt und wie verklärt und verwandelt. – Es war ungemein rührend zu sehen, wie Leute weither im Lande alles das Ihrige verließen und herbei kamen, um mit der Gemeinde Jesu vereinigt zu werden.

Ich sah am Rande des Teiches eine Leuchte auf einer Stange brennen, so wie die Wächter am heiligen Grab eine hatten. Ich wusste, als ich diese Weise zu taufen zuerst sah, gar nicht, dass es die Taufe war und überzeugte mich erst nachher davon, denn früher hatte ich die Taufe meist in Flüssen und Badequellen gesehen. Ehedem war der Teich Bethesda verschlossen und nur die Kranken hatten Zugang.

Ich habe gesehen, dass nach dem Taufen heute gegen Abend die Apostel und Maria an demselben Tisch, auch Joseph von Arimathäa, Nikodemus und Lazarus ein Mahl in der Vorhalle des Abendmahlshauses hatten. Die Gemeinde war nach ihren Wohnungen verteilt.

Die seit Pfingsten Getauften werden über die hl. Kommunion unterrichtet und erhalten von Petrus den Leib des Herrn

21. Mai: Heute morgen sehr früh sah ich wieder eine große Menge Menschen getauft werden, doch nicht so viel wie am Pfingsttag. Alle die gestern und heute sehr früh Getauften begaben sich dann in die Kirche am Teich, wo sie über das Abendmahl unterrichtet wurden und es auch erwarteten.

Dieses größere Gebäude in der Nähe der anderen, die den Teich umgeben, bildet einen Saal, ungefähr so groß, als wenn man die Dülmener Klosterkirche ins Quadrat nimmt.

Die Lampen waren angezündet und die Kirche war ganz angefüllt von Männern und Frauen; sehr viele, welche nicht mehr Platz fanden, umgaben sie von außen. Ich sah etwa sechs Apostel diese Leute an verschiedenen Stellen unterrichten, auch die durch Gitter getrennten Frauen. Petrus und Johannes waren nicht dabei, sie hatten draußen in der Stadt andere Geschäfte. Unter den Anwesenden erkannte ich Jakobus. Sie hatten alle sechs solche langen weißen Kleider an, wie ich sie beim Gebet im Abendmahlshaus tragen sah. Ich erfuhr oder empfand aber, alle Anwesenden seien Neugetaufte, die sich am Pfingsttag und seither bekehrt hatten. Ich hörte auch, wie sie über das Abendmahl unterrichtet wurden und warum es in der Nacht eingesetzt worden sei, weil wir in Finsternis und Nacht seien und das Licht in der Nacht empfangen müssen, auf dass sie licht werde.

Ich sah aber auch die Geschäfte des Petrus und Johannes und der anderen. Es geschah heute sehr in der Frühe, dass viele Schafe, Ziegen, Tauben, große Vögel mit roten Beinen und Schnäbeln beim Teich Bethesda zusammengebracht wurden und dass Simon der Pharisäer aus Bethanien unter einem Zeltdach mit den Leuten, welche die Tiere brachten, in einer Rechnung stand. Er hatte eine Haushaltung gehabt und verstand die Wirtschaft, es war als notiere er auf eine Rolle die Vermögenswerte und Gaben eines Jeden. Ich sah nachher, wie dieses Vieh oben im Hof des Abendmahlshauses geschlachtet und die Schafe und Ziegen zerlegt und alles an die Bedürftigen ausgeteilt wurde. Die Felle bekam ein Mann, der sie zubereiten sollte. Die Leute empfingen auch Brot und Decken und wollenes Zeug zu Kleidern. Es wurde von allem ausgeteilt. Es herrschte eine ungemeine Ordnung dabei: Die Frauen empfingen ihren Teil durch Frauen, die Männer durch Männer. Es waren dieses meistens von den erst seit Pfingsten zur Gemeinde aus allen Gegenden Gekommenen, die, obschon sie sich untereinander nicht verstanden, doch alles mit großer Liebe teilten; die Apostel aber verstanden sie alle.

Ich sah auch, dass Petrus den Thomas, Philippus und Matthias mit Eremenzear, Silvanus von Sichar und Selam von Kedar nach Samaria, Thebez, Tiberias und die Gegend aussandte, um die dortigen Freunde zu trösten und ihnen zu berichten, wie es stehe, weil die Nachricht verbreitet worden war, Petrus und Johannes seien gefangen; auch um Leute, die dort zurückgeblieben waren, zu stärken und Kranken zu helfen.

Während diesem vollendeten die sechs Apostel in der Bethesda-Kirche die Vorbereitung der Täuflinge zum Empfang des Heiligsten Sakramentes und machten allerlei Anstalten an dem Altar. Ich sah sie an dem Altarkasten eine Fläche wie eine Schiebلade heraus ziehen und darüber ein rotes, dann ein durchbrochenes weißes Tuch legen und dann in die Mitte noch ein kleineres weißes Tuch, etwa wie heutzutage bei dem Heiligen Messopfer geschieht.

Es brachten hierauf andere Apostel Verschiedenes zum Opfer Gehörige, was sich jetzt nicht hier in dieser Kirche befand, wahrscheinlich vom Abendmahlshaus zur Tür herein.

Es nahten Petrus und andere, es wurde ein länglich runder Teller mit vielen übereinander liegenden, dünnen, sehr weißen, zum Bissenbruch gefurchten Abendmahls-Broten auf den Altar gesetzt, auch eine weite Schale oder niederer Kelch auf einem Fuß, und ein Apostel brachte den Kelch, worin Jesus das heiligste Abendmahl eingesetzt hatte. Er mochte wohl einen starken Schoppen fassen und hatte zwei kleine Ohren oder Henkel. Ich habe ihn in späterer Zeit in Jerusalem verwahrt und mit Verehrung küssen gesehen und meine einmal gesehen zu haben, dass er noch existiert und bei frommen Leuten bewahrt wird. Dies alles wurde auf den Altar gesetzt. Ich erinnere mich nicht genau mehr der näheren Umstände und Beschaffenheit, in welcher es hingestellt wurde; es geschah wie bei der ersten Konsekration durch Petrus im Abendmahlshaus.

Ich sah nun den Apostel Petrus hereintreten; es war, als habe er in der Nähe viele Geschäfte gehabt, er war noch ganz eilig und voll Geschäftigkeit. Er hatte sein weißes Priesterkleid und den Gürtel mit den niederhängenden Riemen an. Er legte hierüber eine Art Mäntelchen um, welches aus dem inneren Raum des Altarkastens genommen wurde. Die Farbe war rot und gold und anderes schimmernd, wie durcheinander gewirkt. Es war wie ein großer Kragen, hinten tiefer hängend, vorn sich zuspitzend, und hing über die Schultern zur Seite so tief nieder, dass man von der Seite nur den Gürtel um den Leib sehen konnte.

Vorn auf der Brust war dieser Überhang wie mit Häkchen geschlossen und es zeichneten sich besonders drei Schildchen darauf aus. Was auf dem obersten Schildchen abgebildet war, weiß ich nicht mehr; es war wie ein Knopf, der schimmerte. Auf dem Schildchen in der Mitte der Brust war eine Figur abgebildet, die ein Brot in der Hand hielt.

Das unterste Schildchen gegen die Spitze oder das Ende des Überhangs hatte eine Figur in sich, die mich an das Kreuz erinnerte, aber in Gestalt eines Ypsilons wie das Kreuz Christi war. Auf beiden Schultern des Mäntelchens waren Edelsteine in eine Figur zusammengeordnet. Ich sah nun Petrus vor dem Altar beten und zwei Apostel an der Seite seine Verrichtungen und sein Gebet begleiten. Ich sah, dass er das Brot und den Wein im Kelch opfernd empor hielt, dass er das Brot in viele Bissen brach, sie segnete und die Einsetzungsworte über Brot und Wein sprach, worauf sie zu leuchten begannen.

Als er Brot und Kelch opfernd empor hob, sah ich über dem Altar wie aus einer Wolke eine leuchtende Hand erscheinen; als er mit seiner Hand segnete und die Konsekrationsworte sprach, bewegte sich diese Hand auch segnend und ich sah sie erst verschwinden, als alle auseinander gingen.

Ich sah nicht, dass Petrus diese Hand auch sah. Nach der Konsekration nahm Petrus zuerst einen Bissen und füllte das Gefäß, welches so weit war, dass viele Bissen übereinander liegen konnten, mit dem Heiligsten Sakrament. Nun nahten die anwesenden Apostel und empfingen es aus seiner Hand in den Mund, dann nahten die anderen Anwesenden und empfingen das Heiligste

Sakrament wie das vorige Mal. Das geleerte Gefäß füllte Petrus wieder von dem Teller des Altars und fuhr fort.

Weil der Raum des Saales nicht alle fasste und viele Leute draußen standen, gingen die Ersten nach dem Empfang hinaus und die anderen traten herein. Die Empfangenden knieten nicht, sie standen ehrerbietig gebeugt bei dem Empfang. Als die Letzten hinaus gingen, kamen die Ersten wieder herein. Da Petrus den Wein konsekrierte, betete er nicht so lange dabei, wie das erste Mal; ich sah ihn leuchtende Worte darüber sprechen. Er trank sodann und reichte den Aposteln zu trinken. Die Apostel reichten nun den Kelch noch den anderen.

Unterhandlungen wegen Wohnplätzen der neuen Gemeinde

Ich sah heute noch die Apostel mit den jüdischen Vorgesetzten wegen Wohnplätzen der neuen Anhänger unterhandeln; denn die Juden wollten sie von den Ihrigen getrennt. Es war Nikodemus, Joseph von Arimathäa, Simeons Sohn Eliud, Nathanael und noch etwa drei andere, den Juden bekanntere, welche in einen Saal über dem Tor des Frauenvorhofes gingen, wo etwa zwanzig jüdische Vorgesetzte saßen. Es wurden ihnen drei Plätze außerhalb der Stadt, von den gewöhnlichen Wegen entfernt, angewiesen, eine Stelle zwischen Bethanien und Bethphage abendlich von Bethanien, wo einige Hütten und Schuppen waren und zwei Plätze mittäglich von Bethanien, auch vom Wege abgelegen; dagegen mussten die Jünger die Herberge vor Bethanien am Wege räumen und sollten sich auch nicht mehr vor Jerusalem in der Herberge gegen Bethlehem, wo Maria vor der Reinigung im Tempel weilte, ansiedeln noch aufhalten.

Ich sah, wie die Vorgesetzten ihnen die Gegenden vom Tempel aus zeigten und wie sie der Gemeinde die Nachricht brachten und einige Scharen dahin zogen.

22. Mai: Petrus, Johannes und andere Apostel sind heute zu den Leuten gegangen, welche sich an den angewiesenen Plätzen niederlassen. Es wurde allerlei Bedarf auf Eseln hingetragen, auch

Wasser in Schläuchen an den einen Ort zwischen Bethanien und Bethphage, wo kein Wasser ist. Sie graben aber einen Brunnen.

Nathanael wurde nach Thänath-Silo, den Herbergsort gesandt, wo die Apostel zuletzt heilten, als sie von Sichar zurückkamen; er geht auch nach dem Ort, wo Jesus die zehn Aussätzigen geheilt hat.

Maria ist mit Magdalena und Martha zu Bethanien im Haus des Lazarus, denn Marthas und Magdalenas Wohnungen sind schon an die Neubekehrten gegeben. Lazarus ist noch im Abendmahlshaus, auch Nikodemus und Joseph von Arimathäa. Lazarus ist beschäftigt, all sein Hab und Gut für die Gemeinde zu verteilen. Sein Vermögen war der rechte Grund zum Emporkommen der Gemeinde. Wer hat mehr getan als er? Er war so reich und wurde arm wie ein Bettler, nachher in einem schlechten Boot auf dem Meer ausgesetzt! Außerdem sah ich fortwährend austeilen und bauen.

Der Schatten Petri heilt

23. Mai: Heute am Morgen gingen Petrus, Johannes und die übrigen sieben Apostel, Matthias, Thomas und Philippus waren vor einigen Tagen ausgesendet worden, nach dem Tempel. Es waren sehr viele Kranke schon auf dem Wege vor der Stadt im Tal Josaphat auf Tragbetten unter Zelte gelegt, viele lagen auch um den Tempel im Vorhof der Heiden und bis zur Treppe des Tempels. Ich sah besonders Petrus heilen, die anderen taten es zwar auch, sie halfen jedoch mehr. Petrus heilte nur die, welche glaubten und sich der Gemeinde anschließen wollten.

Ich sah, wo die Reihe der Kranken doppelt lag, Petri Schatten auf die gegenüber liegenden Kranken fallen, während er heilte, und sie durch seinen Willen mitgenesen. Viele wies er ab. Er lehrte im Tempel rechts, dem Opferaltar gegenüber, und dann auch links, wenn man in den Tempel trat, auf einem durch Stufen erhöhten Platz in der Seitenhalle. Es hinderte sie niemand, das Volk hing sehr an ihnen.

Ich sah abends viele Neubekehrte zum Abendmahlshaus kommen. Es war auch ein wohlhabender alter Jude von Bethanien darunter, mit Simon dem Aussätzigen verwandt; er hieß Ananias, seine Frau Saphira, er hatte auch Söhne.

Maria war bei den Schwestern des Lazarus in Bethanien, vermutlich weil Lazarus, Nikodemus und Joseph von Arimathäa ihre Wohnung am Abendmahlshaus eingenommen hatten. Es war eine große Tätigkeit in Bethanien um des Lazarus Wohnung mit allerhand Weben, Flechten und Zubereiten.

Der Jünger Quadratus[68]

Ich sah auch den künftigen Jünger Quadratus, der jetzt noch ein Knabe ist, mit dem etwas älteren Simeon, dem Kind der Maria Kleophä aus zweiter Ehe, im Hof und Garten bei des Lazarus Haus herum spielen mit Pflanzen und Stöckchen. Ich sah, dass sein Vater und seine Mutter, von einem der ärmeren Christen als Diener begleitet, nach ihrer Heimat zurückgereist waren, um das Ihrige zu veräußern. Sie hatten sich nach ihrer Ankunft in Galiläa zwischen dem Ort, wo Jesus die Teufel in die Schweine getrieben und Pella, wo Judas sich früher aufgehalten, niedergelassen. Sie hatten Haus und Vieh und Knechte. So zogen noch mehrere nach Hause, um das Ihrige zu verkaufen.

(Durch eine Reliquie des heiligen Quadratus, welche sich in ihrer Nähe befand, angeregt, erzählte Anna Katharina noch folgendes:) «Quadratus war mit mir in Jerusalem und hat mir alles gezeigt und erklärt, was ich so täglich dort sehe. Ich war mit ihm am Teich Bethesda, im Abendmahlshaus, im Tempel, in Bethanien und an den drei Orten, wo die Neubekehrten sich ansiedelten. Da ich immer meine, alles, was ich sehe, sei Einbildung, so fragte ich den Quadratus, ob es wirklich so sei und da zeigte er mir alles, wie ich es immer sehe, und ich sah es, obschon viel deutlicher als sonst, doch gerade eben so. Er trug um sein langes weißes Gewand einen Gürtel mit Buchstaben und eine Stola und sagte mir: «Sieh, zwischen allem diesem lief ich als ein Knabe so mit herum.» Ich fragte ihn, warum denn schier gar nichts von dem allem aufgeschrieben worden sei. Und er ist doch recht gut, er antwortet mir auf jede Frage! Er sagte: «Die Apostel haben damals keinen anderen Gedanken gehabt, als die Herzen der Menschen zum Glauben zu bewegen; die folgenden schrieben nur die Hauptwunder auf und alles andere von diesen Ereignissen ist über so viel tausend Zungen gegangen, dass es für die, welche es etwa hätten aufschreiben wollen, so widersprechend erzählt wurde, dass sie das Wahre nicht vom Falschen unterscheiden konnten und es darum unterließen. Vieles aber war Geheimnis.»

Ich erfuhr dabei auch, dass Quadratus viele Gesichte und Weissagungen gehabt hat. Er ist im Bistum des Simeon von Jerusalem umgekommen. Das Bild, in welchem er mich begleitete, war kein anderes als das der Apostelgeschichte.

24. Mai: Heute waren Petrus und die anderen Apostel in Bethanien; Lazarus, Nikodemus und Joseph von Arimathäa gingen dahin zurück und Maria kam wieder in das Abendmahlshaus.

Am Abend kamen die Apostel nach Jerusalem und es waren viele Kranke bei dem Abendmahlshaus, welche alle Heilung verlangten. Petrus sandte sie nach dem Tempel, weil er alles öffentlich und im Namen Jesu tun wollte. Er legte hierauf seine Priesterkleider an und begab sich mit den Aposteln in den Tempel, wo er viele heilte und lehrte. Er kam erst spät nach dem Abendmahlshaus zurück und stellte die Geheilten und Neubekehrten der heiligen Jungfrau vor, welche sie segnete.

Danach hielt Petrus eine Rede an die Neubekehrten, welche in der Vorhalle standen. – Am Morgen mussten sie sich zurückziehen, da Petrus vor den Aposteln, Maria und etwa fünfzehn Jüngern die Messe las und diesen die heilige Kommunion reichte. Ich war an den drei Ansiedlungsorten der Neubekehrten. Sie waren noch beschäftigt, eine leichte Art von Zelthäusern aufzurichten, oben flach mit geflochtenen Wänden. Die Wohnungen der Frauen waren abgesondert. In der Mitte der Hütten ist ein größeres Zelt, wohin sie ihre gemeinsamen Vorräte bringen und wo zugleich ein Jünger wohnt, der ihnen zum Beistand dient. Die drei Gruppen bestehen aus Leuten von Arimathäa, von Samaria und aus Fremdlingen aus den Gegenden der Heiligen Drei Könige. Die ersten wohnen zwischen Bethanien und Bethphage; sie haben einen Brunnen gegraben und das Wasser ist ihnen entgegen gesprungen. Der ihnen vorstehende Jünger ist nachher mit Thaddäus in Edessa bei dem Könige Abgar gewesen und dort lange als Bischof geblieben.

Bei den Samaritern ist ein schon alter Jünger, mit Namen Aminadab, ein Vetter der Johanna Chusa. Bei den Fremden aus Asien ist Eliud, der junge Jünger, der mit Jesus zu den Drei Königen gereist war. Er ist ihr Landsmann.

25. und 26. Mai:

Ananias brachte in das Abendmahlshaus allerlei Tuchwerk, Schafe und Esel als Gabe und verlangte die Taufe; seine Frau war noch nicht da. – Die Gemeinde ist fast schon wie eine Stadt. Die Juden werden wieder unruhig. Ich sah Petrus heute früh kurze Zeit im Tempel, dann wurde getauft. Sie halten den Sabbat nicht streng, sie heilen und taufen.

27. Mai: Heute sah ich den Tod des Ananias im Abendmahlshaus. Ein anderer Mann trug ihm den Beutel mit dem Preis seines verkauften Ackers nach. Die Münzen waren nicht rund. Er hatte mit Vorwissen seiner Frau Saphira etwas von dem Geld für sich zurückbehalten. Als er nun im Hof vor dem Abendmahlshaus, wo Petrus mit den Aposteln und allen Neubekehrten stand, den Beutel zu Füßen von Petrus niederlegte, redete dieser ihn an und Ananias fiel tot nieder. Die, welche ihn wegtrugen, waren Diener, solche halbgekleidete Leute wie jene, die den Altar in die Bethesda-Kirche brachten. Saphira kam ein paar Stunden nachher und starb auch. Beide waren noch nicht getauft und wurden in ihren Kleidern begraben. Ich war um ihre Seelen so bange, aber sie sind nicht verloren; sie starben als Beispiel.

Von Barnabas sah ich bei Gelegenheit des Ananias, dass er Geld von seinem Gut brachte, das er früher schon in Cypern hatte verkaufen lassen; aber da es andere in Nutznießung hatten, konnte er erst jetzt den Preis empfangen.

(Sie sagt später im ekstatischen Schlummer: «Sieh! Da kommt nun doch auch der Mann von Kapharnaum, in dessen Haus Jesus immer gewohnt hat, und lässt sich mit allen seinen Leuten zur Gemeinde aufnehmen! Früher hatten ihn die Pharisäer abgehalten. Der Mann heißt Levi.»

Bemerkung: Mit Ende Mai 1821 wurden die Mitteilungen Anna Katharinas über die Apostelgeschichte immer spärlicher, denn ihre diesbezüglichen Gesichte traten vor der täglichen Anschauung des Anfanges des heiligsten Lehrwandels Jesu Christi mehr und mehr zurück. Die folgenden dürftigen Bruchstücke sind das Einzige, was der Pilger aus der Apostelgeschichte noch aufzeichnen konnte.)

Die Wahl der sieben Diakone

13. Juni: Ich hatte heute wieder einen Blick auf die Apostel. Petrus und die anderen waren nach den letzten Verfolgungen abermals in Judäa lehrend zerstreut gewesen. Unterdessen waren Beschwerden von Witwen und Armen über Verteilung der Almosen eingegangen. Das Abendmahlshaus war verschlossen gewesen und die heilige Jungfrau Maria lebte zu Bethanien in Marthas Haus. Nur Jakobus der Jüngere und einige Jünger waren zu Jerusalem und bei der Bethesda-Kirche geblieben.

Ich sah nun alle Apostel wieder in Jerusalem im Abendmahlshaus und wie sie sich dem Petrus in einer feierlichen Handlung unterwarfen. Sie führten ihn aus ihrem Kreis in das Heiligste, dort legte ihm Johannes den Festmantel um, andere reichten ihm den Stab und setzten ihm die Mütze feierlich auf, und dann empfingen alle das Abendmahl von ihm.

Nach dieser Handlung sah ich, dass Petrus in seinem Ornat in der Vorhalle, von den Aposteln umgeben, eine große Schar von Jüngern und Neubekehrten anredete, welche dort hinberufen worden waren, um eine neue Anordnung wegen der Klagen über die Verwaltung des Almosens zu vernehmen. Ich hörte ihn unter anderem sagen, dass es nicht schicklich sei, wegen der Sorge für Nahrung und Kleidung das Wort Gottes zu vernachlässigen.

So könnten Lazarus, Nikodemus und Joseph von Arimathäa nicht ferner mit Schicklichkeit, wie bisher, den irdischen Gütern der Gemeinde vorstehen, weil sie Priester geworden seien. Er sprach hierauf noch einiges von der Ordnung des Almosens, vom Haushalt, von Witwen und Waisen.

Ich sah da, dass Stephanus, ein schöner und schlanker Jüngling, hervortrat und sich selbst zur Hilfe anbot. Ich erkannte unter den

Übrigen auch den Parmenas, der einer der älteren war. Es waren aber auch Mohren dabei, welche noch sehr jung waren und den Heiligen Geist noch nicht empfangen hatten.

Ich sah dann, dass Petrus ihnen allen die Hände auflegte und die Stola quer unter den Arm umlegte und dass auf jene, auf welche der Heilige Geist noch nicht gekommen war, sich dabei ein Licht ergoss. Den Saulus sah ich auch in Jerusalem schon sehr tätig. Er lenkte den ganzen Grimm der Juden; ich sah ihn mit einer unglaublichen Wut und Überzeugung des Rechtes herumlaufen und hetzen. Er kannte viele Jünger und suchte sie geradezu auf und stritt mit ihnen. Auch suchte er die neue Ansiedlung auf alle Weise zu stören und zu verderben.

14. und 15. Juni:

Ich sah, dass der Schatz und Vorrat der Gemeinde den sieben Diakonen übergeben wurde und dass ihnen das Haus des Joseph von Arimathäa, nicht weit vom Hause des Johannes Markus, dazu angewiesen wurde. Ich sah Johannes Markus auch beschäftigt, ihnen dabei zu helfen. Die Vorräte wurden auf Eseln herbei getragen. Sie bestanden in Beuteln mit verschiedenen Sorten von Geld; einiges war wie Stengelchen in Schrauben gedreht, anderes wie gestempelte Bleche an Kettchen zusammenhängend und anderes in ovalen Blättchen. Der meiste Vorrat bestand in großen Packen von Zeug, Decken, Kleidern, auch sehr vielen Gefäßen und Geräten zur einfachen Haushaltung.

Saulus agitierte sehr heftig, er wiegelte die Sadduzäer auf. Ich sah ihn von einem zum anderen gehen und sie mussten ihm die Hand zur Bestätigung irgendeines Vorhabens reichen. Er war besonders erbittert, weil Simon Magus zu Samaria sich zu den Jüngern bekehrt hatte. Doch dieser blieb nicht treu.

Am Tag, der auf die Übergabe des Hauses von Joseph von Arimathäa an die Diakone folgte, sah ich die Apostel sich in Judäa verteilen. Simon von Samaria war wieder abgefallen und nach Jerusalem zu Saulus gekommen, dessen Grimm immer größer wurde. Simon hatte alles Wesen der Apostel gesehen und verriet sie schändlich. Saulus ließ sich Briefe von den Priestern geben und zog wie ein Bevollmächtigter hinaus an verschiedene Orte, um die Christen zu verfolgen. Die Apostel hatten mit den Orten gewechselt, wo sie zuerst gewesen. Das erste Mal war jeder in die Gegend seiner Heimat gezogen. Ich erinnere mich nur noch, dass diesmal Zachäus gen Kedar, Thaddäus in das Vaterland von Bartholomäus, Thomas nach Samaria und Johannes bis gen Ephesus zog. Auch an der ägyptischen Grenze, in dem Ort, der von frommen Flüchtlingen in der Zeit der Makkabäer gebaut worden ist, war einer. Petrus war zwischen Joppe und Lydda in einem Ort, oder einer Gegend bei Sarona. Er hatte Silvanus, den Jünger aus Sichar, bei sich. Petrus tat mehr Wunder als die anderen. Er trieb Teufel aus und erweckte Tote, ja ich sah, dass ein Engel vor ihm zu den Leuten ging und ihnen sagte, sie sollten Buße tun und Petrus um Hilfe ansprechen.

Der Hauptmann Cornelius hörte auch schon von ihm, aber bekehrte sich damals noch nicht. Vor der Steinigung des Stephanus kommen sie alle noch einmal in Jerusalem zusammen und wenn sie sich dann wieder verteilen, kommt Petrus hierher zurück und dann wird die Bekehrung des Cornelius sein. Jakob der Jüngere ist in Jerusalem geblieben, denn die Bethesda-Kirche haben sie noch inne. Maria und alle Frauen, selbst Veronika, waren in Bethanien.

Petrus schlichtet Streitigkeiten

25. Juni: Es war eine Unzufriedenheit wegen der Almosen. Die Diakone ließen an drei Orten austeilen: vor dem Abendmahlshaus, in Bethanien und an dem Herbergsplatz gegen Bethlehem zu, wo die Heiligen Drei Könige das letzte Mal vor Bethlehem gerastet hatten. An dieser Stelle hatten sich Fremde von der Gemeinde angesiedelt. Hier war es, wo sich die Klage und Uneinigkeit erhob, ich meine, über verschimmeltes Brot oder Mehl; die Leute hatten aber doch nicht ganz Recht bei der Sache. Die Diakone sandten auch deswegen an Petrus. Es wurden kleine feinere Brötchen seltener, größere dünn in der Asche gebacken, öfters ausgeteilt, auch Honigwaben, Stoffe zu Kleidern, Hausgeräte.

1. Juli: Ich sah Petrus von Sarona aus der Gegend von Joppe nach Jerusalem zurückkommen mit noch einem Apostel, ich meine

Andreas, der in der letzten Zeit dort bei ihm war. Auch Thomas, der in Samaria war, ist mit einem Gefährten, ich meine Philippus, und mehreren anderen von dort zurückgekommen. Sie kamen, um Streitigkeiten zu schlichten. Stephanus und die anderen Diakone hatten nach ihnen gesendet.

Es war bei Bethzur an der Straße nach Bethlehem, wo die Drei Könige zuletzt gerastet hatten, ein Ansiedlungsort Neubekehrter, meist heidnischer Frauen.

Saulus, der überall herum Uneinigkeit stiftete, hatte bei ihnen Missvergnügen mit den Almosen bemerkt und sie aufgewiegelt. Sie hatten die Diakone bei den ehemaligen Armenpflegern und Nikodemus verklagt, und da diese ihnen Unrecht gaben, waren sie durch Saulus an Gamaliel und den Priesterrat gekommen.

Sie klagten, dass sie betrogen und zurückgesetzt seien, begehrten Hilfe und Schutz. Ich sah nun, dass Stephanus vor die Priester in den Tempel gerufen wurde. Er wurde in einem Hof ganz ohne Beistand von vielen Pharisäern und tobenden Juden beschuldigt und befragt. Er war ganz allein und verteidigte sich ernst und schön und wurde wieder frei entlassen.

Ich sah aber Petrus und mehrere andere Apostel im Abendmahlshaus ankommen. Die Klagenden wurden dahin beschieden und da wurde die Sache geschlichtet.

Es wurden viele von der Gemeinde abgesondert und zu anderen Wohnungen geführt. Es hatten sich neulich bei der Wahl der Diakone die Apostel dem Petrus in einer feierlichen Handlung unterworfen, wo ich sah, dass sie ihn im Saal aus ihrem Kreis führten, dass Johannes ihm den Mantel umlegte, dass sie ihm den Stab, die Mütze feierlich aufsetzten, dass alle das Heiligste Sakrament von ihm empfingen.

4. Juli: Ich sah die Apostel bis auf Jakobus den Jüngeren wieder auseinandergehen. Petrus war über Samaria wieder nach Sarona bei Joppe gezogen und Andreas war bei ihm. Alle waren nach den Grenzpunkten und nach Samaria, wo die Juden nichts ausrichten konnten, gesendet.

Nur in einer Gegend sah ich sie niemals, es muss dies eine ganz heidnische Gegend gewesen sein; die Leute von dort kamen zwar viel nach Jerusalem, aber aus Neugierde.

(Am 16. Juli erzählte Anna Katharina im Gesichte:)

Ich sehe ein Getümmel in Jerusalem. Stephanus hat in einer Halle vor dem Tempel so heftig geredet und sie haben ihn gefangengesetzt; er ist aber nicht in einem Kerker, sondern in einem Gemach bei den Tempelgebäuden. Der böse Kerl von Samaria (Simon Magus), der abgefallen ist, ist in der Stadt und hetzt mit Saulus alles gegen die Gemeinde auf.

Die Christen sind in großer Bedrängnis. Viele von den Aposteln sind weit entfernt, sie haben sie rufen lassen. Die Juden zerstören die Häuser der Christen auch auf den Plätzen, welche sie ihnen selbst angewiesen haben. Die Christen von dem Ort gegen Bethlehem zu, wo sich die Klage wegen des schimmligen Brotes erhob, ziehen nach Salem, wo Johannes getauft hat. Sie bauen dort Hütten und eine Kapelle; sie haben einen Priester und das Heiligste Sakrament in einer Kapsel bei sich.

Diese Kapelle ist später zerstört worden, aber ich sah, als der Apostel Johannes nach dem Tod Marias in Ephesus zum letzten Mal vor seinem Tod die Gläubigen in Jerusalem besuchte, dass die Gläubigen dort wieder eine Kirche hatten, und zwar ganz nach der Art, wie jene im Hause Marias zu Ephesus.

Die Verfolgung wurde dadurch verursacht, dass Petrus, von Samaria gegen Joppe zu reisend, unterwegs viele Menschen getauft hatte und auch einen Mann, worüber viel Lärm in Jerusalem entstanden war. Stephanus verteidigte das so heftig, dass man ihn einsperrte. Die bestürzte Gemeinde ließ den Petrus und andere zurückrufen.

4. August: Ich sah in Jerusalem Saulus wieder sehr herumlaufen und vom Synedrium je zwei Abgeordnete zu den christlichen Ansiedlungen senden, die etwas begehrten, worüber die Christen sehr bedrängt wurden. Ich sah, dass sie deswegen Boten nach den Aposteln sendeten.

Thomas war in Samaria und Petrus bei Joppe. Ich sah, dass Stephanus zu den Juden gerufen wurde. Die Apostel kamen nun angereist. Es waren wenige in Jerusalem, Jakob der Jüngere war da, Nikodemus nicht, Joseph von Arimathäa war in Bethanien.

VIERZEHNTES KAPITEL

Bilder aus dem Leben der heiligen Apostel und anderer heiliger Zeitgenossen des Herrn

(Die hier folgenden Bilder sind aus den Anschauungen zusammengestellt, wie solche entweder an den Kirchenfesten der betreffenden Heiligen der Anna Katharina alljährlich geboten wurden; oder wie sie dieselben durch Reliquien empfing, die in ihre Nähe gebracht wurden. Es muss bemerkt werden, dass sie bei diesen Veranlassungen immer das ganze Leben eines Heiligen zu schauen bekam, aber nicht in einzelnen, nach bestimmten Zeitabschnitten wechselnden Bildern, sondern in großen, das ganze Leben in einem Rahmen umspannenden und darum zeitlosen Gesichten.

Aus diesen Anschauungen pflegte sie jedesmal so viel zu erzählen, als sie je nach ihrer Lage im Stande war. Sie glich aber hierin einem Kind, das vor einem großen Gemälde steht, seinen Inhalt zwar wohl empfindet und versteht, weil es in ihn wie hineingezogen ist, aber ihn nur schwer zergliedern und einem anderen, der das Bild nicht auch sieht, beschreiben kann.

Sie griff Einzelheiten heraus und erzählte sie, ohne eine historische Aufeinanderfolge der Begebenheiten angeben oder festhalten zu können; das letztere war ihr nur dann möglich, wenn in einem Bild ihr zugleich auch die Zahlen gezeigt wurden, was aber nicht immer geschah.

Da jährlich dieselben Bilder nach dem Kirchenkalender wiederkehrten, konnte der Pilger von Einzelnen mehrfache Aufzeichnungen machen, die sich gegenseitig ergänzten. Der Herausgeber hat aus allen Jahrgängen der Tagebücher die Äußerungen zusammengelesen und nur Wiederholungen oder Ungenauigkeiten, die aus der Unvollständigkeit der Mitteilung entstanden waren, ausgeschieden. Manche Leser werden sich überrascht finden, in einzelnen Lebensbildern der heiligen Apostel Tatsachen zu begegnen, welche durch die Reinheit und Lauterkeit, in welcher sie von Anna Katharina geschaut und erzählt wurden, den Grad der Irrung oder Fälschung bemessen lassen, die ihnen in den apokryphen Akten eines Abdias zuteil geworden ist.)

Die hl. Anna, Maria Heli, Maria Kleophä und deren Familien

(Anna Katharina hatte schon öfters eine namenlose Reliquie aus einem alten Kreuz ihres ehemaligen Klosters als ein Gebein von Maria Kleophä bezeichnet. Der Pilger nahm ihr eines Tages unbewusst die Reliquie aus dem Kreuz, wickelte sie in eine andere Umhüllung und reichte sie so Anna Katharina dar. Sie empfing dieselbe, da sie eben mit anderen Dingen beschäftigt war, sagte aber bald: «Das muss ein sehr altes Gebein sein, noch älter als Jesus und von Leuten, die mit ihm umgegangen sind.»

Während der folgenden Nacht behielt sie die Reliquie bei sich und erzählte tags darauf dem Pilger: «Es ist dies ein Gebein von Maria Kleophä. Sie ist mir deutlicher als je erschienen und hat mir gesagt: ‹Das ist Bein von meinem Bein.›»)

Ich sah wiederum, dass Anna mit Joachim im Anfang ihrer Ehe, etwa zwanzig Jahre vor der Geburt der allerseligsten Jungfrau, eine Tochter, Maria Heli genannt, hatte, welche nicht das Kind der Verheißung und darum von ihnen etwas zurückgesetzt war. Sie ließen das Kind bei seinen Großeltern in Sephoris und begannen bei Nazaret ein neues Leben der Buße und Absonderung.

Auch Anna selbst ist ein Kind nach langer Unfruchtbarkeit gewesen und lange erfleht und von den Essenern ihrer Mutter prophetisch verheißen worden. In ihrem vierten Jahr wurde sie in den Tempel gebracht. Ich sah sie nach dem Tod ihrer Mutter zurückkommen und dem Vater die Haushaltung führen. Es war ein kleiner Schwestersohn namens Eliud im Haus, den Anna erzog und der nachher der Mann der Witwe von Naim geworden ist.

Anna hatte an die sechs Freier, welche sie nach den Prophezeiungen der alten Essener alle ablehnen musste, um Joachim zu heiraten, welcher der Vater Marias werden sollte. Anna war ungefähr zwanzig Jahre alt, als sie heiratete; ihre Schwester, die Mutter Eliuds, war wohl achtzehn Jahre älter.

Die erste Tochter, welche Anna gebar, machte ihr einen betrübenden Eindruck, sie hatte die angegebenen Zeichen nicht, war also nicht das Kind der Verheißung. Anna hatte zu früh geboren und war dadurch sehr bekümmert, denn sie hielt dies für eine Strafe Gottes. Eine ihrer Mägde hatte sich vergangen, worüber Anna sich sehr ängstigte, dass solche Schmach unter ihrem Gesinde geschehen sei. Sie verwies der Magd so streng ihr Vergehen, dass diese zu früh und unglücklich gebar. Darüber wurde Anna untröstlich und kam nun in denselben Fall; doch blieb ihr Kind am Leben. Nach dieser Geburt war Anna so lange unfruchtbar, dass man schmähte, jene Tochter sei gar nicht ihre Tochter und dass sie so in die Schmach der Unfruchtbarkeit kam, die ihr auch einmal eine Magd nebst jener Unglücksgeschichte vorwarf. Da erflehte sie in ihrer Betrübnis die allerseligste Jungfrau.

Als der Heiland von Maria geboren wurde, hatte Anna von ihrem zweiten Mann, der Eliud hieß und am Tempel beschäftigt war, wo er mit Opfertieren zu tun hatte, eine Tochter, die auch Maria hieß und damals schon gegen acht Jahre alt sein mochte.

Mit dem dritten Mann hatte Anna einen Sohn, der auch Bruder Christi genannt wurde. Es war mit der mehrmaligen Ehe Annas ein Geheimnis verbunden. Sie tat es auf göttlichen Befehl. Die Gnade, aus der sie mit Maria fruchtbar geworden, war noch nicht erschöpft. Es war, als ob ein Segen verzehrt werden müsste.[69]

Als Maria Heli ungefähr sechzehn Jahre alt war, wurde sie mit Kleophas, einem der Oberhirten Joachims, verheiratet. Dieser brachte in die Ehe eine uneheliche Tochter mit, Anna Kleophä genannt, welche später als Witwe zu Martha kam und drei Söhne hatte, zu welchen der Jünger des Herrn, Nathanael oder der kleine Kleophas gehört.

Maria Heli gebar ihrem Mann Kleophas drei Söhne, die späteren Johannesjünger Jakob, Sadoch, Heliachim[70] und eine Tochter Maria, welche Maria Kleophä genannt ist.

Vier Jahre nach der Geburt dieser Enkelin wurde von Anna die allerseligste Jungfrau geboren, welche ich als Kind mit Maria

Kleophä, ihrer älteren Nichte, auch heute nacht wieder spielen sah. Während die Jungfrau Maria am Tempel in Jerusalem lebte, heiratete Maria Kleophä einen Hirten des Joachim mit Namen Alphäus, der nicht mehr jung war, mindestens in den Dreißigern. Er war ein Witwer und hatte aus seiner ersten Ehe einen Sohn, den späteren Apostel Matthäus, und eine Tochter, Maria, die einen Unterzollner bei Chorazin heiratete. Dieser verließ sogleich sein Amt, als er die Johannestaufe erhalten hatte, und begab sich zur Fischerei bei Petrus. Er war auch in den Schiffen, als Jesus dahin kam.

Ich habe heute nacht die Hochzeit des Alphäus mit Maria Kleophä gesehen. Sie war in einem kleinen Ort nicht weit von Nazaret, wo Vater und Mutter der Braut wohnten. Die Hochzeit war wohl so groß wie die zu Kana. Ich sah unter anderen auf dieser Hochzeit den Vater des Alphäus, ein kleines, gebücktes, altes Männchen mit langem Bart, aus der Gegend von Bethlehem. Er hieß Solano oder Solama oder Sulama, was ich nicht mehr recht weiß. Ich hatte einen Blick von diesem Solana nach Bethlehem und sah ihn in der Gegend von Bethlehem auf einem Gütchen, welches ursprünglich zu dem Haus und Gut gehörte, worin Josephs Eltern gewohnt hatten, und ich sah den Stamm Solanas hinauf bis zu Abrahams Zeiten und sah dieses Geschlecht immerfort neben dem Stamm Jesu nach seiner Menschheit aus Seitenästen und Seitenastzweigen entwickelt, und sah es nie in den Stamm selbst eintretend, sondern immer in einem untergeordneten, dienenden Verhältnis.

Ich sah aber Abraham neben seiner Hütte auf einem Hügel kniend, und an der anderen Seite dieses Hügels sah ich die Hütte des Stammvaters dieses Geschlechts, eines treuen und vertrautesten Dieners von Abraham. Er kniete auch und betete; Abraham betete für Sodom und für Loth, und ich sah in der Ferne Gefahr über Sodom.

Der Mann aber war der Vater von Eliezer, dem Diener Abrahams, der ihm die Hand in die Hüfte legen und schwören musste, eine Frau für Isaak zu holen aus Abrahams Vaterland.

Dieses Geschlecht nun war immer mit Seitenzweigen des zweiten und dritten Grades aus dem Stamm Jesu verbunden und immer in Feld und Acker und Besitz untertänig und abhängig. Dass aber der Stammvater dieses Geschlechts dem Abraham, als Loth sich von diesem trennte, so getreu war und bei Abraham blieb, das belohnte sich wieder in Alphäus, der ebenso zu Joachim stand wie der Altvater zu Abraham. Und so kamen die Söhne des Alphäus im geistlichen Sinn zu Jesus zu stehen als seine Boten und Hirten und Gewalthaber der geistlichen Herde.

(Es ist nicht zu beschreiben, wie wunderbar Anna Katharina solche Geschlechtslinien und Familien-Verzweigungen durch Jahrtausende hindurch sieht; aber sie sieht sie und sieht sie bildlich in Gestalt eines Baumes, und sieht den Mittelstamm als den rechten. – Sie wusste auch, welcher Ast es war, der hier die Verwandtschaft mit Abrahm machte; aber sie malt das mit dem Finger auf ihre Bettdecke und wenn sie mit dem Finger eine Stelle bezeichnet hat und dann wieder davon spricht, so setzt sie den Finger woanders hin und meint, weil sie es sieht, müsse man es auch sehen. Versteht man dann ihre Erklärung nicht, obschon es platterdings unmöglich ist, so wird sie leicht betrübt und meint, die Ursache sei, dass man kein Priester sei.)

Alphäus war ein sehr arbeitsamer und dienstwilliger Mann. Der erste Sohn war Judas Thaddäus, etwas älter als Christus, dann Simon Chananäus. Dieser war schlank und hatte in seinem Aussehen etwas von Johannes. Hierauf kam eine Tochter, die auch den Namen Maria führte.

Sie wurde an einen Tempeldiener von den Vierundzwanzig, welchen die Reinigung der Blutgeschirre oblag, namens David, verheiratet und wohnte zu Jerusalem. Ihr Mann wohnte in einem Haus am Tempel und durfte nur an gewissen Zeiten acht Tage bei seiner Frau sein, währenddem ein anderer seinen Dienst tun musste. Ehe er zum Dienst zurückkam, musste er sich Reinigungen unterwerfen. Er war ein sehr frommer Jude, aber ein ganz strenger Beobachter des Gesetzes und ärgerte sich an dem, was ihm unregelmäßig vorkam im Wandel Jesu und der Jünger. Er war mit Nikodemus bekannt, durch welchen er berufen, überzeugt und zur Gemeinde gebracht wurde. Maria, seine Frau, schloss sich schon früher an. Ich sah sie und ihre Halbschwester oft bei den heiligen Frauen; ich sah sie auch als eine Dienerin der heiligen Jungfrau Maria in der Zeit ihrer Bedrängnis.

Das vierte Kind der Maria Kleophä von Alphäus war Jakobus der Jüngere. Er war sehr schön und hatte eine große Ähnlichkeit mit Jesus und hieß darum mehr als seine Brüder Bruder des Herrn. Er war jünger als Jesus und war bei der Kreuzigung etwa fünfundzwanzig Jahre alt. Alphäus starb vierzehn Jahre vor dem Tod des Herrn.

Nach ihm hatte Maria Kleophä den Sabas zum Mann, dem sie den Joses Barsabas gebar. Dieser wurde zum Bischof von Eleutheropolis geweiht und war auch bei dem Tod Marias an der Stelle des gemarterten Jakobus des Älteren. Als Bischof weihte er die Söhne der Verwandten Jesu in Niedersephoris zu Priestern.

Er hat in seiner Gemeinde erstaunlich viel gelitten, da er gar keinen Schutz gegen die Juden hatte. Er starb an einem Baum gekreuzigt. Sein Vater war mit den Leuten in Niedersephoris verwandt, welche ihre Söhne Jesus empfahlen; darum sprachen sie damals auch von ihm. Er ist nach dem Tod Marias viel mit Paulus gewesen, auch mit ihm nach Ephesus gekommen, hat ihm alles von Marias Tod erzählt und ihn in ihr Haus und an ihr Grab geführt. – Ehe er Bischof wurde, war er noch eine Zeit in Jerusalem bei seinem Halbbruder Jakobus dem Jüngeren, der ihn noch in vielem unterrichtete.

Der dritte Mann der Maria Kleophä hieß Jonas. Er war der Bruder von Petrus' Frau und ist der Vater des Simeon, der Bischof von Jerusalem wurde. – Von diesem Simeon erzählte Anna Katharina am 18. Februar 1821. Er war der zweite Bischof zu Jerusalem und ist sehr alt gekreuzigt worden. Er war ein Verwandter Jesu.

Er hat noch einen Namen gehabt, Justus, und ist in der Jugend Simeon genannt worden. Dieser Simeon ist ein Sohn der Maria Kleophä, welche eine Tochter der älteren Schwester der Mutter Jesu und ihres Mannes Kleophas ist. Er war bei der Kreuzigung Christi ungefähr zehn Jahre alt. Seine Mutter Maria Kleophä starb fünf Jahre nach der Kreuzigung im Elend.[71] Ich sah sie in der Gegend herumirren, wo Magdalena ihre Höhle hatte, solange sie noch im Gelobten Land war.

Simeon war in seiner Jugend bald bei diesem bald bei jenem Jünger, er hatte keine rechte bleibende Stätte. Ich hatte noch, er sei im Kreuz aufgewachsen und am Kreuz gestorben. Zur Zeit des Todes seiner Mutter war er bei dem Jünger Selam.

Er wurde nicht gleich nach der Steinigung Jakobus' des Jüngeren Bischof; es war in der längeren Zwischenzeit ein Stellvertreter. Bei Jakobus' Steinigung war ein Tumult, denn seine Anhänger widersetzten sich und drei Jünger wurden erschlagen, unter denen sich ein Sohn des alten Simeon befand, der bei Jesu Opferung prophezeit hatte.

Über die dreimalige Verehelichung der Mutter Anna

(An die vorstehende so sehr bedeutsame Mitteilung, welche über die bisher in der Exegese so viel besprochene Frage nach «den Brüdern und Schwestern des Herrn» um so dankenswertere Aufschlüsse gibt, als die Anna Katharina nicht bloß das ein oder andere Mal, sondern oft und immer mit derselben Klarheit und Bestimmtheit dieser Anschauungen gewürdigt wurde und sie dem Pilger mitzuteilen im Stande war, knüpft P. Karl Erhard Schmöger eine für manche Leser vielleicht nicht unwillkommene Erörterung über die dreimalige Vermählung der hl. Anna.

Es ist auch diese schon an und für sich höchst wichtige Tatsache von Anna Katharina so oft und mit so großer Bestimmtheit mitgeteilt worden, dass sie um so weniger mit Stillschweigen übergangen werden kann, da Vielen diese Angabe befremdlich vorkommen will, indem sie mit der heiligsten Auszeichnung Annas als der Mutter der jungfräulichen Gottesgebärerin und mit der erhabensten Würde der Letzteren selbst diese dreimalige Ehe nicht vereinbar halten.

Für diese Bedenken finden sie noch einen weiteren Grund in der im Alten Bund wie in der apostolischen Zeit herrschenden Anschauungsweise, wonach es an heiligen Frauen, wie an Judith und der Prophetin Hanna, der Tochter Phanuels, ausdrücklich gerühmt wird, dass sie nach dem Tod ihrer Männer in keuscher Enthaltsamkeit und in Übung aller Gottseligkeit gelebt haben. Wem aber, schließt man, sollte nach der ersten Ehe ein solches

Leben mehr geziemen, als der hl. Anna, deren eheliches Verhältnis zu Joachim ja gerade in Visionen selbst als das einer so wunderbaren Reinheit und Enthaltsamkeit geschildert wird, dass es völlig unbegreiflich erscheint, wie Anna, die nach Maria Heiligste und Keuscheste ihres Geschlechts, sich in späterem Alter noch mehrfach verehelicht haben sollte.

Diese Gründe liegen allerdings sozusagen auf der Hand, sind darum auch nicht neu, sondern im Wesentlichen von allen Bekämpfern der bis zum Ende des 16. Jahrhunderts fast ausnahmslos festgehaltenen Überlieferung von der dreimaligen Vermählung der hl. Anna geltend gemacht worden. Die Auffassung der Visionen jedoch ist eine viel tiefere und nach ihnen ergibt sich mit unzweifelhafter Klarheit, dass die drei Ehen der hl. Anna ihr selbst zur höchsten Vollkommenheit und Ehre gereichen und zugleich eine ganz wesentliche Mehrung, ja Vollendung der Zierden und Auszeichnungen sind, durch welche die Weisheit Gottes Maria und die ganze Kirche verherrlichen wollte.

Die hl. Anna nimmt nach den Gesichten eine so bevorzugte und erhabene Stellung in der göttlichen Heilsordnung ein, dass sie nach Maria als die größte und begnadetste aller Frauen, aller Mütter und Jungfrauen, erscheint, die ihre Vorzüge mit keiner anderen teilen kann.

Ihr Schoß empfing in Maria das Urbild der heiligen Kirche, das ist die Wurzel und der Inbegriff aller von Gott seinen Geschöpfen durch Christus verleihbaren Gnade und Schönheit; da das ohne Makel der Erbschuld empfangene Kind aus dem Schoß Annas trat, wurde der Segen heiliger Fruchtbarkeit in ihm nicht erschöpft; denn der heiligen Kirche sollte in Anna das Vorbild und die Gnade eines heiligen Ehestandes eingepflanzt werden, in welchem die höchste Reinheit und Vollendung des Gebrauches wie des Zweckes der Ehe dargestellt wäre.

Maria selbst, als die Braut des Heiligen Geistes und die Jungfrau der Jungfrauen, konnte dieses Vorbild nicht sein; darum musste Anna mit frommen und erleuchteten Männern auf Antrieb des Heiligen Geistes noch in einem Alter Ehen eingehen, welches nach der gewöhnlichen Ordnung dem Muttersegen bereits verschlossen ist. Bei Anna aber war es nicht der Fall, denn bei ihr, als der reinsten aller Mütter, handelte es sich nicht um eine Zeugung aus dem Willen des Fleisches, sondern aus dem Willen Gottes, damit aus ihrem Schoß die Kirche den Stamm eines heiligen Geschlechtes empfange, dessen Sprossen durch den Glanz höchster Keuschheit und aller Gottseligkeit der Segen und die Zierde aller Zeiten würden. Welch wunderbare Fügung der göttlichen Weisheit (quae fortiter suaviterque omnia disponit) ist es also, dass Anna nicht bloß die Mutter der Jungfrau der Jungfrauen, sondern auch die Stammmutter heiliger und keuscher Geschlechter werden und dadurch berufen sein sollte, den Weinberg ihrer heiligsten Tochter mit den köstlichsten Reben zu zieren!

Es sind heilige Apostel, es sind die ersten, glorwürdigen Märtyrer, es sind Bekenner, Jungfrauen und heilige Mütter, die aus Annas und ihrer Töchter Schoß der Kirche geschenkt worden sind!

Mussten die so gesegneten Ehen nicht im besonderen Ratschluss Gottes gelegen haben? Und war die dem Schoß Annas verliehene Fruchtbarkeit nicht gleich einem Pfund, das sie nicht vergraben durfte, da es ihr zum Heil der Gesamtheit verliehen war?

Waren endlich ihre Ehen Sache des freien Beliebens, oder waren sie Erfüllung einer von Gott verliehenen Aufgabe, welcher zu entsprechen für die Vollendung ihrer persönlichen Heiligkeit ebenso notwendig war, wie die Einhaltung der alle Menschen gleichmäßig verbindenden Gebote Gottes? Die Antwort auf diese Fragen kann nach dem Bisherigen nicht schwer sein.

Es liegt aber eine weitere Bestätigung der inneren Wahrheit der Darstellung der Gesichte in dem Umstand, dass nämlich Mütter, und nur ein Sohn, die Früchte des Segens aus Anna waren, denn die Mütter sind es vornehmlich, die mitwirken, dass die Leibesfrucht heilig empfangen, gepflegt und getragen werde, auf dass jene Nachkommenschaft hervorgehe, an der sich das Wort erfüllt: Quam pulchra est casta generatio cum claritate.

Jene Heiligen alle, welche vom Mutterleib an mit der Gabe leiblicher und geistiger Unversehrtheit begnadet waren, so dass sie nie in ihrem Leben eine Regung der Sinnlichkeit je empfinden konnten, hatten dies nächst Gott ihren Müttern zu danken, welche durch Gebet, Entsagung und Buße ihre Leibesfrucht für Gott behüteten und durch diese Mitwirkung zubereiteten, dass sie jenes unbeschreiblichen Vorzuges zur Verherrlichung der Kirche teilhaftig werden konnten.

Vorbild und Wurzel dieser Mütter ist die hl. Anna, die mehr als alle anderen in der Fülle der Zeit lebenden Frauen durch ihre Blutsverwandtschaft zu Jesus und Maria allen Geschlechtern und Zeiten heilsvermittelnd und segenspendend geworden ist.

Sollte nicht ein geheimer Zusammenhang mit dieser Bedeutung der hl. Anna in der Tatsache liegen, dass sie zweien solcher auserwählten jungfräulichen Seelen ihre dreimalige Vermählung selbst zu offenbaren sich würdigte: der seligen Coleta und unserer Anna Katharina?

Die hl. Coleta[72], welche, wie auch die spätere hl. Magdalena von Pazzis, mit jenem erhabenen Privilegium geziert war, pflegte in den Bedrängnissen und Schwierigkeiten, mit welchen sie in der ihr von Gott auferlegten Erneuerung der Töchter der hl. Klara zu kämpfen hatte, ihre Zuflucht vornehmlich zu solchen Heiligen zu nehmen, von denen sie wusste, dass sie auf Erden am meisten die Jungfrauschaft geliebt hatten. Sie wendete sich selten an die hl. Anna, weil sie an ihrer dreimaligen Verehelichung einen Anstoß nahm.

Da erhielt eines Tages Coleta ein Gesicht, in welchem sie die hl. Anna in höchster Glorie und von ihrer seligen Nachkommenschaft umgeben erblickte und die Worte vernahm: «Obwohl ich mit drei Männern vermählt war, so ist dennoch die Triumphierende und Streitende Kirche aus meiner Nachkommenschaft mit den größten Zierden gemehrt.»

Coletas Herz wurde von diesem Augenblick an mit solchem Vertrauen und so großer Liebe zur Mutter Anna entzündet, dass sie, wo sie nur konnte, für deren Verehrung wirkte und selbst Kirchen ihr zu Ehre errichten ließ.

Die Namen der seligen Nachkommenschaft hatte Coleta im Gesicht nicht vernommen; aber als sie das Gesicht ihrem Beichtvater berichtete, dessen Mitteilung wir die Kunde von diesem Ereignis verdanken, fügte er seiner Wiedererzählung die Namen bei, wie er sie nach der allgemeinen Meinung seiner Zeit nicht anders wusste. Er konnte dies um so unbedenklicher tun, da die Absicht des Gesichtes nicht eine Festsetzung oder nähere Bestimmung der Genealogie dieser heiligen Nachkommenschaft, sondern nur die Erhärtung der drei Ehen der hl. Anna und ihrer Bedeutung gewesen war.

Auf diese Vision kommt auch Papst Benedikt XIV. in seinem großen Werk de Servorum Dei beatificatione etc. lib. III. cap. ult. n. 16 zu sprechen. Da er nämlich die Frage aufwirft, ob sich in approbierte Gesichte und Offenbarungen auch «apokryphe» haben einschleichen können, antwortet er bejahend und führt unter anderen auch die selige Coleta mit den Worten an:

«So wird von Einigen auch die der seligen Coleta zugeschriebene Offenbarung, in der gesagt wird, dass die hl. Anna drei Männer gehabt habe, für apokryph gehalten, wie dies des Weiteren Canisius und Lorinus dartun.»

Das Hauptargument des Lorinus aber wird von dem Bearbeiter des Lebens der hl. Anna im sechsten Band des Juli in den Acta SS. mit folgenden Worten entkräftet: «Unser Lorinus sagt in seinem Kommentar zum ersten Kapitel der Apostelgeschichte» (welche Stelle gerade von Benedikt XIV. angemerkt wird):

«Ambrosius sage in seiner Schrift von den Witwen, dass die hl. Anna nur einmal in der Ehe gelebt habe; aber der vir polygraphus hat sich diesmal getäuscht. Ich habe die ganze Schrift des hl. Ambrosius durchgelesen, konnte aber nur finden, dass er von der Prophetin Hanna, der Tochter Phanuels, nicht aber von Anna, der Mutter Mariä, redet.»

Der Autorität des hl. Canisius aber können aus der mittleren Zeit eine Reihe noch gewichtigerer Lehrer entgegengestellt werden, welche sich für die dreimalige Vermählung der hl. Anna entscheiden. So führt der Karthäuser Petrus Sutor in seinem Buch «de triplici Divae Annae connubio» als Gewährsmänner den seligen Albertus Magnus, Papst Innozenz V. und Vinzenz von Beauvais an, welch letzterer in seinem hochberühmten Speculum historiale sich ebenfalls für diese Überlieferung erklärt, wie dieses auch von dem hl. Antoninus in I. parte histor. geschehen ist. Petrus Sutor hat aber außerdem noch so viele Zeugen auf seiner Seite, dass er das Resultat seiner ganzen Untersuchung in die Worte zusammenfassen kann: «Triplex Divae Annae connubium est communis sententia probatorum doctorum, a qua non licet sine temeritate dissentire.»

Die mittelalterliche Theologie hatte, wie sich dies bei dem hl. Albertus Magnus und noch bei Gerson zeigt, die Bemerkung der glossa ordinaria in Gal 1,19.[73] zur Grundlage ihrer Annahme der Überlieferung von einer dreimaligen Verehelichung der hl. Anna genommen und hielt daran als einer die Würde und Bedeutung der hl. Anna erklärenden Tatsache fest, nicht aber als an einem theologischen Notbehelf, um die Stammlinie der Brüder und Schwestern des Herrn erklären zu können. So bestreitet zwar der hl. Thomas in seiner Erklärung des Galaterbriefes cap. 1. lectio 5 die aus der dreimaligen Vermählung der hl. Anna gezogene genealogische Konsequenz, nicht aber die Tatsache dieser Vermählung selbst.

Wie vorherrschend aber diese Annahme durch das ganze Mittelalter bis gegen das Ende des sechzehnten Jahrhunderts gewesen ist, lässt sich aus den Zeugnissen eines ihrer gelehrtesten und eifrigsten Verteidiger des um die katholische Kirche Deutschlands so hochverdienten Kanzlers Johannes Eck von Ingolstadt entnehmen. Im dritten Band seiner Homilien[74] erklärt er es als «die allgemeine Meinung und die der jerusalemischen Kirche eigentümliche Überlieferung, dass die hl. Anna dreimal vermählt gewesen sei»; die gegenteilige Meinung aber nennt er eine Anmaßung gegen die universalis Ecclesia.

Er preist ihre drei Ehen als auf Antrieb des Heiligen Geistes geschlossen und rühmt deren Fruchtbarkeit mit den Worten:

«O edle Wurzel, o heiliges Geschlecht, o guter Baum, der so viele und solch' gute Früchte getragen hat!» Nur Drei kenne er, sagt Eck, welche diesem unanimis consensus per universum christianismum keck (proterve) widersprochen haben, doch einer habe die Gnade erlangt zu widerrufen, indem er zur katholischen Kirche zurückgekehrt sei. Zum Schluss warnt er, «den neuen und unhaltbaren Meinungen wider die Kirche Glauben zu schenken, als wäre die hl. Anna nur einmal verehelicht gewesen.»

Mit gleicher Strenge wie Eck sprachen sich zu seiner Zeit die anderen Verteidiger der drei Ehen aus, indem sie deren Leugnung als «erronea et communi Ecclesiae traditioni adversans» bezeichneten.

Bei solcher Sachlage darf man sich nicht wundern, wenn die ersten Bekämpfer dieser herrschenden Ansicht anfänglich sehr gemäßigt auftreten. So sagt z.B. Salmeron:[75] quamquam haec sententia pervulgata sit et multorum scriptorum, maxime recentiorum, testimoniis confirmata, nonnullis tamen catholicis de fide suspecta habita est et parum honorifica aut conveniens sanctitati Annae aut dignitati Mariae virginis ejus filiae, aut denique ipsi Christo.»

Auch P. Barradius[76] nennt sie die zu seiner Zeit noch «allgemeine Meinung, vulgata opinio» und behandelt sie so rücksichtsvoll, dass er für seine eigene entgegengesetzte Ansicht nicht mehr in Anspruch nehmen will, als dass sie nicht eine «erronea, temeraria et Ecclesiae repugnans» sei.

Ganz anders tritt hundert Jahre später P. Kuper in den Acta SS. auf.[77] Zwar will er noch cum Salmerone nostro zugeben, dass die Meinung von dem triplex S. Annae connubium die allgemeine gewesen sei und auch durch vieler Autoren Zeugnisse begründet werden könne, allein er müsse desungeachtet die entgegengesetzte Ansicht für die vernünftigere und wahrere halten[78], indem er mit Beziehung auf Dr. Eck: «temerariam privati hominis censuram parum curantes.» Kuper konnte so reden, da seine Meinung durch den Beitritt aller großen Lehrer seines Ordens allmählich das Übergewicht über die bisherige vulgata opinio davon getragen hatte.

Es lag in dem ganzen Charakter der theologischen Kontroversen des 16. und 17. Jahrhunderts, dass die Annahme der dreifachen Vermählung Annas aufgegeben wurde, denn bei den heftigen Angriffen der Irrlehrer auf den jungfräulichen Stand und der maßlosen Erhebung der Ehe über freiwillige Ehelosigkeit legte es sich nahe, eine Meinung fallen zu lassen, welche der Irrlehre eine vermeintliche Stütze zu verleihen schien. Dazu wirkte noch mit, dass, wie aus der in der Anmerkung angeführten Glosse und den nach ihr gebildeten Versen erhellt, Töchter und Enkel Annas aus diesen Ehen hergeleitet wurden, gegen welche leicht Einsprache erhoben werden konnte. Die spätere und neueste Zeit aber stand solchen Fragen zu ferne, als dass sie mehr als ein bloßes Befremden empfunden hätte, wie man sich überhaupt nur mit so unwichtigen und müßigen Fragen habe abgeben können.

Ohne die Mitteilung der begnadeten Seherin wäre auch die Gegenwart von dieser Frage wenig oder nicht berührt worden; aber die Wege Gottes sind andere als die der Menschen, und so zeigt sich auch hierin die Erfüllung einer der Begnadeten zugewiesenen Aufgabe, «vieles Verschlossene und Versunkene wieder zu erwecken.»)

Der hl. Petrus

20. Februar 1821: Ich hatte sehr viel von Petrus, seiner kranken Schwiegermutter und von Petronilla vernommen. Es war wunderbar, es kam die Erscheinung eines alten Greises in Geistergestalt aus meinem Schränkchen zu mir getreten und erzählte mir vieles, als wisse er alles und als sei er dabei gewesen. – Es war dies der hl. Petrus, wie sie später sagte, selbst, von dem sie im Schranke eine Reliquie bewahrte. – Ich erhielt eine lange Ermahnung und auch eine Regel von ihm, welche ich aber nicht sagen will, damit sie mir nicht vorgeworfen wird. Der Vater von Petrus hatte diesem sein Haus überlassen und war nach dem Tod seiner Frau und mit Andreas an einen anderen Ort des Sees hingezogen; eine Nichte führte ihm den Haushalt. Andreas war älter und nicht so eifrig wie Petrus; es war leichter mit ihm zu leben.

Nachher zog Andreas, da er heiratete, in ein anderes Haus zu Bethsaida. Eine ältere Person war bei Petrus geblieben und führte ihm den Haushalt; sie war sehr fleißig und geduldig, aber sie war krank und blutflüssig.

Wenn man von Jerusalem auf der Abendseite des Sees den Landweg hinauf ging, kam man eher nach Kapharnaum als nach Bethsaida. Kapharnaum lag nicht am See selbst, sondern entfernter vom See am abendlichen Ufer eines Flusses, der in den See floss; wenn man an dieser Seite des Flusses ging, hatte man nicht weit nach Bethsaida, welches auch nicht dicht am See lag. Es waren viele Fischeranstalten an dem See, der hier Überschwemmungen zu machen schien; auch waren Gärten und Felder dazwischen und es flossen da mehrere Bäche in den See. Ehe man von Kapharnaum gegen Bethsaida kam, lag eine Reihe kleiner Häuser an einem Flüsschen; es war wie ein Örtchen vor Bethsaida. Hierher war des Petrus Vater mit seiner Nichte gezogen, welche schon in

Kapharnaum bei ihm gewesen war; auch Andreas war eine Zeitlang hier, wohnte aber nach seiner Heirat in Bethsaida.

Petrus wirtschaftete drei Jahre lang als Junggeselle und heiratete dann die Witwe eines Fischers aus den Häusern vor Bethsaida, welche mit ihrem Geschäft nicht mehr allein fertig werden konnte. Diese zog nun in das väterliche Haus von Petrus, und Jonas, Petri Vater, zog mit Andreas und der Nichte in das verlassene Haus dieser Witwe an dem Flüsschen von Bethsaida. Ich sah bei Petrus zwei Knaben und ein Mädchen im Hause, die zugebrachte Kinder waren; er selbst hatte keine Kinder.

Petrus erzählte mir sehr vieles von seiner kranken Schwiegermutter, wie sie sich ganz Gott überlassen und gar nichts verlangt habe; ich hatte auch ein Bild, wie Jesus mit einigen Jüngern ins Haus von Petrus kam und dieselbe heilte. Er heilte sie aber nicht gleich und sie verlangte es auch nicht. Sie hatte schon viel von den Heilungen Jesu gehört, aber nichts verlangt, sich nur erfreut, dass Petrus ihn kennen gelernt hatte.

Das Haus von Petrus war ziemlich gut, es war aber alt und stieß hinten wie an einen Wall. Es war ein geschlossener Hof darum her und eine Wasserpumpe davor. Der Brunnenstock war nicht mannshoch; man trat unten auf etwas, da spritzte das Wasser oben rings heraus. Auf der einen Seite des Hauses war ein ziemlich großer Fischteich, in den Rasentreppen hinabführten. Ich habe auch viele Fische darin gesehen; das waren andere Fische als hier, sie hatten so dicke Köpfe. An der anderen Seite des Hauses war ein Garten mit allerlei Grünem, auch Blumen.

Es war im ersten Lehrjahr Christi, als ich sah, wie die Schwiegermutter geheilt wurde; Petrus hatte noch nicht Haus und Hof verlassen, aber er war durch Andreas schon mit Jesus bekannt geworden und Jesus hatte ihn schon beim Fischen berufen.

Sie sagen auch immer, Petrus habe alles gleich liegen lassen und sei dem Herrn gefolgt. Er hat mir aber selbst gesagt, dass er noch zu seinem Vater gegangen sei und es ihm gesagt habe.

Jesus hatte schon viele Wunder in der Gegend getan und hatte die Schwiegermutter von Petrus doch nicht geheilt, sie hatte von den Wundern gehört und sich deren erfreut und dass Petrus ihn kenne, hatte aber in ihrer Geduld gar nichts verlangt. Ich sah Jesus mit einigen Jüngern in das Haus des Petrus kommen; Petrus kam mit.

Ich sah Petrus' Frau, sie war älter als er, sie sah recht wie eine alte Jüdin aus. Ich sah Jesus nicht zu der Kranken gehen, Er ging mit Petrus in der Umgebung des Hauses umher. Ich sah die drei Kinder mit ihnen laufen und ich sah auch, dass die anderen Apostel mit den Kindern scherzten und das Mädchen Petronilla riefen.

Ich hatte auch ein Bild, wie diese Petronilla eine Martyrin geworden ist und so stark geholfen hat, das Reich Christi auszubreiten. Sie, Thekla und Agatha sind die heroischsten Märtyrinnen gewesen. Ich hatte das in einem eigenen Bild.

Als ich sah, dass Jesus Petrus' Schwiegermutter, für die ich mich so interessiert hatte, weil mir Petrus so viel von ihr erzählte und sie so geduldig lag, noch nicht heilte, wurde ich ganz betrübt. Ich sah auch eine Mahlzeit bereiten; der Tisch war wie ein niedriger Block, es wurden kleine Brote aufgetragen und Grünes, es war dieses, als ob es noch wachse, gerade als wenn man einen Topf mit grüner Kresse auftrüge, auch Honig in ganzen Tafeln, die wie Sterne geschnitten waren, auch Fische. Es waren Krüge und kleine Becher dabei, aus denen sie stehend tranken. Dann legten sie sich nieder und alles ging sehr ruhig her.

Unter dem Mahl, nachdem sie stehend getrunken hatten, ging Jesus in die Kammer der Kranken. Ihr Bett war wie eine niedere Steinbank an der Mauer; es staken vier gespaltene Hölzer davor, in welche ein biegsames Flechtwerk geschoben war, damit nichts herabfallen konnte.

Ich sah, dass dieser Schirm da herausgedrückt war, wo der Ellbogen dagegen drückte. Es lagen Kissen auf dem Bett, worauf sie lag; sie war mit weißen, sehr dünnen wollenen Decken bedeckt. Es war Andreas, der mit Jesus zur Kranken ging. Sie lag mit dem Gesicht gegen die Wand und wandte sich nicht um. Jesus nannte sie mit Namen, da drehte sie ein wenig das Haupt gegen ihn; Er reichte ihr die Hand und sie näherte die rechte Hand ein wenig, wie ein schwer Kranker.

Jesus beugte sein Haupt ein wenig zu dem ihren, als spreche oder hauche Er sie an, und nun hob sie sich empor. Zu ihrer Rechten lag ein gestreiftes Gewand, das ihr Jesus über die Schulter legte; dann band sie eine andere Binde um den Kopf und stand auf, indem das Gewand an ihr niederfiel und sie bedeckte; nun folgte sie von dem niederen Bett steigend Jesus. Ich habe kein Knien, kein heftiges Danken gesehen, sie ging ruhig hinter Jesus her in den Speisesaal, wo Petrus sie umarmte, und diente zu Tisch; die anderen Frauen, welche abgesondert waren, bekamen sie erst nachher zu sehen.

Petrus wird durch einen Engel aus dem Gefängnis befreit

1. August 1820: Ich sah den hl. Petrus in einem ziemlich geräumigen Kerker zwischen zwei etwas entfernt liegenden, schlafenden Kriegsknechten schlafend liegen. Er lag an der Mauer auf einer Seite, seine Füße waren in einen Block geschlossen und an beiden Armen über den Händen war er mit Ketten an die Arme der beiden links und rechts schlafenden Wächter geschlossen. Ich sah einen Glanz und in demselben einen Engel von oben kommen, eine solche Erscheinung wie die meines Führers. Er stieß den Petrus an, der erwachte; seine Ketten waren links und rechts von seinen Händen los, sie waren ohne Gerassel und besondere Bewegung hingesunken und hatten keine andere Lage eingenommen, als da sie an seinen Händen waren.

Der Engel sagte etwas zu ihm, da zog Petrus seine Füße aus den Löchern des Blockes, ohne den Block zu öffnen, legte seine Sohlen an, die um die Beine gebunden waren, stand auf, gürtete sein weites Gewand und legte seinen Mantel um, der über ihn gedeckt war, und folgte dem Engel, der vor ihm her durch die Tür ging, welche sich nicht öffnete, es war, als gingen sie durch dieselbe durch. Sie gingen durch mehrere Räume, in welchen Soldaten waren, die wachten; aber diese sahen sie nicht. Zuletzt kamen sie an ein großes, eisernes Tor, welches sich auftat. Ich sah bei all diesem, dass nur so weit Licht um sie war, als sie ungefähr Raum durchwandelten.

Sie gingen eine Gasse hinab, da verschwand der Engel und ich sah, dass Petrus ganz verwundert war. Er hatte bis jetzt geglaubt, er tue alles das im Traum, nun kam er zum Bewusstsein und sah, dass er wirklich frei war. Er ging durch ein Tor und über ein Flüsschen und kam wie außer der Stadt, was ich nicht bestimmt weiß, denn in Jerusalem waren durch die Hügel mehrere Trennungen; genug, ich sah, dass das Haus der Mutter des Johannes Markus nicht in der eigentlichen Stadt lag, sondern abgesondert und vor einem Tor. Ich sah in demselben viele Gläubige und Jünger versammelt und in einem Saal betend unter einer angezündeten Lampe. Sie waren sehr leise und heimlich, hielten sich ganz still und hatten die Fenster des Hauses verhängt, damit man das Licht nicht sehen sollte.

Ich sah, wie Petrus an der Tür des Vorhofes pochte und wie eine Magd inwendig horchte; als Petrus sagte, sie solle ihm auftun, lief sie schnell hinein und sagte es freudig den Anderen. Diese wollten nicht glauben; ich sah aber Petrus weiter klopfen und wie Mehrere herankamen und öffneten, wie er einging und sie ihn freudig umarmten. Er blieb aber nicht lange, er winkte ihnen, sich stille zu halten, erzählte einiges und verließ das Haus und ging fort. Ich sah auch noch eine Kirche in Rom, wo Ketten in einem Kasten hingen, die Ringe sind rund; von dem Fußblock oder dessen Schlössern, die ganz anders als an den Handfesseln waren, habe ich nichts da gesehen. Ich sah, glaube ich, ein Fest, wo die Ketten geküsst wurden, erinnere mich aber nicht mehr recht.

Der hl. Petrus in Rom

Juli 1821: Es war im Winter am 18. Januar 44, als Petrus in Rom mit drei Begleitern, zwei Jüngern, Martialis und Apollinaris, und einem Diener Marcion ankam. Er war von Antiochia zuerst nach Jerusalem, wo Verfolgung war, gegangen und von da nach Neapel und mehrere andere Orte und dann nach Rom gereist.

Ich sah, dass Lentulus, der von Petrus' Ankunft benachrichtigt war, ihm auf dem Weg entgegen kam und mit den Seinigen in sein Haus führte, wo er recht auf patriarchalische Weise ihnen diente, die Füße wusch, frische Kleider reichte und sie bewirtete.

Sie kamen aber in ein anderes Haus zu wohnen und nachher zu Einem, der Pudens hieß, dessen Haus die erste Kirche wurde, wozu Lentulus vieles gab.

Dieser Lentulus war einer der vornehmsten Leute in Rom, er hatte eine Frau und wohl zwölf Kinder. Er hatte eine wunderbare Sehnsucht nach Christus. Es waren viele Römer zur Taufe des Johannes gekommen, hatten vom Messias gehört, wie der Heilige Geist auf ihn herabgekommen sei und welche Wunder er getan. Solche Leute suchte Lentulus überall auf und ließ sich von ihnen erzählen. Er konnte seiner Geschäfte wegen nicht die Reise nach Judäa machen, aber wenn Schiffe ankamen, die Leute von daher mitbrachten, erkundigte er sich nach Jesus.

So gewann er aus der Ferne eine solche Liebe zu Jesus, dass er ein sehr feines Schweißtuch an ihm im Gedränge anrühren und sich zusenden ließ, das er mit großer Ehrfurcht empfing und aufbewahrte. Sie hatten ganz feine wollene Tücher, mit denen sie sich den Schweiß abtrockneten und die nie schmutzig wurden. Ich sah, wie dieses Tuch an Jesu Kleidung angerührt wurde, da Er nach der Gefangennahme des Johannes zuerst an den Jordan ging. Er schien es nicht zu bemerken. Ich sah, wie Lentulus dieses Tuch empfing und sehr gerührt darüber war. Die Liebe dieses fernen Heiden zu Jesus war so rührend, dass ich weinen musste.

Ich habe auch gesehen, wie Lentulus eine große Begierde hatte, die Gestalt Jesu zu malen und sich viel darüber von Petrus erzählen ließ. Er versuchte es oft, und immer sah Petrus sein Bild und sagte, es gleiche noch nicht. Endlich entschlief Lentulus im Gebet und fand erwachend das Bild, welches eine Erscheinung mit dem Antlitz auf das Tuch abgedrückt hatte. Mir ist, als existiere das Bild noch und habe einst viele Wunder gewirkt. Lentulus machte noch Bilder von anderen Gegenständen, über die er sich berichten ließ; so bildete er z.B. die Höhle des Elias auf dem Berg Karmel. Er ist in Rom einer der ersten Christen geworden.

Ich habe drei Wunderbilder von Jesus oft gesehen und als Kind von acht bis zehn Jahren alle diese Sachen viel deutlicher gewusst. Das Tuch der Veronika ist an Thaddäus gekommen, der in Edessa und sonst Wunder damit getan hat. Es ist jetzt an einem Ort, wo ein Grabtuch Christi ist, ich meine in Turin.

Das Gemälde des Lentulus ist an einem Ort, wo noch ein paar Tücher von Jesu Grablegung sind und wo der Trauring Marias hinter vielen Schlössern bewahrt wird in einer schönen Kirche. Die frommen Leute, die sich verheiraten, lassen ihre Ringe an diese Schlösser anrühren.

Dieser Ring ist sehr breit, hat oben und unten einen Rand und ist weder von Gold noch Silber, er ist dunkel und schillert. Es sind Buchstaben und Zeichen eingraviert. – Das Tuch, welches in Rom ist, ist ein Tuch, in welches die Tücher eingeschlagen waren, auf welche Jesus bei seiner Einbalsamierung gelegt war und in welches sich wunderbarer Weise sein Antlitz abgebildet hat. Es ist mit dem anderen verglichen und ganz gleich gefunden worden. Ich wusste auch die ganze Geschichte dieses Tuches, habe sie aber vergessen.

Ein Grabtuch Jesu war in die Hände eines Jüngers von Jerusalem gekommen, der am Tempel war, und nachher in die Hände der Juden. Sie suchten es zu verbrennen, ich sah das Tuch in die Höhe fliegen, ich sah eine ganze Geschichte davon und wie ein Bischof von Syrien viel Streit darum mit den Juden hatte und es, glaube ich, auch erhielt. Ich meine ein Gebein von diesem Bischof zu haben.

Petrus ist 99 Jahre alt geworden, er starb im Jahre 69, hatte den Stuhl von Antiochia sieben und den von Rom 25 Jahre inne. Im Jahre 43 war er in Jerusalem und kam von da nach Rom und gründete hier die Kirche. Von Rom kam er zum Tod Marias nach Ephesus und auf der Rückreise nach Jerusalem.

In Joppe war Petrus dreimal. Zuerst hatte er mit Simon in Samaria zu tun, dann ging er nach Joppe. Von hier ging er wegen der Klagen über das Almosen nach Jerusalem und setzte die Diakone ein, wurde als der Oberste anerkannt und ging wieder nach Sarona und Joppe.

Als die Frauen über das schimmlige Brot gegen Stephanus klagten, kam er wieder nach Jerusalem und von da kehrte er nach Joppe zurück, erweckte hier die Tabitha und hatte das Gesicht von den vielen Speisen in einem Tuch. Damals hatte Jakobus der Ältere in Samaria mit zwei Zauberern zu tun, die er bekehrte, die danach im Namen Jesu heilten, wie sie es zuvor im Namen des Teufels versucht hatten. Einer von ihnen hieß Hermogenes.

Ich habe das Leben des Apostels Andreas gesehen und die Reliquie als die seinige erkannt. Ich habe auch ein Kirchenfest von ihm gesehen, bei welchem alle Apostel, auch die Mutter Gottes und Magdalena, nicht aber Martha, zugegen waren.

Sein Leben sah ich mit häufigem Ortswechsel in einer Kette von Wundern nach Christi Tod in Griechenland und Asien. Er war älter als Petrus und kleiner, er war untersetzter Statur, hatte ein redliches, offenes, einfaches Aussehen und war besonders treu und freigebig. Er hatte einen kahlen Scheitel, an beiden Seiten schneeweiße Locken und am Kinn auch ein paar kurze weiße Locken. Er hatte eine Frau und vier Kinder, zwei Knaben und zwei Töchter.

Sobald er aber von Jesus berufen war, lebte er in vollkommener Enthaltung von seiner Frau. Er war der erste der Apostel, der all das Seine verließ, und keiner hat so schnell und sorgfältig all das Seine in der Zeit, wo Jesus seine Apostel auf eine Zeitlang entließ, da Er vor seinem Ende durch Arabien nach Ägypten reiste, zum Besten der Gemeinde verteilt und aufgegeben.

Die Frau des Andreas hat bei seinen apostolischen Reisen anfangs in Bethanien gewohnt und ist später gegen Ephesus in die Gegend von Marias Wohnung gezogen, doch nicht ganz nahe.

Ich habe die Kinder der Apostel nachmals meistens unter den Jüngern und überhaupt den Aposteln an die Hand gehend gesehen. Andreas war nicht so unmittelbar mit dem Fischen beschäftigt, er war mehr wie ein Verpachter und sein Haus war mitten in Bethsaida; das Haus des Petrus aber war am einen Ende von Bethsaida dicht am Wasser.

Ich sah Andreas bei Johannes dem Täufer und noch einem (Saturnin) und sah, wie Johannes von Jesus sprach, der fern vorüberging und wie Andreas und der andere Jünger mit Johannes sprachen und ihn verließen und zu Jesus gingen, welcher seitwärts vom Wege gegen sie herankam und sie fragte, wen sie suchen und sie dann mitgehen hieß.

(Von den einzelnen Taten und Wundern des Andreas erzählte Anna Katharina nur folgende Bruchstücke:)

Ich sah Andreas in Achaia und Matthäus in einer fernen Stadt gefangen mit Jüngern und etwa sechzig Anderen. Man hatte dem Matthäus ein Gift in die Augen getan, das ihn schrecklich peinigte: Die Augen waren ganz rot und zugeschwollen, dass er nicht mehr sehen konnte; ausgestochen waren sie nicht.

Die Stadt lag südöstlich von Jerusalem jenseits des Roten Meeres in Äthiopien; sie lag an einem Fluss, der für das gebirgige Land groß war. Die Leute dort sind ganz schwarz, an der einen Seite des Landes aber weiß, es zieht da so eine weiße Ecke herein.

Andreas wurde in einer Vision zu Matthäus berufen. Er bestieg unerkannt ein Schiff mit vielen Reisenden, das schnell dahin getrieben wurde; dann reiste er zu Lande und ich sah ihn oft bald auf der einen, bald auf der anderen Seite des Flusses, an dem die Stadt lag. Er heilte Matthäus, löste seine und seiner Mitgefangenen Fesseln und predigte in der Stadt das Evangelium. Anfangs ging es gut, dann aber wurden die Leute durch eine schlechte Frau aufgehetzt, ergriffen den Andreas und schleiften ihn mit gebundenen Füßen durch die Stadt.

Andreas betete für seine Peiniger und diese wurden gerührt, baten ihn um Vergebung und bekehrten sich; er ging dann wieder nach Achaia zurück. Ich sah ihn einen blinden Besessenen heilen und einen ägyptischen Knaben vom Tod erwecken.

Es floh auch ein Jüngling zu ihm, dem seine unnatürliche Mutter Blutschande zumutete und ihn auf seine Weigerung desselben Lasters vor dem Prokonsul anklagte. Andreas und der Jüngling beteten, er hieß diesen ein Gelübde machen zu fasten und ging mit ihm vor Gericht. Die Mutter wurde vom Blitz erschlagen und der befreite Knabe fastete viele Tage.

Andreas reiste auch nach Nicäa, wo er sieben unreine Geister aus den Gräbern der Stadt trieb, die wie Hunde bellten. Er setzte dort einen Bischof ein, welcher von den Leuten aus der Gegend von Kedar war. In Nikomedien erweckte er einen toten Knaben, im Hellespont stillte er einen Sturm, und von den wilden Thraziern bedroht, warfen sich diese von großem Himmelsglanz erschüttert nieder. Ich sah auch die Geschichte der bekehrten Sünderin Trophina, welcher mit dem Evangelium auf der Brust keine Gewalt angetan werden konnte. Ich sah Andreas auch einmal den Tieren vorgeworfen und wieder befreit werden.

Von seiner letzten Marter entsinne ich mich noch, dass sein Richter Aegeas hieß. Das Kreuz, an das er geschlagen wurde, war so gestaltet: Es wurden jedoch die Füße nicht auseinander gespannt, sondern an den mittleren Pfahl festgebunden, denn diese Gestalt des Kreuzes war nur aus der bequemeren Gewohnheit entstanden, es aus drei Balken schnell aufzurichten. Andreas hat wohl zwei Tage und Nächte so gehangen und gepredigt, endlich wurde das Volk, das ihn sehr liebte, aufrührerisch und begehrte seine Befreiung.

Aegeas sandte auch jemanden hin und es war ein solches Gedränge um den Hügel, dass mehrere Menschen erdrückt wurden. Andreas aber betete zu sterben, und sie konnten ihn nicht vom Kreuz losbinden, da ihre Hände lahm wurden. So starb er.

Der hl. Jakobus der Ältere

Jakobus war groß, breitschulterig, ohne plump zu sein, hatte schwarze Haare und einen etwas bräunlichen Bart. Sein Gesicht war weiß; sein ganzes Wesen war ernst und doch auch heiter. Er war verheiratet und lebte bei Kapharnaum, hatte aber keine Kinder. Seine Frau war eine Schwester der Witwe von Naim und folgte später den heiligen Frauen.

Die Mutter des Jakobus hieß Maria Salome, sie war die Tochter einer Schwester der hl. Anna, welche Schwester einen Mann Namens Salomo hatte und anfänglich bei Bethlehem, dann auf den Fluren Annas lebte. Maria Salome heiratete den Zebedäus, welchem sie den Jakobus den Älteren und Johannes gebar.

Sie war so alt wie die älteste Tochter Annas, die Maria Heli, welche achtzehn bis zwanzig Jahre vor Maria geboren wurde, den Kleophas heiratete und ihm die Maria Kleophä gebar, welche mit Alphäus vermählt wurde, der ihr den Zöllner Matthäus zubrachte, und den Simon Chananäus, Jakobus den Jüngeren und Thaddäus mit ihr zeugte.

In zweiter Ehe mit Sabas gebar Maria Kleophä den Joses Barsabas, und in dritter den Simeon, Bischof von Jerusalem. Maria Salome war also Annas Nichte und die Cousine Mariä, der Mutter Gottes.

Als Stephanus etwa ein Jahr nach Christi Kreuzigung gesteinigt wurde, war keine weitere große Verfolgung der Apostel, es wurden nur die meisten der angesiedelten Christen, die um Jerusalem in Hütten wohnten und von denen Stephanus auch ein Aufseher war, vertrieben. Gegen die Apostel und eigentlichen Jünger war keine weitere Verfolgung, als dass hie und da ein Mord geschah. Die Juden hatten eine gewisse Scheu: da und dort brach ein Tumult aus und dann waren sie wieder ruhig.

Jakobus war einer der ersten Apostel, welcher nach der Teilung der Länder Jerusalem verließ und sich nach Spanien begab. Er blieb etwas über vier Jahre in Spanien, machte während dieser Zeit viele Reisen, hatte ungemein viele Schwierigkeiten und wurde auf alle Weise bedrängt; er hatte oft schwer zu kämpfen und mit Gelehrten zu streiten. Ich sah, wie Maria ihm oft wunderbar zu Hilfe kam, wenn er in seinen Bedrängnissen zu ihr rief.

Bei seiner Herreise von Jerusalem war er über die griechischen Inseln und Sizilien gezogen und dann lange auf dem Meer an einer großen Strecke von Spanien vorbeigefahren, bis durch einen engen Pass, wie zwischen Frankreich und England, und dann in Gades gelandet. Es ist eine Halbinsel hier mit einem Felsengebirge.

An diesem Ort wollte man seine Lehre gar nicht annehmen, und hätten nicht einige hierher geflüchtete Christen seine Aussagen bezeugt, so würden sie Jakobus gefangengenommen haben. Er zog nun nach einer anderen Stadt, wo es ihm nicht besser ging, er wurde gefangengesetzt und wäre ermordet worden, wenn er nicht in wunderbarer Weise befreit worden wäre.

Ich sah ihn gefangen und wie er träumte, es komme ein Engel und führe ihn aus dem Kerker auf eine hohe Mauer. Ich sah, während Jakobus dies zu träumen glaubte, es wirklich an ihm geschehen und sah ihn auf der Mauer stehen und erwachen und zurückschauen und vor der Mauer ein großes Wasser. Ich sah, wie ein Engel ihn, herabstürzend, über das Wasser trug und wie er von da nach Rom reiste; zwei Jünger folgten ihm aus Spanien.

Er ließ etwa sieben Jünger zurück, denen er die Fortsetzung seiner Lehre empfahl und versprach, wieder nach Spanien zurückzukehren. Er kam auf seiner Reise nach Marseille, sah aber Lazarus und die Anderen nicht; sie waren tiefer landeinwärts. Er reiste immer an der Südseite zu Land gegen Rom zu, lehrte an einzelnen Orten, wurde auch gefangengenommen, saß etwa drei Tage im Kerker und wurde dann von den Soldaten nach Rom geführt, vor Gericht gestellt, aber wieder frei gelassen. Er mochte etwa sechs Monate auf dieser Reise zugebracht haben.

Jakobus kehrte hierauf wieder nach Spanien zurück, kam wieder nach Gades, wo nun durch Eingewanderte mehrere Christen waren. Von hier zog er auf einem Floß mit einigen Jüngern aufwärts und ging dann mehrere Tagereisen durch lauter Gebirge und Wildnis, den Städten ausweichend.

Er kam an Toledo vorüber und hielt sich nirgends auf bis in Cäsar-Augusta (Zaragoza). Hier wurden sehr viele Leute bekehrt, ganze Straßen bekannten den Herrn und stießen die heidnisch Gesinnten von sich aus.

Ich sah Jakobus auch in großen Gefahren hier. Es wurden Schlangen gegen ihn freigelassen, die er aber ruhig in die Hand nahm; sie taten ihm nichts und schossen gegen die umstehenden Götzendiener hin, die ihn auf dieses Wunder sehr zu fürchten begannen. Ich sah auch, wie Zauberer mit allerlei Teufelsgestalten den Jakobus umgaben. Ich sah auch, wie er in Granada, wo er kaum zu predigen angefangen hatte, mit allen seinen bekehrten Jüngern gefangengenommen wurde.

Jakobus rief Maria, welche sich damals noch in Jerusalem aufhielt, innerlich um Hilfe und Schutz an und wurde von ihr durch Engel wunderbar mit allen seinen Jüngern befreit. Es wurde ihm hier von Maria durch die Engel der Befehl erteilt, er solle nach Galizien ziehen, dort den Glauben verkünden und dann wieder zurückkehren.

Ich sah Jakobus nach seiner Rückkehr in sehr bedrängter Lage wegen einer bevorstehenden Verfolgung und Erschütterung der Gemeinde zu Zaragoza am Fluss vor der Stadtmauer in der Nacht mit einigen Jüngern beten. Die Jünger lagen zerstreut und ich dachte noch: Es ist wie bei Christus am Ölberg. Jakobus lag auf dem Rücken, die Arme kreuzweis ausgebreitet; er betete um Anweisung, ob er bleiben oder fliehen sollte. Er gedachte der heiligen Jungfrau Maria und flehte zu ihr, sie solle mit ihm beten um Rat und Hilfe von ihrem Sohn, der es ihr nicht versagen würde.

Da sah ich auf einmal ein Glänzen über ihm am Himmel herziehen, und es erschienen über ihm Engel, welche einen herrlichen Gesang aufführten und in ihrer Mitte eine Lichtsäule trugen, deren Fuß in einen feineren Strahl nieder auf eine Stelle, ein paar Schritte vor seine Füße zielte, als sollte dadurch eine Stelle bezeichnet werden.

Die Säule war von einem rötlichen, mannigfach durchaderten Stein, sie war sehr hoch und schlank und endigte oben wie eine Lilie mit sich ausbreitenden Lichtzungen, von denen eine weithin gegen Abend in der Richtung von Compostela zuckte, die anderen aber rings sich verbreiteten. In dieser Glanzblume sah ich die Gestalt der heiligen Jungfrau Maria, ganz weiß und durchschimmernd, feiner und milder als der Glanz roher, weißer Seide, hellglänzend stehen, auf die Art wie sie auf Erden im Gebet stand. Sie hatte die Hände zusammengelegt und den langen Schleier auf der einen Seite kurz auf dem Kopf, das lange Ende aber auf der anderen Seite herab ganz um sich gewickelt bis zu den Füßen, so dass sie an den Füßen ganz fein und dünn in der Glanzblume von fünf Zungen stand. Es sah unbeschreiblich fein und schön aus.

Ich sah, dass sich Jakobus auf den Knien betend aufrichtete und dass er innerlich von Maria die Weisung erhielt, er solle unverweilt auf dieser Stelle ein Gotteshaus errichten, denn die Fürbitte Marias wolle hier wie eine Säule wurzeln. Zugleich kündigte ihm Maria an, dass er nach Vollendung des Gotteshauses sich nach Jerusalem zu begeben habe. Jakobus stand auf, rief die ihm schon entgegen eilenden Jünger, welche den Gesang und das Licht schon bemerkt hatten, teilte ihnen alles Wunderbare mit und sie sahen alle dem entschwundenen Glanz nach.

Im fünften Jahr nach Christi Tod hatte sich ein neuer Sturm gegen die Gemeinde erhoben. Maria wurde gewarnt und von Johannes nebst Anderen in die Gegend von Ephesus gebracht, wo sich schon andere Christen angesiedelt hatten. Nachdem Jakobus in Zaragoza den Befehl Marias vollzogen hatte, bildete er einen Kreis von zwölf Jüngern, unter denen auch gelehrte Leute waren, die fortsetzen sollten, was er unter großen Schwierigkeiten gegründet hatte.

Die Marter des hl. Jakobus

Er selbst reiste darauf von Spanien ab, um sich nach Jerusalem zu begeben, wie ihm Maria befohlen hatte. Auf dieser Reise besuchte er Maria in Ephesus. Hier sagte ihm Maria, dass sein Tod[80] in Jerusalem nahe sei und stärkte und tröstete ihn.

Jakobus nahm von Maria und seinem Bruder Johannes Abschied und begab sich nach Jerusalem. In dieser Zeit hatte er den Handel mit dem Zauberer Hermogenes und dem anderen, der sein Schüler war, die er beide durch Wunder bekehrte. Er wurde mehrmals angehalten und vor die Synagoge gestellt. Ich sah, dass er in Jerusalem kurz vor Ostern gefangengenommen wurde, während er im Freien auf einem Hügel lehrte; es war um diese Zeit, denn ich sah die gewöhnlichen Lager um die Stadt. Jakobus saß nicht lange und wurde in demselben Gerichtshaus wie Jesus verurteilt, aber dieses war ganz anders eingerichtet.

Jene Plätze, die Jesus betreten hatte, waren nicht mehr da; ich habe immer geglaubt, die habe kein Anderer betreten sollen. Ich sah Jakobus gegen den Kalvarienberg geführt werden, wobei er fortwährend predigte und viele bekehrte. Als ihm die Hände gebunden wurden, sagte er: «Ihr könnt die Hände binden, aber nicht den Segen und meine Zunge.» Ein Lahmer saß am Wege, der den Jakobus anrief und bat, er möge ihm die Hand reichen und ihm helfen. Er versetzte aber: «Komme zu mir und reiche mir die

Hand!» und der Lahme stand auf, ergriff die gebundenen Hände des Apostels und war geheilt.

Ich sah auch seinen Angeber, Josias genannt, gerührt zu ihm laufen und ihn um Verzeihung bitten. Er bekannte sich zu Christus und wurde auch hingerichtet. Jakobus fragte ihn, ob er die Taufe verlange, und da er ja sagte, umarmte und küsste er ihn, sprechend: «Du wirst in deinem Blut getauft werden!» Ich sah auch noch eine Frau mit ihrem blinden Kind zu Jakobus auf den Richtplatz laufen und für dasselbe Heilung erlangen.

Zuerst wurde Jakobus neben Josias auf einem erhöhten Platz ausgestellt und seine «Verbrechen» und das Urteil wurden laut verkündigt. Dann saß er auf einem Stein, an dessen beiden Seiten seine Hände gefesselt wurden, die Augen wurden ihm verbunden und so das Haupt abgeschlagen.

Man hatte unterdessen Jakobus den Jüngeren in seinem Haus eingesperrt und es waren außerdem in Jerusalem Matthäus, Nathanael Chased und Nathanael der Bräutigam. Matthäus wohnte in Bethanien. Das Haus des Lazarus samt seinen anderen Gütern in Judäa waren längst im Gebrauch der Gemeinde; das Schloss in der Stadt aber hatten die Juden weggenommen.

Bei der Hinrichtung des Jakobus entstand ein großer Tumult und viele Menschen bekehrten sich. Die Jünger des Jakobus wollten seinen Leib haben, aber die Juden ließen ihn schnell durch Soldaten wegbringen. Herodes starb bald danach in Cäsarea. Bei einem Fest platzte ihm auf einem Theater vor allem Volk der Bauch; man schleppte ihn in einen großen Saal, wo sein Thron stand und der leicht fünfhundert Mann fassen konnte. Er war wie rasend vor Grimm und Schmerz; er war so ekelhaft, dass ich es nicht sagen kann. Man verbarg seinen Tod eine Zeitlang.

Ich meine, Petrus sei erst mehrere Wochen nachher nach Jerusalem gekommen und gefangengenommen worden. Als später die Jünger den heiligen Leib des Jakobus verlangten, wollten die Juden nicht sagen, wo er liege, aber es kam durch ein Wunder an den Tag, indem ein paar Mörder, die sie gedungen hatten, um ihn an einen anderen Ort zu bringen, damit die Jünger nicht entdecken sollten, wo er liege, nicht mehr von der Stelle konnten. Die Jünger begruben ihn nun in der Nähe von Jerusalem; bei einer späteren

Verfolgung aber nahmen sie den heiligen Leib heimlich, brachten ihn auf ein Schiff und flüchteten ihn nach Spanien.

Unter ihnen befanden sich Ktesiphon, Joseph von Arimathäa und Saturnin; dieser war auch schon früher in Spanien gewesen und hatte dort das Evangelium gepredigt, er trug immer leinene Kleider.

Ich habe auch gesehen, wohin sich hernach diese Jünger verteilt haben, habe es aber vergessen. Von Saturnin hatte ich ein besonders deutliches Bild. Er stammte von Patras in Griechenland von vornehmen Eltern. Als er von Johannes dem Täufer hörte, verließ er seine Eltern, suchte ihn auf und wurde sein eifriger Schüler.

Ich sah ihn bei Christi Taufe, und da Johannes ihm sagte, Christus sei mehr als er, folgte er dem Herrn nach und trennte sich nicht wieder. Ich sah, dass er außerordentlich viel tat; er reiste nach Jesu Tod weit umher und taufte viele Menschen.

Ich kann gar nicht begreifen, dass von ihm nichts in der Schrift steht. Ich erinnere mich noch, dass er in einer Stadt Tolosa umkam: die Götzenbilder fielen um, als er da war. Sie misshandelten ihn grausam und banden seinen Leib an Opfertiere, die ihn zu Tode schleiften. Ich erinnere mich auch eines Jüngers namens Nikolaus, den er kannte, und eines Andronikus.

Ich habe so viele gesehen und so viele Bilder von ihnen gehabt, dass mir das Elend um mich her es ganz unmöglich macht, alles zu entwirren. Saturnin war auch Bischof und hat unaussprechlich viel getan. Er lehrte zuerst im Morgenland und war bis an der Grenze von Persien. In dem Land, wo er gemartert wurde, wirkte er erstaunlich und gründete viele Kirchen.

Als Saturnin mit Ktesiphon und Joseph von Arimathäa den heiligen Leib nach Spanien brachte, hatte ich ein Bild von der bösen Königin Lupa, welche den hl. Jakobus schon früher verfolgt hatte, während er noch in Spanien wirkte. Sie wollte nicht dulden, dass er begraben werde.

Die Jünger aber hatten ihn auf einen Stein gelegt, der sich unter ihm zu einem Grab aushöhlte. Es war noch ein Umstand dabei, dass andere Leichname, die daneben begraben wurden, immer wieder von der Erde ausgeworfen wurden. Auf die Anklage Lupas wurden sie vom König gefangengesetzt; entkamen aber wunderbarer Weise, und da der König sie mit Reitern verfolgte, brach die Brücke, über die er ritt, so dass er und seine Leute umkamen. Lupa erschrak hierüber so, dass sie den Jüngern sagte, sie sollten Stiere in einer Wildnis holen und dieselben einspannen; wo diese dann den Leichnam hinfahren würden, sollten sie ihm eine Kirche bauen. Sie glaubte, dass die Stiere in ihrer Wildheit alles zertrümmern würden.

Die Jünger stießen in der Wildnis auf einen Drachen, der vor ihrem Segen zerbarst; die Stiere aber ließen sich zahm einspannen und fuhren den Leib in das Schloss der Lupa. Er wurde da begraben und eine Kirche wurde aus dem Schloss gebaut; denn Lupa bekehrte sich und wurde mit ihrem Volk eine Christin.

Ich hatte dann ein Gesicht von einer heidnischen Frau in Rom, die alt und krumm war und einen Antrieb hatte, sich zu bekehren. Sie wendete sich in Gedanken zu dem Grab des hl. Jakobus in Spanien und hatte ein Gesicht, wo ihr Jakobus ohne Haupt erschien und ihr sagte, er wolle ihr Jesus zeigen, den solle sie in sich aufnehmen und zu seinem Grabe ziehen. Ich sah, dass sie gesund wurde und zu seinem Grab nach Spanien zog. Dort geschahen noch viele Wunder und der Leib wurde nach einem Ort versetzt, der wie Konstantinopel lautet (Compostela).

Jakobus der Jüngere ist mehrere Jahre nach Jakobus dem Älteren gemartert worden. Ich sah wie er sieben Tage lang ins Verhör hin und her geschleppt und jeden Tag eine Stunde lang misshandelt wurde. Als sie ihn vom Tempel stürzten, steinigten sie ihn noch und schlugen ihn mit einem Prügel tot.

Er war Bischof zu Jerusalem. Ich sah auch den Jünger Jakobus in Babylon mit Abdias. Er sehnte sich immer nach dem gleichen Tod wie der Herr ihn gelitten und wurde auch später an einem anderen Ort gekreuzigt.

27. Dezember 1820: Ich hatte viele Bilder von Johannes, aber ich kann sie nicht in die Reihe bringen und habe vieles vergessen. Ich habe seine Marter im Ölbad zu Rom, die ich oft gesehen habe, heute nicht gesehen. Ich habe aber gesehen, wie Johannes, so lange Maria lebte, immer bei ihr war und sie nie verließ. Ich sah, wie er ihr immer das Heiligste Sakrament reichte, mit ihr den Kreuzweg betete, sie segnete und dann von ihr den Segen empfing und wie Johannes gleich einem Sohn mit Maria vertrauter war als alle Anderen. Er hat Maria im fünften Jahr nach Christi Tod nach Ephesus gebracht.

Jakobus der Ältere ist etwa acht Jahre nach der Himmelfahrt gemartert worden, Maria aber ist viel später gestorben. Sie ist sehr alt geworden, und Jakobus der Ältere war, wie ich jetzt gewiss sehe, nicht bei ihrem Tod; statt seiner war ein alter Jünger da.

Ich sah, wie Johannes einmal nachts mit ein paar Jüngern in eine Hütte bei Ephesus kam, wo ihn Leute erwarteten, die aus der Gegend von Kedar dahin gezogen waren, Anverwandte von ein paar alten Leuten, die Jesus auf seiner Reise nach der Erweckung des Lazarus geheilt hatte. Ich sah ihn dort zwei Jünglinge und ein Knäblein von etwa zwei Jahren, das bis an den Unterleib entblößt war, auf dem Schoß der Mutter taufen.

Johannes goss Wasser über dasselbe und die Mutter rieb es damit, als wasche sie es. Ich sah, dass er die zwei Jünglinge und einige Jünger mitnahm und nach Kedar reiste, aber nicht über den Fluss durch die Heidenstadt ging, sondern diesseits den Fluss aufwärts. Ich glaube, er ging damals in die Wüste, wo ich ihn unter einem Baum liegend schreiben sah; seine Jünger hatten Rollen und Schreibrohr. Ich sah ein Bild, wie Johannes als eine Art Gefangener unter Aufsicht von zwei Soldaten im Raum von Ephesus einen Weg nach einem Gebäude machte, wo gute Leute wohnten und er oft hinging, und ich sah auf einem Platz, wo er vorüberkommen musste, junge Leute versammelt, welche, glaube ich, Philosophen waren, so wie Studenten.

Ihr Lehrer hatte gegen Johannes gelehrt und sie wollten Spöttelei mit ihm treiben. Weil Johannes von der Verachtung der

Güter gelehrt hatte, hatten sie Gold und Edelsteine, die sie für ihr Vermögen erkauften, in Stücke zerschlagen und streuten sie ihm zum Gespött in den Weg, womit sie zeigen wollten, sie brauchten keine Christen zu sein, um ihr Vermögen zu verachten, sie könnten es auch als Heiden.

Ich sah, als Johannes kam, dass sie ihn verspotteten und dass er stehenblieb und ihnen sagte, dieses sei keine Entsagung, es sei Verschleuderung und Zerstörung, und dass er sie belehrte und dass einer ihm sagte, wenn er die Steine auflese und ganz machen könnte, so wollten sie seinem Gott glauben. Ich sah, dass er begehrte, sie sollten es selbst tun und so viel sie finden könnten, ihm bringen; und als sie es taten, sah ich, dass er betete und ihnen alles ganz zurückgab und dass sie sich vor ihm niederwarfen und dass er ihnen sagte, welchen Armen sie es geben sollten und dass sie Christen wurden.

Ich sah auch eine Geschichte, wovon ich mich noch an folgendes erinnere. Zwei, die ihre Güter den Armen gegeben hatten und dem Johannes gefolgt waren, sahen ihre Sklaven schön gekleidet und bereuten, dass sie Christus gefolgt waren. Ich sah, dass Johannes Reiser aus dem Wald und Steine vom Meeresufer durch Gebet in Goldstäbchen und Edelsteine verwandelte und ihnen gab, sie sollten sich ihre Reichtümer wieder kaufen. Als er über ihren Fall eine Ermahnung hielt, wurde die Leiche eines jungen Mannes vorübergetragen und viele weinende Leute flehten den Apostel an, ihn zu erwecken.

Er betete und erweckte ihn und befahl ihm, den wankenden Jüngern zu sagen, was er von ihrem Zustand wisse. Der von den Toten Erweckte aber sprach ihnen so von der anderen Welt, dass sie Buße taten. Der Apostel ließ sie auch fasten und nahm sie wieder auf, und das Gold war wieder in Reiser und die Edelsteine in die vorigen Steine verkehrt und sie wurden wieder ins Meer geworfen.

Ich sah, dass sich sehr viele bekehrten und dass Johannes gefangengenommen wurde. Ein Götzenpriester sagte, wenn er einen Becher voll Gift trinke, wollten sie an Jesus glauben und ihn frei lassen. Sie ließen ihn mit gebundenen Händen von zwei Soldaten an Stricken vor den Richter und vielen Leuten auf einen

Platz führen. Ich sah auch, dass zwei zum Tode Verurteilte das Gift trinken mussten und gleich tot niedersanken.

Ich sah, wie zwei wunderlich Gekleidete in einer Halle daneben das Gift bereiteten. Die Anderen waren alle mit weiten umgeschlagenen Mänteln gekleidet; diese aber waren kurz und knapp gekleidet, hatten Riemen um die Beine und etwas wie Taschen an den Hüften hängen; sie hatten auch Helmkappen auf. Ich sah, dass sie rote Früchte, grüne Kräuter und wie fingerdicke Rohrstückchen mit einer Handpresse in einen Kelch presste, der schier wie der Abendmahlskelch Jesu war und dass sie den Becher Johannes zum Trinken vorhielten, denn er konnte mit den gebundenen Händen den Becher nicht selbst fassen. Ich sah, dass Johannes betete und in den Becher sprach und dass ein schwarzer Dampf aus dem Becher fuhr und ein Licht über denselben kam und dass Johannes ihn ruhig trank und es ihm nichts schadete. Ich sah auch, dass der Götzenpriester noch verlangte, er solle die zwei Toten erwecken und dass Johannes ihm seinen Mantel gab, den er auf die Toten werfen sollte und ihm sagte, was er sagen sollte und dass die Toten hierauf erwachten. Ich sah, dass sich beinahe die ganze Stadt hierüber bekehrte und dass man ihn frei ließ.

Ich sah auch einen Tempel zu Ephesus einstürzen, als man Johannes einmal zum Opfern nötigen wollte. Es kam wie ein Gewitter über den Tempel, das Dach brach zusammen, Staub und Dampf drang aus allen Öffnungen und die Götzenbilder zerschmolzen. Ich sah in Ephesus eine Heidin, deren Mann noch nicht lange von Johannes zum Christentum bekehrt worden war. Sie hatte keine Kinder und war von großer Schönheit, hatte aber der Leidenschaft eines vornehmen Jünglings der Stadt nachgegeben und sich oft in der Abwesenheit ihres Mannes mit ihm unterhalten, ihm auch gewisse Versprechungen gemacht, die sich nicht mit der Tugend vertrugen; noch immer aber war sie in den Grenzen der Zucht geblieben. Die Leidenschaft des Jünglings bedrängte sie sehr.

Da trat ihre Bekehrung und Taufe ein; sie bekannte Johannes ihre Sünde und erhielt Vergebung, sie war voll Reue und Buße und ihr Mann, der die Ursache nicht wusste, war sehr darum bekümmert. Der Jüngling, ein Heide, wollte sich in ihre Sinnesänderung nicht fügen und fand Gelegenheit, auf seinen früher gewohnten Wegen in ihr Gemach zu dringen, wo sie auf einem Ruhebett saß. Er nahte ihr mit Vorwürfen und Leidenschaft und begehrte unter Drohung und allerlei Raserei, was sie ihm versprochen habe. Sie bat ihn, hinwegzugehen und betrug sich ganz wie eine Christin. Indem hörte sie ihren Mann kommen. Der Jüngling entfloh und sie erschrak dermaßen, dass sie krank wurde und bald darauf starb. Ihr Mann war sehr betrübt, um so mehr, da das Ende seiner Frau sehr schwermütig gewesen war.

Das Grab, worin die Frau gelegt wurde, bestand aus mehreren Gängen und es lagen auf Steinbänken mehrere Tote da begraben, welche nachher zugedeckt wurden. Es war auch ein kleiner steinerner Altar da, an welchem für dieselben an den ersten Tagen Messe gelesen wurde. Danach wurden die Leichenlager zugehüllt. Der Jüngling, von seiner Raserei getrieben, bestach den Hausverwalter des Mannes, dass er ihn an das Grab bringe.

Dieser schlechte Mensch tat dies für Geld und blieb in einem Seitengang stehen. Ich sah den Jüngling mit ausgebreiteten Armen heftig gegen die Leiche der Frau hinstürzen; aber ich sah eine Gestalt neben ihr, welche wie ein feuriges Schwert, wie einen Strahl gegen ihn zückte und verschwand. Da sank der Jüngling mit einem Schrei tot zur Erde nieder. Da dieses der Verwalter herbeieilend bemerkte, erfasste ihn ein solcher Schrecken, dass er auch ohnmächtig niedersank.

Als Johannes mit dem Mann und anderen Christen kam, um das Totenfest zu halten und das Opfer zu verrichten, fanden sie zu ihrer großen Bestürzung die beiden Toten. Johannes aber sah ich beten und den Jüngling von den Toten erwecken, welcher mit großer Reue Johannes und allen Anwesenden seine Schuld bekannte und was ihm geschehen und der ganz von seiner Leidenschaft geheilt, bekehrt und ein frommer Christ wurde; später erlitt er selbst den Martertod. Nach dem Heiligen Messopfer erwachte auch die Frau auf das Gebet des Johannes. Der Verwalter aber war nur vom Schlag gerührt und noch starr und kam wieder zu sich.

Dieser Mensch war ein großer Bösewicht und hat sich nicht bekehrt, sondern ist übel gestorben. Die Frau lebte auch nur noch einige Tage; sie ermahnte viele Andere und erzählte, was sie in ihrem Tod gesehen hatte, wodurch sich viele Heiden bekehrten. Sie predigte sehr ernste, strenge Dinge.

Ich sah auch eine Geschichte, wie ein bekehrter Jude, der noch Katechumene war, in Johannes' Abwesenheit in große Armut und Schulden kam und hart bedrängt wurde und wie ein boshafter Jude ihm sagte, er solle sich vergiften, denn er müsse doch bis zu seinem Tod im Schuldturm sitzen. Ich sah den armen Schelm dreimal in der Angst eine braune eherne Schale voll Gift trinken; weil er aber von Johannes gelehrt worden war, das Zeichen des Kreuzes über jedes Getränk und jede Speise zu machen, so schadete ihm das Gift nichts, obschon er vergiftet sein wollte. Nun kam aber Johannes wieder an den Ort, und da er ihm seine Not klagte und über sein Verbrechen unterrichtet war, hatte er eine große Reue, und Johannes bezeichnete ihm dasselbe Giftgefäß mit einem Kreuz und gab es ihm in Gold verwandelt wieder und befahl ihm, seine Schulden damit zu bezahlen. Dieser Mann ist des Johannes Jünger und Bischof in der Stadt geworden, wo Johannes den Knaben fand, den er nachher bei einer Räuberbande traf.

Ich habe auch gesehen, wie Johannes vor einer Stadt einen Knaben bei einer Herde fand und als er mit ihm gesprochen hatte, bei großer Verwilderung sehr gute Gaben in ihm erkannte. Er sagte ihm, er solle seine Eltern rufen. Seinen Vater und seine Mutter sah ich auch kommen, arme Hirtenleute; sie hatten beide Hirtenstäbe in der Hand. Johannes begehrte den Knaben zur Erziehung von ihnen und erhielt ihn. Er war zehn Jahre alt. Er brachte ihn in Beröa zum Bischof zur Erziehung und sagte, er wolle ihn einst wieder von ihm fordern. Anfangs ging es gut; nachher ließen sie den Jungen laufen, und er kam schließlich unter eine Räuberbande.

Als Johannes wiederkam und nach ihm fragte, hörte er, dass er im Gebirge unter den Räubern sei. Er setzte sich auf ein Maultier, weil er alt war und der Weg in das Gebirge steil; und da er ihn fand, bat er ihn kniend um seine Bekehrung. Der Bursche war damals etwa zwanzig Jahre alt. Johannes nahm ihn zurück, setzte einen anderen Bischof ein und tat den Jüngling, der nachher auch Bischof geworden ist, in Buße.

(Am 28. Dezember erzählte Anna Katharina:) Johannes nahm die zwei Brüder des getauften Kindes Fidelis mit nach Asien am

Fluss bei Kedar hinauf bis dahin, wo er in der Einsamkeit drei Jahre vor seinem Tod sein Evangelium schrieb. Die Jünger waren, da er schrieb, nicht bei ihm, sie waren ein Stück Weges zurück und kamen nur dann und wann, um ihm Speise zu bringen. Ich sah, dass er unter einem Baum liegend schrieb, dass es regnete und dass es über ihm hell und trocken wurde.

Er hat länger dort verweilt und auch gelehrt und viele Leute dort in den Städten bekehrt. Ich habe die Namen der Städte vergessen. Ich meine diese Gegend war mehr mitternächtlich, wo Jesus zu den Drei Königen reiste. Von hier kam Johannes wieder nach Ephesus zurück. Es waren aber die Hauptparteien der Drei Könige nach der Taufe durch Thomas nach Kreta gezogen und die anderen hatten sich sonst verteilt.

In Arabien waren von Thomas her mehrere Bischöfe aus den Völkern der Drei Könige eingesetzt. Diese Bischöfe konnten nicht mehr allein fertig werden, weil die Leute wieder in den alten Götzendienst zurückfielen. Sie schrieben darum dem hl. Johannes, und er schickte ihnen die beiden Brüder des Fidelis, die Makarius und Kajus getauft und bereits Männer und seine Jünger waren. Diese flehten ihn aber so lange an, bis er im hohen Alter selbst noch die Reise zu ihnen machte. Sie wohnten noch weiter zurück als Mensors Lager.

Ich sah Johannes bei einem, wo die Chaldäer waren, die den verschlossenen Garten Marias in ihrem Tempel hatten. Der Tempel war nicht mehr, sie hatten eine kleine Kirche auf die Form wie das Haus Marias bei Ephesus, oben flach, so wie ich alle Kirchen im Anfang gesehen habe. Es kamen die anderen Bischöfe hierher auch zusammen; sie baten Johannes, er solle doch das Leben Jesu hier im Land schreiben, sie wollten ihm auch alles erzählen, was sie wüssten. Er sagte ihnen aber, er habe sein Leben Jesu geschrieben und habe geschrieben, was von seiner Göttlichkeit er auf Erden schreiben könne. Er sei bei dem Schreiben fast immer wie im Himmel gewesen; er könne nichts anderes schreiben.

Er sagte ihnen, was ein Jünger, der mit Jesus gereist war, Eremenzear, später Hermes, davon geschrieben habe, sollten Makarius und Kajus vervollständigen. Ich habe auch vernommen, dass sie es getan und dass des Makarius Arbeit verloren sei, die des Kajus aber existiere noch. Ich habe noch sehr vieles gehabt, was ich nicht mehr weiß, von diesen Büchern und von Johannes.

Er ist von hier nach Jerusalem, dann wieder nach Rom und hierauf nach Ephesus gereist. Ich habe vieles von allen diesen Dingen und besonders von den arabischen Bischöfen und den Schriften des Makarius und Kajus vergessen.

Ich habe auch ein schönes Bild von dem Tod des hl. Johannes gehabt. Er war schon sehr alt, sein Angesicht aber war immer schön, sanft und jugendlich. Ich sah ihn zu Ephesus in der Kirche, ich glaube drei Tage hintereinander, das Brot brechen und austeilen. Ich meine auch, Jesus war ihm erschienen und hatte ihm den Tod angekündigt; ich erinnere mich dessen dunkel, doch habe ich oft gesehen, dass ihm Jesus erschienen ist. Ich sah ihn hernach im Freien vor der Stadt unter einem Baum von seinen Jüngern umgeben lehren und er ging mit zweien allein in einen schönen Ort, hinter einem kleinen Hügel im Gebüsch.

Es war ein schöner Rasen da und man konnte das Meer so blau am Himmel hinansehen. Er zeigte ihnen etwas auf der Erde, entweder mussten sie sein Grab graben oder vollenden; ich glaube aber das letzte, denn es war so schön bald darauf gemacht, dass ich meine, er muss schon vorher das Meiste daran haben tun lassen; die Schaufeln waren auch schon dort. Ich sah ihn wieder zu den Anderen zurückgehen und er lehrte sehr liebevoll und betete, er sagte, sie sollten einander lieben. Ich sah auch, dass die zwei zurückkamen und dass einer sagte: «Ach Vater! Wir glauben, du willst uns verlassen!»

Sie drängten sich auch alle um ihn, warfen sich nieder und weinten; er ermahnte, betete und segnete sie. Ich sah dann, dass er ihnen befahl, zurückzubleiben und dann mit Fünfen an den Ort des Grabes ging. Es war aber nicht sehr tief und von dieser Gestalt. Es war ganz schön mit Rasen ausgelegt; es hatte einen Deckel von Flechtwerk, worauf, glaube ich, nachher Rasen kam und ein Stein.

Johannes betete mit ausgebreiteten Armen am Grab stehend, legte seinen Mantel hinein, stieg hinab, setzte sich nieder und betete noch. Ich sah ein großes Licht über ihn kommen, er redete noch; die Jünger lagen auf die Erde geworfen und weinten und beteten. Ich sah eine wunderbare Sache: indem Johannes leise in die liegende Stellung sank und starb, sah ich in dem Glanz über ihm eine leuchtende Gestalt, ganz wie er, aus seinem Leib wie aus einer groben Hülle heraussteigen und mit dem Licht verschwinden. Ich sah nun auch die Anderen herbeikommen und sich nieder um das Grab über den Leichnam werfen, der dann zugedeckt wurde.

Als mir dieses Bild verschwunden war, sah ich sogleich das Bild vom Prophetenberg und wie die Gestalt in dem Zelt saß, die ich so oft dort sehe.

Nachtrag
Der hl. Johannes im Ölbad zu Rom – Der hl. Aquila – Der hl. Martyrerknabe Fidelis

Als Johannes in das Öl geworfen wurde, lehrte er in Italien, wo er ergriffen wurde. Er ist von Patmos, wo er sehr beliebt war und Viele von ihm bekehrt wurden, manchmal mit seinen Wächtern weggereist, selbst in die Gegend von Ephesus. Er hat die Offenbarung nicht ununterbrochen in einer Zeit gehabt und geschrieben, sondern in Zwischenräumen; erst drei Jahre vor seinem Tod schrieb er sein Evangelium tief in Asien.

Ich sah mehrere Bilder von seiner Marter in Rom.[81] Ich sah ihn in einem runden Hof, der mit einer einfachen Mauer umgeben war, entkleidet und gegeißelt werden; er war schon alt, aber zart und jugendlich in seinem Aussehen. Ich sah, wie man ihn zum Tor hinaus in einen großen runden Raum führte, wo ein hoher, etwas enger Kessel auf einem steinernen runden Herd stand, der unten Zuglöcher hatte. Johannes trug einen weiten über der Brust zugehefteten Mantel, schier wie der Herr bei seiner Verspottung.

Es standen viele Leute herum, welche zuschauten. Man zog ihm den Mantel ab und sein Leib war blutig rot von der Geißelung. Zwei hoben Johannes in den Kessel empor, und er stieg selbst mit. Das Öl war siedend; sie heizten unten mit kurzen dunkelfarbigen Knüppeln, welche sie in Bündeln heran trugen.

Nachdem Johannes eine kurze Zeit ohne Zeichen von Schmerz oder Verletzung darin gestanden war, hoben sie ihn wieder heraus, und er war an seinem ganzen Leib unverletzt und erneuert, alle Geißelwunden waren geheilt. Viele Leute, die zugesehen hatten, stürzten ohne Scheu zu dem Kessel und füllten auch kleine Krüge mit dem Öl, und ich wunderte mich, dass sie sich nicht verbrannten. Johannes wurde wieder zurückgeführt.

Ich habe schon früher und auch heute nacht wieder gesehen, dass von diesem Öl noch an verschiedenen Orten etwas aufbewahrt wird. Ich sah nachher auch eine große Kirche über diesem Ort und dass von dem Öl darin bewahrt wurde.

(Am 29. Juli 1821 erkannte Anna Katharina von mehreren ihr gebrachten Reliquien eine als von dem Bischof bei Ephesus, dem Johannes den Knaben anvertraut hatte, welcher nachher ein Räuber geworden ist. Er war ein guter Mann, der viel mit Ketzern zu streiten hatte, aber mit dem Jüngling verfehlte er sich.

Er war nur sechs Jahre Bischof, er vikarierte gewissermaßen für Johannes. Sein Name ist Aquila (sie nannte die Buchstaben einzeln). Er starb eines natürlichen Todes.)

O, wie hat er geweint, als Johannes ihm seine Nachlässigkeit verwies: er kniete vor ihm. Es war in der letzten Zeit des heiligen Apostels und er war Bischof nicht in Ephesus, sondern entfernter. Er war aus Korinth und hatte eine Frau, machte Stangen und Decken und Wände von Flechtwerk.

Paulus wohnte bei ihm und bekehrte ihn und nahm ihn und seine Frau mit nach Ephesus und ließ ihn dort als Lehrer zurück. Seine Frau belehrte auch Frauen und kam bis nach Kedar und bekehrte Viele. Aquila trennte sich von seiner Frau und war eine Zeitlang bei dem Bischof von Ephesus, der nach Timotheus Bischof war und Onesimus hieß.

Als Aquila mit Paulus nach Ephesus kam, war er sehr eifrig, noch eifriger aber seine Frau. Diese war groß und stark, von bräunlicher Farbe und mit einem fast männlichen Gesicht. Auf ihrem Kopf trug sie eine hohe Mütze mit feinem Wollenzeug gewickelt, als wenn man die Haare oben in einem Becher stecken und den Kopf über diesen Becher zuwickeln würde. Thekla war auch so gekleidet. Später war Aquila nicht mehr so eifrig.

Johannes machte ihn vor seiner Reise zum Bischof an einem Ort, der einige Meilen von Ephesus entfernt war. Johannes war wieder Oberhirt über die ganze Gegend, er kam und ging. Als er zu Aquila reiste und auf dem Wege dahin lehrte, fand er den verlassenen schönen Knaben, welchen er Aquila übergeben hatte. Nach neun bis zehn Jahren forderte er ihn zurück, und da er nicht mehr da war, suchte er ihn selbst bei den Räubern. Aquila weinte sehr und besserte sich. Der Knabe wurde auch noch ein frommer Mann.

Von Onesimus habe ich auch gesehen, dass er bei Ignatius in Smyrna war, da er zur Marter nach Rom geführt wurde. Er selbst wurde auch zur Marter geführt.

(Das folgende Bild schaute Anna Katharina, durch eine in ihre Nähe gebrachte Reliquie des Marterkindes angeregt, am 12. November 1820:)

Der Knabe, welchen der hl. Johannes auf dem Schoße seiner Mutter getauft hat, war der Urenkel jener beiden alten Leute, welche Jesus zwischen Kedar und dem Ort geheilt hat, wohin sie ihm danach zu einer Hochzeit gefolgt sind. Der Urgroßvater hieß Benjamin und stammte in gerader Linie von Ruth ab; ich habe in einer langen Reihe die Bilder ihrer Geschichte und aller Nachkömmlinge gesehen.

Die Eltern des Knaben hießen Arab und Mara, seine beiden älteren Brüder Jehu und Machare. Dieselben wohnten bei Ephesus unter Christen, welche aus Judäa dahin geflüchtet waren und sich auf etwa eine Stunde im Umkreis von dem Haus Marias angesiedelt hatten. Dieses Haus diente ihnen als Kirche, und alle heiligen Apostel, die in die Nähe kamen, besuchten es, sowie auch den Kreuzweg und das Grab Marias, das noch sehr gut im Stande war und diesen Leuten ein Gebetsort war.

Arab und Mara waren von Judas Thaddäus getauft worden. Ich hatte ein sehr liebliches Bild von der Taufe ihres jüngsten Kindes durch Johannes. Er war nach seinem Ölbad in Rom nach Ephesus und in diese Gegend mit Eremenzear und einigen Begleitern gekommen und hielt sich einige Tage daselbst verborgen, besuchte nur des Nachts die Wohnungen und hielt auch Gottesdienst im Hause Marias. Ich sah Mara und Arab den hl. Johannes begierig erwarten; es war Nacht und die Lampe brannte in der leicht zusammengedrängten Wohnung, es waren noch einige andere Christen in der Stube. Ich sah Johannes anpochen, die Freude der Eltern war unbeschreiblich.

Die Mutter nahm das Kind, das noch zu säugen schien, vor sich aufgerichtet auf den Schoß, entblößte es bis auf die Hüfte, und ein Mann und eine Frau legten ihm die Hände auf die Schultern. Das Kind war sehr lebhaft und griff hin und her.

Johannes goss ihm mit der Hand aus einem Becken Wasser über den Kopf und die Mutter nahm ein Tuch und rieb ihm das Wasser waschend über den Oberleib. Johannes gab ihm auch aus einem kleinen Büchschen etwas in den Mund und betete. Er gab ihm den Namen Fidelis. Das Kind wurde so früh getauft, weil Johannes hier nicht blieb und die Verfolgung so groß war. Johannes prophezeite noch von diesem Kind, dass es dem Herrn sehr getreu sein werde.

Er reiste von hier, glaube ich, nach Patmos ins Elend. Ich meine, die Brüder des Fidelis begleiteten ihn. Später, als Fidelis etwa sieben Jahre alt war, sah ich alle diese Leute nach Jerusalem ziehen wegen einer Verfolgung; ich sah, wie sie fromm lebten und die Fußstapfen Jesu verehrten.

Vieles war zerstört und allerlei Schutt über dem heiligen Grab, aber die Christen suchten jede Stelle auf und beteten dort. Bei einer solchen Gelegenheit wurde Fidelis mit anderen Kindern ergriffen; man suchte sie auf alle Weise abtrünnig zu machen, man geißelte sie in Gegenwart ihrer Eltern, um diese zum Abfall zu bewegen. Ich sah Fidelis freudig in solcher Marter sterben. Die Christen begruben sie nachher am Kalvarienberg. Ich habe auch gesehen, wie sie später ausgegraben und nach Rom gebracht wurden. Ihr Martertag ist am Tag der Unschuldigen Kinder.

Johannes war schon sehr alt und hager, als er das Kind taufte. Er hatte ein langes weißes Gewand an und eine blonde kleine Locke am Kinn.

Bartholomäus, ein Essener, war schön und gewandt; er hatte eine hohe Stirn, weiße Farbe, große schwarze Augen, krause Haare und einen kleinen, krausen, mäßig gespaltenen Bart. Er war wohlgebaut und von allen Aposteln in seinem Äußeren am freiesten und feinsten. Er hatte etwas sehr Feines, Edles und Zierliches in seinem Betragen, er war rasch und ging sehr aufrecht und war wie ein wohl erzogener junger Edelmann unter ihnen. Die anderen, besonders Petrus und Andreas, hatten im Anfang etwas Ungelenkes in ihrem Aussehen.

Der Vater des Bartholomäus hieß Tholmai und stammte von dem König Tholmai von Gessur her, dessen Tochter David geheiratet hatte. Er lebte auf dem Feld Gessur und trieb großen Feldbau und Viehzucht. Die Gegend von Gessur war ungesund, Tholmai wurde kränklich und zog nach Kana in Galiläa, wo sein Bruder mit der Tante des Nathanael (des Bräutigams von Kana) verheiratet war. Er blieb hier längere Zeit und gebrauchte ein Bad in der Gegend; später aber verkaufte er seine Güter bei Gessur und ließ sich im Tal Zabulon nieder, wo ein älterer frommer Bruder des hl. Joseph namens Sadoch wohnte, der zwei Söhne und zwei Töchter hatte. Ich meine Tholmai zog aus Frömmigkeit und aus Freundschaft zu Sadoch hierher.

Die Kinder Sadochs hatten Umgang mit der Heiligen Familie und als Jesus in Jerusalem verloren wurde suchten ihn Maria und Joseph auch bei diesen Leuten. Die Söhne sah ich manchmal bei Jesus in seinen Jünglingsjahren.

Bartholomäus hörte schon früh von Jesus, als dieser hie und da als ein heiliger, ausgezeichneter Jüngling genannt wurde. Als der Herr sein Lehramt antrat, wurde Bartholomäus innerlich manchmal so nach Jesus hingezogen, dass er einmal mit seinem Vater im Obstgarten beschäftigt plötzlich in der Arbeit inne hielt und sich sehnend nach der Gegend hinwandte, wo Jesus mit seinen Jüngern war. Sein Vater stellte ihn zur Rede und er antwortete, dass ihn die Sehnsucht zu dem Meister ziehe, der dort lehre.

Der Vater war ein guter Mann und nicht dagegen; ja er hatte eine solche Freude über das, was er ihm von Jesus erzählte und dass er ihm nachfolgen wolle, dass er am folgenden Osterfest zehn Lämmer zum Tempel brachte. Sie waren beide in Jerusalem, aber noch nicht bei Jesus. Der Vater wurde erst nach der Himmelfahrt von Johannes getauft.

Als Jesus an dem Brunnen von Bethulien vorüber reisend den Nathanael unter dem Feigenbaum anblickte, war Bartholomäus auch dort und wurde auch von Jesus angeschaut und gerührt. Ich meine auch, dass Bartholomäus bei Nathanael war, als dieser von Philippus an den Weg zu Jesus aus seinem Haus gerufen wurde. Er kam, doch blieb er in der Ferne stehen; Jesus aber sagte, er werde nicht mehr lange so ferne stehen. Ich sah auch, dass Lukas einmal zu Dabbeseth sich bei Bartholomäus aufhielt und malte und dass sie von Jesus sprachen. Bartholomäus war hier mit Schreiberei beschäftigt und hatte ein öffentliches Amt; eine Bruderstochter seines Vaters oder seiner Mutter führte ihm die Haushaltung. Durch dieses Amt war er mit Nathanael, Thomas und Simon Chananäus gut bekannt.

Als Jesus vor dem ersten Pascha, da Er schon gegen acht Apostel um sich hatte, nach einem Ort nicht sehr weit von Dabbeseth ging, um in der Schule zu lehren, sonderten sich Philippus, Nathanael und Simon Chananäus auf dem Weg ab und gingen nach Dabbeseth.

Sie besuchten den Bartholomäus und forderten ihn auf, mitzugehen und die Wunder ihres Meisters zu sehen und seine Lehre zu hören. Er ging mit ihnen. Jesus zog damals durch eine waldige Gegend und man hatte ihm ganze Reihen von Kranken zur Rechten und Linken des Weges unter Zelte gelegt, von denen Er im Vorübergehen sehr viele heilte. Diese Wunder sah Bartholomäus, hörte auch Jesu Lehre in der Schule mit an; er sprach aber noch nicht mit ihm, blieb auch nicht, sondern kehrte wieder nach Dabbeseth zurück.

Als Jesus nach dem ersten Osterfest vom Taufort am Jordan mit seinen Jüngern durch Samaria zog, kam Bartholomäus auf dem Weg von der Taufe des Johannes zu den Jüngern, und Andreas sprach ihm von Jesus und ging auch zum Herrn selbst und redete zu ihm von Bartholomäus, denn er pflegte sehr gerne unterrichtete Leute als Jünger vorzuschlagen.

Da Bartholomäus an Jesus vorüber ging und Andreas nach ihm zeigte, sagte Jesus: «Ich kenne ihn, er wird kommen.» Nachher erzählte dies Bartholomäus dem Thomas und sie sprachen nun oft von Jesus. Thomas hatte einen Bruder Thaddäus, der den Holzhandel seines Vaters in Apheke übernommen hatte; er selbst aber studierte und war ein strenger und hartnäckiger Mann. Sie hatten wegen ihres Handels oft in Dabbeseth zu tun.

Einmal sah ich, dass Thomas und Simon Chananäus den Bartholomäus zum Sabbat besucht hatten. Sie gingen bei der Synagoge von Dabbeseth an einem Erholungsort spazieren und sprachen von den Wundern Jesu in der Gefangenschaft des Täufers. Dabbeseth war ein kleiner Handelsort, es ging eine Straße durch, die nach dem Meer hin führte. Es wurden viele Seidenarbeiten gemacht und viele Näherinnen waren dort, welche Quasten und Borten, Tempelkleider, Teppiche und Verzierungen machten.

Als Jesus einmal in die Gegend von Dabbeseth kam, kehrte Er bei Bartholomäus ein und nahm ihn unter seine Apostel auf. Er segnete ihn und legte ihm die Hand auf. Bartholomäus gab auch sogleich sein Amt auf, welches der Bruder seiner Base übernahm, und folgte Jesus nach. Den Namen Bartholomäus empfing er daher, weil Jesus ihn immer den Sohn des Tholmai nannte. Sein eigentlicher Name war einer der zwölf Stammnamen: er hieß Nephtali. Ich meine, er war der neunte unter den Aposteln, denn Matthäus, Thomas und Judas wurden nach ihm berufen.

Als sich die Apostel und Jünger nach Jesu Gefangennahme zerstreuten, floh Bartholomäus zu seinem Vater; seine Mutter war schon tot. Nach der Apostelteilung habe ich ihn zuerst im äußersten Indien gegen Morgen gesehen, wo die Leute ihre Eltern so ehren; sie nannten ihn Vater und waren ihm sehr liebevoll begegnet. Er bekehrte sehr viele und ließ auch Jünger zurück. Dann ging er gegen Abend durch Japan, wo auch Thomas gewesen; doch lehrte dieser mehr in Indien bis gegen Mitternacht hin.

Von da zog Bartholomäus durch Arabien und übers Rote Meer nach Abessinien, wo der König war, den er bekehrte. Er hieß Polymius und war mit seinem Hofstaat und vielen Leuten weiß, sein Volk aber bestand aus Mohren. Der Vater dieses Königs war aus dem babylonischen Reich gewesen und hatte seine Länder unter seine drei Söhne verteilt. Ich hatte ein Bild von diesem König, der seine Länder ganz bereiste, um sie unter seine drei Söhne zu teilen.

Er stammte noch von jenem König ab, der die letzten Propheten so verfolgt und nur fünf Jahre regiert hat. Er war ein guter Mann und reiste auch in Ägypten, wo die ungeheuer alten Mauern sind und auch in dem Land, wo sie so hohe Häuser haben und ihre Eltern so verehren, was ihm sehr gefiel.

Der König betete alle Morgen die aufgehende Sonne an. Ich erinnere mich bei der Teilung und aus dem ganzen Bild an die Namen: Medien, Arabien, Ägypten, Armenien und solcher Namen, ich meine auch Abessinien. Ich hatte, als habe der König vom Reich Christi gehört und seinen Söhnen davon erzählt und als habe einer derselben gesagt, er wünsche als seinen Teil das Reich Christi, wenn er es erhalten könne.

Nach dem Tod des Vaters sah ich die Länder unter die Söhne verteilt. Ich sah Bartholomäus in das Land kommen und nach ihm von einer anderen Seite Matthäus. Ich sah, wie Bartholomäus in einer Stadt dieses Landes, das meine ich Abessinien war, einen Toten erweckte, der zur Stadt hinausgetragen wurde. Ich sah auch, dass er hier ein vom Teufel der Unzucht besessenes Brautpaar befreite und aus einer Menge Rasender viele Teufel austrieb.

Dann sah ich ihn in einer anderen Stadt, welche außer dem Palast des Königs und einigen großen Gebäuden wenig feste Häuser hatte; die meisten waren Zeltwohnungen und leichte Flechtgebäude. In den Götzentempeln waren viele Kranke, die sonst von dem Götzen geheilt wurden; allein seit Bartholomäus da war, war der Götze verstummt.

Die Priester befragten nun einen anderen Götzen, der ihnen sagte, es sei ein Diener des wahren Gottes da, der jenen Götzen zwinge zu verstummen; zugleich beschrieb er ihnen den Bartholomäus, so dass sie ihn suchten und ihn durch einen Besessenen fanden, der schrie, dieser Mann mache ihn schier verbrennen. Da er also schrie, trieb Bartholomäus den Teufel aus ihm.

Dies hörte der König des Landes und ließ den Bartholomäus vor sich bringen, damit er seine Tochter heile, welche rasend in Ketten lag. Bartholomäus ließ sie vorführen und befahl, ihr die Ketten abzunehmen.

Man wollte es anfangs nicht tun, denn niemand wagte, die Rasende zu berühren, da sie die Menschen mit den Zähnen anfiel. Bartholomäus aber bestand darauf, denn der Teufel sei gebunden. Sie lösten die Ketten auf, der Teufel musste aus ihr weichen und sie sank ohnmächtig nieder, worauf sie weggeführt und auf Befehl des Bartholomäus gebadet wurde. Sie wurde ganz gesund, schwor dem Götzendienst ab und ließ sich taufen.

Ich sah außerdem ein ganzes Haus voll dämonischer Weiber, weiße und schwarze; sie lagen in einem langen Gebäude, mit dem einen Arm und andere auch noch mit einem Fuß an die Wand geschlossen, und rasten auf die fürchterlichste Weise und warfen sich hin und her. Die Tochter des Königs Polymius lag im Vorderteil dieses Hauses allein.

Die Kranken hatten Zeiten, wo sie ruhig waren; dann wurden sie von den Aufsehern herausgeführt und im Notfall wieder angeschlossen. Bartholomäus heilte sie alle, und ich sah, dass sie auf einem freien Platz zu ihm gebracht wurden, wo er sie unterrichtete und den Götzen abschwören ließ. Danach taufte er sie an einem großen Springbrunnen vor des Königs Palast. Dieser Brunnen hatte ein sehr großes Becken und einen sehr zierlichen metallenen Aufsatz, aus dem das Wasser in vielen Strahlen sprang. Die zuerst Getauften mussten immer die Hände auf die neu zu Taufenden legen. Ich sah das Volk über diese Heilungen sehr verwundert; nur die Götzenpriester waren wütend.

Der König wollte Bartholomäus herrliche Geschenke an Gold und Kleidern machen, aber dieser verbarg sich und nachher wurde alles den Armen ausgeteilt nach seinem Willen. Ich sah, wie Bartholomäus sich oft und lang mit dem König Polymius unterhielt, der sehr gründlich fragte und ihn oft verließ, um in allerlei großen Schriften nachzuschlagen. Der Apostel aber hatte eine Rolle, das Evangelium des Matthäus, bei sich, aus der er ihm antwortete. Er sagte ihm auch, dass die Leute von dem Teufel in dem Götzenbild erst krank gemacht und dann geheilt würden, damit sie an den greulichen Dienst gefesselt würden. Nun aber sei der Teufel durch Jesu Christi Namen gebunden und könne in dem Bild nicht wirken. Er wolle ihm dies alles zeigen, wenn er den Tempel dem wahren Gott weihen und mit seinem Volk sich taufen lassen wolle. Der König rief alles Volk zum Tempel und da die Priester opferten, schrie der Satan aus dem Bild, sie sollten es nicht tun, er sei durch den Sohn Gottes gebunden. Bartholomäus befahl ihm, alle seine Lügen mit den Heilungen zu bekennen, und der Satan sprach alles aus dem Bild. Dann lehrte Bartholomäus vor dem Tempel im Freien und befahl dem Satan, sich in seiner Gestalt zu zeigen, damit sie sähen, welchen Gott sie angebetet haben.

Es zeigte sich ein fürchterliches schwarzes Ungeheuer in Menschengestalt und fuhr vor ihnen in die Erde nieder. Da ließ der König alle Götzenbilder niederreißen und Bartholomäus weihte den Tempel zur Kirche und taufte den König, seine Familie und nach und nach sein ganzes Heer. Er lehrte, heilte die Kranken und wurde vom ganzen Volk sehr geliebt. Ich sah die Taufe: Bartholomäus segnete den Brunnen, die Täuflinge hielten den Kopf rings unter den Wasserstrahl, zwei Getaufte legten jedem Täufling die Hände auf, und der Apostel segnete sie betend.

Nach dieser Periode erhielt Bartholomäus den himmlischen Ruf, zur seligsten Jungfrau zu kommen. Während dessen wandten sich die Götzenpriester an Astyages, den Bruder des Polymius, und verklagten den Bartholomäus als einen Zauberer. Als dieser nach der Versammlung der Apostel in dieses Land zurückkehrte, gelangte er nicht wieder dahin, sondern wurde von Kundschaftern aufgegriffen und vor Astyages geführt, der zu ihm sagte: «Du hast meinen Bruder verführt, deinen Gott anzubeten; ich will dich lehren, dem meinen zu opfern.» Bartholomäus erwiderte: «Der Gott, der mir die Kraft gegeben, deinem Bruder den Satan zu zeigen und vor ihm zur Hölle zu treiben, gibt mir auch die Kraft, deine Götzen zu brechen und dich zum Glauben zu zwingen.»

Gleich darauf brachte ein Bote die Nachricht, dass der Götze des Königs zerschmettert niedergestürzt sei. Da zerriss der König zornig seine Kleider und befahl, den Bartholomäus zu geißeln. Er wurde an einen Baum gebunden und geschunden, wobei er immerfort mit lauter Stimme lehrte, bis sie ihm mit einem kurzen Schwert den Hals durchstießen.

Sie schindeten ihn von den Füßen aufwärts und gaben ihm seine eigene Haut in die Hand. Nach seinem Tod warfen sie den heiligen Leib den Tieren vor, er wurde aber nachts von armen

Neubekehrten weggebracht. Ich sah, dass König Polymius ihn mit vielen Leuten abholte und begrub. Über sein Grab kam auch eine Kapelle. Der heidnische König aber und die Priester, welche den Bartholomäus verraten hatten, wurden nach dreizehn Tagen ganz rasend, sie flohen zu dem Grab und schrien um Hilfe. Der König bekehrte sich, aber die Götzenpriester starben eines schrecklichen Todes.

Es muss von diesen Dingen irgendwo geschrieben stehen, aber diese Nachrichten sind durch die Unbekanntschaft mit den Ländern und durch spätere Erzählungen weniger unterrichteter Leute unverständlich und unglaubwürdig geworden. Die Gelehrten wollen sie nicht für wahr halten, weil sie die Art der Wunder bei den Heiden nicht kennen, die ganz anders und viel gewaltiger als bei den Juden waren, weil sie gegen die volle Zauberei und Teufelsgaukelei gerichtet waren. Ich habe auch den christlich gewordenen König gesehen, wie er hernach arm und verlassen wurde und wie er des Reiches Christi gedachte, das er von seinem Vater begehrt hatte. Ich sah ihn in einer Kirche beten und auch eine reiche Frau, die das Gelübde gemacht hatte, dem Ersten, dem sie begegnen würde, die Hälfte ihrer Güter zu schenken. So kam er wieder aus der Not und wurde nachher durch Matthäus, der ins Land kam, zum Priester und Bischof geweiht. Ich glaube, dass er später ein Martyrer geworden ist. Es wurde mir auch gezeigt, dass dem hl. Bartholomäus eine besondere Kraft zum Helfen in verzweifelten Fällen und bei Lahmheit verliehen ist.

Der hl. Thomas

Die Eltern des Thomas wohnten in Apheke, einer Stadt zwischen Legio und Jezrael an einem Flüsschen gelegen. Die drei Städte lagen wie ein Kleeblatt da. Es ging eine Landstraße durch Apheke, auf der die Handelsleute mit Kamelen durchzogen. Der Vater des Thomas trieb Handel und hatte Anteil an der Schifferei an den Küsten des Weltmeeres, wo er die von den durchziehenden Kaufleuten eingehandelten Waren weiter versandte.

Mit Thomas kam ein Zwillingsbruder zur Welt und seine Mutter starb bei der Geburt. Der Vater heiratete wieder, und von dieser Stiefmutter hatte Thomas eine Schwester und zwei Brüder.

Nach des Vaters Tod heiratete die Stiefmutter wieder und Thomas hatte noch ganz jung Stiefeltern und wurde bei einem Bruder seines Vaters, der einer Sekte angehörte, hart erzogen.

Durch das Gewerbe seiner Eltern und Verwandten hatte Thomas früh mit fremden Leuten aus verschiedenen Völkern Verkehr, wusste viel von ihrem Wesen und ihren Sprachen und ist vielleicht deswegen später so weit nach Indien gesandt worden.

Er wurde durch seine Erziehung sehr eigensinnig und wollte von allem Beweise haben. Er wechselte oft seinen Beruf, war bei der Schifffahrt, beim Handel, auch bei der Fischerei am galiläischen See, wo er mit den nachmaligen Mitaposteln in erste Berührung kam. Später begann er in Saphet allerlei jüdische Wissenschaften zu studieren und war in der Schule der Pharisäer, ohne einer zu werden. Danach kam er in ein suchendes Leben, war bald zu Hause, bald bei Bartholomäus und Nathanael, durch welche er, wie ich glaube, zur Schreiberei gekommen ist.

Thomas war etwa drei Jahre älter als Jesus. Als der Herr ungefähr in seinem zwanzigsten Jahr zum Tempel ging, reiste Thomas auch dahin und sah Jesus, doch ohne ihn zu sprechen. Diese Reise wurde die Veranlassung zu einer Veränderung in seinem Leben, denn Thomas kam damals mit Jakobus dem Jüngeren in genauere Bekanntschaft, der sehr fromm und ein Essener war und ihm manches von Jesus erzählte, wodurch er zu größerem Ernst und größerer Frömmigkeit bewogen wurde. In dem dreißigsten Jahr Jesu lebte Thomas zu Arimathäa und trieb Schreiberei, er hörte von Jesus und Johannes, doch glaubte er anfangs nicht recht.

Drei Jahre nach der Reise Jesu zu den Heiligen Drei Königen sah ich Thomas mit dem Apostel Thaddäus, den Jüngern Caisar und Silvanus, dem Sohn des Hauptmannes Achias von Gischala und noch mit zwei Anderen in das Land der Drei Könige kommen und alle auf diesem Wege taufen, den ich Jesus jetzt in meinen Bildern gehen sehe.[82] Er kam aber nicht von oben herein, wo Jesus hereinging, sondern kam mehr südlich herauf. Ich sah ihn im Lager Mensors.

Er wurde feierlich empfangen, aber doch nicht wie Jesus, denn die Leute waren einfacher in ihren Sitten geworden. In ihrem Tempel sah ich alles verändert, es war kein Götzenbild, kein Sternenhimmel mehr darin; ich sah aber das Krippchen wieder und es war auch ein Esel dabei. Auch das Bild vom Lamm Gottes und den Altar mit dem Kelch sah ich wieder.

Ich sah die Taufhandlung Mensors und des anderen alten Königs und der Ersten der Familie: Es waren etwa zwölf. Es wurde ein großes Becken auf das Brunneninselchen vor dem Zeltschloss gestellt und Wasser aus dem Springbrunnen hineingelassen.

Dieses segnete der Apostel, die Täuflinge beugten das Haupt darüber, und zwei der Begleiter des Thomas legten dem Täufling die rechte Hand auf die Schulter. Thomas hatte ein Büschel, das er in das Becken tauchte und aus dem er das Wasser über das Haupt der Täuflinge herablaufen ließ.

Hernach, als schon mehrere getauft waren, verrichteten diese Getauften das Handauflegen. Ich sah nach und nach alle getauft werden, die noch hier wohnten, auch Kuppes und die anderen Frauen. Bei dieser Taufe sah ich den Heiligen Geist in Gestalt eines geflügelten Lichtkörpers, tauben- und engelartig herabschweben oder sich ausgießen.

Die Leiber der Verstorbenen und besonders des einen Königs sah ich noch wie ehedem in ihren Gräbern liegen. Vor der Grabtür des Letzteren sah ich den Zweig stecken und wie sonst die Taube darauf sitzen. Er mochte wohl zwölf Jahre verstorben sein; denn als Jesus hier war, hörte ich, er sei neun Jahre tot. Ich sah Thomas in dieses Grab gehen und sah, was ich früher nicht gesehen habe, dass er ihm wie eine weiße Larve vom Angesicht nahm und dasselbe mit dem gesegneten Wasser wusch. Hierbei sah ich keine Handauflegung. Das Haupt war noch mit Haut überzogen, die braun war.

Ich habe auch diese Nacht gesehen, dass sie nach der Taufe nicht im Tempel, sondern davor im Freien einen Dankgottesdienst hatten. Ich habe alle Namen gewusst und wieder vergessen bis darauf, dass Mensor Leander und Theokeno, der alte kranke König, Leo getauft wurde. Ich sah auch, dass sie nachher diesen Ort anderen, die nicht mitgingen, überließen und in drei Gruppen geteilt hinwegzogen und dass die ausgezeichnetste Gruppe auf eine Insel kam, wo einmal Dionysius Areopagita und auch Carpus war.

Ich sah Thomas auf dem ganzen Weg und selbst in der Heidenstadt von Kedar taufen; aber in Chaldäa, wo sie den geschlossenen Garten hatten und in der Stadt, wo ich Jesus jetzt sehe,[83] wurde nicht getauft; sie waren noch nicht bereit. Ich meine, dass Thaddäus auf seinem Zug nach Persien nach dem Tod Marias hier getauft hat. Als Thomas diesen Weg vollendet hatte, sandte er Thaddäus mit einem Brief zu dem König Abgar, damit er ihn heile; er hatte seine Krankheit durch eine Offenbarung des Herrn erfahren.

Überall auf seinem Weg tat Thomas große Wunder, setzte ihnen Lehrer ein und ließ auch einen Jünger zurück. Er selbst reiste weiter bis nach Baktrien. Er war hoch im Norden über China, wo Russland anfängt, bei ganz wüsten Leuten. In Baktrien und bei den Leuten, die der Lehre des Glanzstern (Zoroasters) folgen, ging es ihm besonders gut. Er war auch in Tibet.

Aus dem fernen Land über Baktrien brachte Thomas den Diener mit, den ich so ausländisch, fremd, sklavisch und fromm gehorsam sich betragen sah, als Thomas beim Tod Marias nach Ephesus kam. Damals jedoch kam er nicht von der fernsten Gegend seiner jetzigen Lehrreisen. Ich habe diesen Diener nachher immer bei ihm gesehen. Er konnte schwerste Lasten tragen und schleppte Steine herbei, als Thomas eine Kapelle baute.

Nachher habe ich Thomas nicht nur in Indien, sondern auch auf einer Insel bei schwarzen Leuten und auch in Japan gesehen und habe Prophezeiungen von ihm dort gehört über das Schicksal der Religion daselbst.

Thomas wollte nicht gerne nach Indien gehen. Er hatte, ehe er dahin ging, oft Traumbilder, als baue er in Indien schöne und große Paläste. Er verstand dies nicht gleich und verwarf es, da er kein Baumeister sei. Immer aber hatte er wieder eine innere Mahnung, er solle nach Indien gehen und dort viele Menschen bekehren und Seelen gewinnen, dies sei das Bauen der schönen Paläste. Er sagte dies Petrus, der ihn bestärkte, sich nach Indien zu begeben.

Er zog längs des Roten Meeres und war auch auf der Insel Sokotora und lehrte dort, aber nicht lange. Es war die zweite Stadt in Indien, in welche Thomas kam, wo er ein großes Fest bereitet fand. Er lehrte und heilte Kranke, und der König und viele Leute hörten ihm zu. Er bekam so viele Anhänger, dass ein junger Götzenpriester von großem Hass gegen ihn erfüllt wurde und mitten in der Lehre ihn ins Gesicht schlug.

Thomas aber war ganz sanftmütig, reichte auch die andere Wange dar und dankte ihm. Hierdurch wurde der König und das ganze Volk sehr gerührt, betrachteten Thomas als einen sehr heiligen Mann, und der Götzendiener selbst bekehrte sich. Seine Hand wurde mit Aussatz überzogen, aber Thomas heilte sie und der Bekehrte wurde sein treuester Anhänger.

Thomas bekehrte auch die Tochter des Königs und deren Gemahl, welcher von einem Teufel besessen war, und verließ darauf die Gegend, östlicher reisend. Nachdem die Tochter des Königs ein Kind geboren hatte, gelobten sie und ihr Mann Keuschheit und gaben all ihr Gut den Armen. Darüber wurde ihr Vater sehr erbittert und behauptete, Thomas sei ein Zauberer; sie blieben aber doch bei ihrem Entschluss und breiteten überall die einfache Lehre von Jesus Christus aus, wie sie dieselbe empfangen hatten, und bekehrten viele. Selbst der Vater wurde endlich gerührt und ließ Thomas bitten, zurückzukehren. Er kam, denn beim Abschied hatte er ihnen gesagt: «Ich werde euch bald wiedersehen.» Der König ließ sich mit einer großen Menge seines Volkes taufen, ja er wurde später selbst Diakon und zog zu den heiligen Königen. Ich meine, er ist noch Priester geworden. Sein Sohn baute eine Kirche.

Ich sah Thomas in einer anderen Stadt, die auch am Meer lag, und sah, dass er zurückreisen wollte, ich meine, es war nicht weit von dem Land, wo später auch Franz Xaverius gewesen ist. Es erschien ihm aber Jesus und befahl ihm noch tiefer nach Indien hinein zu reisen. Thomas weigerte sich, es sei ein so rauhes Volk; da erschien ihm Jesus zum zweitenmal und sagte: er fliehe wie Jonas vor seinem Angesicht; er solle gehen, Er werde bei ihm sein, es würden große Wunder durch ihn geschehen und er solle am Tag des Gerichtes neben ihm stehen als ein Zeuge dessen, was Er für die Menschen getan habe. Das ist es, was ich mich noch von dieser Erscheinung entsinne.

In jener Stadt sollte ein Palast gebaut werden, alles musste daran arbeiten. Ich sah viele arme Leute und Keinem wurde etwas bezahlt, sie wurden entsetzlich gepresst und gequält. Thomas lehrte vor der großen Menge der Bauenden; auch der König hörte ihm einige Male zu. Da Thomas die Parabeln in seiner Lehre sehr schön vom Bauen hernahm, meinte der König, er müsste ein sehr geschickter Baumeister sein und übergab ihm den Bau und eine große Summe Geldes und reiste wieder weg. Thomas aber lehrte und bekehrte nun weiterhin und gab das Geld den armen Leuten, welche früher beinahe verhungerten.

Der König wurde krank und ließ sich melden, wie es mit dem Baue stehe; da sagte man ihm, dass der Fremde wenig zu Stande bringe, dass er alles Geld den Armen gebe und lehre und taufe. Thomas wurde vor den König gerufen, der ihm Vorwürfe machte, allein er entgegnete, dass er allerdings einen schönen Palast gebaut und auch solchen gesehen habe (er meinte früher, als er in Traumbildern vom Bauen die erste Mahnung zum Apostelamt in Indien erhielt); er, der König, aber könne in seiner Blindheit dies nicht sehen. «So mache mich sehend» sagte der König und wollte, Thomas möge seine Augen heilen und die Finger darauf legen; allein dieser sagte, es seien die Augen des Geistes; wenn er aber tun wolle, was er verlange, wolle er ihm das Gebäude zeigen. Nun beschrieb Thomas die heilige Kirche und die ganze Lehre Jesu wie einen schönen Bau und befahl dem König im Namen Jesu, gesund aufzustehen und mit ihm zu dem Bau zu gehen.

Als sie dahin kamen, lag ein großer Stamm, den das Meer ausgeworfen hatte, da, den man mit vielen Kamelen vergeblich hinweg zu bringen suchte. Thomas bat sich diesen Stamm zum Bau einer Kirche aus, wenn er im Stande sei, ihn allein wegzuschaffen. Da der König einwilligte, nahm Thomas seinen Gürtel, band ihn an den Stamm und zog ihn allein zu dem Platz hin, wo die Kirche gebaut werden sollte.

Hierüber wurden Viele gläubig und auch der König ließ sich mit einem großen Teil seines Volkes taufen. Es erschien dabei über seinem Haupt ein Licht, das sich von ihm über das Volk verbreitete. Er erhielt auch ein Gesicht, in welchem er den ganzen Bau der guten Werke des Thomas erblickte. Die Kirche, welche hier von Thomas gebaut wurde, erinnerte mich immer an die Jakobikirche in Coesfeld; ich fand etwas Ähnliches daran.

Ich sah Thomas mit vielen Leuten von hier weiter ziehen, heilen und Teufel austreiben und an einem Brunnen taufen. Die Leute mussten ihm das feinste Brot bringen, das sie hatten; er segnete und teilte es aus. Es war aber ein Mann da, der, als er nach dem Brot greifen wollte, krank wurde, und Thomas fragte ihn, welche Schuld er auf sich habe. Da sagte er, Thomas habe neulich gelehrt, die Ehebrecher kämen nicht in das Reich Gottes, er habe seine Frau im Ehebruch getroffen und sie umgebracht und habe gemeint, seiner Sünde los zu sein, wenn er das Brot esse. Es war aber nicht seine Frau, er hatte mit ihr zu tun, wie auch Andere, und er hatte sie aus Eifersucht ermordet. Thomas überführte den Mann seiner Unwahrheit und Schuld, heilte ihn und ließ ihn Buße tun und erweckte auch das Weib vom Tod, worauf sich Viele bekehrten.

Es kam auch ein sehr vornehmer, gelehrter und guter Mann zu ihm, der immer über den Büchern saß. Er bat Thomas, ihm zu helfen. Seine Frau und Tochter waren rasend, weil besessen. Sie lebten sehr ausgelassen und da der Mann sie im Zorn verfluchte, nahm der Teufel von ihnen Besitz.

Thomas reiste mit dem Mann, und als er in sein Haus kam, fand er die Frauen in einem greulichen Zustand, sie taten, als wollten sie ihn zerreißen. Er aber band ihnen die Hände mit seinem Gürtel an einen Pfahl, nahm eine Geißel und geißelte sie tüchtig. Da wurden sie ganz zahm und er übergab dem Mann die Vollmacht, von Tag zu Tag damit fortzufahren. Nachher, als sie durch Fasten und Geißeln ganz schwach waren, trieb Thomas den unreinen Geist aus ihnen und bekehrte sie.

Der Mann wurde ein eifriger Schüler des Thomas. Er hatte auch eine Nichte, die an einen Verwandten des Königs verheiratet war. Sie war unbeschreiblich schön und sehr reich. Sie hörte von den Wundern des Thomas und hatte große Sehnsucht nach seiner Lehre. Sie drängte sich durch das Volk zu ihm und bat ihn um Belehrung, indem sie sich zu seinen Füßen warf.

Thomas lehrte sie und segnete sie; sie wurde sehr gerührt, weinte, betete und fastete Tag und Nacht. Ihr Mann, der sie sehr liebte, war darüber traurig und wollte sie zerstreuen, und sie bat ihn, ihr noch einige Ruhe zu lassen. Sie ging aber täglich zu Thomas' Lehre und wurde eine sehr eifrige Christin.

Das ärgerte den Mann und er ging in Trauerkleidern zum König und klagte Thomas an, und der König ließ den Thomas, der von dem Mann der bekehrten Frau an einem Strick geführt wurde, geißeln und einsperren. Das war die erste Marter des hl. Thomas auf allen seinen weiten Reisen, und er dankte Gott.

Die Frau schnitt sich ihre Locken ab und weinte und betete und gab alles den Armen und schmückte sich nicht mehr. Sie trugen die Haare in Locken um den Kopf, aber Alle, welche Christen wurden, schnitten sich zum Zeichen ihrer Demut einzelne Locken ab. Nachts und wenn ihr Mann abwesend war, bestach sie die Wächter und ging mit Anderen zur Lehre des Thomas in den Kerker. Auch ihre Amme ging mit zu Thomas und sie begehrten die Taufe, und Thomas ließ sie alles zur Taufe in ihrem Haus bereiten und ging zu ihnen aus dem Kerker und taufte sie und viele Andere. Die Wächter aber schliefen durch Gottes Vorsehung, und Thomas kehrte wieder zurück.

Da selbst aus der Familie des Königs Einzelne ihre Sitten änderten und die Lehre des Apostels hörten, ließ der König diesen vor sich bringen, und da Thomas ihn belehrte und er nicht glaubte, sagte ihm Thomas, er solle ein Gottesgericht zwischen ihnen sein lassen, ob er die Wahrheit spreche.

Da ließ der König glühende Spieße vor ihn legen, und Thomas schritt unverletzt darüber, und es entstand eine Quelle, wo sie gelegen hatten. Thomas sagte ihm auch, was er überall verkündete, wie er auch gezweifelt habe; drei Jahre habe er die Wunder Jesu gesehen und doch sehr oft gezweifelt, und darum glaube er nun und müsse den Ungläubigen die Wahrheit verkünden. Er erzählte seine Schuld überall.

Der König ließ ihn auch noch in eine Badestube voll Dampf (sie beschreibt sie ziemlich genau) führen, er sollte darin ersticken; aber sie wurde gar nicht heiß und war voll Luft. Dann wollte er ihn zwingen, seinen Götzen zu opfern, und Thomas sagte: «Wenn Jesus deinen Götzen nicht zerbricht, so will ich ihm opfern!»

Es wurde ein großes Fest angeordnet, und sie zogen mit Sang und Klang zum Tempel. Der Götze war ganz von Gold auf einem Wagen. Als Thomas aber betete, kam wie ein Feuer vom Himmel und schmolz den Götzen zusammen, und viele andere stürzten ein.

Da gab es einen großen Aufstand im Volk und bei den Priestern, und Thomas wurde wieder in den Kerker geworfen. Aus diesem Kerker, (sagte sie), ist er wie Petrus aus dem Seinigen befreit worden und nach einer Insel gekommen und lange da gewesen. Als er aber auf einem Schiff fuhr, war Sturm und sie sahen ein japanisches Schiff in großer Not auf einer Sandbank in der Ferne, es lag ganz schief und konnte nicht fort und war schon halbvoll von Sand und Wasser. Thomas sagte seinen Schiffern: «Wir müssen hin, den Leuten helfen!»

Sie wollten nicht, weil sie eine ähnliche Gefahr befürchteten. Thomas aber sagte ihnen: «Wenn ihr redlich hinfahren und helfen wollt, so soll mein Meister, den ich oft den Wellen gebieten sah, uns eine schöne Straße zu dem Schiff bereiten.»

Da sie einwilligten, betete Thomas und befahl den Wellen im Namen Jesu, und der Sturm legte sich vor ihnen, so dass sie eine sichere Fahrt zum Schiff hatten. Sie kamen hin und Thomas half mit Allen das Schiff erleichtern, aussanden und wieder in die Flut bringen. Es war noch nicht beschädigt und da es wieder ganz in Ordnung war, flehte der Befehlshaber des Schiffes Thomas an, dessen Wunder und Lehre und Liebe er gehört, mit ihm nach Japan zu fahren. Die Leute wollten ihn aber nicht ziehen lassen, bis der Japaner ihn selbst wieder zurückzubringen versprach. Thomas ließ in dem Land, das er verließ, Lehrer zurück und fuhr mit dem Mann nach Japan, wo er etwa ein halbes Jahr gewesen ist.

Sie fuhren zwischen den Häusern in die Stadt[84] hinein; sie ist in zwei Dreiecken gebaut an beiden Seiten des Flusses oder Kanals und man kann hinten herum auch auf dem Wasser fahren. Hinten sind Türme und so schwarze glimmernde Mauern oder Bollwerke am Wasser.

Ehe Thomas wieder abfuhr, hat er eine Prophezeiung in diese Steine eingegraben mit einem Instrument, das sie auch auf dem Schiff brauchten; man konnte Steine damit zerspalten.

Die Buchstaben waren jeder ein ganzes Wort und sehr groß. Es war ein Inbegriff der Lehre und dass sie hier verkündet sei; dass sie aber bis auf kleine Spuren erlöschen werde, dass dann einer kommen und sie wieder erwecken, dass sie aber dann ganz erlöschen werde.

Er sagte auch die Ursache und dass die Menschen sich ganz verschließen würden. Es würden aber halbe Christen kommen und die Spur erhalten und endlich würden sie die wahre Lehre wieder erhalten. Ich habe dies alles sehr ausführlich gesehen und auch Namen von Kaisern und Orten gewusst, aber wieder vergessen. Diese Schrift ist mit dem unter ihr ausgehauenen Kreuz bei einem Erdbeben versunken.

(Sie sprach noch einiges vom Charakter der Japaner und wie sie damals schon sehr ordentlich, wissbegierig und eifrig gewesen seien und sagte noch allerlei Undeutliches von den Ursachen des Abfalles, meinte auch, es seien schon andere Geistliche vor den Jesuiten da gewesen und sprach etwas Unbestimmtes von solchen, die Schuld am Verfall hätten. Als sie das Obige von dem japanischen Schiff und Befehlshaber erzählte, sagte sie:)

Er ist kein Kaufmann, er muss nur die Waren richtig überbringen; er fährt alle Jahre so. Ich hatte alles vergessen; ich sehe aber das mit dem Schiff und der Inschrift jetzt wieder und auch die Stadt, darum kann ich es sagen.

Der Mann brachte Thomas wieder zurück. Es haben sich danach noch Viele von des Königs Familie bekehrt. Die Priester waren besonders wütend auf ihn.

Einer hatte einen kranken Sohn und bat Thomas, ihn zu heilen; dann aber erwürgte er seinen Sohn und klagte Thomas an, er habe es getan. Thomas aber ließ die Leiche bringen und befahl ihr im Namen Jesu zu sagen, wer sie getötet. Da richtete sie sich auf und sagte: «Mein Vater», worüber sich noch Viele bekehrten.

Ich habe gesehen, dass Thomas auf einem Stein kniend vor der Stadt eine große Strecke Wegs vom Meer gewöhnlich betete und dass seine Knie in den Stein eingedrückt waren. Er weissagte einmal, dass, wenn das Meer, das doch sehr weit entfernt war, bis an diesen Stein fluten werde, ein Mann aus weiter Ferne kommen und dort die Lehre Jesu predigen werde. Ich konnte mir gar nicht denken, dass das Meer bis dahin kommen sollte. Es ist später da zwischen den Häusern von Franz Xaver, als er landete, ein Kreuz von Steinen errichtet worden.

Auf diesem Stein kniend sah ich Thomas betend und entzückt und sah, dass ihn Götzenpriester überfielen und rücklings mit einem Spieß durchbohrten. Sein Leib ist nach Edessa gekommen; ich sah ein Kirchenfest dort von ihm. Es ist aber an dem Ort noch eine Rippe von Thomas und auch der Speer.

Neben dem Stein war eine Ölstaude, die von seinem Blut benetzt wurde und ich sah, dass sie immer am Tag seiner Marter Öl schwitzte, und wenn dies nicht geschah, erwarteten die Leute ein unglückliches Jahr. Ich sah, dass die Götzendiener dies Gewächs vergeblich ausreuten wollten, dass es aber immer wuchs, dass eine Kirche dort war und dass, wenn an seinem Fest die Heilige Messe gelesen wurde, die Staude noch Öl schwitzte. Die Stadt heißt Meliapur; jetzt ist es dort nicht gut, das Christentum wird aber wieder empor kommen.

Ich habe vernommen gehabt, Thomas sei dreiundneunzig Jahre alt geworden. Er war sehr braun und abgemagert und hatte rötliche Haare. In seinem Tod erschien ihm der Herr und sagte ihm, er solle mit ihm zu Gericht sitzen.

Er ist sogar an einer Ecke von Deutschland gewesen; wenn ich mich in den vielen Reisen nicht irre, so ist er nach der Teilung erst nach Ägypten, dann nach Arabien gezogen und hatte, als er an die Wüste kam, unterwegs einen Jünger zum Apostel Thaddäus gesandt, er möge zu Abgar gehen. Dann taufte er die Drei Könige und ging bis nach Baktrien, China, Tibet und oben ins Russische und von da zum Tod der Gottesmutter Maria zurück.

Er ging dann vom Gelobten Land wieder über Italien in ein Stückchen von Deutschland, etwa in die Schweiz, in ein Stück von Frankreich, fuhr nach Afrika, kam neben dem Wohnsitz der Judith durch Abessinien und Äthiopien nach Sokotora, von da nach Indien und nach Meliapur, von wo er, vom Engel aus dem Gefängnis geführt, auf dem festen Land durch einen Teil von China bis zum äußersten Norden ging, wo es jetzt russisch ist. Von da kam er nach der obersten japanischen Insel; sie ist in der Mitte voll ungeheurer Berge.

(Nun beschreibt sie die Gestalt der Insel Jesso oder Matsmai so deutlich und die Lage aller anderen Inseln und Länder umher mit dem Finger auf der Bettdecke zeichnend, dass sie ein Haubenmuster nicht sicherer schneiden könnte.)

Nachträgliches von den Geschwistern des hl. Thomas

Thomas hatte eine Halbschwester, die Lydia hieß. Sein älterer Bruder, er selber war der Zweitgeborene der Zwillinge, trieb Handel in Joppe und wurde von Petrus, als er sich nach Christi Himmelfahrt dort aufhielt, auch zu der Gemeinde gebracht, besonders durch die Erzählung der Ereignisse mit dem Unglauben des Thomas. Dieser hatte sich kurze Zeit nach dem Tod des Herrn bei seiner Familie aufgehalten und auch noch ehe er nach Indien reiste.

Der Bruder des Thomas, ein großer Mann, zog mit Petrus nach Damaskus. Lydia bekehrte sich erst ganz bei der Marter des Stephanus; sie war eine Witwe und reich, gab aber ihr Vermögen der Gemeinde und hielt sich zu den Frauen in Jerusalem. Ihre beiden Söhne wurden später Jünger der Apostel.

Die hl. Simon Chananäus und Judas Thaddäus

Oktober 1820: Ich sah hier wieder, dass Maria Kleophä die Tochter der älteren Schwester der allerseligsten Jungfrau war. Sie war, da Maria in den Tempel gebracht wurde, schon älter als diese und war mit anderen geschmückten Kindern beim Abschied in Annas Haus zugegen.

Der Vater von Maria Kleophä hieß Kleophas, ihr Mann Alphäus. Ihre Söhne: Simon, Judas Thaddäus, Jakobus der Jüngere und Joses Barsabas waren nicht unter den Jugendgespielen Jesu gewesen, da sie an anderen Orten lebten. Sie haben ihn wohl gekannt und auch gesehen, wenn sich die Eltern besuchten. Die Jugendgespielen Jesu waren meistens aus Nazaret und sind später wieder von ihm abgefallen.

Simon der Eiferer hatte eine Stelle an einem Gericht zu Tiberias, durch deren heftiges Betreiben er den Namen Eiferer (Chananäus) erhalten hat.

Ich habe ihn in diesem Gericht gesehen, als der Herr in Tiberias lehrte. Sein Bruder Jakobus der Jüngere ist hineingegangen und hat ihn herausgerufen, er solle doch den Herrn einmal sehen. Er ging dann auch nicht wieder hinein, sondern verließ gleich alles und folgte dem Herrn nach; und ich sah einen Anderen an seine Stelle treten.[85]

Judas Thaddäus sah ich abermals längere Zeit nach Jesu Tod von Thomas, der eine Vision hatte, zu dem König Abgar nach Edessa gesandt werden. Ich sah, dass alles, was Thomas geschrieben hat, ganz das war, was Jesus ihm schreiben wollte. Ich sah Abgar auf einem Ruhebett liegen, als Thaddäus den Brief brachte; ich sah, dass neben Thaddäus die leuchtende Erscheinung Jesu stand, wie Er auf Erden war.

Der König sah nicht auf den Apostel noch auf den Brief, sondern verbeugte sich tief gegen diese Erscheinung, Thaddäus hatte zunächst jemanden in der Stadt geheilt und sich dann erst zum König rufen lassen. Der König war ein aufrichtiger Mann, er hatte den Aussatz. Nachdem er mit Thaddäus gesprochen hatte, legte dieser ihm die Hände auf, und der König war geheilt.

Thaddäus heilte und bekehrte noch sehr viele. Ich sah zu meiner großen Freude, dass Thaddäus den ganzen Landstrich durchwandert hatte, den Jesus taufend und lehrend durchzogen hat; Silas, der Jüngling, der bei Jesus gewesen war, war sein Begleiter.[86] Ich sah, dass in der Gegend, wo Jesus jetzt ist, im Gebirge bei Kedar und dort umher, die Leute schier alle sich taufen ließen und dass ganze Orte bis auf die alten gebrechlichen Greise wegzogen und an anderen Orten christliche Hirtenvölker unter Zelten bildeten. Ich sah auch, dass sie später meist den Martertod durch Überfall heidnischer Völker erlitten haben.

Ich sah Thaddäus und Silas den ganzen Weg Jesu durch Arabien bis nach Ägypten durchziehen. Ich sah auch, dass er bei Mohren war und ich glaube in Afrika, denn ich sah die Gegend, wo Judith jetzt lebt, das Mondgebirge. Die Leute hatten ihn in einer Stadt dort so lieb, dass sie ihn mit Gewalt aus dem Kerker befreiten, in welchen ihn die Obrigkeit geworfen hatte. Ich sah, dass ein Jünger von ihm in diesem Kerker starb, ich glaube nicht, dass es Silas war, weil ich diesen nachher bei Paulus gesehen habe.

Ich sah Simon und Thaddäus, die beiden Brüder, nach der Apostelsendung bis zu dem Ort, wo Christus auf der letzten Reise den Feigenbaum verflucht hat (Betharan), nebst ihren Gefährten zusammengehen und dann getrennt, Simon ans Schwarze Meer und nach Skythien[87] ziehen, Thaddäus aber gegen Morgen. Zuletzt, nach Marias Tod, bei welchem er auch zugegen war, zog er nach Persien; er hatte einen Jünger Abdias bei sich und noch andere.

Abdias wurde Bischof von Babylon und hat auch Bücher geschrieben, aber vieles nach falschen und irrigen Berichten.

In einem Kriegslager fanden sich die beiden Brüder durch Führung Gottes aus entfernten Gegenden wieder zusammen.

Die Marter der beiden heiligen Apostel

Ich habe auch ihren Tod gesehen; es war in einem großen Bild aus dem Leben des Thaddäus, wovon mir nur noch folgendes gegenwärtig ist. Ich sah, dass er anfangs einen Hirtenstab, wie Alle, hatte; als er aber tiefer in jene Gegenden kam, trug er einen Prügel, welchen ich bei ihm gesehen, da ich ihn zuerst in einem kurzen Bild durch die Wildnis laufen sah. Ich sah ihn und seinen Begleiter Simon, von vielen Menschen geführt, in einem großen Lager von Zelten ankommen.

Die Kleidung der Leute in diesem Lager war sehr mannigfaltig; es waren viele da, welche lang und weit angekleidet waren, andere ganz anliegend und kurz; viele hatten eine Kappe hinten mit einem langen Kamm; auch hatten viele ein Beil im Gürtel stecken.

Als Thaddäus und die Anderen in das Lager kamen, sah ich aus den Zelten hin und wieder kleine, schwarze und braune nackte Kerle mit scheußlich dicken, krausen Köpfen, so breit wie die Schultern, herauslaufen und sah, dass sie aus dem Lager hinaus in dunkle Orte, Sümpfe und alte Mauern und wie in die Erde liefen und sich verbargen. Einen davon sah ich ganz wütend gegen Thaddäus laufen und mit einer hässlich aufgeworfenen Schnauze ihn angrinsen, dann aber davon laufen.

Ich erinnere mich, dass diese Kerle in dem Lager noch allerlei Verkehr gegen sie hatten, z.B. dass Leute, welche den Thaddäus und seine Begleitung umgaben, zornig wurden, wenn sie mit ihnen redeten. Sie wurden hin und her geführt und auch zum Vornehmsten von allen; danach wurden sie wieder freundlicher behandelt und in eine Wohnung gebracht, welche etwas fester und anders als ein Zelt war. Hier waren noch mehr Leute; dann sah ich wieder wie einzelne Männer, die keine Soldaten waren, andere aufhetzten und sah schier einen großen Tumult gegen sie.

Nun sah ich sie mit vielem Gefolge wegziehen nach einer großen Stadt (Babylon) an einem Fluss. Es waren viele Kanäle im Land und ungeheure, weitläufige, schwere Gebäude in der Stadt. Es ging ihnen da ganz gut, doch sah ich vieles vor sich gehen, das ich nicht mehr weiß. Ich erinnere mich nur, dass in Gegenwart des Königs in einer Versammlung Götzenpriester gegen die Apostel auftraten, sie hielten teils mit beiden Händen einen Bündel armlanger Schlangen, teils in jeder Hand einige.

Diese Schlangen waren runder als Aale und etwas dünner; sie hatten runde Köpfchen, offene Rachen und streckten spitze, pfeilartige Zungen hervor. Die Götzenpriester ließen sie gegen die Apostel los, aber ich sah sie hierauf wie Pfeile, als flögen sie, gegen jene schießen, welche sie gebracht hatten und sie, welche heftig schrien, umwinden und beißen, bis die Apostel ihnen geboten abzulassen. Ich sah, dass in der Stadt Viele Christen wurden, auch der König selbst. Ich habe eine Ahnung, als sei der Jünger (Abdias), der sie begleitete, in dieser Stadt zurückgeblieben. Sie gingen aber nach einer anderen großen Stadt und waren da bei einem Mann im Haus, der ein Christ war. Es war ein Tumult in der Stadt und ich sah, dass sie in Begleitung des Mannes nach einem Tempel geführt wurden, wo Götzenbilder von Gold und Silber auf Rädern standen; es war nämlich wie ein Thron auf Rädern, auf den sie mitten in dem Tempel gestellt waren. Es war eine entsetzliche Volksmenge darin und draußen versammelt.

Ich erinnere mich, dass die Götzen zerbrachen und allerlei vom Tempel umstürzte und dass die beiden Heiligen, ohne sich zu wehren, in ungeheurem Gedränge vom Volk und den Priestern mit allerlei Waffen – was jeder bei sich hatte – hin- und hergerissen und endlich getötet wurden.

Einen sah ich, ich glaube Thaddäus, dem wurde der Kopf mit einem Beil, deren sie im Gürtel bei sich hatten, mitten durchs

Gesicht entzwei gespalten. Ich sah über ihnen himmlische Erscheinungen. Als sie erschlagen wurden, sah ich die schwarzen scheußlichen Gestalten sich wieder unter die Menge mischen.

Bei der Schlangengeschichte war es auch so: es wurden die Schlangen auf die Erde gelegt, die Jünger hoben sie auf und nahmen sie in den Busen des Mantels; andere aber, die aufgerichtet da saßen, sollten die Götzenpriester aufnehmen. Sie taten es, aber die Schlangen bissen sie, hingen an ihren Händen und sie schrien fürchterlich.

Der hl. Markus

25. April 1821: Markus war einer von den ersten Jüngern Jesu. Er war nicht aus der Gegend des hl. Petrus, sondern weiter gegen Mitternacht zu Hause, er hatte aber bei Bethsaida Fischereien und anderes Gewerbe gepachtet. Er war groß und behende, hatte einen kahlen Scheitel, aber von hinten bis in die Mitte des Kopfes noch eine spitze Haarzunge stehen. Seine Augenbrauen waren über der Nase, die lang und gerade war, zusammengewachsen. Die Augen waren lebhaft, die Wangen mager und gerötet und mit dem Kinn in einen blondgrauen Bart gehüllt. Seine Gestalt war gerade und rasch; er war schnell und gewandt und nicht so gehorsamer Natur wie Petrus. Er sah schier älter als dieser aus.

Markus war nicht immer bei Jesus, sondern manchmal entfernt; er war es auch, der sich mit Anderen an den Worten des Herrn «Wer mein Fleisch nicht isst, wird das ewige Leben nicht haben», geärgert hatte. Kurz vor dem Leiden des Herrn nahm er auch Anstoß an Magdalena, bei der Gefangennehmung des Herrn verließ er die Schar, ging in seine Heimat und kam nicht eher wieder zu der Gemeinde als bei der Erscheinung des Auferstandenen auf dem Berg bei Thebez, wo Petrus die große Lehre hielt. Die Frau des Markus lebte eine Zeitlang in Thebez und kam in den Tagen vor Christi Himmelfahrt auch nach Bethsaida gezogen.

Sie hatte eine sehr lange Gestalt und war im Gesicht sehr rot, ging vorwärts gebeugt und hatte etwas Heiteres in ihrer Figur.

Markus war hernach viel bei Petrus, war mit ihm zu Rom und hat in seinem Evangelium nichts geschrieben als was Petrus ihm gesagt hat. Vieles hatte er selbst erlebt, aber beim Leiden des Herrn war er nicht gegenwärtig.

Ich sah in Rom eine Pest, woran alle Menschen beim Niesen starben, und sah wie besonders auf Markus' Veranlassung die Christengemeinde daselbst einen Kreuzweg errichtete nach Art dessen, den Maria bei Ephesus aufgestellt hatte. Es waren zwölf Steine, auf deren jedem ein Punkt das Leiden Christi betreffend geschrieben stand.

Die Christen wanderten betend und Litaneien sprechendvon einem Stein zum anderen und alle, die das taten, blieben von der Pest befreit. Als dies bei den Heiden bekannt wurde, schlossen sich viele diesem Gottesdienst an und wurden auch gesund, so dass sich durch dieses Wunder viele bekehrten. Ich habe auch gesehen, dass diese Bittgänge unter Gregor dem Großen erneuert und erweitert wurden.

Ich sah Markus auch in Ägypten und wie er das Christentum auf dem ganzen Weg verbreitete, den Christus gereist war. Ich sah ihn zuerst in der Stadt Alexandrien. Er ging nicht gerne dahin, sondern hätte lieber da und dort gepredigt. Auf dem Weg dahin schnitt er sich so in den rechten Zeigefinger, dass er ihn verloren hätte, wenn er nicht durch eine wunderbare Erscheinung, über die er wie Paulus sehr erschrak, geheilt worden wäre. Es blieb ihm rings um den Finger sein Leben lang ein rotes Malzeichen.[88]

Als er in Alexandrien einzog, riss ihm seine Sohle und er gab sie dem Schuster Anianus zum Ausbessern. Dieser verwundete sich bei der Arbeit die Hand, aber Markus heilte sie mit einer Salbe aus Staub und Speichel. Darauf bekehrte sich Anianus und Markus nahm bei ihm Wohnung; er hatte ein großes Haus, viele Knechte und eine Frau und zehn Kinder. In einem Raum, der zu der dem Markus eingeräumten Wohnung gehörte, waren die ersten Versammlungen der Bekehrten.

Die Apostel feierten die Heilige Messe in einer neu gegründeten Gemeinde nicht eher, als bis diese schon gestärkter und besser unterrichtet war; auch spendeten sie das Heiligste Sakrament schon nach einem festen Ritus beim Messopfer.

Markus war auch in Heliopolis. Es ist dort aus dem Bethaus, welches entstand, als die Heilige Familie da war, noch eine Kirche und später ein Klösterchen geworden. Ich hatte die Wege des Markus hier mit einem Blick auf Maria in Heliopolis.

Ich sah das Kind Jesus in einer Mulde sitzen, die auf einem hohen Gestell stand. Maria hatte ein Körbchen bei sich und strickte mit kleinen Haken; es waren noch drei Frauen bei ihr.

Die von Markus hier Getauften waren meistens Juden. Es waren viele fromme Juden dort, die wie Eremiten lebten; man nannte sie Therapiten. Sie waren schon da an der Grenze gegen das jüdische Land zu, als Jesus aus dem Heidenland hier durchreiste. Ich weiß nicht, ob ich es bei der Erzählung damals gesagt habe; Jesus war an einem Ort bei ihnen, wo ihrer viele versammelt wohnten. Aus ihnen sind hernach die vielen Einsiedler in Ägypten entstanden.

Der Schuster Anianus hatte unter seinen zehn Kindern drei Söhne, welche später Priester geworden sind. Der Vater wurde der Nachfolger des Markus, und sein Fest ist auch heute.[89]

Ich sah Markus, wie er in Alexandrien ins Gefängnis geworfen und mit einem Strick erdrosselt wurde. Da er eingekerkert war, sah ich Jesus ihm mit einer Patene erscheinen und ihm ein rundes Brötchen reichen. Ich sah auch, wie sein Leib später nach Venedig kam.

Der hl. Lukas

18. Oktober 1820: Die Eltern des Lukas gehörten dem Mittelstand an und wohnten vor Antiochia; er verlor sie früh. Er war sehr lebhaft, fein und heiter. Schon als zwölfjährigen Knaben sah ich ihn auf dem Feld Blumen suchen und allerlei daran beobachten. Malen erlernte er in Griechenland; ich sah ihn ganz große Figuren von gerade stehenden Männern an die Wände zeichnen.

Erwachsen sah ich ihn in einer ägyptischen Stadt Arzneiwissenschaft und Sternkunde studieren. Ich sah, dass er ein Sehrohr umhängen hatte und dass er meist mit mehreren zusammen war. Sie stiegen auf ganz hohe Mauerwerke im Innern an Stangen hinauf, die eingemauert waren; oben waren kleine Sitze, wie Kinderstühle, angebracht und sie sahen durch ein Rohr, wohl so groß wie eine Ofenröhre.

In der Stadt, wo Lukas die Arzneikunde erlernte, war ein großes Haus voll kranker Tiere und Vögel, welche wie in einem Hospital sehr gut gepflegt wurden. Man machte mit Saft aus allerhand Kräutern Versuche an ihnen. Ich sah Lukas nichts brauchen als Kräuter und dass er bei Krankheiten die Sterne beobachtete. Hernach habe ich ihn viel heilen gesehen und dass er Leute, welche wie in Ohnmacht lagen, auf den Mund und die Magengegend anhauchte und auch mit Händen strich. Er war damals noch kein Christ.

Ich habe nie gesehen, dass Lukas bei Lebzeiten Jesu bei dem Herrn gewesen ist. Er empfing zwar bald nach der Taufe Jesu von Johannes die Taufe, hörte auch des Letzteren Lehre an, lebte aber immer hier und dort wandelnd als Arzt und hatte nur einen vorübergehenden, keinen steten Zusammenhang mit den Jüngern. Ich sah immer, dass er vieles aufschrieb, auch über Kräuter; er trug Rollen bei sich und notierte sich oft etwas.

Mit den Aposteln sah ich ihn im Anfang auch nicht, er war wie ein Fremder, der sich hie und da mehr aus der Ferne erkundigte als vollkommen mitlebte.

Als der Herr von Jericho gegen Samaria zog, vor der Erweckung des Lazarus, sah ich ihn in der Gegend von Samaria, und als er an den Ort kam, wo der Herr soviel mit Hirten verkehrte und wo die drei Jünglinge her waren, welche ihn nach Ägypten begleitet hatten, sah ich, wie er sich Vieles erzählen ließ.

Nach Bethanien, als Lazarus erweckt war, sah ich Lukas nicht kommen, aber wohl sich in Jerusalem bei Nikodemus und Joseph von Arimathäa erkundigen, welcher auch ein heimlicher Jünger Jesu war und Lazarus besucht hatte. Auch mit der Mutter des Johannes Markus hatte er Umgang und nach Jesu Tod mit Simon von Cyrene, der sich bekehrt hatte; mit Kleophas, welcher auch erst gegen das Ende des Herrn öffentlich sein Jünger war, sah ich ihn besonders gut bekannt. Lukas war lange zweifelnd und kam erst in Emmaus zu einem lebendigeren Glauben.

Bei der Gefangennahme und Kreuzigung des Herrn war er sehr ins Zweifeln gekommen und hatte sich noch mehr zurückgezogen.

Ich sah ihn mit Kleophas nach Emmaus ziehen und sah, dass er hie und da während des Gesprächs unterwegs Kräuter zu Arzneien abpflückte und hatte noch die Betrachtung dabei, dass er bald die einzige Arznei, das Brot des Lebens, von Jesus erhalten werde, welchen ich unerkannt hinter ihnen gehen sah. Ich sah das ganze Bild wie schon öfter. Ich sah, dass Maria Salome ihnen auf dem Rückweg begegnete und dass sie sich gegenseitig das Erfahrene mitteilten. Diese Frau war eine Schwestertochter Annas.

Ich entsinne mich nicht mehr, ob ich ihn bei Christi Himmelfahrt gesehen habe. Ich sah ihn bei Johannes, als er in Ephesus war, ich glaube auch bei Maria in ihrem Haus; dann sah ich ihn mit Andreas, der aus Ägypten zu Johannes gekommen war und dann in seiner Heimat, wo er mit Paulus bekannt wurde und diesen begleitete.

Er schrieb sein Evangelium auf Anraten von Paulus, und weil falsche Bücher vom Leben des Herrn in Umlauf waren. Er schrieb es fünfundzwanzig Jahre nach Christi Himmelfahrt, das Meiste aus überall von Augenzeugen gesammelten Nachrichten. Ich habe ihn schon in der Zeit, als Lazarus erweckt wurde, die Orte besuchen sehen, wo der Herr Wunder getan hatte und sich nach allem erkundigen. Er war auch mit Barsabas bekannt.

Mir war es, auch Markus habe sein Evangelium bloß aus Nachrichten von Augenzeugen aufgeschrieben, und keiner der Evangelisten habe bei seiner Arbeit die des Anderen gekannt oder benutzt. Ich hatte auch, wenn sie alles aufgeschrieben hätten, würde man ihnen noch weniger geglaubt haben; auch hätten sie die häufig wiederholten Wunder der Ausdehnung halber nicht geschrieben.

Ich sah auch, dass Lukas als Bischof, ich glaube zu Thebä gemartert wurde; ich sah, wie man ihn mit einem Strick um den Leib an einen Ölbaum band und mit Lanzen bewarf. Eine Lanze traf ihn in die Brust und sein Oberleib sank vorwärts nieder; da banden sie ihn wieder in die Höhe und warfen noch mehr Spieße auf ihn. Er wurde nachts heimlich begraben.

Das Heilmittel, dessen Lukas sich in seiner letzten ärztlichen Periode bediente, war Reseda mit Palmenöl vermischt und gesegnet. Er salbte damit in Kreuzform auf Stirne und Mund und gebrauchte auch getrocknete Reseda mit Wasseraufguss. Ich hatte ein Bild, wie Lukas in einem Garten, wo ein ganzes Feld mit hoher Reseda war und auch Palmbäume standen, die Salbe bereitet hat.

Ich habe dabei allerlei vom Palmbaum gelernt; er sei ein Sinnbild der Keuschheit, weil jedes Geschlecht allein stehe und die Befruchtung nur durch Gottes Willen geschehe.

Es wurde mir gesagt, der Palmbaum sei züchtig und locke und prahle nicht mit seinen Blüten, sondern trage sie verborgen und darum sei er so fruchtbar, andere Bäume legten ihre Blüten so zu Tage, und es falle die Hälfte auf die Erde.

Lukas machte sich durch seine Heilungen viele Menschen zugetan. Es hatte die Reseda einen Bezug auf Maria, welche sie gepflanzt und gebraucht hat. Durch seine Marter am Ölbaum hat Lukas dem Baum und seinen Früchten, verbunden mit seiner Anrufung, eine heilende Gnade erlangt. Bei seinem häufigen Gebrauch des Öles hatte er zu Gott gefleht, zu verleihen, dass sein Tod am Ölbaum die Gnade des Baumes mehre.

Von den Gemälden des hl. Lukas

18. Oktober 1821: Ich habe Lukas mehrere Abbildungen der heiligen Jungfrau Maria malen sehen und einige auf mirakulöse Weise. Einmal malte er an einem Brustbild Marias; es wollte ihm nicht gelingen, er betete und fiel in Entzückung, und als er wieder zu sich kam, fand er es fertig vor sich. Dieses Bild wird in der Kirche Maria Major[90] in Rom über einem Altar der Krippenkapelle zur Rechten des Hochaltares bewahrt. Es ist aber nicht das Original, sondern eine Kopie; das Original ist in einer Wand, die man zu einer Säule geformt hatte, einstmals bei einer Gefahr mit vielen anderen heiligen Sachen vermauert worden. Es liegen auch Gebeine von Heiligen darin und Schriftrollen von großem Alter. Die Kirche hat sechs Säulen; es ist in der mittelsten rechter Hand, so dass, wenn der Priester an dem Marienbildnis-Altar «Dominus vobiscum» sagt, seine rechte Hand auf den mittleren Pfeiler deutet, worin die Heiligtümer bewahrt sind.

Lukas malte auch die heilige Jungfrau in ihrem Brautkleid und in ganzer Größe; ich weiß nicht, wo das Bild jetzt ist. Ein anderes im Trauerkleid und in ganzer Gestalt glaube ich in der Kirche gesehen zu haben, wo Marias Brautring ist.[91]

Lukas malte Maria auch zur Kreuzabnahme gehend und dies geschah auf wunderbare Weise. Ich sah, als alle Apostel und Jünger geflohen waren, Maria in der Dämmerung zu dem Kreuz gehen, ich meine mit Maria Kleophä und Salome. Ich sah, dass Lukas am Weg stand und von ihren Leiden erschüttert ein Tuch gegen die Vorübergehende hielt mit dem Wunsch, es möge ihr Bild darauf stehen. Ich weiß nicht, wie das war, dass Lukas das Tuch gegen die heilige Jungfrau hielt; er rührte sie nicht damit an und wusste, glaube ich, auch nicht, dass das Bild darin erschien.

Er fand es nachher darin als einen vorbeigleitenden Schatten und machte nun sein Bild danach, auf welchem zwei Figuren waren, er selbst mit dem Tuch und Maria vorüber schreitend. Schon um diese Zeit, wenige Stunden nach der Kreuzigung, war das Schweißtuch der Veronika, welches das Antlitz des Herrn seiner ganzen Verwundung nach samt dem blutigen Bart mit dicken, doch unzerronnenen, blutigen Zügen enthielt, von vielen Freunden und Jüngern des Herrn angeschaut worden. Das Gesicht auf dem Schweißtuch war größer als das wirkliche Gesicht, denn das Tuch lag rund um das Gesicht her. – Lukas schlich so bange, suchend umher; das Tuch, welches er hielt, war auf Art des Schweißtuches etwa zweimal so lang wie breit. Ich weiß nicht, ob Lukas das Bild allein aus Begierde, das Bild zu empfangen, hinhielt, oder aus der Sitte, Trauernden ein Tuch entgegen zu halten, oder aus dem Verlangen, gegen Maria den Liebesdienst Veronikas zu üben.

Das von Lukas gemalte Bild habe ich gesehen, als existiere es noch bei wunderlichen Leuten zwischen Syrien und Armenien. Es sind dies keine rechten Christen, sie glauben an Johannes den Täufer und haben eine Bußtaufe, die sie empfangen, so oft sie sich von ihren Sünden reinigen wollen.

Lukas predigte das Evangelium in dieser Gegend und tat mit jenem Bild viele Wunder. Sie verfolgten ihn und hätten ihn schier gesteinigt; das Bild aber behielten sie zurück. Die Zwölf, welche von Lukas bekehrt wurden, nahm er mit sich.

Diese Leute wohnten in der Gegend eines Berges, etwa zwölf Stunden vom Libanon gegen Morgen, es kommt Wasser von dem Berg und fließt um ihn her. Es ist trübes, schlammiges Wasser. Sie wohnten in schlechten Hütten, fast wie in Ägypten, sie sind nicht Herren im Lande, sie sind wie Sklaven und müssen Abgaben bezahlen.

Ich habe bei der Gegend etwas von Laodicäa vernommen. Zu Lukas Zeiten waren es nur ein paar Hundert. Ihre Kirche ist wie eine Höhle in dem Berg, man muss hinunter gehen; oben sieht man Kuppeln, so wie man auf die Gewölbe einer Kirchendecke sieht, woran die Fensterlöcher sind.

Ich habe das Bild Marias von Lukas noch in einer späteren Zeit, ich weiß nicht, ob in der jetzigen, aber es ist möglich, dort gesehen, denn zu Lukas' Zeit war alles einfacher. Die Kirche schien mir größer, auch schienen noch allerlei andere Zeremonien bei den Leuten zu sein; der Priester saß unter einem Bogen vor einem Altar, das Bild hing oben im Gewölbe, es brannten viele Lampen davor und es war ganz undeutlich und braun geworden.

Sie haben allerlei Gnaden von dem Bild und ehren es, weil sie Wunder davon gesehen haben. Sie haben die Beschneidung und meinen, die Seelen fahren wieder in andere Leute, in Kinder.

Sie wissen ihren Ursprung nicht mehr recht, sie stammen von Sklaven ab, welche mit arabischen Reisenden zur Johannestaufe im Anfang gekommen waren und welche außer der Taufe des Johannes nichts mehr vernommen hatten, da sie wieder weggezogen waren.

Es muss sich noch allerlei Heidnisches bei ihnen erhalten haben, denn sie haben geheime Bücher mit einer Art Offenbarung. Sie treiben auch allerhand Zauberei mit Verbrennen Sachen anderer Leute, wodurch sie sie festbannen und auch wohl umbringen. Sie stellen sich über den Rauch und sind dann an anderen Orten.

Ihre Priester haben auf dem einen nackten Arm ein Kreuz eingeritzt, ich meine, weil Johannes der Täufer immer ein Kreuz auf einem Stab trug. Sie haben die Brust meistens bloß, auch ein zottiges Stück Zeug von Kamelhaar quer über die Schulter. Sie wissen nicht, was Johannes bei der Taufe sagte und sprechen: ich taufe dich mit der Taufe, mit der Johannes taufte. Ich weiß nicht recht zu unterscheiden, was in dem Erzählten zu Lukas oder zu späteren Zeiten gehört.

Der Bräutigam Nathanael

Der Bräutigam Nathanael ist der Sohn einer Schwestertochter der hl. Anna. Er hatte noch einen Bruder, der auch ein Jünger Jesu geworden ist. Als Knabe war er bei dem Fest in Annas Haus, als Jesus in seinem zwölften Lebensjahr aus Jerusalem vom Osterfest zurückkehrte. Jesus berührte hier große Geheimnisse und erzählte die künftige Hochzeit von Kana als Parabel und verhieß dem Nathanael, dass Er zu seiner Hochzeit kommen werde.

Ich sah, dass der Herr bei dieser Gelegenheit auch den Silvanus zu seinem künftigen Jünger auserlesen hat. Seine Eltern waren aus dem Geschlecht Aarons. – Ich sah die Hochzeit ganz und auch das Geheimnis der Verwandlung des Wassers in Wein und dass nach derselben Braut und Bräutigam sich in die Kammer begaben und Enthaltsamkeit gelobten.

Nathanael ist gleich ein Jünger des Herrn geworden und seine Braut schloss sich den heiligen Frauen an. Sie stammte aus Bethlehem aus der Familie Josefs. Nathanael erhielt bei der Taufe einen Namen wie Amandor. Später wurde er Bischof von Edessa, wo der hl. Thaddäus den König Abgar geheilt hat. Er war auch in Kreta bei Carpus, dann in Armenien, wo er viele bekehrte und gefangengenommen und ins Elend an das Schwarze Meer verbannt wurde.

Als er von da wieder frei kam, reiste er nach dem Land des Königs Mensor. Dort tat er ein großes Wunder an einer Frau, das ich vergessen habe. Man hatte ihn sehr lieb und Viele wurden durch ihn bekehrt. Ich sah seine Marter auf einer Insel des Euphrats; der Ort hieß wie Acajacula.

Der hl. Parmenas

Parmenas, der einer von den Diakonen wurde, war ein Verwandter des Herrn von Elisabeth her. Er ist von Nazaret, wo seine Eltern ein Haus und einen Garten mit Gewürzkräutern hatten. Seine Mutter war eine Schwester des zweiten Mannes der Maria Kleophä. Sie hatte etwa zwölf Kinder von drei Männern. Der Dritte war ein Grieche und dessen erster Sohn Parmenas, weshalb er den griechischen Namen hatte.

Er war ungefähr fünf Jahre jünger als Jesus und kann um die Zeit seiner Rückkehr aus Ägypten geboren sein. Er war auch unter den Gespielen Jesu und ist ihm immer treu geblieben. Seine Eltern, die treue Freunde der Heiligen Familie waren und sehr sorgsam mitsuchen halfen, als Jesus in Jerusalem verloren war, ließen sich gleich im Anfang von Johannes taufen und er selbst wurde am nämlichen Tag wie Jesus getauft und sah den Heiligen Geist auf ihn herab kommen.

Er war immer ein Diener unter den Jüngern und Aposteln und ist aus Demut nie Priester geworden. Nach der Steinigung des Stephanus floh er eine Zeitlang in die Gegend von Ephesus. Nachher war er bei Paulus und einmal mit Barnabas in Zypern; mit mehreren Anderen sah ich ihn auch bei Petrus.

Er hat durch sein Predigen Viele bekehrt und ist in hohem Alter bei Philippi bei einem Auflauf erschlagen worden.

Der hl. Saturninus

Saturnin ist in Patras geboren. Seine Mutter war von königlicher Herkunft und sein Vater wie ein Graf. Es war ein brauner Mann in den Diensten seines Vaters, der bei dem Zuge des Dunkelfarbigen der Drei Könige gewesen war und den neugeborenen Jesus auch gesehen hatte. Er sprach oft und viel davon, und ohne selbst noch bekehrt zu sein, war er doch Veranlassung zu der Vorbereitung Vieler. Auf Saturnin machten seine Erzählungen von dem Sternsehen der Könige, ihrem Zug und was sie gefunden, einen solchen Eindruck, dass er nach dem Tod seines Vaters, der ihm eine jüngere Stiefmutter Cyriaka mit mehreren Stiefgeschwistern zurückließ, noch sehr jung nach Jerusalem reiste, um der Sache weiter nachzuforschen. Dies war gerade die Zeit, da Johannes der Täufer zuerst auftrat. Er ging zu diesem hin, ließ sich taufen, nahm die Beschneidung an und wurde einer seiner treuesten Jünger und der Herzensfreund des Andreas. Er hielt Jesu Mantel bei dessen Taufe und folgte Jesus nachher zuerst mit Andreas und war mit diesem immer der Haupttäufer unter den Jüngern Jesu.

Seine Stiefmutter zog etwa ein halbes Jahr nach ihm auch nach Jerusalem, und später wurden sein Oheim und seine Stiefbrüder in Kapharnaum von ihm getauft, welche dann der Mutter folgten.

Als er noch ein Knabe war, sah ich Saturnin einmal am Meer liegen, auf den Arm gestützt. Er hatte ein Gesicht, wie ein Knabe mit Stab und Fähnchen zu ihm übers Meer gehend kam. Es war Johannes der Täufer, der ihm sagte: Wenn er sechzehn Jahre alt sei, solle er zu ihm in die Wüste kommen. Er gab ihm auch einen Bischofsstab und ein Buch, das er voll schreiben müsse, nahm ihm beides wieder ab und verschwand.

(Sein Jüngeramt erzählte Anna Katharina in wenigen Zügen ganz übereinstimmend mit der Geschichte, wie sie in den Fleurs des Vies des Saints steht.)

Er hat in Toulouse viele Wunder getan, gelehrt und geheilt und ist dann gegen Spanien gezogen, hat auch viele Jünger in Frankreich gehabt, die heilig geworden sind.

Als er wieder nach Toulouse zurückkam, wurde er ergriffen und durch die Götzenpriester an einen wütenden Stier gebunden, durch den er den Tempelberg herabgeschleift wurde. Sein Gehirn wurde ganz zersprengt, es hingen nur noch die Kinnbacken am Rumpf. Eine fromme Frau begrub ihn.

Es ist einmal ein Dieb in sein Grab gelegt und herausgeworfen worden; ich habe es gesehen. Saturnin ist siebzig Jahre nach Christus gestorben und war hundertundsieben Jahre alt; bei Christi Tod war er siebenunddreißig Jahre alt.

(Als in späterer Zeit das heilige Gebein wieder in die Nähe von Anna Katharina gebracht wurde, wiederholte sie das eben Angeführte und fügte bei, Saturnin sei immer der treue Jünger genannt worden und Alle hätten ihn geliebt wegen seiner großen Folgsamkeit, Treue und Einfachheit.

Seine Anverwandten seien später auch zur Taufe gekommen und hätten sich in einer großen Stadt bei Sarepta niedergelassen. Er sei nach Christi Tod einmal als Lehrer in Tarsus gewesen und sei von den Einwohnern beinahe tot geschlagen und geworfen worden, aber ein Sturmwind habe ihnen so viel Sand in die Augen geblasen, dass er ihnen entgangen sei. Sie habe ihn noch an vielen Orten gesehen, auch in Rom bei Petrus, und dieser habe ihn nach Gallien gesandt. Er sei in Arelat gewesen, nicht weit von der Insel Pontitians am Rhodanus, in Nîmes und vielen anderen Orten; er habe geheilt, gelehrt, getauft, Wunder getan und viele Jünger gehabt und Lehrer dort ausgebildet.

In Toulouse habe er sich länger aufgehalten, viele Leute bekehrt, unter anderen eine aussätzige Frau, vor deren Haus er gelehrt und die er geheilt habe. Er sei von dort wieder weiter gereist und habe viel ausgestanden, sei aber nach Toulouse zurückgekehrt und dort gemartert worden. Sie habe noch zwei andere Saturnine gesehen, einen Diakon und einen Bischof, welche sie von dem älteren unterscheiden solle.

Durch eine Reliquie angeregt sah Anna Katharina auch das Leben und Martertum des hl. Bischofs Saturnin von Toulouse und erzählte:)

Der hl. Bischof Saturnin ist unter Kaiser Maximin, achtzig Jahre alt, gemartert worden. Ich kann nicht begreifen, wie man diesen mit dem ersten, dem ehemaligen Johannesjünger, verwechselt.

Der erste Saturnin ist auf einem Berg, worauf der Tempel stand, an einen Stier gebunden worden. Der Stier wurde mit Stacheln den unwegsamen Teil des Berges hinabgetrieben, so dass er raste, stürzte und stampfte und dem Heiligen bald der Kopf zerschmettert wurde. Der spätere Bischof Saturnin aber wurde auf einen Turm geführt, an dessen Außenseite viele Haken von oben bis unten angebracht waren. Saturnin wurde in diese Haken gestürzt und blieb in jedem so lange hängen, bis sein Fleisch zerriss und er in den unten stehenden fiel. So hängend hörte ich ihn zu dem umherstehenden Volk rufen: «Mein Leib hängt in der Luft, meine Seele aber ist auf der Erde bei euch.» Er ermahnte so das Volk immerfort, bis er zur Erde niedersank, und als sie ihn hier in die Kehle stachen, betete er noch einen ganzen Psalm.

Sein Leib kam zu den Gräbern von anderen Märtyrern, und als später, ich meine durch den hl. Hilarius, eine Kapelle über dem Grab des ersten Saturnin errichtet wurde, kamen dahin noch viele andere Leiber, so dass man im Laufe der Zeit die beiden Saturnine nicht mehr zu unterscheiden wusste.

In Toulouse war die Ausschweifung so groß, dass der heilige Bischof einmal sagte, die Steine dieser Stadt würden das schändliche Volk am Jüngsten Tag verklagen.

Der hl. Stephanus

2. August 1820: Ich hatte ein Bild vom Leiden des Stephanus, wie er nicht an seine Steinigung dachte, sondern wie er nur für seine Peiniger betete und in den offenen Himmel emporschaute. Die Steinigung war gegen Mitternacht vor einem Tor an einer Landstraße.

Es war ein runder offener Raum, in dessen Mitte ein Stein lag, auf welchem der heilige Jüngling kniete und mit emporgehobenen Händen betete. Er trug ein weißliches, langes, gegürtetes Kleid, über welches auf Brust und Rücken eine Art Skapulier mit doppeltem Querband niederhing; ich glaube es war ein Teil seines Priesterkleides. Bei der Steinigung ging es nach einer gewissen Ordnung zu; rings um den Kreis lag bei jedem der Steiniger ein Haufen Steine.

Ich sah auch Saulus, einen ungemein ernsten und eifernden Mann. Er hatte alles besorgt, was zur Steinigung gehörte und die Steiniger legten ihre Mäntel vor ihn. Stephanus hielt die Hände betend emporgehoben und bewegte sich nicht unter den Würfen; es war als fühle er sie nicht, er machte auch keine zuckende, schützende Bewegung, er schien entzückt, er schaute empor und der Himmel war offen über ihm, er sah Jesus und bei Jesus Maria, seine Mutter. Endlich traf ihn ein Stein am Haupt, und er sank tot nieder. Er war ein großer, schöner junger Mann mit braunen schlichten Haaren. Saulus machte bei seinem großen Eifer zur Steinigung keinen widerlichen Eindruck wie die meisten Anderen, welche voll Neid und Heuchelei waren; denn er tat es aus einem unverstandenen aber rechtmeinenden Eifer für das Judentum; darum hat ihn Gott auch erleuchtet.

Ich sah, dass später die Erscheinung eines ehrwürdigen Mannes in weißem Gewand mit langem Bart und einem goldenen Rütchen in der Hand zu einem Priester in der Nacht an sein Lager trat.

Zur Rechten dieser Erscheinung stand eine höhere und eine niedere Blumenpyramide in zwei Gefäßen und zur Linken ebenso; es waren pyramidalisch gewachsene Sträuche, und er sagte: der rote Strauch bedeute den Stephanus, der eine weiße den Nikodemus, der andere weiße ihn selbst, den Gamaliel, der vierte Strauch von saffranfarbigen Blumen bedeute seinen Sohn Abidon, deren Leiber alle hier begraben lägen. Ich sah, dass darauf ein bezeichneter Platz geöffnet wurde und dass die vier Leiber in den Grotten eines Grabgewölbes gefunden und erhoben wurden.

Der Leib des Stephanus, der sehr ordentlich mit seinen Gebeinen lag, wurde nach Jerusalem in eine Kirche auf den Berg gebracht, wo das Abendmahlshaus gestanden hatte. Ich sah nachher, wie seine Gebeine mannigfach verteilt und überbracht wurden und sah viele Wunder dabei.

Ich entsinne mich, dass eine Blinde Blumen an den Reliquiensarg hielt und sehend wurde. Ich sah, dass an einem anderen Ort sich viele Juden bekehrten, und auch, dass irgendwo der Teufel in Gestalt eines sehr edlen Mannes etwas von den Gebeinen des hl. Stephanus begehrte; aber als der Bischof um Erleuchtung bat, ob er sie verdiene, floh er heulend in scheußlicher Gestalt davon. So sah ich viele Wunder und auch Gebeine nach Rom zu des Laurentius Gebeine bringen.

Der hl. Barnabas

10. Juni 1821: Die Eltern des Barnabas hatten Güter auf Cypern, wo er auch geboren wurde. Er studierte in Jerusalem und war mit Jesus in Cypern. Danach war er viel mit Paulus und auch ein Stück Wegs mit Thaddäus, als dieser nach Persien ging.

Barnabas war der erste, der zu Mailand das Evangelium verkündigte. – In Cypern wurde er von den Juden gesteinigt und auf einen Scheiterhaufen geworfen, allein sein Leib verbrannte nicht und wurde von seinen Schülern begraben. Als er aufgefunden wurde, lag ein Stück vom Evangelium des hl. Matthäus bei ihm auf der Brust. Er hat auch etwas geschrieben.

Der hl. Timotheus

(Am 24. Januar 1821 erzählte Anna Katharina, welche Tags zuvor vor Krampfhusten und Brustbeengung zu ersticken drohte und nicht mehr reden konnte, dem Pilger: «Ein heiliger Bischof hat mir geholfen; er ist schon gestern und heute den ganzen Tag bei mir gewesen. Es ist sein Gebein bei mir. Er war da, wo auch Johannes gewesen war.» Der Pilger erwiderte ihr nach einiger Zeit: «Heute ist ja das Fest von Timotheus, dem Paulus befohlen hat, Wein zu trinken», worauf sie gleich versetzte: «Ja, ick hebb ihm niks presenteert und he hat mi dock holpen!» («Ja, ich habe ihm nichts angeboten, und er hat mir doch geholfen!»)

Es fand sich, dass sie bei dieser Hilfe das Bild seines Lebens geschaut hatte, wovon sie aber, durch äußere Störungen gehindert, nur folgendes erzählen konnte:)

Timotheus war zu der Zeit, da Johannes auf Patmos verbannt war, auf der Insel Chios gefangen gewesen. Alle Leute liebten ihn und er hatte daselbst eine Gemeinde von Bekehrten; auch die Soldaten, die ihn umgaben, haben ihm angehangen. Es war aber eine vornehme Frau, eine Christin, daselbst, die sich mit einem Priester versündigt hatte. Als nun Timotheus einmal in einem kleinen Kirchlein das Heiligste Messopfer feiern wollte und schon am Altar stand, sah er im Geiste jene Person sich der Kirche nahen; er ging vom Altar an die Tür und hielt der Frau das Verbrechen vor und tat sie in Bann. Hierdurch brach eine Verfolgung gegen Timotheus aus und er wurde nach Armenien, nicht weit von dem Lande des Theokeno, verbannt. Von da kam er aber früher frei, als Johannes von Patmos und wurde dann von Paulus, dessen Jünger er war und der ihn beschnitten hatte, als Bischof nach Ephesus gesandt, wo ihn Johannes, da er wieder frei geworden war, besuchte.

Es war zur Zeit, da Johannes den Fidelis taufte und mit dessen Brüdern danach über Kedar gegen Persien hinauf zog, wo er sein Evangelium schrieb.

Von Paulus habe ich gesehen, dass er nicht groß, sehr gedrungen und stark und dunkel war. Er sah aus wie fest und stark im Gemüt und recht meinend, aber ohne Starrheit und Eigensinn. Nach seiner Bekehrung war er sehr sanft und liebevoll, doch mit großem Ernst, Feuer und Festigkeit.

Timotheus wurde in Ephesus bei einem Fest, wo sie mit Götzenbildern und Masken herumzogen, von den Heiden erschlagen, weil er heftig gegen diese Greuel gelehrt hatte.

Der hl. Quadratus

12. Mai 1821 – (Anna Katharina hatte einige Tage zuvor im Gesicht eine Reise nach Jerusalem gemacht mit einem Heiligen, dessen Gebein sie bei sich hatte. Sie wusste nur noch, dass er ihr Jerusalem nach dem Tode Jakobus' des Jüngeren zeigte, woraus zu vermuten war, dass er ein Zeitgenosse der heiligen Apostel sein musste. Sie behielt das Gebein fortwährend bei sich und erzählte nun am 12. Mai folgendes:)

Das Gebein ist von dem hl. Bischof Quadratus von Athen. Er hieß in seiner Jugend Ananias, seine Eltern waren von Thebez in Griechenland. Sie kamen bei der Erscheinung des Herrn auf dem Berg bei Thebez zu der Gemeinde. Quadratus war damals ein Knabe, den man an der Hand führte, seine Eltern waren noch junge Leute.

Als Jesus mit den drei Jünglingen nach der Erweckung des Lazarus (in das Land der Heiligen Drei Könige) fortreiste, waren Anhänger des Herrn in Geschäften nach Griechenland gekommen, und mit diesen waren die Eltern des Quadratus und dieser selbst nach Galiläa in die Heimat von Petrus gekommen. Hier waren sie Juden geworden und der Knabe hatte bei der Beschneidung den Namen Ananias bekommen. Sie hatten dort verborgen gelebt und bei der Erscheinung Jesu auf dem Berge bei Thebez sich der Gemeinde angeschlossen. Der Knabe war bei Jesu Tod jünger als Simeon, der fünfte Sohn der Maria Kleophä, der damals zehn Jahre alt war und mit welchem ich ihn gesehen habe; er mag etwa neun Jahre alt gewesen sein.

Ich habe ihn später in Ephesus bei Johannes gesehen und von diesem wurde er zu Petrus nach Rom gesandt. Mit Paulus war er auch eine kleine Zeit zusammen und kannte auch Thekla. Petrus sandte ihn an einen Ort nicht weit von Athen und danach wurde er in Athen zum Bischof gewählt.

Die Gemeinde war dort noch gedrückt und heimlich. Sie waren an einem geheimen Ort versammelt und wollten den zum Bischof wählen, den Alle auf einmal aussprechen würden. Da kam Quadratus unvermutet in die Kirche, und alle riefen, er solle ihr Bischof sein. Ich habe ihn dort viel wirken sehen. Ich sah auch, wie der römische Kaiser dorthin kam und viel mit heidnischen Götzensachen zu tun hatte; es waren allerlei Geheimnisse voll teuflischer Lüste und Begierden dabei. Ich sah Quadratus mehrmals mit ihm sprechen und ihm Rollen bringen und auch noch einen Anderen. Er half dadurch der Kirche viel und die Verfolgung ließ nach.

Ich sah ihn später bedrängt Athen verlassen. Er kam an einen anderen Ort, den ich vergessen habe, wo er eine Kirche stiftete. Er ging da weg und lebte als Einsiedler in der Gegend von Ephesus. Ich habe gesehen, dass der Kreuzweg Marias dort noch bestand und dass er ihn besuchte. Ich habe ihn noch an anderen Orten ohne Amt leben sehen, auch wo Johannes der Täufer in der Wüste gewesen war. Es kamen dort noch Andere zu ihm. Zuletzt begab er sich nach Jerusalem und starb dort den Martertod; ich habe vergessen, wie, auch habe ich gesehen, wie seine Gebeine von dort weg kamen. Er wurde, wie ich meine, 109 Jahre alt.

Am 25. Mai hatte Anna Katharina nochmals ein vollständiges Bild vom ganzen Leben des hl. Quadratus, vermochte aber nur weniges zu erzählen. Sie sagte: er ist nicht CIX, sondern IXC, das sind neun Jahre weniger als hundert Jahre alt geworden. Er war fünfzehn Jahre lang Bischof von Athen unter vielen Verfolgungen.

Sein Vorgänger hatte Publius geheißen. Als er wegen Verfolgung von Athen wich, kam er durch Gottes Fügung nach Kreta, wo sich früher Mensor, einer der Heiligen Drei Könige, mit seinen Leuten niedergelassen und eine Kirche gebaut hatte, die nach seinem Tod in Verfall geriet.

Quadratus gründete hier auch eine Kirche, von der noch etwas besteht. Er war sieben Jahre hier. Von Kreta ging er in die Einsamkeit bei Ephesus, wo er einige Jahre mit Mehreren verweilte; unter denen der Sohn eines Fischers von Tiberias sein besonderer Jünger war. Er starb nicht lange vor dem hl. Simeon, Bischof von Jerusalem, den er auch einmal, da er gefangen war, im Kerker besuchte. Er hat mir auch gesagt, warum Lukas und Johannes von etwas nicht geschrieben haben, was doch eben so wahr wie alles andere war, was sie geschrieben haben.

Simeon wurde erst fünf Jahre nach dem Tod Jakobus' des Jüngeren Bischof von Jerusalem, bis dahin war er ein alter Jünger.

Vor ihm war ein Verwandter von Petrus, der Joas oder Joias hieß, einstweilen der Vorstand; dieser kam kurz nach der Wahl Simeons um. Simeon zog mit den Christen vor der Zerstörung von Jerusalem weg. Er war zwölf Jahre weg und ist dann gemartert worden, 87 Jahre nach Christi Tod und Quadratus drei Jahre vorher.

12. bis 13. Oktober 1820:

Er war ein großer langgekleideter Mann, er war von Troas, ein Heide; ich habe viel von ihm vergessen. Als er noch nicht getauft war, sah ich ihn sehr heftig bewegt von dem, was er von Christi Lehre gehört hatte; sie schien ihm so beschwerlich und unerreichbar, dass er in einen großen Kampf kam. Er war sehr heftig. Ich sah ihn in seiner Ungeduld des Nachts auf einen Berg gehen, er warf alle seine Kleider von sich und schrie bloß in seinem Unterkleid zu dem, der die Wahrheit sei.

In diesem heftigen Gebet und Ringen sah ich, dass er ein Gesicht hatte: es stieg eine leuchtende Leiter vor ihm vom Himmel, die keine Sprossen hatte; es kam aber eine Schriftrolle aus einer Lichtwolke vor ihn nieder, worauf mit leuchtenden Buchstaben stand, wie er Sprossen in die Leiter machen solle, die ihm jetzt so unbesteigbar scheine. Es stand auch darin, er habe zwei Feinde in sich, welche er besiegen müsse.

Ich habe nachher gesehen, dass Paulus nach Troas kam und ihn bekehrte und taufte. Ich sah auch, dass er von Paulus dem Johannes empfohlen wurde, der damals nicht in Ephesus, sondern in Syrien war und dass er mit demselben nach Jerusalem und nach Persien zog; es waren noch mehrere bei Johannes. Ich sah, wie er sie zurückließ, Carpus aber tiefer in die Wildnis mitnahm.

Ich sah den Johannes unter einem Baum bei dem Fluss Tigris sein Evangelium schreiben, und als ein Ungewitter kam, wollte Carpus, er solle unter ein Obdach treten. Johannes aber blieb liegen und ich sah, dass er nicht nass wurde. Carpus wollte bei ihm bleiben; aber er sandte ihn zurück nach Smyrna, wo er ihn empfahl, so dass er Bischof wurde. Er sagte ihm auch, dass er selbst bald werde leiden müssen und dass auch Carpus der Marter werde gewürdigt werden.

Ich sah noch viel vom Evangelium Johannes', wie er ganz aus dem Heiligen Geist und sehr streng geschrieben und wie er es unter freiem Himmel vom Himmel empfangen hat. Ich sah, dass er das Meiste, was doppelt geschehen, nicht aufgeschrieben und dass viele Lücken in der Zeit blieben.

Carpus sah ich in Smyrna und sah, dass er dort bei einer Verfolgung auf einem Kreuz mit Stricken auseinandergerissen wurde, dass er aber nicht daran starb, sondern von dort weg nach Ephesus kam. Er reiste hierauf nach Rom, kam aber auf einer Insel, ich glaube durch einen Stich von heimlichen Verfolgern, um. Soviel weiß ich, dass er verblutete. Ich habe hier einen Teil des Bildes vergessen. Ich habe ihn auch mit Lukas zusammen und Briefe mit Paulus wechseln gesehen.

Ich sah auch Dionysius Areopagita bei ihm. Ich sah, dass er sehr viele Gesichte hatte und auch ein Gesicht, da er sehr über zwei Abtrünnige erbittert war. Er erblickte Jesus mit vielen Engeln und unter ihm eine Grube voll scheußlicher Tiere, welche die zwei Abtrünnigen vom Rande der Grube hereinreißen wollten. Er freute sich ihrer Strafe; da sah er aber Jesus herabkommen und mit den Engeln die unglücklichen Leute zurückhalten, und der Herr sagte zu ihm: «Du willst diese Leute in die Grube fallen lassen und ich möchte gern noch einmal für sie sterben!» worauf Carpus seinen Übereifer besserte.

Ich sah bei dieser Gelegenheit vieles von allen Aposteln. Ich sah auch Lukas in einer großen Halle an einem Tisch, wie ein Altar gestaltet, auf einer Bank mit Lehne liegen. Er malte das Gesichtsbild Marias auf eine gelbliche Metalltafel.

Es hatte keinen Hals und war mit blassen Farben und hatte viel Ähnlichkeit mit dem, welches dem Pilger gehört; nur schien mir die Nase nicht ganz so lang, Augen und Mund waren sehr ähnlich. Es war auch, als ob das Bild des Pilgers von meinem Schrank zu mir komme, als ich dieses malen sah. Lukas malte auch das Bild Jesu, er brachte es aber nicht zu Stande und geriet darüber in Entzückung und fand es erwachend auf übernatürliche Weise vollendet. Es stand auf seinem Tisch, der wie ein Altar war, ein Aufsatz wie ein Tabernakel, oben darüber eine Krönung und eine Figur darauf, welche etwas in der Hand hielt; es war auch ein gesticktes Bild dabei angebracht.

Den Tabernakel konnte man umdrehen, und Lukas hatte seine Farben und Pinsel darin; es waren mehrere wie Fächerstäbe aneinander befestigt, es waren gestreifte Spitzen daran. Er hatte auch seine Schreiberei auf dem Tisch.

22. November 1819: Ich sah den hl. Clemens als Papst kurz vor seiner Verfolgung. Er war unbeschreiblich abgehärmt und bleich, ja er war schier so elend aussehend wie unser Herr unter dem Kreuz; seine Wangen waren ihm ganz eingefallen und sein Mund zusammengeschrumpft aus Traurigkeit über die Blindheit und Falschheit der Welt. Ich sah ihn in einem Saal lehren, er saß auf einem Stuhl, und seine Zuhörer waren ganz verschieden gestimmt: manche waren traurig und gerührt, manche stellten sich nur so und hatten eine geheime Freude, als wüssten sie sein bevorstehendes Elend; andere schwankten in ihrer Gesinnung hin und her.

Nun sah ich römische Soldaten hereintreten und Clemens gefangennehmen. Sie schleppten ihn hinaus und setzten ihn auf einen Wagen, der anders aussah als bei uns. Es war ein langer, niedriger Karren, die Räder waren wie Scheiben aus einem Baum geschnitten und erstaunlich dick; sie waren wie die Rollen an einem Kinderwagen und es waren vier Löcher durchgearbeitet. Hinten war ein verdeckter Sitz und vorne noch mehrere offene. Der Heilige saß hinten und es stiegen etwa sechs Soldaten mit ihm auf und andere gingen nebenher. Die Pferde waren kleiner und kürzer als jetzt und auch ganz anders angeschirrt, sie waren nicht so voll Riemen. Ich sah den Heiligen Tag und Nacht fahren, sehr geduldig und traurig. Als sie an die See kamen, wurde er auf ein Schiff gebracht, und der Wagen kehrte zurück. Auch der Papst Martin ist auf einem Schiff weggebracht worden; jedoch bis ans Schiff wurde dieser nicht gefahren, sondern getragen.

Ich sah nachher ein Bild von dem Land, wo Clemens hinkam. Es war eine elende, wüste, unfruchtbare Gegend; es waren da viele tiefe Gruben, wie bei uns die Föhn (Torfgruben); alles war traurig und trüb. Auf einigen weit zerstreuten Flecken war etwas angebaut, auch wohnten einige Leute da. Ich sah auch allerlei Löcher in der Erde, als würde da gegraben. Clemens wurde in ein Haus gebracht, welches zwei Flügel hatte, von denen der eine aus der Mitte des anderen hervorsprang.

Jeder der Flügel war von einem Säulengang umgeben und Clemens wurde durch einen der Gänge herein geführt und dann nach jenem Flügel des Hauses gebracht, wo die Vorsteher lebten; dann nach dem anderen, wo die Gefangenen waren. Dieser Raum hatte oben runde Licht- und Luftlöcher nach einem Säulengang zu, in welchem allerlei nackte Bilder in verschiedenen Stellungen standen. In diesem Gang sah ich oft Leute beten. Die nackten Bilder hatten alle nichts Ärgerliches, doch war der Teufel dabei. Einige hatten einen Arm über dem Kopf, andere streckten beide Arme vor, eines hatte etwas wie eine Kugel oder einen Apfel in der Hand, andere hatten wie Mützen mit einem hohen Kamm auf. Sie standen sehr natürlich und gar nicht steif. Auf den Seiten jenes Flügels, wo die Gefangenen waren, war der Säulengang zugemauert und es war, als liegen da allerlei Trümmer und auch Gebeine. Das ganze Gebäude lag tief und in seiner Nähe war es wüst. Ziemlich weit davon war das Meer.

Ich hatte da wieder ein Bild von dem Grab des hl. Clemens. Es war wie ein Felsen, an dem das Wasser abgelaufen war. Er lag am Ufer, vom Meer etwas entfernt. Es war ein Eingang zu dem Grab, in dessen innerem Raum ein steinerner Sarg stand. Ich sah nicht, ob noch Reliquien darin waren. Wenn das Meer bis an das Ufer reichte, sah man kaum den obersten Teil des Felsens. Ich weiß nicht, ob das letzte Bild nicht aus viel späterer Zeit war; es war übrigens ganz so wie ich es immer gesehen. Ich hatte auch das Gefühl, als wenn auf der anderen Seite der Insel noch ein anderer Heiliger ruhe. (Der hl. Papst Martinus).

(1820) Als ich gestern und heute aus Arabien von dem Bild Jesu wegreiste, um zu St. Clemens' Leidensgegend zu kommen, musste ich immer bergab reisen gegen Mitternacht. Ich sah den hl. Clemens in einer Wüste um Wasser beten. Es kam ein Lichtstrahl vom Himmel, der sich ausdehnte wie ein Sprachrohr, und aus diesem sprang ein Lämmchen, welches mit einem Fuß einen Stab niederreichte, der unten wie ein Pfeil spitz war. Unten an dem Boden lag auch ein Lamm. Clemens nahm den Stab und stieß in die Erde, woraus Wasser sprang. Die beiden Lämmer verschwanden sogleich; Clemens aber hatte zu dem Heiligsten Altarssakrament gefleht. Alle, welche aus diesem Brunnen tranken, empfanden eine lebendige Begierde zum Heiligsten Sakrament, und Clemens bekehrte und taufte viele.

Ich sah, wie er bei seiner Marter in eine Grube voll Schlangen am Meer geworfen wurde und Wasser hineingelassen wurde; er stieg aber auf einer Leiter daraus hervor. Ich sah ihn mit einem Anker am Hals von einem Kahn aus ins Meer versenkt werden. Da, wo sein Leib hinsank, entstand in dem Felsengrund ein Grab, das beim Abfließen des Meeres sichtbar wurde. Die Christen formten aus dem Felsen eine Kapelle um das Grab, die oft von Wasser bedeckt wurde.

Mit Paulus selbst habe ich Clemens nicht zusammen gesehen, aber sehr viel mit Barnabas, auch mit Timotheus, Lukas und dem hl. Petrus. Er war ein Römer, seine Voreltern aber waren Juden von der ägyptischen Grenze. Er war verheiratet, erhielt aber vor der Verbindung eine Erleuchtung, in Enthaltung zu leben, was auch seine Frau tat, die, wie ich meine, später auch gemartert wurde. Er war der dritte Papst nach Petrus.

Der hl. Ignatius von Antiochien

4. August 1820: Ich hatte ein Bild des hl. Ignatius von Loyola, welcher mir sagte, ich solle doch auch seinen Patron, den heiligen Märtyrer Ignatius, verehren, von dem ein Gebein bei mir sei; und so sah ich dieses Gebein und das ganze Leben dieses lieben Heiligen, wovon ich noch einiges weiß.

Ich sah nochmals, wie Jesus in einem Städtchen (Kapharnaum) mit seinen Jüngern vor einem Haus unter einer Halle stand und wie Er einen von denselben in ein Haus gegenüber sandte, um eine Frau mit ihrem Kind zu rufen, welche auch das Jüngsken brachte; es konnte etwa drei bis vier Jahre alt sein. Als das Kind vor den Herrn trat, schloss sich der Kreis der Apostel wieder um ihn herum, der sich geöffnet hatte, um das Kind zu empfangen. Jesus sprach von ihm, legte ihm die Hand auf, segnete es und drückte es an sich. Die Mutter war zurückgetreten und es wurde ihr wieder gebracht. Dieses Kind war niemand anders als der nachmalige hl. Ignatius.

Ich sah seine ganze Jugend auf eine sehr rührende Weise. Er war ein gutes Kind und durch den Segen Jesu ganz verwandelt.

Ich sah ihn oft heimlich zu der Stelle gehen, wo Jesus ihn gesegnet hatte, und die Erde küssen und sagen: «Hier hat der heilige Mann gestanden.» Ich sah ihn mit anderen Kindern spielend Apostel wählen und Jünger und umher gehen und kindlich lehren und den Herrn nachahmen. Ich sah ihn die anderen Kinder auf der Stelle des Segens versammeln und ihnen erzählen, und sie mussten die Stelle auch küssen.

Seine beiden Eltern lebten und ich sah sie über das Wesen des Kindes auch gerührt und später Christen werden. Ich habe viele, ungemein rührende Bilder dieser Art von seiner Jugend gehabt. Ich sah ihn, erwachsen, sich zu den Jüngern des Herrn gesellen, besonders zu Johannes, an den ich ihn ganz angeschlossen sah, und dass Johannes ihn zum Priester weihte. Als Johannes zum erstenmal im Exil war, begleitete ihn Ignatius und wollte ihn nicht verlassen.

Er wurde nach Evodius, der dem hl. Petrus zu Antiochia folgte, dort zum Bischof geweiht, ich glaube auch von Johannes oder Petrus. Ich sah dort einen Kaiser durchziehen und ihm auf der Straße dem hl. Ignatius vorgestellt werden, dem der Kaiser sagte: ob er es sei, der wie ein böser Geist solche Unruhe mache? Ignatius antwortete, wie er den Gottesträger, der Jesus im Herzen trage, einen Teufel nennen könne?

Ich hörte auch den Kaiser fragen, ob er wisse, wer er sei, und der Heilige sagte: er sei der erste, den der böse Feind heute gesandt habe, den Diener Jesu zu beschimpfen; und ich sah, wie der Kaiser ihn zur Marter nach Rom verdammte und wie Ignatius freudig dafür dankte. Ich sah ihn gefesselt nach einer anderen Stadt gebracht und dann eingeschifft werden. Es waren Soldaten bei ihm, die ihn sehr quälten.

Dann sah ich ihn wieder landen und, wo er durchgebracht wurde, viele Bischöfe und Christen ihm entgegen ziehen und ihn begrüßen und seinen Segen begehren.

Ich sah ihn zu Smyrna bei einem Bischof Polykarpus, der sein Mitjünger gewesen war und wie sie freudig zusammen waren und er Alle ermahnte und tröstete. Er schrieb auch Briefe da. Ich hörte, wie er sagte und schrieb, er wünsche, sie möchten beten, dass die wilden Tiere ihn ganz zermalmten und ihm eine Mühle würden, die ihn zu Weizenmehl mahlte, auf dass er als ein reines Brot Jesu Christi zum Opfer werde. Und ich sah, wie er nach Rom gebracht wurde.

Die Christen kamen ihm auch dort entgegen und weinten und knieten vor ihm und baten um seinen Segen. Er sagte wieder: er wolle zermahlen sein dem Herrn zum Opfer. Sein ganzer Zug war ein Triumphzug. Ich sah ihn gleich nach dem Marterplatz geführt werden, wo er betete, die Löwen möchten ihn ein wenig beten lassen und möchten ihn dann ganz auffressen, nur einige Gebeine und sein Herz möchten sie übrig lassen, auf dass diese auf Erden noch für Christus wirken könnten. Mir wurde dabei eine Mahnung von der Wichtigkeit und dem Wert der Reliquien gegeben.

Wie er gebetet, so geschah es: Kaum war er auf dem Marterplatz, so kniete er nieder und betete; dann stürzten sich die Löwen ganz grimmig auf ihn, und er war gleich tot. Sie fraßen ihn schnell auf und leckten sein Blut, nichts blieb liegen als einige große Gebeine und sein Herz.

Ich sah die Löwen weggebracht werden und die Zuschauer den Ort verlassen; die Christen aber liefen herzu und rissen sich schier um seine Gebeine.

Alle schauten sein Herz an und es waren die Buchstaben des Namens Jesu wie auf dem Kreuztitel in dasselbe mit bläulicher Farbe, wie Sehnen oder Adern, hineingewachsen.

Die hl. Martha und Maria Magdalena

22. Juli 1820: Ich habe ein großes Bild von Maria Magdalena gehabt. Ich habe abermals wie immer gesehen, dass die Sünderin Maria Magdalena und die, welche den Herrn dreimal salbte, eine und dieselbe Person und die Schwester der Martha und des Lazarus ist. Ich habe sie zuerst in Bethanien gesehen in dem Haus von Lazarus, dem schönsten und größten Haus in Bethanien, demselben, in welchem ich den Herrn einmal vor seinem letzten Gang nach Jerusalem speisen sah und wo viele Leute im Hof und unter Hallen aßen. Es war dieses Haus das Erbe von dem Vater des Lazarus.

Ich sah heute nacht die drei Geschwister noch zusammen; ich sah Lazarus und Martha einfach und wohltätig leben; ich sah Magdalena ihnen zu großem Verdruss eine arge Eitelkeit und Üppigkeit treiben. Sie wohnte im oberen Stock, hatte zwei Mägde und zwei Diener. Ich sah sie übermäßig in Kleiderpacht und wie sie sich immer zur Schau öffentlich hinsetzte und sich ihrer Geschwister schämte. Sie hatte einen Stuhl wie einen kleinen Thron, mit Teppichen bedeckt, und ließ sich ihn auf das flache Dach des Hauses setzen, und da saß sie oft im höchsten Putz und erwartete ihre Gäste, viele Männer und Frauen von Jerusalem, die zu ihr kamen. Sie war sehr groß und mächtig, hatte gelbe sehr lange und dichte Haare und sehr schöne Hände, eine schöne Farbe. Sie war in ihrem Putz ungemein steif und geziert.

Ich sah sie einmal da oben sitzen; sie hatte die Haare mit einer Art Mütze von Perlen und fahlgelbem Zeug wie Spitzen ganz kraus bedeckt und viele Perlen und schimmernde Sachen darin und viele ganz feine gedrehte Löckchen. Oben von der Spitze dieses Kopfputzes fiel hinten ein langer durchsichtiger Schleier bis auf die Erde nieder. Um den Hals war sie auch ganz kraus und steckte bis an das Kinn in den Falten; ihre Brust war mit rot und weißgeblümtem schimmerndem Zeug bedeckt, mit einem festen Latz wie ein Schnürleib.

Der Rock war ebenso und nach der Quere gefaltet. Darüber hatte sie ein Oberleibchen, das sich nur unter der Brust schloss, mit goldenen Blumen. Die Ärmel waren an den Schultern kraus, am Ober- und Unterarm mit breiten Spangen von Perlen geschlossen, am Ellenbogen hing ein langer Zipfel von gelblicher Farbe wie von Spitzen nieder und an den Händen auch. Das Kleid hatte eine große Schleppe. Sie sah ungemein steif aus in dieser Kleidung, wie eine Glucke.

Magdalena war bald nach der Himmelfahrt Christi in die Wüste gegangen in die Gegend, wo Johannes der Täufer gewesen war, nur etwas mittäglicher. Anfangs war sie noch da, wo einige Hütten standen und holte sich manchmal Nahrung in denselben. Sie war ganz verhüllt. Nachher ging sie weiter weg in eine wilde Felsengegend und lebte ganz von Menschen getrennt in einer Höhle, und da sah ich, dass der Satan sie als Drache schreckte und Feuer auf sie spie, dass er es aber immer wieder einschlucken und weichen musste.

Die Muttergottes lebte in der ersten Zeit zu Bethanien bei Lazarus und Martha. Lazarus hielt sich meist versteckt und kam nur des Nachts zum Vorschein. Der heiligen Jungfrau Maria tat niemand etwas. Später ging sie nach Ephesus. Lazarus war nun ganz bei den Jüngern und drei oder vier Jahre nach Christi Tod wurden er und Martha von den Juden gefangengenommen und auch Magdalena wurde, als sie ihre Geschwister nachts besuchen wollte, auf dem Weg gefangen.

Mit Lazarus, der schon Priester war, wurde auch ein junger Maximin und noch ein Mann, dessen Namen ich vergessen habe, gefangen, ferner Marzella, die ehemalige Magd Magdalenas und Marthas Magd. Es waren ihrer sieben; drei Männer und vier Frauen. Ich sah, wie die Juden sie unter Misshandlungen am Meer in ein kleines Schiff, das ganz leck war, ohne Ruder und Segel setzten. Dieses Schiff hingen sie an ein größeres Schiff und fuhren es auf die weite See hinaus und ließen es nun los.

Ich sah, dass dieses Schiffchen, während sie beteten und sangen, am Ufer von Frankreich landete, an einer Stelle, wo das Wasser sanft ans Land spülte. Hier stiegen sie aus und stießen das Schiffchen wieder hinaus. Ich sah, dass sie wohl noch über eine Stunde Weges nach einer großen Stadt hatten, wo sie hingingen. Sie hatten den Weg übernatürlich schnell gemacht. Sie hatten nichts bei sich als kleine Krüge, aus denen sie sich erquickten, wie man sie im Gelobten Land immer hat. Ich sah sie in der großen Stadt Massilia, dem heutigen Marseille ankommen. Es tat ihnen niemand etwas; man sah sie an, aber man ließ sie gehen.

Ich sah, dass ein Götzenfest war und dass die sieben Fremdlinge sich unter Säulenhallen vor einem Tempel an einen offenen Platz setzten. Sie saßen lange so, und nachdem sie sich ein wenig aus ihren kleinen Krügen erquickt hatten, war Martha die erste, welche mit dem Volk, das sich um sie versammelte, einließ und sagte, wie sie hiehergekommen seien und ihnen auch von Jesus sprach. Sie war sehr bewegt und lebhaft; ich sah auch später, dass die Leute mit Steinen nach ihnen warfen, um sie zu vertreiben; aber die Steine verletzten sie nicht und sie blieben ruhig da sitzen bis zum anderen Morgen. Die anderen hatten unterdessen auch angefangen zu reden und es neigten sich schon mehrere Menschen zu ihnen. Am anderen Morgen kamen Leute aus einem großen Haus, das ich für ein Rathaus hielt, zu ihnen und fragten sie allerlei aus, und sie blieben noch den ganzen Tag unter den Bogen und unterhielten sich mit den Vorübergehenden, die sich um sie versammelten. Am dritten Tag wurden sie alle in dieses Haus vor den Obersten geführt und dann sah ich, dass sie an zwei Orte getrennt wurden:

Die Männer blieben bei dem Obersten auf dem Rathaus, die Frauen kamen in der Stadt in ein Haus, und man begegnete ihnen gut und gab ihnen zu essen.

Ich sah aber, dass sie lehrten, wo sie hinkamen und dass der Oberste durch die ganze Stadt bekannt machen ließ, man solle diesen Leuten kein Leid zufügen. Ich sah auch, dass bald sehr Viele sich taufen ließen und dass Lazarus aus einem großen Becken taufte, welches auf dem Platz vor dem Tempel stand und dass der Tempel bald sehr verlassen war. Ich glaube, der Oberste der Stadt ließ sich auch taufen. Ich sah auch, dass sie nicht lange dort beisammen blieben. Lazarus setzte als Bischof die Lehre fort.

Magdalena trennte sich von Allen und ging in eine Wüste, ziemlich weit von der Stadt; sie wohnte in einer Höhle.

Martha begab sich mit Marzella und der anderen Magd mehr gegen Morgen in eine wilde felsige Gegend. Es waren da mehrere Frauen, welche sich kleine Hütten an Felsenhöhlen angebaut hatten. Sie wurde ganz gut aufgenommen, und es wurde nachher ein Kloster daraus. Ich habe auch gesehen, wo die anderen Männer außer Lazarus hingekommen sind, aber ich habe es vergessen. Ich habe gesehen, dass Magdalena mit einem, ich glaube Maximin, manchmal auf dem halben Weg zusammenkam und dass er ihr das Abendmal reichte. Marzella war bei Magdalena schon in ihrem weltlichen Leben gewesen. Die Frauen, zu denen sich Martha gesellte, waren auch irgendwo vertrieben worden.

Der Name des dritten Mannes, welcher mit Magdalena ausgeschifft wurde, war Chelitonius; er war der von Jesus geheilte Blindgeborene, der immer bei den Jüngern war. Ich habe das Bild seiner Heilung gesehen, um zu wissen, wer er sei. Der Name wurde mir gesagt.

Ich sah auch die hl. Martha, welche Massilien verlassen hatte; sie war mit Marzella und der anderen Magd und einigen Frauen, welche sich ihnen angeschlossen hatten, nach einer wilden, schwer zugänglichen Gegend gekommen, wo mehrere heidnische Frauen in an Felsenhöhlen angebauten Hütten wohnten. Sie waren Sklavinnen, welche von dem dort lebenden Volk im Krieg geraubt und dorthin ausgesetzt worden waren; sie wurden auch bewacht. Martha und die Ihrigen siedelten sich bei ihnen an, sie bauten sich selbst anfangs kleine Hütten nebeneinander und später ein Kloster und eine Kirche. Diese bestand anfangs nur aus vier Mauern, das Dach wurde mit Flechtwerk von Reisern und mit Rasen belegt, woran sie alle arbeiteten. Sie bekehrten zuerst die Sklavinnen, von denen einige bei ihnen blieben, andere aber ihnen viel Leid und Verräterei brachten, so dass sie allerlei Verfolgungen von den Bewohnern zu leiden hatten.

Es war eine Stadt in der Nähe, welche Aquen heißt[92], wie ich glaube. Es schienen dort heiße Quellen zu sein, denn es war viel Dampf in der Gegend. Ich habe gesehen, wie Martha dort an einem breiten Fluss ein Ungeheuer tötete, welches sich in dem Fluss aufhielt und vielen Schaden tat. Es riss die Schiffe um und fraß auf dem Land auch oft Menschen und Vieh. Es war wie ein großes Schwein, hatte einen ungeheueren Kopf, kurze Füße wie eine Schildkröte, den Hinterleib wie ein Fisch; es hatte kurze häutige Flügel und Krallen daran. Sie fand es in einem Wald am Ufer, da es eben einen Menschen fraß. Es waren viele Menschen bei ihr; sie bändigte es, indem sie ihm im Namen Jesu ihren Gürtel um den Hals warf und es erwürgte. Das Volk tötete es vollends mit Steinen und Spießen. Ich sah, wie sie oft in der Gegend auf offenem Feld und am Ufer des Flusses vor vielem Volk das Evangelium predigte.

Sie pflegte sich dann mit ihren Begleiterinnen einen erhabenen Stand von Steinen zusammenzulegen. Sie legten die Steine treppenförmig; inwendig war es hohl, wie ein Gewölbe, oben drüber legten sie einen breiten Stein, worauf sie stand. Sie konnte dies besser als ein Maurer, wie sie denn außerordentlich tätig und anordnend war.

Ich sah, dass sie einmal am Ufer des Flusses auf einem solchen Steinhaufen lehrte und dass ein junger Mensch von der anderen

Seite hinüberschwimmen wollte, um sie zu hören; das Wasser aber riss ihn fort und er ertrank. Ich hatte hierauf ein Bild, wie die Leute des Landes ihr große Schmähungen deswegen antaten und ihr auch vorwarfen, dass sie die Sklavinnen zu ihrem Glauben bekehrt habe.

Ich sah auch, wie der Vater des Ertrunkenen am anderen Tag dessen Leiche fand und sie vor vielem Volk vor sie hinlegte und ihr sagte, wenn sie seinen Sohn wieder lebendig mache, wolle er an ihren Gott glauben. Ich sah auch, wie sie ihm befahl, im Namen Jesu wieder lebendig zu werden und wie er zum Leben kehrte und wie er und sein Vater und viele Leute deswegen Christen wurden; wie andere aber sie als eine Zauberin verfolgten.

Ich sah auch, wie einer ihrer Begleiter aus Palästina, ich glaube der Jünger Maximin, in der Gegend war und sie als Priester besuchte und das Abendmahl gab. Martha wirkte, lehrte und bekehrte sehr viel.

Magdalena war mehr abendlich in einer unzugänglichen Höhle und tat große Buße. Lazarus war noch in Massilien.

Ich habe auch gesehen, dass Magdalena kurze Zeit vor Martha gestorben ist. Ihre Höhle war in einem wilden Gebirge, dessen Spitzen in der Ferne wie zwei schiefe Türme aussahen. Die Höhle war von gewachsenen Säulen gestützt und in den Wänden waren natürliche Löcher, in die man etwas legen konnte.

Es befand sich ein Altar von Rasen darin und ein gewachsenes grünes Kreuz darauf von lebendigen Zweigen ohne Corpus, in der Mitte hing die Krone. In dieser Höhle war ihr Lager nicht, dasselbe war daneben in der Bergwand, die sie selbst dazu ausgehauen hatte. Es war wie ein Grab in den Berg eingeschnitten und eine geflochtene Tür konnte davor zugezogen werden. Man konnte das Lager dann schwer finden.

Ich sah sie tot auf diesem Lager liegen. Sie war mit einem Kleid von Blättern bedeckt, hatte auch um das Haupt eine solche Mütze, die Haare waren um das Haupt gewunden, nur ein Teil hing hinten nieder. Sie lag auf dem Rücken und hatte ein hölzernes Kreuz in den gekreuzten Armen. Sie war nicht mager, sondern stark und voll, nur etwas braun und hart von der Witterung. Es standen ein paar irdene saubere Schüsselchen bei ihr auf der Erde. Die Tür bei dem Lager war beigezogen. Ich sah zwei Einsiedler mit zwei Stangen, zwischen welchen Stricke und eine große Decke befestigt waren, herankommen. Sie wickelten den Leichnam sauber ein und trugen ihn einen ziemlich weiten Weg nach dem Kloster der hl. Martha. Magdalena hatte doch noch eine große braune Decke.

(Sie erzählte noch, dass sie eine Kirche, von Maximin über der Höhle erbaut, gesehen habe, worin Gebeine von Magdalena bewahrt seien: ihr Kopf, dem ein Kinnbacken fehle und an dessen einer Seite noch etwas Fleisch sei, ein Arm, Haare, auch ein Gefäß mit Erde; sie wisse jedoch nicht, was für Erde. Sie habe andere Orte gesehen, wo Gebeine von ihr seien.)

Magdalena hat auch einmal einen Drachen bezwungen, der sich vor ihre Höhle stellte, als sie hineingehen wollte. Ich habe öfter Drachen gesehen. Sie sind anders gestaltet als die geflügelten Eidechsen oder die Krokodile; ihr Leib ist runder, hat mehr vom Pferd und ist auf dem Rücken eingebogen. Der Hals ist dick, aber nicht kurz, der Kopf breit und lang, der Rachen fürchterlich und größer als er sich auftut, denn er ist an den Seiten mit einer weiten, faltigen, niederhängenden Haut verbunden. An den Schultern der Brust zu sitzen häutige, der Fledermaus ähnliche Flügel.

Die Beine sind nicht dick, etwa von der Dicke eines Kuhbeines, die Oberbeine sind kurz; sie haben lange Krallen und einen breiten Schwanz. Beim Fliegen legen sie die Vorderfüße dicht unter den Leib und die Hinterfüße rückwärts. Ihr Fliegen ist ein Vorwärtsschießen; ich habe sie aber doch über hohe Zedernwälder schießen sehen. Diese Tiere hatten etwas Greuliches, Teuflisches. Ich habe sie nie in großer Menge gesehen und auch keine Nester mit Jungen. Ich sah sie nur in ganz wilden, wüsten Gegenden, in schrecklichen Felsen und weiten Höhlen, auch um alte hohle Bäume gelagert und am Rande der Ufer einsamer Flüsse und Seen ausgestreckt.

Die größten, die ich sah, waren wie Fohlen groß; andere aber von der Größe der Schweine. Sie fielen nur einsame Menschen an. Aus ihrem Hals sah ich oft einen heißen, wie feurigen Strahl, der sich niederlassend in einen schwarzen Dampf verwandelte.

In früheren Zeiten, besonders vor Christus, waren hie und da noch ganz andere Dinge in der tierischen Natur. In der letzten Zeit sah ich keine mehr.

4. Februar 1821: Der Name Veronikas war eigentlich Seraphia. Sie war eine Bruderstochter des Zacharias von Hebron. Sie war auch mit dem alten Simeon verwandt und kannte dessen Söhne, die von ihrem Vater schon eine Neigung für den Messias hatten; aber dies blieb immer ein geheimes Lieben unter ihnen.

Veronika war schon eine erwachsene Person, da der zwölfjährige Jesus zu Jerusalem im Tempel zurückblieb, doch war sie damals noch nicht verheiratet. Der Jesusknabe wurde zwei Tage lang von seinen Eltern unter ihren Verwandten gesucht; Er war mit vier älteren Knaben in Jerusalem zurückgeblieben und hielt sich, wenn Er nicht im Tempel war, in eben dem Haus vor dem Tor auf, wo Maria vor der Reinigung einen Tag und zwei Nächte mit ihm als Kind bei alten Leuten gewohnt hatte. Ich sah, dass Veronika ihm Essen dahin schickte.

Diese kleine Herberge war eine Art Stiftung; sie lag vom Ölberg gegen Morgen. Jesus und die Jünger hatten dort oft eine Zuflucht. Ich sah, dass Jesus, als Er die letzte Zeit im Tempel lehrte, oft heimlich dort von Veronika gespeist wurde, es waren da andere Leute in dem Haus.

Der Mann Veronikas hieß Sirach und stammte von der keuschen Susanna her. Anfänglich war er ein Feind der Christen und sperrte Veronika oft ein, wenn er ihre Hilfeleistungen merkte. Sie hatten drei Kinder, von denen zwei Jünger wurden. Sirach wurde durch Joseph von Arimathäa bekehrt.

Von dem Schweißtuch habe ich gesehen, dass es ein Tuch war, wie man es um den Hals und manchmal ein zweites auch über die Schulter zu tragen pflegte. Veronika hatte ein solches bei dem Kreuzweg über die Schulter hängen.

Das Darreichen eines solchen Tuches war ein Zeichen der Teilnahme, der Trauer um einen. Als Veronika den Herrn so zerrütteten, blutigen Antlitzes sah, eilte sie auf ihn zu und trocknete ihm sein Antlitz, das an einer Seite des Tuches mit den Blutspuren der Stirnwunden und des ganzen Gesichtes sich abdrückte. Veronika selbst ist nie in Rom gewesen. Das Tuch blieb bei den heiligen Frauen; da Martha und Magdalena nach Massilien verbannt wurden, erhielt es die Muttergottes, von welcher es durch die Apostel nach Rom gekommen ist.

In dieser Verfolgung des Lazarus und seiner Schwestern wurde auch Veronika, die eine schöne, mächtige Frau war, mit anderen Frauen hart bedrängt. Sie flohen, wurden aber eingeholt, und Veronika starb im Gefängnis des Hungertodes.

Die hl. Thekla

22. bis 23. September 1820 und 23. September 1821:

Als ich gestern die Reliquie erhielt, sah ich die Heilige aus der Höhe zu mir niedersteigen; sie war in Licht gekleidet und trug einen Zweig mit weißgelben, geschlossenen Blüten. Sie sprach: «Dies ist von meinem Gebein.» Hierauf sah ich noch bis gegen Abend verschiedene Bilder von ihr und heute am Morgen ihre ganze Marter in etwa einer Stunde.

Zuerst sah ich Thekla zu Iconium in ihrem elterlichen Haus: sie war von mittlerer Größe, hatte braune Haare. Ihr Angesicht war ernsthaft und schön, ohne blühende Farbe, diese war bräunlich. Stirne und Nase liefen schier in einer Linie. Sie sah ungemein fromm und ernsthaft aus, trug ein langes wollweißes Gewand mit einem breiten Gürtel, woran vorn kurze Enden waren; es war in vielen Falten gebrochen und geschürzt. Die weiten Ärmel waren mit Bändern gefasst, die am Rand mit Perlen besetzt und in der Mitte gerippt waren. Ihre Haare waren in drei Teilen mit einem durchsichtigen silberweißen Stoff durchflochten oder vielmehr durchschlungen, so dass sie links und rechts und am Hinterkopf einen Wulst bildeten.

Ich sah sie zuerst mit Vater und Mutter und ihrem verlobten Bräutigam, einem großen sittsamen Mann, im elterlichen Haus. Sie war ganz freundlich mit ihm. Das Haus war wie die alten Gebäude mit Säulengängen um einen Hof gebaut. Vor dem Haus war auch ein Hof von einer Mauer umgeben, welche oben eine Terrasse mit einer Brustlehne hatte. Über die Terrasse waren Teppiche gegen die Sonne gespannt.

Paulus war in Iconium mit einem Jünger: es war aber nicht Barnabas, wie ich mich erinnere. Es war hier eine Synagoge; allein Paulus lehrte auch öffentlich in und an den Häusern von Freunden. So lehrte er auch gegenüber von Theklas Haus auf einer erhöhten Stelle vor einem Haus, und viele Menschen, auch Jungfrauen hörten zu. Er lehrte von der Ehe und sagte: wer heiratet, sündigt nicht, wer aber frei bleibe, tue besser. Thekla saß auf der Terrasse und hörte seine Worte über die Straße herüber.

Die Jungfrauen saßen dort oft so bei allerhand Aufzügen zu Gutem und Schlimmen. Sie wurde sehr gerührt. Nach dieser Lehre wurde Paulus eingekerkert. Ich sah, dass man die Brautgeschenke Theklas bereitete und dass ein Gesandter ihres Bräutigams sie besuchte und dass sie diesem absagte. Einmal sah ich sie allein in ihrer Stube; sie hatte eine fingerdicke Schriftrolle, in der sie las: Es war eine Schrift von Paulus, in welcher die Rede von der Ehe und Jungfräulichkeit war. Sie wurde dadurch sehr bewegt, faltete die Hände und betete, nahm ein Geschmeide von der Brust, das sie von ihrem Bräutigam erhalten hatte und eines von der rechten Seite der Schulter oder vom Ohr, es war wie ein weißer Stein mit einem Knöpfchen darauf. Sie legte alles in ein Kästchen, worin noch mehrere Kleinodien waren.

Gegen Abend sah ich sie mit einem dunkelfarbigen Schleier auf dem Arm das Haus verlassen und durch die Stadt gehend jemand suchen. Sie fand einen bekannten Mann, welchem sie die Kleinodien gab. Als sie wieder zu Hause war, kam dieser Mann zu ihr und brachte ihr kleine viereckige Metallplättchen. – Ich sah, wie sie heimlich im Dunkeln von einem Diener begleitet nach dem Kerker von Paulus ging. Sie hatte den braunen Schleier um das Haupt und ging längs von festen Mauern und durch Bogen. Es standen Wachen da, mit welchen sie nicht sprach; sie fand aber einen Mann, er schien der Kerkermeister, dem gab sie Geld. Ich sah, dass er eine Lampe nahm und Thekla in den Kerker führte: Er blieb leuchtend in der Tür stehen.

Der hl. Paulus war in einem langen Mantel ohne Fesseln, der Kerker war geräumig: Paulus hatte Schriftrollen bei sich liegen. – Thekla sprach mit ihm, erzählte ihm ihren Stand und ihre Rührung. Er erklärte ihr vieles, und dann kniete sie nieder und Paulus taufte sie mit Wasser aus einer Flasche, welche er im Busen seines Gewandes trug. Es kam dabei ein Glanz von oben und umgab sie beide. Der Kerkermeister sah zu und wurde später auch ein Christ.

Ich sah Thekla den Kerker verlassen und nach Hause gehen; und nun sah ich Bilder, wie sie allen Schmuck abtat, ganz verhüllt war und ihren Eltern und dem Bräutigam erklärte, dass sie eine Christin sei und Jungfrau bleiben wolle. Darüber sah ich die Mutter ganz wie unsinnig; Thekla wurde in das Haus einer Frau gebracht, welche ihren Sinn ändern sollte; sie hieß Tryphäna; allein es gelang ihr nicht.

Danach sah ich Thekla von ihrer eigenen Mutter beim Richter als Christin verklagt werden, sah sie verhört und verurteilt, im Gefängnis und zum Marterplatz geführt. Sie wurde aller Kleider beraubt, aber von einer Wolke keusch umgeben, durch einen Kreis von Henkersknechten geführt, welche sie mit Ruten zerfleischten, bis sie niederfiel. Nachher sah ich sie an einen Pfahl gebunden und mit Hacken zerrissen: ihre langen Haare hingen um den blutenden Leib.

Es wurde ein Scheiterhaufen bereitet, und als sie vom Pfahl losgebunden wurde, sprang Thekla selbst darauf und stand mit ausgebreiteten Armen mitten in den Flammen, die sie unversehrt umgaben und von ihr weg schlugen. Es fiel ein so heftiger Platzregen, dass alles von dem Marterplatz floh und das Feuer erlosch. Thekla konnte fliehen: Sie tat es nicht und ließ sich wieder in den Kerker zurückbringen. Viele bekehrten sich. – Nachts sah ich sie im Kerker betend und sah die Erscheinung des hl. Paulus ihr nahen, sie trösten und von allen Wunden heilen. Paulus war nicht mehr gefangen, man hatte seinetwegen, ich meine, nach Rom geschrieben, und er wurde entlassen.

Ich sah Thekla wieder aus dem Kerker in ein Verhör und von da auf den runden Kampfplatz gebracht werden. Wieder wurde sie ihrer Kleider beraubt und in gleicher Weise wunderbar verhüllt. Es wurden ein Bär und eine Löwin von beiden Seiten mit Ketten an sie gebunden: sie hatte eine Kette von jeder Seite ihres Leibes und an jedem Arm und war mit diesen vier Ketten an die beiden Bestien geschlossen. Diese zerrten, und Thekla fiel rücklings zur Erde. Da zerbrach nun die Löwin, ohne die Heilige zu verletzen, die Ketten, indem sie auf die Ketten trat und den Kopf darunter steckte, so dass diese auseinander brachen.

Der Bär saß grimmig und furchtsam in der Ferne, die Löwin fiel ihn an und erwürgte ihn, kehrte dann wie ein schmeichelnder Hund zu Thekla zurück, welche sich frei aufgesetzt hatte, leckte ihr die Füße, während Thekla das Tier liebkoste, ihm auf den Kopf und selbst ins Maul griff. Unter dem Volk entstand ein großes Wundergeschrei, der Richter erklärte, dass er ihr nichts mehr tun werde und bekehrte sich darauf.

Andere aber führten Thekla mit einem braunen Kittel bedeckt in die Nähe eines Wassers. Es war dort eine ausgemauerte, tiefe Zisterne, in der Schlamm und viele greuliche Schlangen waren. Die Henkersknechte fassten die heilige Jungfrau und wollten sie Kopf über in die Grube stürzen, sie aber riss sich los, machte das Zeichen des Kreuzes über die Grube und sprang hinab, die Schlangen aber drängten sich von beiden Seiten vor ihr weg.

Nun zogen die Henker eine Schleuse auf und die Zisterne füllte sich aus dem nahen Fluss, Thekla aber stieg aufrecht mit dem Wasser empor und hatte ihre Arme über demselben. Die Schlangen streckten sich vor ihr abweichend an den Wänden empor, und man durfte nicht mehr Wasser einlassen, sonst wären sie heraus auf das Volk gekommen. Die Jungfrau Thekla lobte unversehrt Gott; man nahm sie heraus, und Viele bekehrten sich. – Sie wurde nun wieder zu Thryphäna zurückgebracht, welche sich auch bekehrte.

Da nun viele Menschen, besonders Jungfrauen, sich zu Thekla gesellten, wurde sie aus der Stadt verwiesen, und ich sah sie in einer Felsenhöhle, welche mit Rasen bedeckt war. Es folgten ihr mehrere Frauen und Jungfrauen. Sie war ganz verhüllt in einen bräunlichen Habit: ihr Kopf war mit einer Kappe bedeckt, welche Hals und Brust verhüllte und Falten schlug, wie sie den Kopf wendete. Die Höhle war sehr versteckt. Ich sah sie in der Gegend umhergehen und für ihren Unterhalt betteln.

Sie belehrte auch die Leute, ohne Aufsehen zu erregen, betete bei den Kranken und heilte sie durch Handauflegung. Dies alles tat sie ohne Autorität und Anmaßung, allein wie eine fromme Person von großen Gnadengaben. Nachher sah ich sie in Seleucia bei derselben Tryphäna. Von hier aus zog sie einmal dem hl. Paulus nach und predigte; er aber wies sie zurück, es schicke sich nicht. Einmal aber besuchte er sie.

23. bis 24. September:

Ich sah heute nacht die hl. Thekla mit etwa sieben Frauen und Jungfrauen eine schön geordnete Einsie-delei bei Seleucia bewohnen. In einem Halbkreis von Felsen waren viele reinliche Zellen nebeneinander ausgehauen. In der Mitte des Halbkreises stand eine sechs- oder achteckige Säule, welche ein Dach unterstützte, das von den Zellen aus den ganzen Raum überdeckte und oben mit Rasen belegt und mit Grün überwachsen war. Die vordere Seite war mit Bäumen und Felsen geschlossen, zu deren beiden Seiten war ein enger Eingang. Das Dach stützte sich auf diese Bäume und war mit ihnen verflochten.

Das Licht fiel in den bedeckten Raum und die Zellen durch oben im Dach angebrachte Öffnungen. Das Ganze war ungemein zierlich, edel und anmutig. Die Zellen waren reichlich in bunt geaderte Steine gehauen: in jeder war eine Steinbank, auf der Moos lag, worauf sie schliefen, auch war in einem Winkel eine Nische ausgehauen, worin ein hölzernes Gabelkreuz stand: an einigen war Christus wie von Pergament ausgeschnitten, an anderen war der Corpus von genähter Arbeit, wie eine Puppe, befestigt. Diese Nischen waren mit Falltüren geschlossen, welche niedergelassen ein kleines Tischchen vor dem Bild darstellten.

Außerdem sah ich bei den Einsiedlerinnen Ruten und härene Stricke, womit sie sich kasteiten. – Ich sah kleine braune Schüsseln, wie aus Erde geschnitten, aber keinen Feuerherd. Ich glaube, sie aßen nur Früchte und rohe Speisen. Die Türen der Zellen waren Flechtwerk. Ein Quell war vor der Einsiedelei. Die eckige Mittelsäule war rings mit einem Vorsprung, wie mit einem Altar umgeben und von allen Seiten mit Teppichen behängt, auf welchen einfache Figuren wie Apostel und Maria bunt genäht waren. Darüber schien mir ein Raum, wie ein Schrank in der Säule, ich weiß nicht mehr, was darin war. Sie beteten zusammen um diese Säule. – Die Einsiedlerinnen flochten auch Decken.

Ich sah Thekla, welche bei ihrer Marter siebzehn Jahre alt war, hier schon etwa vierzig Jahre alt, zum Sterben auf ihrem Lager liegen. Die Frauen knieten um sie her und ein Priester, der mir auch ein Einsiedler schien, reichte ihr das Sakrament. Er hatte es in einer länglichen viereckigen Dose, welche sich halb öffnete. Es war ein länglich runder Bissen in ein Tüchlein geschlagen.

Der Priester hatte einen Bart und einen Strick um den Leib. Sie starb noch nicht, sie lag sehr lang vorher schon immer still und unbeweglich, wie ich die heilige Jungfrau Maria sterben sah. Nachher hatte ich ein Bild von ihrem Leichenbegängnis. Ihre Gefährtinnen wickelten sie ganz ein, wie es mit den Toten dort geschah. Sie wurde auf ein Brett gelegt und dies auf ein zweites, an dem Zapfen zum Tragen waren, und in eine Grabhöhle beigesetzt, in der schon mehrere Tote lagen. Es muss später eine Kapelle dort gebaut worden sein. Ich erinnere mich noch, dass ich bei ihrem Grab in einer Kapelle war und dass die Heilige mir erschien und mir ein weißes Kleid anzog und besonders mir eine sehr schöne, einfache, weiße Haube auflegte, welche wie eine Kappe war, welche die Brust mitbedeckte: sie war zierlich gefaltet und ließ nur wenig vom Gesicht frei. Ich habe vergessen, warum mich Thekla so verkleidete, aber ich glaube, es geschah, dass ich in dieser Gestalt unkenntlich irgendwo einen Auftrag verrichten sollte.

(Anna Katharina hatte das ganze Leben der hl. Thekla geschaut, aber nur das Obige mitteilen können. Es wurde ihr auch gesagt, die hl. Thekla werde von Kirchenvätern als erste Martyrin der heiligen Jungfrau Maria gleichgestellt.)

Die Auffindung des heiligen Kreuzes durch die hl. Helena

2. Mai 1820: Ich habe dieses Bild oft in meinem Leben gehabt, besonders in meiner Jugend mit allen Bildern von den veränderten Gegenden und Wegen; ich entsinne mich aber nur wenig mehr davon. Ich war damals viel mit dem heiligen Kreuzweg und dem heiligen Grab beschäftigt, das ich durch die Güte Gottes unter allen Umständen sah. Der Garten des heiligen Grabes war doch sanft abhängig von der Höhe, in welcher das Grabgewölbe war.

Ich sah aber einmal die Höhe abgegraben und damit den Garten aufgefüllt und alles hoch verschüttet und verbaut werden. So sah ich heute nacht auch im Bild die ganze Gegend und den Kalvarienberg und das Grab unkenntlich verändert: viele Wege waren verschüttet und quer mit anderen durchschnitten.

Der Kalvarienberg, um den noch andere Hügel und zwischen diesen anmutige Plätze gewesen waren, war niedriger und seine Höhe von einem größeren Umfang. Da, wo das heilige Grab war, sah ich einen Tempel darüber stehen, der oben runde Löcher hatte. Es führten auch die Wege ganz anders dahin; an einigen Stellen waren die sanften Anhöhen steil abgestochen, so dass man weißen Sand und weiße Steine sah. Es waren auch allerhand schlechte Hütten da herum und hohe spitze Bauwerke. Dies alles sah ich heute im Anfang des Bildes; nachher aber, da ich sah, wie Helena nach dem Kreuze graben ließ, sah ich den Tempel schon abgebrochen. Ich entsinne mich aus einem früheren Gesicht, dass ich bei diesem Abbruch den Sturm gegen viele unwillige und böse Arbeiter mithelfen sah, indem er ganze Wolken von Schutt über sie hinwehte und jene heiligen Orte dadurch freilegte, welche sie gerne bedeckt gelassen hätten.

Ich habe das heilige Grab auch unter anderen sehr verschiedenen Umständen gesehen: einmal war nur eine kleine, runde Kuppel darüber gebaut; ich sah es schon in Verehrung, als der Eingang noch wie zuerst dem Totenlager gegenüber war. Hernach sah ich es dort vermauert und einen Ort für Heiligtümer da angebracht. Jetzt ist der Eingang ganz anderswo, von der Seite zu Häupten unseres Herrn Lager herein.

Heute nacht, gestern abend und bei Tag schon sah ich eine große, majestätische, bejahrte und doch noch sehr rüstige Frau mit einem Schleier über einer kleinen Krone verhüllt in allerlei elende Wohnungen und finstere Spelunken, die an der Stadtmauer von Jerusalem lagen, wie nachforschend aus- und eingehen.

Ich sah auch einen alten, kleinen, mageren Juden mit langem Bart, der ganz in einem Pelz voll langer Zöpfe steckte, aus einem dieser Häuser sich in das andere vor der Nachfrage dieser Frau verkriechen.

Ich sah auch ein anderes Mal, dass die Frau viele Juden versammeln ließ. Ich hatte auch unter den Ängsten dieser ruhelosen Nacht das Bild, wie sie mit diesem alten Juden und zwei Männern, die einen langen Bohrer hatten, nach dem Ort hingingen, wo das heilige Kreuz lag.

Der Götzentempel war damals schon abgebrochen. Der alte Jude wusste es auch nicht recht genau, und sie bohrten erst rings im Kreis und immer näher und näher, bis sie ein Zeichen durch den Bohrer fanden, welches ich nicht mehr weiß. Da fingen sie an zu graben.

Ich sah die Kaiserin Helena, als sie an diesen Ort trat, ihre Krone abnehmen und ihre Haare niederlassen; sie nahm auch etwas von Hals und Brust und zog ihre Schuhe aus und legte alles auf einen reinen, weißen Stein, der da lag. Sie mussten eine tiefe Grube machen, bis sie etwas fanden.

Sie fanden zuerst das Kreuz eines Schächers, dann nicht weit davon das Kreuz Christi und dann ein anderes. Ich habe nie begreifen können, wie man erzählt, sie hätten das heilige Kreuz nicht von den anderen unterscheiden können, da ich es doch immer davon verschieden sah.

Die Schächer-Kreuze sah ich von rundem Holz, worauf das Querholz mit einem hölzernen Keil befestigt war, der darüber hervorstand. Das Kreuz Christi aber, das so aussah, war von viereckigem Holz, etwas breiter als dick, ordentlich gearbeitet, und die Arme waren eingefügt. Es hatte auch ein Fußbrettchen, welches mit einem großen Nagel befestigt war, den ich hinten angenietet glaube. Das Fußbrettchen sah ich bei der Kreuzauffindung umgedreht. Ich sah sie auch das heilige Kreuz aufrichten und Helena es umarmen. Ich sah, dass sie die beiden anderen Kreuze auseinander schlugen und wie Holz liegen ließen und meinte immer in meiner Einfalt, sie hätten doch das vom guten Schächer aufbewahren sollen.

Ich erinnere mich nicht, heute das Auffinden von der Überschrift oder den Nägeln bemerkt zu haben. Das Bild war mit zu vielen Beängstigungen unterbrochen. So viel weiß ich noch, dass sehr viele Leute zusammenkamen und dass Soldaten Ordnung auf dem Weg schaffen mussten. Auch sah ich, wie das Kreuz in einer großen Prozession weggebracht wurde und dass man Lahme und Kranke unter den Armen gestützt und auf Tragbahren herbeibrachte, als das Kreuz hinweg getragen wurde, welche bei seiner

Berührung geheilt wurden. Ich glaube, man hat diese Wunder als zur Bestätigung des heiligen Kreuzes geschehen erkannt, aber nicht um es zu unterscheiden.

(Am 18. August 1820, dem Fest der hl. Helena, hatte Anna Katharina das folgende Bild:)

Ich sah sehr Vieles von dieser heiligen Kaiserin; was mir noch gegenwärtig ist, will ich erzählen. Ich sah sie in der Stadt eines wüsten Landes, wo nicht viele Städte waren, in einem einfachen, steinernen Haus wohnen; ihr Vater hieß Cleol oder Cloel, ich glaube, die Stadt war in Dakien[93].

Ich sah, dass der Kaiser Konstantius dort durchreiste und in einem Palast nicht weit von dem Haus Helenas wohnte. Er sah Helena, welche sehr schön und klug und von angenehmen Sitten war. Er ging mehrmals in ihr Haus, und sie wurde seine Frau mit ihrem und ihres Vaters Willen. Er ließ ihr viel Geld und Kleinodien zurück, als er sie verließ. Ich sah auch, dass sie danach ein besseres Haus dort bewohnte und ganz vornehm lebte und dass sie ihm ein Kind gebar, das Konstantin genannt wurde. Ich sah, wie dieses Kind in seinem zweiten Jahr an einen Hof zur Erziehung gebracht wurde.

Helena und ihre Eltern lebten immer in großem Überfluss. Sie blieb aber hier und kam nicht zu ihrem Mann, der doch einige Mal bei ihr war. Ich sah, dass sie dem Götzendienst abgeneigt war und viel mit den Juden umging; auch glaubte sie, das Volk, für das Gott so viel getan habe, müsse das erste in der Welt sein. Ich hatte Bilder, dass Konstantius ein sehr guter Mann auch gegenüber den Christen war. Er war groß, dick und sehr bleich und war wie ein Oberherr in der Umgebung der Helena.

Hernach sah ich, wie Konstantin nach seines Vaters Tod Kaiser wurde und wie er nach seinem zweiten Feldzug nach Rom kam. Da wurde er ein Christ und ließ seine Mutter zu sich kommen.

Er hatte zwar durch mehrere Erscheinungen ein großes Vertrauen auf das Zeichen des heiligen Kreuzes und ließ es vor seiner Armee in großer Verehrung wie eine Fahne hertragen; aber er tat dies aus bloßem Aberglauben, wie heutzutage manche Leute ein Amulett ohne Frömmigkeit tragen. Er glaubte, das Zeichen helfe und hatte so oberflächliche Gedanken von Christus wie von einem

Gott unter anderen Göttern. Er tat daher bei manchem guten Willen viel Böses, verfolgte auch, weil er verleitet war, die Christen mannigfach und verehrte nur das Kreuz als ein Glück bringendes Siegeszeichen.

Auch der Papst Sylvester und viele Priester mussten sich vor ihm verbergen; sie versteckten sich unter einem Berg. Es war aber so weit mit ihm, dass Gott ihn strafte; er wurde aussätzig, und die Götzenpriester sagten ihm, er solle sich in Kinderblut baden.

Da er dies hörte, ließ er den Papst Sylvester zu sich bringen und sich im Christentum unterrichten. Er tat sieben Tage Buße und ich sah, wie er vom Papst Sylvester getauft wurde. Er stieg ganz in das Taufwasser hinein und wurde ganz geheilt.

Als er nun sah, was das Christentum ist, schickte er seiner Mutter durch einen Gesandten einen Brief, er sei Christ geworden und sei geheilt, sie solle doch auch kommen und Christin werden. Die Mutter Helena wusste aber sehr wenig vom Christentum, sie hatte eine Verehrung zu dem Messias, sie hatte gehört, Gottes Sohn sei wegen der Juden auf die Welt gekommen und hielt darum die Juden für ein sehr auserwähltes Volk und hatte viel mit gelehrten Juden zu tun.

Als sie diesen sagte, der Kaiser sei ein Christ geworden, machten sie einen großen Lärm und erschraken sehr darüber. Sie schrieb aber ihrem Sohn wieder: wenn er das Heidentum habe aufgeben wollen, so hätte er doch lieber die Religion der Juden annehmen sollen.

Als der Kaiser dies dem Papst sagte, forderte dieser ihn auf, er möge seine Mutter mit gelehrten Juden nach Rom zu einem Disput kommen lassen. Konstantin schrieb ihr dies, und sie reiste umher und suchte die gelehrten Juden auf und kam mit den zwei gelehrtesten, die sie finden konnte, nach Rom. Es waren auch noch sehr viele andere Juden bei diesem Disput zugegen und ein paar heidnische Philosophen als Schiedsrichter.

Den Papst Sylvester aber sah ich alle Einwürfe der Juden widerlegen und sah, dass die Kaiserin Helena nun mit den zwei Juden, welche Christen geworden waren, nach Jerusalem reiste, um nach dem heiligen Kreuz zu forschen. Die beiden zu Christen bekehrten Juden mussten sich anstellen, als seien sie noch Juden;

und da diese von den dortigen Juden erfuhren, wo das Grab Christi und der Kalvarienberg war, fand die Kaiserin über dem heiligen Grab einen Tempel der Venus erbaut mit heidnischen Marmorbildern, und auf dem Kalvarienberg stand der Abgott Adonis.

Die Juden wollten aber nicht sagen, wo das Kreuz Christi sei, und schoben die ganze Sache auf den alten Juden, den ich bei der Kreuzauffindung auch gesehen habe. Ich erinnere mich nicht, wie dieser endlich dazu gebracht wurde, den Ort anzugeben.

Als sie gegraben hatten, fanden sie das heilige Kreuz auseinander geschlagen, doch die Stücke ordentlich nebeneinander liegend; das Schrifttäfelchen, auf welchem die Pergament-Inschrift INRI befestigt war, lag etwas davon; unter dem einen Armbalken lagen die drei Nägel ordentlich beieinander, wovon der eine Fußnagel etwa anderthalb Spannen lang war, die beiden anderen eine Spanne. Den großen Nagel sandte Helena ihrem Sohn. Ich sah auch die Schächerkreuze ausgegraben werden, welche roher waren.

Der alte Jude wurde auch ein Christ und ein großer Verehrer des Kreuzes, er trug immer das Kreuzzeichen auf der rechten Seite seines Kleides; er ist nachher Bischof von Jerusalem geworden.

Ich sah, dass Helena sich in Jerusalem taufen ließ. Ich sah auch, wie sie die Götzentempel über dem heiligen Grab abbrechen ließ. Anfangs wollten die Juden gar nicht recht anpacken, aber es erhob sich ein entsetzlicher Sturm und wehte all den Schutt weg und kehrte viele Judenhäuser, mit welchen da herum alles verbaut war, um und um.

Da ergriff die Juden eine entsetzliche Angst, und sie fingen alle Hals über Kopf zu arbeiten an. Der frühere Eingang zum heiligen Grab war nicht mehr geöffnet, sondern er kam von der Seite.

Helena war damals in den Fünfzigern; eine große, schöne, sehr rüstige Frau. Ich sah sie nachher mit großen Kirchenbauten dort beschäftigt. Die christliche Kirche war damals noch auf Sion, wo das heiligste Abendmahl eingesetzt worden war.

ANMERKUNGEN

1 Leben und Wirken des frommen Bischofs Michael Wittmann, von P. Mittermüller OSB, S. 246.

2 Über die Ursachen dieser Verschiedenheit hat P. Karl Erhard Schmöger das Nötige unten S. 462-467 erklärt.

3 Dieser für die Echtheit der Gabe des übernatürlichen Schauens entscheidende Umstand, dass Anna Katharina ihre Anschauungen vom Leben Jesu erst dann und nur insoweit mitteilen konnte, als ihr Beichtvater dazu die Erlaubnis und damit die Fähigkeit gab, ist im Kapitel «Erklärung von P. Karl Erhard Schmöger» ausführlicher erörtert.

4 Das Wort kommt vom lateinischen inchoare = anfangen.

5 Siehe 3. Kapitel, 21. Mai.

6 S. Chrysostomus, Homilia XXVI. in Matthäum.

7 Homilia LII. in Matthäum.

8 Die Forschungen über diese heidnische Gottheit in Niebuhrs «Geschichte Assurs und Babels» bestätigen, dass nach den ältesten Sagen die Derketo, welche auch Atergatis oder Tiglat und Tilgat genannt ist, als Mutter der Semiramis und als Schutzgöttin der Dynastie des Ninus erscheint (P. Karl Erhard Schmöger).

9 Es ist dies unverkennbar ein Sinnbild, wie Anna Katharina nicht mehr das Fleisch, sondern nur das Gerippe jenes großen Gesichts von der Fisch-Göttin Derketo wiederbringen konnte, und wie sie das Fleisch, weil eben nicht sehr wichtig, den Kindern als eine Torheit überließ.

10 Anna Katharina hatte die Augenschmerzen eines kranken Kardinals übernommen und litt daran so entsetzlich, dass sie oft wie von Sinnen war und nicht sehen und nicht reden konnte. Das Nähere hierüber wird in ihrer ausführlichen Lebensgeschichte mitgeteilt (P. Karl Erhard Schmöger).

11 Mehrere Jahre nach dieser Mitteilung fand der Pilger in Maritis Reise durch Zypern gen Morgen von Cerines eine schön gelegene große Klosterruine Lapasis oder Belapais mit einem ausgezeichneten Brunnen erwähnt, welche der ganzen Örtlichkeit nach dieses Kloster bezeichnen kann. Pokoke führt es unter dem Namen Telabaise an und setzt es in seiner Karte östlich von Cerines.

12 Sollte dieses das Dorf Casafani sein, das Mariti bei Lapasis erwähnt, und dessen Wasser er lobt (der Pilger)?

13 Sie nennt es Sonntag, 18. Mai, Leppe.

14 Sie sagt plattdeutsch: as epse keene Butten int Lief hatten.

15 Für jene Leser, welche die Einleitung nicht gelesen haben, in der die hier berührte Taufe der Toten, samt allem, was damit zusammenhängt, ausführlich erörtert ist, sei hier wiederholt bemerkt, dass der Heiland die volle Erlösungsgnade nur jenen Seelen der Verstorbenen zukommen lässt, welche im Stand der heiligmachenden Gnade (soweit diese vor Vollendung des Erlösungswerkes erteilt wurde) aus diesem Leben geschieden sind. Diese nämlich hatten das Anrecht auf die Vollendung des Gnadenstandes, welche ihnen die überlebenden Gläubigen in ähnlicher Weise vermitteln konnten, wie jetzt einer Seele im Fegfeuer etwa ein vollkommener Ablass zugewendet wird. Es ist einleuchtend, dass ein solches Verhältnis der Zuwendung der Vollendung der Taufgnade an Verstorbene nur

für jene Seelen bestand, welche vor der Promulgation des Neuen Bundes mit dem Anrecht darauf aus dem Leben geschieden waren; dass aber von diesem Zeitpunkt an dasselbe aufhören musste; denn jetzt scheiden die Seelen entweder mit dem vollen Effekt der Erlösungsgnade aus dem Leben, oder ohne denselben und somit ohne weitere Möglichkeit, die Rechtfertigung nach dem Tod zu erlangen. Was unter Vollendung des Gnadenstandes und dem Unterschied der heiligmachenden Gnade im Alten und im Neuen Bund zu verstehen ist, hat die Einleitung gezeigt (P. Karl Erhard Schmöger).

16 Als Anna Katharina am 25. November 1823 ein ganz umfassendes Gesicht von der Abstammung und dem Leben der hl. Katharina von Alexandria hatte, erwähnte sie auch den Landvogt und erzählte von ihm: Seine Frau lebte in Rom und war eine sehr eifrige Götzendienerin. Er hat ihr, als er dahin reiste, seine Bekehrung gesagt und sie auch auf bessere Gedanken gebracht, sonst hätte er sich von ihr geschieden. Er hat auch alle heimlich unterstützt, welche das Land verlassen haben und Jesus die Auswanderung entstand; doch blieb still in Salamis. Als Paulus zwölf Jahre nach Jesu Hiersein in Zypern lehrte, ist er mit ihm hinweggezogen. Er ist ein namhafter Jünger geworden und hat viel in der Kirche gearbeitet. Er ist ein Mann höchstens von vierzig Jahren, gesund und kräftig. Sein Sohn, den er mit Merkuria im Ehebruch gezeugt und der bei Merkurias Mann zurückblieb, heiratete die jüngste Schwester der Merkuria und von Nachkommen dieses Paares stammt die Mutter der hl. Katharina ab.

17 Eine Brücke über den Belus unweit von Ptolemais erwähnt Herold in der Fortsetzung von des Wilhelm von Tyrus heiligem Krieg. Dies fand der Pilger in Adrichomius Beschreibung des Heiligen Landes im Mai 1838.

18 Im Jahre 1838 am 29. Mai las der Pilger in Flavius Josephus «Vom jüdischen Krieg»; übersetzt von Friese. Altona bei Hammerich 1804, zweites Buch, zehntes Kapitel, bei dem kleinen Flüsschen Belus sei ein Monument des Memnon.

19 siehe oben, 5. Juni

20 Den späteren heiligen Bischof und Märtyrer Ignatius von Antiochien. «Das zweite Lehrjahr Jesu», S. 509

21 Mt 13,24-30 und Mk 4,26-29

22 Lk 19,12-26 und Mt 25,14-30, Mk 13,34-36

23 Mt 20,1-16

24 1 Kön 12,2-3

25 Anna Katharina erzählte einiges, was bei Lukas 12,1-59 vorkommt, und sagt, dass dies alles in der Lehre vorgekommen sei.

26 Num 21,33-35

27 Num 16,1

28 Gen 31,25

29 1 Kön 22

30 1 Makk 5,9

31 Diesen Titel hatte der Pilger der Aufzeichnung des Bruchstückes vorgesetzt, da er noch keine Ahnung davon hatte, dass Anna Katharina in einem täglichen und zusammenhängenden Schauen des Lebens Jesu sich befand. Sie erzählte ihm dies einzelne Bild wegen seines Bezuges auf ihre persönlichen Verhältnisse (P. Karl Erhard Schmöger).

32 Der Leser übersehe nicht, dass Anna Katharina das Gesamtbild dieses Ereignisses ohne Zeitunter schied hier erblickt, weshalb kein Widerspruch mit ihrer im

Band «Das zweite Lehrjahr Jesu» gegebenen Erzählung desselben Vorganges angenommen werden kann.

33 Diese Äußerung bezieht sich auf ein wenige Tage zuvor gesehenes Warnungsbild, in welchem sie den Herrn durch ein Kornfeld mit seinen Jüngern gehen sah, welche dabei Ähren abstreiften und von lauernden Pharisäern beobachtet wurden. Anna Katharina von lauerndem Argwohn selbst umgeben, hatte in Augenblicken der Angst und Bekümmernis dieses Bild, welches sie nicht ausführlich erzählte, um nicht verzagt und kleinmütig zu werden.

34 Dass Joachim bei Lk 3,23 unter Heli gemeint sei, wird vom hl. Augustinus und sehr vielen Auslegern angenommen, und es scheint demnach die Erklärung nicht so subtil, als Maldonat meint, wenn die Worte des genannten Verses «qui fuit» nicht auf Joseph, sondern auf Jesus bezogen werden.

35 Anna Katharina hielt dieses gesetzliche Sühnungsbad der Frauen anfänglich für eine Taufe; sie erklärte aber auf empfangene Weisung ihres Schutzengels für bestimmt, dass vor der Sendung des Heiligen Geistes keine Frau getauft worden sei (der Pilger).

36 Er wandelt durch die Hirtengegend, durch welche seine Mutter vor seiner Geburt und Er selbst nach seiner Taufe gezogen war (der Pilger).

37 So nennt sie einen Berg, der mehrmals in ihren Gesichten als die Höhe erscheint, von welcher die Quellen heiligen Wassers und höherer Weissagung niederströmen. Unter grüner und bemooster Gestalt sieht sie gewöhnlich das Uralte, aus den frühesten Zeiten der Welt Herrührende (der Pilger).

38 Um den Ort zu unterscheiden, wollen wir ihn künftig Sichar-Kedar schreiben (der Pilger).

39 Sie sagte hier auch: «Seit mehreren Tagen werde ich immer innerlich angetrieben, ein Unrecht, welches in einer Ehe geschieht, die mir bekannt ist, durch Ermahnung zu bessern. Ich muss wohl mit meinem Seelsorger darüber sprechen. Ich muss heute nacht auch in meinem Weinberg wieder angestrengt arbeiten und die Reben gegen den Winterfrost bedecken.»

Es ist sehr rührend zu beobachten, wie alle scheinbar sinnbildlichen Feldarbeiten in ihren Gesichten durch die stete Übereinstimmung mit den wirklichen Feldarbeiten der Jahreszeit einen Charakter von Wirklichkeit bewahren, welche dem Kalender eine sehr hohe Würde gibt, wenn man diese Betrachtungen in ihrer Konsequenz fortsetzt, so dass die ganze Natur und Zeit und alles Arbeiten der Menschen als Parabel einer höheren Aufgabe erscheinen (der Pilger).

40 Wie es sich mit den ursprünglichen Namen der Heiligen Drei Könige verhält, steht im Band: «Das Leben der heiligen Jungfrau Maria» im Kapitel «Reise der Heiligen Drei Könige nach Bethlehem» (S. 268). Mensor, Theokeno und Seir werden in der abendländischen Literatur seit dem 6. Jh. Caspar, Melchior und Balthasar genannt. Seit dem 9. Jh. sind diese Namen allgemein volkstümlich.

41 Später erzählend, wie der hl. Apostel Thomas drei Jahre nach Christi Himmelfahrt hier taufte, sagte sie, dass er das Angesicht des Königs Seir, der nun zwölf Jahre tot gewesen, mit geweihtem Wasser gewaschen habe, nachdem er eine Art weiße Larve davon abgenommen hatte. Dieser König sei der braunste gewesen und sein Leichnam noch ganz mit der Haut bedeckt. Die anderen Leichen seien gebleichte Gerippe gewesen.

42 Während der Adventszeit des Jahres 1820, da Anna Katharina den Aufenthalt des Herrn im Lande der Heiligen Drei Könige schaute und erzählte, hatte sie

zugleich tägliche Anschauungen der auf den Advent sich beziehenden Geheimnisse. Dieser Reichtum der mannigfachsten Bilder aber erschwer
te ihr eine folgerechte Mitteilung gar sehr, weshalb sie manches nur nachträglich und bruchstückweise berichten konnte (der Pilger).

43 Westfälischer Ausdruck für geröstete Brotbrocken.

44 Sie nannte sie später Kuppes und sah, dass sie drei Jahre nach Christi Himmelfahrt von Thomas getauft, Serena genannt und später unter diesem Namen gemartert worden ist.

45 Die Vorsteherin eines Judenstammes auf einem Gebirge in Abessinien, welche Anna Katharina in der Ekstase wiederholt besuchte.

46 Sie sagte ihm die einzelnen Buchstaben öfters her, und schwankte anfangs zwischen Azeria, Azerita und blieb bei Azaria. Anfangs sagte sie Atomicus und blieb auf «von Atom» und sagte: «So heißt der Ort.» Ob nun dieses Schild wirklich über der Tür stand, oder nur so erschien, um ihr den Namen zu zeigen, ist zweifelhaft. Bei der Kuppes sah sie es auch über der Zelttür, da diese in der Tür stand, und ein Krönchen darüber, vielleicht auf königliche Abkunft oder auf künftige Heiligkeit deutend (der Pilger).

47 Mathathias (?). Vgl. 1 Makk 2,23-25

48 Gen 21,28-33

49 Sie meint unstreitig den sogenannten Brotvermehrungsberg, sechs Stunden südlich von Tiberias, wo Petrus dem Herrn zum ersten Mal nahe kam.

50 Dieses Splitterchen befand sich damals gerade nicht bei Anna Katharina, und doch fühlte sie sich dadurch angeregt. Es war nämlich inmitten eines Päckchens von Seidenläppchen, die mit Heiligen in Berührung gekommen und darum als Reliquien zusammengenäht worden waren, welches Päckchen sie, von ihr selbst nie geöffnet, vor anderthalb Jahren einer kranken Frau als ein stärkendes Heiligtum geliehen hatte. Sie begehrte es in diesen Tagen zurück, öffnete es zum ersten Mal, und es fand sich wirklich ein kleines weißes Splitterchen darin.

51 Sie wollte wahrscheinlich Ephraim oder Ephron sagen.

52 Der Schreiber wusste nicht, dass bei Markus 11,20 wirklich steht, dass diese Erklärung Jesu auf die Frage von Petrus auf dem Rückweg nach Jerusalem am darauffolgenden Tag geschehen ist; darum bestritt er es, dass die Berührung mit dem Feigenbaum auf zwei Wegen sollte geschehen sein. Allein Anna Katharina beharrte fest darauf, es so gesehen zu haben, weil sie das Gehen, Kommen und alle Zwischenhandlungen immer fortlaufend und ganz unwillkürlich, ja ohne heftige Teilnahme unter tausend Störungen hintereinander fortsehe.
Nachher fand der Schreiber zu seiner Freude die Sache so bei Markus und auch die Namen der Apostel angeführt; er war um so mehr darüber erstaunt, weil er unzählige Male die Erfahrung gemacht hat, wie Anna Katharina nicht die geringste Kenntnis der Heiligen Schrift hat und sich immer darüber wundert, dass nicht alles, was sie sieht, auch darin stehen solle (der Pilger).

53 Da der Pilger diese Worte aus dem Mund der Erzählenden in seinem Tagebuch verzeichnete, fügte er ein Fragezeichen bei, als finde er in ihnen eine Ungenauigkeit oder einen Verstoß. Allein diese Worte haben einen guten Sinn; denn die Wirkung, welche bei der Johannestaufe in allen Fällen eintrat, war die äußere Abwaschung oder legale Reinigung von den Übertretungen des alten Gesetzes, auch wenn wegen mangelnder Disposition des Empfängers innerlich heiligende Wirkungen nicht erfolgen konnten.

Wo letztere sich zeigten, waren sie nicht die unmittelbare Wirkung der Johannestaufe selbst, sondern die Wirkung des Glaubens und der bußfertigen Gesinnung, in welcher diese Taufe empfangen wurde (P. Karl Erhard Schmöger).

54 Diese Worte beziehen sich wohl auf die drei bis viereinhalb Jahre der Herrschaft des Antichrists, da die Kirche Gottes in der äußersten Bedrängnis sich befinden und wie vom Erdboden verschwun
den sein wird (P. Karl Erhard Schmöger).

55 Nardenöl

56 Das bittere Leiden unseres Herrn Jesus Christus. Nach den Betrachtungen der gottseligen Anna Katharina Emmerick. München. Literarisch-artistische Anstalt.

57 So sah und erzählte Anna Katharina die Bilder vom «Kreuz tragenden Jesus und seiner heiligen Mutter» am 13. und 14. August 1822, als sie die Gesichte vom Tod Mariä in Ephesus hatte; die Bilder vom heiligen Abendmahl, die sie oft hatte, erzählte sie am vollständigsten in der Fronleichnamsoktav des Jahres 1820.

58 In den Bildern aus dem Alten Testament werden alle Äußerungen über die Bundeslade, welche bei verschiedenen Veranlassungen von Anna Katharina getan wurden, vollständig und im Zusammenhang mitgeteilt (P. Karl Erhard Schmöger).

59 Die Erzählerin meint hier unstreitig die Stadt Thänath-Silo, drei Stunden östlich von Sichar, wo der Herr nach seiner Rückkehr von der Reise zu den heiligen Dreikönigen gelehrt und geheilt hat.

60 Sie meint, der Pilger wisse das schon; es ist aber in den Bildern der damaligen Zeit eine Lücke durch äußere Störungen entstanden, und somit auch das hier Gemeinte verloren gegangen.

61 Früher nannte sie ihn einmal Obed, er kann vielleicht später Mamio genannt worden sein, wie viele andere Namen erhielten, vielleicht auch der Verfolgung wegen (der Pilger).

62 Vielleicht bezog sich, was sie sich undeutlich erinnert, darauf, dass sie schon beim heiligen Abend anderen die Priesterweihe erteilen (der Pilger).

63 Sie sagt, es seien geröstete Kuchen von Mehl und Honig gewesen, von denen immer ein größerer zwischen zwei kleinen lag. Diese Kuchen seien Honigrooß oder Honig-Ruß genannt worden, welcher Name auch in der Schrift vorkomme. Auf die Antwort des Pilgers: Sie habe keine Schrift und lese keine, erwiderte sie: «Ich habe es so gehört, so heißt es und das ist es» (der Pilger).

64 Nach einer späteren Äußerung sah Anna Katharina, dass, so oft die allerseligste Jungfrau kommunizierte, in ihr die Gestalten von einer Kommunion zur anderen unversehrt blieben, so dass sie immerdar den in ihrem Herzen sakramentalgegenwärtigen Gottmenschen anbetete. Zur Zeit der Verfolgung nach der Steinigung des hl. Stephanus hätten die Apostel eine Zeitlang nicht konsekriert, aber die Kirche sei nicht ohne das Heiligste Sakrament gewesen, da es im Herzen der allerseligsten Jungfrau sei aufbewahrt geblieben. Sie war der Tabernakel des Heiligsten Sakramentes und hat zugleich die ewige Anbetung geübt.

65 Das ganze Bild erzählte Anna Katharina dem Pilger, während sie dasselbe schaute, daher die teilweise Lebhaftigkeit der Mitteilung.

66 Diese Worte erwähnte Anna Katharina nicht selbst, sie sind aus der Apostelgeschichte hierher gesetzt; sie sagte nur: «Sie sprachen einige Worte» (der Pilger).

67 Apg 2,14-40

68 Näheres über Quadratus folgt am Schluss des Buches.

69 Dass alle Töchter der hl. Anna den Namen Maria tragen, beruht ohne Zweifel auf einer göttlichen Anordnung, um damit anzudeuten, dass um der Jungfrau der Jungfrauen willen dem heiligen Mutterschoß Annas der Segen dieser Fruchtbarkeit verliehen wurde (P. Karl Erhard Schmöger).

70 Im Band «Das erste Lehrjahr Jesu» ist auch ein Matthias als Sohn der Maria Heli genannt, welcher vielleicht ein zugebrachter Sohn ihres zweiten Mannes Oded oder Obed ist.

71 Wenn im «Leben der hl. Jungfrau Maria» zu lesen ist, dass Maria Kleophä und sogar Maria Heli bei dem Tod der Mutter Gottes zu Ephesus zugegen gewesen seien, so beruht dies auf einer Verwechslung der geistigen mit der leiblichen Gegenwart. Beide heiligen Frauen waren nach ausdrücklichen Äußerungen der Anna Katharina längst tot, ehe Maria starb, konnten also nur als selige Geister bei ihrem Tod gewesen sein (P. Karl Erhard Schmöger).

72 Waddingus in Annalibus Minorum ad annum 1406 nr. 23 und Acta SS. Mensis Martius, tom. I. die Vita. Coletta (Nicolette) Boillet, Hl. (Coleta), geboren am 13.1.1381 zu Corbie (östlich von Amiens, Nordfrankreich). Sie war zuerst Begine, trat dann dem 3. Orden des hl. Franziskus bei und wurde 1406 Klarissin. Als Reformatorin des 2. Ordens des hl. Franz führte sie viele Klöster zur ursprünglichen Strenge der Regel zurück und gründete 18 neue Klöster, deren Mitglieder seither Colettinen (Colettinerinnen) heißen. Um 1412 folgten sogar Männerklöster ihrer Reform (Colettaner). Gestorben am 6.3.1447 zu Gent (Belgien). Heiliggesprochen 1807 (Lexikon der Namen und Heiligen von Otto Wimmer, 4. Aufl. 1982, Tyrolia-Verlag, Innsbruck).

73 Die Glosse lautet: «Mortuo Joachim Cleophas frater Joseph eandem Annam accepit uxorem et genuit ex ea filiam, quam vocavit Mariam, quae nupsit Alphaeo, qui genuit ex ea filios, scilicet Jacobum, Joseph, Simonem et Judam. Mortuo autem Cleopha, quidam Salome eandem Annam duxit et generavit ex ea filiam, nomine Mariam quae nupsit Zebedaeo et habuit ex ea filios, scilicet Jacobum qui dictus major, et Joannem Evangelistam. Tres ergo viros Anna habuit, et tres filias. Der hl. Albertus Magnus beruft sich in seiner Erklärung von Mt 10,31 auf den Inhalt der Glosse, indem er die nach ihr gebildeten Verse zitiert:
Anna tribus Joachim, Cleophae, Salomaeque Marias
Tres parit: has ducunt Joseph, Alphaeus, Zebedaeus.
Christum prima; Joseph, Jacobum cum Simone Judam
Altera; quae sequitur Jacobum parit atque Joannem.
Auch Gerson, der in einer Predigt auf Mariä Geburt die drei Ehen der hl. Anna lehrt, führt die genannten Verse mit unbedeutenden Abweichungen an.

74 Homiliarii Eckiani adversus sectas, ab ipso autore denuo recogniti. Tomus tertius de Sanctis. Ingolstadii 1536.

75 In seinem Kommentar in Evangel. hist. tom. IV. p. II. tract. XI.

76 Commentaria in Concordiam et historiam Evangelicam tom. I. L. VI., cap. 15.

77 Mensis Julius. tom. VI.

78 Cum Salmerone nostra libenter fateor, sententiam de triplici S. Annae conjugio vulgarem fuisse, et multorum auctorum suffragiis confirmari posse. Imo scio, Eugesippum quendam seculo XI. in tractatu «de distantiis locorum Terrae sanctae» triplex hoc matrimonium assesere; nihilominns Sanctae nostrae monogamiam magis rationi ac veritati consentaneam existimo.

79 Es ist dies eine zweite genauere Mitteilung.

80 Hier wie an anderen Orten hat Anna Katharina so bestimmt ausgesprochen, dass Jakobus der Ältere vor Maria gestorben und dass er nicht bei ihrem Tod in Ephesus, der viel später erfolgte, gewesen ist, dass danach die im «Leben der hl. Jungfrau Maria» gedruckten Äußerungen berichtigt werden müssen. Wenn sie von Jakobus beim Tod Marias redet, so meint sie entweder den Joses Barsabas, der als sein Stellvertreter erschien, oder seine geistige Gegenwart (P. Karl Erhard Schmöger).

81 Das Bild dieser Marter sah Anna Katharina am 6. Mai 1820, das ist an Johannes ante portam latinam.

82 Anna Katharina sah am 21. Dezember 1820 das Leben des hl. Thomas, während sie die oben angeführten Bilder aus dem Leben Jesu betrachtete.

83 Ur, vgl. S. 376 und 377

84 Sie nennt diese japanische Seestadt unsicher: Kivivia

85 Da Anna Katharina das Leben der Heiligen in großen zeitlosen Bildern zu schauen pflegte, so erblickte sie hier die Nachfolge des Simon in unmittelbarer Folge auf seine erste Berufung.

86 Es ist derselbe Reiseweg, den sie im Leben des heiligen Apostels Thomas sah und beschrieb, welcher mit Judas Thaddäus diese Missionsreise unternommen hatte.

87 Skythien, römische Bezeichnung für Nord- und Zentralasien

88 Sie sagte, dass Markus besonders große Schnitt- und Stichwunden geheilt habe und dass die Pinguicula vulgaris in seinem Namen auf Wunden gelegt, sehr heilkräftig sei. Sie selbst habe dieses Kraut oft angewendet.

89 Er ist als solcher auch im römischen Martyrologium am 25. April angeführt.

90 heute Basilika Maria Maggiore genannt

91 In Perugia

92 Aquae sextiae, jetzt Aix

93 Dakien = Römische Provinz Dacia: Nördlich der Donau zwischen Theiss und Dnjestr